旅行年報
Annual Report on the Tourism Trends Survey
2023

目次

この一年をふりかえって

エンデミック社会へ

「旅行の現状と見通し（1978年創刊）」を改訂して生まれた「旅行年報」の創刊は1981年。当時の旅行市場は、日本人の海外旅行は500万人以下、訪日客数は200万人以下という時代だった。その後、バブル期に向けて日本人による観光市場（国内旅行、海外旅行）は拡大の道をたどった。1990年代後半になると国内旅行市場は縮小へと転じたものの、2000年代に入ると入れ替わるように訪日客数が増大に転じ、特に2010年代に入ると飛躍的に成長した。この流れの中で、観光は一種の輸出産業として扱われるようになり、国をあげて注目される活動となっていった。

こうした流れを2年以上にわたり断ち切ったのが、2020年から始まったCOVID-19によるパンデミックである。

本号で対象としている2022年は、パンデミックから3年目。エンデミック（ある感染症が一定の地域に一定の罹患率または一定の季節で日常的に繰り返し発生すること）へと推移していくタイミングとなった。欧米では、2021年の終わりからエンデミックへと推移していたが、日本は半年から一年遅れることとなり、観光市場の戻りも同様に遅延することになった。しかしながら、国主導のGo Toトラベルを都道府県主体の事業に再編した「県民割」、「全国旅行支援」の実施や、秋からの入国規制緩和もあり、旅行市場は急速に回復していくことになった。一方で、COVID-19の陽性者数は一定の範囲内で増減を繰り返しており、3月までは「まん延防止等重点措置」が発出され、7月には過去最大の陽性者数を記録した。このように感染がなくなったわけではないが、過度な行動制限は行わず、感染対策と社会経済活動の両立を目指す方針へと転換（エンデミック社会）することになったというのが2022年である。

本号はもちろん、2019年以降の号を読み返してもらうことで、パンデミックが観光になにを起こしたのか、パンデミックからエンデミックへの推移とはどういうことなのかを把握することができるだろう。

国内旅行

前述したように、パンデミックからエンデミックへと推移する中で、国内旅行については急速に回復し、観光レクリエーションの宿泊旅行についていえば2021年から2022年で182%、全体でも164%と伸長した。この数値は、パンデミック前の2019年に比すれば75%程度の水準ではあるが、社会が大きく「再開」に向けて動き出したことがわかる。

都道府県別に見てみると、対前年でマイナスとなったのは鳥取県のみ。2020年から2021年では24道府県が対前年でマイナスであったことを考えれば、大きな伸長といえるだろう。さらに、北海道、栃木県、東京都、神奈川県、愛知県、京都府、山口県の7都道府県は2019年比でもプラスに転じている一方で、沖縄県は2021年比ではプラスとなったものの、2019年比では29%のマイナスとなっており、地域によって、回復度合いはまだら模様となっている。これは、市場との距離や地域でのパンデミック／エンデミックへの対応方法が影響したものと考えられる。今後、これらの検証も求められていくことになるだろう。

国際旅行

順調な回復を見せた国内旅行に比して、ほとんど無風となったのが日本人の海外旅行である。2021年の50万人から277万人と、2021年比では大幅に伸長したものの、2019年の2,000万人はおろか、(4月以降、事実上の渡航禁止となった)2020年の317万人にも達しない水準にとどまった。

これは、ワクチン接種証明や事前のPCR検査等、入国や出国に関わる各種の制限が多く残っていたことが主因であるが、それらの要件緩和が進み、訪日旅行が回復を見せていく中でも海外旅行の戻りは鈍い状態が続いた。実際、国際的に見ると、2022年は人数ベースで2019年比のマイナス34%、金額ベースでマイナス36%まで回復を見せており、日本のアウトバウンドの鈍さが目立つ。この流れは、2023年以降も続いており、海外旅行市場に構造的な変化が生じている可能性があり、今後の推移に注視していくことが必要だろう。

一方インバウンドについては、入国制限の強かった9月までは、2019年比でマイナス90%以上という水準で推移していたが、緩和後は急速に回復し、12月時点でマイナス46%まで回復している。回復の流れはその後も続いており、アウトバウンドとの差が顕著となっている。

事業者の取り組み

需要が喪失したパンデミックにおいて、各事業者は政府支援も受けながら事業維持に取り組んでいたが、2022年に入り需要が急回復していく中で、パンデミック下において見えなくなっていた事業者間の競争力、経営力の違いが再び見えるようになってきた一年だったといえる。県民割や全国旅行支援等を利用し、単価と稼働率を高めながら事業を行う事業者は、その後、政府がポストコロナに向けて展開を始めた「既存観光拠点の再生・高付加価値化推進事業」等の事業にも積極的に参加し、新規投資にも取り組むようになった一方で、ゼロゼロ融資の金利優遇期間が終了することによるファイナンス問題や、人員不足によって、市場回復の動きに対応ができていない事業者も出てくるようになった。

また、パンデミック下ならではの事業(例:ワクチン接種、オンラインツアー、ワーケーション、マイクロツーリズム等)も広く展開、提案されてきたが、エンデミックに移行する中で、それらの淘汰、整理も進んでいる。こうした動きに追随し、新たな価値創造を行っていくことができるか注目していきたい。

各地の取り組み

2022年は、需要の回復と、エンデミックへの推移に伴いパンデミック下で休止されていた各種のキャンペーン、イベント、観光施設が再開されていく年となった。この流れの中で、各地で宿泊税についての議論が再開または新規展開され、また、いくつかのイベントでは有料化の取り組みも試みられるようになった。いずれも、観光施策に関する公的なファイナンスに関わる取り組みであるが、この背景に、パンデミック下において行政や民間企業の資金繰りが悪化したことや、観光事業の持続性について関心が高まったことが指摘できる。

また、パンデミック下において、住民の自地域の観光に対する考え、意識も少なからず変化している。今後、さらに需要が戻っていくことで、こうした意識変化が地域での観光振興施策にも影響を与えていくことになるだろう。

今後の展望

昨年の本稿で私は、『来年の「旅行年報」では、「エンデミックを迎えて」といったタイトルで本稿を展開したいと切に願っている』と記した。少しタイトルは変えたが、観光にとって最悪といってもよい2021年を乗り越え、明るい光が見える2022年となったことを嬉しく思っている。

しかしながら、昨年も記したように各国との交流再開に伴うハレーションや、パンデミックで傷んだ事業者の財務対策、資源高に伴うインフレーション等、想定されていた課題は想定どおり発生しており、また、一旦、観光が再起動されてしまうと、人は辛かったこと、厳しかったことを失念してしまうだろうという危惧も現実のものとなっている。

冒頭で述べたように「旅行年報」は、各年の観光の動向を切り出して記録している。

間違いなく2021年は、観光にとって厳しい年であったし、2022年は、そこを抜け出しエンデミックへと推移した記念すべき年となった。後年においても、2019年以降のパンデミック／エンデミックの期間について振り返り、より良い観光振興、観光文化の創造の材料としていただければ幸いである。

（山田雄一　執筆者を代表して）

第Ⅰ編　日本人の旅行市場

「JTBF旅行実態調査」、「JTBF旅行意識調査」について（調査概要）

本書では、第Ⅰ編と第Ⅲ編にて、下記調査データを使用しています。

調査名　　：JTBF旅行実態調査2022
調査方法　：ウェブ調査
調査時期　：2022年4～5月実施（2022年1～3月期の旅行内容）、2022年7月実施（同4～6月期の旅行内容）、2022年10月実施（同7～9月期の旅行内容）、2023年1月実施（2022年10～12月期の旅行内容）

【全体調査】
調査対象　：全国16～79歳の男女（調査会社のパネルより抽出）
標本の大きさ：各回20,000人　※国勢調査時の人口（地域・性別・年代）に基づき、調査会社のモニターを割り当て
調査項目　：旅行実施の状況、今後の旅行予定・意向、コロナ禍における日常生活への影響等を調査

【トリップ調査】
調査対象　：全国16～79歳の男女で、期間中に観光・レクリエーション旅行を実施した人（調査会社のパネルより抽出）
調査の対象とした旅行期間：2022年1～12月
調査項目　：主に旅行実態を調査
回答者属性：

<国内宿泊観光旅行>

	男性							女性							合計
年齢（歳）	16～19	20～29	30～39	40～49	50～59	60～69	70～79	16～19	20～29	30～39	40～49	50～59	60～69	70～79	
標本の大きさ（人）	28	276	326	406	374	328	318	24	253	299	387	355	349	381	4,104
構成比（%）	0.7	6.7	7.9	9.9	9.1	8.0	7.7	0.6	6.2	7.3	9.4	8.7	8.5	9.3	100.0

	男性							女性							合計
年齢（歳）	16～19	20～29	30～39	40～49	50～59	60～69	70～79	16～19	20～29	30～39	40～49	50～59	60～69	70～79	
トリップ数（件）	43	427	470	586	568	507	483	31	372	414	516	538	525	570	6,050
構成比（%）	0.7	7.1	7.8	9.7	9.4	8.4	8.0	0.5	6.1	6.8	8.5	8.9	8.7	9.4	100.0

※国勢調査時の人口（地域・性別・年代）に基づき、調査会社のモニターを割り当て。ただし、一部若年層及び高齢層において不足した属性あり。
※集計にあたっては、各月の旅行発生量（観光庁「旅行・観光消費動向調査」）をウェイトとして重み付けを行っている。
※表中の数値は表示単位未満四捨五入の関係で、合計が一致しない場合がある。
※海外観光旅行については、新型コロナウイルス感染症の影響により有効票を十分に得られないことから、調査対象外とした。

本文では、Ⅰ－1「日本人の旅行市場の概況」、Ⅰ－2「日本人の国内旅行」、Ⅰ－5「新型コロナウイルス感染症の影響と日本人の旅行」で使用

調査名　　：JTBF旅行意識調査
調査対象　：全国18～79歳の男女（調査会社のパネルより抽出）
調査方法　：郵送自記式調査
調査項目　：主に旅行に関する意識を調査
調査時期　：2023年5～6月実施
回答者属性：

	男性							女性							合計
年齢（歳）	18～19	20～29	30～39	40～49	50～59	60～69	70～79	18～19	20～29	30～39	40～49	50～59	60～69	70～79	
標本の大きさ（人）	11	69	83	127	121	96	120	18	86	86	113	109	110	124	1,273
構成比（%）	0.9	5.4	6.5	10.0	9.5	7.5	9.4	1.4	6.8	6.8	8.9	8.6	8.6	9.7	100.0

※国勢調査時の人口に基づき、住宅地図データベースから世帯を抽出し、個人を割り当て。
※表中の数値は表示単位未満四捨五入の関係で、合計が一致しない場合がある。

本文では、Ⅰ－4「日本人の旅行に対する意識」及びⅠ－5「新型コロナウイルス感染症の影響と日本人の旅行」、Ⅲ－1「旅行業」で使用

Ⅰ-1 日本人の旅行市場の概況

1 旅行者数

日本人の旅行経験率 国内宿泊旅行50.3%、
国内日帰り旅行35.9%

日本人の旅行市場を「国内宿泊旅行」、「国内日帰り旅行」、「海外旅行」の3領域に大別し、旅行者数を概観する。なお、2020～2022年中に実施された海外旅行に係る調査結果のうち、観光庁の公開する統計が欠損値（データなし）である部分について、本稿の本文では記述を省略し、図表では「－」として表示した。

●旅行経験率

2022年の日本人の旅行経験率は、国内宿泊旅行全体では50.3%、国内日帰り旅行全体では35.9%であった。観光・レクリエーション（以下、観光）、帰省・知人訪問等（以下、帰省）、出張・業務（以下、出張）の内訳については図Ⅰ-1-1左を参照。

●旅行平均回数

2022年の日本人の旅行平均回数は、国内宿泊旅行全体では1.86回／人、国内日帰り旅行全体では1.48回／人であった。各旅行の観光、帰省、出張の内訳については、図Ⅰ-1-1右を参照。

●延べ旅行者数

2022年の日本人の延べ旅行者数は、国内宿泊旅行全体では2億3,247万人、国内日帰り旅行全体では1億8,539万人であった。国内宿泊旅行の目的は観光が62.3%、帰省が24.8%、出張が12.9%であった。国内日帰り旅行の目的は観光が75.2%、帰省が14.3%、出張が10.5%であった（図Ⅰ-1-2左）。

●延べ泊数

2022年の日本人の延べ泊数については、国内宿泊旅行全体では5億1,111万人泊であった。旅行目的は観光が46.6%、帰省が34.9%、出張が18.4%であった。平均泊数を見ると、全体では2.20泊／人回、観光が1.65泊／人回、帰省が3.10泊／人回、出張3.14泊／人回であった（図Ⅰ-1-2右）。

図Ⅰ-1-1　旅行経験率及び旅行平均回数（2022年）

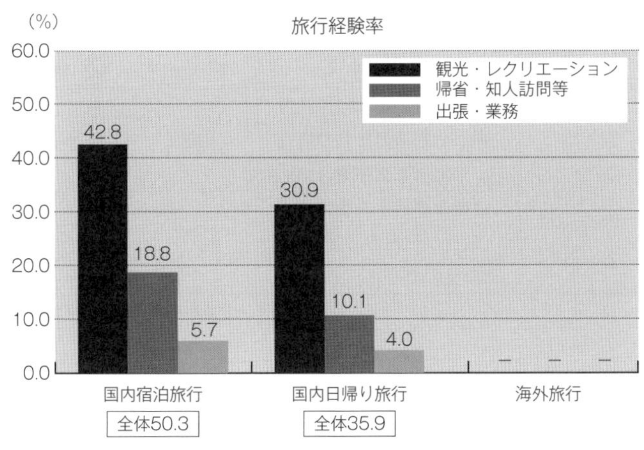

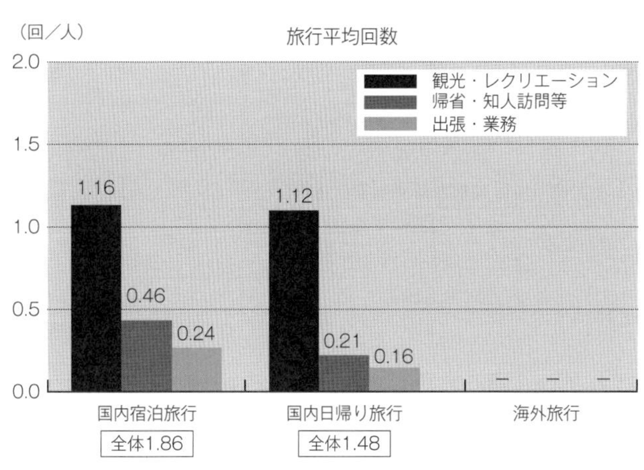

資料：いずれも観光庁「旅行・観光消費動向調査」をもとに（公財）日本交通公社作成

図Ⅰ-1-2　延べ旅行者数及び宿泊者の延べ泊数（2022年）

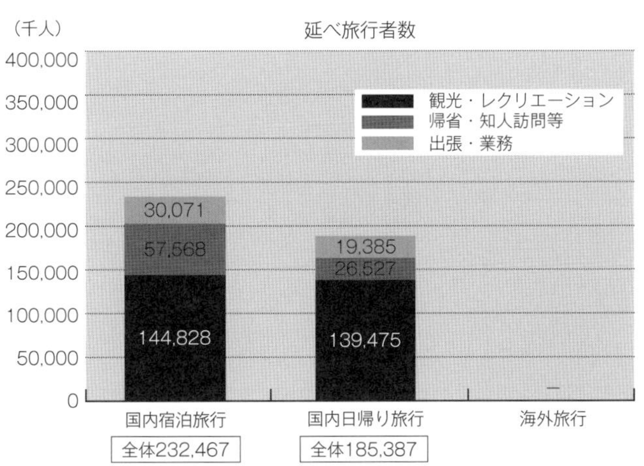

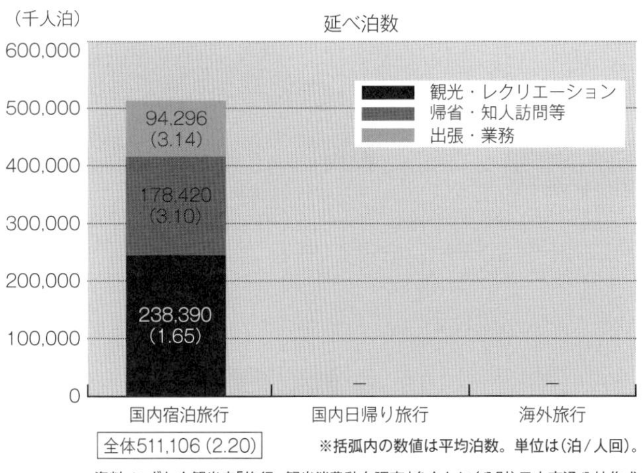

※括弧内の数値は平均泊数。単位は（泊／人回）。

資料：いずれも観光庁「旅行・観光消費動向調査」をもとに（公財）日本交通公社作成

2 旅行市場区分（全体）
国内旅行形態「個人旅行」が9割超

(1)費用負担及び旅行形態から見た旅行市場

第一に、旅行内容と旅行形態（団体・個人）に着目し、旅行市場を「個人で実施する観光旅行」、「帰省や家事のための旅行」、「組織が募集する団体旅行」、「出張や業務旅行」、「会社がらみの団体旅行」の5種類に区分した。この5つの市場区分について、延べ旅行者数（単位：人回）をベースとしてそれぞれのシェアを算出すると、「個人で実施する観光旅行」が最も大きなシェアを占めており、国内旅行で66.3％を占めた。次点は「帰省や家事のための旅行（12.7％）」、第3位は「出張や業務旅行（11.7％）」であった（表I-1-1）。

第二に、旅行市場の構造を「費用負担者」と「旅行形態」のふたつの視点から検討した。

まず旅行の費用負担者という視点から「個人負担」と「法人負担」に分け、それぞれの占める割合を延べ旅行者数（単位：人回）ベースで算出した。国内旅行においては全体の81.6％が個人負担により実施された旅行で、13.9％が法人負担により実施された旅行であった（表I-1-2）。

次に旅行形態を「個人旅行」と「団体旅行」に分け、それぞれの占める割合を延べ旅行者数（単位：人回）ベースで算出した。国内旅行全体では個人旅行が90.7％、団体旅行が4.8％を占めた（表I-1-3）。

最後に、「費用負担者」と「旅行形態」のふたつの軸によって、旅行市場を4つに区分した（図I-1-3）。国内旅行では、個人負担によって行われる個人旅行が79.0％を占め、個人負担の団体旅行は2.6％にとどまった。

表I-1-1　旅行形態に着目した旅行市場区分シェア（2022年）

（単位：％）

市場区分	定　義	国内旅行	海外旅行
個人で実施する観光旅行	個人で実施する観光旅行。スポーツ旅行。旅行会社のパック旅行に参加した場合も含める。	66.3	−
帰省や家事のための旅行	帰省や冠婚葬祭関連の旅行（帰省ついでに行った観光旅行は観光・レクリエーション旅行）。	12.7	−
組織が募集する団体旅行	町内会、農協、郵便局、信金、宗教団体、サークル等が募集する旅行。	2.6	−
出張や業務旅行	打ち合わせや会議、視察目的の旅行。	11.7	−
会社がらみの団体旅行	職場旅行や招待、報奨旅行。団体で行動する旅行。	2.2	−
その他の旅行	上記のいずれにも当てはまらない旅行。	4.5	−

資料：（公財）日本交通公社「JTBF旅行実態調査」

表I-1-2　旅行費用の負担者別に見るシェア（2022年）

（単位：％）

費用負担者	市場区分	国内旅行	海外旅行
個人負担	個人で実施する観光旅行	81.6	−
	帰省や家事のための旅行		
	組織が募集する団体旅行		
法人負担	出張や業務旅行	13.9	−
	会社がらみの団体旅行		
その他の旅行		4.5	−

資料：（公財）日本交通公社「JTBF旅行実態調査」

表I-1-3　旅行形態別に見るシェア（2022年）

（単位：％）

旅行形態	市場区分	国内旅行	海外旅行
個人旅行	個人で実施する観光旅行	90.7	−
	帰省や家事のための旅行		
	出張や業務旅行		
団体旅行	組織が募集する団体旅行	4.8	−
	会社がらみの団体旅行		
その他の旅行		4.5	−

資料：（公財）日本交通公社「JTBF旅行実態調査」

図I-1-3　国内旅行の費用負担者別・旅行形態別のシェア（2022年）

（単位：％）

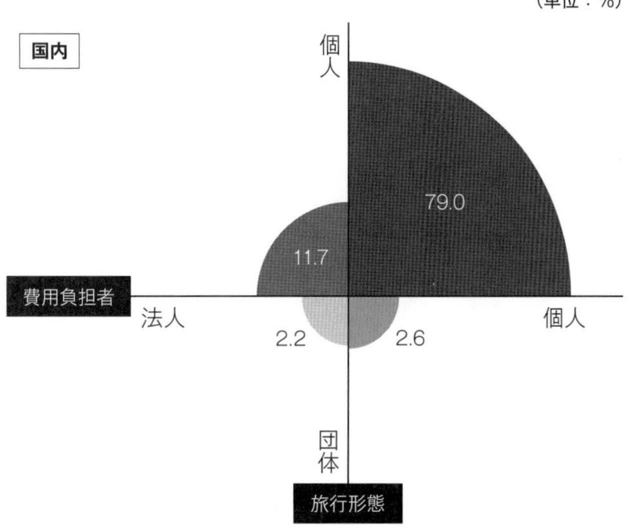

資料：（公財）日本交通公社「JTBF旅行実態調査」

3 旅行市場区分（観光・レクリエーション）

「夫婦・カップル旅行」37.4%、「家族旅行」29.6%、「ひとり旅」17.6%

(1)マーケットセグメント別の市場シェア

旅行は「誰と行くか」によって、内容が大きく左右される。特に家族旅行の場合、子どもの有無や年齢によって、旅行の内容は大きく変化する。そこで旅行マーケットのセグメンテーションとして、まず「旅行の同行者」を軸にして「家族旅行」、「夫婦・カップル旅行」、「友人旅行」、「ひとり旅」に大きく区分し、さらにその旅行者の「ライフステージ（配偶者や子どもの有無、子どもの年齢）」によって、17のセグメント（3世代家族旅行は除く）に細分化した（表I-1-4）。

セグメント別のシェアを概観すると、国内旅行では「夫婦・カップル旅行」が37.4%で最多となり、次いで「家族旅行」が29.6%、「ひとり旅」が17.6%となった。細分化したマーケットセグメント別に見ると、「子育て後の夫婦での旅行」が17.2%を占めた。

国内旅行におけるセグメント別分析の詳細は、29〜35ページに掲載した。

表I-1-4　観光・レクリエーション旅行の市場区分

マーケットセグメント		旅行の同行者	ライフステージ
家族旅行	乳幼児の子どもと一緒の家族旅行（小中高生を含まない）	子ども連れ	乳幼児の子どもあり
	小中高生の子どもと一緒の家族旅行（乳幼児連れも含む）	子ども連れ	小中高生の子どもあり
	18歳以上のみの家族旅行	子ども連れ	末子が18歳以上
		親を連れて	ー
	※うち、3世代家族旅行	3世代で	ー
夫婦・カップル旅行	カップルでの旅行	カップルで	ー
	夫婦での旅行（子どもなし）	夫婦で	子どもなし
	子育て中の夫婦での旅行	夫婦で	末子が18歳未満
	子育て後の夫婦での旅行	夫婦で	末子が18歳以上
友人旅行	未婚男性による友人旅行	友人や知人と	未婚男性
	既婚男性による友人旅行（子どもなし）	友人や知人と	既婚男性・子どもなし
	子育て中の男性による友人旅行	友人や知人と	末子が18歳未満
	子育て後の男性による友人旅行	友人や知人と	末子が18歳以上
	未婚女性による友人旅行	友人や知人と	未婚女性
	既婚女性による友人旅行（子どもなし）	友人や知人と	既婚女性・子どもなし
	子育て中の女性による友人旅行	友人や知人と	末子が18歳未満
	子育て後の女性による友人旅行	友人や知人と	末子が18歳以上
ひとり旅	男性のひとり旅	自分ひとりで	ー
	女性のひとり旅	自分ひとりで	ー

※3世代家族旅行は、子どもの年齢にかかわらず3世代で行った旅行であり、家族旅行の3セグメントと重複する

資料：（公財）日本交通公社作成

表I-1-5　観光・レクリエーション旅行の市場区分別のシェア

（単位：%）

マーケットセグメント		国内旅行	海外旅行
家族旅行		29.6	ー
	乳幼児の子どもと一緒の家族旅行（小中高生を含まない）	6.1	ー
	小中高生の子どもと一緒の家族旅行（乳幼児連れも含む）	11.9	ー
	18歳以上のみの家族旅行	11.5	ー
	※うち、3世代家族旅行	6.7	ー
夫婦・カップル旅行		37.4	ー
	カップルでの旅行	8.0	ー
	夫婦での旅行（子どもなし）	10.6	ー
	子育て中の夫婦での旅行	1.5	ー
	子育て後の夫婦での旅行	17.2	ー
友人旅行		13.5	ー
	未婚男性による友人旅行	2.7	ー
	既婚男性による友人旅行（子どもなし）	0.3	ー
	子育て中の男性による友人旅行	0.8	ー
	子育て後の男性による友人旅行	2.1	ー
	未婚女性による友人旅行	3.5	ー
	既婚女性による友人旅行（子どもなし）	1.1	ー
	子育て中の女性による友人旅行	0.2	ー
	子育て後の女性による友人旅行	2.9	ー
ひとり旅		17.6	ー
	男性のひとり旅	11.8	ー
	女性のひとり旅	5.8	ー
その他		1.9	ー
全体		100.0	ー

※3世代家族旅行は、子どもの年齢にかかわらず3世代で行った旅行であり、家族旅行の3セグメントと重複する
※16歳未満の旅行者はアンケート調査の対象となっていないため、上記シェアからは除外

資料：（公財）日本交通公社「JTBF旅行実態調査」

(2)性・年代別に見る同行者別の市場シェア

同行者は、年代の移り変わりに伴って変化する。国内旅行について見ると、男女ともに10代後半は友人との旅行が中心となった。交友関係の広がりが見られる20代前半は家族での旅行が減少し、夫婦・カップルでの旅行が増加した。20代後半以降は結婚・出産等のライフイベントによって家族での旅行が増加し、特に30代後半から40代前半では4割から6割弱を占める。その後、家族での旅行は減少し、男女ともに夫婦・カップルでの旅行の割合が高まる。70～79歳では、男性においては夫婦・カップルでの旅行が6割弱を占めている一方で、女性は4割強である。なお、男性ではすべての年代で女性より一人で旅をする割合が高い。特に、20～24歳、55～59歳では3割強となった(図I-1-4、図I-1-5)。

(仲 七重)

図I-1-4 国内旅行における年代別同行者(男性)

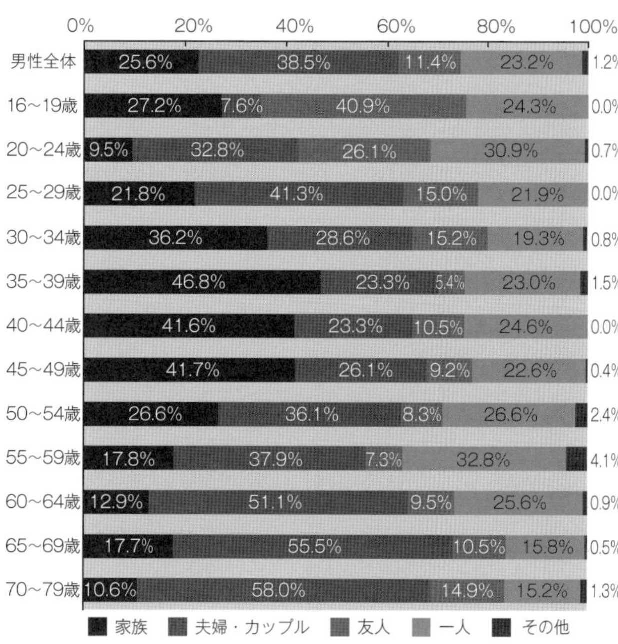

資料:(公財)日本交通公社「JTBF旅行実態調査」

図I-1-5 国内旅行における年代別同行者(女性)

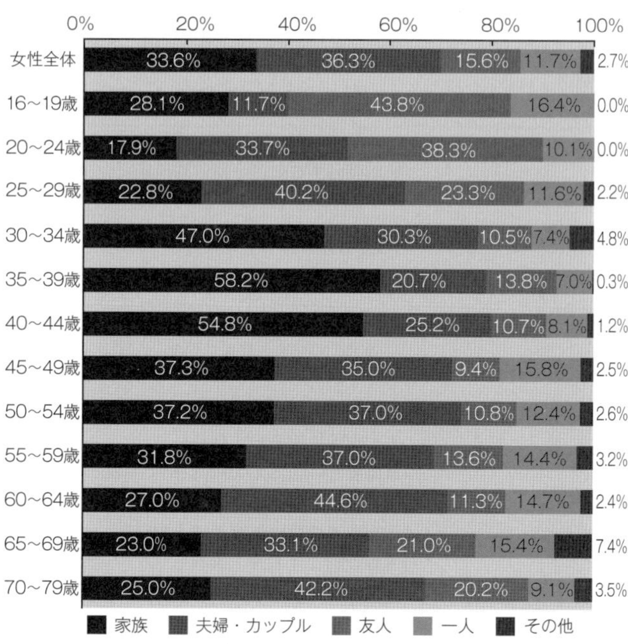

資料:(公財)日本交通公社「JTBF旅行実態調査」

I-2 日本人の国内旅行

1 2022年の概況

国内旅行市場は回復傾向

(1)国内旅行者の動向

観光庁の「旅行・観光消費動向調査」によると、2022年の宿泊を伴う国内延べ旅行者数は2億3,247万人回、前年比64.0%増となった。いずれの目的においても、宿泊者数は前年比増となり、観光・レクリエーション(以下、観光)は前年比81.9%増、帰省・知人訪問等は同34.6%増、出張・業務は同55.1%増であった(表I-2-1)。

宿泊旅行市場の半数以上のシェアを占める観光旅行では、延べ旅行者数は1億4,483万人回(前年7,961万人回)、国民一人当たりの旅行平均回数は1.16回/人(同0.63回/人)、国民一人当たりの平均宿泊数は1.9泊/人(同1.0泊/人)となり、いずれの指標も前年を上回った(図I-2-1)。

国内延べ日帰り旅行者数も前年比46.6%増となったが、出張・業務目的は同13.2%減と減少に転じた(表I-2-1)。

(2)主な要因

2022年も新型コロナウイルス感染症の影響が続いた。1~3月はオミクロン株の流行に伴うまん延防止等重点措置(以下、まん防)が発出され、多くの地域で県民割の停止が余儀なくされた。4月以降はまん防が解除され、県民割が再開・拡大するとともに水際対策が段階的に緩和されたことで、旅行マインドが国内旅行にも広がった。7月からは第7波により過去最大の感染者数となったものの、行動制限はせずに感染対策と社会経済活動の両立を目指す方針が打ち出された。10月以降は、全国を対象とした全国旅行支援や、入国者数の上限撤廃や個人旅行の解禁等、水際対策の大幅な緩和に伴い、観光旅行者数は2019年同期を上回るまでに回復した。

2023年1~3月の国内宿泊観光旅行における延べ旅行者数も、前年同期比86.3%増(2019年同期比3.4%増)となった(観光庁「旅行・観光消費動向調査」確報)。5月からは新型コロナウイルス感染症が5類感染症に移行、今後の市場活性化が期待される。

表I-2-1 日本人の国内延べ旅行者数の推移

(単位:千人回)

	宿泊旅行								日帰り旅行							
			観光・レクリエーション		帰省・知人訪問等		出張・業務				観光・レクリエーション		帰省・知人訪問等		出張・業務	
		前年比(%)		前年比(%)		前年比(%)		前年比(%)		前年比(%)		前年比(%)		前年比(%)		前年比(%)
2018年	291,052	△10.0	165,010	△7.6	79,798	△11.8	46,245	△14.8	270,727	△16.5	188,850	△9.0	40,018	△24.2	41,859	△34.4
2019年	311,624	7.1	171,727	4.1	85,696	7.4	54,201	17.2	275,478	1.8	196,347	4.0	40,974	2.4	38,157	△8.8
2020年	160,703	△48.4	91,832	△46.5	45,998	△46.3	22,872	△57.8	132,705	△51.8	89,369	△54.5	23,373	△43.0	19,964	△47.7
2021年	141,768	△11.8	79,608	△13.3	42,769	△7.0	19,392	△15.2	126,440	△4.7	83,878	△6.1	20,222	△13.5	22,340	11.9
2022年	232,467	64.0	144,828	81.9	57,568	34.6	30,071	55.1	185,387	46.6	139,475	66.3	26,527	31.2	19,385	△13.2

(注)各年の値は年間確報による。それぞれの調査結果は観光庁のウェブサイトより(2023年6月9日時点)。

資料:観光庁「旅行・観光消費動向調査」をもとに(公財)日本交通公社作成

図I-2-1 日本人の国内宿泊観光・レクリエーション延べ旅行者数の推移

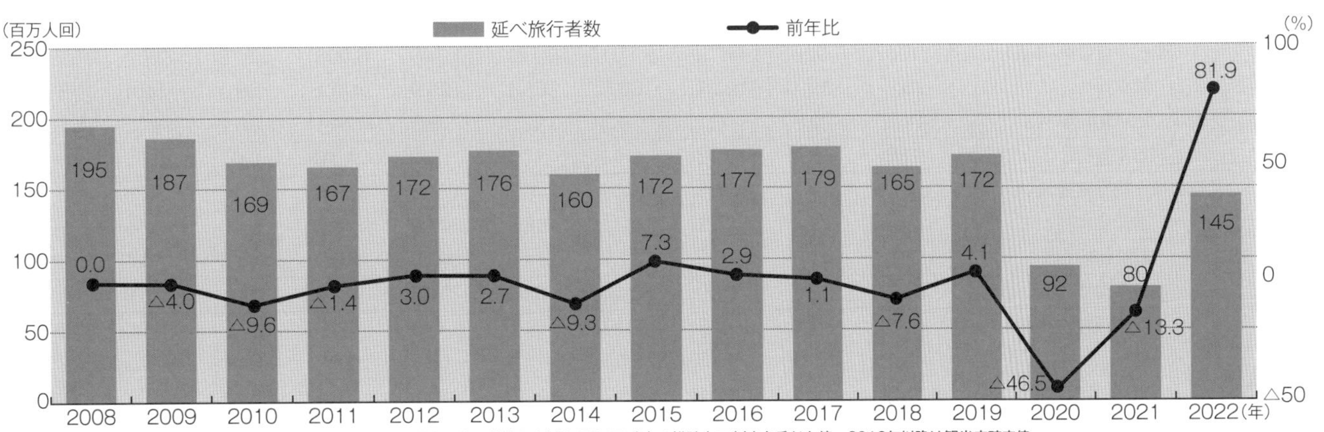

(注)延べ旅行者数の値は、2007~2009年は国民一人当たりの旅行平均回数(回/人)に7月1日時点の推計人口(人)を乗じた値。2010年以降は観光庁確定値。

資料:観光庁「旅行・観光消費動向調査」をもとに(公財)日本交通公社作成

(3)宿泊旅行者数の内訳

●性・年代別(表I-2-2、図I-2-2)

2022年の国内宿泊旅行はすべての性・年代で前年からプラスとなり、特に、男性70代以上と女性50～60代は前年比8割以上増となり、他年代に比べて増加した。なお、2019年比ではすべての性・年代でマイナスであり、男性10代及び～40代、60代、女性10代以下及び40代、70代以上は3割以上減となった。

目的別に見ると、特に増加幅が大きかったのは、男性40～50代の観光(それぞれ約480万人増)、女性20代の観光(約810万人増)、女性50代の観光(約650万人増)、女性60代の観光(約460万人増)であった。

観光にしぼって見ると、最も旅行をした年代は男性は40代、女性は20代であった。女性20代及び50代は前年比120%を超えており、コロナ禍前の2019年と比べてもプラスとなった。

●出発月別(表I-2-3、図I-2-3)

国内宿泊観光旅行者数を出発月別に見ると、すべての月において前年比プラスとなった。全国を対象とした全国旅行支援や水際対策の大幅緩和が行われた10月以降は、2019年比で1割以上増となり、コロナ禍前を超える水準まで回復した。

●居住地別(表I-2-3)

国内宿泊観光旅行を居住地別に見ると、すべてのエリアで前年から回復、沖縄県では2019年比もプラスとなった。

表I-2-2　性・年代別日本人国内宿泊旅行者数(2022年)

男性		年代									全体
		10代未満	10代	20代	30代	40代	50代	60代	70代	80代以上	
宿泊旅行全体	延べ旅行者数(千人)	10,594	8,139	18,221	16,853	20,535	19,383	14,118	10,136	3,085	121,063
	前年比(%)	78.8	57.6	39.7	54.6	61.9	59.3	60.4	97.6	101.6	60.7
	2019年比(%)	△24.2	△31.5	△5.4	△33.2	△30.2	△26.4	△34.9	△22.0	△10.5	△26.3
	旅行平均回数(回/人)	2.23	1.46	2.81	2.41	2.31	2.23	1.91	1.34	0.69	1.99
観光・レクリエーション	延べ旅行者数(千人)	6,344	5,893	8,866	8,991	11,131	10,462	8,270	6,998	2,160	69,115
	前年比(%)	103.0	72.5	38.4	76.7	74.4	83.9	61.7	103.1	101.7	73.9
	2019年比(%)	△10.8	△28.3	△13.0	△5.1	△8.3	△4.6	△28.8	△21.9	△13.2	△14.8
	旅行平均回数(回/人)	1.34	1.06	1.37	1.28	1.25	1.20	1.12	0.93	0.48	1.14
帰省・知人訪問等	延べ旅行者数(千人)	4,187	2,010	4,825	4,199	3,469	3,862	2,708	1,738	419	27,416
	前年比(%)	51.0	48.7	△2.6	33.1	38.9	39.9	54.2	76.6	4.3	32.9
	2019年比(%)	△37.1	△34.4	△8.3	△22.3	△32.8	△13.8	△43.2	△36.2	△51.2	△28.6
	旅行平均回数(回/人)	0.88	0.36	0.74	0.60	0.39	0.44	0.37	0.23	0.09	0.45
出張・業務	延べ旅行者数(千人)	64	236	4,530	3,662	5,935	5,058	3,139	1,400	507	24,532
	前年比(%)	136.0	△40.4	169.0	37.8	56.1	36.0	62.8	99.9	772.5	63.8
	2019年比(%)	△70.3	△60.0	19.2	△64.6	△51.1	△53.6	△40.9	7.3	392.3	△45.1
	旅行平均回数(回/人)	0.01	0.04	0.70	0.52	0.67	0.58	0.43	0.19	0.11	0.40
女性		年代									全体
		10代未満	10代	20代	30代	40代	50代	60代	70代	80代以上	
宿泊旅行全体	延べ旅行者数(千人)	9,208	8,269	22,178	14,912	14,523	17,777	12,771	7,799	3,965	111,404
	前年比(%)	52.6	59.0	78.3	59.1	50.2	86.0	86.8	60.7	60.7	67.7
	2019年比(%)	△31.5	△31.5	△4.0	△23.2	△30.8	△16.5	△28.7	△39.3	△36.9	△24.4
	旅行平均回数(回/人)	2.03	1.56	3.60	2.21	1.67	2.06	1.67	0.89	0.51	1.73
観光・レクリエーション	延べ旅行者数(千人)	6,158	6,026	14,672	9,701	10,121	11,749	8,908	5,875	2,504	75,713
	前年比(%)	78.8	80.7	123.7	68.9	65.1	125.9	106.1	68.4	52.1	89.9
	2019年比(%)	△14.2	△29.7	6.7	△9.3	△22.9	2.3	△24.1	△36.7	△47.2	△16.4
	旅行平均回数(回/人)	1.36	1.14	2.38	1.44	1.17	1.36	1.16	0.67	0.32	1.18
帰省・知人訪問等	延べ旅行者数(千人)	3,021	1,841	6,158	4,634	3,477	4,553	3,245	1,816	1,406	30,152
	前年比(%)	26.8	28.8	19.1	42.1	42.0	47.9	37.6	51.0	72.9	36.2
	2019年比(%)	△51.7	△41.9	△10.8	△32.7	△44.5	△40.8	△40.9	△44.4	0.6	△36.3
	旅行平均回数(回/人)	0.67	0.35	1.00	0.69	0.40	0.53	0.42	0.21	0.18	0.47
出張・業務	延べ旅行者数(千人)	30	402	1,348	577	925	1,475	618	108	55	5,539
	前年比(%)	△85.4	△7.6	90.3	57.3	△15.4	15.3	297.9	△34.0	534.9	25.4
	2019年比(%)	131.3	19.4	△45.1	△68.7	△42.0	△30.5	△8.4	△64.9	△61.7	△41.7
	旅行平均回数(回/人)	0.01	0.08	0.22	0.09	0.11	0.17	0.08	0.01	0.01	0.09

(注1)各値は年間確報による。調査結果は観光庁のウェブサイトより(2023年6月9日時点)。
(注2)旅行平均回数とは、旅行に行った回数の平均を指す。旅行しなかった人は0回として含めている。

資料:観光庁「旅行・観光消費動向調査」をもとに(公財)日本交通公社作成

図Ⅰ-2-2 性・年代別日本人国内宿泊延べ旅行者数の推移

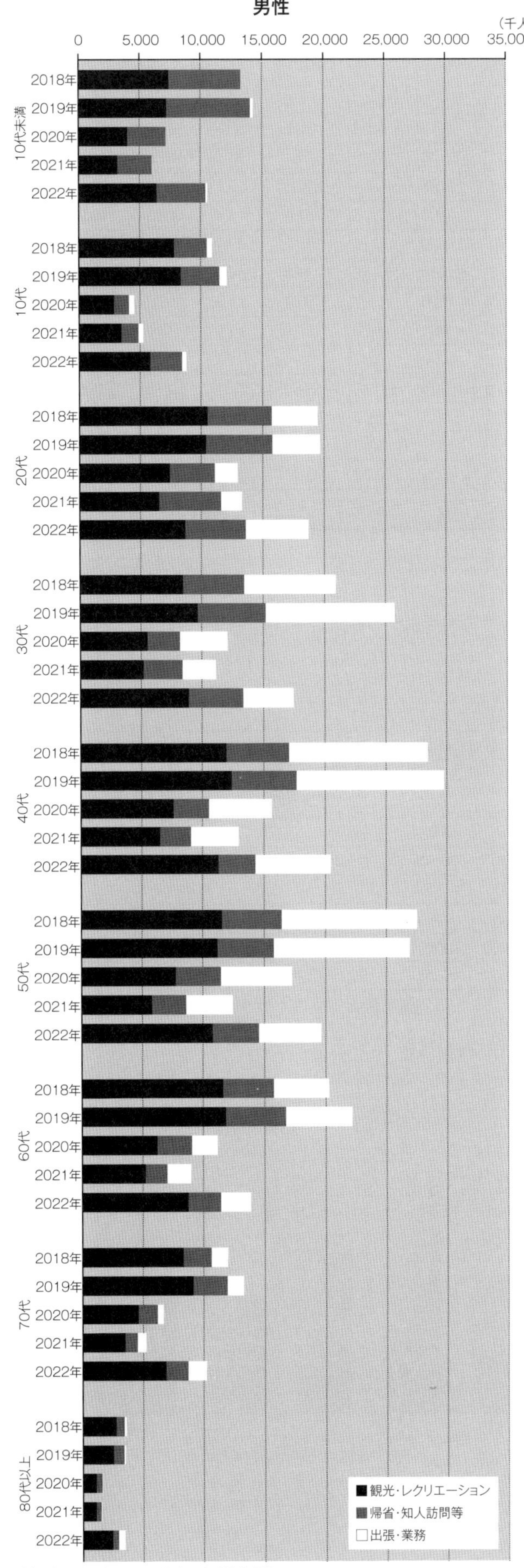

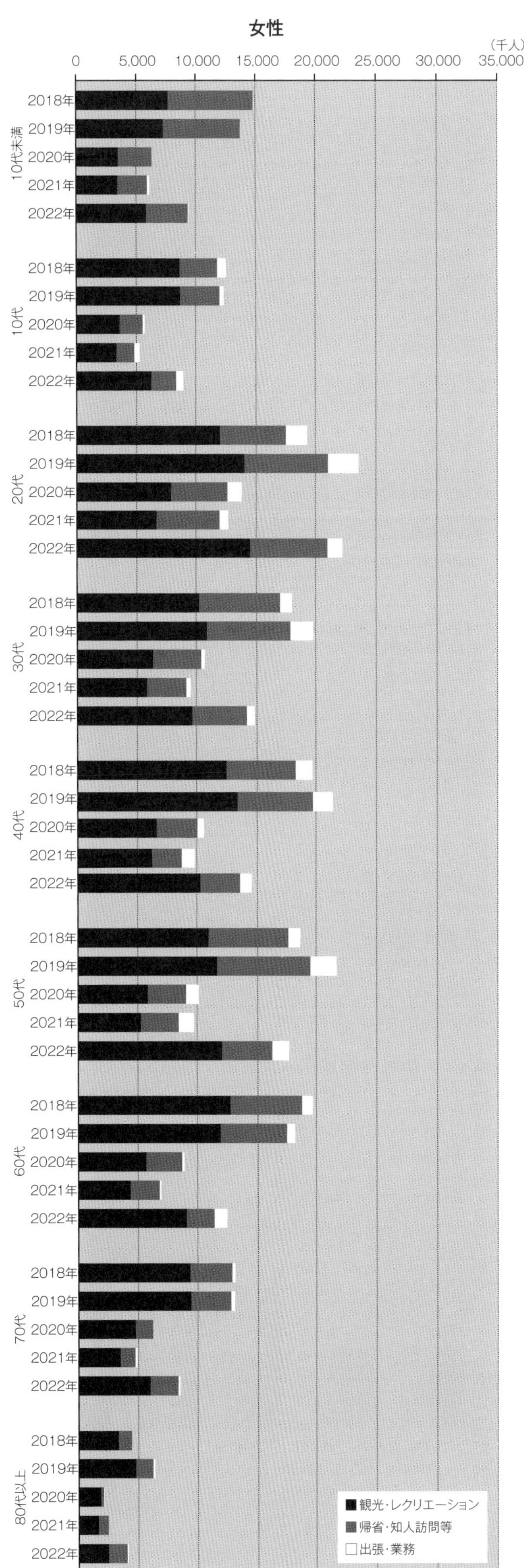

(注)図中のデータについては表Ⅰ-2-2注と同じ。

資料:観光庁「旅行・観光消費動向調査」をもとに(公財)日本交通公社作成

表Ⅰ-2-3　出発月・居住地別日本人国内宿泊観光旅行者数（2022年）

出発月		1月	2月	3月	4月	5月	6月	7月	8月	9月	10月	11月	12月	全体
宿泊旅行全体	延べ旅行者数（千人）	13,057	7,200	15,803	16,620	25,300	19,576	19,220	29,064	21,701	19,939	22,100	22,887	232,467
	前年比（%）	87.2	25.7	16.4	92.3	131.0	101.9	70.3	91.0	128.1	57.5	30.6	11.1	64.0
	2019年比（%）	△42.3	△55.6	△37.3	△28.9	△28.9	△20.8	△17.9	△34.3	△20.8	△6.0	△7.3	△3.9	△25.4
	旅行平均回数（回／人）	0.10	0.06	0.13	0.13	0.20	0.16	0.15	0.23	0.17	0.16	0.18	0.18	1.86
観光・レクリエーション	延べ旅行者数（千人）	5,792	4,179	9,568	9,584	15,251	12,431	12,876	18,409	14,571	13,395	14,965	13,807	144,828
	前年比（%）	106.7	54.2	27.5	123.1	169.6	167.5	86.9	107.1	156.5	67.4	40.6	16.2	81.9
	2019年比（%）	△42.0	△56.7	△38.4	△26.4	△22.5	△3.5	△4.6	△25.3	△7.1	14.6	12.3	13.9	△15.7
	旅行平均回数（回／人）	0.05	0.03	0.08	0.08	0.12	0.10	0.10	0.15	0.12	0.11	0.12	0.11	1.16
帰省・知人訪問等	延べ旅行者数（千人）	5,857	1,628	4,155	4,350	7,023	3,936	4,284	8,543	4,463	3,583	3,861	5,884	57,568
	前年比（%）	85.3	1.7	△2.7	63.5	74.4	25.6	50.8	67.7	60.4	29.8	△6.3	△6.8	34.6
	2019年比（%）	△40.4	△55.7	△32.7	△29.8	△34.8	△30.5	△14.1	△42.8	△27.8	△21.9	△27.6	△20.0	△32.8
	旅行平均回数（回／人）	0.05	0.01	0.03	0.03	0.06	0.03	0.03	0.07	0.04	0.03	0.03	0.05	0.46
出張・業務	延べ旅行者数（千人）	1,407	1,393	2,080	2,686	3,026	3,209	2,060	2,113	2,668	2,961	3,273	3,196	30,071
	前年比（%）	39.0	△1.6	15.8	59.2	137.9	67.7	32.5	71.3	153.3	55.9	51.8	33.3	55.1
	2019年比（%）	△50.0	△51.6	△40.4	△35.1	△40.7	△48.1	△58.1	△54.8	△51.9	△40.0	△36.9	△26.4	△44.5
	旅行平均回数（回／人）	0.01	0.01	0.02	0.02	0.02	0.03	0.02	0.02	0.02	0.02	0.03	0.03	0.24

居住地		北海道	東北	関東	北陸信越	中部	近畿	中国	四国	九州	沖縄	全体
宿泊旅行全体	延べ旅行者数（千人）	12,739	12,122	91,072	9,573	28,931	38,579	11,102	4,821	21,545	1,983	232,467
	前年比（%）	75.7	28.0	69.0	79.2	67.3	54.6	74.5	106.2	58.2	55.9	64.0
	2019年比（%）	△14.8	△42.9	△26.3	△38.7	△21.1	△15.2	△32.4	△37.6	△23.7	16.9	△25.4
	旅行平均回数（回／人）	2.47	1.43	2.06	1.51	1.86	1.89	1.55	1.32	1.70	1.36	1.86
観光・レクリエーション	延べ旅行者数（千人）	6,908	7,722	59,758	6,610	17,295	24,015	6,066	2,791	12,422	1,240	144,828
	前年比（%）	94.4	44.6	89.2	86.7	83.5	70.3	104.1	127.2	74.3	70.7	81.9
	2019年比（%）	△4.3	△33.3	△13.4	△27.5	△18.2	△9.9	△21.0	△33.5	△13.1	43.7	△15.7
	旅行平均回数（回／人）	1.34	0.91	1.35	1.04	1.11	1.18	0.85	0.76	0.98	0.85	1.16
帰省・知人訪問等	延べ旅行者数（千人）	3,141	2,892	22,091	2,180	5,834	9,826	3,724	1,376	6,035	470	57,568
	前年比（%）	26.9	△1.0	45.5	62.2	11.8	30.0	55.0	75.5	32.2	50.2	34.6
	2019年比（%）	△21.5	△51.2	△34.3	△50.6	△31.6	△19.1	△26.0	△37.2	△35.3	△10.7	△32.8
	旅行平均回数（回／人）	0.61	0.34	0.50	0.34	0.38	0.48	0.52	0.38	0.48	0.32	0.46
出張・業務	延べ旅行者数（千人）	2,691	1,507	9,223	784	5,801	4,737	1,312	655	3,088	273	30,071
	前年比（%）	120.1	24.9	29.8	71.6	118.8	44.3	32.9	101.1	60.6	17.4	55.1
	2019年比（%）	△27.9	△59.7	△56.1	△62.2	△16.9	△29.1	△64.6	△50.9	△33.3	△11.1	△44.5
	旅行平均回数（回／人）	0.52	0.18	0.21	0.12	0.37	0.23	0.18	0.18	0.24	0.19	0.24

（注）表中のデータについては表Ⅰ-2-2注と同じ。　　資料：観光庁「旅行・観光消費動向調査」をもとに（公財）日本交通公社作成

図Ⅰ-2-3　出発月別日本人国内宿泊観光・レクリエーション延べ旅行者数の推移

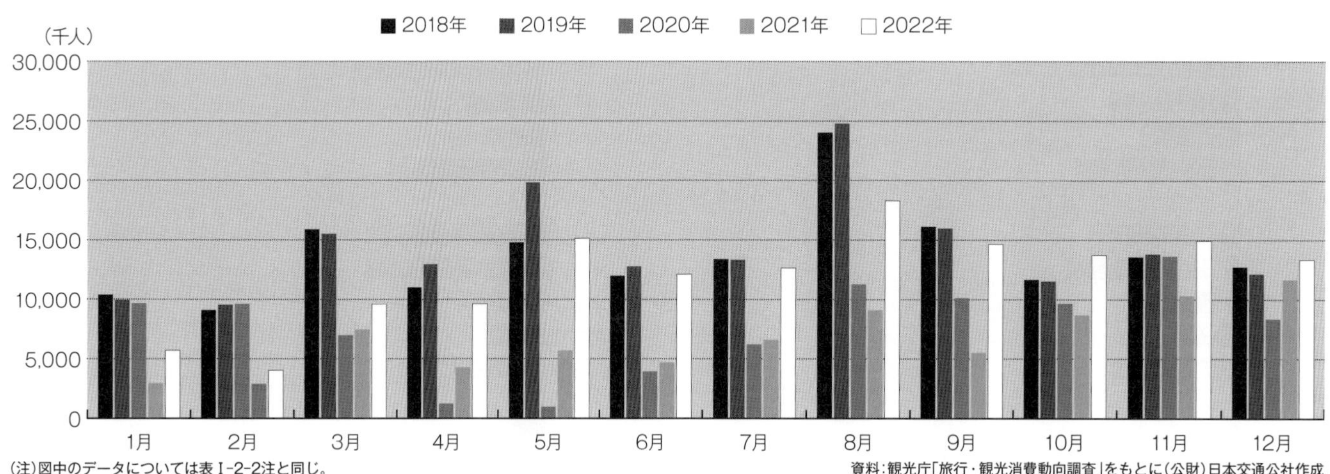

（注）図中のデータについては表Ⅰ-2-2注と同じ。　　資料：観光庁「旅行・観光消費動向調査」をもとに（公財）日本交通公社作成

2 着地別（都道府県別）の旅行動向

46都道府県で前年から増加
コロナ禍前の2019年比、7都道府県で増

(1) 都道府県別国内宿泊者数（表Ⅰ-2-4）

2022年の日本人延べ宿泊者数は、46都道府県で前年から増加した。特に、京都府（76.8％増）、沖縄県（67.9％増）、大阪府（56.8％増）、北海道（52.4％増）、千葉県（52.4％増）、愛媛県（50.4％増）、香川県（50.3％増）では前年比5割以上の増加となった。

一方、コロナ禍前の2019年と比べると、山口県（10.6％増）、京都府（10.2％増）、神奈川県（5.7％増）、東京都（4.6％増）、北海道（4.4％増）、栃木県（3.2％増）、愛知県（1.4％増）の7都道府県で増加が見られた（各地の詳細な動向については、第Ⅳ編　観光地参照）。

(2) 都道府県別旅行内容

ここでは、国内宿泊観光旅行（観光・レクリエーションを目的とする国内宿泊旅行）にしぼり、日本人の国内旅行の実態を詳しく見ていく。なお、ここで分析に用いた表データは、すべて「JTBF旅行実態調査」（6ページ参照）による。

表Ⅰ-2-4　都道府県別の日本人延べ宿泊者数

（単位：千人泊、％）

訪問先	2018年	前年比	2019年	前年比	2020年	前年比	2021年	前年比	2022年	前年比	2019年比
北海道	26,974	△1.0	28,178	4.5	19,393	△31.2	19,297	△0.5	29,417	52.4	4.4
青森県	4,710	9.4	4,249	△9.8	3,237	△23.8	3,543	9.4	3,315	14.6	△4.5
岩手県	5,840	1.2	5,933	1.6	4,224	△28.8	4,532	7.3	4,312	15.8	△11.5
宮城県	10,003	14.4	10,371	3.7	6,440	△37.9	6,374	△1.0	6,571	32.2	△18.8
秋田県	3,382	10.5	3,515	3.9	2,520	△28.3	2,533	0.5	2,546	14.0	△17.9
山形県	5,268	2.4	5,338	1.3	3,426	△35.8	3,424	0.0	3,513	18.1	△24.2
福島県	11,220	9.3	12,443	10.9	9,448	△24.1	8,485	△10.2	9,536	8.1	△26.3
茨城県	5,638	4.0	6,082	7.9	4,290	△29.5	4,159	△3.0	4,343	24.2	△15.1
栃木県	9,146	△7.4	9,205	0.6	6,414	△30.3	6,746	5.2	6,477	40.8	3.2
群馬県	8,016	△6.1	8,356	4.2	5,564	△33.4	4,999	△10.2	5,635	39.2	△16.7
埼玉県	4,682	13.7	5,217	11.4	3,449	△33.9	3,464	0.4	3,489	31.7	△12.6
千葉県	21,470	10.3	24,431	13.8	12,990	△46.8	13,447	3.5	14,131	52.4	△16.1
東京都	42,915	9.8	49,631	15.7	32,760	△34.0	35,136	7.3	37,763	47.7	4.6
神奈川県	20,268	20.2	20,635	1.8	14,535	△29.6	14,568	0.2	15,130	49.7	5.7
新潟県	9,366	△5.9	10,450	11.6	6,714	△35.8	6,673	△0.6	6,969	25.7	△19.7
富山県	3,474	3.8	3,450	△0.7	2,177	△36.9	2,470	13.5	2,228	26.0	△9.8
石川県	8,157	4.6	8,216	0.7	5,014	△39.0	4,408	△12.1	5,204	43.3	△23.1
福井県	3,981	13.2	4,046	1.6	2,541	△37.2	2,346	△7.7	2,564	18.9	△31.1
山梨県	6,652	5.2	7,017	5.5	4,005	△42.9	4,655	16.2	4,362	49.8	△0.6
長野県	16,798	△0.5	16,475	△1.9	10,716	△35.0	10,502	△2.0	11,242	35.6	△13.6
岐阜県	5,367	6.9	5,644	5.2	4,210	△25.4	3,789	△10.0	4,500	41.4	△5.1
静岡県	20,068	4.8	20,936	4.3	14,102	△32.6	13,905	△1.4	14,369	30.6	△13.3
愛知県	14,160	△5.1	15,704	10.9	10,408	△33.7	11,605	11.5	11,068	37.2	1.4
三重県	8,560	8.2	8,211	△4.1	5,011	△39.0	5,028	0.4	5,069	37.1	△16.0
滋賀県	4,419	10.3	4,592	3.9	2,624	△42.9	2,611	△0.5	2,684	34.5	△23.5
京都府	14,183	9.9	18,725	32.0	12,190	△34.9	11,665	△4.3	13,898	76.8	10.2
大阪府	24,774	18.0	29,501	19.1	16,492	△44.1	17,796	7.9	19,717	56.8	△5.4
兵庫県	12,132	△4.4	13,050	7.6	8,796	△32.6	8,757	△0.4	8,976	41.8	△4.8
奈良県	2,134	2.2	2,191	2.7	1,423	△35.1	1,541	8.3	1,480	37.2	△3.5
和歌山県	4,548	4.7	4,666	2.6	3,324	△28.8	3,660	10.1	3,393	9.0	△14.5
鳥取県	3,368	15.8	2,703	△19.7	2,086	△22.8	2,150	3.1	2,120	△14.5	△32.0
島根県	2,904	△9.3	3,538	21.8	2,438	△31.1	2,699	10.7	2,451	7.6	△17.9
岡山県	5,145	2.0	5,174	0.6	3,701	△28.5	3,501	△5.4	3,775	29.8	△12.2
広島県	8,662	1.3	10,308	19.0	6,577	△36.2	5,761	△12.4	6,746	44.0	△19.5
山口県	4,229	△1.4	3,658	△13.5	3,081	△15.8	3,212	4.2	3,113	26.0	10.6
徳島県	2,108	5.1	2,435	15.5	1,429	△41.3	1,502	5.1	1,449	22.9	△24.2
香川県	3,502	16.5	3,888	11.0	2,448	△37.0	2,159	△11.8	2,529	50.3	△16.5
愛媛県	4,020	△6.3	4,169	3.7	2,940	△29.5	2,538	△13.7	2,998	50.4	△8.5
高知県	2,935	11.1	2,808	△4.3	1,946	△30.7	1,907	△2.0	1,963	40.5	△4.5
福岡県	13,365	△10.1	16,158	20.9	9,969	△38.3	9,761	△2.1	10,593	39.2	△15.9
佐賀県	2,361	△10.1	2,442	3.4	1,781	△27.1	1,534	△13.9	1,823	33.6	△16.1
長崎県	6,995	△1.1	6,496	△7.1	4,436	△31.7	4,498	1.4	4,584	39.2	△3.6
熊本県	7,040	3.4	6,698	△4.9	4,591	△31.5	4,650	1.3	4,732	32.6	△7.9
大分県	6,332	11.4	6,696	5.7	4,698	△29.8	4,262	△9.3	4,860	46.6	△6.7
宮崎県	3,832	6.4	3,994	4.2	3,020	△24.4	2,793	△7.5	3,073	13.6	△20.6
鹿児島県	8,034	9.3	7,526	△6.3	5,005	△33.5	5,086	1.6	5,127	24.1	△16.1
沖縄県	20,590	24.8	25,115	22.0	12,725	△49.3	10,626	△16.5	13,790	67.9	△29.0

（注）日本人延べ宿泊者数は、全延べ宿泊者数から外国人延べ宿泊者数を差し引いて集計した。

資料：観光庁「宿泊旅行統計調査」をもとに（公財）日本交通公社作成

①旅行先とマーケットセグメント（表I-2-5）

全体的な傾向としては、「家族旅行」と「ひとり旅」が前年と比べて1ポイント程度増加した。「家族旅行」の割合は、コロナ禍以降増加傾向にある。「友人や知人との旅行」はコロナ禍前（2019年）と比べて減少が続き、前年から0.8ポイント減、コロナ禍前と比べて4.3ポイント減となった。一方、「夫婦・カップルでの旅行」は前年に比べ1.3ポイント減だが、コロナ禍前と比べると1.8ポイント増であった。

都道府県別に見ると、42道府県で「夫婦・カップルでの旅行」がトップシェアとなった。特に、「山口県」をはじめ「岩手県」、「群馬県」、「山形県」では全体よりも10ポイント以上高いシェアとなった。「夫婦旅行（子育て後）」は、「山口県」、「岩手県」、「高知県」で全体に比べて高かった。「家族旅行」がトップシェアとなったのは、「茨城県」、「千葉県」、「大阪府」であった。「子ども連れ家族旅行」は、東京ディズニーリゾートを有する「千葉県」で、例年同様、特に高い値となった。また、「大人のみ家族旅行」は「福井県」、「島根県」、「広島県」で、「3世代の家族旅行」は「福井県」、「三重県」、「和歌山県」で、全体と比べて高い値を示した。「友人や知人との旅行」は、「岐阜県」、「佐賀県」が全体に比べて高い傾向にあった。「ひとり旅」については、「東京都」、「青森県」、「埼玉県」、「福岡県」で高く、「東京都」ではトップシェアとなった。「ひとり旅」は、全体的に男性のほうが高い値を示す傾向が見られるが、「長崎県」では女性のほうが高い値となった。

②旅行先と居住地（表I-2-6）

旅行者全体の居住地構成としては、前年及びコロナ禍前（2019年）から大きな変動はなく、人口の多い「南関東」が約3割を占め、「近畿」1.5割強、「東海」及び「九州・沖縄」がそれぞれ約1割で続く。いずれの地域においても、大都市居住者（南関東、近畿）と近隣居住者が重要なマーケットとなっている。コロナ禍の影響で近隣居住者の割合が高まった状態が続いているが、前年に比べると近隣への旅行割合は減少した。

「北海道」は、コロナ禍前は南関東居住者のシェアが最も高かったが、コロナ禍においては道内居住者率が高まり、2020年48.4%、2021年50.3%であった。2022年は41.5%とやや低下したものの、コロナ禍前の26.2%を大きく上回った。東北地方（北東北、南東北）も、東北地方在住の旅行者のシェアが3～4割を占め、コロナ禍前と比べると域内旅行割合が高い傾向が続くものの、前年からはその割合は減少した。「北関東」は例年同様、南関東居住者のシェアが最も高く、5～6割を占めた。次点の北関東居住者は、コロナ禍においてその割合が急増、前年からは減少傾向にあるものの2022年も高い状態が続き、コロナ禍前と比べて10ポイント程度高まっている。「南関東」の「埼玉県」、「千葉県」、「神奈川県」も、南関東居住者がコロナ禍前に比べて10～20ポイント程度高まった状態が続くものの、前年からは減少傾向にあった。「東京都」は、他道府県に比べて全国各地から観光客が訪れることから南関東居住者のシェアは2割にとどまった。「甲信越」、「北陸」及び「東海」でも、域内居住者の割合が高まった状態が続くものの、多くの県で前年に比べて減少した。「近畿」のうち、「滋賀県」、「京都府」、「兵庫県」、「奈良県」、「和歌山県」は近隣居住者である近畿居住者のシェアが最も大きい。「大阪府」は、トップシェアは前年同様、南関東居住者であった。いずれの地域も、域内居住者の割合はコロナ禍前と比べて高い。「中国」及び「四国」も同様の傾向が見られ、近隣居住者の割合は前年と比べると減少した地域が多いものの、いずれもコロナ禍前と比べ増加している。「鳥取県」、「岡山県」、「徳島県」、「香川県」は近隣の大都市圏である近畿地方居住者がトップシェアであり、主要なマーケットとなっている。「九州」は、コロナ禍も相まって例年以上に九州在住の旅行者が多いが、前年と比べると域内旅行者の割合は減少した。「沖縄」も、コロナ禍前と比べると九州・沖縄居住者が増加しているものの、前年からは減少した。トップシェアは例年同様南関東からの旅行者であり、3割を占めた。

③旅行先と最も楽しみにしていたこと（表I-2-7）

旅行の楽しみの2トップは「おいしいものを食べること」、「温泉に入ること」で、それぞれ約2割を占めた。コロナ禍においてはトップが「温泉に入ること」だったが、2022年は3年ぶりに「おいしいものを食べること」がトップになった。その後には「自然景観を見ること」が続き、約1割を占めた。4位には前年7位の「観光・文化施設を訪れること」が入った。前年から3.0ポイント増となり、順位を伸ばした。以下、「文化的な名所を見ること」、「スポーツやアウトドア活動を楽しむこと」が続く。

都道府県別に見ると、ひとつの目的のシェアが4割を超えたのは、「宮崎県」の「おいしいものを食べること」、「群馬県」、「大分県」の「温泉に入ること」であった。一方、「埼玉県」、「広島県」等は特定の目的への集中が他道府県に比べて見られず、分散傾向にあった。「おいしいものを食べること」は、地鶏炭火焼や冷や汁に代表される「宮崎県」で特徴的な楽しみであり、4.5割を占め、かつ、全体に比べて15ポイント以上高い。「温泉に入ること」は、鬼怒川・塩原温泉等を有する「栃木県」、草津・伊香保温泉等を有する「群馬県」、嬉野・武雄温泉等を有する「佐賀県」、別府・由布院温泉等を有する「大分県」で、3.5割以上を占め、かつ、全体に比べて15ポイント以上高い。「自然景観を見ること」は、「沖縄県」で2割を占め、かつ、全体に比べて10ポイント以上高い。「観光・文化施設を訪れること」は、東京ディズニーリゾートのある「千葉県」、ユニバーサル・スタジオ・ジャパンのある「大阪府」で全体に比べて15ポイント以上高い値となった。「文化的な名所を見ること」は、「京都府」、「奈良県」で3割を占め、かつ、全体に比べて15ポイント以上高い。近畿及び中国地方でのシェアが高い。

表Ⅰ-2-5　旅行先別のマーケットセグメント（同行者×ライフステージ）

（単位：%）

同行者＼旅行先	家族旅行					夫婦・カップルでの旅行					友人や知人との旅行									ひとり旅			その他	サンプル数
		子ども連れ										男性				女性								
		乳幼児連れ（小中高生を含まない）	小中高生連れ	大人のみ	※3世代		カップル	夫婦旅行（子どもなし）	子育て中	子育て後		未婚	既婚（子どもなし）	子育て中	子育て後	未婚	既婚（子どもなし）	子育て中	子育て後		男性	女性		
全体	29.6	6.1	11.9	11.5	6.7	37.4	8.0	10.6	1.5	17.2	13.5	2.7	0.3	0.8	2.1	3.5	1.1	0.2	2.9	17.6	11.8	5.8	1.9	(6,050)
前年	*28.8*	*5.6*	*12.4*	*10.8*	*6.1*	*38.7*	*11.1*	*9.7*	*1.5*	*16.4*	*14.3*	*3.6*	*0.8*	*0.8*	*1.8*	*3.1*	*1.0*	*0.2*	*2.9*	*16.6*	*10.9*	*5.7*	*1.6*	*(5,803)*
前々年	*27.9*	*5.4*	*11.1*	*11.4*	*6.4*	*39.2*	*10.0*	*10.7*	*1.5*	*16.9*	*16.1*	*4.4*	*0.6*	*0.6*	*2.4*	*3.8*	*0.9*	*0.4*	*2.9*	*15.4*	*10.5*	*4.9*	*1.4*	*(6,511)*
北海道	23.0	2.6	7.0	13.4	5.2	43.8	9.5	13.0	2.1	19.2	10.8	2.3	0.2	0.2	1.5	2.6	0.8	0.4	2.8	20.1	15.1	5.0	2.2	(434)
青森県	23.4	2.4	7.4	13.7	7.0	28.1	2.3	4.5	2.3	19.0	15.8	3.2	0.0	0.0	2.3	7.3	1.3	0.0	1.7	28.9	24.2	4.7	3.8	(85)
岩手県	19.4	1.3	13.7	4.4	3.7	48.6	9.1	5.3	3.4	30.8	12.3	2.9	0.0	1.6	4.8	0.0	0.9	0.0	2.1	16.9	12.3	4.6	2.8	(124)
宮城県	25.2	4.9	9.4	10.9	4.9	38.3	8.0	10.9	0.8	18.6	13.3	3.7	0.0	1.1	5.0	0.7	0.6	0.0	2.2	20.8	13.1	7.7	2.4	(191)
秋田県	21.0	4.0	6.5	10.4	7.6	44.2	8.3	7.9	2.0	26.0	11.8	5.1	0.0	1.3	3.1	0.8	1.0	0.0	0.5	20.9	16.7	4.3	2.0	(113)
山形県	25.9	6.9	13.8	5.2	9.0	48.4	10.1	9.8	2.1	26.5	13.6	4.7	0.0	2.2	1.9	0.0	2.2	0.6	2.0	9.9	8.9	1.0	2.1	(95)
福島県	30.4	2.4	14.3	13.7	10.9	43.2	8.8	8.1	2.4	23.9	13.3	2.0	0.0	3.5	3.4	1.2	1.0	0.0	2.1	11.9	10.3	1.5	1.3	(154)
茨城県	36.2	12.7	12.7	10.8	9.8	31.0	9.7	4.1	1.1	16.2	15.8	3.6	0.0	0.0	3.2	2.7	0.0	0.0	6.3	15.6	13.4	2.2	1.3	(86)
栃木県	32.2	8.3	14.9	9.0	8.4	46.0	5.4	15.6	1.7	23.4	10.3	2.5	0.5	0.5	2.5	0.9	0.9	0.5	2.0	8.7	6.4	2.3	2.8	(231)
群馬県	25.4	5.7	9.5	10.2	4.4	48.8	10.5	17.9	1.5	18.8	12.7	2.3	0.5	0.0	1.3	3.0	1.5	0.0	4.0	12.6	9.5	3.1	0.6	(182)
埼玉県	20.9	6.3	6.1	8.5	1.2	38.7	12.3	10.6	0.0	15.8	10.0	8.8	0.0	0.0	1.2	0.0	0.0	0.0	0.0	29.1	18.9	10.2	1.3	(84)
千葉県	42.0	12.6	18.9	10.6	9.7	31.0	9.6	10.3	1.6	9.5	12.7	3.4	0.6	0.4	2.1	5.0	0.2	0.0	1.1	12.6	8.9	3.6	1.7	(324)
東京都	24.1	4.3	9.2	10.6	4.4	23.7	7.4	6.6	1.0	8.8	15.5	3.7	0.0	0.3	0.8	7.7	0.4	0.2	2.3	36.0	21.5	14.5	0.8	(440)
神奈川県	28.5	6.5	11.0	11.1	7.7	37.2	10.3	10.9	0.8	15.2	15.6	3.3	0.4	0.4	1.3	3.6	1.4	0.5	4.7	16.5	10.8	5.7	2.2	(345)
新潟県	28.7	6.2	10.9	11.6	5.5	39.3	5.4	14.4	1.4	18.1	15.3	2.9	0.0	0.7	3.1	2.7	1.3	0.0	4.6	14.2	11.5	2.8	2.4	(160)
富山県	26.8	10.8	8.6	7.4	3.1	40.1	7.8	8.0	4.8	19.5	12.0	0.0	1.3	0.0	0.0	2.6	2.3	0.0	5.8	20.0	13.9	6.1	1.2	(93)
石川県	31.7	5.1	10.8	15.8	9.2	41.7	11.5	11.0	0.0	19.2	15.5	3.8	0.8	3.1	0.4	3.4	2.0	0.0	2.1	10.4	8.5	1.8	0.8	(150)
福井県	34.3	5.1	12.6	16.6	11.8	40.7	9.3	13.1	0.0	18.3	6.3	1.4	0.0	0.0	1.9	0.0	2.3	0.0	0.7	14.4	12.7	1.7	4.4	(85)
山梨県	26.2	1.9	13.6	10.7	5.0	42.4	11.4	12.9	0.5	17.5	8.4	1.5	0.0	0.9	2.1	1.9	1.1	0.0	0.9	19.8	16.8	3.1	3.2	(123)
長野県	28.8	6.4	13.6	8.8	9.6	37.3	4.0	12.4	1.0	19.8	13.9	2.2	0.3	0.5	2.9	4.0	2.7	0.0	1.3	17.8	10.6	7.2	2.2	(329)
岐阜県	30.3	3.7	15.6	11.0	10.3	38.0	5.4	12.9	1.0	18.7	18.9	3.2	0.4	1.5	2.2	2.2	1.4	0.0	8.1	12.8	9.3	3.6	0.0	(135)
静岡県	35.5	7.3	13.8	14.5	9.4	40.1	7.2	12.2	1.4	19.4	13.8	2.9	0.0	1.0	1.1	3.4	1.7	0.4	3.4	8.8	6.8	2.0	1.7	(391)
愛知県	24.0	6.2	8.6	9.2	4.5	37.1	7.1	15.2	0.0	14.7	14.2	4.2	0.2	0.3	1.0	4.9	0.7	0.0	2.9	23.8	16.4	7.5	0.9	(213)
三重県	33.7	9.9	11.9	11.9	12.8	41.1	9.8	13.5	1.0	16.7	13.3	1.0	0.0	0.0	1.9	6.1	0.0	0.8	3.5	9.0	5.7	3.4	2.8	(144)
滋賀県	21.1	1.4	10.2	9.4	2.6	47.4	4.6	16.6	2.0	24.1	15.6	6.6	0.0	2.2	1.1	1.8	1.2	0.0	2.7	14.2	12.0	2.2	1.7	(99)
京都府	23.4	1.3	8.3	13.8	3.5	38.8	6.9	11.4	2.2	18.3	14.4	2.5	0.2	0.2	2.3	4.2	1.7	0.0	3.4	22.7	14.0	8.7	0.8	(306)
大阪府	32.0	4.6	13.6	13.8	6.7	28.3	7.0	8.5	2.7	10.1	12.9	3.2	0.4	0.0	0.3	6.2	0.9	0.2	1.7	26.8	17.2	9.6	0.0	(315)
兵庫県	31.6	7.8	9.7	14.2	7.8	34.8	4.9	6.9	2.8	20.2	12.9	1.3	0.0	0.5	3.1	4.7	1.2	0.0	2.1	18.6	9.6	9.0	2.1	(239)
奈良県	30.8	5.4	9.9	15.5	3.1	35.9	6.8	4.9	1.3	22.9	8.9	1.6	0.0	0.0	1.3	0.7	0.0	0.0	5.3	21.0	12.6	8.4	3.4	(79)
和歌山県	36.2	7.1	20.9	8.2	12.2	37.9	10.0	8.6	0.0	19.3	10.6	2.7	0.8	0.5	3.0	1.7	0.0	0.0	1.9	14.2	11.3	2.9	1.1	(116)
鳥取県	37.0	8.2	13.4	15.4	8.1	44.2	2.3	14.7	1.0	26.3	9.0	0.0	2.6	0.0	3.8	1.0	0.0	0.0	1.6	8.1	4.0	4.1	1.6	(59)
島根県	31.7	2.3	8.1	21.3	3.7	35.5	2.8	8.8	2.3	21.5	13.3	1.4	0.7	0.0	6.7	1.4	0.0	0.0	3.0	16.6	10.7	5.9	2.9	(77)
岡山県	28.2	3.6	9.5	15.1	5.2	36.5	6.6	4.7	1.6	23.5	12.5	2.1	0.0	0.0	1.2	6.7	0.0	0.0	2.5	22.9	13.6	9.3	0.0	(88)
広島県	31.3	4.1	9.4	17.8	6.0	38.1	6.6	6.5	2.3	22.7	9.1	4.7	0.0	0.0	2.5	0.9	0.0	0.9	0.0	18.7	15.6	3.1	2.7	(123)
山口県	15.7	3.6	7.9	4.3	1.4	63.9	9.1	15.4	4.4	35.0	3.8	1.2	0.0	0.0	2.6	0.0	0.0	0.0	0.0	13.4	10.0	3.4	3.1	(82)
徳島県	28.1	2.0	14.7	11.4	3.2	37.3	4.3	13.2	0.0	19.8	16.6	3.5	3.2	0.0	1.3	3.3	0.0	3.2	2.2	15.8	11.1	4.7	2.2	(45)
香川県	32.8	6.0	13.9	12.8	6.2	35.8	3.8	7.0	3.8	21.1	9.6	3.3	0.0	0.6	0.7	3.1	0.0	0.0	1.9	20.2	15.0	5.3	1.6	(82)
愛媛県	27.3	1.1	13.5	12.7	4.8	40.5	7.4	8.1	0.0	25.0	11.4	3.8	0.0	0.0	2.5	3.1	0.0	0.0	2.1	19.8	15.2	4.6	0.9	(101)
高知県	26.0	4.4	10.7	10.9	9.2	34.7	1.4	5.4	0.0	27.9	17.5	2.0	0.0	0.0	6.7	3.9	1.4	0.0	3.5	21.8	15.6	6.2	0.0	(66)
福岡県	25.5	3.8	11.7	9.9	2.3	32.0	9.8	9.8	1.1	11.3	13.4	4.2	0.0	0.4	2.3	3.2	1.8	0.8	0.9	28.3	18.1	10.2	0.9	(257)
佐賀県	23.5	2.5	10.1	11.0	3.8	31.3	5.1	8.8	3.3	14.1	23.4	11.3	0.0	5.2	0.8	1.4	3.0	0.0	1.7	20.0	15.3	4.7	1.9	(72)
長崎県	21.4	7.8	6.3	7.3	6.9	46.5	8.3	19.6	1.2	17.5	13.8	1.0	0.0	0.0	5.8	1.5	1.6	0.0	3.8	15.9	7.5	8.5	2.4	(129)
熊本県	26.8	5.7	9.3	11.8	3.0	34.8	5.2	14.0	0.8	14.8	16.3	1.3	0.8	1.1	4.3	2.0	2.8	0.0	4.0	16.1	12.9	3.3	6.0	(108)
大分県	30.8	7.8	13.6	9.4	10.6	43.4	9.4	11.0	2.4	20.6	11.8	0.7	0.0	1.0	0.0	2.8	1.4	0.0	5.9	11.8	10.7	1.1	2.1	(158)
宮崎県	20.1	9.2	6.3	4.7	5.9	43.3	5.9	13.8	3.4	20.1	18.0	0.0	0.0	6.4	2.1	5.6	0.0	0.0	3.9	15.7	13.9	1.7	2.9	(55)
鹿児島県	24.9	4.6	10.9	9.5	9.5	33.8	8.7	11.1	0.5	13.6	8.2	2.5	0.0	1.0	1.5	1.8	0.0	0.0	1.5	27.3	23.5	3.8	5.8	(122)
沖縄県	27.7	8.3	11.5	7.8	7.9	38.1	6.3	15.5	4.4	11.8	15.4	4.8	0.3	1.8	1.1	4.1	0.0	0.0	3.2	15.3	11.3	4.0	3.5	(190)

（注）1回の旅行につき、複数の旅行先（都道府県）を選択したデータを含む。表中の数値は表示単位未満で四捨五入して表示している。

※ 3世代家族旅行は、子どもの年齢にかかわらず3世代で行った旅行であり、家族旅行の3セグメントと重複する

■全体の比率より15ポイント以上高い　■全体の比率より10ポイント以上高い　■全体の比率より5ポイント以上高い

資料：（公財）日本交通公社「JTBF旅行実態調査」

表Ⅰ-2-6　旅行先（都道府県）別の旅行者居住地

（単位：%）

旅行先＼居住地	北海道	北東北 青森県 岩手県 秋田県	南東北 宮城県 山形県 福島県	北関東 茨城県 栃木県 群馬県	南関東 埼玉県 千葉県 東京都 神奈川県	甲信越 新潟県 山梨県 長野県	北陸 富山県 石川県 福井県	東海 岐阜県 静岡県 愛知県 三重県	近畿 滋賀県 京都府 大阪府 兵庫県 奈良県 和歌山県	中国 鳥取県 島根県 岡山県 広島県 山口県	四国 徳島県 香川県 愛媛県 高知県	九州・沖縄 福岡県 佐賀県 長崎県 熊本県 大分県 宮崎県 鹿児島県 沖縄県	サンプル数
全体	4.0	2.9	4.1	5.0	30.7	4.1	3.1	11.4	15.9	4.5	2.8	11.5	(6,050)
前年	*4.4*	*3.1*	*4.0*	*5.0*	*30.7*	*3.9*	*2.7*	*11.4*	*16.2*	*4.8*	*2.4*	*11.4*	*(5,803)*
前々年	*4.1*	*3.0*	*4.0*	*5.0*	*30.5*	*3.7*	*2.7*	*11.6*	*16.6*	*4.8*	*2.5*	*11.4*	*(6,511)*
北海道	41.5	2.7	3.7	2.8	25.3	2.6	1.3	6.0	8.7	2.6	0.9	1.9	(434)
青森県	4.9	29.0	6.4	7.9	28.1	2.6	0.0	9.2	7.8	1.3	2.9	0.0	(85)
岩手県	5.3	40.4	12.8	2.0	27.7	0.0	1.1	5.2	2.9	1.7	1.0	0.0	(124)
宮城県	2.4	10.5	30.8	4.6	35.2	1.2	0.6	4.3	6.9	1.7	0.9	1.1	(191)
秋田県	3.0	30.1	15.3	1.8	27.7	0.8	3.1	6.1	6.9	3.3	1.2	0.8	(113)
山形県	1.9	4.0	35.2	4.6	32.6	6.1	0.0	7.6	2.7	1.0	2.1	2.2	(95)
福島県	1.2	2.7	28.1	12.6	35.4	8.6	1.4	4.3	0.8	2.6	1.3	1.0	(154)
茨城県	1.8	1.5	7.7	16.7	53.5	3.4	0.0	6.5	5.8	0.7	0.0	2.4	(86)
栃木県	1.0	2.0	5.0	25.7	52.9	3.8	0.4	3.2	3.0	0.0	1.2	1.7	(231)
群馬県	0.0	1.9	4.4	20.7	58.0	7.1	0.3	3.6	2.2	0.6	0.0	1.2	(182)
埼玉県	1.3	2.7	5.8	9.9	58.2	2.0	0.0	7.5	6.8	2.5	0.0	3.3	(84)
千葉県	2.5	2.6	3.3	7.0	53.4	1.3	2.8	11.7	8.0	0.8	2.2	4.3	(324)
東京都	5.2	5.7	4.1	5.4	22.3	4.4	5.3	10.7	15.8	2.0	4.3	14.8	(440)
神奈川県	1.6	1.7	1.4	4.1	63.2	3.9	2.5	7.7	6.8	0.2	0.5	6.5	(345)
新潟県	0.0	0.7	5.7	7.7	44.6	25.2	4.0	4.2	5.0	1.6	0.7	0.6	(160)
富山県	1.3	0.0	3.0	3.3	21.0	9.1	30.8	10.8	11.1	2.3	1.9	5.5	(93)
石川県	0.0	1.4	1.0	2.3	22.1	6.5	20.0	17.2	22.0	1.8	1.5	4.2	(150)
福井県	0.0	0.0	1.7	3.9	17.4	0.0	17.3	21.5	35.9	0.0	1.7	0.7	(85)
山梨県	1.2	1.6	2.9	2.8	50.5	10.1	1.6	18.1	7.2	2.1	0.0	1.7	(123)
長野県	0.3	1.0	1.6	3.8	45.6	19.0	2.2	16.8	6.3	1.4	0.6	1.3	(329)
岐阜県	2.6	0.0	1.9	2.9	14.8	2.8	7.1	45.0	17.9	2.0	1.6	1.6	(135)
静岡県	0.4	0.2	2.0	3.5	55.3	3.3	0.3	25.4	7.5	0.0	0.7	1.4	(391)
愛知県	1.4	1.6	4.1	3.6	19.8	1.8	6.8	36.0	17.3	1.7	1.5	4.3	(213)
三重県	1.1	0.0	0.0	0.7	16.7	2.9	1.9	39.1	29.7	1.8	3.3	2.8	(144)
滋賀県	0.0	0.0	3.3	3.2	16.6	1.0	3.3	14.1	52.7	3.2	0.5	2.0	(99)
京都府	1.8	0.2	2.7	2.3	23.9	2.5	5.1	14.7	33.3	2.5	3.4	7.6	(306)
大阪府	2.1	0.2	2.7	2.4	27.0	1.9	2.6	15.4	23.5	6.9	2.2	13.2	(315)
兵庫県	0.4	0.5	1.3	1.4	18.4	0.6	1.8	7.4	50.5	5.5	7.2	4.8	(239)
奈良県	2.1	0.0	0.0	0.0	21.2	3.0	0.0	19.0	44.6	1.4	3.1	5.6	(79)
和歌山県	1.0	0.0	1.8	0.0	14.0	2.2	0.0	12.8	62.1	0.9	4.3	0.9	(116)
鳥取県	0.0	2.1	0.0	6.5	11.3	0.0	4.1	10.2	40.6	19.2	6.0	0.0	(59)
島根県	0.0	1.6	2.5	1.6	20.8	3.4	1.2	8.5	20.9	31.8	3.3	4.4	(77)
岡山県	0.0	1.2	1.0	1.2	17.6	1.5	1.7	4.8	32.0	21.2	10.5	7.2	(88)
広島県	0.5	1.1	0.0	0.9	14.4	1.2	1.3	6.0	21.0	32.6	6.0	15.0	(123)
山口県	0.0	1.5	0.0	2.6	14.3	0.0	2.6	2.7	7.0	43.2	2.5	23.7	(82)
徳島県	0.0	0.0	0.0	2.1	22.2	3.6	2.2	14.4	32.8	2.1	12.7	7.9	(45)
香川県	0.0	0.0	0.0	3.0	25.6	2.0	0.7	7.4	30.8	4.8	20.4	5.4	(82)
愛媛県	0.0	1.3	0.0	1.0	19.4	3.4	0.0	5.0	16.2	10.7	35.5	7.7	(101)
高知県	0.0	0.0	1.4	3.1	18.2	1.7	2.4	7.7	23.7	9.1	27.8	5.2	(66)
福岡県	0.6	0.5	1.0	1.8	23.1	0.4	1.6	7.9	9.6	13.2	1.8	38.5	(257)
佐賀県	0.0	0.0	2.7	0.8	15.2	1.7	0.0	3.5	4.1	12.2	0.0	59.9	(72)
長崎県	0.0	0.0	0.4	0.7	17.6	3.0	0.8	5.0	8.3	4.3	1.6	58.2	(129)
熊本県	0.0	0.9	0.5	2.2	13.9	1.3	0.0	3.5	11.5	3.8	1.2	61.3	(108)
大分県	0.0	0.0	1.6	1.6	13.0	0.0	0.0	3.2	9.2	7.7	2.4	61.2	(158)
宮崎県	0.0	0.0	1.0	3.7	13.1	0.0	0.0	5.5	0.0	1.8	0.0	74.9	(55)
鹿児島県	0.5	0.0	2.3	0.0	11.1	0.0	0.0	6.1	12.3	4.7	0.0	63.2	(122)
沖縄県	3.8	0.6	1.1	4.6	31.4	0.7	1.6	10.8	17.9	2.4	2.0	23.1	(190)

（注）1回の旅行につき、複数の旅行先（都道府県）を選択したデータを含む。表中の数値は表示単位未満で四捨五入して表示している。

資料：（公財）日本交通公社「JTBF旅行実態調査」

■全体の比率より15ポイント以上高い　■全体の比率より10ポイント以上高い　■全体の比率より5ポイント以上高い

表Ⅰ-2-7 旅行先（都道府県）別の最も楽しみにしていたこと

（単位：%）

旅行先＼楽しみ	おいしいものを食べること	温泉に入ること	自然景観を見ること	観光・文化施設（水族館や美術館、テーマパーク等）を訪れること	文化的な名所（史跡、寺社仏閣等）を見ること	スポーツやアウトドア活動を楽しむこと	芸術・音楽・スポーツ等の観劇・鑑賞・観戦	目当ての宿泊施設に泊まること	帰省、冠婚葬祭関連、親族や知人訪問	町や都市を訪れること	自然の豊かさを体験すること	買い物をすること	地域の祭りやイベント	地域の文化を体験すること	その他	サンプル数
全体	21.3	18.4	9.5	8.5	8.2	6.2	5.4	5.0	3.8	3.5	3.0	2.9	1.8	0.7	1.9	(6,050)
前年	*21.4*	*23.0*	*10.1*	*5.5*	*7.0*	*6.2*	*3.1*	*6.6*	*4.4*	*2.7*	*3.8*	*2.8*	*0.7*	*0.6*	*2.3*	*(5,803)*
前々年	*20.8*	*20.9*	*11.1*	*6.7*	*8.2*	*6.0*	*2.6*	*5.7*	*4.3*	*3.6*	*3.7*	*2.5*	*0.9*	*0.4*	*2.4*	*(6,511)*
北海道	29.1	15.6	13.1	4.7	5.6	5.1	5.1	5.5	3.2	2.7	4.4	2.6	1.3	0.6	1.4	(383)
青森県	31.4	11.2	15.7	2.9	6.9	2.9	1.2	4.4	7.7	8.1	2.5	0.0	2.9	0.0	2.4	(45)
岩手県	14.4	23.2	19.2	4.0	3.5	11.5	6.7	3.7	3.4	5.1	4.4	0.0	0.9	0.0	0.0	(62)
宮城県	21.5	19.5	6.3	5.8	5.0	5.4	12.8	7.9	2.9	4.4	2.9	4.0	0.0	0.9	0.5	(128)
秋田県	15.8	28.2	11.0	3.4	7.0	6.1	1.1	7.7	6.1	4.3	1.0	0.0	3.6	2.1	2.7	(56)
山形県	17.7	26.9	12.5	4.9	8.6	2.5	0.0	8.0	2.6	4.9	1.1	2.6	0.0	2.2	5.5	(50)
福島県	21.5	31.6	5.0	4.9	5.2	11.9	0.0	8.9	2.0	1.6	5.5	1.0	0.0	1.0	0.0	(99)
茨城県	22.1	16.4	14.0	10.6	8.3	18.1	0.0	2.5	3.6	0.0	2.5	1.9	0.0	0.0	0.0	(61)
栃木県	18.2	35.8	7.2	6.0	8.3	8.8	2.6	4.3	1.5	0.5	4.3	1.4	0.0	0.3	0.6	(170)
群馬県	10.1	56.6	3.0	2.2	7.5	4.5	0.5	1.3	1.0	3.2	3.3	1.9	0.9	0.8	3.1	(132)
埼玉県	8.1	20.2	7.7	1.9	13.7	2.6	5.5	3.4	12.2	4.5	6.2	5.3	3.8	0.0	4.9	(47)
千葉県	21.3	7.8	6.5	36.2	3.6	6.8	3.2	2.5	1.9	2.1	1.8	2.6	0.9	0.7	2.0	(235)
東京都	16.4	2.1	1.6	9.5	4.3	2.0	23.5	7.5	8.0	13.2	0.5	5.8	1.9	0.9	2.8	(281)
神奈川県	20.8	24.9	8.3	7.8	4.8	3.0	4.2	7.2	3.9	1.4	3.4	1.0	3.6	0.4	5.0	(238)
新潟県	17.0	30.9	7.1	9.2	1.7	11.2	4.0	4.1	3.8	2.6	3.1	0.5	2.3	0.8	1.5	(114)
富山県	22.9	21.9	10.9	9.0	0.0	8.6	0.0	4.5	7.0	6.3	5.8	0.0	0.0	3.0	0.0	(50)
石川県	33.3	20.2	7.3	7.8	6.1	6.9	1.7	1.6	4.4	2.6	2.0	1.5	2.1	0.0	2.6	(97)
福井県	24.8	20.2	9.5	7.8	6.8	0.0	7.6	7.2	3.4	3.1	7.2	0.0	0.0	0.0	2.5	(49)
山梨県	11.2	24.6	10.5	4.6	6.2	16.4	0.0	9.1	1.5	0.8	5.2	0.0	6.6	0.0	3.4	(70)
長野県	15.9	20.7	15.9	2.1	8.6	14.1	1.4	6.3	3.0	0.2	6.1	2.5	0.5	0.4	2.4	(242)
岐阜県	17.8	32.3	18.2	4.7	4.5	11.4	1.7	1.6	2.9	0.0	1.7	3.1	0.0	0.0	0.0	(81)
静岡県	22.1	27.8	11.5	6.7	3.7	8.2	2.2	7.6	0.9	2.8	2.2	1.6	1.2	0.0	1.5	(312)
愛知県	23.2	9.8	3.5	8.1	1.2	5.2	18.9	4.2	5.6	4.6	0.9	4.8	5.6	1.1	3.4	(136)
三重県	31.7	15.4	1.0	9.9	22.8	5.7	0.6	8.5	1.1	0.5	1.0	0.0	0.6	1.1	0.0	(102)
滋賀県	22.2	17.0	15.4	7.6	5.4	7.8	2.3	5.4	6.5	2.1	3.8	2.1	0.0	2.3	0.0	(48)
京都府	24.5	7.1	8.8	2.8	31.0	2.1	2.7	7.2	4.0	3.8	1.5	0.3	2.2	1.0	1.2	(197)
大阪府	18.2	5.0	0.5	23.6	3.4	2.6	14.5	7.4	7.4	6.9	0.0	4.2	2.5	0.6	3.3	(195)
兵庫県	23.8	22.5	4.2	9.6	2.5	9.7	3.6	4.6	3.0	5.0	1.9	5.1	0.9	0.9	2.7	(155)
奈良県	14.7	16.0	12.8	7.2	32.3	0.0	3.1	0.0	1.3	4.7	2.7	2.5	0.0	2.7	0.0	(41)
和歌山県	11.4	24.5	6.7	21.0	11.1	11.5	1.8	2.6	0.0	0.0	5.6	2.5	0.0	1.3	0.0	(84)
鳥取県	24.0	19.5	11.2	11.6	0.0	11.6	0.0	2.3	7.9	0.0	2.3	9.5	0.0	0.0	0.0	(26)
島根県	18.9	21.6	17.9	0.0	22.8	2.5	4.6	7.3	4.3	0.0	0.0	0.0	0.0	0.0	0.0	(41)
岡山県	25.4	12.9	4.8	6.5	7.4	8.9	2.0	2.0	11.1	3.1	6.6	6.9	0.0	0.0	2.4	(45)
広島県	25.3	6.0	5.3	3.8	13.8	7.3	10.9	5.7	0.7	3.7	4.9	6.1	3.8	0.0	2.8	(75)
山口県	20.8	29.8	11.8	1.8	6.1	7.0	0.0	10.3	7.4	3.9	0.0	0.0	1.0	0.0	0.0	(51)
徳島県	24.6	0.0	9.3	0.0	10.5	17.1	4.7	8.9	6.7	0.0	4.3	7.2	6.7	0.0	0.0	(20)
香川県	28.2	13.4	15.8	7.7	9.3	7.2	0.0	8.8	0.0	4.3	0.0	0.0	0.0	0.0	5.3	(32)
愛媛県	22.5	26.4	10.9	0.0	2.2	7.0	1.9	7.0	6.6	3.0	4.3	3.6	0.0	2.7	1.8	(52)
高知県	34.0	25.0	14.7	4.5	3.2	10.7	0.0	1.5	0.0	0.0	0.0	2.9	3.5	0.0	0.0	(35)
福岡県	29.8	11.7	1.6	5.0	4.2	3.7	15.8	3.9	1.7	5.1	0.3	10.6	2.2	1.0	3.3	(169)
佐賀県	21.6	35.4	12.7	8.0	0.0	7.7	0.0	2.8	0.0	0.0	0.0	4.9	2.8	0.0	4.0	(37)
長崎県	24.3	16.9	5.4	12.4	15.0	3.3	1.3	8.8	1.2	0.0	1.4	3.9	3.2	1.2	1.5	(80)
熊本県	34.3	28.5	6.0	0.0	4.1	2.8	5.6	2.7	3.6	1.6	2.2	3.5	1.9	0.0	3.4	(56)
大分県	20.5	46.1	4.2	6.1	2.2	2.5	2.0	6.6	1.6	0.5	3.7	2.0	0.9	0.0	1.0	(106)
宮崎県	45.1	2.8	12.2	2.7	7.6	7.6	5.8	0.0	2.4	3.3	3.3	5.7	0.0	1.5	0.0	(39)
鹿児島県	28.9	27.8	10.9	1.7	5.8	2.6	3.9	0.7	6.0	1.7	5.7	1.3	0.0	0.0	2.9	(85)
沖縄県	18.9	2.0	20.8	4.1	5.4	14.2	2.9	7.9	4.3	3.4	6.3	4.7	0.7	0.6	3.6	(167)

（注）旅行先別については、1回の旅行につき、単一の旅行先（都道府県）を選択したデータのみ。表中の数値は表示単位未満で四捨五入して表示している。 資料：（公財）日本交通公社「JTBF旅行実態調査」

■全体の比率より15ポイント以上高い　■全体の比率より10ポイント以上高い　■全体の比率より5ポイント以上高い

④旅行先での交通手段(表Ⅰ-2-8)

コロナ禍において旅行先での交通手段はその影響を大きく受け、「列車」をはじめとした公共交通機関の利用率が大幅に減少、「自家用車」の利用率が高まった。2022年の「自家用車」の利用率は45.5%、コロナ禍前の2019年と比べると8.1ポイント増とその割合は高まったままだが、前年からは3.8ポイント減となった。

「自家用車」は、特に、「福島県」、「茨城県」、「和歌山県」、「鳥取県」、「大分県」、「宮崎県」で利用率が6割を超え、全体よりも15ポイント以上高い。「列車」は、公共交通機関が発達している「東京都」では7割が利用しており、「自家用車」利用率は1.5割にとどまる。同様に、「大阪府」も「列車」利用率は6割を超え、「自家用車」利用率は2割であった。また、「神奈川県」、「愛知県」、「京都府」、「奈良県」、「広島県」、「福岡県」も、「列車」利用率が全体よりも15ポイント以上高く、かつ、「列車」利用率が「自家用車」利用率を上回る。「路線バス」は、例年同様、特に「京都府」での利用率が高く、全体よりも15ポイント以上高い。「レンタカー」利用率は、「北海道」や「沖縄県」で高い割合となった。「沖縄県」では5.5割が「レンタカー」を利用した。「タクシー・ハイヤー」は、「東京都」、「京都府」、「佐賀県」、「沖縄県」において、多く利用された。

⑤旅行先と宿泊施設(表Ⅰ-2-9)

最も多い宿泊施設タイプは6割を占める「ホテル」であり、以下、「旅館」が3割弱、「実家・親戚・知人宅」が0.5割で続く。前年と比べ、「ホテル」利用率、特に「ビジネスホテル」及び「シティホテル」の利用率が増加した。

都道府県別に見ると、38都道府県で「ホテル」の利用率が最も高くなっており、特に、「東京都」、「大阪府」、「香川県」、「福岡県」、「沖縄県」は8～9割を占め、全体と比べて15ポイント以上高い利用率となった。「東京都」や「大阪府」等では「シティホテル」、「ビジネスホテル」の利用率がそれぞれ3～4割を占めるのに対し、「沖縄県」は「リゾートホテル」の利用率が6割を占めた。その他、「リゾートホテル」は「千葉県」、「長崎県」の利用率の高さも顕著であった。一方、「山形県」、「福島県」、「栃木県」、「群馬県」、「新潟県」、「福井県」、「岐阜県」、「島根県」、「佐賀県」は「旅館」の利用率が4割を超え、「旅館」利用率が「ホテル」利用率を上回った。「実家・親戚・知人宅」は、「埼玉県」における利用率が全体よりも15ポイント以上、上回った。「民宿・ペンション・ロッジ」は「青森県」、「福島県」で、「キャンプ・オートキャンプ」は「埼玉県」、「山梨県」、「滋賀県」、「佐賀県」で、全体平均より5ポイント以上高くなった。

⑥旅行先と宿泊数(表Ⅰ-2-10)

宿泊数は、コロナ禍において近隣旅行の増加とも関連して1泊率が高まっていたが、2022年は前年に比べて6.4ポイント減となり、59.5%であった。ただし、コロナ禍前の2019年(50.7%)と比べると、高い傾向が続く。

都道府県別に見ると、「沖縄県」を除くすべての都道府県において「1泊」の割合が最も高い。1泊率が7割を超えるのは27県(2021年33県、2020年27県、2019年16県)で、特に「岩手県」、「茨城県」、「福井県」、「山口県」、「佐賀県」の1泊率は8割を超えた。一方、「北海道」、「沖縄県」は他の都府県に比べて宿泊数が長くなっており、3泊以上の割合がそれぞれ3割、5割を占め(全体の3泊以上の割合は16.3%)、平均宿泊数はそれぞれ2.16泊、2.77泊であった。なお、「北海道」は他都府県に比べて宿泊数は長いものの、2022年も旅行者に占める道内居住者が4割を占めており、コロナ禍前(27.1%)と比べて1泊率の高まりが続いた。

表I-2-8 旅行先（都道府県）別の旅行先での交通手段（複数回答）

（単位：%）

旅行先＼交通手段	自家用車	列車	路線バス	レンタカー	タクシー・ハイヤー	貸切バス・定期観光バス	飛行機	観光客向けの巡回バス等	船（フェリー、観光船、屋形船等）	レンタサイクル	その他	交通機関は利用しなかった	サンプル数
全体	45.5	25.2	10.6	10.2	6.2	3.9	2.9	2.5	2.4	1.1	0.8	12.3	(6,050)
前年	*49.3*	*20.4*	*9.4*	*9.7*	*4.9*	*2.4*	*2.1*	*1.8*	*2.0*	*0.8*	*0.9*	*14.4*	*(5,803)*
前々年	*46.5*	*21.1*	*11.1*	*10.9*	*5.8*	*4.4*	*4.2*	*2.9*	*2.3*	*1.1*	*1.3*	*13.2*	*(6,511)*
北海道	31.2	27.0	11.5	24.3	8.2	7.1	9.0	2.0	4.3	0.7	0.5	13.4	(434)
青森県	37.6	19.7	10.8	20.7	6.2	12.3	3.4	2.8	8.3	0.0	1.0	6.4	(85)
岩手県	57.8	15.6	10.6	10.8	6.3	6.3	4.3	4.5	7.3	0.0	1.9	9.3	(124)
宮城県	48.9	23.9	10.8	10.4	2.3	4.5	1.8	4.2	4.7	2.1	1.2	12.6	(191)
秋田県	49.1	14.4	7.2	17.6	10.0	9.1	2.9	2.0	3.6	1.0	0.0	5.1	(113)
山形県	53.6	9.9	12.0	13.5	3.7	6.2	4.3	3.3	3.0	1.2	1.0	16.2	(95)
福島県	61.8	8.1	6.8	7.6	3.2	4.2	1.8	0.6	2.0	0.0	2.9	13.1	(154)
茨城県	64.1	16.9	4.4	8.2	3.4	5.9	0.7	4.0	4.2	2.1	0.0	7.0	(86)
栃木県	58.2	12.6	8.6	11.6	6.0	3.7	1.7	2.3	0.4	1.8	0.7	11.5	(231)
群馬県	55.7	12.6	13.1	7.7	4.5	5.0	1.0	2.7	0.8	0.6	1.1	12.7	(182)
埼玉県	51.2	31.8	14.5	8.1	3.6	4.5	2.9	4.9	0.0	1.1	2.5	9.0	(84)
千葉県	45.6	37.7	9.1	8.0	3.5	2.6	5.2	6.1	1.1	1.9	1.7	7.4	(324)
東京都	16.6	69.7	12.6	4.7	11.8	2.9	6.8	2.3	0.5	1.6	0.6	6.8	(440)
神奈川県	34.7	41.7	16.3	8.7	9.4	2.1	2.8	2.3	4.2	2.7	0.0	12.0	(345)
新潟県	54.8	10.3	7.2	6.7	8.0	7.2	1.2	1.5	3.0	0.6	0.0	14.5	(160)
富山県	48.4	20.0	8.5	11.5	0.0	5.1	2.5	6.5	0.0	2.1	1.3	12.8	(93)
石川県	48.8	18.5	14.4	9.8	10.5	5.8	0.7	6.6	0.7	3.0	0.8	8.1	(150)
福井県	53.7	23.5	7.1	11.4	3.2	4.1	1.3	3.2	1.7	1.3	0.0	12.0	(85)
山梨県	57.6	11.7	9.1	4.3	5.6	7.3	0.5	3.5	5.5	3.7	2.2	13.2	(123)
長野県	59.5	12.1	10.8	6.6	3.6	5.4	0.0	2.4	0.7	0.8	1.0	12.7	(329)
岐阜県	60.5	10.8	6.0	5.9	5.6	4.6	0.0	2.5	0.7	0.0	2.4	14.6	(135)
静岡県	58.9	12.2	7.8	5.2	4.3	3.6	0.4	2.0	1.3	2.0	1.2	14.5	(391)
愛知県	37.5	40.2	9.8	14.1	9.1	3.9	4.1	3.5	1.4	1.5	0.5	7.5	(213)
三重県	54.2	16.4	7.5	7.3	7.2	7.8	1.7	4.1	4.0	0.6	0.7	8.5	(144)
滋賀県	55.9	18.6	3.1	6.9	5.1	7.9	1.4	1.4	2.7	0.0	1.8	13.3	(99)
京都府	27.7	47.7	30.8	5.9	15.8	6.8	2.1	1.4	1.8	2.1	0.4	8.8	(306)
大阪府	21.6	63.1	14.6	7.8	10.9	3.0	2.6	0.7	1.7	0.7	0.4	10.1	(315)
兵庫県	44.9	32.4	11.6	8.3	6.4	4.3	0.7	1.7	2.9	1.3	1.5	10.3	(239)
奈良県	32.5	42.7	19.5	7.6	9.8	3.9	1.4	3.9	1.3	5.3	2.5	13.4	(79)
和歌山県	60.9	11.6	8.0	10.1	3.2	3.0	0.0	4.5	1.9	1.7	0.0	10.9	(116)
鳥取県	62.5	11.3	7.5	11.9	1.6	8.3	1.0	4.4	3.2	0.0	1.0	6.0	(59)
島根県	47.6	17.7	8.9	13.5	4.9	6.4	2.3	5.3	3.7	2.6	0.0	7.6	(77)
岡山県	52.0	26.8	5.8	12.0	4.7	6.8	4.4	0.6	7.8	1.2	0.0	9.0	(88)
広島県	35.1	41.1	16.4	17.0	6.5	3.2	3.5	1.7	13.5	2.2	0.0	9.3	(123)
山口県	59.9	12.3	7.1	13.8	2.0	2.8	3.4	3.7	7.3	5.1	2.7	10.2	(82)
徳島県	51.8	12.5	3.1	9.5	0.0	15.2	1.3	2.0	4.2	2.0	0.0	14.6	(45)
香川県	51.4	25.7	15.0	4.1	5.2	11.0	0.7	1.3	16.1	0.7	0.0	9.4	(82)
愛媛県	58.1	24.8	8.9	7.9	6.6	6.4	2.2	2.3	10.5	1.1	0.0	6.6	(101)
高知県	55.0	12.6	1.6	6.5	3.9	13.6	3.9	3.0	3.5	1.4	0.0	14.2	(66)
福岡県	34.4	46.1	20.4	13.9	10.7	3.0	6.3	1.0	3.9	1.1	1.2	4.7	(257)
佐賀県	54.8	17.3	12.8	13.4	11.4	4.3	3.7	2.4	2.5	0.0	1.7	11.5	(72)
長崎県	40.0	27.2	16.1	13.8	10.8	6.3	7.2	2.4	13.1	2.4	1.7	8.0	(129)
熊本県	51.3	16.5	14.9	17.7	6.0	4.5	4.5	0.8	3.2	1.3	0.9	9.2	(108)
大分県	63.6	11.6	8.1	14.0	4.8	3.7	6.4	1.6	0.0	1.5	1.4	8.4	(158)
宮崎県	75.1	6.9	4.1	8.2	3.8	1.9	2.1	0.0	1.1	0.0	0.0	9.7	(55)
鹿児島県	40.5	19.1	13.7	17.8	2.5	8.2	5.3	1.6	11.7	3.1	2.3	12.7	(122)
沖縄県	16.4	18.2	9.2	56.0	12.1	4.6	16.7	4.3	6.1	0.5	1.8	5.2	(190)

（注）1回の旅行につき、複数の旅行先（都道府県）を選択したデータを含む。表中の数値は表示単位未満で四捨五入して表示している。

■全体の比率より15ポイント以上高い　■全体の比率より10ポイント以上高い　■全体の比率より5ポイント以上高い

資料：（公財）日本交通公社「JTBF旅行実態調査」

表I-2-9　旅行先（都道府県）別の宿泊施設（複数回答）

（単位：%）

宿泊施設＼旅行先	ホテル				旅館			実家・親戚・知人宅	民宿・ペンション・ロッジ	キャンプ・オートキャンプ	別荘・リゾートマンション・会員制の宿泊施設	公共の宿	ゲストハウス	民泊	その他	サンプル数
		リゾートホテル	ビジネスホテル	シティホテル		旅館（比較的規模大）	旅館（比較的規模小）									
全体	61.7	23.6	23.0	19.0	27.9	15.4	13.0	5.6	3.2	2.5	2.3	1.8	1.0	0.6	1.6	(6,050)
前年	*55.0*	*23.3*	*19.7*	*14.2*	*30.4*	*16.7*	*14.3*	*6.1*	*3.8*	*3.1*	*2.5*	*2.1*	*1.1*	*0.5*	*1.6*	*(5,803)*
前々年	*56.8*	*23.3*	*20.6*	*15.4*	*31.7*	*18.3*	*14.2*	*5.2*	*4.6*	*1.9*	*2.8*	*1.6*	*−*	*−*	*1.9*	*(6,511)*
北海道	74.2	25.1	27.1	29.5	22.0	13.0	10.2	5.3	4.8	3.5	1.8	1.0	1.9	0.6	0.9	(383)
青森県	69.7	25.8	34.1	12.0	24.0	9.9	14.1	9.4	8.8	0.0	0.0	0.0	0.0	0.0	0.0	(45)
岩手県	56.0	26.4	20.5	11.5	33.2	21.0	12.2	0.0	0.0	6.9	0.0	6.3	0.0	0.0	0.0	(62)
宮城県	53.8	11.6	31.8	10.4	36.1	24.9	12.9	5.8	0.9	2.5	0.0	1.1	0.0	0.0	2.8	(128)
秋田県	53.0	17.8	26.4	8.9	37.2	17.6	19.6	4.1	2.0	4.4	0.0	1.0	0.0	0.0	0.0	(56)
山形県	34.0	11.2	15.7	8.9	57.3	29.0	28.2	0.0	2.9	4.6	2.5	0.0	1.0	2.2	0.0	(50)
福島県	35.3	24.9	8.8	1.6	48.8	27.9	20.9	1.9	9.2	1.0	0.0	3.2	3.4	0.0	1.5	(99)
茨城県	53.5	15.7	24.3	15.5	21.5	7.9	13.6	3.6	2.0	4.9	3.0	2.7	2.2	0.0	6.7	(61)
栃木県	39.4	25.7	8.8	6.3	43.1	22.8	20.9	3.2	4.7	2.1	6.2	2.8	0.0	0.3	1.3	(170)
群馬県	30.8	18.5	7.6	5.6	62.8	41.7	21.9	1.3	1.2	0.8	1.3	0.4	0.0	0.0	2.2	(132)
埼玉県	30.5	8.2	13.3	9.0	23.9	9.3	14.6	26.2	2.8	8.7	0.0	3.8	2.1	0.0	1.9	(47)
千葉県	67.7	40.5	13.4	14.0	13.3	6.3	7.1	6.7	1.9	5.7	2.2	2.5	1.1	0.0	1.7	(235)
東京都	88.1	10.8	39.2	42.0	2.9	1.4	1.5	7.0	0.0	0.4	0.3	0.5	1.6	0.4	1.3	(281)
神奈川県	58.2	28.8	13.4	17.9	26.4	11.7	14.6	7.4	1.0	1.7	5.2	2.0	1.7	1.0	0.4	(238)
新潟県	43.2	14.4	17.0	11.7	45.4	27.0	22.2	5.6	3.8	0.0	6.7	1.1	0.0	0.0	1.2	(114)
富山県	39.4	10.1	20.1	9.3	33.6	13.6	20.0	13.0	2.2	2.1	1.1	3.0	0.0	1.1	6.7	(50)
石川県	50.9	18.1	14.2	23.5	36.4	23.7	12.7	3.2	2.1	1.1	1.1	3.1	0.0	2.0	0.0	(97)
福井県	34.7	13.8	14.7	6.1	46.4	23.5	24.8	2.9	7.1	3.3	0.0	2.9	0.0	2.5	0.0	(49)
山梨県	42.1	26.7	12.4	3.1	25.4	15.6	9.8	2.8	6.0	7.6	9.5	0.0	1.6	1.5	5.4	(70)
長野県	49.9	32.6	11.9	6.3	31.3	16.6	14.6	4.2	4.2	4.1	5.7	1.8	0.8	0.0	2.9	(242)
岐阜県	42.7	25.9	6.9	10.6	45.4	24.4	21.0	4.3	0.7	5.4	0.8	0.0	0.0	0.0	0.8	(81)
静岡県	48.2	34.2	10.5	4.9	34.8	20.7	15.2	2.2	4.9	3.4	3.9	2.5	0.0	0.0	1.4	(312)
愛知県	76.3	12.5	39.4	24.5	12.4	9.7	2.7	7.3	2.9	0.9	1.1	0.8	0.0	0.0	2.4	(136)
三重県	48.8	36.0	7.5	6.4	42.3	24.9	17.5	1.1	2.8	0.6	2.3	2.1	0.9	0.0	0.0	(102)
滋賀県	45.3	17.3	14.2	13.8	17.1	8.9	8.2	8.6	2.3	12.1	9.4	4.2	0.0	2.1	2.0	(48)
京都府	66.5	8.2	27.7	31.7	22.8	12.4	10.4	5.4	1.8	0.6	2.8	1.3	2.1	0.0	0.9	(197)
大阪府	83.6	16.8	34.3	34.9	5.9	3.7	2.2	7.9	0.0	1.1	0.0	0.0	0.3	0.3	1.7	(195)
兵庫県	46.2	20.6	13.0	12.5	30.5	19.1	11.4	4.3	5.6	4.8	1.9	3.5	0.9	0.8	2.5	(155)
奈良県	47.6	5.3	11.8	33.3	44.1	18.6	25.5	1.3	2.5	2.7	0.0	2.7	0.0	0.0	2.3	(41)
和歌山県	47.1	32.8	9.3	6.5	38.4	19.4	18.9	3.3	6.6	2.5	0.7	3.3	0.0	0.0	4.4	(84)
鳥取県	44.3	14.5	12.6	22.2	39.6	33.3	6.3	13.7	0.0	0.0	0.0	8.7	3.6	0.0	0.0	(26)
島根県	34.5	10.7	17.5	6.3	56.5	35.3	21.2	1.3	2.7	2.5	0.0	4.9	2.3	2.7	0.0	(41)
岡山県	56.8	13.1	31.5	14.2	21.8	8.7	13.1	11.8	2.3	0.0	11.1	0.0	0.0	1.9	0.0	(45)
広島県	63.3	6.4	28.3	30.7	24.4	10.0	14.4	3.4	5.2	4.6	0.0	1.4	2.0	0.0	0.0	(75)
山口県	46.3	16.0	22.3	7.9	43.7	25.0	20.5	2.8	0.0	0.0	0.0	7.2	0.0	2.2	0.0	(51)
徳島県	59.6	24.2	29.0	10.9	4.7	4.7	0.0	13.4	4.7	5.8	4.2	7.7	0.0	0.0	0.0	(20)
香川県	82.6	23.7	38.6	29.3	18.0	7.9	10.1	0.0	1.7	3.9	0.0	0.0	0.0	0.0	4.3	(32)
愛媛県	61.5	11.3	31.6	18.6	15.8	15.8	0.0	11.0	5.1	0.0	2.7	4.1	0.0	0.0	8.6	(52)
高知県	64.4	25.1	23.4	21.7	28.3	17.7	10.6	2.9	2.7	0.0	0.0	6.1	0.0	0.0	1.5	(35)
福岡県	79.2	13.5	41.1	27.1	7.5	3.7	3.8	7.9	1.0	0.8	0.0	0.6	2.1	0.5	1.5	(169)
佐賀県	39.4	20.8	18.6	0.0	46.8	20.7	26.2	3.1	5.6	8.5	0.0	0.0	0.0	0.0	0.0	(37)
長崎県	75.5	41.2	13.3	25.1	19.2	10.7	8.5	7.8	0.0	0.0	0.0	1.3	0.0	0.0	0.0	(80)
熊本県	57.5	21.3	18.9	17.3	38.1	6.6	33.3	6.9	2.8	0.0	0.0	0.0	0.0	0.0	1.8	(56)
大分県	43.3	26.7	10.1	8.9	43.0	16.9	26.1	2.7	1.9	1.8	5.4	2.7	0.5	0.9	0.5	(106)
宮崎県	75.2	29.1	25.5	22.9	10.5	0.0	10.5	6.5	0.0	3.8	2.4	1.5	0.0	0.0	0.0	(39)
鹿児島県	67.8	26.8	23.7	23.8	23.1	12.9	10.2	8.7	0.0	0.0	2.6	0.0	0.0	1.3	1.4	(85)
沖縄県	87.8	60.5	22.8	13.5	1.4	1.4	0.6	5.2	2.7	2.1	0.0	2.0	3.2	0.6	0.0	(167)

(注)旅行先別については、1回の旅行につき、単一の旅行先（都道府県）を選択したデータのみ。表中の数値は表示単位未満で四捨五入して表示している。　資料：（公財）日本交通公社「JTBF旅行実態調査」

■全体の比率より15ポイント以上高い　■全体の比率より10ポイント以上高い　■全体の比率より5ポイント以上高い

表Ⅰ-2-10　旅行先（都道府県）別の宿泊数

（単位：%）　（単位：泊）

旅行先＼宿泊数	1泊	2泊	3泊	4泊	5泊以上	平均宿泊数	サンプル数
全体	59.5	24.3	9.2	3.3	3.8	1.71	(6,050)
前年	*65.8*	*20.1*	*7.6*	*2.7*	*3.8*	*1.62*	*(5,803)*
前々年	*62.0*	*22.9*	*8.5*	*3.2*	*3.4*	*1.66*	*(6,511)*
北海道	44.3	24.4	16.7	6.6	8.0	2.16	(383)
青森県	46.7	38.9	7.0	5.0	2.5	1.83	(45)
岩手県	82.1	13.9	1.7	0.0	2.2	1.26	(62)
宮城県	64.6	27.4	6.3	1.2	0.4	1.45	(128)
秋田県	74.7	15.5	4.4	2.4	3.1	1.45	(56)
山形県	65.8	20.4	8.7	0.0	5.1	1.58	(50)
福島県	74.1	18.0	5.7	1.2	1.0	1.37	(99)
茨城県	85.9	8.6	1.8	0.0	3.7	1.31	(61)
栃木県	72.4	23.2	3.1	1.0	0.3	1.34	(170)
群馬県	77.3	20.4	1.9	0.0	0.5	1.26	(132)
埼玉県	72.8	18.9	4.0	0.0	4.3	1.48	(47)
千葉県	68.2	21.8	7.9	0.6	1.5	1.46	(235)
東京都	57.0	27.3	8.1	5.2	2.4	1.70	(281)
神奈川県	76.1	17.4	3.0	1.4	2.1	1.37	(238)
新潟県	54.7	29.6	8.7	5.4	1.5	1.70	(114)
富山県	74.9	17.4	7.7	0.0	0.0	1.33	(50)
石川県	63.1	34.7	1.1	0.0	1.1	1.41	(97)
福井県	81.7	14.2	1.9	1.1	1.1	1.26	(49)
山梨県	75.7	20.3	3.1	0.0	0.8	1.30	(70)
長野県	65.1	24.0	7.6	2.4	0.8	1.50	(242)
岐阜県	79.0	18.2	2.1	0.8	0.0	1.25	(81)
静岡県	73.9	21.4	2.6	0.6	1.4	1.35	(312)
愛知県	74.2	22.8	3.0	0.0	0.0	1.29	(136)
三重県	79.9	18.5	0.5	1.0	0.0	1.23	(102)
滋賀県	77.6	15.3	6.0	0.0	1.1	1.33	(48)
京都府	63.2	25.1	8.1	0.5	3.1	1.60	(197)
大阪府	66.1	22.1	6.5	2.6	2.7	1.54	(195)
兵庫県	79.5	14.9	3.6	0.7	1.2	1.29	(155)
奈良県	77.6	8.4	10.7	3.2	0.0	1.40	(41)
和歌山県	71.7	23.4	4.2	0.7	0.0	1.34	(84)
鳥取県	56.1	13.7	20.9	2.3	7.1	1.96	(26)
島根県	68.0	26.6	5.4	0.0	0.0	1.37	(41)
岡山県	75.8	15.4	5.7	3.1	0.0	1.36	(45)
広島県	71.3	16.4	10.3	0.0	2.0	1.48	(75)
山口県	81.6	6.5	9.1	2.8	0.0	1.33	(51)
徳島県	66.6	26.7	0.0	0.0	6.7	1.67	(20)
香川県	63.5	29.1	7.4	0.0	0.0	1.44	(32)
愛媛県	64.5	19.8	11.6	0.0	4.1	1.68	(52)
高知県	72.7	21.5	2.9	0.0	2.9	1.45	(35)
福岡県	65.7	23.8	8.8	0.6	1.2	1.49	(169)
佐賀県	87.7	12.3	0.0	0.0	0.0	1.12	(37)
長崎県	63.8	23.7	9.0	1.6	1.9	1.58	(80)
熊本県	75.1	19.2	5.7	0.0	0.0	1.31	(56)
大分県	73.0	23.2	2.4	1.3	0.0	1.32	(106)
宮崎県	71.9	18.0	3.8	2.4	3.8	1.52	(39)
鹿児島県	61.7	21.4	8.0	5.4	3.6	1.73	(85)
沖縄県	15.8	33.0	30.6	10.6	9.9	2.77	(167)

(注)旅行先別については、1回の旅行につき、単一の旅行先(都道府県)を選択したデータのみ。表中の数値は表示単位未満で四捨五入して表示している。　資料：(公財)日本交通公社「JTBF旅行実態調査」

■全体の比率より15ポイント以上高い　■全体の比率より10ポイント以上高い　■全体の比率より5ポイント以上高い

■平均宿泊数が全体平均値より0.5泊以上高い(平均宿泊数については、7泊以上は7泊と仮定して算出)

表 I-2-11　旅行先（都道府県）別の現地活動（複数回答）

現地活動／旅行先	温泉	現地グルメ・名物料理	自然や景勝地の訪問	町並み散策・まち歩き	ショッピング・買い物	歴史・文化的な名所の訪問	都市観光	観光施設・動物園・水族館	テーマパーク・レジャーランド	ドライブ	家族や親戚、友人・知人訪問	美術館・博物館	芸術鑑賞（観劇、コンサート、ライブ等）	祭り・イベント	リゾート滞在（海浜）	リゾート滞在（高原）	季節の花見	スポーツ観戦
全体	41.6	36.4	35.3	27.7	25.6	24.2	14.2	10.5	9.3	7.8	6.2	6.1	4.4	4.3	3.9	3.3	3.1	2.9
前年	*46.1*	*34.6*	*35.9*	*23.6*	*21.4*	*21.3*	*11.8*	*8.7*	*6.8*	*8.2*	*6.1*	*5.3*	*2.9*	*2.2*	*3.7*	*3.1*	*3.0*	*1.7*
前々年	*44.8*	*34.7*	*39.6*	*25.9*	*22.0*	*24.2*	*14.6*	*8.9*	*7.1*	*7.5*	*6.3*	*5.5*	*2.2*	*2.9*	*4.1*	*3.4*	*2.7*	*1.4*
北海道	49.9	46.3	47.2	27.8	27.9	17.1	19.3	12.8	5.3	11.8	8.5	4.2	2.5	4.5	0.7	5.5	3.9	4.5
青森県	47.7	33.1	54.6	23.9	18.3	29.4	18.1	4.4	3.2	7.4	5.3	2.9	0.0	12.2	0.0	0.0	0.0	0.0
岩手県	43.2	35.6	36.8	18.8	24.1	16.1	11.4	3.6	3.6	7.7	4.3	7.0	4.6	0.9	4.0	0.0	1.6	3.7
宮城県	47.9	35.8	32.0	24.6	26.4	18.4	16.7	8.9	4.6	8.5	4.6	1.3	7.1	1.5	3.1	1.3	1.5	8.4
秋田県	57.8	23.1	22.8	19.8	19.5	8.4	0.0	5.8	5.2	13.1	7.8	2.0	0.0	8.2	1.9	0.0	14.4	0.0
山形県	58.7	35.0	38.5	23.6	16.9	25.1	10.6	6.3	2.5	10.7	3.7	6.2	0.0	4.2	0.0	2.5	2.3	2.5
福島県	61.9	21.1	26.2	9.6	18.9	14.4	4.5	1.6	8.6	5.5	3.7	3.2	0.0	2.1	2.1	8.3	5.5	0.0
茨城県	30.6	23.3	37.5	18.4	21.1	23.2	7.8	16.7	8.3	5.9	4.6	3.8	0.0	3.0	0.0	1.9	6.0	0.0
栃木県	62.3	30.3	43.2	14.8	19.6	20.9	6.2	16.0	11.4	9.1	2.6	4.0	0.9	1.3	1.2	8.3	5.0	0.0
群馬県	74.5	22.7	30.2	36.5	19.4	19.8	8.2	3.5	4.0	8.3	4.5	3.3	0.0	1.5	0.0	2.8	3.6	0.5
埼玉県	27.8	18.8	23.5	17.1	10.1	9.9	3.2	6.6	4.1	3.1	19.2	1.2	4.0	4.9	0.0	0.0	1.2	5.5
千葉県	28.8	25.5	22.8	8.8	24.9	7.6	3.1	7.7	41.2	7.3	5.5	1.0	3.1	3.7	5.1	1.4	1.1	0.9
東京都	5.5	31.4	7.5	24.4	36.1	10.0	28.0	9.2	11.5	0.9	13.0	8.0	20.1	3.7	1.7	0.4	0.3	5.9
神奈川県	39.6	31.9	34.1	31.1	27.6	19.6	13.9	13.1	6.9	6.3	5.9	11.3	2.3	5.9	4.0	3.0	4.3	1.2
新潟県	50.8	31.6	34.5	18.6	23.3	18.7	8.9	11.2	5.7	11.2	6.2	6.4	2.1	6.4	0.0	6.5	0.9	4.1
富山県	48.8	38.1	41.3	19.3	18.9	15.0	11.6	6.7	0.0	5.1	4.9	7.0	2.7	1.1	0.0	6.1	3.7	2.1
石川県	51.8	48.8	43.8	44.4	29.1	28.8	17.0	6.4	1.0	5.3	6.7	11.2	1.7	5.1	1.2	0.0	4.4	0.0
福井県	46.2	44.2	37.3	19.7	21.3	22.7	0.0	16.0	3.8	3.6	7.4	5.0	7.6	4.2	3.3	0.0	2.2	0.0
山梨県	34.1	23.8	46.3	23.9	19.7	24.3	3.6	5.0	8.1	11.0	1.5	5.7	1.6	6.5	0.0	2.8	7.0	0.0
長野県	55.9	29.6	45.4	28.0	29.0	23.5	5.6	3.3	2.5	9.9	3.4	3.6	0.6	2.8	0.0	12.9	2.8	0.7
岐阜県	57.2	35.4	35.2	31.1	18.0	17.8	7.4	2.1	2.3	4.9	1.4	4.7	1.7	1.7	0.0	2.5	6.9	1.5
静岡県	59.9	39.9	35.4	22.1	23.8	14.4	7.6	14.8	7.9	6.5	3.4	5.6	0.9	4.4	8.3	3.8	3.4	1.1
愛知県	16.8	39.8	11.0	18.6	20.8	11.9	10.5	10.0	7.8	6.3	6.5	4.1	14.5	6.5	1.9	0.4	0.0	8.4
三重県	43.1	44.3	38.6	28.8	28.1	45.0	9.1	17.9	11.4	8.2	1.1	4.4	0.0	2.9	6.6	1.1	3.9	0.0
滋賀県	29.2	24.6	37.1	26.2	9.2	16.2	9.7	7.3	4.9	7.0	8.6	7.4	0.0	0.0	5.8	0.0	3.8	2.3
京都府	23.6	37.1	41.0	50.6	28.4	56.2	24.6	8.4	1.5	3.5	6.6	7.5	3.1	6.1	2.8	1.2	5.8	1.0
大阪府	14.0	39.0	8.9	22.7	34.4	11.0	18.3	8.3	28.0	1.1	8.9	3.1	13.9	5.6	0.7	1.8	0.0	6.3
兵庫県	50.9	35.9	30.7	29.2	24.8	14.5	12.0	15.9	12.0	6.2	4.1	4.3	5.5	3.6	2.1	1.1	2.5	1.7
奈良県	44.5	34.4	33.7	37.4	10.6	57.2	6.6	7.8	0.0	0.0	3.8	13.6	3.1	0.0	0.0	0.0	3.7	0.0
和歌山県	53.4	24.4	40.2	17.0	19.8	19.2	7.8	17.0	24.7	3.5	1.6	0.0	1.8	1.3	11.8	1.3	0.0	0.0
鳥取県	50.0	31.2	33.7	29.3	10.2	22.6	0.0	21.5	4.3	12.8	13.6	16.0	0.0	0.0	0.0	5.9	0.0	0.0
島根県	65.5	38.3	56.6	41.8	11.3	49.7	7.1	6.8	0.0	15.8	3.7	13.0	2.2	2.7	0.0	0.0	1.4	0.0
岡山県	24.5	30.8	22.8	28.5	25.9	21.3	18.5	8.0	5.4	2.4	16.9	6.7	2.8	0.0	0.0	0.0	0.0	6.9
広島県	24.1	34.3	37.9	34.8	18.3	23.5	18.6	11.0	4.5	9.2	4.1	4.5	6.6	0.7	3.5	5.1	2.0	10.6
山口県	67.3	32.6	40.2	19.1	16.9	33.6	10.8	5.9	1.0	9.1	8.3	8.7	0.0	0.0	3.9	0.0	4.3	0.0
徳島県	60.4	20.2	54.2	26.7	28.1	30.9	17.9	0.0	4.2	12.4	11.4	10.4	0.0	12.4	4.3	0.0	0.0	6.7
香川県	29.6	24.8	39.2	28.1	13.8	18.0	6.1	7.2	7.5	3.7	3.2	3.2	0.0	0.0	3.4	0.0	3.4	0.0
愛媛県	45.5	34.8	24.4	29.4	23.7	21.5	8.6	8.7	0.0	7.0	10.3	5.8	0.0	5.6	2.1	0.0	0.0	2.1
高知県	41.0	44.9	29.3	30.4	26.1	19.3	13.3	18.2	2.9	2.9	8.8	1.5	0.0	6.4	7.3	0.0	2.9	3.5
福岡県	19.6	41.6	12.4	22.9	41.9	15.0	20.7	5.4	4.3	3.8	6.7	4.3	9.4	5.8	1.2	1.9	1.4	11.4
佐賀県	51.5	34.1	30.2	26.8	17.5	16.4	6.2	1.6	2.8	0.0	1.8	6.2	3.4	4.0	3.3	0.0	0.0	0.0
長崎県	40.9	30.0	34.1	32.1	17.5	31.8	20.7	11.1	15.6	2.6	4.2	7.6	5.7	4.3	4.9	0.0	2.0	0.0
熊本県	55.6	34.0	32.5	19.0	28.9	22.9	10.6	4.3	2.7	12.8	4.6	2.5	5.3	1.9	1.8	3.8	1.0	2.3
大分県	75.7	33.5	33.8	28.4	18.9	12.4	3.9	13.0	11.7	10.2	2.0	2.9	1.0	0.6	2.0	5.6	2.6	0.9
宮崎県	40.8	46.2	36.6	34.5	23.3	20.6	9.2	5.4	5.2	1.5	3.9	2.7	6.8	0.0	8.9	0.0	3.9	3.0
鹿児島県	54.0	38.2	36.9	22.5	21.2	25.5	10.2	11.0	4.8	10.7	5.9	2.1	1.2	2.9	2.2	3.2	5.6	0.0
沖縄県	6.5	42.7	52.9	29.1	33.9	22.5	19.2	23.4	4.1	15.9	4.5	2.0	0.0	1.9	33.8	4.1	3.3	2.0

(注)旅行先別については、1回の旅行につき、単一の旅行先（都道府県）を選択したデータのみ。表中の数値は表示単位未満で四捨五入して表示している。
■全体の比率より15ポイント以上高い　■全体の比率より10ポイント以上高い　■全体の比率より5ポイント以上高い

（単位：%）

世界遺産訪問	写真・写生	登山・トレッキング	アウトドア体験（カヌー、乗馬体験、気球等）	海水浴・マリンスポーツ	ゴルフ	スパ・エステ	スキー・スノーボード	産業観光（工場見学、ものづくりの現場見学等）	マラソン・ジョギング	サイクリング	果物狩り・農林漁業体験	野生動物観察（クジラ、鳥等）	生活文化体験（陶芸体験、そば打ち体験等）	その他	現地ツアー・体験プログラム等の参加率	サンプル数	現地活動／旅行先
2.7	2.6	2.3	2.0	1.7	1.5	1.2	1.0	0.9	0.8	0.8	0.7	0.5	0.5	2.2	5.8	(6,050)	全体
2.4	*2.9*	*3.5*	*2.3*	*2.2*	*1.9*	*1.1*	*1.2*	*0.6*	*0.6*	*0.9*	*1.1*	*0.7*	*0.6*	*2.7*	*4.5*	*(5,803)*	前年
2.9	*3.0*	*3.4*	*2.0*	*1.9*	*2.0*	*1.0*	*1.5*	*0.9*	*0.4*	*1.2*	*1.2*	*0.8*	*0.7*	*2.8*	*8.0*	*(6,511)*	前々年
1.5	5.3	2.5	3.6	0.6	0.3	0.5	1.6	2.1	1.4	0.9	0.4	1.1	0.6	2.0	9.1	(383)	北海道
8.5	2.9	2.5	0.0	0.0	0.0	2.4	1.2	0.0	2.9	0.0	0.0	0.0	0.0	0.0	1.2	(45)	青森県
3.3	3.3	1.7	5.1	0.0	7.0	0.0	1.8	0.0	0.0	0.0	0.0	0.0	1.9	4.3	7.5	(62)	岩手県
0.9	1.3	1.4	0.0	0.0	0.0	0.0	0.0	1.1	0.9	1.1	1.5	0.0	0.0	1.5	4.9	(128)	宮城県
0.0	3.9	3.7	2.0	2.0	1.1	1.9	0.0	1.0	3.5	1.1	0.0	0.0	0.0	0.0	4.1	(56)	秋田県
2.6	1.9	2.2	0.0	2.1	0.0	0.0	2.1	0.0	0.0	0.0	2.0	0.0	0.0	2.9	4.2	(50)	山形県
0.0	1.1	3.5	3.5	1.9	3.7	0.0	5.0	0.0	0.0	0.0	0.6	1.4	3.6	2.6	5.8	(99)	福島県
0.0	0.0	3.0	1.9	5.4	4.7	0.0	0.0	0.0	6.1	2.3	2.2	0.0	0.0	0.0	0.0	(61)	茨城県
5.0	3.2	3.4	1.7	0.7	6.3	0.0	1.0	0.0	0.5	0.0	1.8	0.0	0.0	0.0	4.8	(170)	栃木県
1.8	2.0	2.5	0.5	0.0	1.7	0.0	3.0	0.9	0.0	0.4	0.9	1.0	0.0	3.0	2.2	(132)	群馬県
0.0	0.0	2.6	2.1	2.8	0.0	2.8	0.0	0.0	0.0	0.0	0.0	0.0	2.1	3.4	3.3	(47)	埼玉県
0.4	1.7	1.0	1.4	1.1	1.6	0.0	0.0	0.4	0.0	0.7	0.5	0.2	0.5	2.0	2.7	(235)	千葉県
0.3	0.8	0.2	0.0	0.8	0.0	0.8	0.0	0.0	0.5	0.8	0.0	0.0	0.4	2.5	4.5	(281)	東京都
0.0	1.0	0.0	1.8	2.3	1.5	2.2	0.0	1.0	0.9	0.0	0.0	0.0	1.6	1.1	4.4	(238)	神奈川県
1.0	1.7	1.0	1.3	1.2	0.0	0.0	4.4	1.3	0.9	0.0	1.0	0.0	0.0	3.3	5.6	(114)	新潟県
0.0	1.9	1.9	2.6	0.0	0.0	0.0	0.0	0.0	4.4	0.0	3.7	0.0	2.3	0.0	3.9	(50)	富山県
1.0	3.5	0.0	3.1	0.0	5.0	0.0	0.0	0.0	0.0	0.0	0.6	0.0	0.0	1.2	3.3	(97)	石川県
0.0	10.2	0.0	0.0	2.2	0.0	2.5	0.0	2.1	0.0	0.0	0.0	0.0	0.0	2.5	9.1	(49)	福井県
5.6	3.5	6.3	5.9	0.0	3.6	0.8	0.8	0.0	0.0	2.1	1.9	0.8	0.0	7.9	1.4	(70)	山梨県
0.0	3.9	8.9	2.4	0.0	1.4	1.0	7.1	1.0	0.7	2.3	1.8	0.9	0.0	2.7	3.7	(242)	長野県
0.0	1.7	0.7	5.1	0.0	3.2	0.7	4.9	0.0	1.3	0.0	0.0	0.0	0.0	1.9	3.1	(81)	岐阜県
1.3	2.6	3.2	1.3	4.5	2.3	1.5	0.0	0.2	0.8	1.4	0.7	0.6	0.3	3.3	3.4	(312)	静岡県
0.7	4.0	1.2	0.9	0.0	0.8	1.0	0.0	1.8	0.4	0.4	2.6	0.0	0.0	3.9	2.3	(136)	愛知県
7.1	3.5	0.9	0.6	0.0	0.9	1.5	0.0	1.1	0.0	0.0	0.0	0.0	1.3	3.2	7.3	(102)	三重県
1.2	0.0	2.6	7.4	5.6	2.7	0.0	0.0	5.0	0.0	0.0	0.0	0.0	2.7	0.0	5.4	(48)	滋賀県
11.7	3.3	1.5	1.6	0.0	0.0	0.0	0.0	1.1	0.0	1.0	0.7	0.5	1.1	3.7	8.0	(197)	京都府
1.1	0.0	0.0	0.8	0.0	0.8	1.5	0.6	0.0	1.1	0.0	0.0	0.0	0.0	3.0	2.6	(195)	大阪府
2.0	0.0	1.7	3.4	1.7	1.4	2.2	0.4	0.0	0.0	0.0	0.8	0.4	0.0	2.3	4.9	(155)	兵庫県
13.3	0.0	2.2	0.0	0.0	0.0	0.0	0.0	0.0	0.0	0.0	0.0	1.3	0.0	0.0	7.7	(41)	奈良県
4.9	1.3	0.0	2.9	5.1	0.0	0.0	0.0	0.0	0.0	0.0	0.0	0.0	0.0	1.8	1.8	(84)	和歌山県
0.0	4.0	0.0	3.7	2.2	0.0	0.0	0.0	0.0	0.0	0.0	8.0	0.0	0.0	0.0	0.0	(26)	鳥取県
5.0	2.5	5.8	0.0	0.0	0.0	1.3	1.3	0.0	0.0	0.0	0.0	0.0	0.0	2.7	2.7	(41)	島根県
0.0	0.0	3.1	0.0	0.0	6.6	0.0	0.0	0.0	6.6	1.1	0.0	0.0	0.0	0.0	1.9	(45)	岡山県
1.3	3.3	3.0	5.2	0.8	2.8	0.0	0.0	0.0	0.0	0.0	1.3	1.5	0.0	0.0	7.2	(75)	広島県
2.0	1.8	0.0	0.0	0.0	3.1	1.0	0.0	0.0	0.0	0.0	0.0	0.0	1.0	0.0	2.2	(51)	山口県
0.0	0.0	5.8	0.0	0.0	4.7	4.2	0.0	5.8	0.0	0.0	0.0	0.0	0.0	0.0	0.0	(20)	徳島県
0.0	0.0	3.9	0.0	0.0	0.0	0.0	0.0	0.0	0.0	0.0	1.7	3.7	0.0	1.6	4.8	(32)	香川県
0.0	2.3	0.0	2.2	2.2	0.0	1.2	0.0	2.5	0.0	0.0	0.0	2.3	0.0	1.1	2.3	(52)	愛媛県
0.0	0.0	6.7	3.0	4.4	3.7	0.0	0.0	1.6	2.9	0.0	0.0	0.0	0.0	0.0	9.1	(35)	高知県
0.6	1.3	0.3	2.1	0.0	0.6	1.0	0.0	0.0	0.6	0.3	0.0	0.0	0.0	5.2	3.1	(169)	福岡県
0.0	1.6	2.8	2.8	0.0	3.3	3.1	0.0	0.0	0.0	0.0	0.0	0.0	0.0	8.5	6.0	(37)	佐賀県
10.0	0.8	2.2	3.7	2.6	3.1	0.0	0.0	0.0	0.0	1.3	1.6	0.0	0.8	0.0	9.9	(80)	長崎県
0.0	0.0	0.0	1.8	0.0	0.0	0.0	0.0	0.0	0.0	0.0	0.0	1.8	0.0	2.2	0.0	(56)	熊本県
1.5	1.9	4.7	2.7	0.0	1.1	1.1	0.0	0.0	0.0	0.0	0.0	0.0	0.0	0.0	2.0	(106)	大分県
0.0	0.0	1.5	0.0	0.0	2.5	2.5	0.0	2.7	0.0	0.0	0.0	0.0	0.0	0.0	2.4	(39)	宮崎県
1.9	2.8	1.5	3.5	1.2	3.3	8.7	0.0	0.7	0.7	4.0	0.0	1.4	0.0	4.4	4.9	(85)	鹿児島県
7.0	3.4	1.2	5.8	21.5	1.8	3.0	1.4	2.6	0.7	1.3	0.8	1.4	2.0	4.3	20.6	(167)	沖縄県

資料：（公財）日本交通公社「JTBF旅行実態調査」

⑦旅行先と現地で楽しんだ活動（表I-2-11）

全体で見ると、「温泉」を楽しんだ旅行者が最も多く、活動実施率は4割を占めた。前年からは4.5ポイント減、コロナ禍前の2019年からは4.1ポイント増となった。全体として多い活動は、以下、「現地グルメ・名物料理」、「自然や景勝地の訪問」、「町並み散策・まち歩き」、「ショッピング・買い物」、「歴史・文化的な名所の訪問」と続き、これらの活動実施率は2割を超えた。コロナ禍においては近隣旅行の増加や宿泊日数の短縮化の影響等で全体的に実施率は低下傾向にあったが、2022年は全体的に実施率が増加傾向にあり、上位では「温泉」、「自然や景勝地の訪問」、「ドライブ」以外の活動は前年プラスとなった。上位10位の中で前年から順位が入れ替わったのは、「現地グルメ・名物料理」と「自然や景勝地の訪問」、「テーマパーク・レジャーランド」と「ドライブ」であった。

「温泉」は前述のとおり、前年から4.5ポイント減、最多の活動となったのは29道県（2021年33道県、2019年22県）であった。「秋田県」、「山形県」、「福島県」、「栃木県」、「群馬県」、「岐阜県」、「静岡県」、「島根県」、「山口県」、「徳島県」、「大分県」では実施率が5割を超え、かつ、全体と比べて15ポイント以上高い。

「現地グルメ・名物料理」は前年より1.7ポイント増となり、最多の活動となったのは、「愛知県」、「大阪府」、「岡山県」、「高知県」、「宮崎県」の5府県であった（2021年6都府県、2019年6府県）。加能ガニ、香箱ガニや金沢おでん等が名物の「石川県」では、「温泉」に次いで多い活動であり、全体と比べて10ポイント以上高い。

「自然や景勝地の訪問」は前年より0.6ポイント減、最多の活動となったのは「青森県」、「茨城県」、「山梨県」、「滋賀県」、「広島県」、「香川県」、「沖縄県」の7県（2021年5県、2019年12道県）。トップになる県はそれほど多くはないが、いずれの都道府県においても人気の活動となっている。「青森県」、「島根県」、「徳島県」、「沖縄県」では実施率が5割を超え、かつ、全体と比べて15ポイント以上高い。

「町並み散策・まち歩き」は前年より4.2ポイント増となったが、最多の活動となった都道府県はなかった（前年もゼロ）。全体との比較で見ると、ひがし茶屋街や長町武家屋敷跡等のある「石川県」、祇園や三年坂等のある「京都府」で特に特徴的な活動であった。

「ショッピング・買い物」は前年より4.2ポイント増となり、最多の活動となったのは「東京都」、「福岡県」であった（前年はゼロ）。「福岡県」では、全体と比べて15ポイント以上高い実施率であった。

「歴史・文化的な名所の訪問」は前年より2.9ポイント増となり、この活動が最多の活動となった地域は、伊勢神宮が位置する「三重県」、ユネスコ世界文化遺産にも登録されている古都「京都府」、「奈良県」の3府県であった（前年2府県）。出雲大社が位置する「島根県」も加えた4府県では、全体と比べて15ポイント以上高い実施率であった。

「町並み散策・まち歩き」及び「歴史・文化的な名所の訪問」は、近畿・中四国地方での実施率が高い活動である。

その他の活動で、都道府県によって特徴が顕著に表れたものは、「テーマパーク・レジャーランド」における「千葉県」、「大阪府」、「和歌山県」、「芸術鑑賞」における「東京都」、「リゾート滞在（海浜）」、「海水浴・マリンスポーツ」における「沖縄県」等であった。

また、現地ツアー・体験プログラム等の参加率はコロナ禍において減少傾向が続いていたが、全体で5.8%となり、前年から1.4ポイント増と増加に転じた（2019年13.1%）。都道府県別に見ると、突出して高い値を示した「沖縄県」での参加率が20.6%となった（2021年18.7%、2019年37.7%）。

⑧旅行先と旅行費用（表I-2-12）

交通費や宿泊費、飲食代、土産代等を含めた旅行1回一人当たりの総費用について全体で見ると、前年同様「1万円以上2万円未満」が最頻値となった。平均費用（概数）は、コロナ禍において近隣旅行の増加や宿泊数の短縮化等と関連して旅行費用の減少が続いていたが、増加に転じた。

都道府県別に見ると、平均費用が高いのは「北海道」、「東京都」、「沖縄県」等であった。「沖縄県」は「10万円以上」のシェアが2割以上を占め、他都道府県と比べて圧倒的に高い水準であった。一方、「茨城県」、「埼玉県」、「佐賀県」で消費額2万円未満の割合が過半数を占め、低めの傾向にあった。

⑨旅行先と満足度・再来訪意向（表I-2-13）

旅行先での満足度を見ると、前年に比べて「大変満足」の割合が2.5ポイント増加、コロナ禍前の2019年と比べると1.1ポイント減となった。一方、都道府県別の再来訪意向（「一年以内に当該地域を再び訪れたいですか。」）は、前年に比べて「大変そう思う」が1.0ポイント減少、コロナ禍前の2019年と比べ2.5ポイント減となった。

満足度の全体でのトップシェアは「満足」であり、ほとんどの都道府県において満足層（「大変満足」+「満足」+「やや満足」）が9割を占める。観光地における満足度調査で満足層が9割というのは、決して高い水準ではなく、日本においては標準的な結果であるということがわかる。

再来訪希望層（「大変そう思う」+「そう思う」+「やや思う」）は、7～9割となり、満足度よりも都道府県によって評価は分かれる。「沖縄県」は、再来訪意向の「大変そう思う」率が4割を超えた。

表I-2-12　旅行先（都道府県）別の旅行費用価格帯

（単位：%）　（単位：円）

消費額＼旅行先	1万円未満	1万円以上2万円未満	2万円以上3万円未満	3万円以上4万円未満	4万円以上5万円未満	5万円以上7万円未満	7万円以上10万円未満	10万円以上	平均費用（概数）	サンプル数
全体	8.4	19.0	18.4	14.7	10.9	10.9	8.2	9.5	45,855	(5,882)
前年	*10.3*	*21.1*	*20.6*	*12.9*	*10.7*	*10.1*	*6.4*	*7.9*	*41,580*	*(5,620)*
前々年	*8.8*	*21.5*	*20.1*	*14.5*	*11.6*	*9.9*	*6.6*	*7.1*	*41,133*	*(6,322)*
北海道	10.2	15.0	10.9	9.0	11.3	13.8	11.9	17.8	59,543	(365)
青森県	13.5	30.9	15.6	13.0	5.3	5.0	6.8	10.0	39,166	(45)
岩手県	17.9	24.0	16.1	26.1	4.6	1.6	4.7	5.0	30,933	(62)
宮城県	7.3	22.1	27.5	11.6	13.2	8.2	4.7	5.5	38,307	(125)
秋田県	20.6	28.2	5.2	19.8	7.2	8.9	1.7	8.4	37,842	(56)
山形県	6.5	12.9	23.9	20.3	10.5	5.7	9.5	10.7	45,993	(50)
福島県	9.0	28.0	23.6	16.8	9.1	9.8	2.0	1.7	30,742	(98)
茨城県	25.2	26.0	24.3	12.8	2.9	4.2	2.6	2.0	25,724	(60)
栃木県	7.2	24.5	24.5	19.4	9.1	8.8	5.5	0.9	32,176	(159)
群馬県	7.6	24.0	25.1	17.5	11.5	9.1	2.8	2.3	32,552	(126)
埼玉県	21.6	35.0	21.8	10.4	9.0	2.3	0.0	0.0	20,818	(45)
千葉県	10.5	20.8	19.3	10.6	9.2	9.7	9.6	10.3	46,928	(228)
東京都	5.6	13.4	16.2	17.4	15.2	11.7	12.7	7.8	48,276	(275)
神奈川県	9.9	14.6	19.3	17.8	11.8	8.9	10.1	7.5	44,882	(229)
新潟県	12.4	23.5	19.1	10.7	12.1	7.4	7.5	7.4	38,565	(110)
富山県	16.1	25.3	21.8	12.3	4.8	9.0	5.8	4.8	34,060	(50)
石川県	5.3	18.5	19.7	14.4	12.1	12.7	10.0	7.4	45,361	(94)
福井県	10.2	20.8	28.8	18.7	9.1	6.1	0.0	6.3	33,035	(48)
山梨県	8.4	19.3	25.3	18.4	8.6	14.8	1.5	3.6	35,308	(67)
長野県	9.4	21.2	22.3	16.1	9.5	11.3	4.5	5.7	38,639	(236)
岐阜県	8.6	31.3	21.4	16.0	9.5	7.1	2.2	3.9	31,381	(81)
静岡県	6.1	23.6	27.5	14.0	10.6	8.7	6.1	3.3	35,378	(305)
愛知県	10.7	29.8	20.9	15.5	5.4	8.9	5.3	3.5	32,804	(131)
三重県	7.1	20.4	14.6	18.1	18.9	6.7	8.9	5.4	41,175	(99)
滋賀県	27.3	21.4	19.1	13.6	4.9	7.1	3.9	2.8	29,523	(46)
京都府	7.9	19.7	17.1	14.8	10.9	11.6	8.1	9.9	46,611	(195)
大阪府	11.7	19.8	12.6	20.2	10.2	10.3	7.4	7.8	42,533	(191)
兵庫県	7.4	29.6	22.5	15.0	12.8	4.4	4.4	3.9	33,791	(149)
奈良県	16.9	26.0	27.0	9.7	9.6	5.5	2.8	2.5	27,999	(41)
和歌山県	6.9	26.6	24.2	15.0	4.1	12.6	4.9	5.7	37,433	(83)
鳥取県	10.0	26.6	11.0	20.9	8.0	11.8	2.2	9.6	40,874	(25)
島根県	7.4	15.0	14.3	17.4	15.0	11.8	11.8	7.3	47,293	(40)
岡山県	6.5	18.8	30.1	24.0	10.0	7.9	0.0	2.8	33,793	(43)
広島県	12.9	17.0	28.8	6.7	14.9	11.2	3.4	5.0	35,965	(73)
山口県	15.2	28.2	11.0	10.4	10.4	17.5	7.4	0.0	32,822	(48)
徳島県	0.0	34.0	31.9	10.4	14.8	0.0	4.7	4.2	32,599	(20)
香川県	25.4	15.6	16.3	16.6	16.5	3.0	6.4	0.0	28,246	(32)
愛媛県	14.6	17.7	31.3	14.1	11.6	5.9	0.0	4.8	30,894	(52)
高知県	13.5	26.1	18.8	10.9	4.8	12.9	10.1	3.0	36,740	(34)
福岡県	4.2	26.2	21.6	13.8	8.6	8.7	8.5	8.5	43,333	(168)
佐賀県	26.1	24.2	31.4	6.7	4.8	3.3	0.0	3.4	25,299	(37)
長崎県	15.0	17.0	21.2	12.1	4.9	16.0	2.1	11.6	44,810	(76)
熊本県	12.8	18.4	24.1	16.2	16.4	8.4	1.8	1.8	31,333	(55)
大分県	6.6	20.8	22.0	15.3	12.5	17.3	3.2	2.4	36,530	(106)
宮崎県	22.4	26.7	18.6	21.6	1.5	6.7	2.6	0.0	24,183	(38)
鹿児島県	6.4	20.0	25.2	13.1	11.0	11.4	1.5	11.5	43,580	(83)
沖縄県	3.3	7.2	6.5	6.2	15.2	17.7	20.3	23.8	77,885	(155)

（注）旅行先別については、1回の旅行につき、単一の旅行先（都道府県）を選択したデータのみ。表中の数値は表示単位未満で四捨五入して表示している。　資料：（公財）日本交通公社「JTBF旅行実態調査」

■全体の比率より15ポイント以上高い　■全体の比率より10ポイント以上高い　■全体の比率より5ポイント以上高い

表Ⅰ-2-13　旅行先（都道府県）別の満足度・再来訪意向

（単位：%）

満足度＼旅行先	大変満足	満足	やや満足	どちらでもない	やや不満	不満	大変不満	満足度指数	サンプル数
全体	31.8	46.1	16.4	4.2	0.9	0.2	0.2	6.02	(6,050)
前年	*29.4*	*45.9*	*18.4*	*4.5*	*1.1*	*0.3*	*0.3*	*5.96*	*(5,803)*
前々年	*30.6*	*45.4*	*17.7*	*4.5*	*1.3*	*0.3*	*0.2*	*5.98*	*(6,511)*
北海道	38.1	44.0	12.8	4.1	0.4	0.3	0.3	6.13	(383)
青森県	36.7	44.0	16.4	2.9	0.0	0.0	0.0	6.14	(45)
岩手県	27.4	49.0	14.9	6.4	2.2	0.0	0.0	5.93	(62)
宮城県	35.0	41.4	17.2	3.4	3.0	0.0	0.0	6.02	(128)
秋田県	21.1	47.9	25.3	1.9	3.8	0.0	0.0	5.81	(56)
山形県	20.0	47.4	16.1	8.9	7.6	0.0	0.0	5.63	(50)
福島県	24.1	40.5	30.2	2.8	2.5	0.0	0.0	5.81	(99)
茨城県	24.3	50.2	21.5	3.0	1.0	0.0	0.0	5.94	(61)
栃木県	26.9	50.6	18.5	2.9	1.0	0.0	0.0	6.00	(170)
群馬県	30.5	49.6	15.2	4.3	0.0	0.0	0.4	6.05	(132)
埼玉県	21.5	34.7	29.6	14.2	0.0	0.0	0.0	5.64	(47)
千葉県	38.6	43.2	14.0	2.4	0.9	0.0	0.8	6.13	(235)
東京都	34.2	41.8	15.8	7.4	0.8	0.0	0.0	6.01	(281)
神奈川県	28.5	50.5	14.3	6.2	0.5	0.0	0.0	6.00	(238)
新潟県	29.8	41.0	24.6	3.3	1.3	0.0	0.0	5.95	(114)
富山県	32.6	48.3	11.9	7.1	0.0	0.0	0.0	6.06	(50)
石川県	30.4	50.4	12.8	3.5	0.6	2.5	0.0	5.99	(97)
福井県	33.1	43.5	20.4	3.0	0.0	0.0	0.0	6.07	(49)
山梨県	32.0	49.9	16.8	0.0	0.0	0.0	1.3	6.09	(70)
長野県	31.3	42.8	20.3	4.9	0.6	0.0	0.0	5.99	(242)
岐阜県	20.7	52.5	22.5	2.6	1.6	0.0	0.0	5.88	(81)
静岡県	27.5	47.2	20.6	3.0	1.5	0.3	0.0	5.95	(312)
愛知県	16.8	50.3	23.2	8.3	0.4	1.1	0.0	5.72	(136)
三重県	43.2	42.7	13.6	0.0	0.5	0.0	0.0	6.28	(102)
滋賀県	29.4	36.6	26.4	7.5	0.0	0.0	0.0	5.88	(48)
京都府	31.5	52.5	15.1	0.8	0.0	0.0	0.0	6.15	(197)
大阪府	34.4	48.5	13.3	3.6	0.3	0.0	0.0	6.13	(195)
兵庫県	30.7	44.5	20.3	4.1	0.0	0.0	0.4	6.00	(155)
奈良県	27.3	51.5	12.4	8.9	0.0	0.0	0.0	5.97	(41)
和歌山県	42.0	38.3	17.0	2.7	0.0	0.0	0.0	6.20	(84)
鳥取県	30.5	37.5	32.0	0.0	0.0	0.0	0.0	5.99	(26)
島根県	36.3	41.8	13.2	4.8	0.0	2.7	1.3	5.96	(41)
岡山県	15.3	65.7	19.0	0.0	0.0	0.0	0.0	5.96	(45)
広島県	31.7	43.9	19.0	5.3	0.0	0.0	0.0	6.02	(75)
山口県	26.4	55.4	16.2	0.0	2.0	0.0	0.0	6.04	(51)
徳島県	50.8	31.0	18.1	0.0	0.0	0.0	0.0	6.33	(20)
香川県	24.8	53.1	11.6	7.4	3.0	0.0	0.0	5.89	(32)
愛媛県	26.3	53.1	15.6	2.9	2.1	0.0	0.0	5.99	(52)
高知県	28.0	53.4	7.5	11.1	0.0	0.0	0.0	5.98	(35)
福岡県	33.6	46.9	14.5	4.9	0.0	0.0	0.0	6.09	(169)
佐賀県	16.0	54.1	17.0	8.9	0.0	4.0	0.0	5.65	(37)
長崎県	27.4	49.4	13.9	7.8	0.8	0.7	0.0	5.93	(80)
熊本県	19.2	57.5	15.1	4.3	3.8	0.0	0.0	5.84	(56)
大分県	28.3	53.5	12.8	2.8	1.6	0.0	1.0	6.00	(106)
宮崎県	35.9	30.6	19.7	9.0	2.4	2.4	0.0	5.81	(39)
鹿児島県	32.6	40.1	17.8	4.9	1.7	1.5	1.3	5.87	(85)
沖縄県	36.9	38.7	16.5	2.7	2.7	1.7	0.8	5.96	(167)

（単位：%）

再来訪意向（一年以内）＼旅行先	大変そう思う	そう思う	やや思う	どちらでもない	あまり思わない	思わない	まったく思わない	再来訪意向指数	サンプル数
全体	27.1	32.8	19.3	12.2	5.2	2.7	0.8	5.53	(6,050)
前年	*28.1*	*32.9*	*19.4*	*12.4*	*4.5*	*1.9*	*0.8*	*5.59*	*(5,803)*
前々年	*27.0*	*31.5*	*18.6*	*13.3*	*6.0*	*2.3*	*1.2*	*5.49*	*(6,511)*
北海道	35.7	30.2	13.2	12.3	3.9	3.7	1.1	5.66	(383)
青森県	25.4	20.7	31.2	13.2	7.3	2.1	0.0	5.37	(45)
岩手県	24.1	37.4	14.9	15.0	1.9	4.7	2.1	5.44	(62)
宮城県	29.2	37.4	15.0	11.1	6.0	0.8	0.4	5.68	(128)
秋田県	18.2	31.5	28.3	15.1	5.8	1.0	0.0	5.38	(56)
山形県	23.8	43.1	12.5	14.3	2.6	2.6	1.1	5.59	(50)
福島県	23.8	32.5	21.9	11.4	7.6	2.8	0.0	5.45	(99)
茨城県	13.6	41.4	12.2	12.3	12.8	4.5	3.2	5.04	(61)
栃木県	20.8	35.8	22.1	14.1	4.1	2.8	0.3	5.45	(170)
群馬県	26.2	37.8	17.1	10.5	8.3	0.0	0.0	5.63	(132)
埼玉県	16.6	18.3	32.5	21.4	5.8	4.3	1.1	5.01	(47)
千葉県	34.8	31.2	17.6	7.9	4.4	2.7	1.5	5.70	(235)
東京都	32.5	33.1	18.8	10.5	1.9	2.5	0.8	5.73	(281)
神奈川県	25.7	34.5	18.2	12.5	7.1	1.7	0.2	5.53	(238)
新潟県	28.4	24.6	21.7	15.4	5.2	4.0	0.8	5.40	(114)
富山県	21.1	42.0	19.1	5.4	12.5	0.0	0.0	5.54	(50)
石川県	26.2	36.4	19.4	8.9	7.4	0.0	1.5	5.59	(97)
福井県	22.9	37.6	20.5	13.4	4.6	1.1	0.0	5.57	(49)
山梨県	25.2	42.4	15.9	8.6	5.4	2.3	0.0	5.66	(70)
長野県	28.2	27.5	23.1	13.7	5.8	1.4	0.2	5.53	(242)
岐阜県	15.7	41.0	21.2	15.1	6.2	0.8	0.0	5.43	(81)
静岡県	23.6	31.9	20.4	12.3	7.6	3.6	0.7	5.38	(312)
愛知県	13.6	34.5	24.9	13.3	9.1	3.7	0.9	5.15	(136)
三重県	26.3	25.4	28.0	7.8	10.5	2.1	0.0	5.43	(102)
滋賀県	30.4	29.8	26.9	6.4	6.4	0.0	0.0	5.71	(48)
京都府	31.6	34.4	20.8	7.3	3.5	1.7	0.6	5.76	(197)
大阪府	36.3	34.1	14.9	8.0	5.6	0.8	0.3	5.84	(195)
兵庫県	22.3	39.6	19.7	13.3	2.9	0.9	1.2	5.58	(155)
奈良県	33.9	27.1	14.7	15.7	6.2	2.3	0.0	5.60	(41)
和歌山県	28.2	35.2	22.7	6.5	4.1	3.5	0.0	5.67	(84)
鳥取県	7.2	41.9	26.7	20.4	0.0	3.7	0.0	5.25	(26)
島根県	19.2	39.4	19.5	12.1	2.5	4.6	2.7	5.36	(41)
岡山県	18.8	33.8	26.5	10.1	8.5	2.3	0.0	5.37	(45)
広島県	21.4	27.4	18.9	23.0	3.7	2.9	2.7	5.21	(75)
山口県	23.9	27.6	20.0	19.6	2.5	6.3	0.0	5.32	(51)
徳島県	33.5	21.5	24.4	20.7	0.0	0.0	0.0	5.68	(20)
香川県	32.1	24.4	17.1	20.1	6.3	0.0	0.0	5.56	(32)
愛媛県	23.1	44.3	9.9	10.8	4.8	4.4	2.7	5.46	(52)
高知県	26.6	44.7	7.4	12.5	0.0	5.6	3.2	5.56	(35)
福岡県	34.3	34.8	19.1	7.8	1.7	2.4	0.0	5.85	(169)
佐賀県	16.5	30.4	31.6	11.5	6.6	3.4	0.0	5.29	(37)
長崎県	16.6	36.9	22.3	18.4	4.4	1.4	0.0	5.39	(80)
熊本県	22.6	32.3	26.8	12.4	0.0	4.9	1.0	5.47	(56)
大分県	22.5	38.4	19.1	11.8	3.1	4.2	1.0	5.49	(106)
宮崎県	35.5	24.4	12.6	19.1	6.0	2.4	0.0	5.57	(39)
鹿児島県	27.8	33.0	19.2	10.6	4.7	3.4	1.3	5.53	(85)
沖縄県	40.9	29.6	11.5	9.1	5.3	2.2	1.4	5.80	(167)

（注1）旅行先別については、1回の旅行につき、単一の旅行先（都道府県）を選択したデータのみ。表中の数値は表示単位未満で四捨五入して表示している。　資料：（公財）日本交通公社「JTBF旅行実態調査」
（注2）満足度指数：大変満足（7点）～大変不満（1点）の7段階評価の平均値。再来訪意向指数：大変そう思う（7点）～まったく思わない（1点）の7段階評価の平均値。
■全体の比率より15ポイント以上高い　■全体の比率より10ポイント以上高い　■全体の比率より5ポイント以上高い

3 マーケットセグメント（同行者×ライフステージ）別の旅行動向

いずれのセグメントも密を避けた行動が目立つ

ここでは、国内宿泊観光旅行（観光・レクリエーションを目的とする国内宿泊旅行）にしぼり、日本人の国内旅行の実態を詳しく見ていく。なお、ここで分析に用いた表データは、すべて「JTBF旅行実態調査」（6ページ参照）による。

①マーケットセグメントと申し込み時期（表I-2-14）

全体を見ると、前年・前々年同様、コロナ禍前に比べて申し込み時期が遅く、旅行が近付いてからの申し込みが多い傾向が続く。「旅行の3か月より前」は、コロナ禍前の2019年は30.7％を占めたが、2020年以降は2割程度で推移、2022年は20.2％となった。一方、「2週間を切ってから」は25.6％となり、前年の30.3％よりは低まったが、コロナ禍前の2019年（19.3％）に比べると高い。

マーケットセグメント別に見ると、旅行が近付いてからの申し込みが多いのは「夫婦・カップルでの旅行」、「未婚男性による友人旅行」、「ひとり旅（男女ともに）」であり、旅行の1か月前を切ってから申し込む割合は4割以上あった。特に、「カップルでの旅行」、「夫婦での旅行（子どもなし）」、「未婚男性による友人旅行」、「ひとり旅（男女ともに）」では「1週間以内」が1割を超えており、他セグメントに比べ、旅行直前に申し込む割合が高い。逆に、「家族旅行」や「子育て後の友人旅行（男女ともに）」では旅行の1か月前までの申し込みが6割以上を占め、余裕をもって申し込んでいた。

表I-2-14 マーケットセグメント（同行者×ライフステージ）別の旅行申し込み時期

（単位：％）

マーケットセグメント ＼ 申し込み時期	1年以上前	半年～1年前	3～5か月前	1～2か月前	3～4週間前	1～2週間前	4～6日前	2～3日前	出発前日	当日／出発後	サンプル数
全体	0.4	4.1	15.6	35.6	18.6	15.5	3.9	3.9	1.0	1.3	(5,847)
前年	*0.8*	*3.5*	*13.0*	*34.1*	*18.2*	*18.7*	*4.7*	*4.6*	*1.3*	*1.1*	*(5,595)*
前々年	*1.0*	*4.9*	*14.9*	*33.7*	*18.0*	*16.6*	*4.5*	*4.0*	*1.3*	*1.2*	*(6,286)*
家族旅行	0.4	6.0	18.6	37.6	16.9	13.1	3.6	2.6	0.4	0.6	(1,704)
乳幼児の子どもと一緒の家族旅行（小中高生を含まない）	0.2	4.3	17.6	40.1	18.6	12.4	3.9	1.5	0.5	1.0	(352)
小中高生の子どもと一緒の家族旅行（乳幼児連れも含む）	0.5	7.7	18.8	38.2	16.3	11.5	3.6	2.7	0.2	0.4	(687)
18歳以上のみの家族旅行	0.6	5.2	19.0	35.7	16.6	15.1	3.5	3.1	0.7	0.6	(665)
3世代家族旅行※	0.1	7.7	20.0	40.4	16.7	12.3	1.5	0.7	0.1	0.5	(366)
夫婦・カップル旅行	0.3	2.9	14.3	34.6	21.5	17.5	3.5	3.2	0.9	1.3	(2,207)
カップルでの旅行	1.1	3.8	10.9	36.2	18.9	17.6	3.4	4.6	2.5	1.0	(478)
夫婦での旅行（子どもなし）	0.0	3.5	15.6	34.5	20.8	15.2	4.4	2.9	1.0	2.2	(619)
子育て中の夫婦での旅行（末子が18歳未満）	0.0	3.5	13.6	26.4	30.0	21.4	2.6	1.4	0.0	1.0	(91)
子育て後の夫婦での旅行（末子が18歳以上）	0.1	2.0	15.1	34.7	22.5	18.6	3.0	2.9	0.2	0.9	(1,019)
友人旅行	0.6	4.1	16.2	39.6	17.5	13.9	3.1	2.8	0.7	1.4	(785)
未婚男性による友人旅行	1.9	5.1	13.3	33.3	14.8	17.8	5.7	4.5	1.2	2.5	(152)
既婚男性による友人旅行（子どもなし）	0.0	5.8	31.5	20.3	19.9	14.9	0.0	0.0	0.0	7.7	(18)
子育て中の男性による友人旅行（末子が18歳未満）	0.0	15.7	11.0	38.7	12.7	12.5	3.1	2.4	0.0	3.8	(48)
子育て後の男性による友人旅行（末子が18歳以上）	0.5	1.8	15.5	48.5	13.8	13.2	1.5	1.6	2.7	0.9	(124)
未婚女性による友人旅行	0.5	2.4	16.4	36.8	24.5	13.6	1.6	3.3	0.0	0.9	(199)
既婚女性による友人旅行（子どもなし）	0.0	0.9	11.4	53.3	14.6	9.4	6.1	2.6	0.0	1.8	(61)
子育て中の女性による友人旅行（末子が18歳未満）	0.0	8.0	39.9	37.3	8.0	6.7	0.0	0.0	0.0	0.0	(14)
子育て後の女性による友人旅行（末子が18歳以上）	0.3	4.4	18.6	40.0	17.2	13.6	3.3	2.2	0.3	0.0	(169)
ひとり旅	0.5	3.2	13.0	30.8	16.7	16.6	5.9	8.6	2.2	2.5	(1,048)
男性のひとり旅	0.5	3.4	12.1	26.0	18.1	17.6	7.0	9.0	2.8	3.6	(709)
女性のひとり旅	0.6	2.7	15.0	40.7	13.7	14.5	3.6	7.8	1.2	0.3	(339)

（注）表中の数値は表示単位未満で四捨五入して表示している。
※3世代家族旅行は、子どもの年齢にかかわらず3世代で行った旅行であり、家族旅行の3セグメントと重複する

■全体の比率より15ポイント以上高い　■全体の比率より10ポイント以上高い　■全体の比率より5ポイント以上高い

資料：（公財）日本交通公社「JTBF旅行実態調査」

②マーケットセグメントと出発月・出発日（表I-2-15）

コロナ禍においては感染状況等に応じて旅行の出発月が例年と異なる傾向にあったが、2022年の出発月は、コロナ禍前同様、「8月」が最も多く、「2月」が最も少なかった。マーケットセグメント別に見ると、「小中高生の子どもと一緒の家族旅行」、「3世代家族旅行」は、学校が夏休みとなる「8月」の旅行が多い。「未婚男性による友人旅行」では「5月」、「未婚女性による友人旅行」では「8月・9月」、「子育て後の友人旅行（男女ともに）」では「11月」の出発が多かった。

旅行の出発日については、「月～木曜日」は前年に比べると1.1ポイント増、コロナ禍前の2019年からは3.9ポイント増となり、分散化への意識が続いた。

出発日はマーケットセグメントによる差が大きい。「家族旅行」の出発日は子どもの年齢に大きく左右され、特に、「小中高生の子どもと一緒の家族旅行」では長期休みや休日出発が多かった。中でも「夏休み」は他セグメントに比べてシェアが大きい。

「月～木曜日」出発の割合が高いセグメントは、「子育て後の夫婦での旅行」、「子育て後の友人旅行（男女ともに）」、「女性のひとり旅」等であった。

表I-2-15　マーケットセグメント（同行者×ライフステージ）別の出発月・出発日

（単位：%）

マーケットセグメント ＼ 出発月・日	出発月												出発日							サンプル数
	1月	2月	3月	4月	5月	6月	7月	8月	9月	10月	11月	12月	夏休み	ゴールデンウィーク	年末年始	土曜日	日曜日・祝日	月～木曜日	金曜日	
全体	4.0	2.9	6.6	6.6	10.5	8.6	8.9	12.7	10.1	9.2	10.3	9.5	8.2	4.7	3.1	21.3	12.1	35.6	15.0	(6,050)
前年	*3.5*	*3.4*	*9.4*	*5.4*	*7.1*	*5.8*	*8.7*	*11.2*	*7.1*	*10.1*	*13.4*	*14.9*	*7.7*	*3.3*	*4.8*	*21.4*	*13.7*	*34.5*	*14.6*	*(5,803)*
前々年	*10.2*	*10.6*	*7.8*	*1.7*	*1.8*	*4.2*	*6.9*	*12.6*	*11.4*	*10.1*	*14.2*	*8.5*	*6.4*	*0.7*	*5.1*	*19.0*	*19.6*	*35.4*	*13.7*	*(6,511)*
家族旅行	4.5	2.3	7.1	6.4	11.8	6.4	8.6	16.3	8.6	8.1	9.5	10.3	13.7	7.2	5.0	23.6	12.3	23.7	14.4	(1,776)
乳幼児の子どもと一緒の家族旅行（小中高生を含まない）	4.5	2.5	6.2	5.2	13.7	6.2	8.0	13.9	7.6	10.1	10.5	11.7	9.4	9.0	5.4	22.5	13.2	26.7	13.7	(367)
小中高生の子どもと一緒の家族旅行（乳幼児連れも含む）	4.6	1.7	8.5	7.0	9.8	5.3	9.0	22.8	7.4	6.9	6.8	10.1	22.1	9.0	6.0	28.0	9.8	12.9	12.2	(714)
18歳以上のみの家族旅行	4.3	2.9	6.2	6.3	12.9	7.8	8.5	10.8	10.5	8.4	11.8	9.6	7.2	4.5	3.7	19.7	14.5	33.4	17.1	(695)
3世代家族旅行※	5.1	2.2	5.7	4.7	12.1	5.3	6.4	22.0	7.8	7.7	11.4	9.3	17.0	8.0	5.0	24.8	12.5	18.6	14.1	(396)
夫婦・カップル旅行	3.9	2.8	6.5	6.5	10.0	9.0	9.8	11.5	10.6	9.8	9.5	10.1	6.3	3.6	2.5	18.9	12.6	41.6	14.5	(2,267)
カップルでの旅行	4.0	3.2	7.0	5.7	8.9	9.0	9.5	14.2	10.7	8.9	7.3	11.9	8.1	6.3	3.8	25.0	11.5	29.9	15.3	(488)
夫婦での旅行（子どもなし）	4.4	2.8	5.6	7.3	12.4	7.4	9.5	11.4	11.0	10.0	7.4	10.6	7.5	4.9	2.9	22.1	11.5	33.6	17.4	(642)
子育て中の夫婦での旅行（末子が18歳未満）	4.2	1.2	8.3	7.1	7.0	6.8	10.8	6.5	4.4	13.7	17.5	12.5	5.2	3.8	4.6	25.8	11.5	27.1	21.9	(94)
子育て後の夫婦での旅行（末子が18歳以上）	3.6	2.7	6.6	6.4	9.2	10.3	10.0	10.7	11.0	9.8	11.0	8.7	4.8	1.5	1.6	13.5	13.8	53.2	11.6	(1,043)
友人旅行	3.6	3.2	6.6	6.2	9.8	8.7	9.1	11.3	11.9	10.4	12.4	6.8	5.9	3.5	1.3	23.9	11.8	36.6	17.0	(815)
未婚男性による友人旅行	3.8	4.7	3.3	5.1	15.7	8.4	6.1	11.9	13.2	13.6	8.5	5.8	6.6	10.5	3.3	29.0	12.5	19.1	19.0	(158)
既婚男性による友人旅行（子どもなし）	6.3	3.1	10.0	10.5	21.7	0.0	12.5	8.4	0.0	27.4	0.0	0.0	6.3	0.0	0.0	28.2	17.1	26.2	22.3	(19)
子育て中の男性による友人旅（末子が18歳未満）	5.7	3.4	8.5	7.7	15.8	0.0	11.4	15.3	8.3	6.0	7.1	10.7	5.3	4.6	1.1	36.2	6.8	26.5	19.4	(49)
子育て後の男性による友人旅（末子が18歳以上）	3.5	4.3	10.2	4.4	8.1	3.3	11.4	4.7	14.9	9.1	15.4	10.7	2.0	0.0	1.3	23.6	9.5	47.7	15.9	(131)
未婚女性による友人旅行	2.3	3.6	7.2	7.8	4.8	6.4	9.3	18.0	15.1	9.9	10.7	4.9	11.3	2.7	1.0	25.9	9.5	30.0	19.7	(208)
既婚女性による友人旅行（子どもなし）	4.3	3.4	4.6	1.4	12.0	22.9	6.9	9.3	4.2	12.0	12.5	6.5	4.0	2.0	0.9	19.6	13.3	46.3	14.0	(64)
子育て中の女性による友人旅（末子が18歳未満）	0.0	0.0	12.4	6.5	0.0	14.6	7.7	20.7	0.0	6.7	24.1	7.3	0.0	0.0	0.0	29.8	15.0	29.5	25.7	(14)
子育て後の女性による友人旅（末子が18歳以上）	4.1	0.6	5.7	7.4	8.7	13.1	10.0	6.7	10.7	8.2	17.6	7.1	2.7	1.5	0.3	14.5	15.7	53.5	11.8	(172)
ひとり旅	3.8	3.9	6.4	7.9	9.8	11.4	7.8	10.2	9.4	8.4	11.7	9.5	5.6	3.7	2.6	20.4	11.0	40.6	16.1	(1,081)
男性のひとり旅	4.2	4.0	6.3	7.5	9.2	9.7	7.7	10.1	10.0	9.4	11.6	10.4	5.8	4.2	2.9	21.9	9.4	38.1	17.7	(730)
女性のひとり旅	2.8	3.7	6.5	8.7	10.9	14.9	8.2	10.5	8.0	6.3	11.7	7.7	5.3	2.6	1.8	17.4	14.2	45.7	13.0	(351)

（注）表中の数値は表示単位未満で四捨五入して表示している。
※3世代家族旅行は、子どもの年齢にかかわらず3世代で行った旅行であり、家族旅行の3セグメントと重複する

資料：（公財）日本交通公社「JTBF旅行実態調査」

■全体の比率より15ポイント以上高い　■全体の比率より10ポイント以上高い　■全体の比率より5ポイント以上高い

③マーケットセグメントと交通手段

●旅行先までの主な交通手段（表I-2-16）

コロナ禍において旅行先までの主な交通手段はその影響を大きく受け、「列車」や「飛行機」等の公共交通機関の利用率が大幅に減少、「自家用車」の利用率が高まった。2022年の「自家用車」利用率は52.7％であり、前年からは5.5ポイント減少したものの、コロナ禍の2019年と比べると12.8ポイント増であり、自家用車利用が高い傾向が続いた。一方、公共交通機関は「列車」対2021年3.9ポイント増・対2019年2.3ポイント減、「飛行機」対2021年2.9ポイント増・対2019年7.3ポイント減、「バス・貸切バス」対2021年0.5ポイント減・対2019年3.1ポイント減となり、「バス・貸切バス」は減少が続いた。

「家族旅行」は「自家用車」利用率が他セグメントに比べて高く、特に「18歳未満の子どもと一緒の家族旅行」では7割を占めた。「夫婦・カップル旅行」も「自家用車」利用率が6割以上を占め、特に、「子育て後の夫婦での旅行」は7割を占めた。「友人旅行」は、「未婚女性による友人旅行」において「列車」利用が最も多く、それ以外のセグメントでは「自家用車」利用が最も多い。「ひとり旅」では「列車」、「飛行機」の利用率が他セグメントに比べ高い。特に、「女性のひとり旅」の「列車」利用率は4.5割を占める。一方、「自家用車」利用は「男性のひとり旅」で3割、「女性のひとり旅」では1.5割にとどまった。

表I-2-16　マーケットセグメント（同行者×ライフステージ）別の旅行先までの主な交通手段

（単位：％）

旅行先までの主な交通手段／マーケットセグメント	自家用車	高速道路利用	高速道路利用なし	列車	新幹線・有料特急利用	新幹線・有料特急利用なし	飛行機	JAL・ANA利用	JAL・ANA以外利用	バス・貸切バス	レンタカー	高速道路利用	高速道路利用なし	その他	サンプル数
全体	52.7	38.4	14.4	25.1	17.6	7.5	15.4	11.0	4.4	3.3	2.6	2.1	0.5	0.9	(6,050)
前年	*58.2*	*40.9*	*17.3*	*21.1*	*14.5*	*6.6*	*12.5*	*8.6*	*3.9*	*3.8*	*3.3*	*2.7*	*0.6*	*1.1*	*(5,803)*
前々年	*54.6*	*39.9*	*14.6*	*23.0*	*16.0*	*7.0*	*14.2*	*11.1*	*3.1*	*4.0*	*3.2*	*2.8*	*0.4*	*1.0*	*(6,511)*
家族旅行	63.5	50.0	13.5	19.9	15.2	4.7	11.2	7.6	3.5	1.5	3.3	3.0	0.2	0.6	(1,776)
乳幼児の子どもと一緒の家族旅行（小中高生を含まない）	67.4	51.8	15.7	16.0	13.5	2.5	10.0	5.9	4.1	0.1	5.9	5.5	0.4	0.6	(367)
小中高生の子どもと一緒の家族旅行（乳幼児連れも含む）	72.2	58.6	13.6	14.6	11.4	3.2	8.4	6.3	2.1	1.3	2.5	2.5	0.0	1.0	(714)
18歳以上のみの家族旅行	52.5	40.2	12.3	27.5	20.2	7.3	14.6	10.0	4.7	2.5	2.7	2.2	0.4	0.3	(695)
3世代家族旅行※	66.1	49.4	16.7	16.7	12.7	4.0	12.0	9.0	3.0	0.4	4.2	3.6	0.6	0.7	(396)
夫婦・カップル旅行	61.6	44.5	17.1	19.5	13.4	6.1	14.2	10.5	3.6	1.9	2.5	1.9	0.5	0.4	(2,267)
カップルでの旅行	49.5	36.7	12.8	27.7	15.9	11.8	15.3	11.1	4.2	1.5	5.2	4.6	0.6	0.7	(488)
夫婦での旅行（子どもなし）	59.7	45.1	14.6	21.2	15.2	6.0	15.1	11.8	3.3	1.2	2.6	1.5	1.1	0.2	(642)
子育て中の夫婦での旅行（末子が18歳未満）	51.8	37.8	14.0	18.9	14.4	4.5	16.3	8.4	7.9	4.1	8.2	5.8	2.4	0.6	(94)
子育て後の夫婦での旅行（末子が18歳以上）	69.3	48.3	20.9	14.7	11.0	3.7	12.8	9.7	3.1	2.2	0.6	0.6	0.0	0.4	(1,043)
友人旅行	41.7	27.0	14.7	32.1	21.9	10.2	14.8	10.0	4.8	5.9	4.3	3.2	1.2	1.1	(815)
未婚男性による友人旅行	42.5	29.3	13.2	33.9	22.7	11.2	16.0	8.0	8.0	2.3	5.0	3.7	1.4	0.3	(158)
既婚男性による友人旅行（子どもなし）	63.4	56.2	7.2	7.2	7.2	0.0	8.6	3.1	5.5	6.5	14.3	14.3	0.0	0.0	(19)
子育て中の男性による友人旅行（末子が18歳未満）	64.0	43.0	21.1	9.3	6.2	3.1	15.2	14.1	1.1	1.1	10.4	7.7	2.6	0.0	(49)
子育て後の男性による友人旅行（末子が18歳以上）	64.4	41.3	23.1	16.7	12.4	4.3	12.0	11.2	0.8	1.5	0.8	0.0	0.8	4.7	(131)
未婚女性による友人旅行	19.0	14.2	4.8	47.5	33.7	13.8	18.1	11.1	7.0	7.3	6.8	4.5	2.4	1.4	(208)
既婚女性による友人旅行（子どもなし）	43.1	23.9	19.2	34.1	27.1	7.0	12.9	7.4	5.5	8.0	2.0	2.0	0.0	0.0	(64)
子育て中の女性による友人旅行（末子が18歳未満）	47.5	40.2	7.3	22.5	8.0	14.5	25.9	18.6	7.3	0.0	4.1	4.1	0.0	0.0	(14)
子育て後の女性による友人旅行（末子が18歳以上）	42.9	23.0	20.0	31.8	18.9	12.9	12.0	9.3	2.7	11.7	1.5	1.5	0.0	0.0	(172)
ひとり旅	23.8	13.9	9.8	40.9	28.1	12.9	25.3	18.1	7.2	7.1	1.0	0.3	0.7	2.0	(1,081)
男性のひとり旅	28.0	17.3	10.7	38.7	25.4	13.3	24.7	17.0	7.7	4.8	1.2	0.4	0.8	2.5	(730)
女性のひとり旅	15.0	7.0	7.9	45.5	33.6	11.9	26.3	20.2	6.1	11.6	0.7	0.3	0.4	0.9	(351)

（注）表中の数値は表示単位未満で四捨五入して表示している。
※3世代家族旅行は、子どもの年齢にかかわらず3世代で行った旅行であり、家族旅行の3セグメントと重複する

■全体の比率より15ポイント以上高い　■全体の比率より10ポイント以上高い　■全体の比率より5ポイント以上高い

資料：（公財）日本交通公社「JTBF旅行実態調査」

●旅行先での主な交通手段(表Ⅰ-2-17)

旅行先での交通手段は、旅行先までの交通手段同様、多くのセグメントにおいて、前年と比較して「自家用車」が減少、「列車」や「路線バス」等の公共交通機関が増加した。

「家族旅行」での「自家用車」利用率は、「18歳未満の子どもと一緒の家族旅行」で高く、6割弱を占めた。「夫婦・カップル旅行」では、「子育て後の夫婦での旅行」で6割弱が自家用車を利用した。「友人旅行」では、ライフステージによって特徴は異なる。「未婚男性による友人旅行」では「列車」、「路線バス」、「レンタカー」、「タクシー・ハイヤー」等、多様な交通手段で他セグメントに比べて高い利用率であり、「子育て後の男性による友人旅行」では5割超が「自家用車」であった。「未婚女性による友人旅行」では「列車」利用率が4.5割を占め、「子育て後の女性による友人旅行」では「貸切バス・定期観光バス」を1.5割が利用した。「ひとり旅」は、約半数が「列車」を、2割が「路線バス」を利用しており、他セグメントに比べて特徴的な交通手段となっている。

表Ⅰ-2-17 マーケットセグメント(同行者×ライフステージ)別の旅行先での主な交通手段(複数回答) (単位:%)

マーケットセグメント ＼ 旅行先での主な交通手段	自家用車	列車	路線バス	レンタカー	タクシー・ハイヤー	貸切バス・定期観光バス	飛行機	観光客向けの巡回バス等	船(フェリー、観光船、屋形船等)	レンタサイクル	その他	交通機関は利用しなかった	サンプル数
全体	45.5	25.2	10.6	10.2	6.2	3.9	2.9	2.5	2.4	1.1	0.8	12.3	(6,050)
前年	*49.3*	*20.4*	*9.4*	*9.7*	*4.9*	*2.4*	*2.1*	*1.8*	*2.0*	*0.8*	*0.9*	*14.4*	*(5,803)*
前々年	*46.5*	*21.1*	*11.1*	*10.9*	*5.8*	*4.4*	*4.2*	*2.9*	*2.3*	*1.1*	*1.3*	*13.2*	*(6,511)*
家族旅行	52.5	20.0	7.6	10.2	6.1	2.2	2.8	3.0	2.1	0.7	0.6	13.4	(1,776)
乳幼児の子どもと一緒の家族旅行(小中高生を含まない)	58.5	18.2	5.9	12.7	6.6	0.8	3.3	4.8	2.6	0.8	0.7	11.5	(367)
小中高生の子どもと一緒の家族旅行(乳幼児連れも含む)	58.2	19.0	5.6	6.8	3.9	1.7	2.4	2.0	1.8	0.6	0.4	14.0	(714)
18歳以上のみの家族旅行	43.3	21.9	10.6	12.5	8.1	3.4	2.9	3.1	2.2	0.7	0.7	13.9	(695)
3世代家族旅行※	53.9	16.7	7.1	13.6	9.1	1.2	4.5	3.1	1.8	0.5	0.6	12.1	(396)
夫婦・カップル旅行	53.1	18.6	8.5	10.9	5.0	4.2	2.4	2.0	2.3	1.0	0.5	11.5	(2,267)
カップルでの旅行	44.1	28.9	10.3	13.8	6.3	2.0	5.0	3.6	2.3	1.2	0.4	10.2	(488)
夫婦での旅行(子どもなし)	51.6	20.6	8.3	13.1	5.1	2.6	3.0	1.2	2.4	1.0	0.1	11.6	(642)
子育て中の夫婦での旅行(末子が18歳未満)	43.1	23.6	15.1	22.9	8.0	2.8	5.8	4.9	1.7	2.3	1.4	8.7	(94)
子育て後の夫婦での旅行(末子が18歳以上)	59.2	12.1	7.1	7.0	4.1	6.4	0.4	1.4	2.3	0.8	0.7	12.3	(1,043)
友人旅行	36.5	26.7	12.5	13.1	9.7	5.8	2.8	3.1	2.2	1.4	1.0	13.1	(815)
未婚男性による友人旅行	35.5	30.4	18.0	19.4	13.0	2.2	4.9	4.1	3.0	3.8	0.3	10.7	(158)
既婚男性による友人旅行(子どもなし)	50.9	16.1	0.0	17.4	0.0	0.0	0.0	0.0	5.5	0.0	0.0	15.7	(19)
子育て中の男性による友人旅行(末子が18歳未満)	62.2	7.3	4.2	23.7	8.6	0.0	5.3	0.0	2.6	0.0	0.0	5.0	(49)
子育て後の男性による友人旅行(末子が18歳以上)	53.8	11.1	8.2	9.3	7.2	3.2	1.6	1.6	3.7	0.0	3.4	14.9	(131)
未婚女性による友人旅行	19.1	45.5	14.8	13.7	9.5	4.0	4.4	2.1	0.5	1.9	1.2	14.1	(208)
既婚女性による友人旅行(子どもなし)	40.1	23.8	20.5	12.4	9.5	7.9	0.0	3.6	3.3	0.0	0.0	8.4	(64)
子育て中の女性による友人旅行(末子が18歳未満)	50.6	23.2	4.1	12.1	10.9	0.0	0.0	0.0	0.0	0.0	0.0	7.3	(14)
子育て後の女性による友人旅行(末子が18歳以上)	35.3	19.3	9.0	6.3	9.7	15.3	0.7	5.7	1.6	0.8	0.6	17.0	(172)
ひとり旅	23.8	48.1	19.3	6.9	6.2	3.9	3.8	2.1	3.0	1.9	1.7	11.9	(1,081)
男性のひとり旅	26.7	45.3	19.1	6.6	4.7	1.7	3.9	1.8	3.6	2.3	2.5	13.9	(730)
女性のひとり旅	17.7	54.0	19.6	7.3	9.1	8.4	3.5	2.6	1.6	1.0	0.2	7.8	(351)

(注)表中の数値は表示単位未満で四捨五入して表示している。
※3世代家族旅行は、子どもの年齢にかかわらず3世代で行った旅行であり、家族旅行の3セグメントと重複する
■全体の比率より15ポイント以上高い ■全体の比率より10ポイント以上高い ■全体の比率より5ポイント以上高い

資料:(公財)日本交通公社「JTBF旅行実態調査」

④マーケットセグメントと旅行で最も楽しみにしていたこと（表I-2-18）

「おいしいものを食べること」は、「18歳以上のみの家族旅行」、「カップルでの旅行」、「夫婦での旅行（子どもなし）」、「未婚男性・女性による友人旅行」、「子育て後の男性・女性による友人旅行」、「男性のひとり旅」等において最多となった。「温泉に入ること」は、「乳幼児の子どもと一緒の家族旅行」、「3世代家族旅行」、「子育て後の夫婦での旅行」等で最多となった。「自然景観を見ること」はどのセグメントにおいてもトップシェアにはならないものの、比較的上位を占めた。「観光・文化施設を訪れること」は、「家族旅行」において全体よりも高い。「文化的な名所を見ること」は、「男性のひとり旅」や「18歳以上のみの家族旅行」で上位の楽しみであった。「スポーツやアウトドア活動を楽しむこと」は「男性による友人旅行」で特徴的な楽しみとなっている。

このように、同行者やライフステージによって、旅行での楽しみは異なる。

表I-2-18　マーケットセグメント（同行者×ライフステージ）別の旅行で最も楽しみにしていたこと　（単位：%）

マーケットセグメント ＼ 最も楽しみにしていたこと	おいしいものを食べること	温泉に入ること	自然景観を見ること	観光・文化施設（水族館や美術館、テーマパーク等）を訪れること	文化的な名所（史跡、寺社仏閣等）を見ること	スポーツやアウトドア活動を楽しむこと	芸術・音楽・スポーツ等の観劇・鑑賞・観戦	目当ての宿泊施設に泊まること	帰省、冠婚葬祭関連、親族や知人訪問	町や都市を訪れること	自然の豊かさを体験すること	買い物をすること	地域の祭りやイベント	地域の文化を体験すること	その他	サンプル数
全体	21.3	18.4	9.5	8.5	8.2	6.2	5.4	5.0	3.8	3.5	3.0	2.9	1.8	0.7	1.9	(6,050)
前年	*21.4*	*23.0*	*10.1*	*5.5*	*7.0*	*6.2*	*3.1*	*6.6*	*4.4*	*2.7*	*3.8*	*2.8*	*0.7*	*0.6*	*2.3*	*(5,803)*
前々年	*20.8*	*20.9*	*11.1*	*6.7*	*8.2*	*6.0*	*2.6*	*5.7*	*4.3*	*3.6*	*3.7*	*2.5*	*0.9*	*0.4*	*2.4*	*(6,511)*
家族旅行	20.4	19.5	7.4	14.6	7.2	6.0	3.4	5.7	3.5	2.6	3.5	3.1	1.0	0.7	1.3	(1,776)
乳幼児の子どもと一緒の家族旅行（小中高生を含まない）	19.1	21.8	6.0	19.5	2.7	6.6	0.7	5.9	4.0	2.7	5.0	3.0	0.8	0.6	1.6	(367)
小中高生の子どもと一緒の家族旅行（乳幼児連れも含む）	17.2	16.4	7.1	19.5	7.6	9.2	2.7	6.3	2.3	2.4	3.2	3.5	0.9	0.5	1.4	(714)
18歳以上のみの家族旅行	24.5	21.6	8.5	7.1	9.2	2.4	5.6	4.9	4.6	2.7	3.1	2.7	1.1	1.0	1.0	(695)
3世代家族旅行※	18.9	26.2	5.9	16.5	5.5	3.8	1.4	5.8	2.8	2.4	5.1	2.1	0.7	1.2	1.7	(396)
夫婦・カップル旅行	23.7	23.3	10.8	6.2	8.5	4.2	2.1	5.9	3.2	2.8	3.2	2.8	1.2	0.7	1.4	(2,267)
カップルでの旅行	28.4	17.6	10.1	9.6	6.3	4.9	2.3	6.6	1.3	3.2	1.9	3.2	2.0	0.2	2.4	(488)
夫婦での旅行（子どもなし）	24.5	21.2	8.3	7.4	7.4	4.9	2.8	6.7	4.1	2.8	3.4	3.4	1.1	0.9	1.4	(642)
子育て中の夫婦での旅行（末子が18歳未満）	20.7	17.2	5.3	13.0	9.9	5.1	2.7	5.1	6.4	2.2	5.1	1.7	0.0	4.5	1.1	(94)
子育て後の夫婦での旅行（末子が18歳以上）	21.2	27.9	13.2	3.4	10.1	3.4	1.5	5.2	3.2	2.6	3.4	2.5	1.0	0.4	1.0	(1,043)
友人旅行	22.9	14.6	9.3	6.4	7.6	11.5	7.4	4.9	1.4	2.3	2.5	3.0	2.8	0.4	3.0	(815)
未婚男性による友人旅行	20.1	12.9	7.1	4.4	10.2	14.2	6.8	2.3	2.0	6.5	3.6	2.2	4.3	0.0	3.1	(158)
既婚男性による友人旅行（子どもなし）	22.0	10.6	6.3	5.3	8.8	33.1	3.1	0.0	0.0	0.0	0.0	0.0	5.5	0.0	5.5	(19)
子育て中の男性による友人旅行（末子が18歳未満）	20.6	17.2	10.9	3.1	5.1	30.3	2.6	0.0	1.2	2.1	0.0	5.7	0.0	0.0	1.1	(49)
子育て後の男性による友人旅行（末子が18歳以上）	26.1	14.5	8.3	3.3	7.4	19.6	6.8	4.8	1.9	0.0	3.2	0.4	0.0	2.8	0.9	(131)
未婚女性による友人旅行	23.2	5.3	12.0	13.0	5.9	6.8	14.7	5.0	0.9	1.9	1.6	3.1	3.6	0.0	3.0	(208)
既婚女性による友人旅行（子どもなし）	15.2	27.6	7.8	5.2	7.3	8.1	4.3	11.0	1.6	3.5	1.5	4.3	1.7	0.0	0.9	(64)
子育て中の女性による友人旅行（末子が18歳未満）	29.3	0.0	10.4	0.0	0.0	0.0	11.4	0.0	8.0	0.0	4.1	4.1	10.4	0.0	22.4	(14)
子育て後の女性による友人旅行（末子が18歳以上）	26.0	23.5	8.9	4.6	8.8	3.7	1.9	7.1	0.7	0.7	3.3	4.4	2.7	0.0	3.7	(172)
ひとり旅	16.0	9.0	10.2	4.6	9.9	6.8	14.8	2.3	7.2	7.7	2.0	2.5	3.4	0.9	2.9	(1,081)
男性のひとり旅	17.0	8.6	9.9	3.5	11.4	8.3	10.7	2.4	6.4	10.1	2.1	2.6	3.9	1.1	2.1	(730)
女性のひとり旅	13.9	9.7	10.8	6.9	6.8	3.8	23.2	2.1	9.0	2.8	1.6	2.3	2.4	0.3	4.4	(351)

（注）表中の数値は表示単位未満で四捨五入して表示している。

※3世代家族旅行は、子どもの年齢にかかわらず3世代で行った旅行であり、家族旅行の3セグメントと重複する

■全体の比率より15ポイント以上高い　■全体の比率より10ポイント以上高い　■全体の比率より5ポイント以上高い

資料：（公財）日本交通公社「JTBF旅行実態調査」

⑤マーケットセグメントと宿泊施設(表I-2-19)

前年同様、すべてのセグメントにおいて「ホテル」がトップを占め、多くのセグメントでその利用率は増加した。「リゾートホテル」は「18歳未満の子どもと一緒の家族旅行」、「3世代家族旅行」、「子育て後の夫婦での旅行」で、「ビジネスホテル」は「未婚男性による友人旅行」、「ひとり旅(男女ともに)」で、「シティホテル」は「カップルでの旅行」、「未婚女性による友人旅行」、「女性のひとり旅」等で、特に高い利用率となった。

「旅館」の利用率は、「18歳以上のみの家族旅行」、「3世代家族旅行」、「子育て後の夫婦での旅行」、「子育て後の男性・女性による友人旅行」等で高い傾向が見られた。

「実家・親戚・知人宅」は「女性のひとり旅」において、「別荘・リゾートマンション・会員制の宿泊施設」は「子育て後の男性による友人旅行」において、他セグメントに比べて高い利用率であった。

表I-2-19　マーケットセグメント(同行者×ライフステージ)別の宿泊施設(複数回答)

(単位：%)

マーケットセグメント＼宿泊施設	ホテル				旅館			実家・親戚・知人宅	民宿・ペンション・ロッジ	キャンプ・オートキャンプ	別荘・リゾートマンション・会員制の宿泊施設	公共の宿	ゲストハウス	民泊	その他	サンプル数
		リゾートホテル	ビジネスホテル	シティホテル		旅館(比較的規模大)	旅館(比較的規模小)									
全体	61.7	23.6	23.0	19.0	27.9	15.4	13.0	5.6	3.2	2.5	2.3	1.8	1.0	0.6	1.6	(6,050)
前年	*55.0*	*23.3*	*19.7*	*14.2*	*30.4*	*16.7*	*14.3*	*6.1*	*3.8*	*3.1*	*2.5*	*2.1*	*1.1*	*0.5*	*1.6*	*(5,803)*
前々年	*56.8*	*23.3*	*20.6*	*15.4*	*31.7*	*18.3*	*14.2*	*5.2*	*4.6*	*1.9*	*2.8*	*1.6*	–	–	*1.9*	*(6,511)*
家族旅行	57.9	29.6	13.4	17.4	30.5	18.6	12.8	5.8	3.7	2.4	2.9	2.2	0.5	0.4	0.9	(1,776)
乳幼児の子どもと一緒の家族旅行(小中高生を含まない)	55.9	34.0	10.4	13.3	30.4	17.7	13.6	7.7	5.1	2.7	2.4	2.4	0.8	0.5	0.2	(367)
小中高生の子どもと一緒の家族旅行(乳幼児連れも含む)	59.4	31.3	14.5	16.7	26.2	15.8	10.7	4.9	2.7	4.3	3.6	2.3	0.3	0.5	1.5	(714)
18歳以上のみの家族旅行	57.4	25.4	13.9	20.4	35.1	21.9	14.5	5.6	4.0	0.4	2.4	2.0	0.4	0.3	0.8	(695)
3世代家族旅行※	54.5	36.0	8.2	13.1	34.5	22.5	13.1	3.5	3.6	2.7	5.8	4.0	0.5	1.0	0.0	(396)
夫婦・カップル旅行	60.6	27.3	17.7	20.6	33.6	18.2	16.2	3.3	2.4	2.6	2.6	2.1	0.5	0.4	1.7	(2,267)
カップルでの旅行	65.3	22.7	21.2	26.0	29.0	13.2	16.1	1.9	2.2	2.9	2.1	0.4	0.7	0.0	1.2	(488)
夫婦での旅行(子どもなし)	64.4	26.6	22.4	21.5	30.4	16.4	14.7	4.3	3.3	2.9	1.6	1.0	0.5	0.7	2.0	(642)
子育て中の夫婦での旅行(末子が18歳未満)	63.6	26.7	22.7	23.5	28.4	12.3	18.8	3.5	3.7	2.5	1.0	4.3	1.3	2.5	1.1	(94)
子育て後の夫婦での旅行(末子が18歳以上)	55.9	29.8	12.8	17.3	38.3	22.1	16.9	3.4	1.7	2.3	3.6	3.4	0.3	0.2	1.8	(1,043)
友人旅行	57.4	20.1	21.7	17.7	27.2	15.2	12.3	5.0	5.2	3.3	2.6	1.0	1.5	1.0	1.0	(815)
未婚男性による友人旅行	55.0	10.9	33.0	14.4	24.2	10.9	13.9	6.7	7.1	6.3	0.6	0.0	1.5	4.3	1.3	(158)
既婚男性による友人旅行(子どもなし)	61.7	16.9	29.1	15.7	29.5	16.8	12.7	0.0	0.0	5.5	0.0	0.0	3.3	0.0	0.0	(19)
子育て中の男性による友人旅行(末子が18歳未満)	52.4	26.3	27.6	3.0	14.8	7.5	7.3	6.9	14.9	7.7	4.4	0.0	2.0	0.0	1.1	(49)
子育て後の男性による友人旅行(末子が18歳以上)	48.6	22.5	16.4	11.0	36.2	17.3	19.7	4.0	6.1	2.2	8.4	2.5	0.8	0.0	3.1	(131)
未婚女性による友人旅行	71.0	16.6	26.4	29.8	11.0	5.7	5.3	8.9	3.7	3.2	1.5	0.7	2.6	0.0	0.0	(208)
既婚女性による友人旅行(子どもなし)	48.9	22.3	11.3	19.4	43.2	35.7	9.1	1.6	5.2	0.0	0.0	1.6	2.6	0.0	0.0	(64)
子育て中の女性による友人旅行(末子が18歳未満)	54.1	21.8	13.8	18.6	12.1	4.1	8.0	10.4	8.0	8.0	7.3	0.0	0.0	0.0	0.0	(14)
子育て後の女性による友人旅行(末子が18歳以上)	53.5	28.9	11.3	14.3	41.5	24.7	16.8	0.3	2.4	0.9	2.0	1.6	0.3	0.7	0.8	(172)
ひとり旅	74.5	7.6	52.1	19.9	11.1	4.4	6.9	10.6	2.6	1.7	0.5	1.2	2.5	0.9	3.0	(1,081)
男性のひとり旅	75.4	6.2	58.3	15.8	10.3	3.6	6.9	7.6	2.4	2.4	0.4	1.0	2.9	1.0	3.5	(730)
女性のひとり旅	72.8	10.4	39.2	28.4	12.7	6.0	7.0	16.7	3.0	0.4	0.8	1.5	1.5	0.7	2.0	(351)

(注)表中の数値は表示単位未満で四捨五入して表示している。

※3世代家族旅行は、子どもの年齢にかかわらず3世代で行った旅行であり、家族旅行の3セグメントと重複する

■全体の比率より15ポイント以上高い　■全体の比率より10ポイント以上高い　■全体の比率より5ポイント以上高い

資料：(公財)日本交通公社「JTBF旅行実態調査」

⑥マーケットセグメントと宿泊数（表Ⅰ-2-20）

多くのセグメントにおいて「1泊」の割合が低下し、平均宿泊数は増加した。平均宿泊数が特に増加したのは、「子育て後の男性による友人旅行」、「未婚女性による友人旅行」、「子育て後の夫婦での旅行」、「18歳以上のみの家族旅行」等であった。一方、「ひとり旅」は、前年に比べて平均宿泊数は減少した。

平均宿泊数が最も長いのは、例年同様「ひとり旅」であり、1.97泊であった。一人だとスケジュール面等の制約が少ないことが、平均宿泊数の長さに影響しているためと考えられる。特に、「女性のひとり旅」は2.08泊と2泊を超えた。

逆に、宿泊数が短い傾向にあるのは「家族旅行」（1.61泊）、「友人旅行」（1.56泊）であった。中でも、「小中高生の子どもと一緒の家族旅行」（1.58泊）、「未婚女性による友人旅行」（1.54泊）、「子育て後の女性による友人旅行」（1.44泊）等で、短い傾向にあった。

（五木田玲子）

表Ⅰ-2-20　マーケットセグメント（同行者×ライフステージ）別の宿泊数

（単位：%）　（単位：泊）

マーケットセグメント ＼ 宿泊数	1泊	2泊	3泊	4泊	5泊以上	平均宿泊数	サンプル数
全体	59.5	24.3	9.2	3.3	3.8	1.71	(6,050)
前年	*65.8*	*20.1*	*7.6*	*2.7*	*3.8*	*1.62*	*(5,803)*
前々年	*62.0*	*22.9*	*8.5*	*3.2*	*3.4*	*1.66*	*(6,511)*
家族旅行	63.4	23.1	7.4	3.5	2.6	1.61	(1,776)
乳幼児の子どもと一緒の家族旅行（小中高生を含まない）	67.9	17.0	8.3	3.7	3.2	1.61	(367)
小中高生の子どもと一緒の家族旅行（乳幼児連れも含む）	65.5	21.6	7.4	3.1	2.6	1.58	(714)
18歳以上のみの家族旅行	58.9	27.8	7.0	3.8	2.4	1.64	(695)
3世代家族旅行※	61.2	24.1	7.8	3.6	3.3	1.65	(396)
夫婦・カップル旅行	58.4	24.5	10.0	3.3	3.8	1.72	(2,267)
カップルでの旅行	60.0	29.4	7.5	2.2	0.9	1.55	(488)
夫婦での旅行（子どもなし）	55.9	25.8	9.8	4.5	4.0	1.78	(642)
子育て中の夫婦での旅行（末子が18歳未満）	46.3	23.5	10.6	7.7	11.9	2.21	(94)
子育て後の夫婦での旅行（末子が18歳以上）	60.3	21.4	11.2	2.8	4.3	1.72	(1,043)
友人旅行	62.4	25.4	8.6	2.0	1.6	1.56	(815)
未婚男性による友人旅行	54.5	30.2	13.5	0.9	1.0	1.65	(158)
既婚男性による友人旅行（子どもなし）	71.7	19.0	9.4	0.0	0.0	1.38	(19)
子育て中の男性による友人旅行（末子が18歳未満）	54.7	28.7	11.6	2.4	2.6	1.72	(49)
子育て後の男性による友人旅行（末子が18歳以上）	59.2	25.3	9.1	3.9	2.5	1.70	(131)
未婚女性による友人旅行	64.0	23.9	8.2	1.9	1.9	1.54	(208)
既婚女性による友人旅行（子どもなし）	68.1	24.8	1.5	3.3	2.4	1.50	(64)
子育て中の女性による友人旅行（末子が18歳未満）	81.4	14.5	0.0	4.1	0.0	1.27	(14)
子育て後の女性による友人旅行（末子が18歳以上）	67.7	23.5	6.8	1.1	0.8	1.44	(172)
ひとり旅	52.8	25.3	10.4	3.9	7.6	1.97	(1,081)
男性のひとり旅	54.5	24.1	10.9	3.8	6.8	1.91	(730)
女性のひとり旅	49.3	27.7	9.4	4.2	9.4	2.08	(351)

（注）表中の数値は表示単位未満で四捨五入して表示している。
※3世代家族旅行は、子どもの年齢にかかわらず3世代で行った旅行であり、家族旅行の3セグメントと重複する
■全体の比率より15ポイント以上高い　■全体の比率より10ポイント以上高い　■全体の比率より5ポイント以上高い
■平均宿泊数が全体平均値より0.5泊以上高い（平均宿泊数については、7泊以上は7泊と仮定して算出）

資料：（公財）日本交通公社「JTBF旅行実態調査」

I-3 日本人の海外旅行

1 2022年の概況

2022年の日本人出国者数は277.2万人
新型コロナウイルス感染症による影響は一部回復

(1)海外旅行者の動向

法務省の「出入国管理統計」によると、2022年の日本人出国者数は277.2万人で、2021年の51.2万人から大幅に増加し、前年比441.1%増となった。2020年から続く新型コロナウイルス感染症の影響は依然として残っているものの、海外への出国者数は回復基調にある(表I-3-1)。

(2)主な要因

2022年は世界中で新型コロナウイルスのオミクロン株が爆発的に流行した一方で、多くの国・地域が入国者の受け入れ制限や検疫措置を緩和した。

6月には、アメリカで空路入国者に対して義務付けられていた搭乗1日前までの陰性証明の提示が撤廃された。韓国では、ワクチン接種の有無や国籍にかかわらず、新型コロナウイルス感染者の入国時の隔離義務が免除された。ヨーロッパでは、ドイツが入国制限を緩和し、暫定的に観光目的での入国が可能となったほか、オーストリアで成人へのワクチン接種義務が廃止された。

また、日本においても海外渡航や入国に関する規制を段階的に緩和する動きが見られた。

4月にはアメリカ、カナダ、フランス等の106か国に対する感染症危険情報がレベル2に引き下げられ、一部の旅行会社が海外パッケージツアーの販売を再開した。9月には3回目のワクチン接種完了者の帰国前PCR検査と陰性証明書の提示が免除された。そして、10月には一日の入国者数の上限が撤廃され、3回以上のワクチン接種または72時間以内の陰性証明があればという条件付きではあるものの、コロナ禍前と同様の条件で入国することが可能となった。

一方、日本人出国者数は2020年の数値(317.4万人)にも届いておらず、本格的な回復には至っていないといえる。

表I-3-1 日本人出国者数の推移

(単位:千人)

	出国者数							
			観光・レクリエーション		帰省・知人訪問等		出張・業務	
		前年比(%)		前年比(%)		前年比(%)		前年比(%)
2018年	18,954	6.0	13,699	18.3	1,014	△48.0	4,241	△2.7
2019年	20,081	5.9	14,257	4.1	1,494	47.3	4,330	2.1
2020年	3,174	△84.2	–	–	–	–	–	–
2021年	512	△83.9	–	–	–	–	–	–
2022年	2,772	441.1	–	–	–	–	–	–

(注1)各年の値は年間確報による。
(注2)日本人出国者数は法務省統計の数値を用いた。目的別内訳は観光庁統計の数値を用いて推計した。
(注3)「旅行・観光消費動向調査」のうち「海外旅行」は、新型コロナウイルス感染症の影響により、2020年は海外旅行を実施した票を得られなかったため、2021年及び2022年は回収数が少なかったため、年間値の該当数字は公表されていない。

資料:法務省「出入国管理統計」及び観光庁「旅行・観光消費動向調査」をもとに(公財)日本交通公社作成

図I-3-1 日本人出国者数の推移

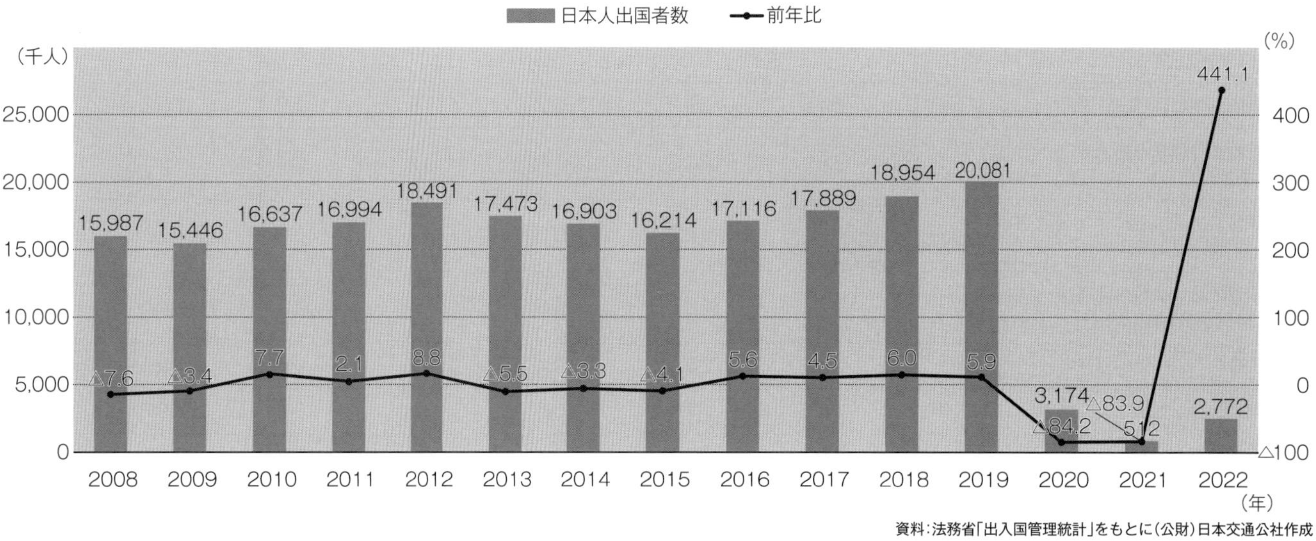

資料:法務省「出入国管理統計」をもとに(公財)日本交通公社作成

(3) 海外旅行者の内訳

●性・年代別（表I-3-2）

2022年の日本人出国者数及び旅行平均回数は、すべての性・年代において前年を上回った。一方、コロナ禍前の2019年と比較すると、日本人出国者数は男性で84.9%減、女性で87.7%減となった。

性・年代別に見ると、日本人出国者数は、女性（116.5万人）より男性（160.7万人）が多く、特に男性30～50代の、出張・業務目的の渡航と考えられる年齢層で多い。旅行平均回数については、男性では40代及び50代（0.0413回／人）、30代（0.0406回／人）の順で多かった。女性では、20代（0.0475回／人）が最も多く、次いで30代（0.0313回／人）となった。すべての性・年代の中で最も旅行平均回数が多いのは女性20代であり、この傾向はコロナ禍前と一致している。

表 I-3-2　性・年代別の日本人出国者数（2022年）

男性	年代								全体
	10代未満	10代	20代	30代	40代	50代	60代	70代以上	
延べ出国者数（千人）	82	87	194	269	357	358	182	78	1,607
前年比（%）	289.7	364.6	371.4	328.8	399.0	483.3	677.9	866.1	421.7
2019年比（%）	△78.3	△83.7	△85.7	△85.0	△85.2	△83.8	△86.0	△87.9	△84.9
旅行平均回数（回／人）	0.0177	0.0159	0.0322	0.0406	0.0413	0.0413	0.0251	0.0065	0.0271
前年比（%）	299.8	371.0	373.5	337.9	414.0	468.3	692.0	853.2	425.0
2019年比（%）	△76.3	△83.0	△84.5	△83.6	△83.9	△84.7	△84.7	△88.5	△84.3

女性	年代								全体
	10代未満	10代	20代	30代	40代	50代	60代	70代以上	
延べ出国者数（千人）	79	104	274	200	192	180	92	44	1,165
前年比（%）	281.6	412.2	532.4	401.0	457.8	551.4	623.5	744.9	470.3
2019年比（%）	△78.5	△86.4	△88.8	△86.8	△87.0	△87.0	△90.6	△91.7	△87.7
旅行平均回数（回／人）	0.0180	0.0200	0.0475	0.0313	0.0230	0.0211	0.0122	0.0027	0.0186
前年比（%）	291.8	419.0	536.6	412.1	474.5	535.8	638.5	735.2	473.7
2019年比（%）	△76.5	△85.7	△88.1	△85.4	△85.8	△87.6	△89.6	△92.1	△87.3

資料：法務省「出入国管理統計」及び総務省「人口推計」をもとに（公財）日本交通公社作成

図 I-3-2　性・年代別の日本人出国者数の推移（2018～2022年）

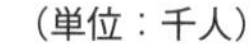

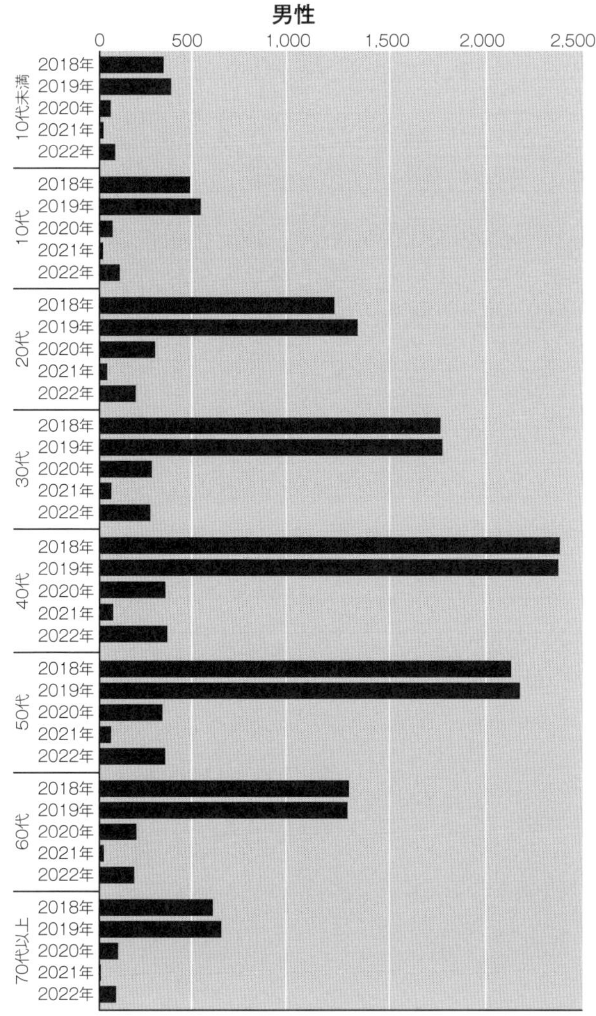

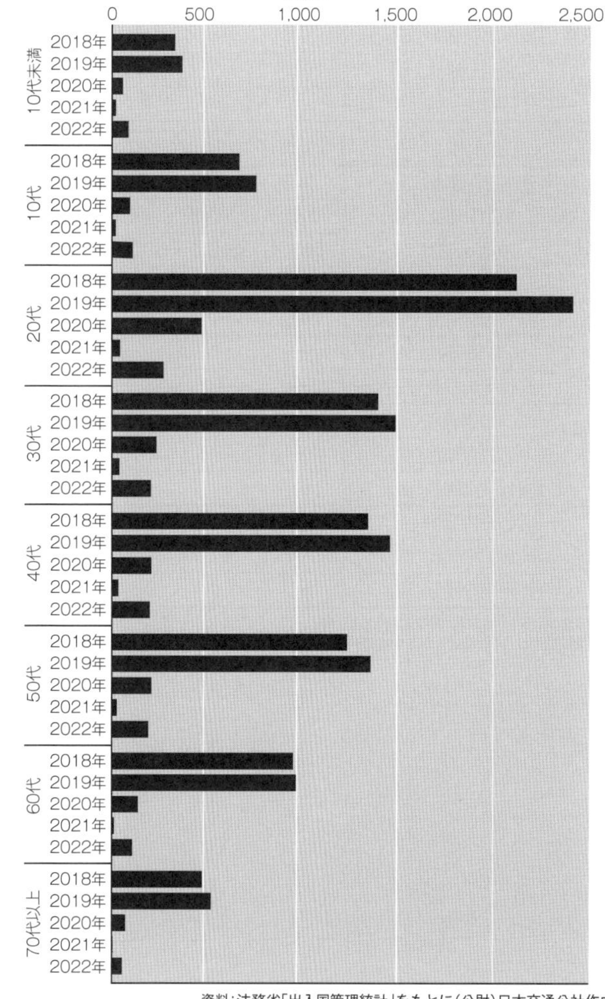

資料：法務省「出入国管理統計」をもとに（公財）日本交通公社作成

●出発月別(表I-3-3)

日本人出国者数を出発月別に見ると、2月が4.7万人で最も少なく、12月が43.2万人で最も多かった。コロナ禍前の2019年と比較すると、いずれの月も70%以上のマイナスとなった。

次に、2022年の出国者数の推移に着目する。1月の出国者数は7.5万人であり、2021年12月(4.9万人)から増加した。3月までは伸び悩むものの、多くの国・地域で感染症危険情報がレベル2に引き下げられた4月には10万人を超え、各国の入国制限緩和の動きも後押ししてそのまま8月まで増加が続いた。その後は35万人前後で推移し、一日の入国者数の上限が撤廃された10月以降は再び増加傾向となった。しかし、先述のとおり、出国者数はコロナ禍前の水準にはいまだほど遠い。パンデミックそのものだけでなく、コロナ禍で定着した新たな生活スタイルや世界的なインフレの進行等による影響等もある中で、海外旅行市場がどのように変化するのか、今後も動向を注視していく必要がある。

●居住地別(表I-3-3)

居住地別で見ると、出国者数は、沖縄が1.7万人で最も少なく、関東が132.8万人と最も多かった。この傾向はコロナ禍前と一致している。前年比に着目すると、すべての地域で大幅なプラスとなっている。旅行平均回数は、関東が(0.0309回／人)が最も多く、東北(0.0055回／人)が最も少ない。

(目代 凪)

表I-3-3　出発月・居住地別の日本人出国者数(2022年)

出発月		1月	2月	3月	4月	5月	6月	7月	8月	9月	10月	11月	12月	全体
出国者全体	延べ出国者数(千人)	75	47	71	129	134	172	278	386	319	350	379	432	2,772
	2019年比(%)	△94.8	△96.9	△96.3	△92.2	△90.7	△88.7	△83.2	△81.7	△81.8	△79.0	△76.9	△74.8	△86.2
	前年比(%)	54.0	89.2	144.6	259.7	344.9	459.3	543.6	485.0	509.5	587.5	632.4	783.1	441.1
	旅行平均回数(回／人)	0.0006	0.0004	0.0006	0.0011	0.0011	0.0014	0.0023	0.0032	0.0026	0.0029	0.0031	0.0035	0.0227
観光・レクリエーション	延べ出国者数(千人)	−	−	−	−	−	−	−	−	−	−	−	−	−
	2019年比(%)	−	−	−	−	−	−	−	−	−	−	−	−	−
	旅行平均回数(回／人)	−	−	−	−	−	−	−	−	−	−	−	−	−
帰省・知人訪問等	延べ出国者数(千人)	−	−	−	−	−	−	−	−	−	−	−	−	−
	2019年比(%)	−	−	−	−	−	−	−	−	−	−	−	−	−
	旅行平均回数(回／人)	−	−	−	−	−	−	−	−	−	−	−	−	−
出張・業務	延べ出国者数(千人)	−	−	−	−	−	−	−	−	−	−	−	−	−
	2019年比(%)	−	−	−	−	−	−	−	−	−	−	−	−	−
	旅行平均回数(回／人)	−	−	−	−	−	−	−	−	−	−	−	−	−

居住地		北海道	東北	関東	北陸信越	中部	近畿	中国	四国	九州	沖縄	全体
出国者全体	延べ出国者数(千人)	36	46	1,328	50	231	384	61	24	116	17	2,772
	2019年比(%)	△90.6	△90.3	△85.7	△90.4	△89.7	△89.7	△90.5	△91.0	△90.9	△89.4	△86.2
	前年比(%)	635.4	448.8	509.8	384.9	360.4	538.9	414.5	518.4	596.6	437.1	441.1
	旅行平均回数(回／人)	0.0070	0.0055	0.0309	0.0081	0.0154	0.0193	0.0087	0.0068	0.0093	0.0119	0.0227
観光・レクリエーション	延べ出国者数(千人)	−	−	−	−	−	−	−	−	−	−	−
	2019年比(%)	−	−	−	−	−	−	−	−	−	−	−
	旅行平均回数(回／人)	−	−	−	−	−	−	−	−	−	−	−
帰省・知人訪問等	延べ出国者数(千人)	−	−	−	−	−	−	−	−	−	−	−
	2019年比(%)	−	−	−	−	−	−	−	−	−	−	−
	旅行平均回数(回／人)	−	−	−	−	−	−	−	−	−	−	−
出張・業務	延べ出国者数(千人)	−	−	−	−	−	−	−	−	−	−	−
	2019年比(%)	−	−	−	−	−	−	−	−	−	−	−
	旅行平均回数(回／人)	−	−	−	−	−	−	−	−	−	−	−

(注1)表中のデータについては表I-3-1注と同じ。
(注2)「外国」、「不詳」の区分が含まれていない関係により、居住地別の延べ出国者数の合計と全体の値は一致しない。

資料：法務省「出入国管理統計」及び総務省「人口推計」をもとに(公財)日本交通公社作成

Ⅰ-4 日本人の旅行に対する意識

1 行ってみたい旅行

行ってみたい国内の旅行先は北海道、沖縄県、京都府
海外ではハワイがトップ
行ってみたい旅行タイプは温泉、自然、グルメ

ここでは、日本人の行ってみたい旅行について詳しく見ていく。なお、ここで分析に用いたデータは、すべて「JTBF旅行意識調査」(6ページ参照)に基づいている。

(1)行ってみたい旅行先(国内旅行・海外旅行)

「今後1～2年の間に行ってみたい国内旅行及び海外旅行の旅行先(国、都市、観光スポット)」について、具体的な地名を国内・海外それぞれ行きたい順に3つまで自由に回答してもらった(表Ⅰ-4-1)。

ただし、最も行きたい地域を3ポイント、2番目に行きたい地域を2ポイント、3番目に行きたい地域を1ポイントとして、その合計値をランキングにしている。

その結果、国内では「北海道」が最も高く、初回調査時(1988年)より連続して首位を維持している。次いで「沖縄県」、「京都府」、「大阪府」、「東京都」の順となり、「京都府」以降については、都市部が続いた。

2020年の結果と比較すると、上位10位までの都道府県の顔ぶれに大きな変更はなかったが、「鹿児島県」、「福岡県」が順位を上げ、「千葉県」、「石川県」が順位を下げた。また、上位30位の中で最も順位を上げたのは、「青森県」であり、具体的な地名として八甲田や奥入瀬、恐山等が挙げられた。

海外では、「ハワイ」が最も高く、続いて「アメリカ合衆国本土」、「台湾」となり、順位の変動はあるものの12位までは2020年と同じ地域が並んだ。

表Ⅰ-4-1　行ってみたい旅行先

国内旅行

順位	2023年			2020年		
	地域名	合計ポイント	構成比(%)	地域名	合計ポイント	構成比(%)
1位	北海道	1,644	56.5	北海道	1,705	51.8
2位	沖縄県	1,225	45.0	沖縄県	1,386	40.2
3位	京都府	459	19.8	京都府	511	16.6
4位	大阪府	357	14.2	大阪府	315	11.9
5位	東京都	240	11.8	東京都	305	11.1
6位	九州地方	194	9.0	九州地方	264	9.6
7位	鹿児島県	186	9.4	千葉県	227	7.1
8位	千葉県	176	7.6	石川県	203	7.1
9位	石川県	166	6.8	鹿児島県	182	6.8
10位	福岡県	165	6.8	静岡県	181	6.3
11位	広島県	135	6.7	長野県	170	5.9
12位	長野県	124	6.1	福岡県	158	5.7
12位	長崎県	124	5.4	東北地方	155	5.4
14位	東北地方	119	5.3	四国地方	146	5.8
15位	三重県	115	5.3	長崎県	143	5.6
16位	青森県	108	5.4	広島県	135	4.1
17位	兵庫県	97	4.1	神奈川県	123	4.4
18位	神奈川県	90	4.2	島根県	106	3.5
18位	四国地方	90	3.9	大分県	95	3.1
20位	静岡県	80	3.8	三重県	93	3.2
21位	群馬県	79	3.4	群馬県	89	2.6
22位	島根県	76	2.8	兵庫県	88	3.0
23位	和歌山県	69	2.8	和歌山県	86	3.3
24位	宮城県	68	3.6	青森県	81	3.0
24位	愛知県	68	2.9	栃木県	66	2.1
26位	栃木県	65	2.8	富山県	66	2.2
27位	大分県	61	2.7	福島県	63	2.0
28位	新潟県	57	2.3	熊本県	54	2.0
29位	岩手県	56	2.0	山形県	52	1.9
30位	山形県	51	1.8	奈良県	51	2.0

海外旅行

順位	2023年			2020年		
	地域名	合計ポイント	構成比(%)	地域名	合計ポイント	構成比(%)
1位	ハワイ	960	46.2	ハワイ	1,208	32.5
2位	アメリカ合衆国本土	448	23.9	アメリカ合衆国本土	482	16.6
3位	台湾	402	19.1	イタリア	445	15.0
4位	イタリア	396	17.3	オーストラリア	342	12.0
5位	韓国	394	16.7	フランス	326	11.6
6位	オーストラリア	342	15.2	台湾	292	9.7
7位	フランス	319	12.3	グアム	271	9.2
8位	スイス	232	12.0	韓国	252	7.9
9位	イギリス	209	10.1	イギリス	214	7.5
10位	グアム	199	8.4	スイス	210	6.4
11位	カナダ	184	9.4	カナダ	197	7.0
12位	スペイン	148	8.3	スペイン	177	6.4
13位	タイ	147	6.6	シンガポール	177	6.3
14位	ドイツ	120	6.6	タイ	162	5.6
15位	シンガポール	112	6.0	ドイツ	149	5.2
16位	エジプト	87	4.5	ヨーロッパ	79	2.0
17位	ベトナム	80	3.3	ニュージーランド	77	3.0
18位	中国	74	3.3	エジプト	75	2.4
19位	ヨーロッパ	71	3.3	フィンランド	73	2.4
20位	バリ	69	3.0	バリ	69	2.2
21位	ニュージーランド	52	3.2	中国	66	2.0
22位	フィンランド	50	2.4	ペルー	64	1.9
23位	トルコ	36	2.0	ベトナム	63	2.4
24位	ペルー	35	1.9	北欧	46	1.4
24位	スウェーデン	35	1.7	オーストリア	42	1.6
24位	ギリシャ	35	1.9	トルコ	38	1.4
27位	香港	33	1.4	マレーシア	38	1.5
28位	アラブ首長国連邦	32	1.4	モルディブ	38	1.1
29位	インド	31	1.1	ノルウェー	35	1.2
30位	オーストリア	30	1.1	ギリシャ／スウェーデン	33	1.2

資料：(公財)日本交通公社「JTBF旅行意識調査」

(2)行ってみたい旅行タイプ

「今後1～2年の間に行ってみたい国内旅行及び海外旅行の旅行タイプ」として当てはまるものを選択肢一覧表(表Ⅰ-4-2)からすべて選んでもらった結果、行ってみたい旅行タイプ(複数回答)は、「温泉旅行」(48.6%)、「自然観光」(46.0%)、「グルメ」(43.8%)、「歴史・文化観光」(38.9%)の順となった(図Ⅰ-4-1)。

また、2020年から順位を上げ、かつ、選択率が増加したのは、「テーマパーク」、「世界遺産巡り」、「おしゃべり旅行」等であった。

表Ⅰ-4-2　行ってみたい旅行タイプ　選択肢一覧

	旅行タイプ名	内　容
1	自然観光	自然や景勝地を見てまわる観光旅行
2	歴史・文化観光	歴史や文化的な名所を見てまわる観光旅行
3	海浜リゾート	海辺でゆったり過ごす旅行
4	高原リゾート	高原でゆったり過ごす旅行
5	都市観光	町や都市で楽しむ旅行
6	温泉旅行	温泉を楽しむ旅行
7	祭り・イベント	祭りやイベントを楽しむ旅行
8	テーマパーク	テーマパークや遊園地で楽しむ旅行
9	動物園・水族館	動物園や水族館で楽しむ旅行
10	グルメ	おいしいものを食べる旅行
11	スキー・スノーボード	スキーやスノーボードを楽しむ旅行
12	マリンスポーツ	マリンスポーツを楽しむ旅行
13	登山・山歩き	登山や山歩きを楽しむ旅行
14	キャンプ	テント等を用いて屋外で寝泊まりする旅行(野営等を含む)
15	グランピング	あらかじめキャンプ用品や食材・食事が用意されている豪華で快適な施設で、キャンプの雰囲気を味わう旅行
16	海水浴	海水浴を楽しむ旅行
17	ショッピング	ショッピングを楽しむ旅行
18	芸術鑑賞	演劇、音楽、展覧会等を楽しむ旅行
19	スポーツ観戦	スポーツ観戦を楽しむ旅行
20	花の名所巡り	桜やハーブ等の花の名所を訪ねる旅行
21	自然現象観賞	珍しい自然現象を見に行く旅行
22	秘境ツアー	秘境を訪ねる旅行
23	町並み散策	美しい町並みを楽しむ旅行
24	リゾートホテル	リゾートホテルに泊まる旅行
25	和風旅館	落ち着いた和風旅館に泊まる旅行
26	おしゃべり旅行	仲間や家族と楽しく過ごす旅行(見るもの、遊ぶものにはこだわらない)
27	ロングステイ	ロングステイを楽しむ旅行
28	世界遺産巡り	世界遺産を巡る旅行
29	パワースポット	神秘的な力・エネルギーの宿る場所を訪れる旅行
30	ホテルステイ	ホテルや旅館内での滞在そのものを主目的とした旅行
31	環境にやさしい旅行	旅行中に排出したCO_2を減らすための料金負担等、環境に配慮した旅行
32	エコツアー	自然を楽しみながら、自然や文化、環境等に対する理解を深める旅行
33	フォトスポット巡り	SNSへの投稿を主な目的として写真スポットを巡る旅行
34	武将観光	戦国武将にまつわる名所・旧跡を訪れる旅行
35	聖地巡礼	アニメ、マンガ等に関連する場所、映画等のロケ地、アイドルゆかりの場所への訪問を楽しむ旅行
36	観光列車旅行	内外装を凝らした列車で、味覚を楽しみながら旅行ができる等、乗ること自体を目的にした列車旅行
37	グリーンツーリズム	農山漁村に滞在し農林漁業やふるさと体験を楽しむ旅行
38	離島観光	本土から離れた島を訪れ、島巡りや島での滞在を楽しむ旅行
39	産業観光	工場見学やものづくり現場の見学・体験を楽しむ旅行
40	ワーケーション	テレワークの活用等により、リゾート地や地方等の普段の職場と異なる場所で仕事をしながら休暇取得等も行う旅行
41	ウェルネスツーリズム	フィットネス、スパ、瞑想、ヘルシー食等を通して心身のリフレッシュや健康の増進を図る旅行
42	その他	
43	この中にはない/旅行には行かない	

図Ⅰ-4-1　行ってみたい旅行タイプ(複数回答) (単位:%)

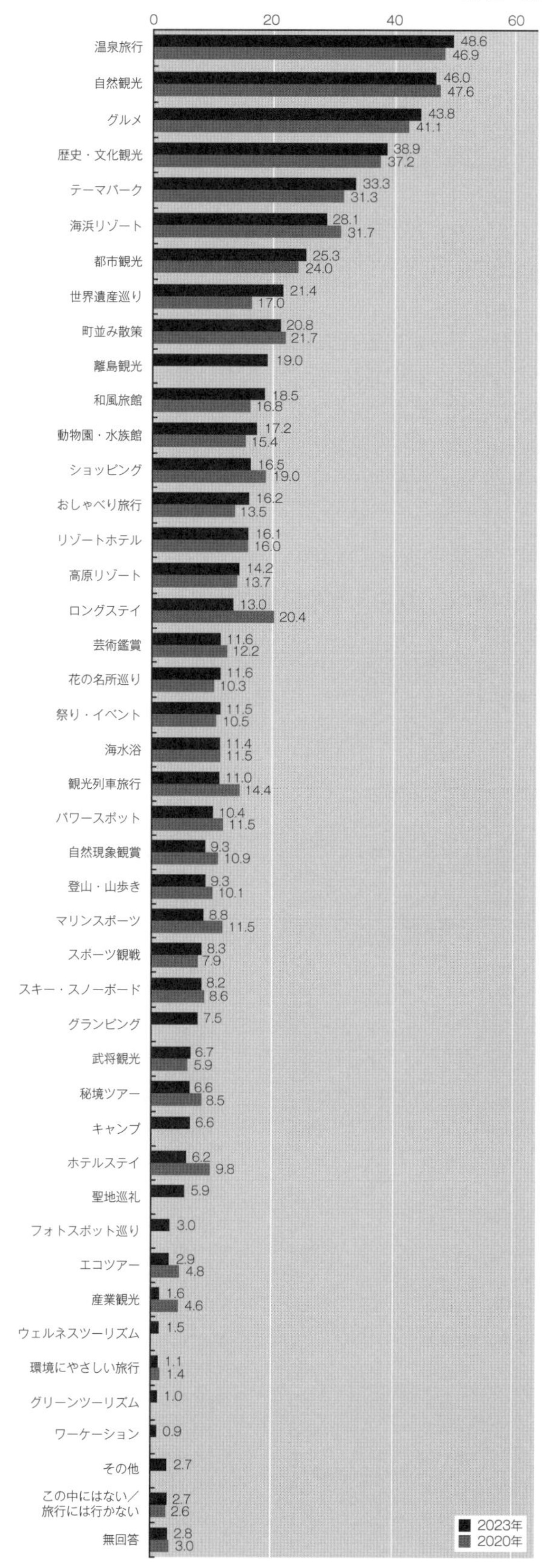

(注)離島観光、キャンプ、グランピング、聖地巡礼、フォトスポット巡り、ワーケーション、グリーンツーリズム、ウェルネスツーリズム、その他は、2020年は設定なし。

資料:(公財)日本交通公社「JTBF旅行意識調査」

表I-4-3では、性・年代別にランキング形式で示している。男性は、どの年代でも「グルメ」、「温泉旅行」、「自然観光」の人気が高く、上位5位以内に挙がっている。20代と50代以上では、これらに加え、「歴史・文化観光」が上位にある。女性では、20代から40代において「テーマパーク」、「グルメ」の人気が高く、回答者全体の4割以上が行ってみたいと回答している。これらの旅行タイプの順位は年代が上がるにつれて低くなり、「温泉旅行」の人気が高くなる。

また、全体において2020年から選択率が増加していた「おしゃべり旅行」は、女性20代及び30代、50代で大きく順位を上げた。加えて、「世界遺産巡り」も全体的に選択率が高かったが、特に女性40代で大きく順位を上げた。

2020年には調査項目になかった「離島観光」については、男性30代以上、女性60代以上で上位10位以内に挙げられた。

表Ⅰ-4-3 性・年代別 行ってみたい旅行タイプ(複数回答)

(単位：%)

男性20代

		2023年	2020年
1位	グルメ	47.8	39.6 (2位)
2位	テーマパーク	39.1	27.5 (5位)
3位	歴史・文化観光	36.2	26.4 (6位)
4位	自然観光	34.8	46.2 (1位)
	温泉旅行	34.8	36.3 (3位)
6位	都市観光	33.3	26.4 (6位)
7位	海浜リゾート	31.9	33.0 (4位)
8位	海水浴	20.3	17.6 (8位)
9位	スキー・スノーボード	17.4	13.2 (12位)
	スポーツ観戦	17.4	12.1 (14位)

女性20代

		2023年	2020年
1位	テーマパーク	60.5	53.8 (3位)
2位	グルメ	58.1	48.7 (4位)
3位	都市観光	41.9	43.6 (6位)
4位	温泉旅行	38.4	55.1 (2位)
5位	海浜リゾート	36.0	56.4 (1位)
6位	歴史・文化観光	33.7	29.5 (11位)
7位	ショッピング	32.6	41.0 (7位)
8位	自然観光	31.4	44.9 (5位)
9位	和風旅館	30.2	25.6 (13位)
10位	おしゃべり旅行	27.9	20.5 (18位)

男性30代

		2023年	2020年
1位	グルメ	44.6	38.9 (4位)
2位	自然観光	39.8	43.4 (2位)
3位	温泉旅行	38.6	46.0 (1位)
4位	テーマパーク	32.5	40.7 (3位)
5位	海浜リゾート	31.3	34.5 (5位)
6位	都市観光	28.9	29.2 (7位)
7位	歴史・文化観光	24.1	31.9 (6位)
8位	動物園・水族館	21.7	17.7 (10位)
9位	離島観光	18.1	調査なし
10位	海水浴	16.9	16.8 (11位)
	和風旅館	16.9	15.0 (14位)

女性30代

		2023年	2020年
1位	テーマパーク	69.8	59.5 (1位)
2位	温泉旅行	51.2	58.6 (2位)
	自然観光	51.2	34.2 (5位)
4位	グルメ	50.0	54.1 (3位)
5位	海浜リゾート	37.2	45.0 (4位)
6位	歴史・文化観光	34.9	29.7 (7位)
7位	動物園・水族館	27.9	28.8 (9位)
8位	和風旅館	25.6	22.5 (12位)
9位	都市観光	24.4	21.6 (14位)
10位	おしゃべり旅行	23.3	19.8 (15位)
	高原リゾート	23.3	18.0 (18位)

男性40代

		2023年	2020年
1位	温泉旅行	45.7	44.7 (2位)
	テーマパーク	45.7	46.7 (1位)
3位	グルメ	40.9	43.3 (4位)
4位	自然観光	39.4	44.0 (3位)
5位	海浜リゾート	37.0	38.0 (6位)
6位	歴史・文化観光	32.3	41.3 (5位)
7位	都市観光	30.7	26.7 (7位)
8位	離島観光	18.9	調査なし
9位	世界遺産巡り	18.1	14.7 (13位)
	リゾートホテル	18.1	15.3 (10位)

女性40代

		2023年	2020年
1位	グルメ	51.3	43.3 (4位)
2位	温泉旅行	50.4	41.7 (5位)
3位	テーマパーク	49.6	49.6 (1位)
4位	自然観光	47.8	45.7 (2位)
5位	歴史・文化観光	45.1	35.4 (6位)
6位	海浜リゾート	38.1	45.7 (2位)
7位	動物園・水族館	26.5	22.8 (8位)
8位	都市観光	25.7	22.8 (8位)
9位	町並み散策	24.8	22.8 (8位)
	世界遺産巡り	24.8	12.6 (22位)

資料：(公財)日本交通公社「JTBF旅行意識調査」

表Ⅰ-4-3　性・年代別　行ってみたい旅行タイプ（複数回答）—続き

（単位：%）

男性50代

		2023年	2020年
1位	温泉旅行	50.4	41.7 （2位）
2位	自然観光	46.3	47.5 （1位）
3位	グルメ	43.8	36.7 （3位）
4位	歴史・文化観光	40.5	32.5 （5位）
5位	都市観光	32.2	30.0 （6位）
6位	海浜リゾート	28.1	36.7 （3位）
7位	テーマパーク	26.4	19.2 （8位）
8位	離島観光	21.5	調査なし
	ロングステイ	21.5	27.5 （7位）
10位	リゾートホテル	19.8	12.5 （16位）

女性50代

		2023年	2020年
1位	自然観光	49.5	48.3 （1位）
2位	グルメ	48.6	38.8 （3位）
3位	温泉旅行	45.0	45.7 （2位）
4位	歴史・文化観光	44.0	36.2 （4位）
5位	テーマパーク	36.7	28.4 （5位）
6位	世界遺産巡り	28.4	20.7 （10位）
7位	海浜リゾート	27.5	25.9 （7位）
	リゾートホテル	27.5	15.5 （17位）
9位	都市観光	26.6	26.7 （6位）
10位	ショッピング	23.9	25.0 （8位）
	おしゃべり旅行	23.9	16.4 （16位）

男性60代

		2023年	2020年
1位	自然観光	55.2	51.1 （1位）
2位	温泉旅行	52.1	50.4 （2位）
3位	歴史・文化観光	39.6	48.9 （3位）
4位	グルメ	37.5	39.4 （4位）
5位	海浜リゾート	29.2	21.9 （6位）
6位	離島観光	25.0	調査なし
7位	世界遺産巡り	24.0	23.4 （5位）
8位	都市観光	20.8	18.2 （9位）
9位	テーマパーク	16.7	14.6 （12位）
	和風旅館	16.7	18.2 （9位）

女性60代

		2023年	2020年
1位	温泉旅行	54.5	52.3 （2位）
2位	自然観光	52.7	57.7 （1位）
3位	歴史・文化観光	48.2	47.7 （3位）
4位	グルメ	37.3	43.0 （4位）
5位	世界遺産巡り	30.0	28.2 （6位）
	町並み散策	30.0	29.5 （5位）
7位	テーマパーク	25.5	16.1 （18位）
8位	海浜リゾート	24.5	22.1 （10位）
9位	離島観光	23.6	調査なし
10位	おしゃべり旅行	22.7	21.5 （11位）
	動物園・水族館	22.7	14.8 （19位）

男性70代

		2023年	2020年
1位	温泉旅行	51.7	48.0 （3位）
2位	自然観光	50.8	57.0 （1位）
3位	歴史・文化観光	45.8	49.0 （2位）
4位	グルメ	31.7	31.0 （4位）
5位	世界遺産巡り	21.7	17.0 （8位）
6位	離島観光	20.8	調査なし
7位	和風旅館	20.0	24.0 （6位）
	町並み散策	20.0	25.0 （5位）
9位	観光列車旅行	17.5	17.0 （8位）
10位	都市観光	13.3	20.0 （7位）
	高原リゾート	13.3	14.0 （10位）

女性70代

		2023年	2020年
1位	温泉旅行	60.5	49.2 （2位）
2位	自然観光	53.2	54.0 （1位）
3位	歴史・文化観光	40.3	33.1 （4位）
4位	グルメ	38.7	34.7 （3位）
5位	町並み散策	35.5	29.8 （5位）
6位	花の名所巡り	33.1	25.8 （7位）
7位	おしゃべり旅行	29.0	22.6 （8位）
8位	和風旅館	23.4	16.1 （10位）
	観光列車旅行	23.4	27.4 （6位）
10位	離島観光	21.8	調査なし

資料：（公財）日本交通公社「JTBF旅行意識調査」

(3)旅行タイプ別の行ってみたい旅行先

ここでは、行ってみたいと回答した旅行タイプについて、それぞれの行ってみたい旅行先を国内・海外を問わずに自由に回答してもらい、それらの回答を国内は都道府県別（または地方別）、海外は国別（または地域別）に整理して集計した（表I-4-4）。

温泉旅行では、由布院や別府等、著名な温泉地を有する「大分県」が最も多く、次いで箱根や湯河原を有する「神奈川県」となっている。

自然観光では、2020年と同様に「北海道」が1位、次いで「沖縄県」となった。

グルメでは、「北海道」が他を大きく引き離して1位となっている。また、2020年には5位以下であった「石川県」、「東京都」、「京都府」が上位に浮上した。

歴史・文化観光では、「京都府」が2割強を占め、2位（「イタリア」（5.7%））以下を大きく引き離している。

テーマパークでは、東京ディズニーリゾートがある「千葉県」が1位、ユニバーサル・スタジオ・ジャパンがある「大阪府」が2位となっている。3位以下は「東京都」、「アメリカ合衆国本土」、「長崎県」の順で続いている。

海浜リゾートでは、2020年と同様に「ハワイ」、「沖縄県」の人気が特に高く、両者で6割以上を占める。

都市観光では、「東京都」が最も多く、次いで「アメリカ合衆国本土」、「京都府」となっている。

世界遺産巡りについては、世界遺産の登録数が最も多い「イタリア」が1位となり、4位までは海外の旅行先が占めている。

町並み散策は、2020年と変わらず「京都府」が最も多く、次いで「イタリア」、「岐阜県」となっている。

動物園・水族館では、2020年から上位ふたつが入れ替わり、旭山動物園がある「北海道」が最も多く、次いで沖縄美ら海水族館がある「沖縄県」となっている。

和風旅館では、「京都府」、「石川県」といった古都、「神奈川県」、「山形県」といった伝統的な温泉地が並んでいる。

おしゃべり旅行では、「北海道」や「東京都」、「静岡県」等に回答が分散した。

ショッピングでは、「ハワイ」が最も多く、次いで「東京都」となった。

リゾートホテルは、海浜リゾートでも上位に入った「沖縄県」、「ハワイ」の人気が高い。また、2020年には5位以内に入っていなかった「静岡県」が5位となっている。

高原リゾートでは、「長野県」が1位となり、全体の約5割を占めている。具体的な地名としては、軽井沢や上高地、八ヶ岳、白馬等が挙げられている。

ロングステイでは、依然として「ハワイ」の人気が高いが、2020年と比べて全体的に回答が分散した。

観光列車旅行では「九州地方」が最も多く、具体的にはななつ星in九州が多く挙げられている。

花の名所巡りでは、「北海道」が2割弱を占めている。また、2020年には5位以内に入っていなかった「茨城県」、「静岡県」、「長崎県」が上位に浮上した。

芸術鑑賞では、「東京都」が最も多く、「フランス」、「イタリア」、「アメリカ合衆国本土」といった海外の旅行先が続いた。また、2020年には5位以内に入っていなかった「兵庫県」が5位になっている。

祭り・イベントでは、青森ねぶた祭で知られる「青森県」が1位となり、3割以上を占めた。2位以降は祇園祭等、伝統的な祭りの多い「京都府」、秋田竿燈まつりや山形花笠まつり等がある「東北地方」等で回答が分散している。

海水浴では、「沖縄県」、「ハワイ」の人気が高く、3位以下は伊豆半島を有する「静岡県」、大洗を有する「茨城県」、白浜を有する「和歌山県」に回答が分散している。

自然現象観賞は、オーロラ鑑賞で有名な「カナダ」、「フィンランド」、流氷で有名な「北海道」が上位に挙げられた。

パワースポットでは、伊勢神宮等を有する「三重県」が最も多く、屋久島のある「鹿児島県」が続いた。

2020年には調査項目になかった旅行タイプについて見ると、離島観光では、「沖縄県」が突出して多く5割近くとなり、屋久島や奄美大島を有する「鹿児島県」、伊豆諸島や小笠原諸島を有する「東京都」が続いた。

キャンプでは、高原リゾートでも上位に入った「北海道」、「長野県」が挙げられた。

グランピングでは、軽井沢や白馬がある「長野県」が1位、館山がある「千葉県」が2位、伊豆がある「静岡県」が3位となった。

表Ⅰ-4-4　旅行タイプ別　行ってみたい旅行先（2023年・2020年）

温泉旅行

2023年（回答数:619）			2020年（回答数:691）		
1位	大分県	14.4%	1位	大分県	16.6%
2位	神奈川県	7.6%	2位	群馬県	12.0%
3位	北海道	6.1%	3位	神奈川県	6.5%
4位	静岡県	5.2%	4位	静岡県	5.9%
5位	九州地方	3.9%	5位	北海道	5.8%

自然観光

2023年（回答数:586）			2020年（回答数:701）		
1位	北海道	25.8%	1位	北海道	19.8%
2位	沖縄県	6.8%	2位	沖縄県	8.7%
3位	鹿児島県	5.6%	3位	ハワイ	6.0%
4位	ハワイ	4.4%	4位	オーストラリア	4.0%
5位	長野県	3.9%	5位	鹿児島県	3.6%

グルメ

2023年（回答数:558）			2020年（回答数:605）		
1位	北海道	32.6%	1位	北海道	36.7%
2位	福岡県	6.1%	2位	台湾	6.4%
3位	石川県	3.2%	3位	大阪府	4.6%
4位	東京都	2.5%	4位	韓国	3.5%
5位	京都府	2.2%	5位	福岡県	3.3%

歴史・文化観光

2023年（回答数:495）			2020年（回答数:547）		
1位	京都府	24.4%	1位	京都府	21.8%
2位	イタリア	5.7%	2位	イタリア	5.1%
3位	エジプト	3.8%	3位	広島県、フランス	2.9%
4位	広島県	3.2%	4位	エジプト、アラブ首長国連邦、スペイン	2.6%
5位	三重県	2.8%			

テーマパーク

2023年（回答数:424）			2020年（回答数:461）		
1位	千葉県	36.6%	1位	千葉県	36.9%
2位	大阪府	31.5%	2位	大阪府	25.8%
3位	東京都	5.9%	3位	東京都	8.2%
4位	アメリカ合衆国本土	3.3%	4位	アメリカ合衆国本土	7.2%
5位	長崎県	2.6%	5位	長崎県	6.7%

海浜リゾート

2023年（回答数:358）			2020年（回答数:466）		
1位	ハワイ	32.4%	1位	ハワイ	37.3%
2位	沖縄県	29.6%	2位	沖縄県	28.1%
3位	静岡県	2.8%	3位	グアム	3.2%
4位	和歌山県、タイ	1.7%	4位	モルディブ	3.0%
			5位	和歌山県	2.1%

都市観光

2023年（回答数:322）			2020年（回答数:354）		
1位	東京都	25.2%	1位	東京都	24.6%
2位	アメリカ合衆国本土	8.4%	2位	アメリカ合衆国本土	11.0%
3位	京都府	4.3%	3位	イタリア	7.1%
4位	イタリア	3.7%	4位	大阪府	6.8%
5位	北海道	3.1%	5位	フランス	5.6%

世界遺産巡り

2023年（回答数:273）			2020年（回答数:250）		
1位	イタリア	10.3%	1位	イタリア	12.4%
2位	エジプト	7.7%	2位	エジプト、アラブ首長国連邦	6.8%
3位	ペルー	7.0%	3位	ペルー	6.4%
4位	フランス	5.1%	4位	フランス	4.8%
5位	京都府	3.7%	5位	スペイン	4.4%

資料：（公財）日本交通公社「JTBF旅行意識調査」

表Ⅰ-4-4　旅行タイプ別　行ってみたい旅行先(2023年・2020年)―続き

町並み散策

2023年(回答数:265)			2020年(回答数:319)		
1位	京都府	17.7%	1位	京都府	15.7%
2位	イタリア	6.4%	2位	石川県	7.5%
3位	岐阜県	6.0%	3位	岡山県	4.7%
4位	石川県	4.9%	4位	岐阜県、フランス	4.4%
5位	フランス	3.4%			

動物園・水族館

2023年(回答数:219)			2020年(回答数:226)		
1位	北海道	20.1%	1位	沖縄県	22.6%
2位	沖縄県	19.6%	2位	北海道	16.8%
3位	和歌山県	8.2%	3位	和歌山県	9.3%
4位	神奈川県	5.9%	4位	東京都	6.6%
5位	東京都	4.1%	5位	神奈川県	4.9%

和風旅館

2023年(回答数:235)			2020年(回答数:248)		
1位	京都府	23.4%	1位	京都府	19.0%
2位	石川県	8.1%	2位	石川県	10.1%
3位	神奈川県	6.0%	3位	神奈川県	8.5%
4位	山形県	5.5%	4位	静岡県	5.6%
5位	長野県、静岡県、大分県	3.0%	5位	山形県	3.2%

おしゃべり旅行

2023年(回答数:206)			2020年(回答数:198)		
1位	北海道	8.7%	1位	静岡県	7.1%
2位	東京都	4.4%	2位	沖縄県	6.6%
3位	静岡県	3.9%	3位	北海道	5.6%
4位	神奈川県	3.4%	4位	東京都	5.1%
5位	京都府、沖縄県	2.9%	5位	神奈川県、京都府	4.5%

ショッピング

2023年(回答数:210)			2020年(回答数:279)		
1位	ハワイ	22.4%	1位	ハワイ	29.7%
2位	東京都	14.8%	2位	東京都	15.1%
3位	アメリカ合衆国本土、イタリア、フランス	2.9%	3位	韓国	14.3%
			4位	アメリカ合衆国本土、イタリア	4.3%

リゾートホテル

2023年(回答数:205)			2020年(回答数:235)		
1位	沖縄県	23.9%	1位	沖縄県	20.9%
2位	ハワイ	13.7%	2位	ハワイ	19.1%
3位	北海道	5.9%	3位	北海道	6.0%
4位	長野県	5.4%	4位	バリ	4.7%
5位	静岡県	2.0%	5位	長野県	2.6%

高原リゾート

2023年(回答数:181)			2020年(回答数:202)		
1位	長野県	48.1%	1位	長野県	38.1%
2位	栃木県	8.8%	2位	北海道	6.9%
3位	北海道	6.1%	3位	栃木県、静岡県、スイス	4.0%
4位	スイス	3.3%			
5位	富山県	2.2%			

ロングステイ

2023年(回答数:165)			2020年(回答数:301)		
1位	ハワイ	18.8%	1位	ハワイ	20.3%
2位	アメリカ合衆国本土	6.7%	2位	沖縄県	10.3%
3位	北海道、沖縄県 オーストラリア	4.8%	3位	アメリカ合衆国本土	6.3%
			4位	オーストラリア	4.7%
			5位	カナダ	3.7%

観光列車旅行

2023年(回答数:140)			2020年(回答数:212)		
1位	九州地方	30.7%	1位	九州地方	28.3%
2位	スイス	7.1%	2位	北海道	7.5%
3位	京都府	4.3%	3位	東北地方	3.3%
4位	北海道、東北地方	2.9%	4位	全国	2.4%
			5位	スイス	1.9%

花の名所巡り

2023年(回答数:148)			2020年(回答数:151)		
1位	北海道	18.9%	1位	北海道	19.2%
2位	茨城県、京都府	6.1%	2位	京都府	6.0%
			3位	奈良県	5.3%
4位	静岡県	4.7%	4位	青森県	4.6%
5位	長崎県	4.1%	5位	長野県、オランダ	4.0%

芸術鑑賞

2023年(回答数:148)			2020年(回答数:179)		
1位	東京都	19.6%	1位	フランス	22.9%
2位	フランス	16.2%	2位	東京都	15.1%
3位	イタリア	7.4%	3位	オーストラリア	7.8%
4位	アメリカ合衆国本土	5.4%	4位	アメリカ合衆国本土、イタリア	6.1%
5位	兵庫県	4.1%			

祭り・イベント

2023年(回答数:146)			2020年(回答数:154)		
1位	青森県	30.8%	1位	青森県	27.9%
2位	京都府	8.9%	2位	北海道	8.4%
3位	秋田県	6.2%	3位	東北地方	5.2%
4位	東北地方	5.5%	4位	秋田県、京都府、徳島県	3.9%
5位	北海道	4.1%			

海水浴

2023年(回答数:145)			2020年(回答数:169)		
1位	沖縄県	39.3%	1位	沖縄県	42.0%
2位	ハワイ	20.0%	2位	ハワイ	27.2%
3位	静岡県	6.9%	3位	静岡県	5.9%
4位	茨城県	2.8%	4位	グアム	3.0%
5位	和歌山県	2.1%	5位	和歌山県、オーストラリア	1.8%

自然現象観賞

2023年(回答数:119)			2020年(回答数:160)		
1位	カナダ	16.0%	1位	北海道、カナダ、フィンランド	9.4%
2位	北海道、フィンランド	9.2%			
4位	鹿児島県、北欧	3.4%	4位	ノルウェー	4.4%
			5位	鹿児島県、アメリカ合衆国本土、アラスカ	3.8%

パワースポット

2023年(回答数:132)			2020年(回答数:169)		
1位	三重県	9.1%	1位	ハワイ	9.5%
2位	鹿児島県	8.3%	2位	鹿児島県	6.5%
3位	京都府	6.1%	3位	京都府	5.9%
4位	島根県	5.3%		島根県	5.9%
5位	ハワイ	4.5%	5位	三重県、アメリカ合衆国本土	5.3%

登山・山歩き

2023年(回答数:118)			2020年(回答数:149)		
1位	静岡県	22.9%	1位	山梨県、静岡県	22.1%
2位	山梨県、長野県	17.8%			
			3位	長野県	19.5%
4位	北海道、スイス	3.4%	4位	スイス	8.1%
			5位	鹿児島県	7.4%

資料:(公財)日本交通公社「JTBF旅行意識調査」

表I-4-4 旅行タイプ別 行ってみたい旅行先（2023年・2020年）—続き

マリンスポーツ

2023年（回答数:112）			2020年（回答数:170）		
1位	沖縄県	62.5%	1位	沖縄県	49.4%
2位	ハワイ	14.3%	2位	ハワイ	20.0%
3位	静岡県、バリ	1.8%	3位	グアム	6.5%
5位	三重県	0.9%	4位	静岡県、オーストラリア	2.4%

スキー・スノーボード

2023年（回答数:104）			2020年（回答数:126）		
1位	北海道	45.2%	1位	北海道	41.3%
2位	長野県	23.1%	2位	長野県	25.4%
3位	新潟県	10.6%	3位	新潟県	5.6%
4位	カナダ	2.9%	4位	カナダ	3.2%
5位	スイス	1.9%	5位	山形県	2.4%

ホテルステイ

2023年（回答数:79）			2020年（回答数:144）		
1位	東京都	10.1%	1位	ハワイ	9.0%
2位	沖縄県	8.9%	2位	沖縄県	8.3%
3位	北海道	7.6%	3位	東京都	5.6%
4位	神奈川県、アメリカ合衆国本土、ハワイ	3.8%	4位	長野県	4.9%
			5位	神奈川県、静岡県、京都府、アメリカ合衆国本土	2.8%

秘境ツアー

2023年（回答数:84）			2020年（回答数:125）		
1位	北海道	13.1%	1位	鹿児島県	7.2%
2位	鹿児島県	8.3%	2位	沖縄県、ペルー	5.6%
3位	沖縄県	7.1%			
4位	青森県	4.8%	4位	アメリカ合衆国本土	4.8%
5位	宮崎県、中国	3.6%	5位	北海道、宮崎県	4.0%

スポーツ観戦

2023年（回答数:106）			2020年（回答数:116）		
1位	アメリカ合衆国本土	30.2%	1位	アメリカ合衆国本土	18.1%
2位	東京都	11.3%	2位	東京都	15.5%
3位	北海道	6.6%	3位	スペイン	7.8%
4位	千葉県、京都府兵庫県、イタリア	2.8%	4位	兵庫県、福岡県、イギリス	5.2%

武将観光

2023年（回答数:85）			2020年（回答数:87）		
1位	京都府、宮城県	8.2%	1位	山梨県、岐阜県	9.2%
3位	栃木県	7.1%	3位	京都府	8.0%
4位	岐阜県、静岡県	4.7%	4位	宮城県	5.7%
			5位	長野県	4.6%

エコツアー

2023年（回答数:37）			2020年（回答数:70）		
1位	北海道、オーストラリア	8.1%	1位	北海道、オーストラリア	10.0%
3位	カナダ	5.4%	3位	鹿児島県	7.1%
4位	富山県、長野県、徳島県、長崎県、大分県、沖縄県、ニュージーランド、ノルウェー	2.7%	4位	沖縄県	4.3%
			5位	福島県、ニュージーランド、ハワイ	2.9%

産業観光

2023年（回答数:20）			2020年（回答数:42）		
1位	神奈川県、三重県、長崎県、沖縄県	5.0%	1位	愛知県、京都府、兵庫県、愛媛県、全国、イタリア	3.0%

環境にやさしい旅行

2023年（回答数:14）			2020年（回答数:21）		
1位	東京都	14.3%	1位	オーストラリア	9.5%
2位	高知県、鹿児島県、アメリカ合衆国本土、スイス	7.1%	2位	青森県、岩手県、千葉県、神奈川県、新潟県、富山県、長野県、岐阜県、ドイツ	4.8%

離島観光

2023年（回答数:242）		
1位	沖縄県	49.6%
2位	鹿児島県	8.7%
3位	東京都	8.3%

キャンプ

2023年（回答数:84）		
1位	北海道、静岡県	9.5%
3位	長野県	6.0%

グランピング

2023年（回答数:95）		
1位	長野県	11.6%
2位	千葉県	10.5%
3位	静岡県	5.3%

聖地巡礼

2023年（回答数:75）		
1位	東京都	6.7%
2位	神奈川県、静岡県	4.0%

フォトスポット巡り

2023年（回答数:38）		
1位	東京都	10.5%
2位	アメリカ合衆国本土	7.9%
3位	京都府、沖縄県、ハワイ	5.3%

グリーンツーリズム

2023年（回答数:13）		
1位	東北地方、新潟県	15.4%
3位	北海道、福島県、三重県、島根県、高知県、ノルウェー	7.7%

ワーケーション

2023年（回答数:11）		
1位	沖縄県	18.2%
2位	九州地方、オーストラリア、バリ、ハワイ	9.1%

ウェルネスツーリズム

2023年（回答数:19）		
1位	タイ	15.8%
2位	鹿児島県	10.5%
3位	山形県、茨城県、四国地方、アメリカ合衆国本土、バリ、ベトナム	5.3%

資料：（公財）日本交通公社「JTBF旅行意識調査」

2 旅行の動機

旅行の動機は「日常生活からの解放」、「おいしいもの」

「国内宿泊旅行、海外宿泊旅行をしてみたいと思う動機」として当てはまるものを、あらかじめ用意した選択肢から選んでもらった結果、旅行動機（複数回答）については、「日常生活から解放されるため」が64.7%と最も多く、続いて「旅先のおいしいものを求めて」が63.6%、「思い出をつくるため」が52.4%となった（図I-4-2）。2020年と選択率を比較すると、「日常生活から解放されるため」、「未知のものにふれたくて」、「なんの予定もない時間を求めて」等は増加した一方で、「旅先のおいしいものを求めて」、「思い出をつくるため」等は減少した。

先に述べた上位3つの動機について、性・年代別に詳しく見ると、「日常生活から解放されるため」、「旅先のおいしいものを求めて」は、すべての年代において上位3位に入っている（表I-4-5）。また、「思い出をつくるため」は、20～40代と比較的若い世代での主な動機となっている。

2020年と比較すると、男性50～60代、男女70代において「日常生活から解放されるため」の選択率が大きく増加した。

図I-4-2　旅行の動機（複数回答）

（単位：%）

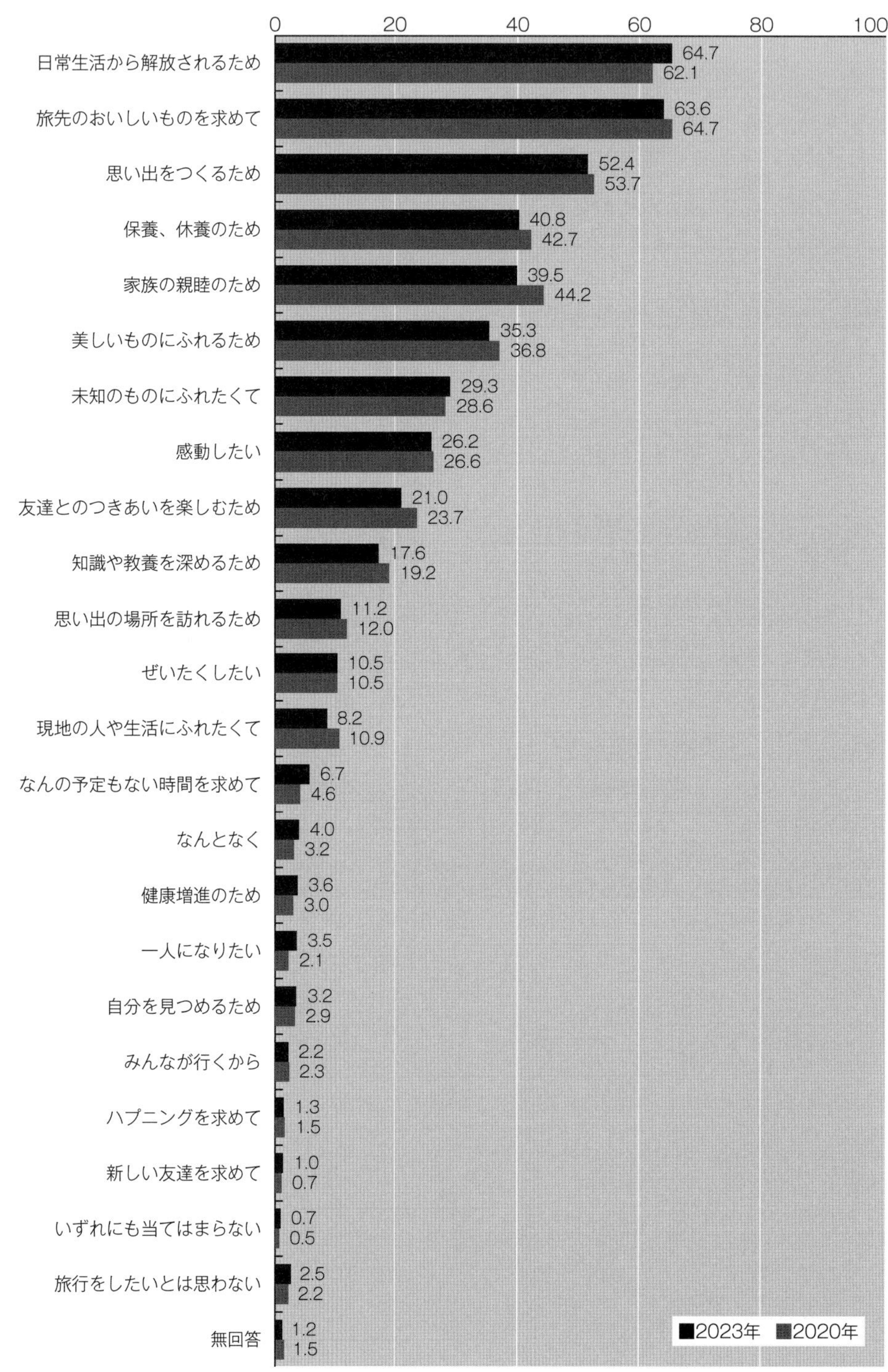

資料：（公財）日本交通公社「JTBF旅行意識調査」

表I-4-5 性・年代別 旅行の動機(複数回答)

(単位:%)

男性20代

		2023年	2020年	
1位	日常生活から解放されるため	60.9	58.2	(2位)
2位	旅先のおいしいものを求めて	52.2	56.0	(3位)
3位	思い出をつくるため	50.7	62.6	(1位)
4位	友達とのつきあいを楽しむため	40.6	49.5	(4位)
5位	未知のものにふれたくて	39.1	35.2	(5位)
6位	美しいものにふれるため	31.9	33.0	(6位)
7位	保養、休養のため	26.1	29.7	(7位)
	感動したい	26.1	25.3	(8位)
9位	知識や教養を深めるため	15.9	15.4	(9位)
10位	思い出の場所を訪れるため	14.5	3.3	(18位)

女性20代

		2023年	2020年	
1位	思い出をつくるため	74.4	78.2	(2位)
2位	旅先のおいしいものを求めて	70.9	80.8	(1位)
3位	日常生活から解放されるため	61.6	71.8	(3位)
4位	友達とのつきあいを楽しむため	39.5	37.2	(6位)
5位	美しいものにふれるため	37.2	55.1	(4位)
6位	保養、休養のため	33.7	43.6	(5位)
7位	家族の親睦のため	27.9	30.8	(7位)
8位	未知のものにふれたくて	22.1	30.8	(7位)
9位	感動したい	20.9	30.8	(7位)
10位	ぜいたくしたい	19.8	23.1	(10位)

男性30代

		2023年	2020年	
1位	旅先のおいしいものを求めて	60.2	57.5	(3位)
2位	思い出をつくるため	59.0	69.0	(1位)
3位	日常生活から解放されるため	57.8	65.5	(2位)
4位	保養、休養のため	44.6	46.0	(5位)
5位	家族の親睦のため	41.0	53.1	(4位)
6位	未知のものにふれたくて	28.9	28.3	(6位)
7位	美しいものにふれるため	20.5	27.4	(7位)
8位	友達とのつきあいを楽しむため	18.1	8.8	(13位)
9位	感動したい	16.9	17.7	(10位)
10位	知識や教養を深めるため	13.3	21.2	(8位)

女性30代

		2023年	2020年	
1位	思い出をつくるため	79.1	71.2	(3位)
	日常生活から解放されるため	79.1	75.7	(2位)
3位	旅先のおいしいものを求めて	70.9	77.5	(1位)
4位	家族の親睦のため	59.3	53.2	(4位)
5位	保養、休養のため	48.8	53.2	(4位)
6位	美しいものにふれるため	39.5	39.6	(6位)
7位	感動したい	31.4	28.8	(8位)
8位	未知のものにふれたくて	24.4	34.2	(7位)
9位	ぜいたくしたい	19.8	23.4	(9位)
10位	友達とのつきあいを楽しむため	18.6	16.2	(12位)

男性40代

		2023年	2020年	
1位	日常生活から解放されるため	63.0	63.3	(1位)
2位	旅先のおいしいものを求めて	60.6	61.3	(2位)
	思い出をつくるため	60.6	50.7	(4位)
4位	家族の親睦のため	54.3	56.0	(3位)
5位	保養、休養のため	33.1	50.7	(4位)
6位	未知のものにふれたくて	29.9	30.0	(6位)
7位	美しいものにふれるため	25.2	24.7	(7位)
8位	感動したい	21.3	18.7	(8位)
9位	知識や教養を深めるため	19.7	18.7	(8位)
10位	ぜいたくしたい	12.6	11.3	(11位)

女性40代

		2023年	2020年	
1位	日常生活から解放されるため	77.9	74.8	(1位)
2位	思い出をつくるため	66.4	59.8	(2位)
3位	旅先のおいしいものを求めて	62.8	59.8	(2位)
4位	家族の親睦のため	47.8	56.7	(4位)
	保養、休養のため	47.8	45.7	(5位)
6位	美しいものにふれるため	34.5	33.9	(6位)
7位	感動したい	31.0	26.8	(7位)
8位	未知のものにふれたくて	30.1	23.6	(8位)
9位	知識や教養を深めるため	21.2	14.2	(9位)
10位	現地の人や生活にふれたくて	13.3	11.8	(11位)

男性50代

		2023年	2020年	
1位	日常生活から解放されるため	73.6	63.3	(1位)
2位	旅先のおいしいものを求めて	64.5	60.8	(2位)
3位	保養、休養のため	51.2	43.3	(4位)
4位	思い出をつくるため	47.1	41.7	(5位)
5位	家族の親睦のため	43.0	54.2	(3位)
6位	未知のものにふれたくて	42.1	26.7	(7位)
7位	美しいものにふれるため	35.5	28.3	(6位)
8位	感動したい	28.1	23.3	(8位)
9位	知識や教養を深めるため	21.5	19.2	(9位)
10位	なんの予定もない時間を求めて	12.4	5.8	(13位)

女性50代

		2023年	2020年	
1位	旅先のおいしいものを求めて	72.5	68.1	(2位)
2位	日常生活から解放されるため	67.0	69.0	(1位)
3位	思い出をつくるため	48.6	42.2	(5位)
4位	保養、休養のため	47.7	44.8	(4位)
5位	美しいものにふれるため	37.6	39.7	(6位)
6位	家族の親睦のため	35.8	47.4	(3位)
7位	未知のものにふれたくて	32.1	23.3	(8位)
8位	感動したい	29.4	32.8	(7位)
9位	知識や教養を深めるため	17.4	15.5	(10位)
10位	友達とのつきあいを楽しむため	14.7	21.6	(9位)

男性60代

		2023年	2020年	
1位	旅先のおいしいものを求めて	61.5	71.5	(1位)
2位	日常生活から解放されるため	59.4	50.4	(3位)
3位	保養、休養のため	44.8	40.1	(5位)
	思い出をつくるため	44.8	51.1	(2位)
5位	家族の親睦のため	40.6	43.8	(4位)
6位	美しいものにふれるため	32.3	37.2	(6位)
7位	未知のものにふれたくて	31.3	26.3	(8位)
8位	感動したい	25.0	27.0	(7位)
9位	思い出の場所を訪れるため	16.7	14.6	(11位)
10位	知識や教養を深めるため	15.6	19.7	(10位)

女性60代

		2023年	2020年	
1位	日常生活から解放されるため	70.9	67.1	(2位)
2位	旅先のおいしいものを求めて	68.2	70.5	(1位)
3位	保養、休養のため	43.6	49.7	(5位)
4位	美しいものにふれるため	40.9	53.7	(3位)
5位	思い出をつくるため	39.1	51.7	(4位)
6位	家族の親睦のため	32.7	38.3	(6位)
7位	友達とのつきあいを楽しむため	31.8	26.8	(9位)
8位	感動したい	29.1	35.6	(7位)
9位	未知のものにふれたくて	27.3	34.2	(8位)
10位	知識や教養を深めるため	20.0	24.2	(10位)

男性70代

		2023年	2020年	
1位	旅先のおいしいものを求めて	54.2	64.0	(1位)
2位	日常生活から解放されるため	49.2	40.0	(3位)
3位	家族の親睦のため	41.7	45.0	(2位)
4位	美しいものにふれるため	40.8	31.0	(6位)
5位	思い出をつくるため	35.8	34.0	(4位)
6位	保養、休養のため	32.5	32.0	(5位)
7位	未知のものにふれたくて	24.2	27.0	(7位)
8位	感動したい	20.8	24.0	(9位)
9位	知識や教養を深めるため	15.8	26.0	(8位)
	友達とのつきあいを楽しむため	15.8	18.0	(10位)

女性70代

		2023年	2020年	
1位	旅先のおいしいものを求めて	65.3	56.5	(1位)
2位	日常生活から解放されるため	61.3	55.6	(2位)
3位	美しいものにふれるため	48.4	46.0	(4位)
4位	保養、休養のため	37.1	33.9	(6位)
5位	友達とのつきあいを楽しむため	34.7	48.4	(3位)
6位	家族の親睦のため	33.9	30.6	(7位)
	感動したい	33.9	30.6	(7位)
8位	思い出をつくるため	31.5	35.5	(5位)
9位	未知のものにふれたくて	25.8	27.4	(9位)
10位	知識や教養を深めるため	18.5	20.2	(10位)

資料:(公財)日本交通公社「JTBF旅行意識調査」

3 旅行の阻害要因

最大の阻害要因は「新型コロナウイルス感染症の流行」

「2022年1月から12月中に国内旅行または海外旅行に行かなかった人」に「行かなかった」理由として当てはまるものをあらかじめ用意した選択肢からすべて選んでもらった。

その結果、旅行の阻害要因（複数回答）は、「新型コロナウイルス感染症が流行していた」が58.6%と突出して多くなったが、前年と比べるとその選択率は大きく減少した（2022年：83.8%）。これに次いで、「なんとなく旅行をしないままに過ぎた」（21.2%）、「仕事等で休暇がとれなかった」（20.1%）、「家計の制約がある」（18.7%）、「家族、友人等と休日がうまく重ならなかった」（15.5%）が挙げられた（図I-4-3）。

また、いずれのライフステージにおいても「新型コロナウイルス感染症が流行していた」が最大の阻害要因であり、特に、男女ともに子育て後で7割近くとなった。新型コロナウイルス感染症以外の要因を見ると、未婚や子育て後では「なんとなく旅行をしないままに過ぎた」、子どもなしや子育て中では「家計の制約がある」が挙げられた（表I-4-6）。

（日代 凪）

図I-4-3　旅行の阻害要因（複数回答）

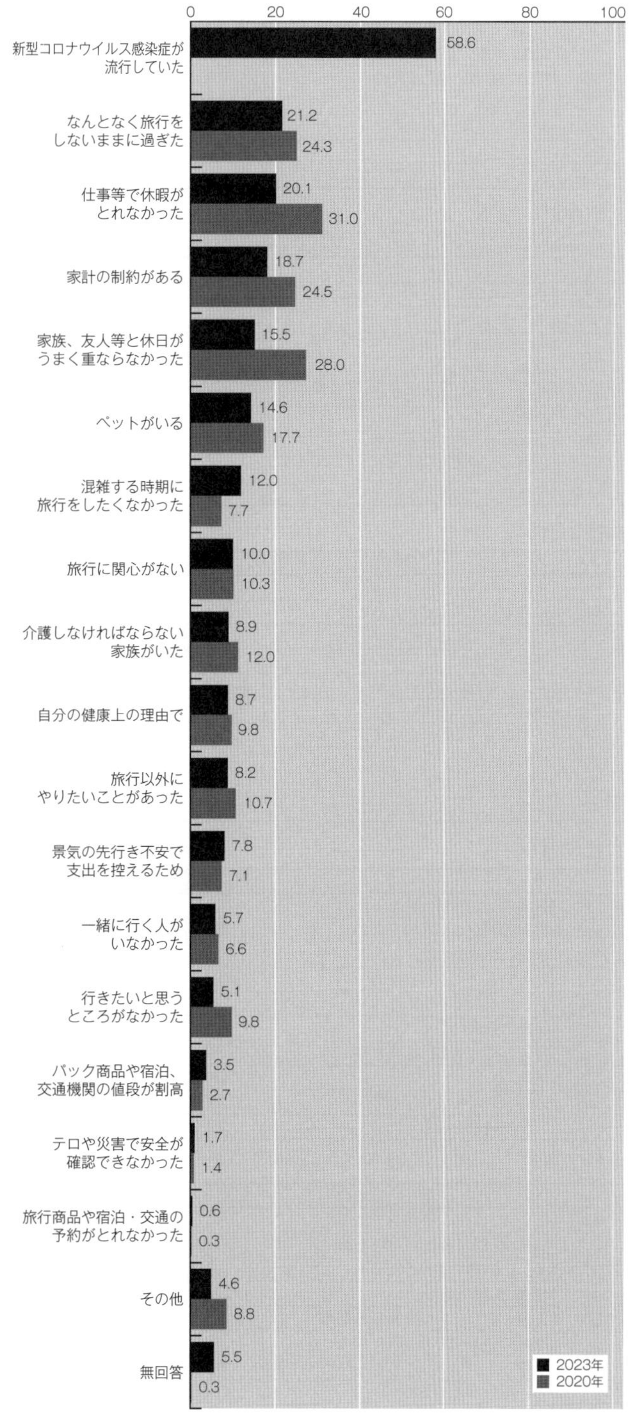

（単位：%）

項目	2023年	2020年
新型コロナウイルス感染症が流行していた	58.6	
なんとなく旅行をしないままに過ぎた	21.2	24.3
仕事等で休暇がとれなかった	20.1	31.0
家計の制約がある	18.7	24.5
家族、友人等と休日がうまく重ならなかった	15.5	28.0
ペットがいる	14.6	17.7
混雑する時期に旅行をしたくなかった	12.0	7.7
旅行に関心がない	10.0	10.3
介護しなければならない家族がいた	8.9	12.0
自分の健康上の理由で	8.7	9.8
旅行以外にやりたいことがあった	8.2	10.7
景気の先行き不安で支出を控えるため	7.8	7.1
一緒に行く人がいなかった	5.7	6.6
行きたいと思うところがなかった	5.1	9.8
パック商品や宿泊、交通機関の値段が割高	3.5	2.7
テロや災害で安全が確認できなかった	1.7	1.4
旅行商品や宿泊・交通の予約がとれなかった	0.6	0.3
その他	4.6	8.8
無回答	5.5	0.3

資料：（公財）日本交通公社「JTBF旅行意識調査」

表I-4-6　性・年代別・旅行の阻害要因

（単位：%）

男女・未婚

	2023年			2020年	
1位	新型コロナウイルス感染症が流行していた	42.5	1位	仕事等で休暇がとれなかった	33.9
2位	なんとなく旅行をしないままに過ぎた	29.1	2位	家族、友人等と休日がうまく重ならなかった	24.6
3位	仕事等で休暇がとれなかった	26.8	3位	旅行に関心がない	22.0

男女・子どもなし

	2023年			2020年	
1位	新型コロナウイルス感染症が流行していた	57.3	1位	仕事等で休暇がとれなかった	44.0
2位	仕事等で休暇がとれなかった	22.5	2位	家族、友人等と休日がうまく重ならなかった	28.0
3位	家計の制約がある	20.6	3位	ペットがいる	24.0

男性子育て中

	2023年			2020年	
1位	新型コロナウイルス感染症が流行していた	56.5	1位	仕事等で休暇がとれなかった	40.3
2位	仕事等で休暇がとれなかった	24.6	2位	家族、友人等と休日がうまく重ならなかった	36.5
3位	家計の制約がある	20.3	3位	家計の制約がある	30.8

男性子育て後

	2023年			2020年	
1位	新型コロナウイルス感染症が流行していた	74.4	1位	仕事等で休暇がとれなかった	31.1
2位	家計の制約がある	24.4	2位	なんとなく旅行をしないままに過ぎた	29.7
3位	混雑する時期に旅行をしたくなかった	17.9	3位	ペットがいる／自分の健康上の理由で	24.3

女性子育て中

	2023年			2020年	
1位	新型コロナウイルス感染症が流行していた	57.0	1位	家族、友人等と休日がうまく重ならなかった	31.6
2位	家計の制約がある	23.8	2位	家計の制約がある	29.7
3位	なんとなく旅行をしないままに過ぎた	21.9	3位	仕事等で休暇がとれなかった	24.1

女性子育て後

	2023年			2020年	
1位	新型コロナウイルス感染症が流行していた	68.3	1位	なんとなく旅行をしないままに過ぎた	36.8
2位	ペットがいる	26.7	2位	介護しなければならない家族がいた	28.4
3位	なんとなく旅行をしないままに過ぎた	20.8	3位	ペットがいる	26.3

資料：（公財）日本交通公社「JTBF旅行意識調査」

I-5 新型コロナウイルス感染症の流行と日本人の旅行

当財団では、2020年度より新型コロナウイルス感染症の流行が旅行市場に及ぼした影響把握を目的に、定期的に実施している「JTBF旅行実態調査」、「JTBF旅行意識調査」(6ページ参照)の調査内容を拡充し、分析を進めている。本稿では、2020年1月から2023年6月までの約3年半の調査結果について紹介する。

なお、本章では、「JTBF旅行実態調査」のうち2022年4～5月に実施した調査は「2022年4月調査」、2023年5～6月に実施した「JTBF旅行意識調査」は「2023年5月調査」と表記する。

1 旅行実態
2023年3月の国内旅行「予定どおり実施率」
8割超でコロナ禍前の状況へ

(1)旅行実施への影響

国内旅行への影響を見ると、「当初の予定どおり実施した旅行があった」と回答した割合(予定どおり実施率)は、コロナ禍初期(2020年5月)には6.8%にとどまっており、その後も緊急事態宣言等の発出や感染拡大の状況に応じて増減を繰り返してきた。2021年10月以降は、感染者数が増加している時期があるにもかかわらず、継続して予定どおり実施率が「コロナ禍の影響で、当月の実施を取りやめた旅行があった」と回答した割合(取りやめ率)より高い割合で推移している。特に2023年3月には、予定どおり実施率が8割を超え、調査開始以来、最も高い割合になった。また、コロナ禍を理由とする取りやめ率も調査開始以来初の1桁台(7.8%)となり、国内旅行実施の状況はコロナ禍前の状況に戻りつつあることがわかる。

海外旅行への影響を見ると、予定どおり実施率は、入国制限や水際対策の強化等の背景から、2020年4月から2022年3月までは10%未満の割合で推移してきた。2022年4月以降は、入国者数の上限引き上げや撤廃、入国時検査等の見直し等の水際対策の緩和が漸進的に行われたことから、徐々に予定どおり実施率が上昇し、2023年3月には2020年2月以来の4割超えで取りやめ率を上回った。取りやめ率は、2020年5月から2022年1月までは7～8割台で推移していたが、2022年以降は徐々に減少し、2023年3月には34.3%とコロナ禍初期(2020年1月)と同水準まで減少した(図I-5-1)。

図I-5-1 コロナ禍による観光旅行への影響(旅行を計画していた人のみ)(複数回答)

(単位:%)

国内旅行

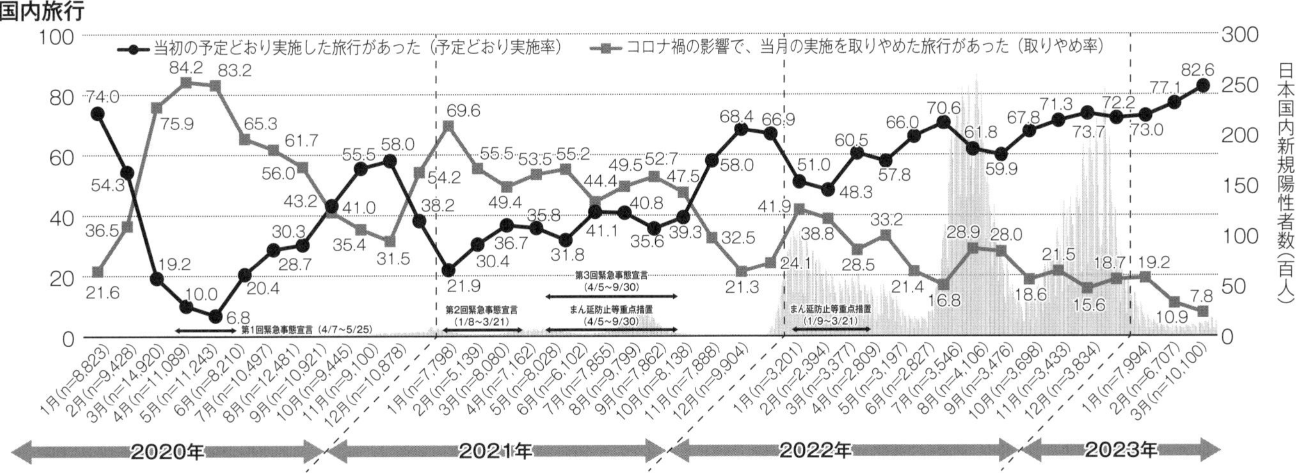

※緊急事態宣言・まん延防止等重点措置期間:内閣官房新型コロナウイルス感染症対策推進室 新型コロナウイルス感染症対策サイト「基本的対処方針に基づく対応」より、
日本国内新規陽性者数:厚生労働省資料より(公財)日本交通公社作成

海外旅行

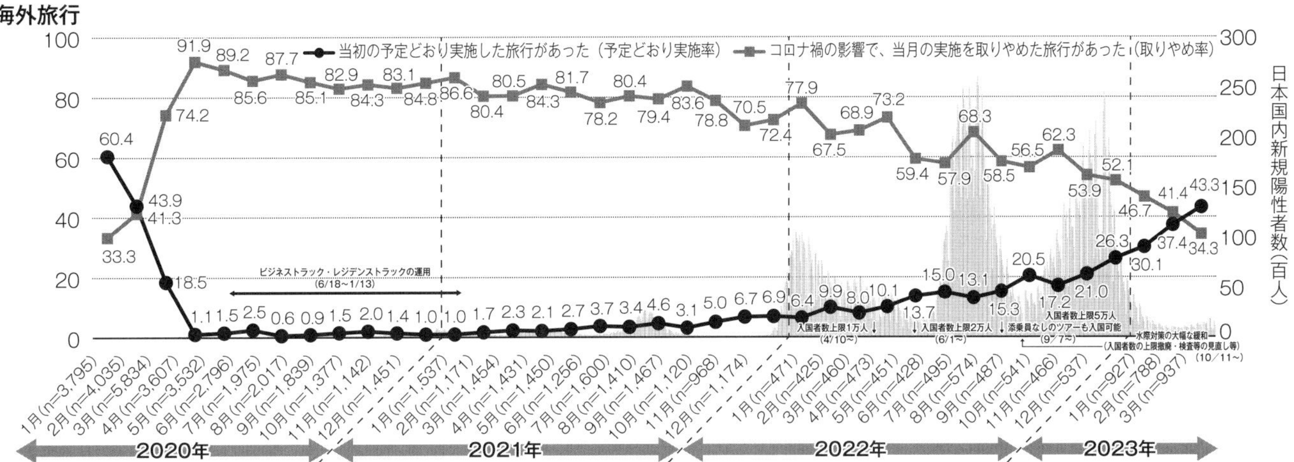

※ビジネストラック・レジデンストラックの運用期間:内閣官房新型コロナウイルス感染症対策推進室 新型コロナウイルス感染症対策サイト「水際対策強化に係る新たな措置(7)」より、
日本国内新規陽性者数:厚生労働省資料より(公財)日本交通公社作成

資料:(公財)日本交通公社「JTBF旅行実態調査」

(2)実施した旅行への影響

●国内宿泊観光旅行の内容変更の有無

コロナ禍の影響を受けず予定どおり国内旅行を実施した割合は、新型コロナウイルスの感染状況によって増減しながらも年を追うごとに増加している。特に2022年7月以降は約95%を占め、コロナ禍の影響による旅行内容の変更は少なくなっている(図I-5-2)。

●コロナ禍での国内宿泊観光旅行の実施にあたっての気持ち

2023年3月の旅行実施にあたっての気持ちでは、「コロナに対する不安は感じない(40.1%)」がトップ、次いで「心配しても仕方がない(35.5%)」となった。「旅行して良いのか迷った」は、最も割合が高かった2021年1月は23.0%だったが、直近の2023年3月には約20ポイント減の3.7%となった。コロナ禍を経る中で、新型コロナウイルス感染症に対する不安が徐々に緩和したことや周囲の状況の変化等から、旅行実施への迷いがなくなってきていることがわかる(表I-5-1)。

図Ⅰ-5-2 実施した国内宿泊観光旅行のコロナ禍による変更有無(コロナ禍の影響で旅行を取りやめた人のみ)

(単位:%)

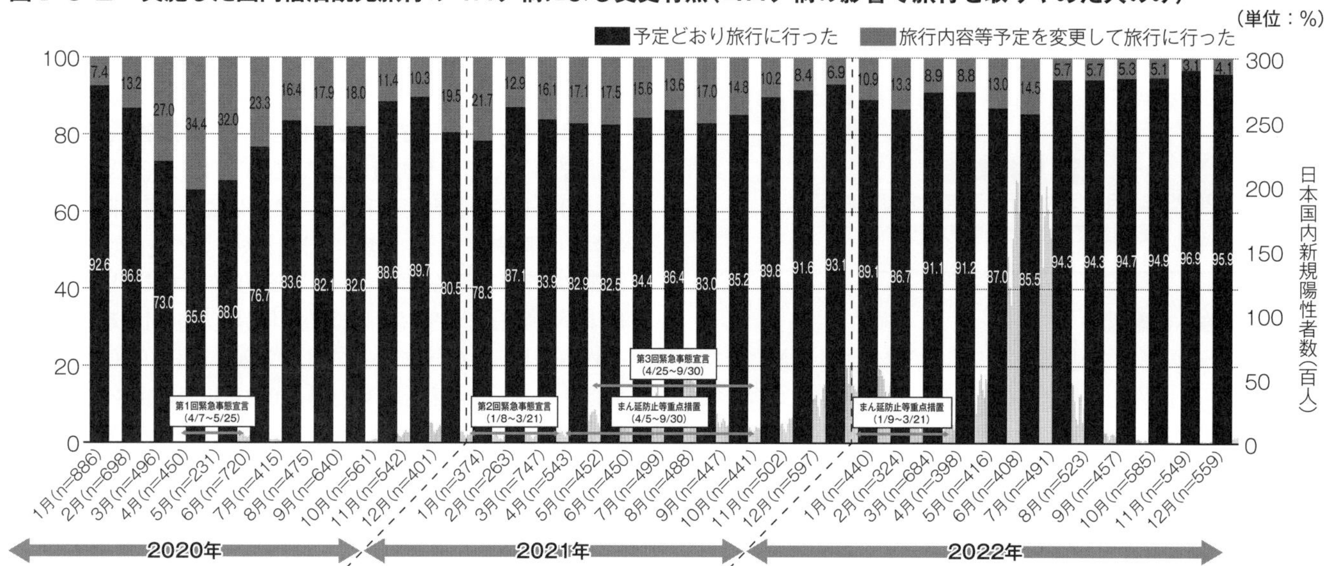

※緊急事態宣言・まん延防止等重点措置期間:内閣官房新型コロナウイルス感染症対策推進室 新型コロナウイルス感染症対策サイト「基本的対処方針に基づく対応」より、日本国内新規陽性者数:厚生労働省資料より(公財)日本交通公社作成

(注)本設問は2023年1月調査まで実施したため、データは2022年12月に実施した旅行までとなる。

資料:(公財)日本交通公社「JTBF旅行実態調査」

表Ⅰ-5-1 コロナ禍での国内宿泊観光旅行実施にあたっての気持ち(複数回答)

(単位:%)

		コロナに対する不安は感じない	心配しても仕方がない	どうしても行きたい旅行	値段が通常より安い	自分自身が感染対策を万全にすれば問題ない＊	今の状況では自分にあまり関わりはない	旅行先の観光地を応援したい	自粛に疲れた/我慢ばかりしていられない	今の状況では空いている	経済の停滞は避けるべき/経済の活性化に貢献したい	訪問先や公共交通機関等が感染対策を徹底しているので、問題ない＊	自分は感染しない/感染しても発症しない・軽症で済む	同行者の考えに応じた	周囲の人が行っているので	旅行して良いのか迷った＊	訪日外国人観光客が増加しているから★	その他
2022年	1月(n=440)	29.8	37.5	13.6	8.2	15.5	10.9	10.7	9.8	10.9	9.3	12.7	3.2	4.1	3.4	13.0	—	1.6
	2月(n=324)	28.1	37.7	16.4	7.4	16.0	11.7	17.9	10.5	15.7	12.0	13.9	7.7	4.3	3.7	11.1	—	3.4
	3月(n=684)	30.1	37.9	12.3	6.9	16.5	12.0	11.8	14.6	11.1	10.2	12.6	5.8	6.0	3.8	8.6	—	2.3
	4月(n=435)	33.6	33.3	13.8	7.6	21.1	10.8	14.3	10.6	10.6	7.6	15.4	4.1	5.3	4.1	7.6	—	0.7
	5月(n=503)	34.6	36.0	13.5	5.8	16.5	10.5	14.3	11.9	9.9	7.2	13.9	6.8	5.6	5.4	7.6	—	1.0
	6月(n=500)	41.8	35.8	17.2	11.4	16.8	12.0	13.4	8.2	11.4	8.6	13.6	5.8	5.8	4.6	6.2	—	1.0
	7月(n=491)	33.6	41.1	14.3	7.9	17.9	13.0	11.0	10.6	7.9	8.4	13.4	6.1	7.3	3.7	8.4	—	1.6
	8月(n=523)	29.4	40.9	17.0	5.4	13.2	9.6	10.3	12.8	5.4	6.5	11.3	3.6	8.0	4.2	9.2	—	0.4
	9月(n=457)	37.2	35.4	16.6	9.0	15.8	12.0	10.7	12.0	7.9	5.0	11.2	5.0	7.2	4.6	5.9	—	1.5
	10月(n=585)	30.6	40.5	17.3	11.3	17.1	12.8	9.9	9.1	8.2	5.1	12.5	6.3	3.6	3.4	7.0	—	1.2
	11月(n=549)	36.8	36.6	15.5	12.8	16.6	13.8	12.0	8.7	5.5	8.2	11.3	7.1	6.2	3.5	6.6	—	0.0
	12月(n=559)	35.1	40.6	17.0	12.5	14.0	12.3	12.0	7.5	6.1	8.1	9.7	6.6	4.3	5.7	6.3	—	0.5
2023年	1月(n=641)	38.2	36.0	20.1	13.9	15.6	13.7	13.4	11.7	9.2	10.6	7.3	6.7	6.2	4.1	4.8	0.9	0.9
	2月(n=570)	38.8	35.4	19.3	15.1	12.6	15.1	12.5	9.5	9.8	11.1	6.5	6.7	7.0	3.9	4.2	1.9	0.5
	3月(n=984)	40.1	35.5	20.2	13.5	12.4	11.9	11.3	10.6	7.6	7.1	6.7	6.3	5.6	5.4	3.7	1.8	0.5

(注1)2023年3月を基準に並び替え。
(注2)＊は2021年度調査より、★は2023年度調査より追加。
(注3)2020~2021年のデータは「旅行年報2022」P54を参照。

資料:(公財)日本交通公社「JTBF旅行実態調査」

●コロナ禍で実施した国内宿泊観光旅行の感想

国内旅行の感想では、2023年3月は「自由に旅行ができることを幸せに感じた(37.4%)」が最多となった。また、「旅行が重要なものであることを再確認」といったポジティブな感想も継続して2割前後を占めている。「旅行先の感染対策が徹底されていた」は、2021年には継続して3割前後を維持していたが、2022年には徐々に減少し、2023年3月には1割程度にとどまっている。その一方で、「旅行先の感染対策が徹底されておらず不安」は5%未満で推移していることから、旅行者自身も旅行先での感染対策に敏感ではなくなってきたと考えられる(表Ⅰ-5-2)。

●国内宿泊観光旅行中の感染対策

2023年3月の国内旅行での感染対策は、「マスクの着用(64.0%)」が最多となったが、9割台で推移していた2020年6月～2021年と比べると大幅減である。マスクの着用の内訳では、「混雑している屋内」が最多で、約半数が実施していた。「手洗い・うがいの励行・徹底」や「設置されているアルコール除菌を励行・徹底」は、2022年には6～7.5割で推移していたが、2023年1～3月には3～4割まで減少している。「特になにもしていない」は、1回目の緊急事態宣言解除後の2020年6月から2022年12月にかけて3%未満で推移していたが、2023年1～3月は10%前後で推移している(表Ⅰ-5-3)。

表Ⅰ-5-2　コロナ禍で実施した国内宿泊観光旅行の感想(複数回答)

(単位：%)

		自由に旅行ができることを幸せに感じた ★	活気にあふれ、賑わっていた ★	混雑がなく快適	コロナ禍前の旅行と特段変わらなかった	旅行が重要なものであることを再確認 ＊	当初の想定より混雑	感染が不安ではなかった ★	コロナ禍のストレスが発散できた	旅行先で歓迎された	旅行先の感染対策が徹底されていた ＊	感染が不安	自分が感染源にならないか心配	他の旅行者の感染対策マナーが気になった ★	閑散としていて寂しい	感染を気にして疲れた	旅行先の感染対策が徹底されておらず不安 ＊	快く思われなかったのではと不安	その他
2022年	1月(n=440)	－	－	33.4	20.9	18.0	12.5	－	21.8	11.1	26.4	11.1	7.3	－	6.4	3.4	1.4	3.0	0.9
	2月(n=324)	－	－	38.3	18.2	19.1	13.3	－	23.5	14.8	26.9	10.2	9.0	－	7.1	4.9	1.9	4.3	0.6
	3月(n=684)	－	－	34.8	18.9	21.5	14.6	－	28.2	13.6	30.4	7.6	5.7	－	5.7	2.9	0.9	2.3	1.2
	4月(n=435)	－	－	34.9	23.7	21.1	15.9	－	23.7	14.9	30.6	6.4	8.3	－	4.6	2.5	1.6	1.6	0.5
	5月(n=503)	－	－	31.0	26.6	20.7	15.9	－	22.3	16.3	29.6	6.8	3.8	－	3.2	1.2	1.2	2.0	0.4
	6月(n=500)	－	－	32.8	22.8	20.4	17.6	－	23.8	15.6	27.2	5.6	5.0	－	3.0	2.4	0.2	1.2	1.2
	7月(n=491)	－	－	31.2	28.5	17.5	12.4	－	24.8	15.5	25.9	9.0	6.1	－	3.9	1.8	0.6	1.0	2.2
	8月(n=523)	－	－	25.2	27.0	17.8	14.5	－	23.7	10.9	19.3	9.2	7.5	－	1.7	4.2	1.1	1.5	1.0
	9月(n=457)	－	－	26.5	24.3	22.3	19.5	－	26.5	16.4	24.1	6.3	7.4	－	3.1	2.6	2.0	0.7	2.6
	10月(n=585)	－	－	30.3	26.0	19.5	14.9	－	22.9	19.0	21.9	8.5	7.7	－	3.4	1.9	1.9	2.7	0.9
	11月(n=549)	－	－	27.5	24.6	21.3	17.3	－	22.4	16.9	25.0	7.1	6.6	－	2.4	3.6	1.1	2.6	0.5
	12月(n=559)	－	－	25.0	22.5	20.6	20.8	－	23.4	17.2	23.6	8.8	4.1	－	2.5	2.7	1.4	2.7	1.3
2023年	1月(n=641)	35.1	14.5	23.6	18.7	20.4	16.4	16.5	16.1	12.6	15.4	4.2	5.5	5.5	3.0	3.7	2.5	2.7	1.2
	2月(n=570)	33.3	17.2	19.1	18.1	18.8	16.5	16.3	15.3	15.3	14.0	4.9	3.5	4.9	4.2	3.7	4.0	3.0	0.4
	3月(n=984)	37.4	22.4	19.2	19.1	18.1	17.9	15.8	15.3	14.0	11.7	5.9	3.4	3.4	2.7	2.4	2.0	1.5	0.5

(注1)2023年3月を基準に並び替え。
(注2)＊は2021年度調査より、★は2023年度調査より追加。
(注3)2020～2021年のデータは「旅行年報2022」P55を参照。

資料：(公財)日本交通公社「JTBF旅行実態調査」

表Ⅰ-5-3　国内宿泊観光旅行中の感染対策（複数回答）

（単位：%）

年	月	マスクの着用※	混雑している屋内	混雑している屋外	混雑していない屋内	公共交通機関	混雑していない屋外	手洗い・うがいの励行・徹底	設置されているアルコール除菌を励行・徹底	アルコール除菌剤の携行	キャッシュレス決済の利用	ソーシャルディスタンスの確保	他人がそばにいる場所では、会話を控える＊	飲食時の注意	多数が集まる密集空間の回避	換気の悪い密閉空間の回避	間近での会話等密接場面の回避	不特定多数が触れる箇所をなるべく触らない	訪問予定施設の感染対策情報のチェック＊	旅行先地域の感染対策情報のチェック＊	ＰＣＲ検査を受けてから旅行に行く＊	体温計を持参し、毎日検温＊	「新しい旅のエチケット」や「新しい旅のルール」のチェック＊	その他	特になにもしていない
2022年	1月(n=440)	94.1	—	—	—	—	—	70.7	71.6	58.9	26.8	38.0	28.4	36.4	42.3	35.9	27.7	31.6	8.6	7.0	3.6	7.3	5.5	0.2	0.5
	2月(n=324)	91.7	—	—	—	—	—	68.2	75.6	56.8	33.0	45.1	29.9	43.5	49.7	38.6	29.0	35.2	12.3	10.5	3.7	9.6	8.6	0.0	1.2
	3月(n=684)	95.6	—	—	—	—	—	67.7	75.6	58.5	30.3	44.4	32.5	39.0	43.6	43.4	30.8	32.3	10.2	7.7	4.4	7.3	7.5	0.0	0.7
	4月(n=435)	95.2	—	—	—	—	—	63.0	68.0	57.2	27.6	37.9	27.6	31.7	37.9	34.9	25.1	28.3	10.1	6.0	4.4	5.5	4.8	0.0	0.5
	5月(n=503)	91.8	—	—	—	—	—	62.6	71.8	55.9	25.6	34.0	26.2	30.8	36.2	33.6	23.9	28.6	8.9	7.0	3.6	5.4	5.4	0.0	1.6
	6月(n=500)	94.0	—	—	—	—	—	62.8	73.4	58.4	29.0	36.2	28.0	32.2	34.0	35.0	25.6	28.6	8.4	6.2	4.0	7.0	5.4	0.4	1.8
	7月(n=491)	92.9	—	—	—	—	—	66.4	71.7	56.4	26.7	33.4	24.6	31.0	34.4	32.6	23.2	26.9	8.6	6.7	4.1	9.4	4.9	0.4	2.0
	8月(n=523)	91.8	—	—	—	—	—	61.8	71.3	56.0	24.1	28.9	25.2	27.7	30.4	31.5	21.0	26.8	6.3	4.4	5.7	7.3	2.7	0.2	2.5
	9月(n=457)	94.3	—	—	—	—	—	62.1	73.7	56.5	27.4	31.3	25.2	28.0	31.7	32.8	20.6	28.0	3.3	2.8	3.1	4.2	2.6	0.0	1.8
	10月(n=585)	89.4	—	—	—	—	—	66.7	69.6	57.6	23.9	33.8	25.0	29.1	36.9	32.1	22.9	29.7	8.0	5.1	5.3	5.5	5.8	0.3	1.4
	11月(n=549)	90.7	—	—	—	—	—	70.1	69.6	53.9	25.0	33.9	27.1	27.1	33.7	31.9	22.4	30.8	8.0	6.2	4.4	6.0	4.6	0.4	2.0
	12月(n=559)	91.1	—	—	—	—	—	63.5	70.1	55.1	26.7	29.2	25.0	27.2	35.6	31.5	22.4	25.9	7.7	6.6	6.6	7.2	5.0	1.1	2.0
2023年	1月(n=641)	61.5	47.9	36.7	34.6	29.8	27.9	41.8	31.7	30.6	22.9	22.0	18.7	20.3	23.2	19.0	15.8	12.9	8.9	6.2	8.4	6.2	7.2	0.3	10.8
	2月(n=570)	56.5	42.6	36.1	30.7	28.1	26.1	38.8	28.8	27.2	27.4	20.4	16.3	18.4	17.2	14.0	10.5	11.2	7.5	7.5	8.2	5.3	5.1	0.5	9.5
	3月(n=984)	64.0	49.4	39.8	35.6	31.7	27.0	42.1	29.8	26.9	23.4	18.7	17.5	17.1	16.9	16.3	11.6	10.0	6.5	5.9	5.4	4.4	3.9	0.4	11.8

（注1）2023年3月を基準に並び替え。
（注2）＊は2021年度調査より追加。
（注3）※2023年5月調査から「マスクの着用」を細分化し、5項目に区分した。2023年1月以降は、細分化した5項目のいずれかに回答した場合を「マスクの着用」とカウントし集計した。
（注4）2020～2021年のデータは「旅行年報2022」P55を参照。

資料：（公財）日本交通公社「JTBF旅行実態調査」

●旅行先の決定にあたり重視したこと

国内旅行先の決定にあたって重視したことでは、2023年1月以降、「コロナ禍に関係なく、以前から行きたい旅行先」がトップとなった。また、「特に重視した点はない／同行者の意向」も徐々に増加していることから、コロナ禍が旅行選択に及ぼす影響が小さくなってきていることがわかる。コロナ禍で重視されていた「あまり人が密集しないような地域」、「観光施設や宿泊施設が感染対策を徹底」、「公共交通機関を使わないで行ける」は、2022年1月には3割前後を占めていたが、2023年3月には1割程度となった（表Ⅰ-5-4）。

表Ⅰ-5-4　国内宿泊観光旅行先の決定にあたり重視したこと（複数回答）

（単位：%）

		コロナ禍に関係なく、以前から行きたい旅行先	宿泊先の滞在環境が充実している	あまり人が密集しないような地域	観光施設や宿泊施設等が感染対策を徹底	旅行割引支援制度や割引プラン	公共交通機関を使わないで行ける	居住地域から近い地域	愛着のある地域／会いたい人がいる	地域全体で感染対策を徹底	旅行先が歓迎の意を表している	移動中の感染対策を徹底	新型コロナウイルス感染者数が少ない	地域の医療体制が整っている	分散対策（予約制や混雑状況の情報発信等）がされている	旅行者にPCR検査を推奨	その他	特に重視した点はない／同行者の意向
2022年	1月(n=440)	17.5	21.1	30.0	27.0	7.0	33.0	16.8	8.6	10.0	6.1	14.8	9.8	2.3	2.0	2.7	0.2	15.7
	2月(n=324)	21.6	21.3	29.3	29.3	9.0	29.9	21.9	10.2	11.1	8.6	18.8	11.1	4.3	5.9	4.3	1.2	18.5
	3月(n=684)	17.5	21.8	32.0	28.2	6.0	34.1	17.3	7.7	12.3	6.0	16.8	6.7	2.8	2.6	2.3	0.7	16.5
	4月(n=435)	20.0	19.1	28.5	22.3	7.8	32.4	15.4	8.5	10.8	8.3	17.0	10.8	2.1	2.5	3.4	1.1	17.2
	5月(n=503)	18.5	21.9	27.2	21.3	7.6	30.6	14.7	7.6	12.3	7.2	14.5	9.7	2.8	2.4	3.8	0.4	19.9
	6月(n=500)	20.2	20.0	27.0	22.2	13.2	25.6	15.2	11.6	10.4	8.4	14.6	7.8	2.2	1.2	2.8	0.2	20.4
	7月(n=491)	18.7	17.9	26.7	21.8	11.2	25.1	14.5	7.5	9.2	4.9	14.1	7.1	2.9	2.0	3.1	1.2	24.8
	8月(n=523)	16.3	18.7	28.7	21.2	8.8	27.0	12.8	9.8	9.2	6.1	12.8	5.2	3.4	2.9	1.5	0.6	24.3
	9月(n=457)	18.8	18.2	21.9	21.4	11.4	26.5	14.9	8.1	6.8	7.0	11.2	4.2	2.8	2.4	2.6	0.9	26.5
	10月(n=585)	22.1	20.9	24.8	20.7	13.8	24.8	10.6	8.2	9.1	6.2	10.4	6.5	2.9	2.9	5.0	1.4	22.2
	11月(n=549)	19.9	20.9	23.1	25.0	17.9	18.6	14.6	7.1	11.1	7.7	14.6	6.9	3.5	4.9	7.1	0.5	20.8
	12月(n=559)	19.1	20.2	21.8	21.6	15.0	21.5	13.2	8.1	11.4	6.8	10.6	3.6	3.6	3.2	5.4	0.9	23.8
2023年	1月(n=641)	22.2	19.3	17.6	14.8	10.9	12.0	12.3	10.9	7.8	9.0	7.8	3.7	4.8	4.4	5.8	1.6	23.2
	2月(n=570)	21.9	19.1	16.3	13.3	13.3	12.1	8.4	8.8	9.1	7.4	8.2	6.0	5.3	4.6	4.7	0.9	23.3
	3月(n=984)	23.8	21.2	14.2	12.9	12.8	11.5	11.2	9.3	7.5	7.0	6.5	4.1	3.5	3.2	2.8	1.5	25.7

（注）2023年3月を基準に並び替え。

資料：（公財）日本交通公社「JTBF旅行実態調査」

2 旅行意識
コロナ禍による影響は徐々に小さく
「家計等の経済状況」が懸念点に

(1)旅行実施に及ぼす影響

●国内旅行実施のための条件

調査時点での国内旅行を実施するかどうかを判断するときに影響を及ぼす項目を尋ねたところ、すべての調査で「緊急事態宣言の発出状況」がトップとなった。しかしながらこの割合は、徐々に減少している。一方で、「景気や家計の経済状況」や「自治体による旅行割引キャンペーンの有無」といったコロナ禍の状況とは直接的に関連しない項目が、2021年5月から2022年12月にかけて大きく増加している(表I-5-5)。

●海外旅行再開のための条件

海外旅行再開の条件では、コロナ禍初期には「治療薬・ワクチンが確立された」が最多であったが、2022年12月には「入国後の行動に関する制限が解除された」が最多となった。旅行先や居住地域の感染者数を考慮する割合は、どちらも年を追うごとに減少している(表I-5-6)。

●旅行実施に影響を及ぼす項目(2023年5月)

旅行実施に影響を及ぼすものを尋ねたところ、国内・海外旅行ともに「家計の経済状況」が4割超で最多となった。次に挙げられたのは、国内旅行では「自分自身の健康状態」といった自身の状態、海外旅行では「旅行先の公衆衛生や安全性」といった旅行先の状況であった(図I-5-3)。

表I-5-5　国内旅行実施の条件(複数回答)

(単位：%)

	2020年12月調査(n=420)	2021年5月調査(n=1,383)	2021年12月調査(n=1,368)	2022年5月調査(n=1,313)	2022年12月調査(n=1,234)
緊急事態宣言の発出状況	84.3※全国の 81.2※居住地域の	79.9	77.9	67.9	62.9
自分の周囲での感染者の発生	63.3	45.0	51.0	49.7	59.7
外出自粛要請の発出状況	76.4	66.5	63.1	53.5	51.1
都道府県をまたぐ移動自粛要請の発出状況	75.0	68.0	63.2	54.0	50.9
旅行先の新規感染者数	70.0	58.6	61.8	49.9	48.3
まん延防止等重点措置の発出状況	−	64.6	58.3	59.3	47.7
景気や家計の経済状況	31.7	16.1	22.4	22.3	38.7
旅行先から発信される情報	54.3	31.5	35.5	26.2	38.1
全国の新規感染者数	45.5	42.6	45.2	33.3	34.5
自治体による旅行割引キャンペーンの有無	28.8	9.2	18.9	16.1	31.3
居住地域の新規感染者数	48.8	39.6	40.2	28.8	26.7
旅行先の医療体制のひっ迫状況	28.3	24.5	21.3	14.9	24.7
自分のワクチン接種の有無	−	45.3	24.3	19.6	21.4
治療薬開発の進行状況	−	12.7	13.6	9.2	11.3
旅行者や地元住民の口コミ	14.3	5.1	6.0	4.0	9.6
WHOによる緊急事態宣言の発出状況	11.2	4.8	7.2	4.2	9.2
国内のワクチン接種の進行状況	−	38.7	16.4	6.2	7.5
その他	2.6	2.3	2.3	1.8	2.8
特に影響を及ぼす項目はない	0.7	1.0	2.0	3.2	3.3
無回答	0.2	0.4	0.1	0.1	0.2

(注1)−は選択肢の設定なしを示す。
(注2)2020年12月調査：コロナ禍で国内または海外の旅行に行きたい人のみ。
(注3)2021年5月調査〜2022年12月調査：コロナ禍で旅行に行きたい(具体的に予定・検討または迷っている)人と新型コロナウイルス感染症が流行しているので行きたくない人のみ。
資料：(公財)日本交通公社「JTBF旅行意識調査」

表Ⅰ-5-6　海外旅行再開の条件（複数回答）

（単位：%）

	2020年12月調査 (n=116)	2021年5月調査 (n=915)	2021年12月調査 (n=858)	2022年5月調査 (n=836)	2022年12月調査 (n=742)
入国後の行動に関する制限が解除された	68.1	43.2	48.0	46.4	47.3
口コミやマスコミ報道で安全だと確認できた	58.6	43.9	41.8	39.2	43.1
治療薬が開発された	－	46.9	50.8	43.9	42.3
治療薬・ワクチンが確立された	73.3	－	－	－	－
WHOが終息宣言を出した	43.1	48.4	50.1	38.2	35.6
旅行先の医療のひっ迫がおさまった	46.6	33.2	31.7	22.6	30.6
旅行先の感染者がゼロになった	56.0	55.4	59.3	37.7	30.6
外務省の感染症危険情報レベルが下がった	47.4	32.0	30.8	28.6	29.1
旅行先から歓迎されることがわかった	44.8	35.3	27.7	25.7	27.9
海外旅行への支援策（キャンペーン等）が出た	41.4	19.5	19.2	17.2	27.4
自分のワクチン接種が完了した	－	60.0	30.4	22.5	23.2
自分の周りの人が海外旅行に行き始めた	30.2	21.3	22.5	22.5	22.8
日本国内の新規感染者がゼロになった	40.5	42.7	34.8	22.1	19.0
旅行先でワクチン接種が進んだ	－	43.6	31.4	18.8	14.2
居住地域の感染者がゼロになった	37.9	32.1	27.6	16.0	13.5
その他	3.4	2.2	2.2	3.8	4.4
条件はない（すぐにでも行く）	0.9	0.1	0.5	1.1	3.0
無回答	0.9	0.4	0.5	0.5	0.4

（注1）－は選択肢の設定なしを示す。
（注2）2020年12月調査：コロナ禍で国内または海外の旅行に行きたい人のみ。
（注3）2021年5月調査～2022年12月調査：コロナ禍で旅行に行きたい（具体的に予定・検討または迷っている）人と新型コロナウイルス感染症が流行しているので行きたくない人のみ。
資料：（公財）日本交通公社「JTBF旅行意識調査」

図Ⅰ-5-3　旅行実施に影響を及ぼす項目（2023年5月）（複数回答）

（単位：%）

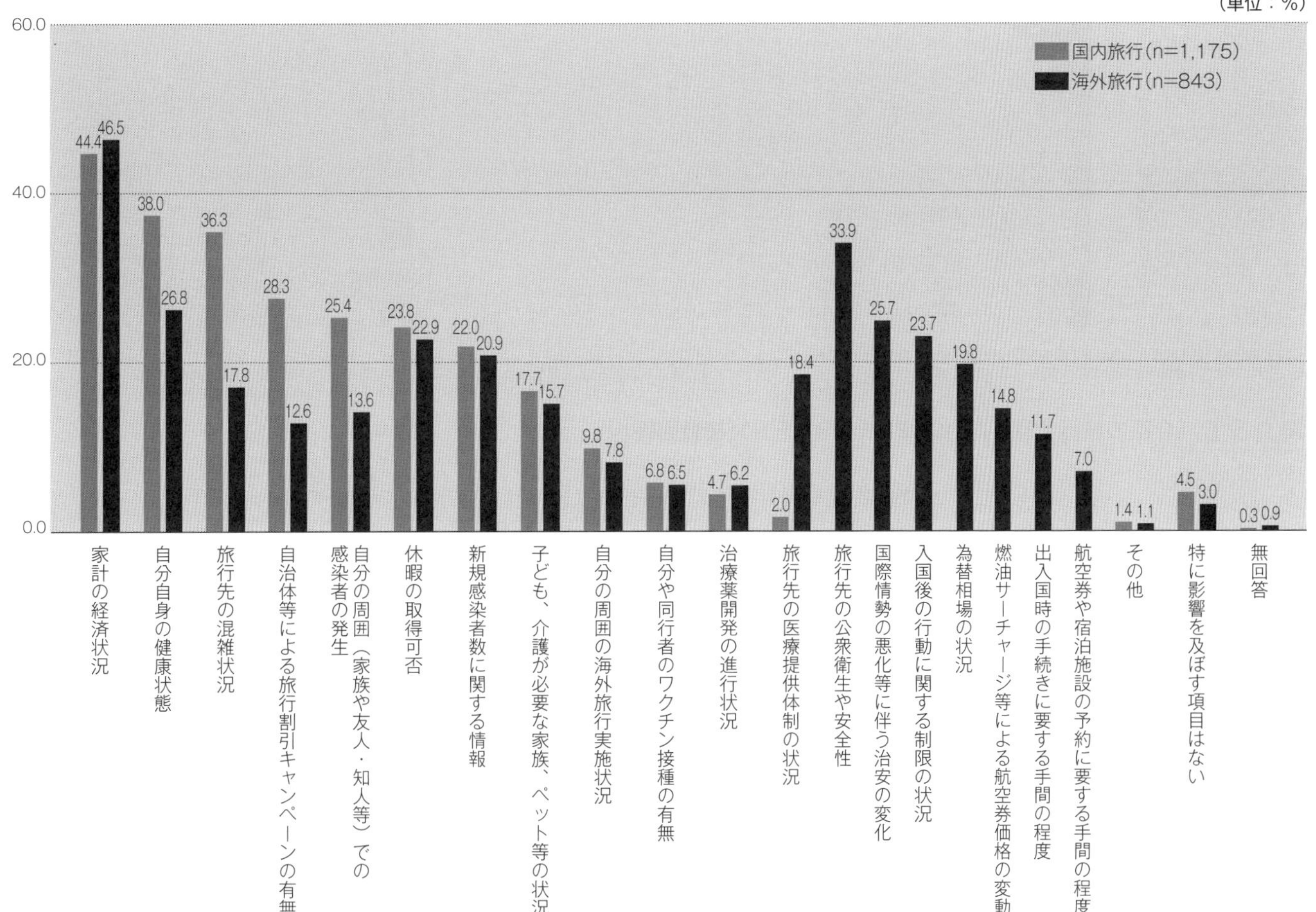

資料：（公財）日本交通公社「JTBF旅行意識調査」

(2)今後の旅行の目的地や行動の変化

●行きたい地域・あまり行きたくない地域

新型コロナウイルス感染症の流行下や今後の旅行で行きたい地域を見ると、2020年12月は「あまり人が密集しない地域」や「公衆衛生等の感染対策が徹底されている地域」といった感染への憂慮を理由に行きたい地域を選択していた傾向にあった。しかしながら、2021年5月以降は「これまでに旅行したことのない地域」が増加し、2022年12月には約半数が選択した。

一方で、あまり行きたくない地域は、常に「新型コロナウイルスによる感染者が多い地域」がトップで、2位は「公衆衛生等の感染対策が徹底されていない地域」または「人が密集しやすい地域」のどちらかとなった(図I-5-4)。

2023年5月における今後の旅行で行きたい地域を見ると、「これまでに旅行したことのない地域」と「公衆衛生が徹底されている地域」において「行きたい」が7割超で高い割合を占めた。「大勢の人々で賑わっている地域」は、「行きたくない」が4.5割を占めていることから、依然として公衆衛生や混雑度等が、旅行先決定の軸になっていることがわかる(図I-5-5)。

図I-5-4 新型コロナウイルス感染症流行下や今後の旅行で行きたい地域・あまり行きたくない地域(複数回答) (単位:%)

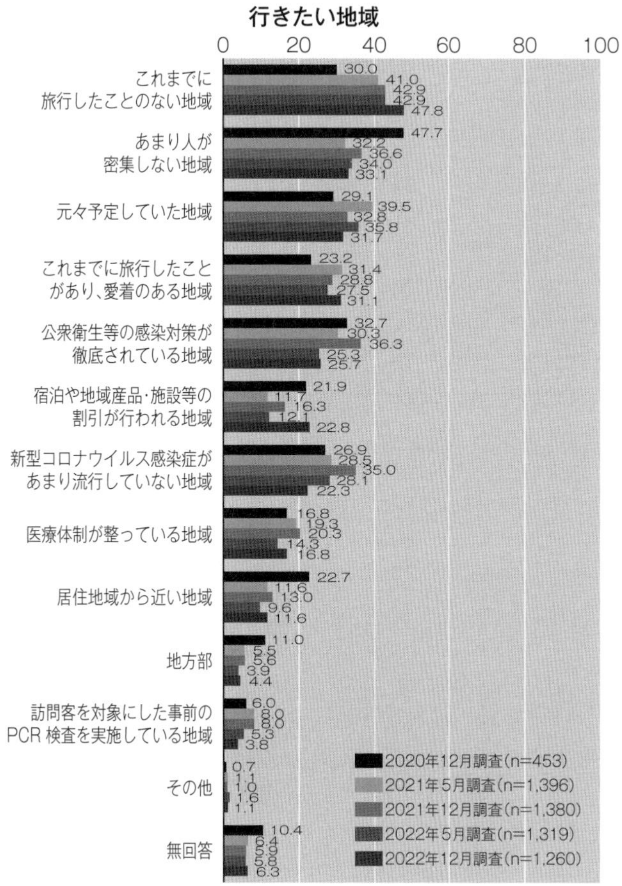

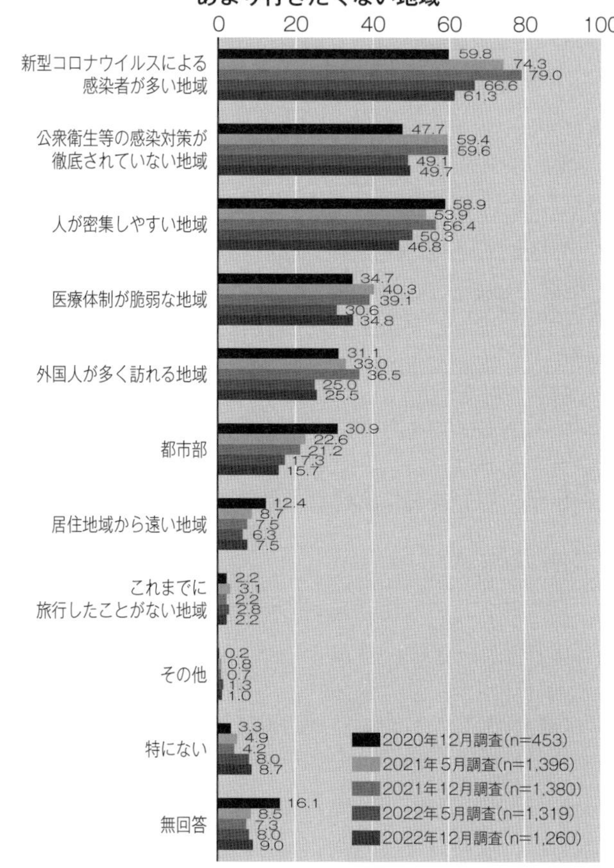

(注1)2020年12月調査:コロナ禍で国内または海外の旅行に行きたい人のみ。
(注2)2021年5月調査～2022年12月調査:コロナ禍で旅行に行きたい(具体的に予定・検討または迷っている)人と新型コロナウイルス感染症が流行しているので行きたくない人のみ。

資料:(公財)日本交通公社「JTBF旅行意識調査」

図I-5-5 今後の旅行で行きたい地域(2023年5月)(複数回答) (単位:%)

	行きたい	どちらともいえない	行きたくない	そのような地域はない	無回答
元々予定していた地域	50.6	14.1	6.9	21.1	7.2
人の往来や密集が少ない静かな地域	63.1	24.1	5.2		7.5
大勢の人々で賑わっている地域	17.1	28.7	45.7		8.5
これまでに旅行したことのない地域	72.9	15.6	3.9		7.7
これまでに旅行したことがあり、愛着のある地域	66.0	18.9	5.3	2.9	6.9
公衆衛生が徹底されている地域	72.7	18.3	1.5		7.5
宿泊や地域産品・施設等の割引が行われる地域	67.3	22.8	2.1		7.8
居住地から近い、車や電車で1～2時間で行ける地域	61.2	22.9	8.4		7.5
居住地から遠い、2時間以上かけて行く地域	60.8	22.8	8.8		7.6

資料:(公財)日本交通公社「JTBF旅行意識調査」

●旅行の計画や旅行先での行動で意識すること

旅行の計画を立てるときや旅行先での行動で意識することのうち、混雑緩和に関する項目は2020年12月から2021年12月にかけて5割以上で推移していたが、2023年5月にかけて徐々に減少している。しかしながら、その割合は2023年5月時点においても4～5割と他の項目に比べて選択率が高く、依然として約半数が意識していることがわかる。

ツアー等への参加では、2020年12月に5～6割と選択率が高かった「不特定多数が参加する団体行動ツアーへの参加を控える」や「バスツアーへの参加を控える」が、2023年5月には2～3割まで低下した。

コロナ禍初期に比べて、多くの項目に対する意識が低下した一方で、意識が高まった項目も見られた。「ゆとりをもって旅行先での滞在日数を長くする」は、2020年5月には1割に満たなかったが、2023年5月には1.5割を超えている。

このほか、マスクの着用や入店時の消毒に対する意識は、2023年5月の時点で5割を超えており、今後も旅行先での行動として意識されることが考えられる(図I-5-6)。

図I-5-6 旅行の計画や旅行先での行動で意識すること
(新型コロナウイルス感染症の流行下で国内または海外の旅行に行きたい人のみ)(複数回答)

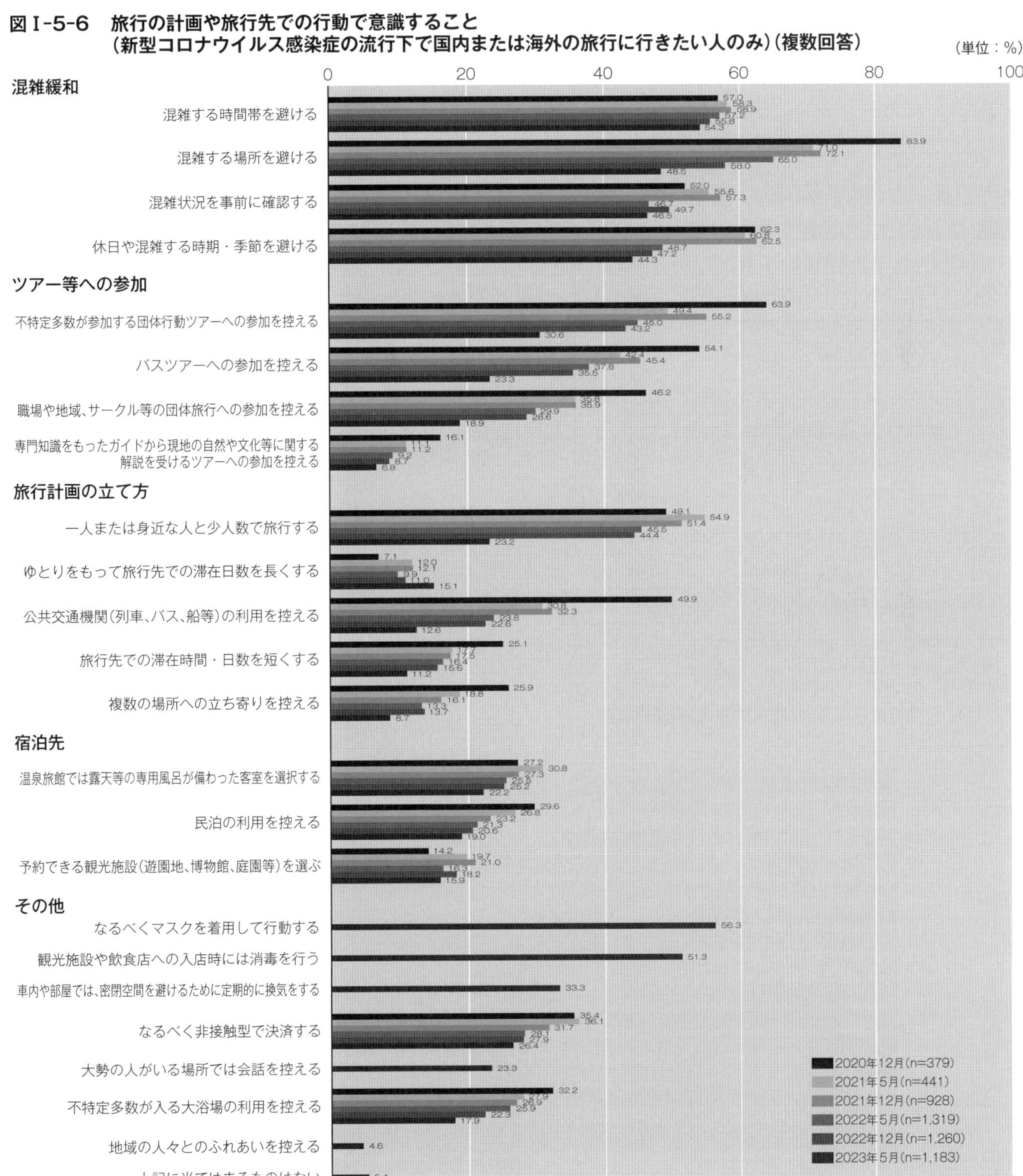

資料：(公財)日本交通公社「JTBF旅行意識調査」

3 旅行意向

収束後「これまで以上に旅行に行きたい」
2023年1月27.9%

(1) コロナ禍における直近3か月間の意向

この先3か月間の旅行予定では、2021年1月を除いて4～5割が「旅行意向あり」と回答した。「国内宿泊旅行を今のところ実施予定」は、緊急事態宣言下やまん延防止等重点措置下で減少しており、これらの発出がなかった2022年4月以降は、1割超で推移している(表I-5-7)。

(2) コロナ禍収束後(収束実感後)の旅行意向

コロナ禍収束後の旅行意向は、2021年以降、「これまで以上に旅行に行きたい」が、継続して20%台で推移している。なお、2023年1月のこの割合は27.9%で調査開始以降、最高値となった(図I-5-7)。

表I-5-7　この先3か月間の観光旅行の予定(複数回答)

(単位：%)

		元々旅行に行く予定はない	旅行意向あり(検討・中止含む)														
						国内日帰り旅行				国内宿泊旅行				海外旅行			
				旅行に行きたいが、まだ予定を決めていない	新型コロナウイルスの影響は関係なく、中止・延期を決定・検討している旅行がある	すでに中止・延期を決定	中止・延期を検討	計画することを躊躇	今のところ実施予定	すでに中止・延期を決定	中止・延期を検討	計画することを躊躇	今のところ実施予定	すでに中止・延期を決定	中止・延期を検討	計画することを躊躇	今のところ実施予定
2020年	5月調査	55.6	44.4	17.5	0.5	6.5	2.0	6.1	0.8	14.9	3.0	8.3	1.6	3.3	1.0	2.0	1.4
	7月調査	45.7	54.3	30.1	0.6	2.7	1.6	5.8	3.0	6.5	2.8	10.0	9.3	2.1	0.9	2.4	1.7
	10月調査	45.6	54.4	29.3	0.5	2.0	1.2	4.1	4.5	4.6	1.9	6.6	14.8	1.6	0.8	1.9	1.5
2021年	1月調査	63.5	36.5	19.4	0.3	2.1	0.9	4.2	1.2	7.4	2.1	6.9	3.1	0.9	0.4	1.5	1.5
	5月調査	59.4	40.6	22.7	0.4	2.5	1.2	5.5	1.9	5.9	1.8	8.3	4.7	1.8	0.8	1.6	0.5
	7月調査	50.2	49.8	29.2	0.5	1.7	1.1	4.8	3.5	3.6	1.9	8.5	10.5	0.9	0.6	1.9	1.6
	10月調査	48.8	51.2	32.4	0.4	1.4	0.9	3.6	4.2	3.0	1.3	5.9	10.9	0.7	0.5	1.5	1.8
2022年	1月調査	55.8	44.2	24.9	0.5	1.3	1.1	4.0	2.9	3.3	2.1	6.9	8.3	0.6	0.4	1.2	1.9
	4月調査	50.7	49.3	26.3	0.5	1.2	0.9	3.0	6.1	2.6	1.1	4.7	14.5	0.7	0.4	1.2	1.5
	7月調査	46.6	53.4	28.3	0.6	0.8	0.6	1.9	6.4	1.7	1.0	3.8	17.9	0.7	0.4	1.4	1.8
	10月調査	47.8	52.2	28.0	0.5	0.8	0.5	1.8	6.7	1.9	0.8	3.1	17.4	0.5	0.4	1.2	1.8
2023年	1月調査	52.8	47.2	26.7	0.4	0.8	0.6	2.1	5.1	1.7	0.8	3.4	13.3	0.6	0.5	1.2	1.9

(注1)2020年5月調査～2022年1月調査、2023年5月：n＝50,000、2022年4月～2023年1月調査：n＝20,000。
(注2)本設問は2023年1月調査まで実施した。

資料：(公財)日本交通公社「JTBF旅行実態調査」

図I-5-7　コロナ禍収束後(収束実感後)の旅行意向

(単位：%)

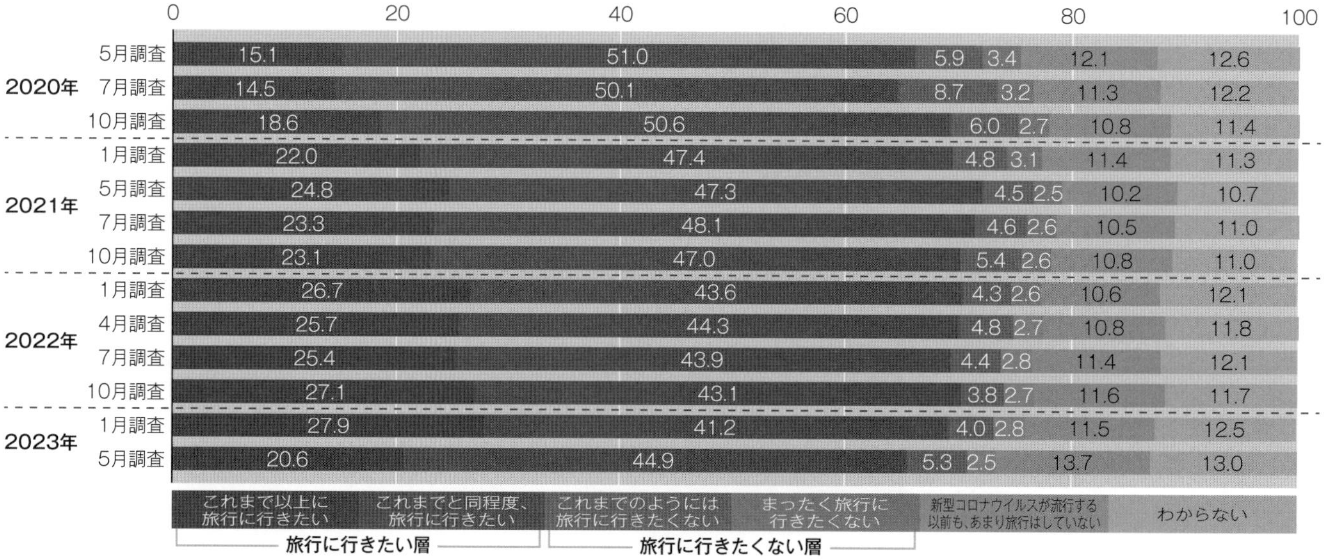

		これまで以上に旅行に行きたい	これまでと同程度、旅行に行きたい	これまでのようには旅行に行きたくない	まったく旅行に行きたくない	新型コロナウイルスが流行する以前も、あまり旅行はしていない	わからない
2020年	5月調査	15.1	51.0	5.9	3.4	12.1	12.6
	7月調査	14.5	50.1	8.7	3.2	11.3	12.2
	10月調査	18.6	50.6	6.0	2.7	10.8	11.4
2021年	1月調査	22.0	47.4	4.8	3.1	11.4	11.3
	5月調査	24.8	47.3	4.5	2.5	10.2	10.7
	7月調査	23.3	48.1	4.6	2.6	10.5	11.0
	10月調査	23.1	47.0	5.4	2.6	10.8	11.0
2022年	1月調査	26.7	43.6	4.3	2.6	10.6	12.1
	4月調査	25.7	44.3	4.8	2.7	10.8	11.8
	7月調査	25.4	43.9	4.4	2.8	11.4	12.1
	10月調査	27.1	43.1	3.8	2.7	11.6	11.7
2023年	1月調査	27.9	41.2	4.0	2.8	11.5	12.5
	5月調査	20.6	44.9	5.3	2.5	13.7	13.0

旅行に行きたい層　旅行に行きたくない層

(注1)2020年5月調査～2022年1月調査、2023年5月：n＝50,000、2022年4月～2023年1月調査：n＝20,000。
(注2)2020年5月調査～2022年1月調査では「新型コロナウイルスが収束したら、旅行に行きたいですか」、2023年5月では「新型コロナウイルスの収束が実感できたら、旅行に行きたいですか」とした。

資料：(公財)日本交通公社「JTBF旅行実態調査」

4 日常生活での意識・行動

新型コロナウイルス感染症への不安は2023年5月は4.5割
不安の理由トップは「自分や家族の感染」

(1)日常生活での意識

●新型コロナウイルス感染症に対する不安

新型コロナウイルス感染症に対して不安をもつ人の割合は、最も不安が高まったコロナ禍初期（2020年5月）から大幅に減少し、2023年5月の「とても不安を感じている」は1割を下回った。これに「やや不安を感じている」を合わせた“不安を感じている層”も半数未満となった。一方で、“不安を感じていない層（「まったく不安を感じていない」＋「あまり不安を感じていない」）”は、32.6％と、調査開始以降最大となった（図Ⅰ-5-8）。

不安の具体的な内容には、「自分や家族の感染」が調査開始以降、継続して9割前後で推移し、3年間を通じてトップとなった。「外出自粛等今後の生活形態の変容」、「日本経済の低迷」、「世界経済の低迷」、「必要な日用品の入手困難」に関する不安は、2020年5月から2023年1月にかけて20ポイント以上減少した（表Ⅰ-5-8）。

●日常生活での感染対策

新型コロナウイルス感染症に対する日常生活での対策では、この3年間継続して「外出時にマスクを着用する」が9割を超える高い水準で実施されていた。「手洗い・うがいを励行・徹底」や「訪問先に設置されているアルコール除菌スプレーを励行・徹底」も、最も実施率が高かった時期（手洗い等：2020年5月、アルコール除菌：2021年5月）と比べて減少しているが、比較的高い水準で対策が続けられていた。一方で、コロナ禍初期に注目された「不要不急の外出自粛」、「旅行・レクリエーションを控える」、「外食を控える」の実施率は、2023年にかけて大幅に減少した（表Ⅰ-5-9）。

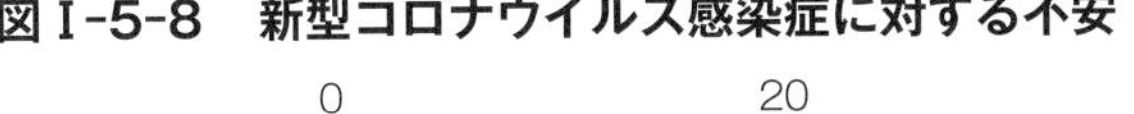
図Ⅰ-5-8　新型コロナウイルス感染症に対する不安

（単位：％）

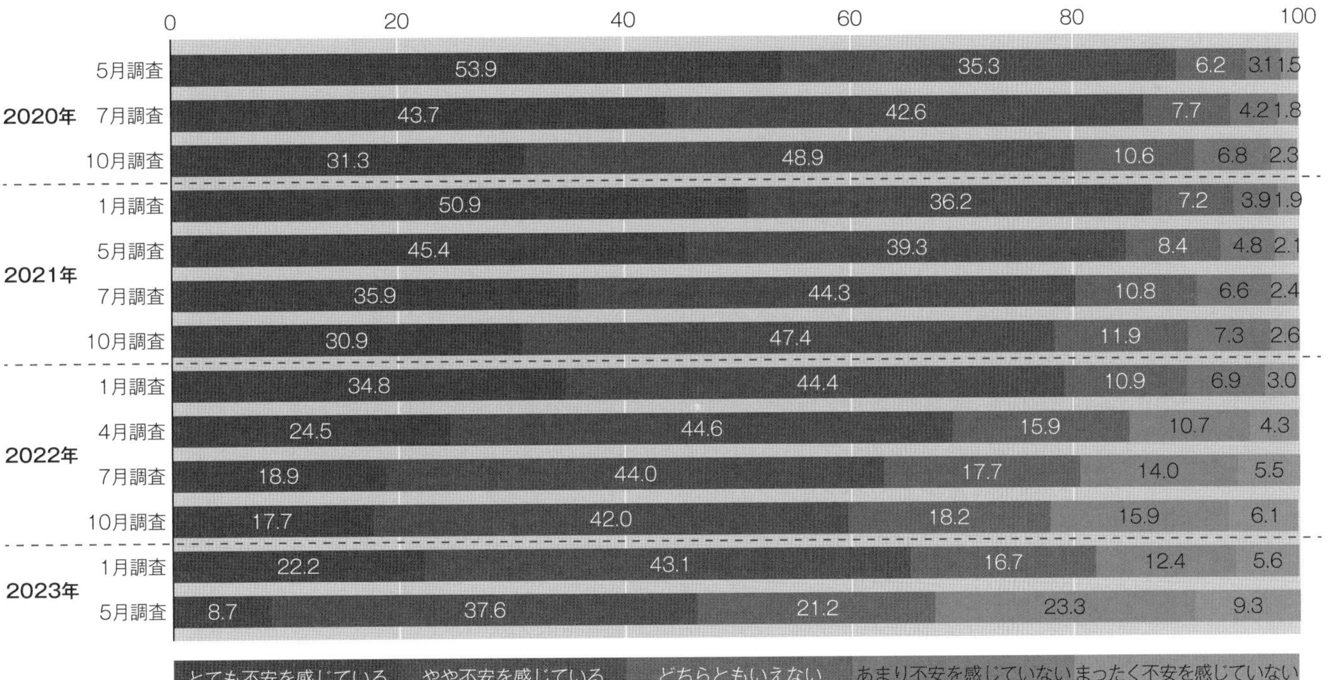

（注）2020年5月調査～2022年1月調査、2023年5月：n＝50,000、2022年4月～2023年1月調査：n＝20,000。

資料：（公財）日本交通公社「JTBF旅行実態調査」

表Ⅰ-5-8　新型コロナウイルス感染症に対する不安の具体的な内容（複数回答）

（単位：%）

年	調査	自分や家族の感染	長期化・先が見えないこと	医療の崩壊	日本経済の低迷	自分が周囲の人に感染させてしまうこと★	ワクチンに関する不安★	外出自粛等今後の生活形態の変容	自分や家族の収入の減少や失業等による家計の困窮	世界経済の低迷	心身の不調★	身の回りの社会の経済の低迷	離れて暮らす家族に関する心配★	行政の対応	政治のあり方	会社や学校の再開時期が不透明	必要な日用品の入手困難	観光地の衰退	周囲とのコロナに対する意識の違い◆	自分や家族の社会からの孤立	コロナ感染者に対する差別・偏見・誹謗中傷★	社会の価値観の変容	生きることへの希望の喪失	その他
2020年	5月調査（n=44,597）	92.6	71.2	55.0	56.0	−	−	47.0	37.8	40.5	−	37.2	−	30.0	26.5	28.9	32.7	26.7	−	8.0	−	14.2	7.7	1.1
	7月調査（n=43,169）	91.9	67.0	39.7	48.9	−	−	38.3	30.0	34.6	−	32.3	−	25.9	21.9	11.5	19.9	27.0	−	8.2	−	13.6	6.8	0.9
	10月調査（n=40,091）	93.1	61.5	33.0	43.6	−	−	31.7	27.5	29.7	−	27.9	−	19.9	16.0	7.7	13.6	21.7	−	10.2	−	13.8	7.4	0.8
2021年	1月調査（n=43,503）	93.9	65.3	59.6	45.8	−	−	37.0	31.5	30.3	−	30.0	−	28.0	25.0	8.0	13.0	22.4	−	9.1	−	12.4	8.8	0.9
	5月調査（n=42,358）	92.7	62.5	50.3	40.7	32.3	33.3	37.1	27.4	22.3	18.6	24.7	26.3	25.1	25.1	19.6	8.7	24.2	−	11.7	25.6	11.4	7.9	0.6
	7月調査（n=40,086）	90.8	60.0	38.3	37.8	30.0	31.9	34.6	23.7	21.0	18.8	23.3	23.5	22.4	22.2	17.8	7.2	24.6	−	11.2	22.5	11.7	6.9	0.5
	10月調査（n=39,134）	91.5	57.3	41.3	36.1	31.8	24.3	32.9	23.6	21.0	19.6	22.2	23.0	18.9	17.6	18.5	8.6	21.2	−	11.7	22.2	11.4	7.3	0.5
2022年	1月調査（n=39,613）	92.0	58.0	41.3	37.6	32.8	23.9	34.5	23.4	23.3	19.5	22.7	22.3	16.7	14.9	17.4	11.9	20.7	−	10.4	21.1	9.8	6.3	0.5
	4月調査（n=13,832）	90.1	56.8	25.6	37.1	26.3	20.9	28.0	22.5	22.5	16.7	21.2	18.4	13.6	12.8	16.0	11.4	17.5	9.9	11.0	13.8	10.1	5.5	0.6
	7月調査（n=12,564）	89.4	51.5	23.4	35.8	24.0	19.9	26.1	21.5	20.6	17.5	20.1	17.1	14.9	14.0	14.4	11.8	15.8	9.4	9.9	13.1	9.6	5.4	0.5
	10月調査（n=11,952）	89.9	49.7	28.4	34.5	24.5	20.7	23.3	21.1	17.8	17.9	19.3	16.8	15.8	14.7	13.5	11.5	14.2	9.7	10.2	10.7	9.0	5.2	0.8
2023年	1月調査（n=13,049）	89.7	51.5	36.1	34.2	23.5	22.3	21.4	20.2	20.1	19.6	19.4	17.0	16.0	14.8	13.4	12.7	12.4	9.9	9.4	9.1	8.6	5.4	0.8

（注1）2023年1月調査を基準に並び替え。
（注2）★は2021年度調査より追加、◆は2022年度調査より追加。
（注3）本設問は2023年1月調査まで実施した。

資料：（公財）日本交通公社「JTBF旅行実態調査」

表Ⅰ-5-9　日常生活での感染対策（複数回答）

（単位：%）

年	調査	外出時にマスクを着用する	手洗い・うがいを励行・徹底	訪問先に設置されているアルコール除菌スプレーを励行・徹底	ワクチン接種を受ける・受けた◆	アルコール除菌剤（スプレーやシート等）を携行	多数が集まる密集空間の回避	換気の悪い密閉空間の回避	周囲の人との間隔をあける（ソーシャルディスタンス）	十分な睡眠、栄養、運動を心がける	不特定多数が触れる箇所（ドアノブや手すり等）をなるべく触らない	不要不急の外出自粛	旅行・レクリエーションを控える	飲食時の安全性を確保（黙食や個食、マスク会食、少人数での食事等）★	間近で会話が発生する密接空間の回避	外食を控える	キャッシュレス決済（クレジットカードや電子マネー、バーコード決済等）を利用★	他人がそばにいる場所（電車やエレベーター等）では、会話を控える	毎日検温を実施★	公共交通機関の利用を控える	行政や専門家が発信している感染対策情報をチェック	食料品の購入等、生活上必要な外出であっても頻度を抑える	同居していない恋人や家族、友人に会うことを控える	食料品や日用品以外の買い物に行くことを控える	適宜PCR検査や抗原検査を受ける◆	外食の代わりにテイクアウトやデリバリーを活用	帰宅後すぐに体を洗う★	帰宅後すぐに衣類やカバン、携帯電話等の持ち物を除菌★	公園の利用を控える	COCOA等の接触確認アプリをダウンロード★	その他	特になにもしていない
2020年	5月調査	93.9	82.0	65.9	−	54.2	71.6	62.3	55.9	40.3	47.7	72.1	65.4	−	46.7	64.3	−	22.1	−	37.0	43.3	43.2	38.6	41.2	−	22.0	−	−	26.5	−	0.4	1.5
	7月調査	94.9	77.3	68.4	−	57.7	63.0	52.7	51.4	30.0	42.2	53.7	55.7	−	37.1	45.7	−	19.5	−	26.9	31.5	25.9	25.3	22.9	−	15.0	−	−	11.3	−	0.2	1.8
	10月調査	96.0	76.0	71.3	−	60.1	62.3	51.2	50.7	28.1	40.0	45.8	48.9	−	37.3	40.3	−	20.0	−	24.0	24.9	19.9	23.4	17.5	−	12.6	−	−	7.7	−	0.2	1.7
2021年	1月調査	97.4	79.1	74.4	−	63.4	67.5	52.4	55.7	34.1	44.0	58.6	60.1	−	42.9	51.4	−	24.8	−	27.4	32.8	26.6	32.2	24.8	−	16.8	−	−	10.7	−	0.3	1.3
	5月調査	96.5	75.8	75.6	−	57.1	67.4	52.8	55.6	31.2	43.9	56.8	60.8	41.6	43.6	52.1	35.7	32.3	25.8	34.1	27.5	25.4	33.9	24.7	−	19.1	9.6	9.8	11.6	14.2	0.2	1.7
	7月調査	95.9	74.4	74.3	−	54.7	65.3	50.9	53.5	30.1	42.2	51.1	56.9	40.0	41.3	48.5	33.2	31.0	23.8	30.6	24.8	22.0	30.7	20.9	−	16.5	9.4	8.7	9.7	12.6	0.2	2.0
	10月調査	95.9	74.7	75.4	−	56.4	66.7	52.6	54.8	30.5	43.2	52.3	56.1	42.2	43.0	49.7	33.0	32.4	24.5	31.7	24.6	23.3	30.9	22.2	−	17.7	9.8	9.3	10.2	12.0	0.2	2.0
2022年	1月調査	95.7	74.1	73.8	−	54.8	62.0	46.1	49.3	31.0	39.5	46.2	51.2	38.3	36.3	41.9	30.8	28.3	20.7	26.1	23.0	20.1	24.1	18.4	−	13.5	7.9	8.0	7.9	9.0	0.1	2.2
	4月調査	94.8	70.2	70.1	56.7	53.7	57.3	45.1	45.1	28.9	35.8	37.8	40.9	35.1	34.2	35.0	27.1	25.0	19.0	21.5	16.7	16.5	19.1	14.9	6.9	10.9	7.1	6.8	5.8	8.5	0.2	2.4
	7月調査	92.8	66.6	66.1	53.1	50.1	50.6	39.1	38.6	28.5	31.5	29.3	31.6	29.5	29.1	26.7	23.9	22.4	16.7	16.6	13.2	12.8	13.1	11.3	6.4	7.9	7.0	5.4	4.3	7.6	0.2	3.0
	10月調査	92.9	66.9	66.8	52.4	50.3	50.1	39.1	37.8	27.3	31.0	28.4	29.3	29.4	28.4	25.8	23.5	21.6	16.7	16.2	12.7	12.1	13.1	10.0	7.4	7.9	6.6	5.3	3.9	5.5	0.1	3.2
2023年	1月調査	92.8	67.2	64.2	49.9	49.1	49.1	37.6	35.7	30.8	30.1	28.5	28.4	28.1	27.1	24.3	22.4	20.4	15.6	14.6	12.6	12.3	11.8	10.4	8.3	6.9	5.9	5.1	3.6	2.6	0.2	3.3

（注1）2020年5月調査～2022年1月調査：n＝50,000、2022年4月調査～2023年1月調査：n＝20,000。
（注2）2023年1月調査を基準に並び替え。
（注3）★は2021年度調査より追加、◆は2022年度調査より追加。
（注4）本設問は2023年1月調査まで実施した。

資料：（公財）日本交通公社「JTBF旅行実態調査」

(2) 日常生活での行動の変化

コロナ禍前と比べて、日常生活における外出の頻度及び行動範囲に変化があったかについて、直近1か月程度の状況に最も当てはまるものを選択してもらった。

●コロナ禍前と比べたときの外出の頻度

2021年5月をピークに、外出頻度が「非常に減った」と回答した割合は徐々に減少し、2023年5月には1割を下回った。また、2023年5月には「増えた」が「非常に減った」を上回っている(図I-5-9)。

●コロナ禍前と比べたときの行動範囲

行動範囲についても先に述べた外出頻度と同様の傾向を示し、「非常に狭くなった」は年を追うごとに減少し、2023年5月には「広くなった」が「非常に狭くなった」を上回った(図I-5-10)。

(仲 七重)

図I-5-9 コロナ禍前と比べたときの直近1か月の外出の頻度

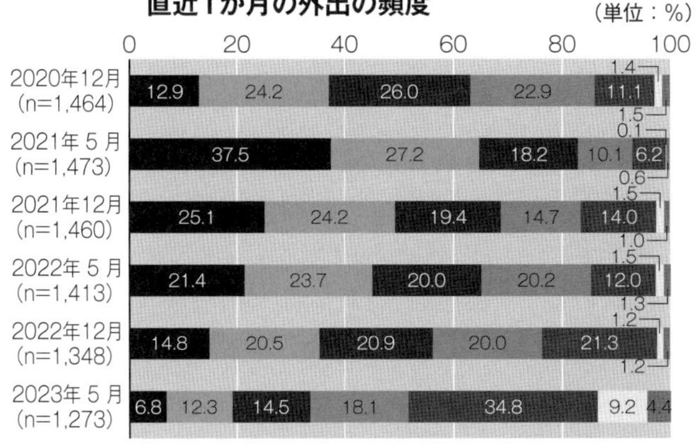

資料：(公財)日本交通公社「JTBF旅行意識調査」

図I-5-10 コロナ禍前と比べたときの直近1か月の行動範囲

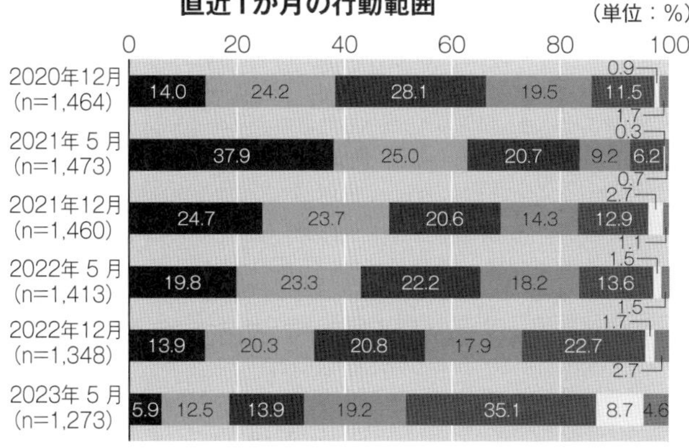

資料：(公財)日本交通公社「JTBF旅行意識調査」

第Ⅱ編　訪日外国人旅行

Ⅱ-1　訪日外国人の旅行動向

Ⅱ-2　訪日旅行に対する意識

Ⅱ-3　訪日旅行事業の現況

Ⅱ-1 訪日外国人の旅行動向

1 2022年の訪日旅行の概況

訪日外客数は2019年比88.0%減の383万人
旅行消費額は2019年比81.3%減の8,987億円(試算値)

(1)訪日外客数の動向

日本政府観光局(JNTO)によると、2022年の訪日外客数は383万人であった。訪日外客数は2011年から2019年までは毎年増加を続けてきたが、新型コロナウイルス感染症の影響により、2020年以降大きく減少した。2022年は、10月1日以降日本政府による個人旅行の受け入れや査証免除措置等が再開されたことから、訪日外客数は2021年と比較して回復傾向を見せている(図Ⅱ-1-1)。

また、国籍・地域別に見ると、2022年の訪日外国人のうち最も人数が多かったのは韓国で約101.3万人、次いで台湾が約33.1万人であった。2019年比では、すべての国籍・地域において大きく減少しているが、特に台湾、中国、ロシアでは2019年比で90%以上の減少となっている(表Ⅱ-1-1)。

図Ⅱ-1-1　訪日外客数の推移

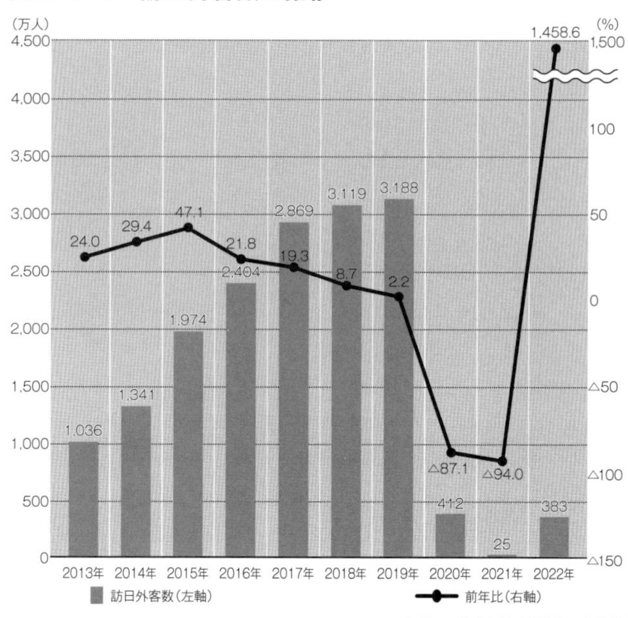

資料:日本政府観光局「訪日外客数」

表Ⅱ-1-1　2022年における訪日外客数と訪日外国人旅行消費額(試算値)

2022年		訪日外客数(人)				一人当たり旅行支出(円/人)		訪日外国人旅行消費額(億円)			
			シェア(%)	2019年比(%)	寄与度(%)		2019年比(%)		シェア(%)	2019年比(%)	寄与度(%)
一般客	全国籍・地域	3,832,110	100.0	△88.0	△82.7	234,524	47.9	8,987	100.0	△81.0	△79.7
	韓国	1,012,751	26.4	△81.9	△13.5	133,450	75.3	1,352	15.0	△68.1	△6.0
	台湾	331,097	8.6	△93.2	△13.4	229,210	93.8	759	8.4	△86.1	△9.7
	香港	269,285	7.0	△88.2	△6.0	282,912	81.4	762	8.5	△78.3	△5.7
	中国	189,125	4.9	△98.0	△27.7	577,141	171.2	1,092	12.1	△93.6	△33.1
	タイ	198,037	5.2	△85.0	△3.3	200,682	52.7	397	4.4	△77.0	△2.8
	シンガポール	131,969	3.4	△73.2	△1.1	261,883	50.8	346	3.8	△59.4	△1.0
	マレーシア	74,095	1.9	△85.2	△1.3	209,550	57.3	155	1.7	△76.6	△1.1
	インドネシア	119,723	3.1	△71.0	△0.9	192,142	46.6	230	2.6	△57.2	△0.6
	フィリピン	126,842	3.3	△79.3	△1.4	131,789	22.1	167	1.9	△74.6	△1.0
	ベトナム	284,113	7.4	△42.6	△0.6	217,495	22.8	618	6.9	△29.4	△0.5
	インド	54,314	1.4	△69.1	△0.4	264,949	68.5	144	1.6	△47.3	△0.3
	イギリス	57,496	1.5	△86.4	△1.1	301,537	25.0	173	1.9	△82.6	△1.7
	ドイツ	45,748	1.2	△84.3	△0.9	248,879	23.5	114	1.3	△75.4	△0.7
	フランス	52,782	1.4	△80.7	△0.5	270,429	13.9	143	1.6	△82.1	△1.4
	イタリア	23,683	0.6	△85.4	△0.4	290,338	45.6	69	0.8	△78.7	△0.5
	スペイン	15,926	0.4	△87.8	△0.3	305,757	38.1	49	0.5	△83.1	△0.5
	ロシア	10,324	0.3	△91.4	△0.3	443,351	142.2	46	0.5	△78.9	△0.4
	アメリカ	323,513	8.4	△81.2	△4.1	296,279	56.4	959	10.7	△70.2	△4.7
	カナダ	55,877	1.5	△85.1	△0.9	204,865	12.7	114	1.3	△82.8	△1.1
	オーストラリア	88,648	2.3	△85.7	△1.6	328,001	32.3	291	3.2	△80.8	△2.5
	その他	366,762	9.6	△73.4	△3.0	275,153	24.2	1,009	11.2	△66.8	△4.2
クルーズ客		0	0.0	△100.0	△6.0	–	–	0	0.0	△100.0	△1.7
全体		3,832,110	100.0	△88.0	△88.7	–	–	8,987	100.0	△81.3	△81.3

(注1)訪日外客数は暫定値。
(注2)■シェアは上位3か国・地域、2019年比は減少幅が大きい3か国・地域、寄与度は影響が大きい3か国・地域にそれぞれ色付けしている。

資料:日本政府観光局「訪日外客数」、観光庁「訪日外国人消費動向調査」

(2)客層の変化

観光庁「訪日外国人消費動向調査」によると、2019年以前は観光・レジャー目的の割合が7～8割程度で、やや増加傾向にあったが、2022年は全体の47.3%と大きく減少している。

訪日経験回数は、2019年以前と比較して1回目の割合が減少し、リピーターの割合が高くなっている。特に10回以上は25.4%で、2019年以前と比較して増加した。

旅行手配方法は、パッケージ利用が約1割、個別手配が約9割と、2019年以前と比較して個別手配の割合が増加した(図Ⅱ-1-2)。

図Ⅱ-1-2 訪日外国人の客層変化

●主な来訪目的

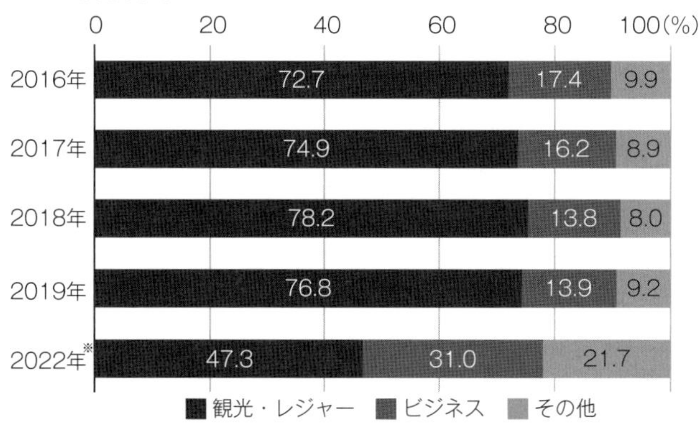

●訪日経験回数

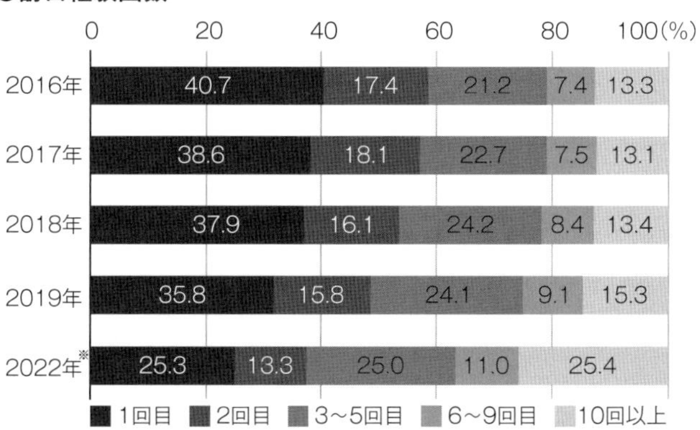

●旅行手配方法

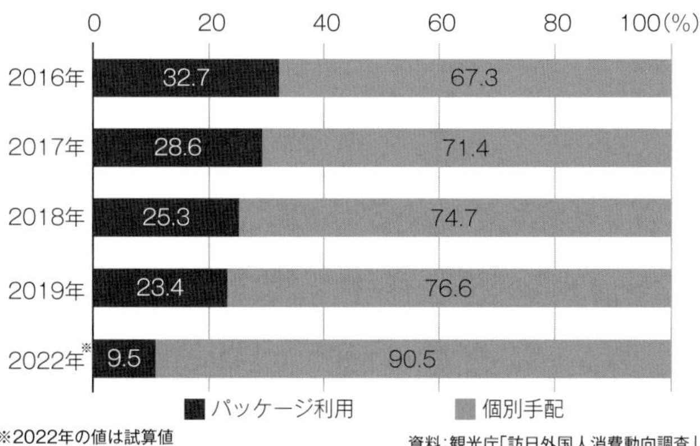

※2022年の値は試算値　資料:観光庁「訪日外国人消費動向調査」

(3)旅行支出の動向

観光庁「訪日外国人消費動向調査」によると、2022年の訪日外国人旅行消費額は8,987億円(2019年比81.3%減)と試算している(表Ⅱ-1-1)。2019年と比較すると、すべての国籍・地域でマイナスとなっており、特に2019年の訪日外国人旅行消費額全体のうち上位を占めていた中国(2019年シェア35.4%)、台湾(同11. 3%)、韓国(同8.8%)の消費額が減少した影響が大きい。

また、2022年の訪日外国人旅行消費額を訪日外客数で割ることによって算出した一般客の一人当たり旅行支出は、23.5万円(2019年比47.5%増)であった(図Ⅱ-1-3)。ある程度滞在日数と連動すると考えられる宿泊費や飲食費が特に増加していることや(図Ⅱ-1-4)、観光・レジャー目的の割合が減少していることから、比較的長期滞在するビジネス目的や親族・知人訪問目的、留学目的等の割合が増えたことが、一人当たり旅行支出が増加した原因であると考えられる。

なお、同調査はコロナ禍の影響により、2020年及び2021年については一部の期で調査が中止されたことから、十分なサンプルが確保できない項目の値については公表されていない。

図Ⅱ-1-3 訪日外国人旅行消費額の推移

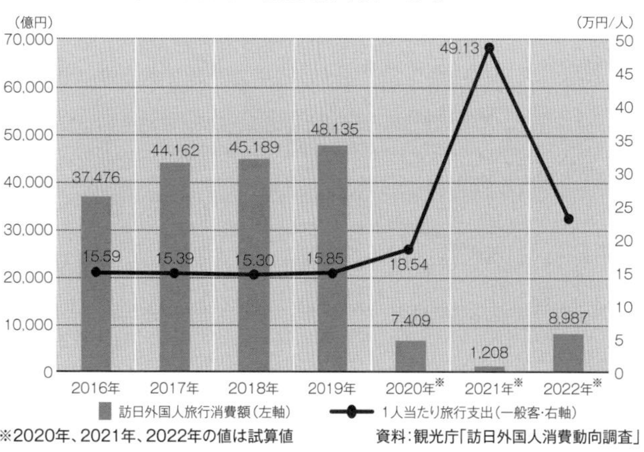

※2020年、2021年、2022年の値は試算値　資料:観光庁「訪日外国人消費動向調査」

図Ⅱ-1-4 費目別に見る訪日外国人一人当たり旅行支出(一般客)

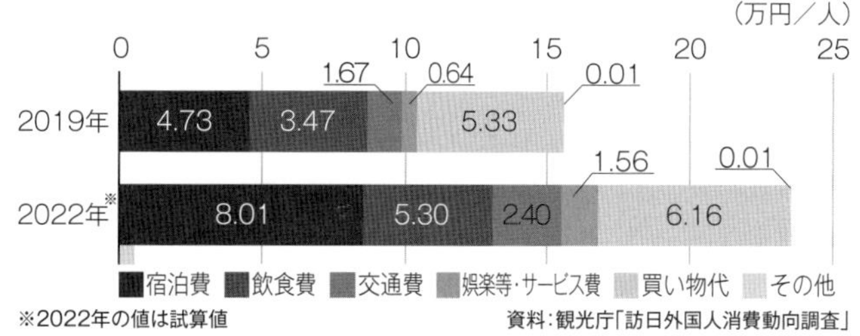

※2022年の値は試算値　資料:観光庁「訪日外国人消費動向調査」

図Ⅱ-1-5 費目別に見る訪日外国人一人当たり旅行支出(一般客)

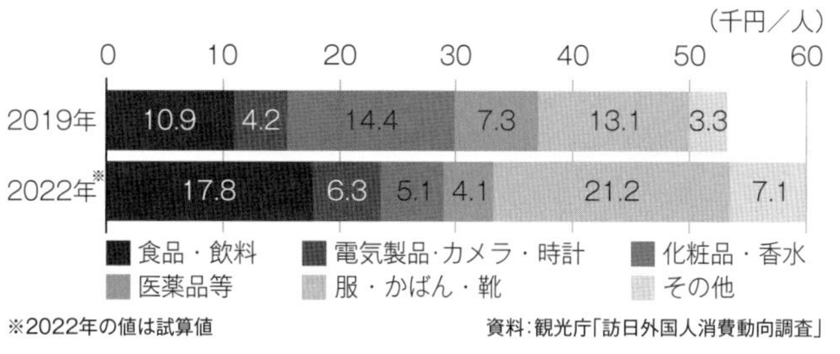

※2022年の値は試算値　資料:観光庁「訪日外国人消費動向調査」

(4)日本人海外旅行との対比

2015年以降、外国人の訪日旅行(インバウンド旅行)が日本人の海外旅行(アウトバウンド旅行)を人数、国際収支ともに上回る状況が続いており、2019年にはいずれも過去最高を記録した。しかし、2020年及び2021年は、コロナ禍の影響により双方とも大幅に落ち込む結果となった。2022年は、2021年からはやや回復傾向となり、訪日外客数が383万人(2019年比88%減)、日本人出国者数が277万人(2019年比86%減)だった(図Ⅱ-1-6)。

また、経済取引面からの視点として財務省・日本銀行「国際収支統計」を見ると、2022年は旅行受取（インバウンド）が1兆2,147億円、旅行支払（アウトバウンド）が4,820億円であり、旅行受取が旅行支払を約2.5倍上回った（図Ⅱ-1-7）。

（工藤亜稀）

図Ⅱ-1-6 訪日外客数及び日本人出国者数の推移

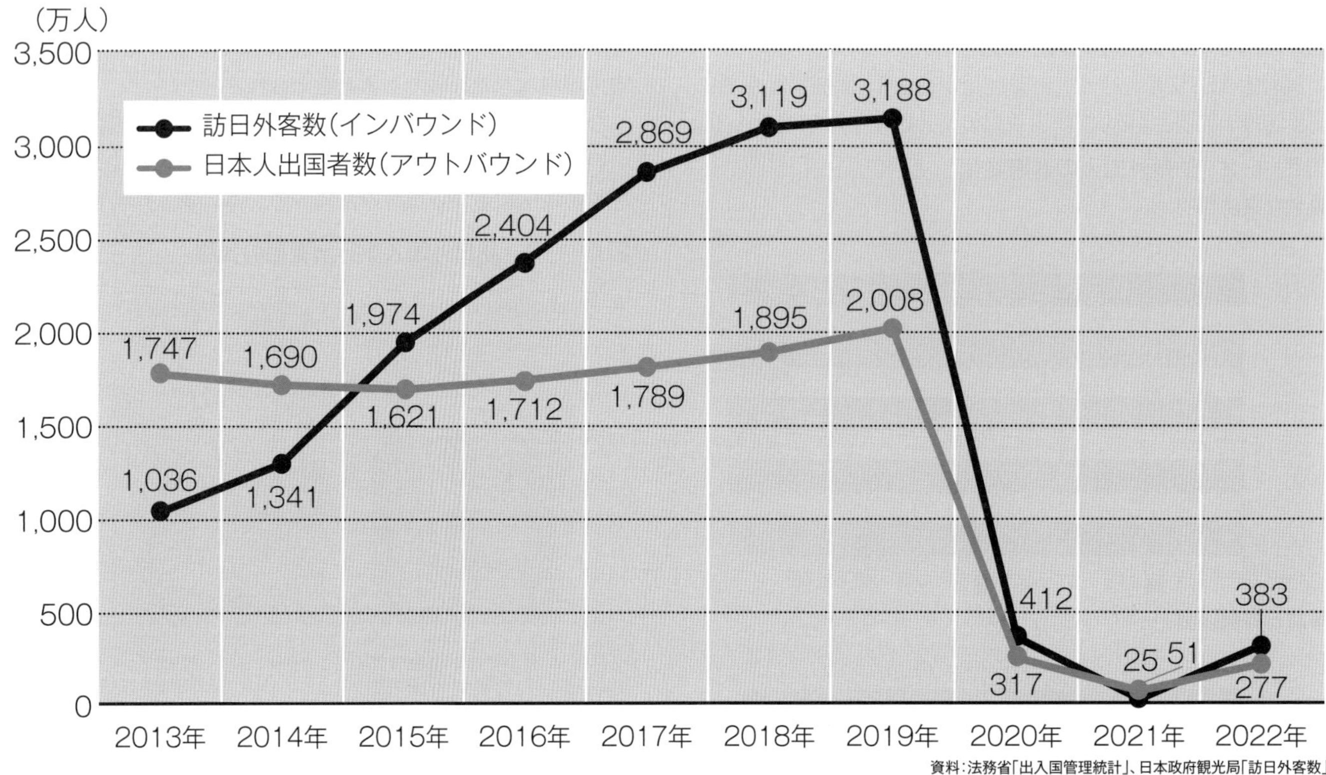

資料：法務省「出入国管理統計」、日本政府観光局「訪日外客数」

図Ⅱ-1-7 国際収支における旅行受取及び旅行支払の推移

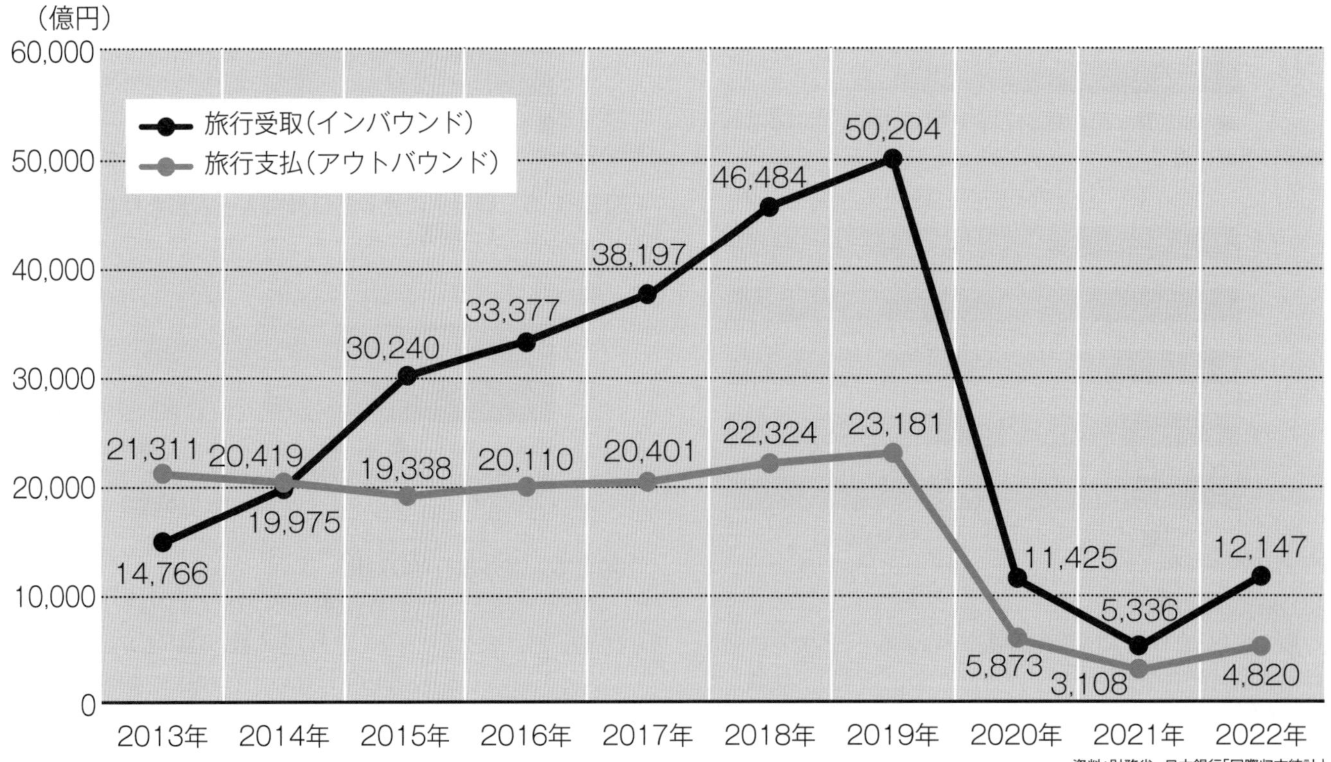

資料：財務省・日本銀行「国際収支統計」

2 市場別に見る訪日旅行動向

訪日外客数は2020年から減少が続くも、
2022年は回復傾向を見せる

(1)国籍・地域別に見る訪日旅行動向

2022年の訪日外客数を国籍・地域別に見ると、海外との往来が厳しく制限されていた2021年と比較して増加の傾向にあるが、2019年と比較するとすべての国籍・地域で、なお大幅なマイナスが続いている。特に減少幅が大きいのは、中国(2019年比98.0%減)、台湾(同93.2%)、ロシア(同91.4%)である。

訪日外客数は、2007年以降、中国、台湾、韓国が上位3か国・地域を占めていたが、2022年は1位韓国(101.3万人)、2位台湾(33.1万人)、3位アメリカ(32.4万人)という結果となった(表Ⅱ-1-2)。

表Ⅱ-1-2　訪日外客数の推移(国籍・地域別)

(単位:万人)　(単位:%)

	年	2011	2012	2013	2014	2015	2016	2017	2018	2019	2020	2021	2022	2022/2019年比	2022/2021年比
訪日外客数全体		621.9	835.8	1,036.4	1,341.3	1,973.7	2,404.0	2,869.1	3,119.2	3,188.2	411.6	24.6	383.2	△88.0	1,458.6
東アジア	韓国	①165.8	①204.3	①245.6	②275.5	②400.2	②509.0	②714.0	②753.9	②558.5	③48.8	1.9	①101.3	△81.9	5,245.2
	台湾	③99.4	②146.6	②221.1	①283.0	③367.7	③416.8	③456.4	③475.7	③489.1	②69.4	0.5	②33.1	△93.2	6,500.8
	香港	36.5	48.2	74.6	92.6	152.4	183.9	223.2	220.8	229.1	34.6	0.1	26.9	△88.2	21,408.4
	中国	②104.3	③142.5	③131.4	240.9	①499.4	①637.4	①735.6	①838.0	①959.4	①106.9	①4.2	18.9	△98.0	347.7
東南アジア	タイ	14.5	26.1	45.4	65.8	79.7	90.2	98.7	113.2	131.9	22.0	0.3	19.8	△85.0	7,080.5
	シンガポール	11.1	14.2	18.9	22.8	30.9	36.2	40.4	43.7	49.2	5.5	0.1	13.2	△73.2	15,298.9
	マレーシア	8.2	13.0	17.7	25.0	30.5	39.4	44.0	46.8	50.2	7.7	0.2	7.4	△85.2	3,946.7
	インドネシア	6.2	10.1	13.7	15.9	20.5	27.1	35.2	39.7	41.3	7.8	0.5	12.0	△71.0	2,198.4
	フィリピン	6.3	8.5	10.8	18.4	26.8	34.8	42.4	50.4	61.3	10.9	0.6	12.7	△79.3	2,155.0
	ベトナム	4.1	5.5	8.4	12.4	18.5	23.4	30.9	38.9	49.5	15.3	②2.7	28.4	△42.6	968.7
欧米・その他	インド	5.9	6.9	7.5	8.8	10.3	12.3	13.4	15.4	17.6	2.7	0.9	5.4	△69.1	515.0
	イギリス	14.0	17.4	19.2	22.0	25.8	29.2	31.0	33.4	42.4	5.1	0.7	5.7	△86.4	688.3
	フランス	9.5	13.0	15.5	17.9	21.4	25.3	26.9	30.5	33.6	4.3	0.7	5.3	△84.3	651.5
	ドイツ	8.1	10.9	12.2	14.0	16.3	18.3	19.6	21.5	23.7	3.0	0.5	4.6	△80.7	780.3
	イタリア	3.4	5.2	6.7	8.1	10.3	11.9	12.6	15.0	16.3	1.4	0.4	2.4	△85.4	571.5
	スペイン	2.1	3.5	4.4	6.1	7.7	9.2	10.0	11.9	13.0	1.2	0.3	1.6	△87.8	421.7
	ロシア	3.4	5.0	6.1	6.4	5.4	5.5	7.7	9.5	12.0	2.2	0.4	1.0	△91.4	177.3
	アメリカ	56.6	71.7	79.9	89.2	103.3	124.3	137.5	152.6	172.4	21.9	③2.0	③32.4	△81.2	1,515.5
	カナダ	10.1	13.5	15.3	18.3	23.1	27.3	30.6	33.1	37.5	5.3	0.4	5.6	△85.1	1,480.2
	オーストラリア	16.3	20.6	24.5	30.3	37.6	44.5	49.5	55.2	62.2	14.4	0.3	8.9	△85.7	2,615.1
	その他	36.1	49.0	57.5	68.2	85.7	98.0	109.5	119.9	138.1	21.2	7.0	36.7	△73.4	423.5
うちクルーズ客(再掲)		–	–	–	–	–	193.6	244.9	233.8	202.6	0.0	0.0	0.0	△100.0	–

(注)①②③は各年で旅行者数が多い国籍・地域の順位を示す。

資料:日本政府観光局「訪日外客数」

①韓国

2022年の韓国人出国者数は655万人で、2021年の122万人から約5.4倍の増加、2019年比では77.2%減となった。また、2022年の訪日韓国人旅行者数は101.3万人で、出国者に占める訪日旅行者の比率は15.5%であった(表II-1-6)。

観光庁「訪日外国人消費動向調査」によると、2022年に日本を訪れた韓国人の平均泊数は8.5泊で2019年から3.4泊増加した。また、観光レジャー目的の比率は71.0%(2019年差6.9%減)、リピーター率は84.6%(同5.4%増)、ツアー利用率は6.8%(同8.0%減)と、全体的に客層の変化が見られる(表II-1-3)。

また、訪日韓国人(一般客)の一人当たり旅行支出は13.3万円で、2019年比75.3%の増加となった。滞在日数と連動する宿泊費や飲食費以外にも、娯楽等サービス費や買い物代等、全体的に増加が見られた(図II-1-8)。特に買い物代のうち、最も購入率が高かったのは「菓子類」の76.1%で、購入者単価は8,444円であった(表II-1-4)。

表II-1-3 訪日韓国人の旅行動向(一般客)

	2017年	2018年	2019年	2022年	2019年差	2022/2019年比
訪日韓国人旅行者数(万人)	714	754	558	101	△457	△81.9%
平均泊数(泊)	4.3	4.4	5.1	8.5	3.4	67.5%
観光レジャー比率	81.6%	83.2%	77.8%	71.0%	△6.9%	△8.8%
リピーター率	68.2%	71.2%	79.2%	84.6%	5.4%	6.8%
ツアー利用率	17.4%	15.6%	14.7%	6.8%	△8.0%	△54.1%

資料:観光庁「訪日外国人消費動向調査」

図II-1-8 訪日韓国人の一人当たり旅行支出(一般客)

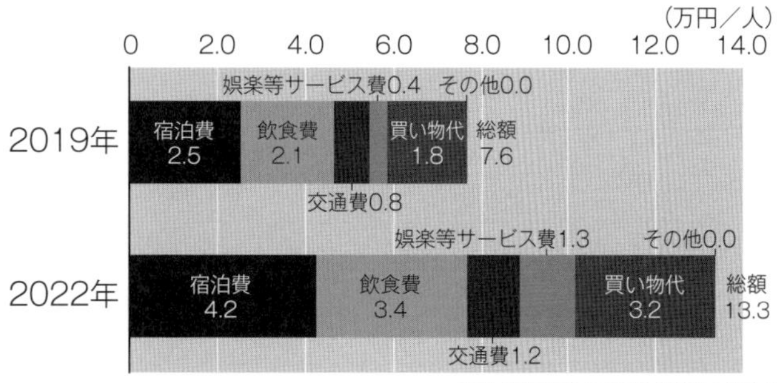

資料:観光庁「訪日外国人消費動向調査」

表II-1-4 費目別購入率及び購入者単価(一般客)

購入率順位	費目	購入率(%)	購入者単価(円/人)
1位	菓子類	76.1	8,444
2位	その他食料品・飲料・たばこ	40.4	8,075
3位	酒類	31.0	10,850
4位	医薬品	23.0	9,144
5位	衣類	22.5	26,429
6位	化粧品・香水	14.9	11,929
7位	靴・かばん・革製品	10.1	48,384
8位	健康グッズ・トイレタリー	6.8	10,510
9位	本・雑誌・ガイドブック等	3.1	6,112
10位	民芸品・伝統工芸品	2.7	7,889

資料:観光庁「訪日外国人消費動向調査」

表II-1-5 アジア各国・地域への韓国人訪問者数

(単位:万人)

訪問先	基準	2015年	2016年	2017年	2018年	2019年	2020年
日本	NFV	400.2	509.0	714.0	753.9	558.5	48.8
台湾	RFV	65.9	88.4	105.5	101.9	124.3	17.9
香港	RFV	93.3	107.2	116.1	111.6	78.0	2.4
中国	NFV	444.4	477.5	386.4	419.3	−	−
タイ	NFT	135.9	145.0	170.9	179.6	188.8	26.0
シンガポール	RFV	57.7	56.7	63.1	62.9	64.6	9.0
マレーシア	NFV	42.1	44.4	48.5	61.7	67.3	12.0
インドネシア	RFT	37.6	38.7	−	35.9	38.8	7.6
フィリピン	RFT	134.0	147.5	160.8	158.8	198.9	33.9
ベトナム	RFV	111.3	154.4	241.5	348.5	429.1	−
カンボジア	RFT	39.5	35.7	34.5	30.2	25.5	5.6

(注)[N]国籍別統計/[R]居住地別統計/[F]国境到着者数/[V]日帰りを含む旅行者数/[T]宿泊を伴った旅行者数。

資料:日本政府観光局「日本の国際観光統計(2020)」

表II-1-6 韓国基本情報

年	2005	2010	2011	2012	2013	2014	2015	2016	2017	2018	2019	2020	2021	2022	2026
①人口(万人)※1	4,819	4,955	4,994	5,020	5,043	5,075	5,102	5,122	5,136	5,159	5,177	5,184	*5,175*	*5,164*	*5,141*
②韓国人出国者数(万人)※2	1,008	1,249	1,269	1,374	1,485	1,608	1,931	2,238	2,650	2,870	2,871	428	122	655	−
③出国率(%)(②÷①)	20.9	25.2	25.4	27.4	29.4	31.7	37.9	43.7	51.6	55.6	55.5	8.2	2.4	12.7	−
④訪日韓国人旅行者数(万人)※3	174.7	244.0	165.8	204.3	245.6	275.5	400.2	509.0	714.0	753.9	558.5	48.8	1.9	101.3	−
⑤出国者に占める訪日旅行者比率(%)(④÷②)	17.3	19.5	13.1	14.9	16.5	17.1	20.7	22.7	26.9	26.3	19.4	11.4	1.6	15.5	−
⑥為替レート(100円/韓国ウォン)※1	10.8	7.6	7.2	7.1	8.9	10.0	10.7	9.4	9.9	10.0	9.4	9.0	9.6	10.2	−
⑦GDP成長率(%)※1	4.3	6.8	3.7	2.4	3.2	3.2	2.8	2.9	3.2	2.9	2.2	△0.7	4.1	2.6	*2.3*
⑧一人当たりGDP(米ドル)※1	19,398	23,077	25,100	25,459	27,180	29,253	28,737	29,274	31,601	33,447	31,902	*31,728*	*34,998*	*32,250*	*37,930*

(注)斜体は推計値。

資料:国際通貨基金(※1)、韓国観光公社(※2)、日本政府観光局(※3)の公表値をもとに(公財)日本交通公社作成

②台湾

2022年における台湾人出境者数は148万人で、2021年の36万人から約4.1倍、2019年比では91.3%の減少となった(表Ⅱ-1-10)。また、2022年の訪日台湾人旅行者数は33.1万人(2019年比93.2%減)で、出境者に占める訪日旅行者の比率は22.4%であった。台湾人旅行者の方面別旅行先は、2015年以降継続して日本が1位であったが、2021年は中国、アメリカに次ぐ3位となっていた。しかし、2022年は再び日本が1位となり、2位アメリカ、3位中国の順だった(表Ⅱ-1-9)。

2022年に日本を訪れた台湾人の平均泊数は10.8泊で2019年の6.1泊から4.7泊増加した。また、観光レジャー目的の比率は65.7%(2019年差22.9%減)、リピーター率は94.5%(同7.8%増)、ツアー利用率は6.8%(同27.9%減)と、特にツアー利用率の減少が顕著に見られる(表Ⅱ-1-7)。

2022年の訪日台湾人(一般客)の一人当たり旅行支出は22.9万円で2019年比93.8%の増加となり、特に買い物代は2倍以上増加した(図Ⅱ-1-9)。買い物代のうち、最も購入率が高かったのは「菓子類」の74.5%で、購入者単価は13,923円であった(表Ⅱ-1-8)。

表Ⅱ-1-7　訪日台湾人の旅行動向(一般客)

	2017年	2018年	2019年	2022年	2019年差	2022/2019年比
訪日台湾人旅行者数(万人)	456	476	489	33	△456	△93.2%
平均泊数(泊)	6.7	6.8	6.1	10.8	4.7	75.8%
観光レジャー比率	84.0%	88.1%	88.5%	65.7%	△22.9%	△25.8%
リピーター率	81.7%	82.4%	86.8%	94.5%	7.8%	8.9%
ツアー利用率	47.2%	39.5%	34.7%	6.8%	△27.9%	△80.3%

資料：観光庁「訪日外国人消費動向調査」

図Ⅱ-1-9　訪日台湾人の一人当たり旅行支出(一般客)

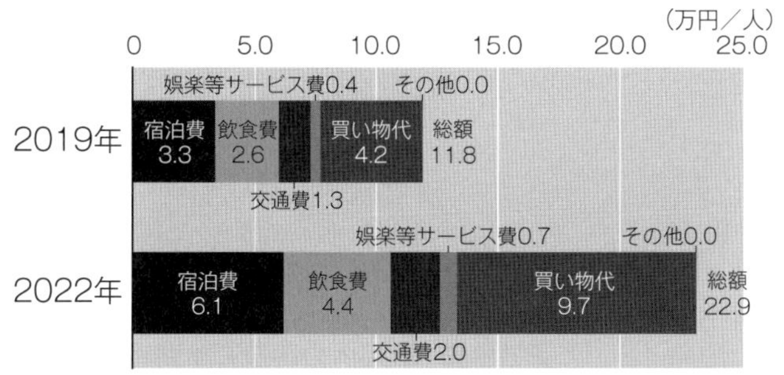

資料：観光庁「訪日外国人消費動向調査」

表Ⅱ-1-8　費目別購入率及び購入者単価(一般客)

購入率順位	費目	購入率(%)	購入者単価(円／人)
1位	菓子類	74.5	13,923
2位	医薬品	46.0	23,614
3位	衣類	38.4	37,407
4位	その他食料品・飲料・たばこ	37.4	10,778
5位	化粧品・香水	27.0	24,337
6位	靴・かばん・革製品	24.2	71,512
7位	酒類	20.1	12,660
8位	健康グッズ・トイレタリー	19.0	22,584
9位	電気製品(デジタルカメラ／PC／家電等)	11.9	54,226
10位	生鮮農産物	7.2	15,114

資料：観光庁「訪日外国人消費動向調査」

表Ⅱ-1-9　方面別台湾人旅行者数

	2017年			2018年			2019年			2020年			2021年			2022年		
	国・地域	人数(万人)	前年比(%)	国・地域	人数(万人)	前年比(%)	国・地域	人数(万人)	前年比(%)	国・地域	人数(万人)	前年比(%)	国・地域	人数(万人)	前年比(%)	国・地域	人数(万人)	前年比(%)
1位	日本	461.6	7.5	日本	482.6	4.6	日本	491.2	1.8	日本	69.8	△85.8	中国	12.9	△69.0	日本	35.4	2,421.3
2位	中国	392.8	6.6	中国	417.3	6.2	中国	404.4	△3.1	中国	41.5	△89.7	米国	10.4	△27.8	アメリカ	21.6	108.0
3位	香港	177.3	△6.8	香港	169.6	△4.3	香港	167.6	△1.2	韓国	16.4	△86.4	日本	1.4	△98.0	中国	16.6	29.0
4位	韓国	88.9	9.9	韓国	108.7	22.3	韓国	120.9	11.3	ベトナム	15.8	△81.4	シンガポール	1.4	△79.2	ベトナム	13.3	1,097.5
5位	マカオ	58.9	△1.6	タイ	67.9	22.6	ベトナム	85.3	29.5	香港	15.8	△90.6	香港	1.3	△92.0	タイ	10.5	1,215.1

(注)出発地側の発表データであり、到着地側が公表している各国の到着者数とは一致しない。

資料：台湾交通部観光局の公表値をもとに(公財)日本交通公社作成

表Ⅱ-1-10　台湾基本情報

年	2005	2010	2011	2012	2013	2014	2015	2016	2017	2018	2019	2020	2021	2022	2026
①人口(万人)※1	2,277	2,316	2,323	2,332	2,337	2,343	2,349	2,354	2,357	2,359	2,360	2,356	*2,338*	*2,333*	*2,332*
②台湾人出境者数(万人)※2	821	942	958	1,024	1,105	1,184	1,318	1,459	1,565	1,664	1,710	234	36	148	−
③出境率(%)(②÷①)	36.0	40.6	41.3	43.9	47.3	50.5	56.1	62.0	66.4	70.6	72.5	9.9	1.5	6.3	−
④訪日台湾人旅行者数(万人)※3	127.5	126.8	99.4	146.6	221.1	283.0	367.7	416.8	456.4	475.7	489.1	69.4	0.5	33.1	−
⑤出境者に占める訪日旅行者比率(%)(④÷②)	15.5	13.5	10.4	14.3	20.0	23.9	27.9	28.6	29.2	28.6	28.6	29.7	1.4	22.4	−
⑥為替レート(円/台湾ドル)※1 ※4	3.4	2.8	2.7	2.7	3.3	3.5	3.8	3.4	3.7	3.7	3.5	3.6	3.9	4.4	−
⑦GDP成長率(%)※1	5.4	10.2	3.7	2.2	2.5	4.7	1.5	2.2	3.3	2.8	3.1	3.4	6.5	2.5	*2.6*
⑧一人当たりGDP(米ドル)※1	16,427	19,181	20,839	21,256	21,945	22,844	22,753	23,071	25,062	25,826	25,903	28,571	*33,186*	*32,643*	*39,384*

(注)斜体は推計値。

資料：国際通貨基金(※1)、台湾交通部観光局(※2)、日本政府観光局(※3)、連邦準備制度理事会(※4)の公表値をもとに(公財)日本交通公社作成

③香港

2022年の訪日香港人旅行者数は26.9万人(2019年比88.2%減)であった(表II-1-14)。平均泊数は9.1泊で2019年の6.1泊から3.0泊増加した。また、観光レジャー目的の比率は89.1%(2019年差2.6%減)、リピーター率は95.0%(同6.8%増)、ツアー利用率は3.3%(同17.8%減)であった。他の国籍・地域と同様に平均泊数が増加しているが、観光レジャー目的の比率やリピーター率は、2019年から大きな増減は見られない(表II-1-11)。

2022年の訪日香港人(一般客)の一人当たり旅行支出は28.3万円で2019年比81.4%の増加となった。台湾と同様に、買い物代は2倍以上の増加となった(図II-1-10)。買い物代のうち、最も購入率が高かったのは「菓子類」の64.4%(購入者単価14,814円)、次いで「衣類」が55.9%(購入者単価45,195円)、「靴・かばん・革製品」が41.8%(購入者単価69,814円)であった(表II-1-12)。

表II-1-11　訪日香港人の旅行動向(一般客)

	2017年	2018年	2019年	2022年	2019年差	2022/2019年比
訪日香港人旅行者数(万人)	223	221	229	27	△202	△88.2%
平均泊数(泊)	6.1	6.3	6.1	9.1	3.1	50.1%
観光レジャー比率	87.7%	92.9%	91.6%	89.1%	△2.6%	△2.8%
リピーター率	83.6%	85.6%	88.1%	95.0%	6.8%	7.8%
ツアー利用率	25.5%	21.8%	21.1%	3.3%	△17.8%	△84.3%

資料:観光庁「訪日外国人消費動向調査」

図II-1-10　訪日香港人の一人当たり旅行支出(一般客)

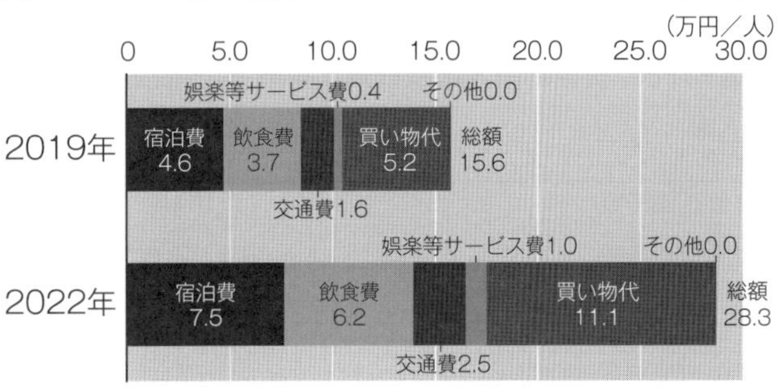

資料:観光庁「訪日外国人消費動向調査」

表II-1-12　費目別購入率及び購入者単価(一般客)

購入率順位	費目	購入率(%)	購入者単価(円/人)
1位	菓子類	64.4	14,814
2位	衣類	55.9	45,195
3位	靴・かばん・革製品	41.8	69,814
4位	その他食料品・飲料・たばこ	40.2	12,692
5位	化粧品・香水	35.5	26,965
6位	医薬品	35.5	17,166
7位	酒類	17.0	17,319
8位	健康グッズ・トイレタリー	13.4	15,790
9位	生鮮農産物	11.6	12,268
10位	本・雑誌・ガイドブック等	6.3	10,434

資料:観光庁「訪日外国人消費動向調査」

表II-1-13　アジア各国・地域への香港人訪問者数

(単位:万人)

訪問先	基準	2015年	2016年	2017年	2018年	2019年	2020年
日本	NFV	152.4	183.9	223.2	220.8	229.1	34.6
韓国	NFV	52.3	65.1	65.8	68.4	69.5	8.9
台湾	RFV	151.4	161.5	169.2	165.4	175.8	17.8
中国	NFV	7,944.8	8,105.9	7,979.6	–	8,050.0	–
タイ	NFT	67.0	75.1	82.1	101.6	104.5	12.4
シンガポール	RFV	61.0	53.8	46.6	47.3	48.9	5.9
マレーシア	NFV	0.1	–	–	–	–	–
インドネシア	RFT	9.4	10.1	9.8	9.1	5.0	0.3
フィリピン	RFT	12.2	11.6	11.1	11.8	9.2	1.2
ベトナム	RFV	–	3.5	4.8	6.2	5.2	–
カンボジア	RFT	1.5	1.6	1.3	1.2	0.2	0.0

(注)[N]国籍別統計/[R]居住地別統計/[F]国境到着者数/[V]日帰りを含む旅行者数/[T]宿泊を伴った旅行者数。

資料:日本政府観光局「日本の国際観光統計(2020)」

表II-1-14　香港基本情報

年	2005	2010	2011	2012	2013	2014	2015	2016	2017	2018	2019	2020	2021	2022	2026
①人口(万人)※1	684	705	711	717	721	725	731	738	742	749	752	743	*740*	*733*	*739*
②香港人出境者数(万人)※2	7,230	8,444	8,482	8,528	8,441	8,452	8,908	9,176	9,134	9,221	9,472	–	–	–	–
③出境率(%)(②÷①)	1,057.3	1,197.4	1,192.9	1,189.2	1,170.6	1,165.3	1,218.6	1,243.7	1,231.8	1,231.5	1,259.4	–	–	–	–
④訪日香港人旅行者数(万人)※2	29.9	50.9	36.5	48.2	74.6	92.6	152.4	183.9	223.2	220.8	229.1	34.6	0.1	26.9	–
⑤出境者に占める訪日旅行者比率(%)(④÷②)	0.4	0.6	0.4	0.6	0.9	1.1	1.7	2.0	2.4	2.4	2.4	–	–	–	–
⑥為替レート(円/香港ドル)※1 ※3	14.2	11.3	10.2	10.3	12.6	13.6	15.6	14.0	14.4	14.1	13.9	13.9	14.1	16.8	–
⑦GDP成長率(%)※1	7.4	6.8	4.8	1.7	3.1	2.8	2.4	2.2	3.8	2.8	△1.7	△6.5	*6.4*	*△3.5*	*2.8*
⑧一人当たりGDP(米ドル)※1	26,552	32,421	34,955	36,624	38,233	40,185	42,325	43,488	46,026	48,310	48,278	46,446	*49,845*	*49,226*	*60,313*

(注)斜体は推計値。

資料:国際通貨基金(※1)、日本政府観光局(※2)、連邦準備制度理事会(※3)の公表値をもとに(公財)日本交通公社作成

④中国

コロナ禍前までは、中国人の出国者数は増加を続けており、2019年には1億6,921万人にまで上っていたが、中国人の出国者数は未発表の状況が続いている。2022年の訪日中国人旅行者数は18.9万人で（表Ⅱ-1-18）、2019年の959.4万人と比較し98.0%の減少となった（表Ⅱ-1-15）。

2022年に日本を訪れた中国人の平均泊数は59.5泊で2019年の7.5泊から52.1泊増加した。また、観光レジャー目的の比率は2.3%（2019年差81.9%減）、リピーター率は74.2%（同24.2%増）、ツアー利用率は0.1%（同33.9%減）と、2019年と比べ客層が大きく変化していることがうかがえる。特に、観光レジャー目的の比率が大幅に減少していることから、長期滞在のビジネス目的や、親族・知人訪問、留学生等の割合が多くなり、その結果平均泊数が大きく増加したと考えられる（表Ⅱ-1-15）。

2022年の訪日中国人（一般客）の一人当たり旅行支出は57.7万円で、2019年比171.2%の増加となった。平均泊数の増加に伴い、宿泊費や飲食費が増加しているほか、娯楽等サービス費や買い物代も増加している（図Ⅱ-1-11）。買い物代のうち、最も購入率が高かったのは「菓子類」の70.2%で、購入者単価は17,507円であった（表Ⅱ-1-16）。

表Ⅱ-1-15　訪日中国人の旅行動向（一般客）

	2017年	2018年	2019年	2022年	2019年差	2022/2019年比
訪日中国人旅行者数（万人）	736	838	959	19	△941	△98.0%
平均泊数（泊）	10.9	9.7	7.5	59.5	52.1	698.2%
観光レジャー比率	77.1%	81.0%	84.2%	2.3%	△81.9%	△97.3%
リピーター率	45.6%	46.1%	50.0%	74.2%	24.2%	48.3%
ツアー利用率	43.1%	39.6%	34.0%	0.1%	△33.9%	△99.7%

資料：観光庁「訪日外国人消費動向調査」

図Ⅱ-1-11　訪日中国人の一人当たり旅行支出（一般客）

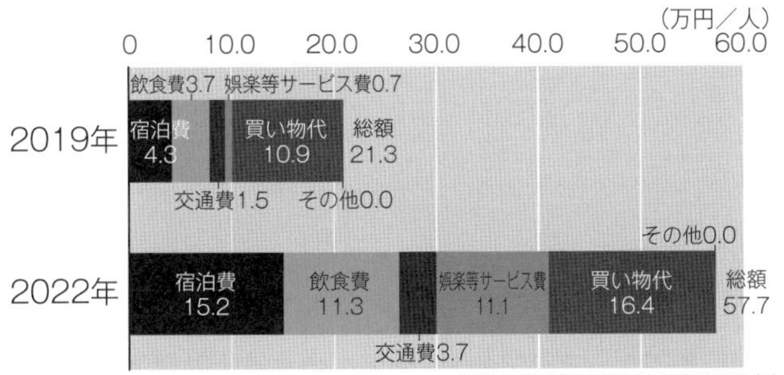

資料：観光庁「訪日外国人消費動向調査」

表Ⅱ-1-16　費目別購入率及び購入者単価（一般客）

購入率順位	費目	購入率（%）	購入者単価（円／人）
1位	菓子類	70.2	17,507
2位	化粧品・香水	49.1	66,648
3位	その他食料品・飲料・たばこ	44.0	22,463
4位	衣類	29.2	55,861
5位	靴・かばん・革製品	23.2	144,662
6位	健康グッズ・トイレタリー	23.1	23,296
7位	医薬品	22.2	23,110
8位	酒類	19.1	33,360
9位	電気製品（デジタルカメラ／PC／家電等）	15.4	106,047
10位	生鮮農産物	7.9	32,411

資料：観光庁「訪日外国人消費動向調査」

表Ⅱ-1-17　アジア各国・地域への中国人訪問者数（単位：万人）

訪問先	基準	2015年	2016年	2017年	2018年	2019年	2020年
日本	NFV	499.4	637.4	735.6	838.0	959.4	106.9
韓国	NFV	598.4	806.8	416.9	479.0	602.3	68.6
台湾	RFV	418.4	351.2	273.3	269.6	271.4	11.1
香港	RFV	1,799.7	1,736.5	1,852.6	1,990.2	1,622.7	88.5
タイ	NFV	793.7	875.8	980.6	1,053.4	1,099.5	125.0
シンガポール	RFV	210.6	286.4	322.8	341.8	362.7	35.7
マレーシア	NFV	167.7	212.5	228.1	294.4	311.4	40.5
インドネシア	RFV	124.9	155.7	209.3	213.9	207.2	24.0
フィリピン	RFV	49.1	67.6	96.8	125.5	174.3	17.0
ベトナム	RFV	178.1	269.7	400.8	496.6	580.6	－
カンボジア	RFV	69.5	83.0	121.1	202.4	236.2	33.0

（注）[N]国籍別統計、[R]居住地別統計／[F]国境到着者数／[V]日帰りを含む旅行者数／[T]宿泊を伴った旅行者数。

資料：日本政府観光局「日本の国際観光統計（2020）」をもとに（公財）日本交通公社作成

表Ⅱ-1-18　中国基本情報

年	2005	2010	2011	2012	2013	2014	2015	2016	2017	2018	2019	2020	2021	2022	2026
①人口（万人）※1	130,756	134,091	134,916	135,922	136,726	137,646	138,326	139,232	140,011	140,541	141,008	141,212	141,260	*141,255*	*140,701*
②中国人出国者数（万人）※2	3,103	5,739	7,025	8,318	9,819	11,659	12,786	13,513	14,273	16,199	16,921	－	－	－	－
③出国率（%）（②÷①）	2.4	4.3	5.2	6.1	7.2	8.5	9.2	9.7	10.2	11.5	12.0	－	－	－	－
④訪日中国人旅行者数（万人）※3	65.3	141.3	104.3	142.5	131.4	240.9	499.4	637.4	735.6	838.0	959.4	106.9	4.2	18.9	－
⑤出国者に占める訪日旅行者比率（%）（④÷②）	2.1	2.5	1.5	1.7	1.3	2.1	3.9	4.7	5.2	5.2	5.7	－	－	－	－
⑥為替レート（円／中国元）※1	13.5	13.0	12.3	12.6	15.8	17.2	19.5	16.4	16.6	16.7	15.8	15.4	17.0	19.5	－
⑦GDP成長率（%）※1	11.4	10.6	9.6	7.8	7.8	7.4	7.0	6.9	6.9	6.8	6.0	2.2	8.5	3.0	*4.0*
⑧一人当たりGDP（米ドル）※1	1,751	4,500	5,553	6,283	7,040	7,646	8,034	8,063	8,760	9,849	10,170	10,525	12,572	*12,814*	*17,083*

（注1）斜体は推計値。
（注2）②中国人出国者数は香港・マカオへの出国者を含むが、日帰りは含んでいない。

資料：国際通貨基金（※1）、中国国家統計局（※2）、日本政府観光局（※3）の公表値をもとに（公財）日本交通公社作成

⑤タイ

訪日タイ人旅行者数は2011年以降順調に増加を続けており、2019年には131.9万人が訪れていたが、2022年は19.8万人で、2019年比85.0％の減少であった（表Ⅱ-1-22）。

2022年に日本を訪れたタイ人旅行者の平均泊数は12.8泊で、2019年の8.8泊から4.0泊増加した。また、観光レジャー目的の比率は70.1％（2019年差7.1％減）、リピーター率は82.0％（同9.8％増）、ツアー利用率は19.0％（同9.9％減）であった。他の国籍・地域と比べ、観光レジャー目的の比率が2019年から大きく変化していないことがわかる（表Ⅱ-1-19）。

2022年の訪日タイ人（一般客）の一人当たり旅行支出は20.1万円で2019年比52.7％の増加となった（図Ⅱ-1-12）。買い物代のうち、最も購入率が高かったのは「菓子類」の84.1％（購入者単価15,390円）であった（表Ⅱ-1-20）。

表Ⅱ-1-19　訪日タイ人の旅行動向（一般客）

	2017年	2018年	2019年	2022年	2019年差	2022/2019年比
訪日タイ人旅行者数（万人）	99	113	132	20	△112	△85.0%
平均泊数（泊）	10.1	8.8	8.8	12.8	4.0	45.3%
観光レジャー比率	72.6%	79.9%	77.2%	70.1%	△7.1%	△9.3%
リピーター率	69.1%	67.1%	72.2%	82.0%	9.8%	13.6%
ツアー利用率	25.5%	30.0%	28.9%	19.0%	△9.9%	△34.2%

資料：観光庁「訪日外国人消費動向調査」

図Ⅱ-1-12　訪日タイ人の一人当たり旅行支出（一般客）

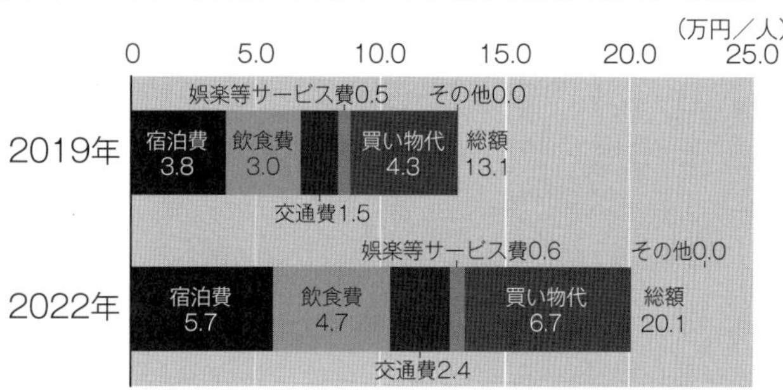

資料：観光庁「訪日外国人消費動向調査」

表Ⅱ-1-20　費目別購入率及び購入者単価（一般客）

購入率順位	費目	購入率（%）	購入者単価（円／人）
1位	菓子類	84.1	15,390
2位	衣類	43.0	26,376
3位	その他食料品・飲料・たばこ	41.7	11,559
4位	靴・かばん・革製品	35.0	50,394
5位	化粧品・香水	31.6	20,695
6位	酒類	16.3	12,792
7位	医薬品	14.4	13,644
8位	健康グッズ・トイレタリー	6.5	12,501
9位	生鮮農産物	6.2	14,548
10位	電気製品（デジタルカメラ／PC／家電等）	5.7	29,635

資料：観光庁「訪日外国人消費動向調査」

表Ⅱ-1-21　アジア各国・地域へのタイ人訪問者数

（単位：万人）

訪問先	基準	2015年	2016年	2017年	2018年	2019年	2020年
日本	NFV	79.7	90.2	98.7	113.2	131.9	22.0
韓国	NFV	37.2	47.0	49.9	55.9	57.2	7.7
台湾	RFV	12.4	19.6	29.3	32.0	41.4	6.4
香港	RFV	41.1	45.5	43.0	45.0	35.3	1.8
中国	NFV	94.1	74.9	77.6	83.3	−	−
シンガポール	RFV	51.6	54.7	53.1	54.6	52.8	6.4
マレーシア	NFV	134.4	178.1	183.7	191.5	188.4	39.4
インドネシア	RFT	12.1	12.5	13.8	12.4	13.7	2.1
フィリピン	RFT	4.4	4.8	4.9	6.0	6.1	1.0
ベトナム	RFV	21.5	26.7	30.2	34.9	51.0	−
カンボジア	RFT	35.0	39.8	39.5	38.2	46.6	21.1

（注）[N]国籍別統計、[R]居住地別統計／[F]国境到着者数／[V]日帰りを含む旅行者数／[T]宿泊を伴った旅行者数。

資料：日本政府観光局「日本の国際観光統計（2020）」をもとに（公財）日本交通公社作成

表Ⅱ-1-22　タイ基本情報

年	2005	2010	2011	2012	2013	2014	2015	2016	2017	2018	2019	2020	2021	2022	2026
①人口（万人）※1	6,542	6,720	6,752	6,784	6,815	6,844	6,872	6,897	6,921	6,943	6,963	6,980	*6,995*	*7,008*	*7,037*
②タイ人出国者数（万人）※2	305	534	540	572	597	644	679	820	896	996	1,045	−	−	−	−
③出国率（%）（②÷①）	4.7	7.9	8.0	8.4	8.8	9.4	9.9	11.9	13.0	14.3	15.0	−	−	−	−
④訪日タイ人旅行者数（万人）※2	12.0	21.5	14.5	26.1	45.4	65.8	79.7	90.2	98.7	113.2	131.9	22.0	0.3	19.8	−
⑤出国者に占める訪日旅行者比率（%）（④÷②）	3.9	4.0	2.7	4.6	7.6	10.2	11.7	11.0	11.0	11.4	12.6	−	−	−	−
⑥為替レート（円／バーツ）※1	2.7	2.8	2.6	2.6	3.2	3.3	3.5	3.1	3.3	3.4	3.5	3.4	3.4	3.7	−
⑦GDP成長率（%）※1	4.2	7.5	0.8	7.2	2.7	1.0	3.1	3.4	4.2	4.2	*2.1*	△6.2	1.6	2.6	*3.1*
⑧一人当たりGDP（米ドル）※1	2,890	5,074	5,494	5,863	6,169	5,952	5,838	5,995	6,596	7,296	7,812	7,171	*7,227*	*7,651*	*9,814*

（注1）斜体は推計値。
（注2）②タイ人出国者数は日帰りを含んでいない。

資料：国際通貨基金（※1）、日本政府観光局（※2）の公表値をもとに（公財）日本交通公社作成

⑥アメリカ

2022年のアメリカ人出国者数は5,438万人で、2019年と比較して9.5%減の水準まで回復している。一方で、2022年の訪日アメリカ人旅行者数は32.4万人で、2019年と比較して81.2%減と、大きなマイナスが続いている。2022年のアメリカ人出国者数に占める訪日旅行者の比率は0.6%であり、近年で最も低くなった2021年の0.1%からは、回復傾向を見せた（表Ⅱ-1-25）。

2022年に日本を訪れたアメリカ人旅行者の平均泊数は18.1泊で2019年の12.4泊から5.7泊増加した。また、観光レジャー目的の比率は32.6%で、2019年の52.3%から大きく減少した。リピーター率は59.7%（2019年差11.6%増）、ツアー利用率は3.1%（同5.1%減）であった（表Ⅱ-1-23）。

一人当たり旅行支出は29.6万円で2019年比56.4%の増加となった。アメリカ人旅行者は、前述のアジアの国々と比較して買い物代の購入率は全体的に低いものの、一人当たり旅行支出は、2019年と比較して約1.6倍に増加している（図Ⅱ-1-13）。買い物代のうち、最も購入率が高かったのは「その他食料品・飲料・たばこ」の46.2%（購入者単価17,980円）であった（表Ⅱ-1-24）。

（工藤亜稀）

表Ⅱ-1-23　訪日アメリカ人の旅行動向（一般客）

	2017年	2018年	2019年	2022年	2019年差	2022/2019年比
訪日アメリカ人旅行者数（万人）	137	153	172	32	△140	△81.4%
平均泊数（泊）	13.8	13.5	12.4	18.1	5.7	46.1%
観光レジャー比率	47.1%	50.7%	52.3%	32.6%	△19.7%	△37.7%
リピーター率	49.8%	47.1%	48.1%	59.7%	11.6%	24.1%
ツアー利用率	9.0%	10.3%	8.2%	3.1%	△5.1%	△62.4%

資料：観光庁「訪日外国人消費動向調査」

図Ⅱ-1-13　訪日アメリカ人の一人当たり旅行支出（一般客）

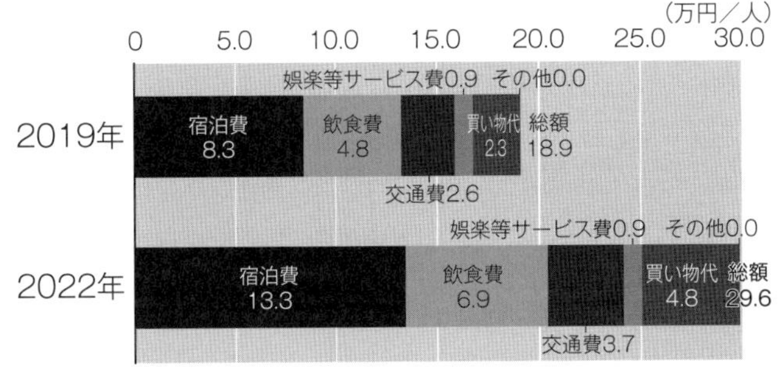

資料：観光庁「訪日外国人消費動向調査」

表Ⅱ-1-24　費目別購入率及び購入者単価（一般客）

購入率順位	費目	購入率（%）	購入者単価（円／人）
1位	その他食料品・飲料・たばこ	46.2	17,980
2位	菓子類	42.1	11,156
3位	衣類	31.2	33,108
4位	酒類	26.5	14,737
5位	民芸品・伝統工芸品	17.9	20,337
6位	靴・かばん・革製品	11.2	39,695
7位	化粧品・香水	7.4	18,171
8位	本・雑誌・ガイドブック等	6.3	9,989
9位	電気製品（デジタルカメラ／PC／家電等）	3.9	42,344
10位	生鮮農産物	3.6	25,582

資料：観光庁「訪日外国人消費動向調査」

表Ⅱ-1-25　アメリカ基本情報

年	2005	2010	2011	2012	2013	2014	2015	2016	2017	2018	2019	2020	2021	2022	2026
①人口（万人）※1	29,612	30,974	31,194	31,417	31,633	31,862	32,093	32,322	32,528	32,702	32,855	33,126	*33,231*	*33,353*	*34,229*
②アメリカ人出国者数（万人）※2	3,837	3,736	3,601	3,787	3,846	4,113	4,464	4,859	5,295	5,643	6,010	1,559	2,897	5,438	－
③出国率（%）（②÷①）	13.0	12.1	11.5	12.1	12.2	12.9	13.9	15.0	16.3	17.3	18.3	4.7	8.7	16.3	－
④訪日アメリカ人旅行者数（万人）※3	82.2	72.7	56.6	71.7	79.9	89.2	103.3	124.3	137.5	152.6	172.4	21.9	2.0	32.4	－
⑤出国者に占める訪日旅行者比率（%）（④÷②）	2.1	1.9	1.6	1.9	2.1	2.2	2.3	2.6	2.6	2.7	2.9	1.4	0.1	0.6	－
⑥為替レート（円／米ドル）※1	110.2	87.8	79.8	79.8	97.7	105.6	121.1	108.7	112.1	110.4	109.0	108.2	109.8	131.6	－
⑦GDP成長率（%）※1	3.5	2.7	1.6	2.3	1.8	2.3	2.7	1.7	2.2	2.9	2.3	△2.8	5.9	2.1	*2.1*
⑧一人当たりGDP（米ドル）※1	44,034	48,586	50,008	51,737	53,246	55,084	56,730	57,840	59,879	62,788	65,077	63,577	*70,160*	76,348	*87,361*

（注1）斜体は推計値。
（注2）②アメリカ人出国者数はメキシコやカナダへの陸路による出国者数を除いた数値。
（注3）出発地側の発表データであり、到着地が公表している各国の到着者数とは一致しない。

資料：国際通貨基金（※1）、アメリカ商務省（※2）、日本政府観光局（※3）の公表値をもとに（公財）日本交通公社作成

3 世界の国際観光動向

2022年の世界の国際観光客到着数は前年比で約110%増
アジア太平洋を中心に大幅に回復

(1)インバウンド(到着地側)の動向

●国際観光客到着数

国連世界観光機関(UNWTO)の最新データ(2023年5月時点)によると、2022年における世界全体の国際観光客到着数(International Tourist Arrivals)は前年から約5億人回増の9.63億人回(暫定値)、前年比は111.2%増となった(表II-1-26)。2019年比で約34%減(表II-1-26)であるが、2021年と比較すると大幅な回復となった(図II-1-14)。

図II-1-14　国際観光客到着数の推移

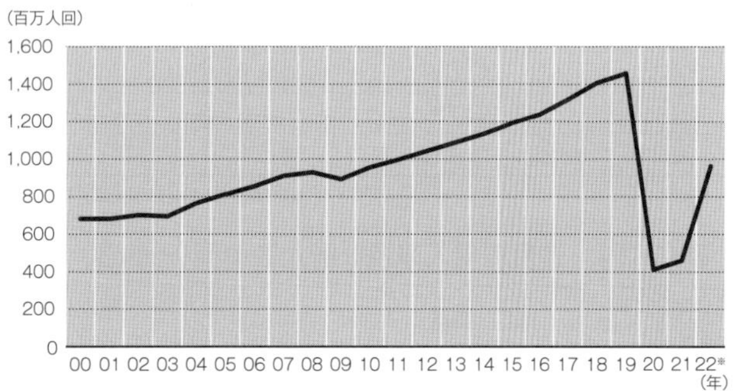

※2022年は暫定値

資料：UNTWO「Tourism Highlights」、「World Tourism Barometer」

2022年の国際観光客到着数を到着地域別に見ると、対前年で顕著な地域差が見られた(表II-1-26)。2021年に先行して回復傾向を見せていたヨーロッパやアメリカでは約9割増だが、アジア太平洋地域はそれ以上の回復を見せ、地域全体で前年比304.6%増となった。一方で、コロナ禍前の2019年と比較すると、アジア太平洋地域の中では特に北東アジアの回復が遅れている。

2022年の国際観光客到着数については本稿執筆時点(2023年8月)で公表されていない国・地域が複数あるため、表II-1-27では2021年の上位国を掲載している。

2021年の上位国(2022年値が未公表のフランスを除く)はいずれも前年増減率プラスとなっており、特にスペイン、アメリカ、オーストリア、ドイツでは前年増減率が100%を超えた。

表II-1-27　国際観光客到着数ランキング(到着国・地域別)

2021年順位	到着国・地域	到着国・地域別 国際観光客到着数(百万人回)					増減率(%)		到着数調査方法
		2010	2019	2020	2021	2022※	22※/19	22※/21	
1位	フランス	77.6	90.9	41.7	48.4	−	−	−	TF
2位	メキシコ	23.3	45.0	24.3	31.9	38.3	△14.9	20	TF
3位	スペイン	52.7	83.5	18.9	31.2	71.7	△14.2	130	TF
4位	トルコ	31.4	51.2	15.9	29.9	50.5	△1.4	69	TF
5位	イタリア	43.6	64.5	25.2	26.9	49.8	△22.8	85	TF
6位	アメリカ	60.0	79.4	19.2	22.1	50.9	△36.0	130	TF
7位	ギリシャ	15.0	31.3	7.4	14.7	27.8	△11.2	89	TF
8位	オーストリア	22.0	31.9	15.1	12.7	26.2	△17.8	106	TCE
9位	ドイツ	26.9	39.6	12.4	11.7	28.5	△28.1	144	TCE
10位	アラブ首長国連邦	7.4	21.6	7.2	11.5	22.7	5.1	97	TF

※2022年は暫定値。日本、韓国、中国、香港、台湾は上位20か国内に入らなかったため掲載なし
TF：国境での調査(日帰りを除く)
VF：国境での調査(日帰りを含む)
TCE：宿泊施設(非営利含む)での調査

資料：UNWTO「World Tourism Barometer」

●国際観光収入

2022年の国際観光収入(International Tourism Receipts)は、世界全体でおよそ1兆310億USドル(前年比49.5%増)と推計される(表II-1-28)。到着地域別に見ると、昨年はアジア太平洋地域における回復の遅れが目立っていたものの、北東アジアを除いたすべての地域で前年比プラスに転じた。

表II-1-26　世界の国際観光客到着数(到着地域別)

	到着地域別　国際観光客到着数(百万人回)										シェア(%)	増減率(%)	
年	2000	2005	2010	2015	2017	2018	2019	2020	2021	2022※	2022※	2022※/2019	2022※/2021
世界全体	680	809	956	1,196	1,332	1,413	1,465	407	456	963	100.0	△34.3	111.2
到着地域　ヨーロッパ	392.6	452.9	490.6	605.0	676.6	716.0	743.9	239.6	304.9	594.5	61.8	△20.1	95.0
アジア太平洋	110.4	154.1	208.2	284.6	323.3	346.5	360.1	59.1	24.8	100.5	10.4	△72.1	304.6
北東アジア	58.4	85.9	111.5	142.1	159.5	169.2	170.3	20.3	10.9	19.2	2.0	△88.7	76.8
東南アジア	36.3	49.0	70.5	104.2	120.6	128.6	138.6	25.5	3.3	46.9	4.9	△66.2	1,321.2
オセアニア	9.6	10.9	11.5	14.3	16.6	17.0	17.5	3.6	0.8	6.7	0.7	△61.4	788.7
南アジア	6.1	8.3	14.7	24.0	26.7	31.7	33.8	9.8	10.0	27.7	2.9	△17.9	177.9
アメリカ	128.2	133.3	150.3	194.1	210.8	216.0	219.3	69.6	81.5	155.6	16.2	△29.1	91.0
アフリカ	26.2	34.8	50.4	53.5	63.3	68.7	69.1	18.7	19.6	46.5	4.8	△32.6	136.8
中東	22.4	34.0	56.1	58.3	57.6	65.5	73.0	19.8	24.9	65.6	6.8	△10.1	163.4

※2022年は暫定値
(注)東南アジアの前年増減率はUNWTO資料にないため、(公財)日本交通公社算出。

資料：UNWTO「World Tourism Barometer」

表Ⅱ-1-28 世界の国際観光収入(到着地域別)

		到着地域別国際観光収入(10億USドル)								シェア(%)	増減率(USドル基準)(%)		到着地域別国際観光客到着数(百万人回)	一人回当たり国際観光収入(USドル/人回)
	年	2010	2015	2017	2018	2019	2020	2021	2022※	2022※	2022※/2019	2022※/2021	2022※	
世界全体		980	1,202	1,350	1,439	1,494	559	638	1,031	100.0	△36.1	49.5	963	1,071
到着地域	ヨーロッパ	427.5	449.8	520.3	569.2	584.3	249.3	327.4	548.6	53.2	△13.1	55.1	594.5	923
	アジア太平洋	254.3	355.0	396.1	435.2	441.2	126.2	90.6	131.4	12.7	△72.4	34.2	100.5	1,307
	北東アジア	122.9	167.1	168.1	193.3	187.2	44.9	45.0	45.8	4.4	△77.4	△5.9	19.2	2,385
	東南アジア	68.5	108.6	130.7	138.2	146.9	31.2	11.0	37.8	3.7	△76.2	218.0	46.9	806
	オセアニア	42.8	47.7	57.4	61.1	61.4	32.7	20.3	29.8	2.9	△55.2	35.3	6.7	4,448
	南アジア	20.1	31.6	39.9	42.5	45.7	17.4	14.3	18.1	1.8	△63.4	17.2	27.7	653
	アメリカ	215.2	306.0	329.1	320.9	330.6	125.4	140.3	243.9	23.6	△31.7	60.8	155.6	1,567
	アフリカ	30.4	32.6	36.4	38.8	38.9	14.9	17.5	31.6	3.1	△24.8	66.6	46.5	680
	中東	52.2	58.7	68.4	75.2	99.2	43.5	62.5	75.9	7.4	△29.2	12.4	65.6	1,157

※2022年は暫定値
(注)一人回当たり国際観光収入は(公財)日本交通公社算出。

資料:UNWTO「World Tourism Barometer」

2022年の国際観光収入を到着国・地域別に見ると、上位国は欧米の国が中心となった(表Ⅱ-1-29)。前年比で見ると、特にスペインとイギリスが高く、いずれも増減率が100%以上となっている。

(2) アウトバウンド(出発地側)の動向

次に、出発地の国・地域別に世界の国際観光動向を概観する。国際観光支出(International Tourism Expenditure)を出発国・地域別に見ると、2019年から2021年まで1位だった中国が2位となり、前年比102%増と大幅な回復を見せたアメリカが1位となった(表Ⅱ-1-30)。

上位10か国のうち、ドイツとフランスでは2019年比でプラスに転じており、コロナ禍前の水準に戻ったといえる。

(園部容子)

表Ⅱ-1-29 国際観光収入ランキング(到着国・地域別)

2022年順位	到着国・地域	到着国・地域別国際観光収入(10億USドル)					増減率(現地通貨基準)(%)	到着国・地域別国際観光客到着数(百万人回)	1人回当たり国際観光収入(USドル/人回)
		2010年	2019年	2020年	2021年	2022年※	2022年※/2021年	2022年※	
1位	アメリカ	137.0	199.0	72.5	70.2	135.2	93	50.9	2,656
2位	スペイン	58.8	79.7	18.5	34.5	72.9	137	71.7	1,017
3位	イギリス	34.7	58.6	26.6	33.1	68.2	129	–	–
4位	フランス	57.1	63.5	32.6	40.8	59.7	64	–	–
5位	イタリア	38.8	49.6	19.8	25.2	44.3	98	49.8	890
6位	トルコ	22.6	34.3	13.3	26.6	41.2	55	50.5	816
7位	アラブ首長国連邦	8.6	38.4	24.6	34.4	–	–	22.7	–
8位	ドイツ	34.7	41.8	22.1	22.3	31.5	59	28.5	1,105
9位	メキシコ	12.0	24.6	11.0	19.8	28.0	42	38.3	731
10位	カナダ	15.8	29.8	13.6	14.5	24.0	73	12.8	1,875

※2022年は暫定値。日本、韓国、中国、香港、台湾は公表されている上位20か国・地域に入らなかったため掲載なし
(注)1人回当たり国際観光収入は(公財)日本交通公社算出。

資料:UNWTO「World Tourism Barometer」

表Ⅱ-1-30　国際観光支出ランキング(出発国・地域別)

2022年順位	出発国・地域	出発国・地域別国際観光支出(10億USドル)					増減率(現地通貨基準)(%)	
		2010年	2019年	2020年	2021年	2022年※	2022年※/2019年	2022年※/2021年
1位	アメリカ	86.6	132.3	34.2	56.9	114.9	△13.1	102
2位	中国	54.9	254.6	131.1	109.4	114.8	△56.0	10
3位	ドイツ	78.1	93.2	38.9	51.0	89.4	2.0	97
4位	フランス	38.5	50.5	27.8	34.8	47.7	0.4	54
5位	イギリス	60.7	70.6	21.7	24.3	–	–	–
6位	イタリア	27.1	30.3	10.9	15.0	26.3	△8.0	97
7位	インド	10.5	22.9	12.6	14.3	25.9	–	–
8位	カナダ	30.0	35.3	12.1	7.9	24.4	△32.2	221
9位	スペイン	17.0	27.8	8.6	12.3	21.4	△18.1	95
10位	アラブ首長国連邦	11.8	33.4	15.9	21.8	–	–	–

※2022年は暫定値。日本、韓国、香港、台湾は公表されている上位20か国・地域に入らなかったため掲載なし

資料：UNWTO「World Tourism Barometer」

Ⅱ-2 訪日旅行に対する意識

1 訪日旅行経験と今後の希望

高い訪日意向は前年から継続
各観光地の訪問意向も例年と同様の傾向

(1) 調査概要

当財団(JTBF)と日本政策投資銀行(DBJ)は共同で、アジア及び欧米豪の12地域を対象に調査(「DBJ・JTBFアジア・欧米豪 訪日外国人旅行者の意向調査(2023年度版)」)を実施した。ここでは調査結果の一部を紹介する。調査の概要及び回答者属性は表Ⅱ-2-1のとおり。

表Ⅱ-2-1 「DBJ・JTBFアジア・欧米豪 訪日外国人旅行者の意向調査(2023年度版)」の概要・回答者属性

調査方法	インターネットによる調査
実施時期	2023年7月
調査地域	韓国、中国、台湾、香港、タイ、シンガポール、マレーシア、インドネシア、アメリカ、オーストラリア、イギリス、フランスの12地域 ※中国は北京及び上海在住者のみ
調査対象者	20～59歳の男女、かつ、海外旅行経験者 ※中国ー香港ーマカオ間、マレーシアーシンガポール間、タイーマレーシア間、アメリカーカナダ・メキシコ・ハワイ・グアム間、オーストラリアーニュージーランド間、イギリスーフランスーヨーロッパ各国間の旅行については、海外旅行経験から除く
有効回答数	全　　体：7,414人(韓国603、中国596、台湾624、香港602、タイ600、シンガポール636、マレーシア594、インドネシア602、アメリカ632、オーストラリア616、イギリス619、フランス690) 訪日経験者：3,348人(韓国438、中国307、台湾486、香港526、タイ401、シンガポール324、マレーシア190、インドネシア258、アメリカ100、オーストラリア158、イギリス103、フランス57)

(2) 訪日経験率

アジア8地域の中で最も訪日経験率が高いのは香港で、87.4%に上る(表Ⅱ-2-2)。次いで台湾、韓国、タイと続いている。欧米豪4地域の中では、オーストラリアが25.6%と最も高い(表Ⅱ-2-2)。訪日回数別に見ると、アジア8地域の中で、香港、台湾、韓国は、訪日経験者におけるリピーター(訪日経験回数2回以上)の割合が過半数を超えている。欧米豪4地域の中では、アメリカとフランスのリピーターの割合が高くなっている。

今後旅行したい国・地域について31の国・地域の中から複数回答方式で尋ねたところ、日本が前年に引き続き全体で1位となった(表Ⅱ-2-3)。アジア8地域のすべてにおいて日本は1位となっており、訪日意向の高さがうかがえる。欧米豪4地域でも、日本はイギリス以外の3地域において1位となっている。

表Ⅱ-2-2 海外旅行経験者の訪日経験率と訪日経験回数

(単位：%)

調査地域	訪日経験率	訪日経験回数 1回目	訪日経験回数 2回以上
全体	45.2	15.6	29.6
韓国	72.6	21.4	51.2
中国	51.5	20.8	30.7
台湾	77.9	19.9	58.0
香港	87.4	13.5	73.9
タイ	66.8	26.2	40.7
シンガポール	50.9	19.8	31.1
マレーシア	32.0	14.6	17.3
インドネシア	42.9	19.4	23.4
アメリカ	15.8	7.3	8.5
オーストラリア	25.6	14.6	11.0
イギリス	16.6	8.7	7.9
フランス	8.3	3.0	5.2

資料：「DBJ・JTBFアジア・欧米豪 訪日外国人旅行者の意向調査(2023年度版)」

表Ⅱ-2-3 今後旅行したい国・地域(複数回答、上位15か国・地域)【海外旅行経験者】

(単位：%)

順位	今後旅行したい国・地域	全体	韓国	中国	台湾	香港	タイ	シンガポール	マレーシア	インドネシア	アメリカ	オーストラリア	イギリス	フランス
1	日本	54.6	①42.8	①51.5	①76.4	①82.9	①77.8	①61.3	①59.9	①67.4	①31.3	①45.9	③30.7	①31.4
2	韓国	30.2	−	26.0	②42.0	③33.4	②48.3	③40.3	②44.4	②53.8	12.0	14.4	9.9	11.3
3	オーストラリア	25.5	②29.2	25.0	12.8	25.2	15.7	28.5	③37.0	33.2	②30.4	−	②31.2	③13.8
4	ニュージーランド	19.6	22.2	②31.9	14.6	10.3	18.3	27.5	32.5	18.4	20.7	−	27.9	12.2
5	台湾	19.1	14.9	14.3	−	②52.5	25.2	②41.2	26.6	8.5	6.0	8.4	5.2	8.8
6	シンガポール	19.0	19.1	③30.9	19.9	14.1	29.0	−	−	③42.0	6.6	18.3	16.8	13.3
7	タイ	18.6	14.1	18.6	③23.7	32.6	−	31.4	−	20.1	15.2	20.0	20.7	8.6
8	アメリカ	17.1	12.4	18.1	18.4	10.1	12.7	10.8	9.4	16.9	−	②28.9	①37.8	12.2
9	スイス	15.3	27.4	12.9	16.5	15.4	18.3	17.3	23.6	21.3	18.5	15.3	−	−
10	イギリス	14.8	12.1	14.6	11.1	24.3	14.5	6.9	12.6	17.6	③26.6	③24.8	−	−
11	香港	14.8	14.1	−	17.1	−	27.0	22.5	19.0	21.1	11.4	11.0	14.4	5.7
12	中国本土	13.1	4.6	−	21.6	−	③29.5	20.1	27.3	10.3	6.8	8.0	9.9	7.2
13	フランス	12.9	15.9	19.3	13.5	11.1	8.8	7.5	7.9	14.0	25.9	17.9	−	−
14	カナダ	12.5	16.9	13.6	8.7	12.0	5.7	7.5	7.2	6.3	−	24.7	30.2	②16.4
15	ハワイ	12.3	③28.0	18.6	10.7	7.1	7.0	6.1	5.9	6.1	−	21.3	18.9	6.2

(注1)①②③は各国・地域の上位1～3位を示している。
(注2)「次に観光旅行したい国・地域」の選択肢からは、回答者の国・地域及び近隣の国・地域(中国ー香港ーマカオ、マレーシアーシンガポール、タイーマレーシア、アメリカーカナダ・メキシコ・ハワイ・グアム、オーストラリアーニュージーランド、イギリス・フランス・ヨーロッパ各国)を除いている。
資料：「DBJ・JTBFアジア・欧米豪 訪日外国人旅行者の意向調査(2023年度版)」

(3)日本国内の観光地の訪問経験率

訪日旅行経験者を対象に日本国内の観光地（63か所）の訪問経験率を尋ねたところ、最も訪問率が高かったのは東京であった。大阪、京都、富士山がその次に続いており、これまでと同様、ゴールデンルート上にある地域の訪問率が高い傾向にある（表Ⅱ-2-4）。ゴールデンルート外では、北海道や沖縄への訪問率が比較的高い。

調査地域別の傾向については、韓国では、直行便が就航している大阪や福岡／博多／小倉が全体の選択率＋10ポイント以上となっている。訪日リピーターの割合が高い香港では、ゴールデンルート上にある地域や北海道、沖縄に加え、地方部への訪問経験率も高い。具体的には、福岡／博多／小倉、熊本／阿蘇、大分／別府／湯布院、鹿児島等の九州地方の各観光地や、軽井沢、飛騨／高山といった中部地方の観光地への訪問経験率が高い。

表Ⅱ-2-4　これまでの訪日旅行で訪問した日本の観光地（複数回答：上位50地域まで掲載）【訪日旅行経験者のみ】

（単位：ポイント）

調査地域	全体	韓国	中国	台湾	香港	タイ	シンガポール	マレーシア	インドネシア	アメリカ	オーストラリア	イギリス	フランス
回答数(人)	3,348	438	307	486	526	401	324	190	258	100	158	103	57
	選択率(%)												
東京	56.0	53.4	35.8	57.0	66.7	51.4	62.0	57.4	60.1	59.0	66.5	47.6	33.3
大阪	41.0	45.9	22.8	45.5	61.4	35.4	43.8	38.4	38.0	16.0	37.3	19.4	15.8
京都	36.2	38.4	26.4	42.0	47.3	34.2	40.7	27.9	32.2	21.0	34.2	19.4	17.5
富士山	26.6	8.2	27.4	18.9	33.1	36.4	36.7	24.2	36.4	15.0	31.0	25.2	14.0
北海道	24.2	14.8	20.5	33.5	34.8	27.4	29.6	22.6	22.5	3.0	11.4	3.9	5.3
奈良	16.8	15.1	9.8	22.2	31.7	11.0	21.6	7.9	7.4	9.0	13.9	1.9	15.8
沖縄	16.6	16.0	9.1	30.5	24.9	9.5	11.1	6.3	15.9	14.0	15.2	7.8	8.8
札幌	16.2	17.6	5.2	21.2	25.7	15.2	21.3	10.5	14.3	5.0	7.0	2.9	7.0
名古屋	15.3	8.4	17.6	19.8	25.9	14.0	9.0	10.5	19.4	7.0	12.0	4.9	3.5
神戸	14.0	13.2	10.7	15.6	26.2	8.2	13.6	10.5	10.9	6.0	15.2	2.9	8.8
関西	12.6	11.4	2.9	19.5	28.7	10.0	8.6	7.4	4.7	3.0	6.3	2.9	10.5
横浜	11.7	8.4	7.2	10.5	16.3	15.7	7.4	7.9	17.1	15.0	13.3	9.7	8.8
九州	11.2	14.4	5.9	15.6	22.4	5.7	7.7	6.3	4.3	8.0	8.9	1.9	7.0
福岡／博多／小倉	11.2	21.5	4.2	11.9	20.2	8.5	3.7	4.2	8.5	5.0	8.2	6.8	3.5
箱根	8.1	5.9	3.3	9.9	16.5	4.7	13.0	4.2	3.9	3.0	6.3	2.9	8.8
広島	7.4	2.7	5.9	5.1	7.4	9.2	4.6	7.4	14.3	9.0	13.9	12.6	10.5
函館	7.1	2.5	1.6	16.0	16.3	2.5	8.6	4.2	2.3	1.0	1.3	1.9	1.8
長崎／佐世保	6.1	3.4	3.9	4.9	9.3	6.5	5.2	5.3	8.1	8.0	6.3	8.7	7.0
熊本／阿蘇	6.0	3.0	4.6	9.3	17.9	2.7	1.9	1.6	3.1	1.0	1.3	2.9	3.5
鹿児島	5.6	1.6	5.5	6.0	16.0	2.2	2.8	3.2	4.7	2.0	3.2	2.9	5.3
大分／別府／湯布院	5.2	8.7	1.6	6.0	10.8	3.2	3.1	2.6	2.7	1.0	3.2	1.9	3.5
軽井沢	4.7	0.5	1.6	10.1	12.0	1.7	3.1	3.2	2.3	1.0	1.9	1.9	3.5
宮崎	4.4	2.3	5.9	4.5	8.6	3.0	2.2	4.7	4.3	3.0	2.5	2.9	3.5
福島	4.1	2.3	3.9	2.7	2.3	6.5	1.9	4.7	9.3	2.0	7.6	6.8	8.8
旭川／富良野	3.9	1.1	1.6	6.8	9.1	2.5	3.7	2.1	1.6	1.0	3.2	1.9	1.8
富山	3.7	0.7	8.1	2.7	7.0	1.7	2.5	2.6	4.7	3.0	2.5	3.9	3.5
四国	3.7	1.1	3.3	4.3	8.0	3.2	0.9	2.6	3.5	4.0	1.3	6.8	3.5
飛騨／高山	3.6	0.5	1.0	5.6	8.9	2.2	4.3	2.1	2.3	2.0	1.9	1.0	5.3
仙台／松島	3.5	2.1	3.6	4.9	4.2	6.0	1.9	2.1	3.9	2.0	1.3	1.9	3.5
日光	3.4	1.8	3.9	3.7	3.4	4.5	3.4	2.6	3.1	2.0	3.8	3.9	7.0
佐賀	3.3	2.1	2.0	4.9	4.8	3.0	0.9	2.6	4.3	4.0	3.2	4.9	3.5
青森	3.2	0.9	2.0	7.4	6.1	2.0	1.5	1.6	2.3	2.0	1.9	0.0	1.8
岡山	3.0	1.4	2.0	3.3	4.6	3.0	1.9	2.6	3.1	4.0	4.4	1.9	7.0
金沢	2.9	0.2	2.0	3.5	6.1	2.5	1.5	2.1	4.7	3.0	2.5	0.0	3.5
東北	2.7	0.9	1.3	4.5	3.6	3.0	1.5	2.6	2.7	2.0	4.4	1.9	5.3
立山／黒部	2.7	0.7	0.0	6.2	6.3	1.2	2.5	2.6	0.4	1.0	1.3	1.0	3.5
山口	2.5	1.1	3.3	0.8	1.1	4.5	1.9	3.2	6.2	3.0	1.9	1.9	8.8
徳島	2.5	0.7	2.9	1.6	4.0	2.5	1.9	2.6	4.3	5.0	1.3	1.9	3.5
川越	2.3	1.4	2.0	1.6	3.0	3.5	1.9	1.6	3.1	1.0	2.5	1.0	5.3
松本／白馬	2.2	0.2	3.6	0.8	2.9	4.0	1.2	1.6	3.9	2.0	1.3	1.9	3.5
高松／香川	2.2	1.1	1.6	1.0	4.6	2.0	1.2	2.6	3.9	2.0	1.3	2.9	1.8
秋田／角館	2.1	0.7	2.3	2.7	3.8	1.2	0.6	1.6	1.6	2.0	1.9	2.9	7.0
新潟／佐渡	2.1	0.2	1.3	2.5	3.8	2.5	1.5	1.1	3.1	2.0	0.6	1.9	3.5
福井	2.1	1.4	3.3	1.0	2.1	2.5	0.6	1.1	5.0	2.0	0.6	3.9	5.3
鳥取	2.1	2.1	1.3	2.1	3.4	1.7	0.3	1.6	2.3	3.0	1.3	1.9	7.0
宮古／石垣	2.1	0.5	1.3	4.3	2.3	2.7	0.0	1.6	3.1	1.0	2.5	1.9	5.3
帯広／十勝	2.0	0.2	1.3	3.5	3.6	0.7	0.6	4.2	1.6	1.0	1.9	1.0	5.3
倉敷	1.9	0.0	1.6	2.1	3.6	1.7	1.9	2.1	2.3	2.0	1.3	1.0	3.5
高知	1.9	0.0	2.3	1.9	1.9	3.5	1.5	2.1	1.6	1.0	1.3	4.9	5.3
知床／阿寒	1.8	0.2	1.3	2.9	2.7	1.2	1.9	1.1	3.1	1.0	0.6	1.0	5.3
山形／蔵王	1.8	0.2	1.6	1.9	1.5	1.7	1.5	2.6	3.1	3.0	1.9	1.9	7.0
北陸	1.8	1.1	0.3	2.7	2.3	1.2	0.6	2.1	3.5	2.0	1.9	1.9	1.8

■全体の選択率より15ポイント以上高い値　■全体の選択率より10ポイント以上高い値　■全体の選択率より5ポイント以上高い値

資料：「DBJ・JTBFアジア・欧米豪 訪日外国人旅行者の意向調査（2023年度版）」

(4) 日本国内の観光地の訪問意向

日本国内の観光地（63か所）を対象に訪問意向を尋ねたところ、最も訪問意向が高かったのは東京であった。これまでと同様、富士山、大阪、北海道、京都、沖縄への訪問意向が高く、ゴールデンルートと北海道、沖縄に人気が集中する傾向が続いている（表II-2-5）。

調査地域別に見ると、訪日リピーター割合が高い台湾や香港等の地方部への関心が見てとれる。

台湾では、九州、鹿児島、軽井沢、熊本／阿蘇、青森、立山／黒部の訪問意向が全体の選択率＋10ポイント以上となっている。また、香港では、九州、鹿児島、熊本／阿蘇が全体の選択率＋10ポイント以上となっており、地方部の中でも特に九州への関心が高い。

東南アジアの中でも訪日経験率が低いマレーシアやインドネシアでは、東京、富士山、大阪への訪問意向が全体の選択率と比較して高い傾向にある。

表II-2-5　日本国内で行ってみたい観光地（複数回答：上位50地域まで掲載）【海外旅行経験者】

（単位：ポイント）

調査地域	全体	韓国	中国	台湾	香港	タイ	シンガポール	マレーシア	インドネシア	アメリカ	オーストラリア	イギリス	フランス
回答数（人）	6,963	575	594	618	596	592	609	555	583	557	542	541	601
選択率（%）													
東京	43.8	43.0	28.5	47.4	42.3	44.3	44.3	53.5	56.8	50.3	57.6	48.1	12.6
富士山	33.9	17.9	29.8	39.3	32.2	38.9	36.0	40.2	50.1	35.9	43.2	32.5	11.8
大阪	31.9	40.7	21.5	46.4	44.3	35.5	39.9	38.4	43.4	15.1	31.2	17.0	7.7
北海道	28.7	30.6	27.4	55.3	47.3	42.4	43.8	37.3	28.5	6.8	10.9	4.3	3.7
京都	28.1	32.9	23.2	45.3	35.7	36.8	31.2	28.3	31.7	15.4	27.5	17.6	9.2
沖縄	18.5	24.3	15.0	36.4	31.2	16.0	19.7	19.5	17.8	14.5	12.5	7.2	5.5
札幌	16.6	37.6	6.2	29.4	28.4	25.5	18.9	14.1	15.6	3.9	8.9	5.4	3.0
名古屋	13.7	10.1	18.2	33.5	24.5	11.5	13.6	13.5	20.9	3.8	5.4	3.7	3.0
神戸	10.8	10.1	11.8	21.4	19.5	8.3	10.8	10.5	11.0	6.6	6.8	5.9	5.3
広島	10.3	2.1	7.4	10.2	8.2	10.0	7.1	11.7	12.9	16.7	18.6	15.5	4.7
横浜	9.9	7.3	7.7	13.6	12.1	15.5	7.2	11.0	14.1	7.0	10.1	8.1	4.8
奈良	9.2	11.3	13.0	25.4	21.5	9.3	9.9	5.2	3.6	1.4	3.7	1.1	2.2
九州	8.6	14.6	8.1	21.0	19.1	8.8	8.2	5.8	4.5	2.5	4.1	2.0	2.5
関西	7.5	8.3	4.4	18.0	20.0	11.5	5.7	7.7	5.0	1.4	3.3	1.7	1.8
福岡／博多／小倉	7.2	13.6	4.0	13.3	16.8	11.8	5.4	4.1	6.2	1.4	4.2	1.5	2.2
長崎／佐世保	6.1	4.9	5.4	7.3	7.6	7.3	4.9	5.9	7.5	8.6	6.6	5.0	2.8
鹿児島	5.9	3.1	8.8	18.3	20.6	3.0	4.6	2.0	2.4	1.1	1.1	2.4	1.7
福島	5.7	4.2	3.9	5.0	2.7	10.3	4.4	6.8	10.8	4.8	8.5	5.0	2.7
函館	5.3	4.5	2.4	19.9	16.8	3.7	5.4	2.7	1.7	0.9	1.5	0.7	1.5
箱根	4.9	5.4	2.5	15.7	14.1	2.7	6.9	2.3	1.9	1.8	1.8	1.3	1.0
軽井沢	4.6	1.4	2.5	22.8	14.4	2.2	2.1	2.5	1.2	1.1	0.4	1.7	1.2
熊本／阿蘇	4.2	2.6	4.2	16.2	14.6	2.4	1.8	1.8	1.4	1.3	1.1	0.4	1.7
宮崎	4.0	3.3	8.2	10.0	9.4	3.5	2.8	3.1	1.9	1.4	1.1	0.6	1.7
四国	3.8	1.7	3.7	9.4	10.2	3.7	2.5	2.9	2.6	2.3	1.7	2.0	2.2
青森	3.7	2.6	2.7	15.5	10.7	2.2	3.4	1.4	1.4	0.9	1.3	0.6	0.8
大分／別府／湯布院	3.4	7.8	3.0	6.0	8.7	3.4	1.8	1.8	1.0	0.5	1.5	0.9	3.3
仙台／松島	3.3	1.6	5.9	7.3	7.2	6.8	2.0	1.4	1.9	1.1	0.6	0.7	2.2
立山／黒部	3.2	0.7	1.7	14.1	10.7	1.9	2.0	1.4	1.0	0.5	0.6	0.2	2.7
富山	3.2	1.4	9.4	6.3	5.5	1.9	2.1	1.4	3.1	2.2	1.3	1.5	1.3
岡山	3.0	2.1	3.9	5.5	4.4	3.5	1.5	2.3	3.8	3.1	2.8	0.6	1.8
旭川／富良野	2.9	0.7	3.5	8.3	8.9	2.4	3.3	0.9	1.4	0.9	0.6	0.7	2.2
金沢	2.8	1.7	2.2	6.8	6.2	2.7	2.6	1.8	2.9	2.3	1.1	0.9	2.2
佐賀	2.8	1.4	2.5	7.8	5.4	3.0	1.5	1.8	2.4	3.1	1.1	2.2	0.7
山口	2.7	1.9	4.4	1.3	1.3	3.9	2.5	3.4	6.5	2.9	1.7	1.7	1.5
鳥取	2.7	4.5	2.4	6.0	7.7	2.0	1.5	2.2	0.9	1.1	0.9	0.7	2.3
飛騨／高山	2.6	0.9	2.0	8.4	7.2	2.0	2.1	2.0	1.5	0.7	0.6	1.5	1.7
東北	2.5	2.1	2.5	7.0	2.2	3.4	2.1	2.2	1.9	1.8	1.3	0.7	2.2
日光	2.5	1.9	3.9	3.6	3.9	3.5	2.6	2.2	1.9	1.8	1.5	1.5	1.5
紀伊半島／高野山／熊野古道	2.5	0.9	3.0	3.7	2.3	2.5	1.0	1.6	3.8	2.5	2.0	2.6	3.5
徳島	2.5	1.0	3.2	2.3	2.3	3.0	1.5	2.7	4.8	2.7	2.0	2.0	1.8
福井	2.2	1.4	3.9	2.3	1.8	2.5	1.0	2.3	3.4	2.2	1.7	1.5	1.8
宮古／石垣	2.2	0.9	2.9	6.6	5.2	2.0	1.5	1.6	1.7	0.7	0.4	0.4	1.7
秋田／角館	2.1	1.6	4.4	6.0	3.4	2.0	1.1	1.3	1.0	1.6	0.9	0.6	0.8
新潟／佐渡	2.1	1.0	2.7	5.7	3.2	2.4	2.1	1.6	2.1	0.5	0.9	1.1	1.5
山形／蔵王	2.0	1.2	2.0	4.7	2.5	3.0	1.5	1.8	1.5	2.0	1.1	0.9	1.0
松本／白馬	1.9	0.5	4.2	1.8	3.2	2.7	1.3	1.1	2.7	1.3	1.3	0.4	1.7
高松／香川	1.9	1.0	2.9	2.1	3.5	2.7	1.5	2.7	2.2	1.3	0.7	0.2	1.5
高知	1.8	0.7	2.9	3.1	1.8	3.2	1.1	1.4	1.0	0.7	2.0	1.5	1.8
伊勢志摩／伊賀	1.7	1.2	2.2	5.7	3.5	1.0	1.5	1.1	0.9	0.5	0.7	0.0	1.7
直島	1.7	0.7	3.4	0.5	0.5	3.4	1.3	1.8	1.7	0.9	2.4	1.8	1.8

■全体の選択率より15ポイント以上高い値　■全体の選択率より10ポイント以上高い値　■全体の選択率より5ポイント以上高い値

資料：「DBJ・JTBFアジア・欧米豪 訪日外国人旅行者の意向調査（2023年度版）」

(5) 日本の地方観光地への訪問経験と訪問意向

訪日旅行経験者に2015年以降の日本の地方観光地（首都圏・都市部から離れた観光地）への訪問経験の有無を尋ねたところ、地方訪問経験率は全体の84.4%であった（表Ⅱ-2-6）。

また、今後、地方観光地を「ぜひ旅行したい」、「機会があれば旅行したい」を合わせると、訪問意向率は全体の92.8%を占めた。調査地域別に見ると、アジア8地域は、いずれも8割以上の訪問意向率となっている。中でも、台湾、香港、タイ、シンガポール、マレーシア、インドネシアについては9割以上と非常に高い訪問意向率となっている。欧米豪4地域は、いずれも8割以上の訪問意向率となっている。

リピーターの割合が高い韓国、台湾、香港を対象に、地方観光地を「ぜひ旅行したい」と回答した割合（図Ⅱ-2-1）を訪日回数別に見てみると、韓国、台湾、香港いずれの国・地域においても、訪日回数が6回以上の訪日ヘビーリピーターの地方訪問意向が高い傾向が見てとれる。

韓国では、訪日回数が2～3回の「ぜひ旅行したい」割合が訪日回数1回よりも減少するのに対し、4回以上で再度増える傾向を示している。台湾では、訪日回数4～5回から6回以上にかけて「ぜひ旅行したい」割合が増える傾向を示している。香港では、訪日回数3回から4～5回にかけて「ぜひ旅行したい」割合が増える傾向を示している。

（高崎経済大学　外山昌樹）

図Ⅱ-2-1　地方へ「ぜひ旅行したい」割合（訪日回数別）【訪日旅行希望者かつ訪日旅行経験者】

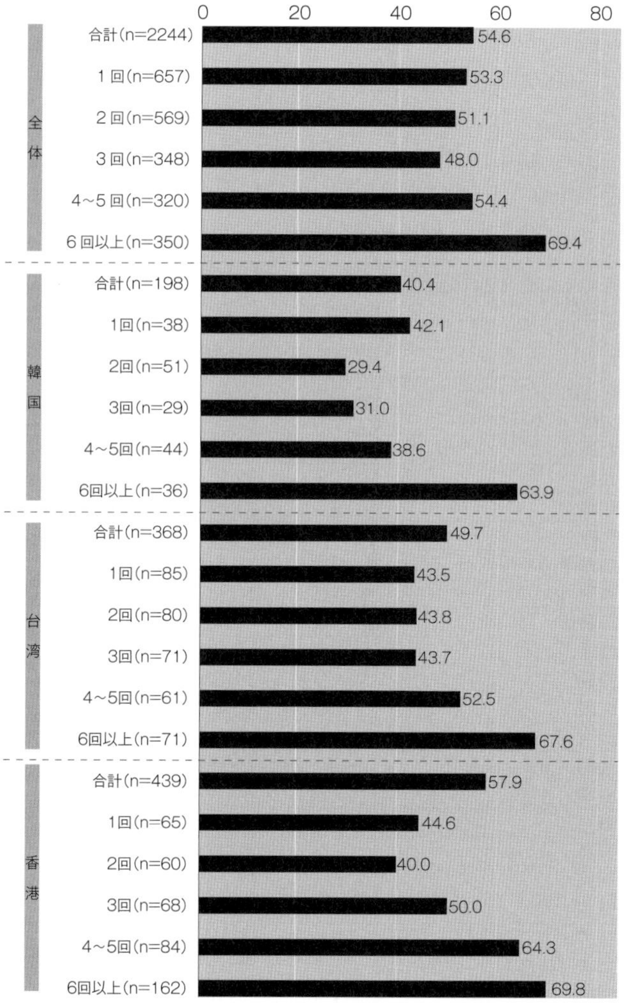

（単位：%）

全体	合計(n=2244)	54.6
	1回(n=657)	53.3
	2回(n=569)	51.1
	3回(n=348)	48.0
	4～5回(n=320)	54.4
	6回以上(n=350)	69.4
韓国	合計(n=198)	40.4
	1回(n=38)	42.1
	2回(n=51)	29.4
	3回(n=29)	31.0
	4～5回(n=44)	38.6
	6回以上(n=36)	63.9
台湾	合計(n=368)	49.7
	1回(n=85)	43.5
	2回(n=80)	43.8
	3回(n=71)	43.7
	4～5回(n=61)	52.5
	6回以上(n=71)	67.6
香港	合計(n=439)	57.9
	1回(n=65)	44.6
	2回(n=60)	40.0
	3回(n=68)	50.0
	4～5回(n=84)	64.3
	6回以上(n=162)	69.8

資料：「DBJ・JTBFアジア・欧米豪 訪日外国人旅行者の意向調査（2023年度版）」

表Ⅱ-2-6　日本の地方観光地への訪問経験有無及び今後の訪問意向（単一回答）【訪日旅行希望者かつ訪日旅行経験者】

調査地域		全体	韓国	中国	台湾	香港	タイ	シンガポール	マレーシア	インドネシア	アメリカ	オーストラリア	イギリス	フランス
回答数(人)		2,244	198	227	368	439	309	212	105	177	42	88	53	26
訪問経験あり(%)	2015年以降に旅行したことがあり、今後もぜひ旅行したい	46.0	35.9	52.0	36.4	52.6	54.4	34.9	42.9	60.5	45.2	34.1	43.4	50.0
	2015年以降に旅行したことがあり、今後も機会があれば旅行したい	32.4	37.9	32.6	35.6	33.3	28.2	31.1	29.5	30.5	28.6	29.5	30.2	30.8
	2015年以降に旅行したことがあるが、今後はあまり旅行したいと思わない	4.1	6.1	9.3	1.9	2.5	4.2	2.8	5.7	2.3	11.9	3.4	1.9	11.5
	2015年以降に旅行したことがあるが、今後は旅行しないと思う	1.9	3.0	1.3	0.8	1.4	1.6	3.3	1.9	0.6	2.4	4.5	5.7	3.8
	(小計)訪問経験あり	84.4	82.8	95.2	74.7	89.7	88.3	72.2	80.0	93.8	88.1	71.6	81.1	96.2
訪問経験なし(%)	2015年以降に旅行したことはないが、今後はぜひ訪れてみたい	8.6	4.5	3.5	13.3	5.2	8.4	14.6	11.4	4.5	9.5	18.2	11.3	0.0
	2015年以降に旅行したことはないが、今後は機会があれば訪れてみたい	5.8	10.6	1.3	10.9	4.6	2.6	10.4	6.7	0.6	2.4	4.5	5.7	3.8
	2015年以降に旅行したことはなく、今後もあまり訪れたいと思わない	0.4	1.5	0.0	0.3	0.0	0.3	0.5	1.0	0.0	0.0	2.3	0.0	0.0
	2015年以降に旅行したことはなく、今後も訪れないと思う	0.8	0.5	0.0	0.8	0.5	0.3	2.4	1.0	1.1	0.0	3.4	1.9	0.0
	(小計)訪問経験なし	15.6	17.2	4.8	25.3	10.3	11.7	27.8	20.0	6.2	11.9	28.4	18.9	3.8
(小計)ぜひ旅行したい(%)		54.6	40.4	55.5	49.7	57.9	62.8	49.5	54.3	65.0	54.8	52.3	54.7	50.0
(小計)ぜひ＋機会があれば旅行したい(%)		92.8	88.9	89.4	96.2	95.7	93.5	91.0	90.5	96.0	85.7	86.4	90.6	84.6

資料：「DBJ・JTBFアジア・欧米豪 訪日外国人旅行者の意向調査（2023年度版）」

Ⅱ-3 訪日旅行事業の現況

1 日本企業による訪日旅行事業の展開

訪日客の回復を見据えた取り組み

(1)主要旅行会社の外国人旅行取扱額

観光庁「主要旅行業者の旅行取扱状況年度総計」によると、日本の旅行会社における外国人旅行取扱額は、新型コロナウイルス感染症流行の影響を受けて2020年より減少したものの、2021年度以降は回復傾向が見られている。2022年度（速報値）の外国人旅行取扱額は658億円、総取扱額に占める割合は2.3%となった（図Ⅱ-3-1）。

図Ⅱ-3-1　主要旅行会社の外国人旅行取扱額とシェアの推移

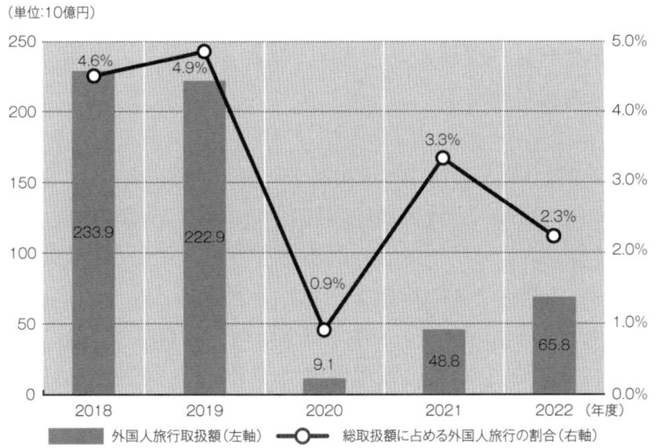

(注)2022年度は速報値。
資料：観光庁「主要旅行業者の旅行取扱状況年度総計」をもとに(公財)日本交通公社作成

月別の動向を見ると、個人旅行が解禁になったりと水際対策が緩和された2022年10月以降は、それ以前と比較すると取扱額が大きく増加した。2019年度の各月と比較しても、10月以降は徐々に2019年度の水準に近付いている（図Ⅱ-3-2）。

図Ⅱ-3-2　主要旅行会社の外国人旅行取扱額の月別推移

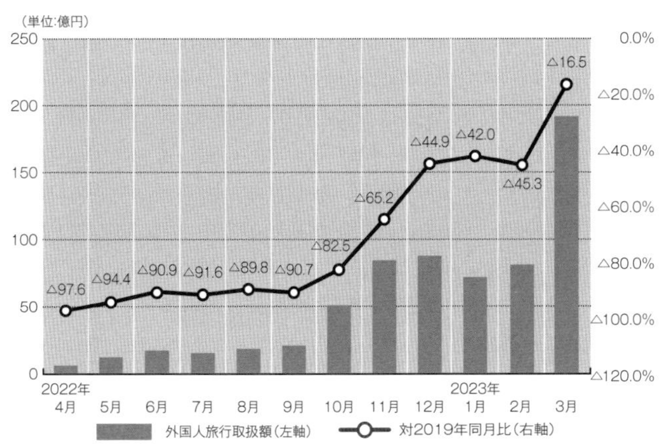

(注)速報値。
資料：観光庁「主要旅行業者の旅行取扱状況速報」をもとに(公財)日本交通公社作成

(2)主要旅行業者の訪日旅行事業戦略

主要旅行業者各社の間では、コロナ禍からの回復を受けて訪日旅行事業を拡大・推進する動きが見られた。

2022年6月に外国人観光客の受け入れが再開されたことを受けて、JTBグループで訪日旅行を扱うJTBグローバルマーケティング＆トラベル（JTBGMT）は、訪日外国人向けパッケージ旅行「サンライズツアー」より、「サンライズツアー添乗員付きパッケージツアー」の販売を、2022年7月に再開した。「サンライズツアー」は、2020年4月以降催行を中止していた。

読売旅行は2023年2月1日に、事業統括本部内に「インバウンド事業準備室」を設置した。読売新聞グループは多彩な文化・スポーツ事業を抱えているが、それらを活用した高付加価値コンテンツをインバウンド向けに企画・販売する。同社は新型コロナウイルスの感染拡大を受けて2020年にインバウンド事業を休止したが、それを再開した形となる。

楽天グループは2022年7月に、楽天トラベルの訪日外国人向け宿泊予約サイトを刷新した。訪日旅行客の需要により応えた仕様、宿泊施設が施設の魅力や独自の宿泊プランをより訴求しやすい仕様へと改善した。また、楽天トラベルが推奨する宿泊施設には「Japan Quality」マークを表示し、日本ならではの高品質なおもてなし文化がある宿泊施設が判別できるような仕様とした。

(3)訪日旅行商品・サービス開発

2022年度は、トレンドを踏まえた商品・サービスの開発や、特定の層やコミュニティを対象としたプロモーション等の取り組みが見られた。また、人材不足や危機管理等の課題に対応するための取り組みも見られた。

●世界のトレンドを踏まえた商品・サービス

JTBGMTは2022年10月より、2023年の訪日外国人向けパッケージ旅行「サンライズツアー」の販売を開始した。新たなツアー商品には、リピーター向けの少人数「体験型・プライベートツアー」や、「アドベンチャーツーリズム」関連商品、「農泊」プラン等が含まれる。また、2022年3月に、サステナブル・ツーリズムの審査を行う世界的な第三者国際認証団体であるTravelifeより、最もレベルの高い認証であるTravelife Certifiedを取得したことを踏まえ、サステナブルな視点を意識した内容となっている。

アクティビティ予約サイト「VELTRA（ベルトラ）」の運営を行うベルトラは、2023年1月に、一般社団法人エコロジックと共同で訪日外国人向け特設サイト「A Way of Life in Mt. Fuji」を公開し、静岡県・富士エリアにおける滞在型エコツアー等の販売を開始した。「A Way of Life in Mt. Fuji」では、静岡県・富士エリアに滞在する魅力が紹介されており、英語ガイドの案内で散策するフォレストツアー、地元食材のランチが楽しめる電動自転車ツアー等のエコツアーを販売している。

JTBパブリッシングは、2023年2月、農泊の魅力を紹介するデジタルマガジン『Countryside Stays Japan web magazine』を公開した。密を避けた自然豊かな場所で、食等を通じてその土地の歴史や文化を味わう旅の需要の高まりを背景に、日本の24の農泊地域の魅力を掲載している。

ウェブメディアの企画・運営を行うハーチは、2023年2月、ゼロウェイスト、脱プラスチック、ヴィーガン、エシカル、フェアトレード等、さまざまな切り口でサステナブルなブランドをキュレーションして英語で紹介するサイト「Zenbird.life（ゼンバード・ドット・ライフ）」を立ち上げた。訪日観光客が自分のライフスタイルに合わせた選択をできるように、おすすめのサステナブルなブランドをカテゴリー別に掲載している。

●訪日リピーターを意識した地方プロモーション

JR東日本は、2022年12月、海外の日本ファン向け会員サービス「JAPAN RAIL CLUB」を立ち上げた。月額のサブスクリプション制で、SNSのオンラインコミュニティ運営、「おみやげボックス定期便」、イベント等を実施する。対象はシンガポールと台湾で、今後エリア拡大を検討する。地域のファンをつくり出し、海外目線で地域の魅力を新たに発掘すること、東北等の地域活性化につなげることを目指している。

地球の歩き方は、2023年2月、同社が運営する訪日外国人向け旅行情報サイト「GOOD LUCK TRIP（好運日本行）」の新潟県新潟市を巡るプランが、台湾の旅行会社である名生旅行社の団体パッケージツアーになったと発表した。「GOOD LUCK TRIP」は“外国人にはまだ知られていない、ひと味違った新潟市の魅力”をテーマに新潟市の楽しみ方を提案しており、本ツアーには普段は台湾からのツアーが訪れないスポットも組み込まれている。

●オンラインを活用した新たなプロモーション

HISは、MyAnimeListが提供するコミュニティ機能をメタバース化した「3Dクラブルーム」内に「トラベルクラブ」を開設することを、2023年2月に発表した。旅行商材の開発やさらなるインバウンドの誘致に取り組むために、「トラベルクラブ」では、日本のアニメ・マンガ好きが集まるSNSサイト「My Anime List」のユーザーに向けて、旅行というテーマを加えた新たなコミュニティの構築を図る。またメタバース空間を活用して、イベントや、デジタルグッズ・日本の特産品の販売等を行うことも検討している。

●人材育成

訪日旅行やガイド育成事業等を展開するノットワールドは、2022年7月から新年度の会員募集を開始した。2022年9月に始まる新年度に向けては、インバウンドの本格再開を見据えて、ガイドに役立つ知識・スキルの提供に特化した動画の見放題プラン「KNOTTER（ノッター）」を月額1,100円で企画した。動画見放題プランでは、eラーニング「ガイドの知恵袋」動画が公開される。また全国通訳案内士が5年に1度受講を義務付けられている通訳案内研修も、今回を機に同社が運営するガイドコミュニティ「JapanWonderGuide」上にて、メンバーに向けて無料で公開される。

少人数プライベートツアーサービスを行うotomoは、一般社団法人インバウンドガイド協会と共同で、ガイドに特化した情報メディア「ガイドナビ」を立ち上げた。関連ニュースや研修・セミナー情報の配信等を通して、訪日外国人の案内等に役立つ知識を発信する。

大分県の訪日外国人客受け入れ態勢強化に取り組むインバウンド推進協議会OITAは、2022年7月、会員を対象に「デジタル人材育成プログラム」を開始した。インバウンド復活を見据えて観光人材の育成を強化するため、デジタル活用を学ぶ学習プログラムを無料で提供する。

●危機管理

ぐるなびは、2022年7月、訪日外国人向け観光情報サービス「LIVE JAPAN PERFECT GUIDE TOKYO」（LIVE JAPAN）で災害時の支援情報等を多言語で提供する新プロジェクトを始動した。施設からの災害情報を多言語で発信したり、避難場所や一時滞在施設の情報を「LIVE JAPAN」内コンテンツの「便利MAP」に表示させたりすることで、訪日外国人旅行者の安心安全確保につなげる。

海外渡航者向けのサポートサービスを展開してきたプレステージ・インターナショナル（PI）グループのプレステージ・グローバルソリューションは、2022年10月、旅館・ホテル、旅行会社等を対象に、受け入れ中の訪日外国人観光客が病気やケガに見舞われた場合、通訳や医療費支払い等の医療対応をサポートするサービスの提供を始めた。緊急時における多言語での24時間の電話通訳、通訳者手配、医療機関の紹介等をワンストップで代行する。医療費についても、クレジットカード決済や保険会社への請求等、支払いを支援する。

(4)免税店・免税サービスの動向

●サービスの利便性向上

住友不動産グループは、2023年3月13日から19日に、羽田空港第3ターミナル直結の複合施設「羽田エアポートガーデン」で、観光庁の消費税免税品「海外直送制度」を実施した。複合施設に入る店舗で免税品を一定金額以上購入した場合、自宅（海外）に購入品を直送する。訪日外国人旅行者による消費税免税消費を高め、地域経済の活性化を図ることを目的としている。また「手ぶら観光」により行動範囲が広がり、地方誘客の促進につながることも期待されている。

訪日外国人旅行者向け観光プラットフォームサービスを提供するWAmazingとパナソニック コネクトは、2022年11月、顔認証による本人確認と免税資格確認で商品の無人受け取りが可能になる自動販売機を開発したことを発表した。WAmazingが運営する専用ショッピングサイト「WAmazing Shop」で購入予約した商品を、駅や空港内等のロッカー型の自動販売機で受け取ることができる。顔認証には、パナソニック コネクトのセンシング技術を活用している。今後、この自動販売機を活用したインバウンド向け免税オンラインショッピングサービスを全国に拡大していくとしている。

●免税店数・売上高の状況

全国の免税店数は、2022年9月末時点で52,227店と、前回調査（2022年3月）に比べ0.08％とわずかに減少した。三大都市圏（東京都、神奈川県、千葉県、埼玉県、愛知県、大阪府、京都府、兵庫県）は32,499店（同0.69％減）、三大都市圏を除く地方で19,728店（同0.94％増）となった（図Ⅱ-3-3）。免税店数は2012年4月以降、三大都市圏・地方部双方において常に増加傾向にあったが、2021年3月以降は減少に転じている。

消費税免税を行っている百貨店について見ると、1店舗当たりの免税購買客数は、個人旅行が解禁された2022年10月以降に回復傾向が見られたが、コロナ禍前の2019年の水準にはまだ戻っていない（図Ⅱ-3-4）。また、1店舗当たりの免税販売売上高も同じく2022年10月以降に回復傾向が見られた（図Ⅱ-3-5）。一人当たりの購買単価は徐々に減少し、2019年の水準に近付きつつある（図Ⅱ-3-6）。

（山本奏音）

図Ⅱ-3-3　免税店数の推移

（単位：店）

	地方部計	三大都市圏計	合計
2016年10月	14,827	23,826	38,653
2017年4月	15,601	24,931	40,532
2017年10月	16,444	26,347	42,791
2018年4月	17,118	27,528	44,646
2018年10月	18,096	29,345	47,441
2019年4月	19,041	31,157	50,198
2019年10月	19,883	32,339	52,222
2020年3月	20,670	33,997	54,667
2020年9月	20,787	34,347	55,134
2021年3月	20,554	34,168	54,722
2021年9月	19,765	33,119	52,884
2022年3月	19,545	32,726	52,271
2022年9月	19,728	32,499	52,227

資料：国税庁集計データ・観光庁作成データをもとに（公財）日本交通公社作成

図Ⅱ-3-4　消費税免税を行っている百貨店における1店舗当たり免税購買客数の推移

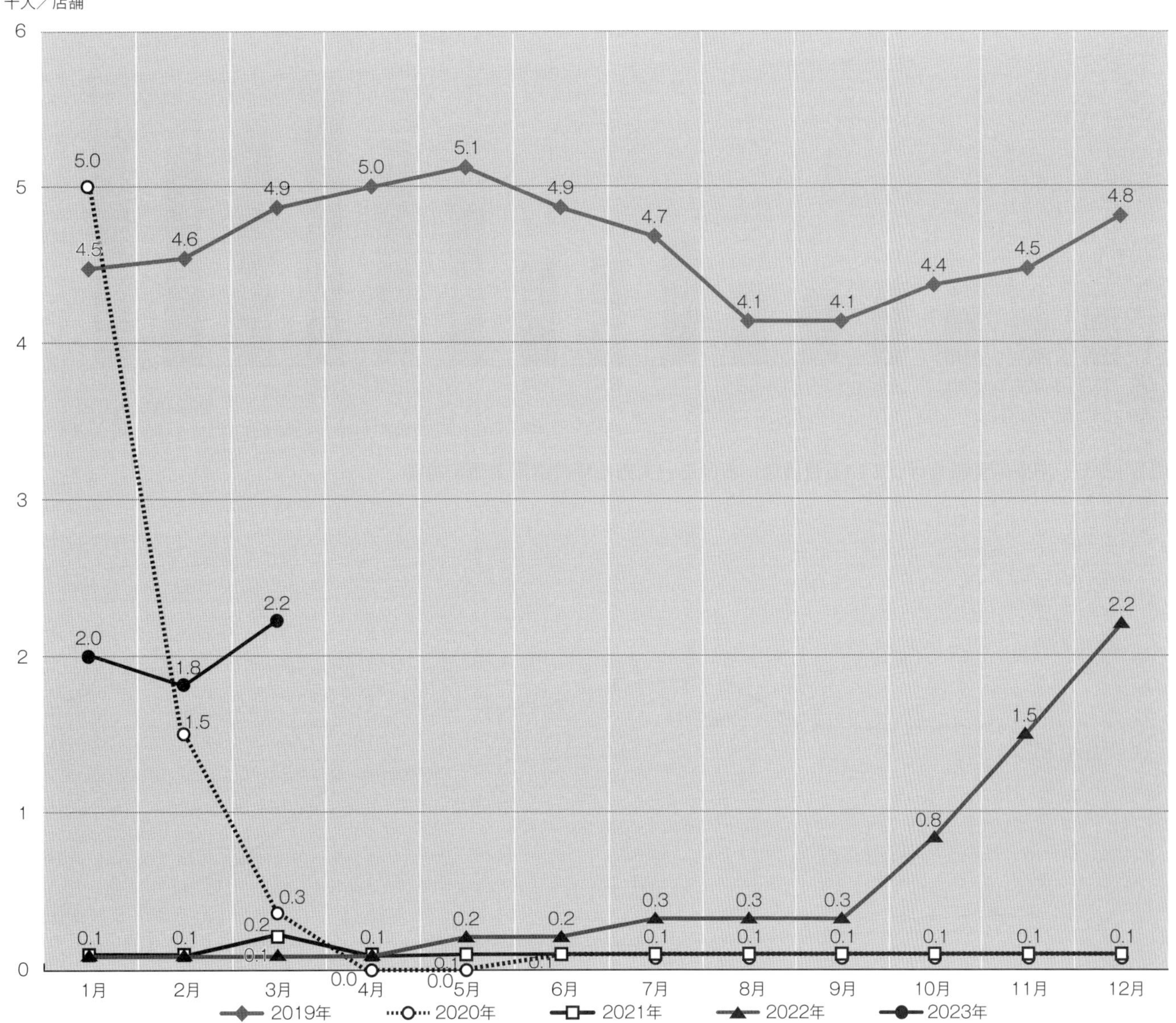

資料：（一社）日本百貨店協会「免税売上高・来店動向【速報】」をもとに（公財）日本交通公社作成

第Ⅱ編
訪日外国人旅行

図Ⅱ-3-5　消費税免税を行っている百貨店における1店舗当たり免税販売売上高の推移

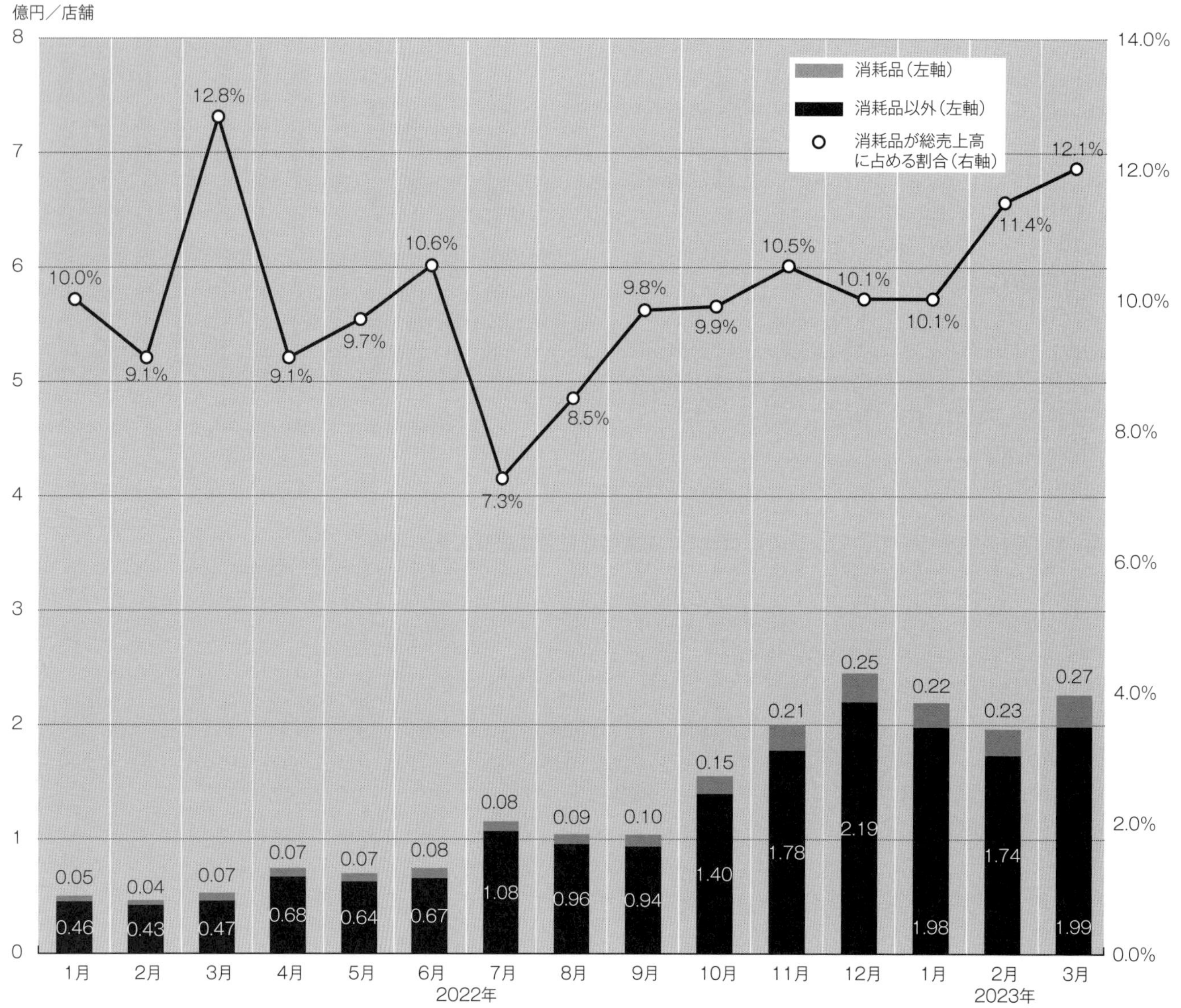

億円／店舗
消耗品（左軸）
消耗品以外（左軸）
消耗品が総売上高に占める割合（右軸）
10.0%
9.1%
12.8%
9.1%
9.7%
10.6%
7.3%
8.5%
9.8%
9.9%
10.5%
10.1%
10.1%
11.4%
12.1%
0.05
0.46
0.04
0.43
0.07
0.47
0.07
0.68
0.07
0.64
0.08
0.67
0.08
1.08
0.09
0.96
0.10
0.94
0.15
1.40
0.21
1.78
0.25
2.19
0.22
1.98
0.23
1.74
0.27
1.99
1月 2月 3月 4月 5月 6月 7月 8月 9月 10月 11月 12月 1月 2月 3月
2022年
2023年

資料：（一社）日本百貨店協会「免税売上高・来店動向【速報】」をもとに（公財）日本交通公社作成

図Ⅱ-3-6　消費税免税を行っている百貨店における一人当たりの購買単価の推移

万円/人
2019年: 6.3, 7.5, 7.4, 7.4, 6.5, 6.2, 6.4, 6.7, 6.6, 6.5, 6.4, 6.8
2020年: 7.0, 8.2, 15.9, 21.0, 24.1, 21.6, 23.7, 31.1, 38.6, 42.0, 38.0, 36.2
2021年: 33.6, 40.3, 39.4, 40.2, 47.3, 46.6, 42.7, 42.9, 48.4, 50.4, 48.3, 44.1
2022年: 47.9, 66.1, 49.5, 47.6, 41.0, 36.0, 35.0, 33.7, 32.6, 19.2, 12.6, 11.0
2023年: 10.3, 10.8, 10.2
1月 2月 3月 4月 5月 6月 7月 8月 9月 10月 11月 12月

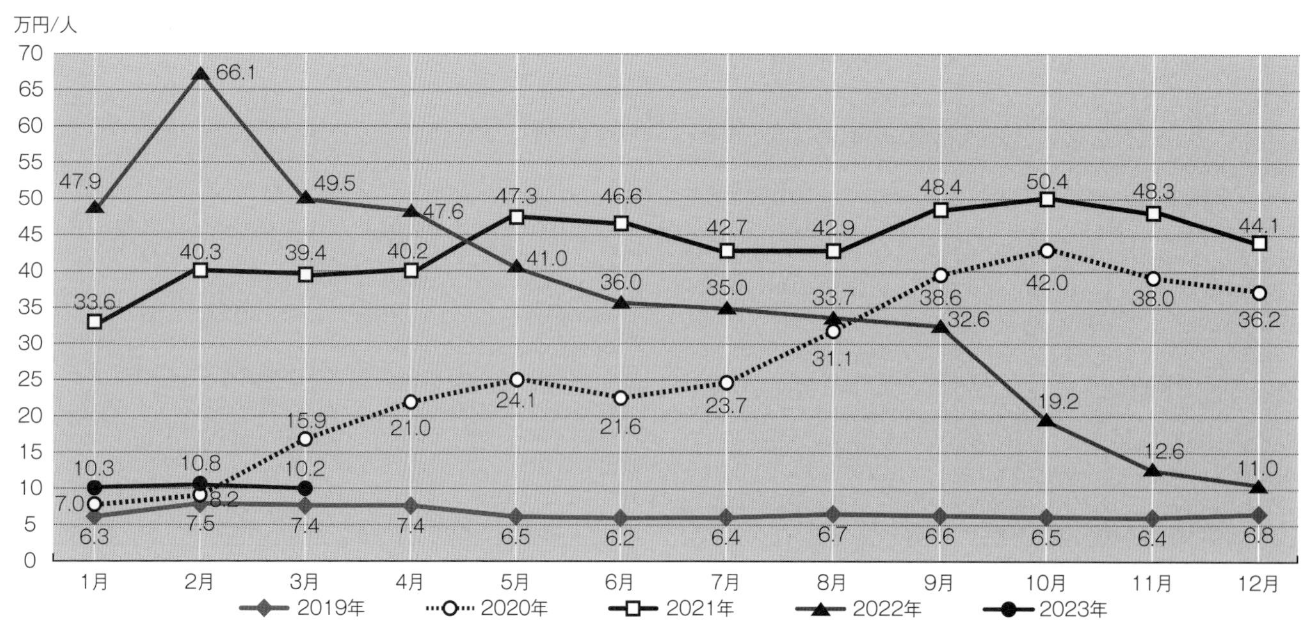

資料：（一社）日本百貨店協会「免税売上高・来店動向【速報】」をもとに（公財）日本交通公社作成

2 海外で販売される訪日パッケージツアーの概況

台湾・香港で訪日パッケージツアーの取り扱いを再開
コロナ禍を経て、訪日パッケージツアーに新たなトレンド

(1)2022年の訪日パッケージツアーの販売状況

当財団では、2015年より、台湾(3社)、香港(2社)、中国(3社)で販売されている訪日旅行商品のデータ収集、集計、分析を行う「JTBF 訪日旅行商品調査」を実施してきている。世界的な新型コロナウイルス感染症の流行に伴い、調査対象国・地域では、2020年以降、海外パッケージツアーの販売を禁止もしくは控える動きが見られたが、台湾、香港では2022年に入境時の防疫措置が緩和されたことに伴い、海外パッケージツアーの取り扱いが解禁された。

台湾では交通部観光局が、2020年3月以降、旅行会社に対し海外パッケージツアーの販売を禁止していたが、2022年10月には、入境時の防疫措置緩和に伴い、海外パッケージツアーの取り扱い、海外からの受け入れを約2年半ぶりに解禁した。これに伴い、訪日パッケージツアーの取り扱いも再開された。

香港では、2022年6月に日本政府が添乗員付きパッケージツアーの受け入れを開始したことに伴い、6～7月にかけて複数の旅行会社が訪日パッケージツアーの催行を相次いで再開した。

中国では文化旅游部が、2020年1月以降、海外パッケージツアーの取り扱いを禁止していたが、2022年12月にはいわゆる「ゼロコロナ政策」や、2023年1月には水際対策を撤廃したことから、順次、海外パッケージツアーの取り扱いが解禁された。また、2023年2月には20か国が海外旅行先の解禁対象国として指定され、3月にはこれに新たに40か国が追加された。なお、日本は2～3月の時点では、海外旅行先の解禁対象国に指定されなかった。

(2)台湾・香港・中国の旅行会社及び国内のパッケージツアーの動向

「JTBF 訪日旅行商品調査」は、新型コロナウイルス感染症の流行により、一部、通常と同様のデータ収集、集計、分析が困難な状況となったため、本稿では、調査対象国・地域の旅行会社が販売する国内パッケージツアー及び訪日パッケージツアーの状況について記す。

●台湾

台湾では、2022年10月に約2年半ぶりに訪日パッケージツアーの取り扱いが再開されたが、それ以前も、各社ウェブサイトへの参考価格や行程の掲載は許可されていたため、各社が商品情報を提示した。

取り扱い再開以降に販売されているツアー価格は、航空券や日本国内の移動・宿泊に係る費用の増大が影響し、2019年の同期と比較して値上がり傾向を示している。「JTBF 訪日旅行商品調査」で収集したデータから、2019年と2022年の7～8月出発商品においてほぼ同様の内容(台北発沖縄行き4泊5日)のツアー価格(平均)を比較したところ、2019年は23,400NTドル(約8.1万円)であるのに対し、2022年は37,455NTドル(約17万円)となった。

また、台湾においては、コロナ禍以降、SDGsへの意識が高まったことから、旅行会社が販売するパッケージツアーの中には、地域の自然体験、文化体験等を通じて、地域の伝統や文化を学ぶ商品が確認できる。例えば、台湾の東南旅行社では、台湾東部の宜蘭を訪問する国内パッケージツアーにおいて、特産品である「三星葱」の収穫体験や、収穫したネギを使った郷土料理の調理体験のほか、この地方の主な産業が稲作であることから、稲刈り前の田園風景の鑑賞が組み込まれている。

一方、コロナ禍前から訪日パッケージツアーで人気があるコンテンツも継続して販売されている。観光列車では「ななつ星」、「四季島」、「瑞風」等の観光列車商品(雄獅旅行社)、マラソンでは「金沢マラソン」(雄獅旅行社)、「北海道マラソン」(台灣近畿國際旅行社)に参加する商品、自転車では「乗鞍ヒルクライム」や能登半島を1周する「ツール・ド・のと」に参加する商品(雄獅旅行社)等が販売された。

●香港

香港では、訪日パッケージツアーの取り扱いが解禁された直後に販売された商品は、香港、日本両政府の水際対策に対応するための費用(PCR検査費用、海外旅行保険、日本から香港に再度入境する際の隔離ホテル等の予約等)を含んでいるケースもあり、ツアー価格が高騰した。永安旅行社が販売する2022年7～8月出発の商品では、「香港隔離ホテル7泊分+3食付き」と明記されたツアーの平均価格は、約2万HKドル(約35万円)であるのに対し、水際対策に対応していないツアーの平均価格は約1万2千HKドル(約21万円)となっており、通常のツアー価格から6～7割程度割高となっている。

また、香港では、コロナ禍前から引き続き人気が高かった登山、トレッキング、鉄道等を扱う訪日パッケージツアーが確認された。

●中国

中国では、先述のとおり、日本への団体旅行及び航空券・ホテルのパッケージ商品の手配・販売を禁止しているため、旅行会社各社のウェブサイトにも訪日パッケージツアーの商品情報を掲載しない旅行会社がほとんどだが、一部の旅行会社(中国康輝旅行社集団有限責任公司)では、訪日ビザの取得代行サービスを掲載していた。

(3)コロナ禍における訪日旅行商品の新たなトレンド

本稿では2022年に海外の旅行会社で販売された訪日パッケージツアー及び海外パッケージツアーの商品情報、特にコロナ禍を経て変化した旅行者の嗜好を踏まえた訪日パッケージツアーについて記す。

①サステナブル関連の商品販売は2022年も継続

コロナ禍によって加速したサステナブルツーリズム(国連世界観光機関(UNWTO)ではサステナブルツーリズムについて「訪問客、産業、環境、受け入れ地域の需要に適合しつつ、現

在と未来の環境、社会文化、経済への影響に十分配慮した観光」と定義)は、2021年以降、旅行会社が販売するパッケージツアーの旅程に影響を与え、この傾向は2022年も継続している。

●地域の社会文化への理解を深める商品

イギリスのWendy Wu Tours UKでは、日本各地の文化を深く掘り下げて学ぶ商品「Discover Japan Tour」を販売した。この商品には、白川郷での手漉き和紙制作体験、石川県金沢市での金箔制作ワークショップへの参加や、長野県松本市の味噌蔵を訪問し、味噌の伝統的な作り方を学ぶプログラム等が含まれている。本商品は13日間で富士山、松本、金沢、高山、京都、奈良、大阪を周遊し、価格はおよそ6千～7千ポンド(約104～125万円)となっている。また、訪日パッケージツアーではないものの、韓国のハナツアーでは「地元体験」をテーマにした商品カテゴリーを設けている。この中では、タイ・チェンマイでの象とのバンガロー宿泊体験、水遊び体験を通じて、タイ国民と象のつながりについて理解を深める3泊5日のツアーを152万9千ウォン(約16万円)で販売した。

●環境に配慮した商品

韓国では、複数の旅行会社がCO_2排出量の少ない鉄道・新幹線のみで日本を縦断する商品を販売した。韓進観光では、日本最北端の稚内駅(北海道)から函館、軽井沢、金沢、岡山、高松を経て、日本最南端の西大山駅(鹿児島県)まで日本列島を縦断する7泊8日の商品を319万ウォン(約34万円)で販売した。同商品は顧客の快適性の観点から最大催行人数を14名とし、各地での過ごし方は、ガイド付き観光か自由行動のいずれかが選択可能。同様の商品として、ロッテJTBでは、九州から鉄道や新幹線で北上し、札幌に到着した後、東京、新大阪、小倉を経由して下関港からフェリーで釜山港へ出国するツアーが239万ウォン(約25万円)で販売された。

また、訪日パッケージツアーではないものの、韓国のハナツアーでは「私と地球の健康を守ろう」と題したハワイ行きのパッケージツアーを販売した。このツアーでは、タンブラーやエコバッグの使用、プロギングチャレンジ(ゴミ拾いとジョギングを組み合わせた活動)等、ハワイのため、地球のために旅行者ができることの実践が可能で、4泊6日のプランが326万6,600ウォン(約33万円)で販売された。

②アウトドアへの関心の高まり

コロナ禍では三密を回避できるレジャーとしてアウトドアへの関心が高まった。2022年はこうしたニーズを受け、さまざまな訪日パッケージツアーが販売された。

台湾や韓国を中心にアウトドアアクティビティの中で人気が高いのが、登山やトレッキングである。これまでも、富士山登山を中心に人気が高いコンテンツだったが、新型コロナウイルス感染症の流行以降、日本各地の山岳を訪問する商品や、登山の難易度別の商品が登場しており、多様化が進んだ。韓国のハナツアーでは、富士山登山、槍ヶ岳の日の出トレッキング、尾瀬国立公園でのトレッキング、九州オルレの唐津コースや嬉野コースをトレッキングするツアー等、多数の商品が販売された。また、初心者向けに、標高が低い車山高原や入笠山で4時間以内のトレッキングを楽しむことができるツアーが167万4,400ウォン(約18万円)で販売された。一方、台湾の雄獅旅行社では、登山経験者を対象に、難易度が高い登山ツアーが販売された(価格不詳)。著名な登山家が帯同し、白神山地周辺の山々を登山する。このツアーは、募集段階で一定の登山経験や体力を必要とすることが明記されており、催行前には、参加を希望する顧客がツアー参加に適しているか旅行会社が判断する機会を設けている。

オーストラリアやアメリカでは、一旅程で複数のアウトドアアクティビティが実施できる商品が見られる。オーストラリアに本社をもち、世界各国で事業を展開するFlight Centreでは、ハイキング、自転車、カヤックを楽しむことができる「Japan: Hike, Bike & Kayak」が販売された。この商品は、中山道(妻籠・馬籠)のハイキング、しまなみ海道でのサイクリング・カヤック、熊野古道でのハイキング等、外国人旅行者に人気が高いスポットでのアウトドアアクティビティが盛り込まれた行程となっている。価格はおよそ8千～1万AUドル(約74万～93万円)となっている。

(注1)本稿で紹介する訪日パッケージツアーは、調査時点において販売されているものであり、催行を保証するものではない。

(注2)本稿で紹介するツアー価格の日本円は、販売当時のレートで換算。

(柿島あかね)

第Ⅲ編　観光産業

Ⅲ-1　旅行業

Ⅲ-2　運輸業

Ⅲ-3　宿泊業

Ⅲ-4　集客交流施設、MICE

Ⅲ-1 旅行業

1 旅行業の現況

地域限定旅行業者と旅行サービス手配業者が増加
コロナ禍3年目の取扱額は
前年度比100%増、コロナ禍前比40%減

(1)旅行業者数

観光庁によると、2023年4月1日時点の旅行業者総数(旅行業者と旅行業者代理業者、旅行サービス手配業の計)は12,090社で、増加に転じた(前年比2.5%増)(表Ⅲ-1-1)。

営業資格別に見ると、増加したのは第2種旅行業(国内の募集型企画旅行の企画・実施が可能)が0.6%の微増、地域限定旅行業(隣接する市町村等、特定の範囲内での募集型企画旅行の企画・実施が可能)が16.7%増で、地域限定旅行業者は623社となり、第1種とほぼ並んだ。一方、第1種(海外・国内の募集型企画旅行の企画・実施が可能)と第3種(受注型企画旅行ならびに限定区域内での募集型企画旅行の企画・実施が可能)は微減傾向が続いている。

旅行業者代理業者は4.8%減と、2012年以降11年連続の減少となった。2018年に制度化されて増加している「旅行サービス手配業」(ランドオペレーター業務を行う)の登録は18.4%と再び大きく増加した。

(2)主要旅行業者の取扱額

観光庁の「主要旅行業者の旅行取扱状況年度総計(速報)」によると、2022年度の主要旅行業者43社の取扱額(他の旅行業者が造成した募集型企画旅行の代売実績を含む)は合計で2兆9,102億円で、前年度比99.7%増となったが、2019年度比では36.4%減と、コロナ禍前からの回復は6割程度にとどまった。市場別では、国内旅行が2兆3,899億円(前年度比79.0%増、2019年度比6.6%減)、海外旅行は4,546億円(同520.8%増、同74.6%減)、外国人旅行(日本の旅行会社によるインバウンド旅行)は658億円(同34.7%増、同70.4%減)であった(表Ⅲ-1-2)。このように国内旅行についてはコロナ禍前の水準に戻りつつあるといえる。

四半期別に見ると、外国人旅行では、第3四半期からの大幅な回復が見られるが、海外旅行の回復は相対的に弱い(表Ⅲ-1-3)。

表Ⅲ-1-4は、主要旅行業者43社のうち、各社の消費者への販売力(BtoC)を比較するため、ホールセール専門会社とみなされる3社を除外し可能な限り代売実績の重複を避け、対象40社の取扱額合計に占める各社(グループ)のシェアについて推計を行ったものである。

2022年度の総取扱額では、1位が「JTB」(グループ7社計)で40社中のシェアは45.0%、2位は「KNT-CTホールディングス」(グループ4社計)で同10.9%、3位は「日本旅行」で同9.6%となった。

表Ⅲ-1-1 旅行業者数の推移

(単位:社、%)

		2019年		2020年		2021年		2022年		2023年	
		実数	前年比	実数	前年比	実数	前年比	実数	前年比	実数	前年比
総数		11,560	4.1	11,948	3.4	11,888	△0.5	11,791	△0.8	12,090	2.5
旅行業		9,783	1.0	9,790	0.1	9,610	△1.8	9,454	△1.6	9,447	△0.1
	第1種	691	0.4	686	△0.7	670	△2.3	631	△5.8	627	△0.6
	第2種	3,022	1.4	3,043	0.7	3,036	△0.2	3,035	△0.0	3,054	0.6
	第3種	5,803	△0.2	5,692	△1.9	5,451	△4.2	5,254	△3.6	5,143	△2.1
	地域限定	267	33.5	369	38.2	453	22.8	534	17.9	623	16.7
旅行業者代理業		675	△4.4	620	△8.1	564	△9.0	537	△4.8	511	△4.8
旅行サービス手配業		1,102	53.7	1,538	39.6	1,714	11.4	1,800	5.0	2,132	18.4

資料:観光庁のウェブサイトをもとに(公財)日本交通公社作成

表Ⅲ-1-2 主要旅行業者の取扱額と増減率

(単位:億円、%)

	2019年度	2020年度	2021年度	2022年度	前年度比	2019年度比
海外旅行	17,920	406	732	4,546	520.8	△74.6
外国人旅行	2,219	91	488	658	34.7	△70.4
国内旅行	25,600	9,426	13,353	23,899	79.0	△6.6
合計	45,739	9,922	14,574	29,102	99.7	△36.4

資料:観光庁「2022年度(令和4年度)主要旅行業者の旅行取扱状況年度総計(速報)」をもとに(公財)日本交通公社作成

表Ⅲ-1-3 主要旅行業者の取扱額の四半期別前年度比(増減率)

(単位:%)

	第1四半期(4~6月)	第2四半期(7~9月)	第3四半期(10~12月)	第4四半期(1~3月)
海外旅行	329.8	522.7	549.2	606.3
外国人旅行	30.1	△85.4	274.0	1,032.9
国内旅行	194.7	136.2	44.1	49.4
合計	203.4	130.0	67.2	80.9

資料:観光庁「2022年度(令和4年度)主要旅行業者の旅行取扱状況年度総計(速報)」をもとに(公財)日本交通公社作成

表Ⅲ-1-4 主要旅行業者の取扱額上位10社とシェア

ー総取扱額ー

順位	2018年度	2019年度	2020年度	2021年度	2022年度	取扱額(百万円)	前年度比(%)	40社内シェア(%)
1	JTB	JTB	JTB	JTB	JTB	1,211,605	74.5	45.0
2	HIS	KNT	KNT	KNT	KNT	293,060	88.9	10.9
3	KNT	日本旅行	日本旅行	日本旅行	日本旅行	257,606	121.3	9.6
4	日本旅行	阪急交通社	阪急交通社	阪急交通社	東武トップツアーズ	168,599	66.5	6.3
5	阪急交通社	東武トップツアーズ	JR東海ツアーズ	東武トップツアーズ	阪急交通社	154,503	213.4	5.7
6	東武トップツアーズ	エアトリ	HIS	名鉄観光サービス	HIS	146,834	376.7	5.5
7	エボラブルアジア	名鉄観光サービス	東武トップツアーズ	JR東海ツアーズ	JR東海ツアーズ	71,283	92.1	2.6
8	JR東海ツアーズ	JR東海ツアーズ	名鉄観光サービス	HIS	名鉄観光サービス	63,743	65.5	2.4
9	名鉄観光サービス	農協観光	びゅうトラベルサービス	びゅうトラベルサービス	日新航空サービス	25,007	288.1	0.9
10	農協観光	日新航空サービス	農協観光	西鉄旅行	エムオーツーリスト	23,918	326.5	0.9

ー国内旅行取扱額ー

順位	2018年度	2019年度	2020年度	2021年度	2022年度	取扱額(百万円)	前年度比(%)	40社内シェア(%)
1	JTB	JTB	JTB	JTB	JTB	1,079,451	70.3	49.6
2	KNT	KNT	KNT	KNT	KNT	261,319	74.5	12.0
3	日本旅行	日本旅行	日本旅行	日本旅行	日本旅行	200,450	81.7	9.2
4	阪急交通社	阪急交通社	阪急交通社	阪急交通社	東武トップツアーズ	156,133	58.8	7.2
5	東武トップツアーズ	東武トップツアーズ	JR東海ツアーズ	名鉄観光サービス	阪急交通社	119,734	176.0	5.5
6	JR東海ツアーズ	JR東海ツアーズ	名鉄観光サービス	JR東海ツアーズ	JR東海ツアーズ	70,571	90.3	3.2
7	名鉄観光サービス	名鉄観光サービス	東武トップツアーズ	東武トップツアーズ	名鉄観光サービス	59,406	58.0	2.7
8	エボラブルアジア	エアトリ	HIS	HIS	HIS	54,619	131.2	2.5
9	HIS	農協観光	びゅうトラベルサービス	びゅうトラベルサービス	農協観光	17,751	111.3	0.8
10	農協観光	びゅうトラベルサービス	農協観光	農協観光	読売旅行	17,454	379.7	0.8

ー海外旅行取扱額ー

順位	2018年度	2019年度	2020年度	2021年度	2022年度	取扱額(百万円)	前年度比(%)	40社内シェア(%)
1	JTB	JTB	JTB	JTB	JTB	104,404	491.1	23.4
2	HIS	阪急交通社	HIS	HIS	HIS	89,528	1179.7	20.1
3	阪急交通社	KNT	阪急交通社	阪急交通社	日本旅行	41,432	775.8	9.3
4	KNT	日本旅行	エムオーツーリスト	日新航空サービス	阪急交通社	34,115	477.3	7.6
5	日本旅行	エアトリ	KNT	日本旅行	日新航空サービス	22,514	369.0	5.0
6	エボラブルアジア	日新航空サービス	日新航空サービス	エムオーツーリスト	エムオーツーリスト	22,037	388.7	4.9
7	日新航空サービス	エムオーツーリスト	日本旅行	エヌオーイー	KNT	20,993	596.1	4.7
8	エムオーツーリスト	旅工房	郵船トラベル	郵船トラベル	郵船トラベル	17,082	404.2	3.8
9	エヌオーイー	エヌオーイー	日通旅行	KNT	エヌオーイー	16,111	291.1	3.6
10	日通旅行	東武トップツアーズ	エヌオーイー	トヨタツーリスト	HTB-BCDトラベル	12,714	439.5	2.8

ー外国人旅行取扱額ー

順位	2018年度	2019年度	2020年度	2021年度	2022年度	取扱額(百万円)	前年度比(%)	40社内シェア(%)
1	JTB	JTB	JTB	JTB	JTB	27,750	△35.1	42.2
2	HIS	日本旅行	KNT	KNT	日本旅行	15,724	1045.2	23.9
3	日本旅行	KNT	日本旅行	東武トップツアーズ	KNT	10,749	353.8	16.4
4	KNT	東武トップツアーズ	東武トップツアーズ	日本旅行	HIS	2,687	1425.5	4.1
5	東武トップツアーズ	阪急交通社	HIS	T-LIFEホールディングス	東武トップツアーズ	2,349	50.9	3.6
6	阪急交通社	びゅうトラベルサービス	T-LIFEホールディングス	HIS	T-LIFEホールディングス	1,719	852.7	2.6
7	東日観光	T-LIFEホールディングス	WILLER	名鉄観光サービス	名鉄観光サービス	1,139	610.1	1.7
8	名鉄観光サービス	JR東海ツアーズ	名鉄観光サービス	WILLER	JR東日本びゅう	901	2902.4	1.4
9	びゅうトラベルサービス	名鉄観光サービス	びゅうトラベルサービス	阪急交通社	阪急交通社	654	4366.7	1.0
10	JR東海ツアーズ	日通旅行	農協観光	JR東海ツアーズ	JR東海ツアーズ	615	5574.8	0.9

(注1)シェアの分母は主要旅行業者43社から下記ホールセラー3社を除外した取扱額の合計。
ANA X(株)、(株)ジャルパック、ビッグホリデー(株)
(注2)2022年度の「JTB」は以下7社の合計(社内取引を相殺した額で算出)(2018年度は12社、2019年度は11社、2020年度~2021年度は9社)。
(株)JTB、(株)JTBグローバルマーケティング&トラベル、(株)JTB沖縄、(株)JTBメディアリテーリング、(株)JTBビジネストラベルソリューションズ、(株)JTBガイアレック、(株)トラベルプラザインターナショナル
(注3)2022年度の「KNT」は以下4社の合計(社内取引を相殺した額で算出)(2018年度~2021年度は13社)。
クラブツーリズム(株)、近畿日本ツーリスト(株)、(株)近畿日本ツーリストコーポレートビジネス、(株)ユナイテッドツアーズ
(注4)「阪急交通社」は以下3社の合計(社内取引を相殺した額で算出)。
(株)阪急交通社、(株)阪急阪神ビジネストラベル、阪神トラベル・インターナショナル(株)
(注5)「HIS」は以下6社の合計(社内取引を相殺した額で算出)。2019年度のみ情報公開を休止。
(株)エイチ・アイ・エス、(株)オリオンツアー、(株)クオリタ、(株)クルーズプラネット、(株)ジャパンホリデートラベル、(株)エイチ・アイ・エス沖縄
(注6)2022年度の「T-LIFEホールディングス」は以下2社の合計(社内取引を相殺した額で算出)(2019年度~2021年度は4社)。
T-LIFEホールディングス(株)、T-LIFEパートナーズ(株)
(注7)「楽天」は、2018年度よりトラベル部門の業績開示を取りやめている。
(注8)「エアトリ」は、2020年度より情報を非公開。

資料:観光庁「主要旅行業者の旅行取扱状況(各年度速報)」をもとに(公財)日本交通公社推計

(3)大手旅行会社の決算から見る売上高

大手の旅行会社5社(JTB、HIS、日本旅行、KNT-CTホールディングス、阪急交通社)の決算資料から旅行事業部門の売上高(取扱額)と前同期年比を見ると、決算期の違いによりコロナ禍の影響に差があるが、いずれも回復傾向が見られる(表Ⅲ-1-5)。

JTBの決算資料から旅行事業の売上高をコロナ禍前の2019年度と比較すると、国内旅行売上は14.9%減と回復が見られるが、海外旅行売上は90.7%減、訪日旅行売上は78.4%減と厳しく、日本より需要回復が早かったヨーロッパを中心とするグローバル旅行売上(日本以外の第三国間の旅行)は55.7%減であった。またJTBでは、旅行事業以外の売上高が5,024億25百万円で、今期も旅行事業を上回った。

表Ⅲ-1-5　大手旅行会社の売上高及び対前年同期比(増減率)

(単位：百万円、%)

	2018年		2019年		2020年		2021年		2022年	
	売上高	対前年同期比	売上高	対前年同期比	売上高	対前年同期比	売上高	対前年同期比	売上高	対前年同期比
JTB	1,152,502	0.8	1,073,593	△6.8	190,728	△82.2	210,940	10.6	475,552	125.4
KNT	411,821	1.6	385,362	△6.4	87,889	△77.2	139,957	59.2	252,152	80.2
日本旅行	－	－	－	－	89,546	－	97,314	8.7	164,893	69.4
阪急交通社	369,971	7.1	335,605	△9.3	57,835	△82.8	49,304	△14.8	154,504	213.4
HIS	651,303	21.3	722,464	10.9	359,631	△50.2	43,028	△88.0	67,693	57.3

(注1)「JTB」、「HIS」、「阪急交通社」は、(株)JTB、(株)エイチ・アイ・エス、阪急阪神ホールディングス(株)の連結業績のうち旅行事業部門の業績を記載。
(注2)「KNT」はKNT-CTホールディングス(株)の連結業績を記載。
(注3)「日本旅行」は2021年から集計・表記を変更、個別業績を記載。
(注4)各社の決算期間は次のとおり。JTB、KNT、阪急交通社:4月1日～3月31日、日本旅行:1月1日～12月31日、HIS:11月1日～10月31日。

資料:各社決算資料、ニュースリリースをもとに(公財)日本交通公社作成

2 旅行業界をめぐる動き

海外旅行需要の回復に苦戦
事業領域の再構築と拡大加速
サステナビリティ経営への取り組み進む

(1)海外旅行、訪日旅行の再開と全国旅行支援

2022年度は、3年にわたったコロナ禍からの回復期を迎え、4月末に日本からのハワイツアー、6月には添乗員付き訪日ツアーが再開され、徐々に国際旅行も動き始めた。しかし歴史的な円安による抑制等で、海外旅行に関しては需要回復にはほど遠い一年となった。

政府による水際対策(海外からの感染症上陸防止策)の緩和は、6月10日からの添乗員付きパッケージツアーに限定した観光旅行受け入れ再開から始まった。ただし一日当たりの入国制限は6月1日から上限2万人で、ツアー参加者には入国者健康確認システム(ERFS)への登録・申請が義務付けられた。その後9月7日、入国者数上限は5万人に引き上げられ、添乗員を伴わない訪日パッケージツアーの入国が許可された。あわせて陰性証明の提示も免除されたが、増加効果は限定的となった。10月11日、入国者数の上限撤廃と個人旅行、ビザなし渡航が解禁され、ようやく本格的な訪日旅行の再開となる。

国内旅行に関しては、2020年12月に中止された国内旅行需要喚起策「Go Toトラベル事業」から1年10か月を経て、2022年10月11日、政府が「全国旅行支援」を開始した。割引率は全国一律40%で、上限額は交通付き旅行商品が8,000円、それ以外は5,000円。土産品購入に使えるクーポン券は平日3,000円、休日1,000円であった。期間は12月27日宿泊分までとされたがその後、割引率等を縮小して1月10日から再開、終了時期は都道府県による設定となった。新型コロナウイルス感染症が5類へ変更された2023年5月からはワクチン接種歴や陰性の確認が不要となっている。2023年8月の時点で、9月以降も実施する都道府県は約20県である。

(2)組織再編や提携、新規参入等の動向

●組織再編の動向

各社は本格的な旅行再開に際し、財務基盤構築や事業領域拡大への取り組みを行った。

阪急交通社は、2022年7月、海外個人旅行に強いエアトリインターナショナルと業務提携契約を締結。また2023年4月に組織を改編し、デジタル活用、生産性向上、顧客接点の強化を図る目的で、新たに「DX戦略事業本部」を設立した。経営資源の最適化と競争力強化を目的に、子会社の阪急阪神ビジネストラベルと阪神トラベル・インターナショナルの合併も行った(同年4月)。存続会社は阪急阪神ビジネストラベル。

クラブツーリズムは、2022年9月、創造事業本部の地域共創事業部傘下に「BPO事業センター」を新設した。

HISは、2022年9月、連結子会社の「ハウステンボス」を香港の投資会社へ666億円で売却。また10月、資本金を248億円から1億円に減資し、財務体質の健全化と税負担の軽減を図った。資本金減資は、2021年のJTB、日本旅行、2022年5月のKNTに次ぐ。またHISは11月、関西事業部内に「大阪・関西万博推進室」を新設した。

日本旅行は、2023年1月、従来のエリア主体の運営から事業(ソリューション事業本部、ツーリズム事業本部)主体の運営に移行するため、各営業本部を廃止し、ソリューション事業本部内の地域統括組織として「広域営業部」を設置した。

東武トップツアーズは、2023年1月、地域活性化に資する課題解決を行うソーシャルイノベーション推進部内に、全国の自治体や大会・MICE、宗教、万博等の特定分野の営業推進を担う「全国支援室」を設置した。また、新たな関連商品の開発や物販の基幹部署として「関連商品室」を設置した。

読売旅行は、2023年2月、高まる訪日外国人の旅行需要に応えるため、個人・団体型の旅行商品を企画・販売する「インバウンド事業準備室」を新設した。読売新聞の英字紙を通じた海外への情報発信や読売新聞グループの文化スポーツ事業を活用した商品を企画・販売するとのこと。また読売旅行は

2022年7月、福島営業所を開設している。福島県及び県内市町村、地元事業者等との連携を強化し、2023年1月にはホープツーリズム商品の企画販売につなげた。

●事業領域拡大の動き

○異業種への参入、連携

2022年度も異業種との連携や非旅行業への事業展開は積極的に行われ、特に仮想空間や宇宙での事業展開、スポーツ分野や学校教育との連携等が目立った。

HISは2022年7月より「Web3.0・バーチャルプロジェクト」を展開し、メタバース空間に「HISトラベルワールド」を開設したほか、9月、観光特化型デジタル通貨「ルーラコイン」と「ルーラNFT(非代替性トークン)」を提供するルーラに出資した。東武トップツアーズも2023年5月、各地の観光資源や特産品をオンライン上で周遊体験できる「地方創生メタバース」をリリースした。

現実味を帯び始めた宇宙旅行へ向けての具体的な動きとしては、HISが、2022年9月、アメリカの宇宙ベンチャー企業と提携し、気球型宇宙船「ネプチューン」の販売権契約を締結。販売は子会社のクオリタが行い、2023年1月から専用サイトで受け付けを開始した。JTBは、2023年2月、気球による宇宙遊覧を目指す宇宙開発企業、岩谷技研と「宇宙の民主化」ビジョン実現に向けた「OPEN UNIVERSE PROJECT」に参画した。

スポーツ分野に関しては、JTBが、2022年4月、ラグビーワールドカップ2023フランス大会(2023年9～10月開催)において、日本で唯一のホスピタリティ・プログラム(試合観戦だけでなく、上質な食事や飲み物、エンターテインメントを組み合わせたもの)公式販売代理店契約を締結した。JTBは2022年12月、北海道札幌市に新球場を開業したファイターズ スポーツ＆エンターテイメントとパートナーシップ契約締結も行っている。KNTコーポレートビジネスは、2022年7月、一般財団法人東京マラソン財団とスポーツボランティア活動の促進・育成に関する協定を締結し、スポーツボランティア育成を手掛ける。

修学旅行を通じて学校教育との関わりが長い旅行業界だが、近年は旅行以外にもさまざまなサービスを提供している。KNTは、2022年8月から学校のPTA業務のアウトソーシングサービスを開始したほか、2023年度からは部活動サポートサービスを開始すると発表した。部活動運営の事務局業務の代行や専門家による指導が受けられる「オンライン部活」等の支援を行う。日本旅行は、2022年12月、学校制服を販売するオンワード商事とSDGsに関する協定を締結し、アパレル業界が直面する環境問題をテーマとするワークショップ型の出張授業提供を開始した。JTBは、2023年4月、一般社団法人次世代教育ネットワーキング機構を設立、教育コンテンツの開発、グローバル教育プログラム等、子どもの教育と学校経営のサポートを開始している。

○自治体との連携

自治体が旅行会社と連携する動きは今期も多かった。

JTBは、2022年12月に鳥取県と訪日観光推進に関する連携協定、2023年4月に山形県、JA全農山形と、観光との連携による農業人材創出に関する連携協定を結んだ。2021年に協定を結んだ群馬県片品村へはe-バイクを寄付した(2023年6月)。

KNTとクラブツーリズムは、2022年11月、青森県西目屋村と観光振興及び地域活性化に関する包括連携協定を締結。

日本旅行は、2022年9月、埼玉県さいたま市とメタバースを活用した実証実験に関する基本協定を締結したほか、2023年2月、長崎県壱岐市とエンゲージメントパートナー協定を締結した。また同年2月、沖縄ツーリストグループのOMMとの提供により、自治体向けの公共施設予約システム導入の支援業務を開始。同年3月には、北陸新幹線延伸を控える福井県あわら市へe-バイクとキックボードを寄付する等、自治体向けの多様な取り組みを行った。

東武トップツアーズは、2022年8月、山形県西川町と包括連携協定、京都府京田辺市と地方創生の実現に向けた包括連携協定、10月には徳島県上勝町と包括連携協定、2023年5月には栃木県栃木市、國學院大學と持続可能な観光まちづくり協定を締結した。

阪急交通社は、2022年7月、肥後銀行グループ会社と地方創生推進の連携協定を締結したほか、同年11月、北海道と包括連携協定を結んだ。ほかに、HISが2023年3月、熊本県熊本市と観光誘客に関する連携協定を締結。JR東日本びゅうツーリズム＆セールスは、2023年3月、富山県南砺市と観光振興に関する連携協定を締結している。

じゃらんを運営するリクルートは、2022年3月に神奈川県箱根町、8月に熊本県、同年3月には栃木県那須町と観光振興に関する包括連携協定を締結し、観光DX、観光商品開発と情報発信等の支援を行っている。

●新規参入、倒産・撤退・廃業の動向

旅行業への参入としては、2022年12月、海外向けのオンラインツアーや観光プロモーションを行っているツナガルが第2種旅行業登録を行い、地域と訪日客のつながりや関係を広げる旅行商品の造成、地方への誘客事業を開始した。

2022年(1～12月)の旅行業者の倒産動向は、東京商工リサーチの調査では3年ぶりに前年を下回る18件で(負債1,000万円以上)、このうちコロナ禍に起因する倒産は17件(前年25件)であった。この倒産件数は過去20年の中で、2019年に次ぐ低水準である。負債総額は18億3,200万円で前年比57.6%の減少となった。

●サステナビリティ重視の経営へ

企業経営におけるサステナビリティが一層求められるようになり、旅行各社は多様な取り組みを進めた。

JTBグループは2022年1月、サステナビリティ経営をグループの重要課題とし、「サステナビリティ委員会」を設置した。これまで行ってきた「JTB地球いきいきプロジェクト」の継続や、「CO_2ゼロ旅行」プログラム、「CO_2ゼロMICE」を拡大する。2023年5月には、食品ロス低減につながるプロジェクトの第一弾として、規格外野菜を活用した「ロス旅缶」を開発した。旅館やホテルのシェフが規格外野菜でレシピを考案し、ギフトやアウトドア、非常食用に活用されることを目指す。

ほかに、JTBグループには障がい者の雇用に30年の歴史を

もつ特例子会社JTBデータサービスがあるが、2022年11月、同社は新たに在留外国人障がい者を含む障がい者の人材紹介サービスを開始した。

HISグループは、2022年12月、「HIS Group Purpose」を制定し、サステナビリティ推進体制を強化した。クラウドファンディングによりケニア・マサイ村に教室を建設する等、海外での活動も目立つ。

阪急交通社は、2007年から環境保全型のトイレの寄贈を続けており、2023年6月の奄美大島への寄付は7例目となった。

他社においてもサステナビリティを強く意識した体制と取り組み、情報発信は多かった。店舗縮小や制服廃止に伴い不要になった社員の制服をオリジナルコースターにアップサイクル(2023年3月、日本旅行)、ポリオワクチン寄付につながる「古着 de ワクチン」への寄贈(2023年5月、東武トップツアーズ)等があった。

●BPOの拡大と不正

コロナ禍で旅行事業が激減し、大手旅行会社はBPO（ビジネス・プロセス・アウトソーシング)事業を拡大、ワクチン接種に関わる業務等を自治体から請け負って経営を支えてきた。しかし2021年度に続いて不正問題がニュースとなり、改めてコンプライアンスについて問われることとなった。

KNTは、2023年5月、自治体からの受託事業において、3年間で約16億円の過大請求の疑義があることを公表し、6月には詐欺容疑で社員が逮捕される事態となった。同社は決算会見にて「コンプライアンス改革本部」の設置等により再発防止と信頼回復に努めるとしている。

日本旅行は、2023年5月、愛知県の全国旅行支援事業の事務局運営業務の受託に関し、約530万円の不正請求が判明したことを発表した。その後、関わった社員を処分し、再発防止策として教育・研修、チェック機能、内部管理体制を強化するとし、「ガバナンス推進部」新設を発表した。

(3)流通・チャネルをめぐる動向

●店舗での取り組み

店頭販売を主とする旅行店舗は減少する傾向にあるが、リアル店舗を活かす取り組みもあった。HISは、2022年にハワイ州観光局日本支局と“マラマハワイ”(ハワイを思いやる心の意。ハワイ州のレスポンシブル・ツーリズムのスローガン)推進に向けた覚書を締結したことから、取り組みの一環として、都内3営業所にて、ハワイ州農務省認証の「メイド・イン・ハワイ」商品の展示・販売を開始した。

ANA XとANAあきんど(いずれも旧ANAセールス)は、2023年1月、都心部の移動・旅行の拠点である東京都・八重洲に地域の物産を紹介する新業態の店舗「TOCHI-DOCHI」を開業した。期間ごとに特定の地域の特産品の展示・販売と観光情報の発信を行う。マイルが貯まるアプリサービスやオンラインを活用し、“地域の魅力を旅するお店”としている。

●OTAの動向

楽天トラベルは、地域創生や持続可能な社会に関する取り組みを進めた。2022年5月、全国のキャンプ場の予約検索サービス「楽天トラベルキャンプ」を開始。8月には、JR東日本及び地域DMO(観光地域づくり法人)とともに岩手県一関市の観光促進キャンペーンを実施した。

また11月には、登録宿泊施設のサステナビリティへの取り組みをサイト上で紹介する「サステナビリティアイコン」を公開した。基準に応じた2段階評価のバッジ表示、宿泊施設の取り組みを推進するためのハンドブックの作成等も行っている。この取り組みは後述する一般社団法人日本旅行業協会(JATA)の「第1回SDGsアワード」の共創部門の優秀賞を受賞した。

楽天トラベルは旅行部門の販売実績を公開していないが、2022年度の国内宿泊流通総額(法人を除く)は2019年対比で12.9%増であると発表している。

一休は、宿泊特化型SNSサービスの開始(2022年4月)、お取り寄せサービスの開始(同5月)、ふるさと納税サイトの開設(同10月)により事業領域を拡大した。

エクスペディア・グループは、OpenAIと連携し、ChatGPTを使った旅程作成、予約、航空券の価格追跡等を可能とした(2023年3月)。

価格比較サイトの「価格.com」は2022年6月から「旅行、トラベル」部門を新設し、2023年8月時点で、エクスペディア、ブッキングドットコム、Yahoo!トラベル、一休.com、楽天トラベル、るるぶトラベル、ベストリザーブ、日本旅行、名鉄観光、JTB、KNT、アゴダ、ホテルズドットコムの13社の商品が検索、比較されている。

(4)業界団体の動向

業界団体は、コロナ禍からの復活に向けた積極的な需要喚起と業界発展に資する活動を行った。

JATAは、2022年4月、海外旅行再開に向け、ハワイへの視察団を派遣し、これを受けて各社が4月末からハワイツアーを再開した。

7月には、「海外旅行再開プロジェクト」を開始。“行こう！世界が元気になる旅”をキャッチコピーに、街頭サンプリング、ポスター・サイネージ掲出、SNSキャンペーンを実施。

国内旅行については需要喚起策「笑う旅には福来たる」キャンペーンの実施や、知床観光船事故以降の需要が大きく落ち込んだ北海道・道東への誘客拡大プロモーションを行った。

2023年度に入ってからは、回復の遅れる海外旅行のさらなる需要喚起策として、“Imakoso海外！いつ行こうから、いますぐ行こうへ！”をキャッチコピーとする「海外旅行促進プロジェクト」を開始した。海外旅行先で撮影した写真とコメントの応募投稿キャンペーン、Z世代向けのTwitter（現・X)投稿促進策、パスポート取得費用キャンペーン等を内容とする。2023年5月には観光庁と共同で「今こそ海外！宣言」も発出した。

またJATAは、会員の旅行会社によるSDGs達成に向けた取り組みの推進を目的として「SDGsアワード」を新設し、2023年1月から応募を受け付け、6月、結果を発表した。大賞はHISの「旅を通じて、カンボジアの子どもたちに学びの機会と楽しさを届ける」で、ほかに、社会・人権部門、経済・産業部門、地球環境部門、共創部門の4部門ごとに優秀賞、特別賞、奨励賞が発表された。

一般社団法人全国旅行業協会(ANTA)では、2022年4月、学校旅行総合補償制度の提供を開始した。それまで学校と旅行会社が別々に行っていた保険手配を、会員である旅行会社のみの申し込みで済むひとつの制度として開発。また、2023年3月には、第17回目となる「国内観光活性化フォーラム」を山形県で開催した。

3 旅行商品をめぐる動き

求められるCO_2排出量削減へのアクション
自由度を高めた新ブランドが誕生

各社のニュースリリース等から、2022年度に販売された旅行商品について特徴的なものをまとめると次のとおりである。訪日外国人向け旅行商品についてはⅡ編-3(81ページ)を参照のこと。

●本格化するCO_2排出量削減へ向けて

カーボンオフセットを組み込んだ旅行商品の企画、販売はこれまでも行われてきたが、法人の出張サポート業務としてCO_2排出量の分析機能の提供が見られるようになった。JTBビジネストラベルソリューションズは、2022年6月からESG観点の出張管理システム「ESG-BTM」を提供開始し、出張で利用した航空やホテル等について、CO_2排出量の分析レポートの作成、算出されたCO_2のカーボンオフセットの認証取得等をサポートしている。

日本旅行も、2023年4月から出張管理システム「出張なび」にCO_2排出量を可視化・算定する機能を実装した。

●周年事業の記念旅行と新ブランド誕生

各社の周年事業にからめた旅行商品も多く販売された。

日本旅行は、国内企画商品「赤い風船」が2022年に50周年を迎えたことから、1日1組限定の「世界遺産　総本山仁和寺で過ごす特別な一夜」を販売したほか、記念サイトで50年のあゆみとSDGsの取り組みを紹介した。

JR東日本びゅうツーリズム＆セールスは、創業30周年を記念し、京都25連泊の旅等、特別ツアーを販売した。

クラブツーリズムは、参加者全員が“おひとり様”のひとり旅商品が25周年を迎え、初めての参加者向けバスツアーやひとり旅説明会を開催した。参加者数は1997年の誕生から累計で45万人以上とのこと。

阪急交通社は、ワンランク上の商品ブランド「クリスタルハート」の20周年記念事業として、朗読鑑賞付きの北陸旅行を販売した。

JTBのラグジュアリー旅行専門店、ロイヤルロード銀座は、2023年秋に20周年を迎えることから、ラグジュアリーバス移動でコンサートを楽しむ等、特別感のあるツアーを複数販売した。

また、新しい商品ブランドも発表された。2022年11月、クラブツーリズムは、40～50歳代のニーズに合わせた自由度の高い募集型企画旅行として「旅'smart」を販売開始。60～70歳代向けの商品よりも自由時間が長い。

読売旅行も組み合わせが可能で自由度の高いパッケージプランのブランド「ブーケ」を販売開始した(2023年1月)。

●行き先が選べない旅行商品(旅ガチャ)が話題

カプセル型自販機で1回5,000円の「旅くじ」を商業施設において販売したのは格安航空会社(LCC)のPeach Aviationである(2021年8月)。SNSを通じて想定以上の人気を集めて話題となり、2022年10月までに累計で2万7,000個が販売された。行き先を選べないことによる偶然性や思わぬ出会いの面白さへの期待の高さと分析でき、旅行商品ではミステリーツアーがこれに当たるが、よりゲーム性が高まった点に若者が反応したと見られる。

HISは2023年3月、Peach Aviationと連携し、宿泊の付いた「宿付き旅くじ」を大阪市内で発売。関西空港発の10路線が対象で、1回20,000円であったが、予定の300個は即日完売した。

日本旅行も2023年1月、行き先がサイコロの目で決まる1泊2日の「旅コロ」を発売。これは2022年7月にJR西日本が企画した「サイコロきっぷ」の宿泊版で、行き先はサイコロの目と同じ6方面から決まる。価格は一人2万4,800円で、好評により4月には第2弾も販売された。

●インフラツアーへの注目

駅や空港等のインフラ施設において通常は公開されない場所を訪れるツアーも目立った。

クラブツーリズムは、「東京湾アクアライン裏側探検と貸切船で行く！羽田沖クルーズ特別航路」(2022年3～5月)、「JR北海道・函館車両基地特別見学と北海道新幹線トンネル工事見学2日間」(2022年6月)、「東武浅草駅裏側探検ツアー」(2022年6月)等を販売した。

日本旅行は、「吹田総合車両所見学ツアー」(2022年4月以降全11回)、JR東日本びゅうツーリズム＆セールスは、福島県田子倉の水力発電施設見学ツアー(2022年10月)、ジャルパックは伊丹空港の非公開エリアを巡るバスツアー(2022年12月)を販売した。

4 旅行の計画と旅行会社の利用

18～29歳の57%がSNSとブログで旅行情報収集
国内では団体型のパッケージ利用が減少傾向

「JTBF旅行意識調査」(6ページ参照)によると、旅行計画時の情報収集源や予約方法については次のとおりである。調査は2023年5～6月に実施された。

(1)旅行計画時の情報収集源

「観光レクリエーション旅行の計画を立てる際に、主にどのように情報を収集するか」について、国内・海外別に尋ねると、国内宿泊旅行の場合、「インターネットの検索エンジン」が67.5%と最も高かったが、前年調査の70.5%からはやや減少した。次に多かったのは「宿泊施設のホームページ」で52.2%（前年調査では49.9%）、「インターネット旅行専門サイト」が36.4%（同32.8%）でこれに続いた。海外旅行の場合でも「インターネットの検索エンジン」45.3%（同38.9%）が1位であったが、2位は「旅行ガイドブック」34.0%（同31.1%）、3位は「旅行会社のパンフレット」32.1%（同29.5%）であった。

前年調査との比較では、「家族や友人・知人に尋ねる」が国内で6位（前年、前々年ともに8位）、海外で7位（前年8位、前々年7位）に上昇している。

年代別に比較すると、18〜59歳がインターネット上で活発に情報を収集しているのに対し、60代以上では「旅行会社のパンフレット」、「旅行会社に問い合わせる（店舗や電話）」、「旅行先の観光協会や宿泊施設へ問い合わせる」が使われる傾向は続いた。18〜29歳の国内旅行では、「SNSやブログを見る」との回答が57.1%にも上る。なお今回調査から、SNSと口コミサイトに関する選択肢が一部変更されている（図Ⅲ-1-1）。

⑵旅行の予約によく使う方法

「観光レクリエーション旅行で旅行を予約する際によく使う方法」については、国内旅行の場合、「インターネット専門の旅行予約サイト」が54.0%で最も高く、「宿泊施設のホームページ」が32.1%（前年調査では30.7%）、「旅行会社のホームページ」が28.0%（同30.2%）、「旅行会社の店舗」が21.4%（同23.4%）でこれに続き、この順位は5年ほど変わらない。

海外旅行では、「旅行会社の店舗」が28.4%（同27.1%）で最も高い点は変わらないが、2位と3位は毎年入れ替わりが見られ、2023年は「インターネット専門の旅行予約サイト」が16.9%（同16.6%）で2位、「旅行会社のホームページ」が15.9%（同17.0%）でこれに続いた（図Ⅲ-1-2）。

⑶パッケージツアー商品の利用

「観光レクリエーション旅行をする際のパッケージツアーの利用」については、国内旅行の場合、「団体型のパッケージツアーをよく利用する」が12.9%、「宿泊施設と交通手段がセットの個人型商品をよく利用する」が25.3%で、「パッケージツアーは利用しない」が61.7%と多かった。

海外旅行では「団体型のパッケージツアーをよく利用する」が30.3%、「宿泊施設と交通手段がセットの個人型商品をよく利用する」が23.8%、「パッケージツアーは利用しない」が45.9%であった。

国内旅行と海外旅行の比較では、海外旅行で団体型の商品利用率が高い。

年代別に見ると、年齢が上がるにつれて団体型パッケージ商品の利用率が上がっている（図Ⅲ-1-3、図Ⅲ-1-4）。

2019年の調査からの推移では、国内旅行では「団体型のパッケージツアーをよく利用する」が減少傾向にあり、海外旅行ではそれほど大きな変化は見られない（図Ⅲ-1-5、図Ⅲ-1-6）。

（亜細亜大学　久保田美穂子）

図Ⅲ-1-1　旅行計画時の情報収集源（複数回答）（年代別）

（単位：%）

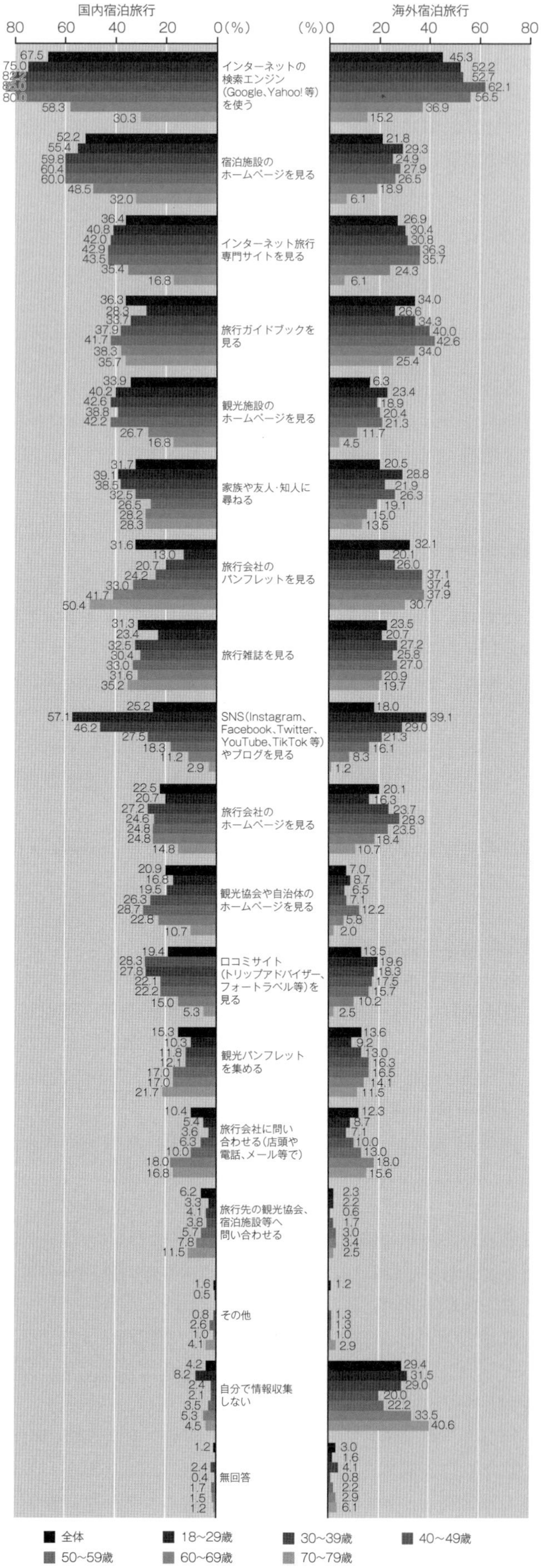

国内宿泊旅行 / 海外宿泊旅行

■全体 ■18〜29歳 ■30〜39歳 ■40〜49歳 ■50〜59歳 ■60〜69歳 ■70〜79歳

資料：（公財）日本交通公社「JTBF旅行意識調査」

図Ⅲ-1-2　旅行の予約によく使う方法（複数回答）（年代別）

（単位：%）

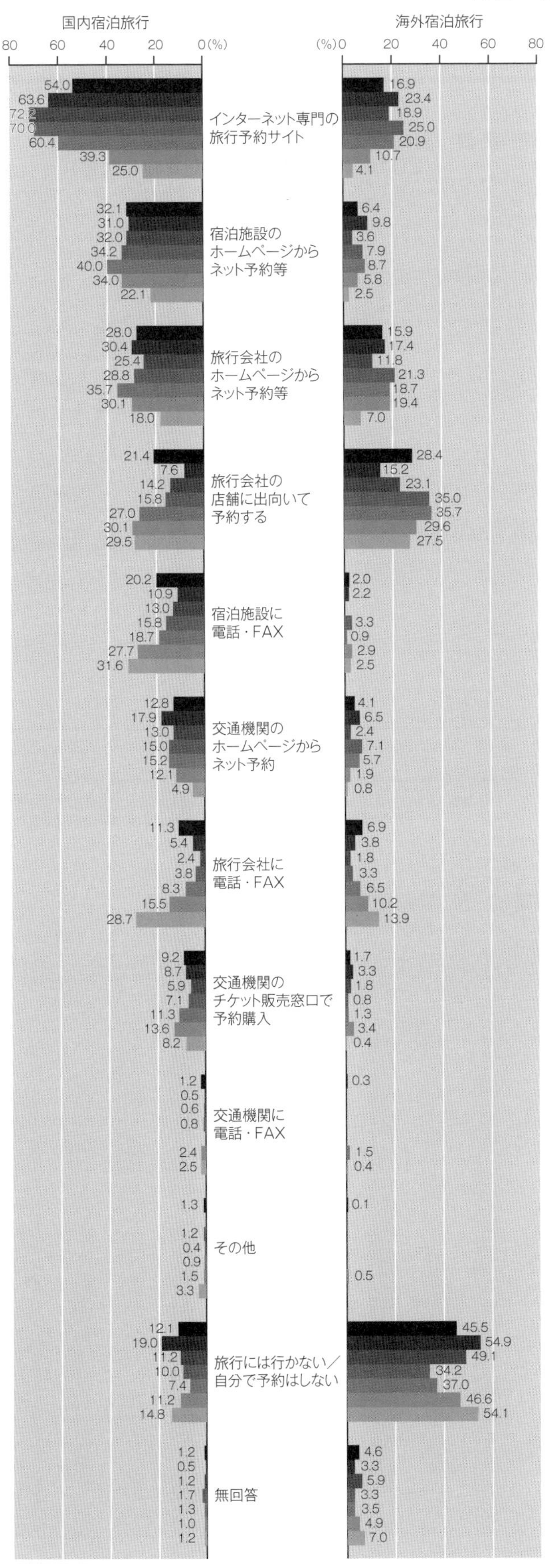

資料：（公財）日本交通公社「JTBF旅行意識調査」

図Ⅲ-1-3　パッケージツアー商品の利用意識（国内旅行／年代別）

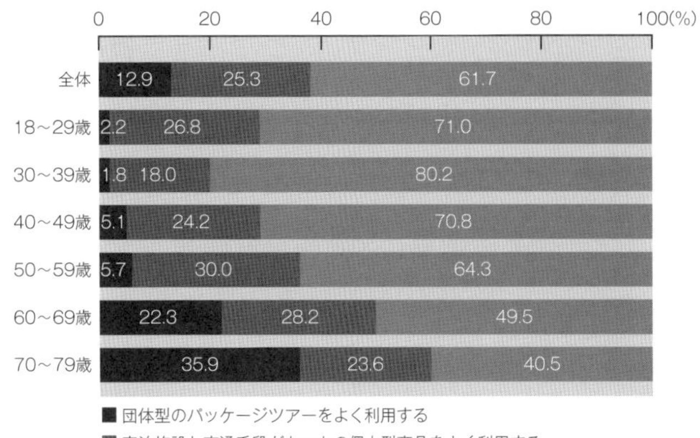

図Ⅲ-1-4　パッケージツアー商品の利用意識（海外旅行／年代別）

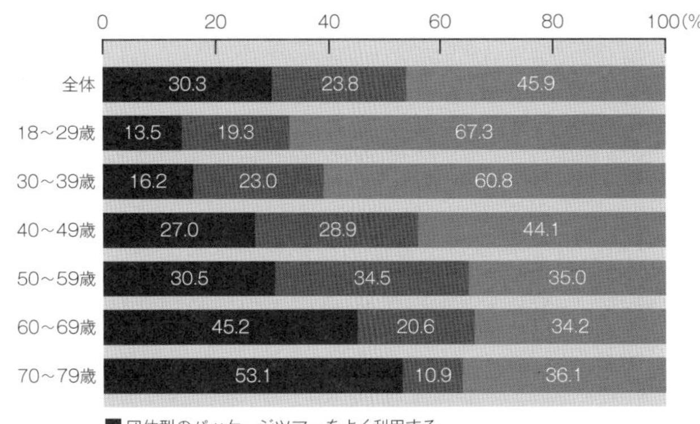

図Ⅲ-1-5　パッケージツアー利用意識の推移（国内旅行）

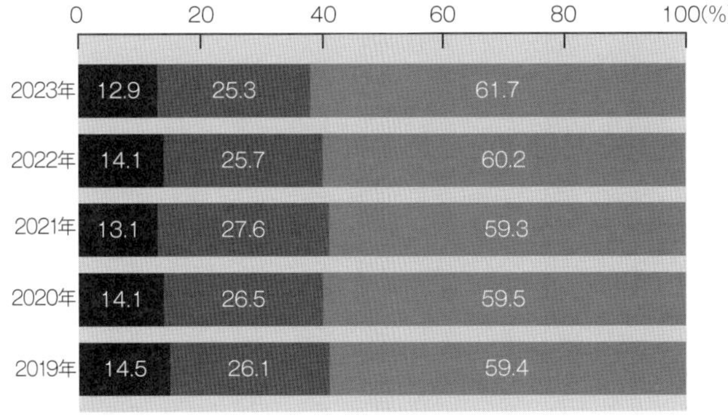

図Ⅲ-1-6　パッケージツアー利用意識の推移（海外旅行）

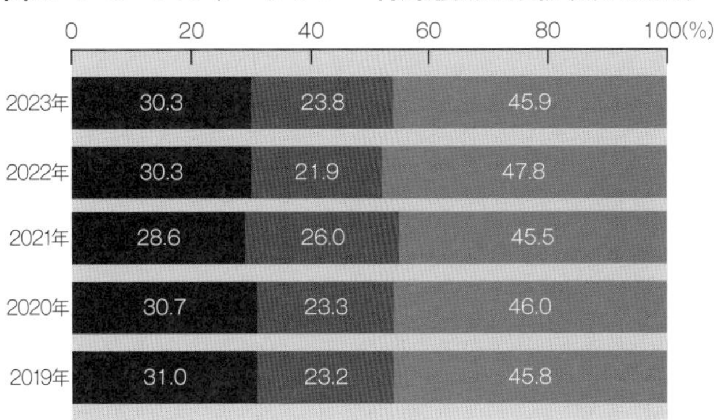

資料：（公財）日本交通公社「JTBF旅行意識調査」

第Ⅲ編　観光産業

Ⅲ-2 運輸業

1 輸送量と交通事業の動向

2020年度と比較し回復傾向

(1)国内旅客輸送の動向

2021年度の国内の旅客輸送量（人ベース）は、新型コロナウイルス感染症の影響で大幅な減少となった2020年度から緩やかに回復し23,016百万人となった（図Ⅲ-2-1）。

各交通機関別に見ると、前年比から鉄道、乗合バスは約5%、タクシー、旅客船は約4%の増加となった。航空は約19%の大幅な増加となった。

旅客輸送量（人ベース）について、2012年度を100とした場合の推移を見ると（図Ⅲ-2-2）、2019年度の数値と大幅な乖離があるものの、すべての交通機関で回復傾向となった。

自家用車による旅客輸送量は、2021年度は対前年度約3%の減少となり、2018年度から3年連続の減少となった（図Ⅲ-2-3）。

図Ⅲ-2-1　国内旅客輸送量（人ベース）の推移

（単位：百万人）

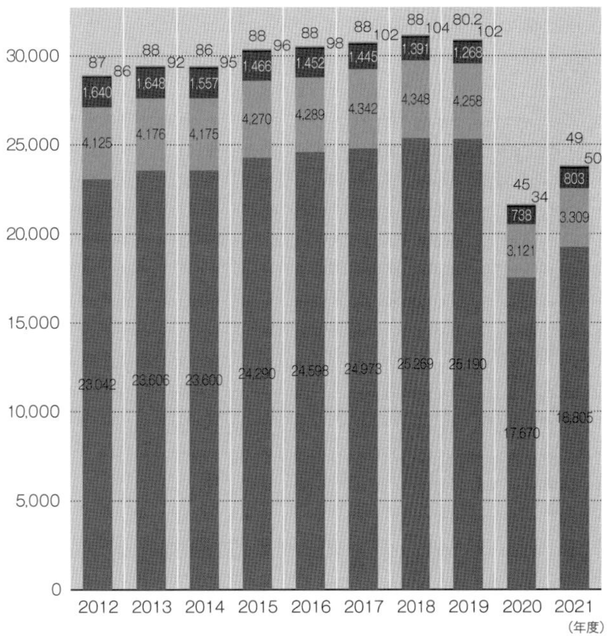

資料：国土交通省「鉄道輸送統計調査」、「自動車輸送統計調査」、「数字で見る海事」、「交通政策白書」、「航空輸送統計調査」をもとに（公財）日本交通公社作成

図Ⅲ-2-2　国内旅客輸送量（人ベース）の推移（2012年度を100とした場合の動き）

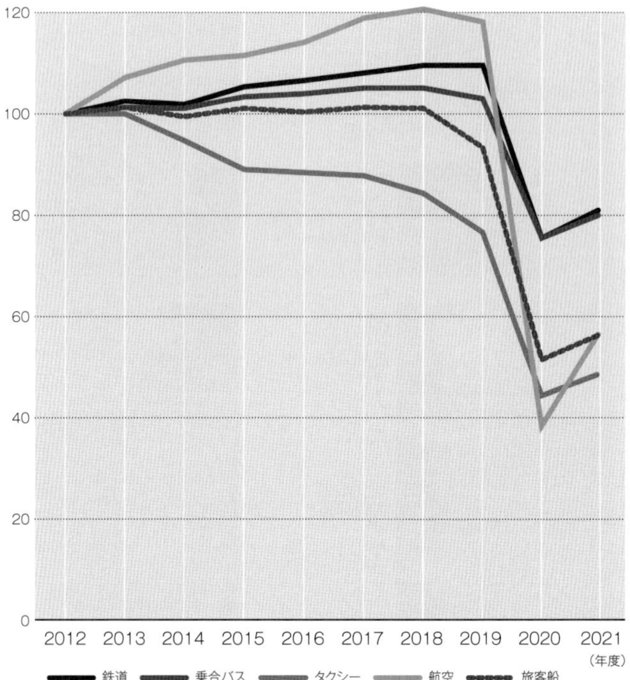

資料：国土交通省「鉄道輸送統計調査」、「自動車輸送統計調査」、「数字で見る海事」、「交通政策白書」、「航空輸送統計調査」をもとに（公財）日本交通公社作成

図Ⅲ-2-3　自家用車による国内旅客輸送量（人ベース）の推移

（単位：百万人）

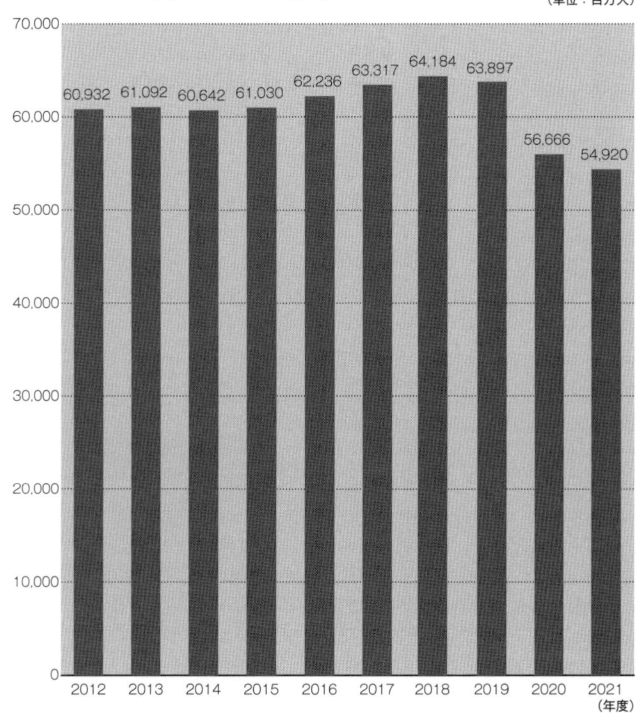

資料：国土交通省「自動車輸送統計調査」をもとに（公財）日本交通公社作成

2 鉄道交通

2022年度の鉄道旅客数はJR線、民鉄（定期外）ともに回復。事業収支も改善

(1) 利用の動向

●年間旅客数（JR定期外、新幹線、民鉄定期外）

2022年度の鉄道旅客数は、JRの定期外旅客が31億2,103万人（前年度比25.6％増）、JR新幹線旅客（定期・定期外合計）が2億9,548万人（同51.3％増）、JR以外の民鉄の定期外旅客は59億4,603万人（同19.5％増）と、コロナ禍前の2018年度の数値には及ばないものの、昨年度に引き続き2年連続の大幅な回復となった（図Ⅲ-2-4）。

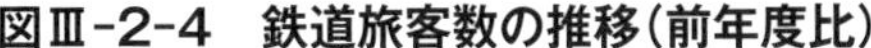
図Ⅲ-2-4　鉄道旅客数の推移（前年度比）

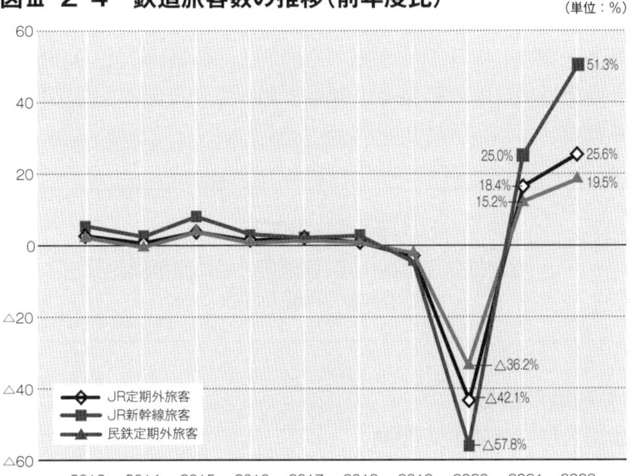

資料：国土交通省「鉄道輸送統計調査」をもとに（公財）日本交通公社作成

2021年度までのJR新幹線の旅客数を路線別に見ると（表Ⅲ-2-1）、コロナ禍前の2018年度の数値と大きな隔たりがあるものの、すべての路線で大幅に前年度を上回り、特に東海道新幹線では30％を超える大幅な回復となった。

表Ⅲ-2-1　JR新幹線旅客数の推移（路線別、2021年度まで）

（単位：千人）

	2017年度	2018年度	2019年度	2020年度	2021年度	2020年度/2021年度
北海道線	1,667	1,601	1,504	531	608	14.5%
東北線	92,116	93,489	89,435	37,860	45,878	21.2%
上越線	43,633	44,452	42,138	17,996	22,522	25.2%
東海道線	169,974	174,171	168,033	65,591	85,690	30.6%
北陸線	30,892	31,670	29,426	12,080	15,474	28.1%
山陽線	74,449	76,007	72,379	32,059	39,363	22.8%
九州線	14,168	14,488	13,994	7,072	7,977	12.8%

資料：国土交通省「鉄道輸送統計調査」をもとに（公財）日本交通公社作成

(2) 鉄道会社の動向

●JR・民鉄各社の赤字が大幅縮小

JR各社は、コロナ禍前の2018年度の数値には及ばないものの、2021年度に続いて大幅に赤字が縮小、新たに3社が黒字化し、昨年度黒字化したJR九州と合わせて4社が黒字化した。一方で、JR北海道、JR貨物は2021年度と比較して赤字が拡大した（表Ⅲ-2-2）。

大手民鉄16社も2021年度に引き続き大幅に業績が改善し、赤字は昨年度の7社から1社に減少した。また、コロナ禍前の2018年度の数値を超える民鉄も2社となった（表Ⅲ-2-3）。

表Ⅲ-2-2　JR各社の純利益の推移（単体決算）（単位：億円）

	2018年度	2019年度	2020年度	2021年度	2022年度	2021年度－2022年度
JR北海道	△213	△7	△372	△9	△180	△171
JR東日本	2,511	1,590	△5,066	△991	524	1,515
JR東海	4,140	3,788	△2,023	△682	2,019	2,701
JR西日本	806	735	△2,173	△1,216	594	1,810
JR四国	△2	5	△65	△47	△6	41
JR九州	442	286	△111	89	254	165
JR貨物	△9	39	0	△27	△53	△26

資料：「数字でみる鉄道」、各社決算資料（単体決算）をもとに（公財）日本交通公社作成

表Ⅲ-2-3　民鉄大手16社の純利益の推移（単体決算）

（単位：億円）

	2018年度	2019年度	2020年度	2021年度	2022年度	2021年度－2022年度
東武	309	271	△216	160	164	4
西武	231	42	11	350	76	△274
京成	179	148	△20	△15	26	41
京王	197	139	△21	△44	114	158
小田急	260	213	△197	136	281	145
東急	383	279	△93	△27	40	67
京急	164	113	△202	140	79	△61
東京メトロ	582	491	△516	△150	266	416
相鉄	48	37	△23	△13	△13	0
名鉄	215	182	△131	47	73	26
近鉄	158	126	△159	△4	55	59
南海	136	136	△17	△2	80	82
京阪	54	53	△38	7	35	28
阪急	388	279	26	127	183	56
阪神	143	94	14	22	91	69
西鉄	24	86	△76	43	124	81
大手16社合計	3,470	2,687	△1,658	777	1,673	896

資料：日本民営鉄道協会「大手民鉄16社 2022年3月期 決算概況および鉄軌道事業旅客輸送実績」をもとに（公財）日本交通公社作成

第Ⅲ編　観光産業

●赤字が続く地域鉄道

国土交通省によると、地域鉄道事業者95社（新幹線、在来幹線、都市鉄道に該当する路線以外の鉄軌道路線の運営主体のうち、中小民鉄及び第三セクターを合わせた事業者）のうち、2019年度は21社が鉄軌道事業の経常収支が黒字であったものの、コロナ禍によって大きな影響を受け、2020年度は2社のみとなった。2021年度は若干改善され4社が黒字となった（図Ⅲ-2-5）。

図Ⅲ-2-5　地域鉄道の経常収支（鉄軌道事業）

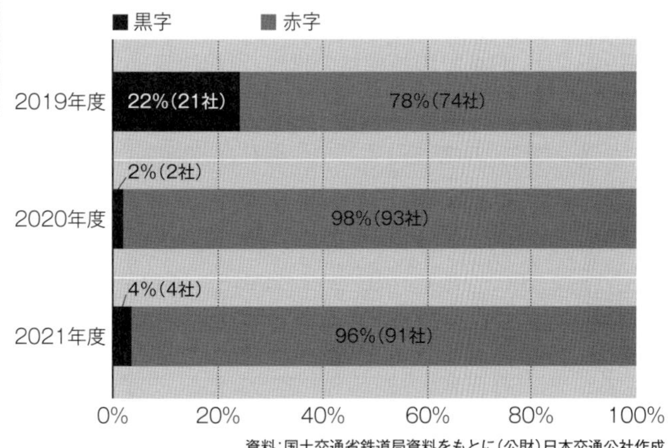

資料：国土交通省鉄道局資料をもとに（公財）日本交通公社作成

●10月14日、鉄道開業150周年を迎える

1872年、新橋～横浜間に日本初の鉄道が開業してから今年で150年となり、一年間を通じJR各社を中心に全国各地でさまざまなイベントやキャンペーンが展開された。

●西九州新幹線「かもめ」開業

2022年9月、「全国新幹線鉄道整備法」に基づき、1973年に「整備計画」が決定された九州新幹線西九州ルート（福岡市～長崎市間）のうち、武雄温泉～長崎間が開業。武雄温泉～長崎間は線路延長約66kmをフル規格（標準軌）により整備し、武雄温泉駅では博多～武雄温泉間を運行する在来線特急列車と同じホームで乗り換えを行う「対面乗換方式」を採用。

●自然災害からの復旧・再開

2011年7月の新潟・福島豪雨で甚大な被害を受け、福島県の会津川口～只見間27.6kmで運休が続いていたJR東日本の只見線の運行が2022年10月から再開され、会津若松（福島県）～小出（新潟県）間135.2kmが11年ぶりに結ばれた。

12月、大雨による線路被害箇所が約70か所に上り、運転を見合わせていた五能線が岩館～深浦間、深浦～鰺ヶ沢間と段階的に運転を再開。これによりリゾートしらかみの運行も再開に至った。

(3)鉄道事業者等による取り組み

●再生可能エネルギー由来電力導入の取り組み

JR西日本は中部電力と連携し、新幹線の列車運転用電力のうち、太陽光発電による再生可能エネルギー由来電力を2027年までに約10%使用する取り組みを開始。鉄道会社のCO_2排出量削減に向けた取り組みが進められている。

●鉄道事業者のMaaSの取り組み

JR東日本は、2022年10月より実施する「茨城プレデスティネーションキャンペーン」にあわせて、茨城県・県央エリアにおいて観光周遊の利便性の向上を目的に、「観光情報の収集機能」、「旅行計画に役立つ機能」のほか、観光周遊に最適な「交通系チケット」や「観光系チケット」の購入・利用ができる地域・観光型MaaS「ひたちのくに紀行」のサービス提供を開始した。

また、長崎県では、官民が連携し、トヨタファイナンシャルサービスが提供するマルチモーダルモビリティを活用したMaaSアプリ「my route」の運用を開始した。

●駅舎等の開発・再整備

JR東日本は、千葉県内で1998年の東松戸駅開業以来25年ぶりの新駅となる「幕張豊砂駅」を京葉線18番目の駅として開業させた。事業費は約115億円で、イオンモールが2分の1、県と千葉市、JR東日本が残りを負担し、幕張副都心の利便性を向上させ、町の価値を上げるまちづくりモデルとして注目された。

3 航空交通

2022年度は国内線、国際線ともに回復傾向
航空路線の再開が相次ぐ

(1)利用の動向

●国内航空旅客数の動向

2022年度の国内線の利用者数は、幹線では78.7%増の3,942万人、ローカル線では前年度比85.4%増の5,124万人と、コロナ禍前の90.7%に大幅に回復した（図Ⅲ-2-6）。

日本の格安航空会社（LCC）の旅客数（国内線）の推移を見ると（図Ⅲ-2-7）、2020年の新型コロナウイルス感染症の影響による大幅な減少から、2021年は若干改善が見られた。旅客数は大幅に減少しているものの、シェアは増加傾向で推移し、2021年には14.2%のシェアとなっている。

2022年度の乗降客数（国内線）上位15空港における利用者数を見ると（表Ⅲ-2-4）、新型コロナウイルス感染拡大の影響で大幅に落ち込んだ2021年度から大幅に回復し、全体では81.7%の増加となった。

●国際航空旅客輸送量の動向

日本を発着する国際航空旅客数（本邦航空運送事業者と外国航空運送事業者の国際線旅客数の合計）は増加を続けてきたが、2020年度は新型コロナウイルス感染症の影響により大幅な減少となった。2021年度は若干改善されたものの引き続き低調な状況となっている（図Ⅲ-2-8）。

2021年の日本のLCC旅客数（国際線）の推移を見ると（図Ⅲ-2-9）、新型コロナウイルス感染症の影響によりLCC旅客数はほぼゼロに近い状況にまで落ち込んだ。

2022年度の空港別国際線乗降客数（乗客＋降客＋通過客）の上位7空港における利用者数を見ると（表Ⅲ-2-5）、すべての空港で大幅な改善が見られた。

図Ⅲ-2-6　国内航空旅客輸送量（利用者数）の推移

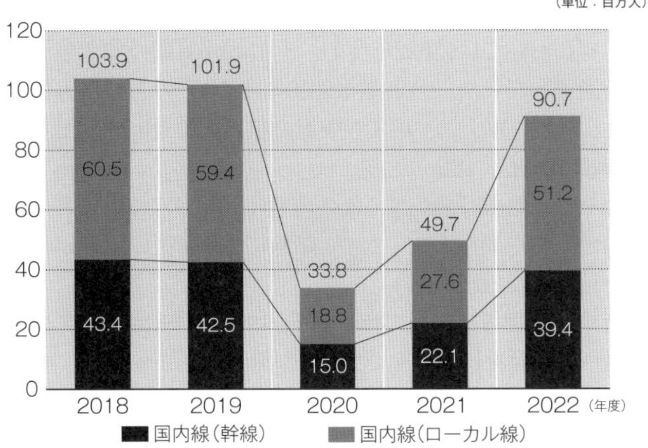

※幹線：新千歳、羽田、成田、伊丹、関西、福岡、那覇の各空港を相互に結ぶ路線
ローカル線：上記以外の路線
資料：国土交通省「航空輸送統計年報」をもとに（公財）日本交通公社作成

図Ⅲ-2-7　日本のLCC旅客数（国内線）の推移

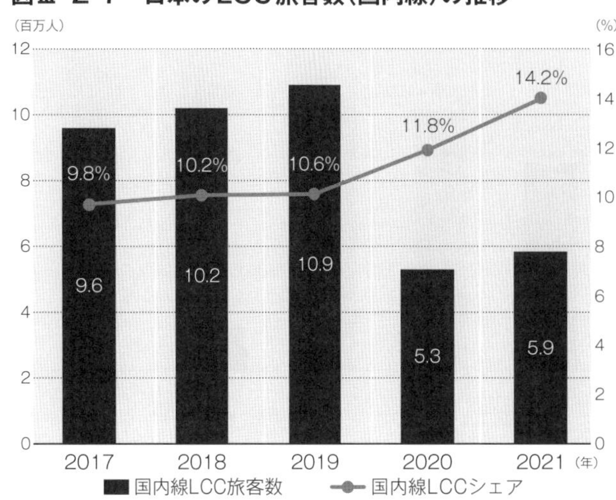

※日本のLCC：Peach Aviation（株）、ジェットスター・ジャパン（株）、スプリング・ジャパン（株）
資料：国土交通省「交通政策白書」及び国土交通省航空局作成資料
「我が国のLCC旅客数の推移」をもとに（公財）日本交通公社作成

表Ⅲ-2-4　空港別乗降客数（国内線）の推移（上位15空港）

（単位：百万人）

順位	空港	2018年度	2019年度	2020年度	2021年度	2022年度	2022年度／2021年度
1	羽田（東京国際）	67.9	65.4	20.6	28.9	53.0	183.6%
2	新千歳	19.8	19.5	6.4	9.2	16.9	183.6%
3	那覇	17.6	17.5	6.6	8.0	15.8	197.9%
4	福岡	17.9	17.6	6.5	9.4	15.7	166.4%
5	伊丹（大阪国際）	16.3	15.8	5.8	7.5	13.0	173.2%
6	成田国際	7.3	7.5	2.0	4.1	7.0	168.6%
7	関西国際	6.5	6.7	2.1	3.4	6.4	189.1%
8	中部国際	6.3	6.4	2.0	2.8	5.2	187.2%
9	鹿児島	5.7	5.4	1.8	2.7	4.7	174.3%
10	神戸	3.2	3.3	1.2	1.8	3.1	177.4%
11	仙台	3.3	3.3	1.2	1.7	2.8	168.3%
12	熊本	3.3	3.2	0.8	1.4	2.6	193.2%
13	長崎	3.2	3.1	0.9	1.3	2.6	192.4%
14	宮崎	3.2	3.2	0.9	1.4	2.6	181.8%
15	新石垣	2.5	2.5	1.2	1.4	2.4	171.1%
—	上記以外	39.7	39.1	12.2	17.2	31.8	184.6%
合計		223.7	219.3	72.2	102.1	185.5	181.7%

資料：国土交通省東京航空局・大阪航空局「管内空港の利用概況集計表」をもとに（公財）日本交通公社作成

入国外国人数の空港別シェアの推移を見ると（図Ⅲ-2-10）、2022年の外国人の入国は、成田空港、羽田空港の割合が減少し、それ以外の空港が増加、特に福岡空港は大きくシェアを伸ばした。

図Ⅲ-2-8　日本を発着する国際航空旅客輸送量の推移

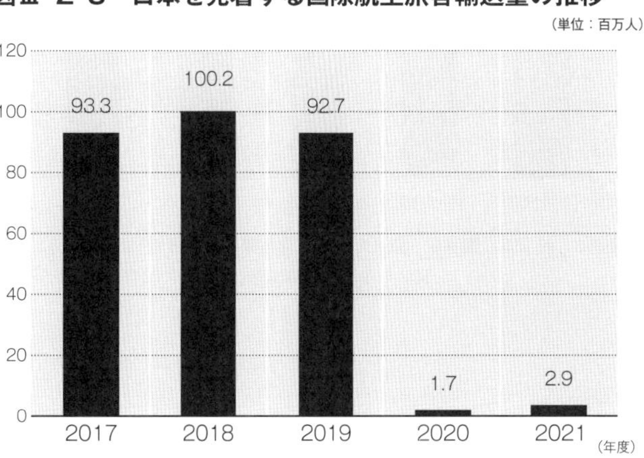

資料：国土交通省「交通政策白書」をもとに（公財）日本交通公社作成

第Ⅲ編　観光産業

図Ⅲ-2-9　日本のLCC旅客数（国際線）の推移

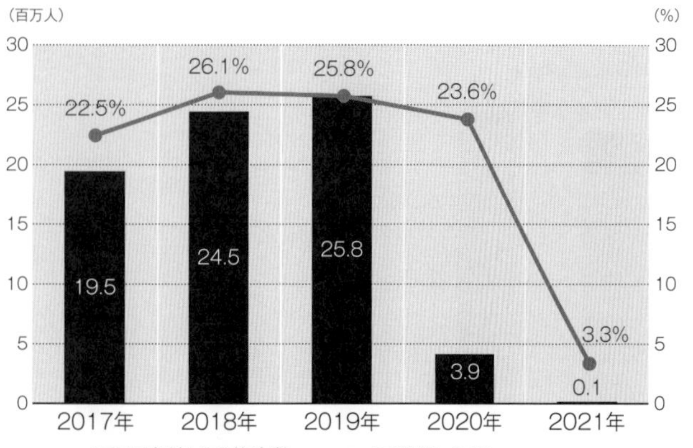

資料：国土交通省「交通政策白書」及び国土交通省航空局作成資料「我が国のLCC旅客数の推移」をもとに（公財）日本交通公社作成

表Ⅲ-2-5　空港別乗降客数（国際線）の推移（上位7空港）

（単位：百万人）

順位	空港	2018年度	2019年度	2020年度	2021年度	2022年度	2022年度／2021年度
1	成田国際	33.9	32.1	1.01	1.75	11.70	670%
2	羽田(東京国際)	18.2	16.8	0.41	0.83	6.81	820%
3	関西国際	22.8	22.0	0.20	0.27	5.09	1,890%
4	福岡	6.9	5.5	0.02	0.03	2.26	920,306%
5	新千歳	3.9	3.3	0.00	0.00	0.93	1,487%
6	中部国際	6.1	6.2	0.02	0.06	0.82	11,104%
7	那覇	3.9	3.1	0.00	0.00	0.41	1,116,455%
—	上記以外	4.5	3.7	0.00	0.00	0.12	960%
	合計	100.2	92.7	1.7	2.9	28.1	960.3%

資料：国土交通省「空港管理状況調書」をもとに（公財）日本交通公社作成

図Ⅲ-2-10　空港別入国外国人数の推移

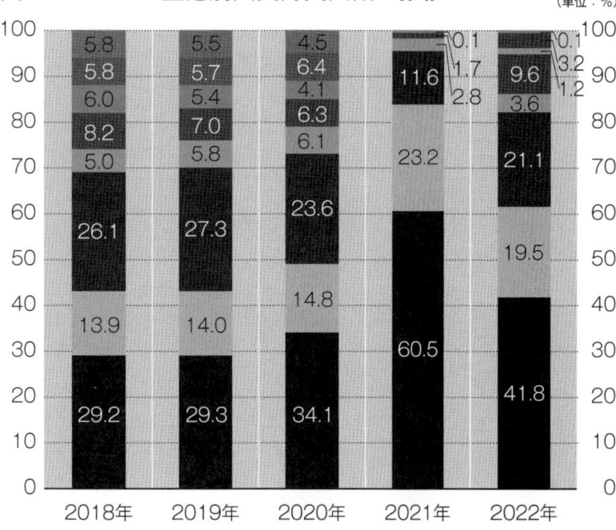

資料：法務省「出入国管理統計」をもとに（公財）日本交通公社作成

（2）航空路線の動向

●国内路線の動向

幹線においては、2022年度1～3月は3か月間の参考値が大幅な回復となった。合計数は2019年度の4分の1の旅客数を超え、新型コロナウイルス感染症の拡大前に近い水準となった（表Ⅲ-2-6）。

ローカル路線においても2022年度1～3月は3か月間の参考値が大幅な回復となったが、路線により回復の度合いに違いが見られた（表Ⅲ-2-7）。

新規路線開設については、中部を中心にローカル線において4路線が新たに就航した（表Ⅲ-2-8）。

●国際路線の動向

国際線定期便（旅客便）の運航便数は2022年冬に大幅に回復した。日本企業の運航便数については2019年の半分程度まで回復した（図Ⅲ-2-11）。

国籍別では、中国を除き各国ともに大幅な回復が見られた（表Ⅲ-2-9）。特に韓国、台湾、香港は改善が大きい。また韓国は国籍別シェアの3分の1を占めるほど大きな伸びを示し、台湾、香港もシェアを大きく伸ばした（図Ⅲ-2-12）。

（3）航空会社・空港運営会社等の動向

●航空会社の動向

2022年度連結決算では、日本航空（JAL）は344億円の黒字（2021年度は1,775億円の赤字）、全日本空輸（ANA）が895億円の黒字（同1,436億円の赤字）となった。国内線では行動制限が緩和され、国際線においても各国の入国制限緩和が進んだことにより、国内・国際の両旅客需要が急速に改善されたことが黒字化の大きな要因となった。

今後は、両社ともに国際線を中心に運休路線の再開や増便を進め、2023年度をコロナ禍で需要が落ち込む以前の水準に戻していく計画である。また、客室乗務員やパイロットの採用も再開させた。

●空港の動向

成田空港は第3ターミナルを拡張し、非接触化やファストトラベルに対応する自動チェックイン機の設置を進める。第2ターミナルからの距離も短くなった。これにより年間取扱能力は900万人から1,500万人に増加した。

JR東日本は、羽田空港アクセス線の工事に本格的に着手し、2031年度にも開業を見込む。東京駅～羽田空港間は約18分で結ばれる予定である。また、大田区と東急電鉄は東急多摩川線と京急空港線を接続し、蒲田駅～京急蒲田駅間を結ぶ新空港線（蒲蒲線）計画について、整備主体となる第三セクター「羽田エアポートライン」を設立する等、今後、羽田空港へのアクセスの利便性向上が期待される。

表Ⅲ-2-6　主な幹線路線の旅客数推移

（単位：千人）

	2017年度	2018年度	2019年度	2020年度	2021年度	参考 2022年度1～3月
東京（羽田）ー札幌（新千歳）	9,051	9,059	8,810	2,921	4,166	2,040
東京（羽田）ー大阪（伊丹）	5,451	5,478	5,292	2,058	2,879	1,225
東京（羽田）ー関空	1,291	1,271	1,254	320	515	298
東京（羽田）ー福岡	8,540	8,725	8,365	3,009	4,541	2,083
東京（羽田）ー那覇	5,809	5,961	5,875	2,257	2,834	1,546
成田ー札幌（新千歳）	1,827	1,877	1,819	477	967	468
成田ー大阪（伊丹）	464	463	454	1	5	43
成田ー関空	1,057	696	644	251	549	210
成田ー福岡	1,152	1,132	1,229	435	904	372
成田ー那覇	786	717	662	246	432	164
大阪（伊丹）ー札幌（新千歳）	1,115	1,123	1,100	468	614	283
大阪（伊丹）ー福岡	515	539	542	252	363	143
大阪（伊丹）ー那覇	1,160	1,156	1,115	463	535	267
関空ー札幌（新千歳）	1,219	1,089	1,124	357	605	349
関空ー福岡	506	456	460	127	245	112
関空ー那覇	1,093	1,081	1,155	355	508	323
福岡ー札幌（新千歳）	574	607	619	224	359	189
福岡ー那覇	1,922	1,879	1,852	735	941	502
札幌（新千歳）ー那覇	102	97	97	29	59	29
合計	43,633	43,408	42,466	14,984	22,021	10,647

（注1）国内定期路線の幹線とは、札幌（新千歳）、東京（羽田）、成田、大阪（伊丹）、関空、福岡、那覇の7空港を相互に結ぶ路線。
（注2）2022年度は公表済みである1～3月の3か月間の数値を参考値として掲載。

資料：国土交通省「特定本邦航空運送事業者に係る情報」をもとに（公財）日本交通公社作成

表Ⅲ-2-7　主なローカル路線の旅客数推移

（単位：千人）

	2017年度	2018年度	2019年度	2020年度	2021年度	参考 2022年度1～3月
東京（羽田）ー鹿児島	2,400	2,519	2,338	660	1,085	596
東京（羽田）ー熊本	1,974	1,976	1,835	520	849	442
東京（羽田）ー広島	1,893	1,883	1,863	537	760	408
中部ー札幌	1,424	1,509	1,522	482	720	308
東京（羽田）ー長崎	1,732	1,766	1,620	435	681	386
東京（羽田）ー宮崎	1,431	1,425	1,354	358	598	333
東京（羽田）ー松山	1,552	1,571	1,465	372	580	340
東京（羽田）ー神戸	1,068	1,086	1,046	345	571	217
中部ー那覇	1,158	1,194	1,204	427	570	333
東京（羽田）ー大分	1,204	1,240	1,183	356	569	291
那覇ー石垣	1,160	1,125	1,047	472	514	233
東京（羽田）ー函館	998	1,014	1,023	356	513	208
中部ー福岡	738	836	878	312	490	235
東京（羽田）ー高松	1,263	1,262	1,238	323	487	272
那覇ー宮古	1,100	1,099	1,065	485	475	190
合計	58,464	60,466	59,379	18,768	25,218	12,647

（注1）ローカル線については、2021年度輸送実績（旅客数）による国内定期路線の上位15路線を抽出。
（注2）2022年度は公表済みである1～3月の3か月間の数値を参考値として掲載。

資料：国土交通省「特定本邦航空運送事業者に係る情報」をもとに（公財）日本交通公社作成

表Ⅲ-2-8　主な国内路線の開設

航空会社	開設日	路線
フジドリームエアラインズ（FDA/JH）	2023年3月26日	中部ー高知
オリエンタルエアブリッジ（ORC/OC）	2023年3月26日	中部ー秋田
オリエンタルエアブリッジ（ORC/OC）	2023年3月26日	中部ー宮崎
フジドリームエアラインズ（FDA/JH）	2023年3月26日	県営名古屋（小牧）ー札幌（丘珠）

資料：各社ウェブサイトをもとに（公財）日本交通公社作成

図Ⅲ-2-11　国際線定期便運航便数の推移（旅客便）

（単位：便／週）

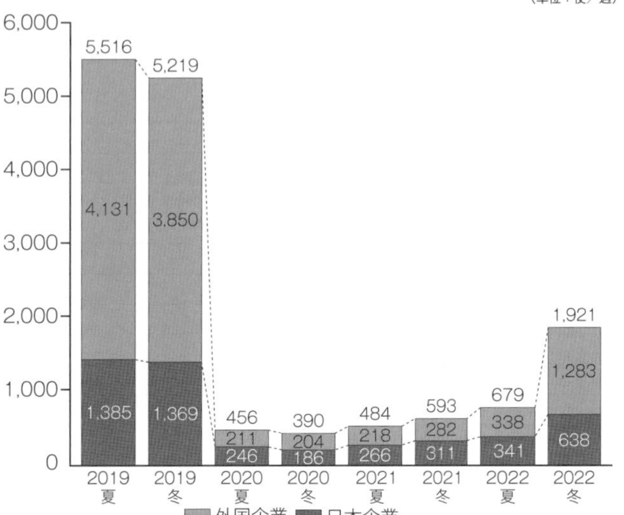

※当初認可時における1週目の運航便数
資料：国土交通省「国際線（旅客便・貨物便）国籍別動向」をもとに（公財）日本交通公社作成

表Ⅲ-2-9　国際線（旅客便）運航便数の国籍別動向

（単位：便／週）

	2019年夏	2019年冬	2020年夏	2020年冬	2021年夏	2021年冬	2022年夏	2022年冬
韓国	1,194.5	692	24.5	23	27	23	35	447
中国	870	1,096.5	6	15	14	11	9.5	27
台湾	431	452	48	12	11	7	14	157
香港	350.5	336.5	2	3	4	7	3	86.5
東南アジア	630	651	29.5	42.5	49	84.5	129	308.5
その他アジア	35	42	4	3.5	7	8	14	13
アメリカ	270	249	39.5	39	44.5	56	64	125.5
ヨーロッパ	201	184	37	33	34.5	47.5	29.5	47
オセアニア	56	59	2	1	1	1	1	19
中東	56	56	8	22	23	27	29	34
その他	37	32	10	10	3	10	10	18
合計	4,131	3,850	210.5	204	218	282	338	1,282.5

※当初認可時における1週目の運航便数
資料：国土交通省「国際線（旅客便・貨物便）国籍別動向」をもとに（公財）日本交通公社作成

図Ⅲ-2-12　国際線（旅客便）運航便数の国籍別シェアの推移

（単位：%）

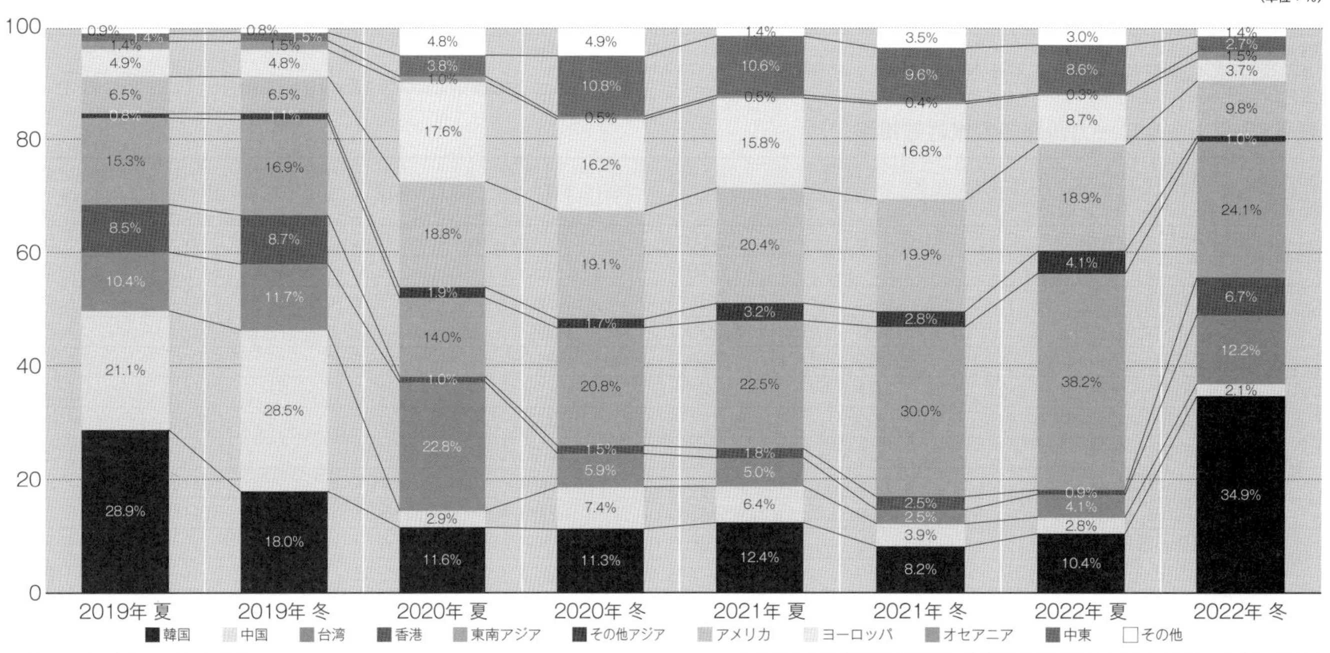

※当初認可時における1週目の運航便
資料：国土交通省「国際線（旅客便・貨物便）国籍別動向」をもとに（公財）日本交通公社作成

4 海上交通

国内旅客輸送人員が回復
クルーズによる外国船の寄港は再開されず

(1)利用の動向

●国内旅客船の動向

2021年度の国内旅客船の輸送人員は約4,910万人（前年度比8.5%増）となり、2020年度の大幅な減少から回復傾向に転じた（図Ⅲ-2-13）。

長距離フェリー航路では、2022年度の旅客輸送人員は206万人（同48.3%増）と大幅に回復した（図Ⅲ-2-14）。離島航路では2021年度の旅客輸送人員は2,846万人（同7.0%増）となり回復傾向となった（図Ⅲ-2-15）。

図Ⅲ-2-13　国内旅客輸送人員の推移

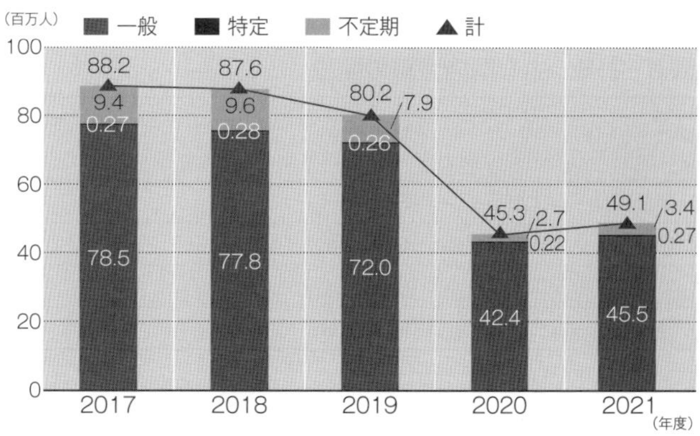

資料：国土交通省「数字で見る海事2023」をもとに（公財）日本交通公社作成

図Ⅲ-2-14 長距離フェリー航路の旅客輸送人員の推移

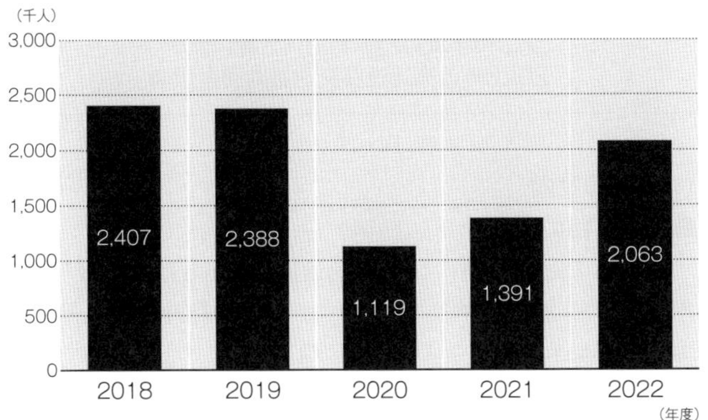

資料：国土交通省「数字で見る海事2023」をもとに（公財）日本交通公社作成

図Ⅲ-2-15 離島航路の旅客輸送人員の推移

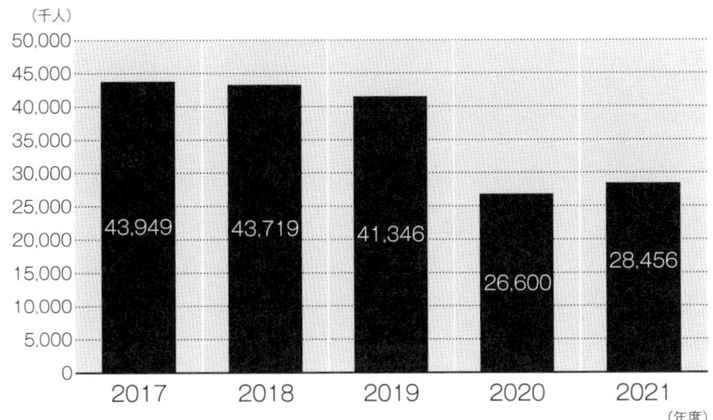

資料：国土交通省「数字で見る海事2023」をもとに（公財）日本交通公社作成

●外航旅客定期航路等の動向

2022年の日本発着の外航旅客定期航路等における乗客数は、航路の再開により6.3万人となった（図Ⅲ-2-16）。

図Ⅲ-2-16 外航旅客定期航路等の乗客数の推移

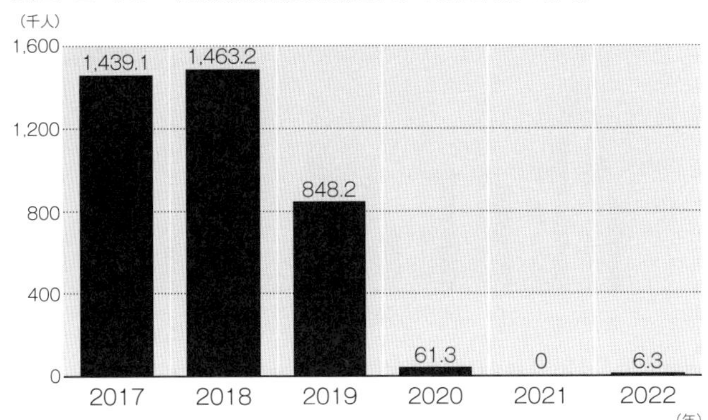

資料：国土交通省「数字で見る海事2023」をもとに（公財）日本交通公社作成

●クルーズ船の日本人乗客の動向

新型コロナウイルス感染症の影響により2021年の日本人のクルーズ乗客数（日本のクルーズ人口）は国内クルーズのみの運行で2万人と減少した（図Ⅲ-2-17）。

図Ⅲ-2-17 日本人の外航・国内クルーズ乗客数の推移

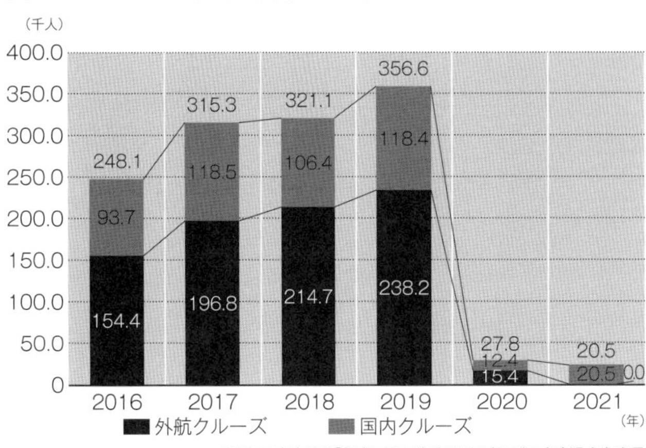

資料：国土交通省「数字で見る海事2023」及び国土交通省海事局「我が国のクルーズ等の動向について」をもとに（公財）日本交通公社作成

●クルーズ船による外国人入国の動向

2022年にクルーズ船で入国した外国人旅客数は国際クルーズの運航休止が続いたことから、前年同様にゼロとなった（図Ⅲ-2-18）。

図Ⅲ-2-18 クルーズにより入国した外国人旅客数の推移

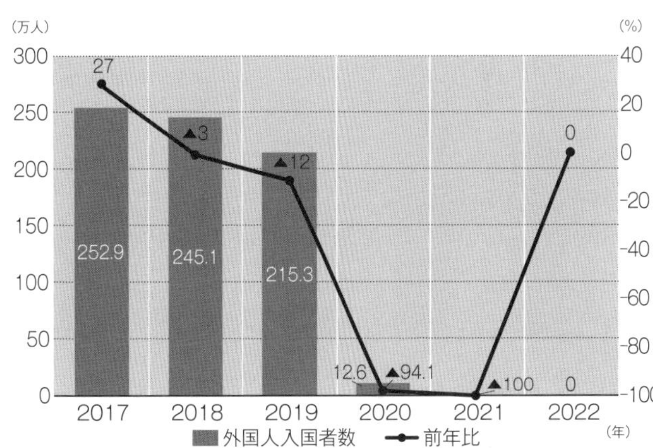

資料：国土交通省「訪日クルーズ旅客数及びクルーズ船の寄港回数（2022年速報値）」をもとに（公財）日本交通公社作成

(2) 航路・寄港の動向

●国内旅客船の航路動向

旅客船の事業者数は917件（前年比28件減）、航路数は1,732路線（同40路線減）となった（図Ⅲ-2-19、図Ⅲ-2-20）。

図Ⅲ-2-19 旅客船事業者数の推移

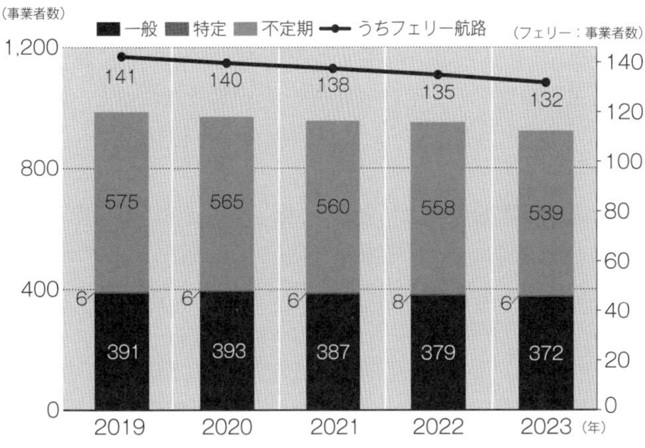

資料：国土交通省「数字で見る海事2023」をもとに（公財）日本交通公社作成

図Ⅲ-2-20　旅客船航路数の推移

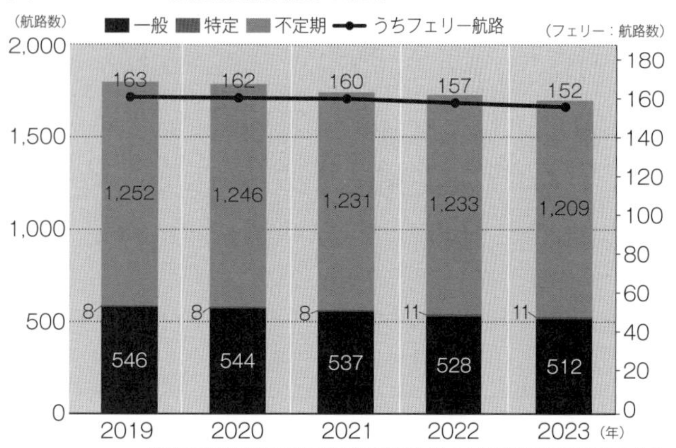

資料：国土交通省「数字で見る海事2023」をもとに(公財)日本交通公社作成

●クルーズ船の寄港動向

2022年における日本港湾へのクルーズ船の寄港回数は合計720回(前年比71.4%増)となった。国際クルーズの運航休止は続いているものの国内クルーズは大幅な回復となった(図Ⅲ-2-21)。

図Ⅲ-2-21　クルーズ船の寄港回数の推移

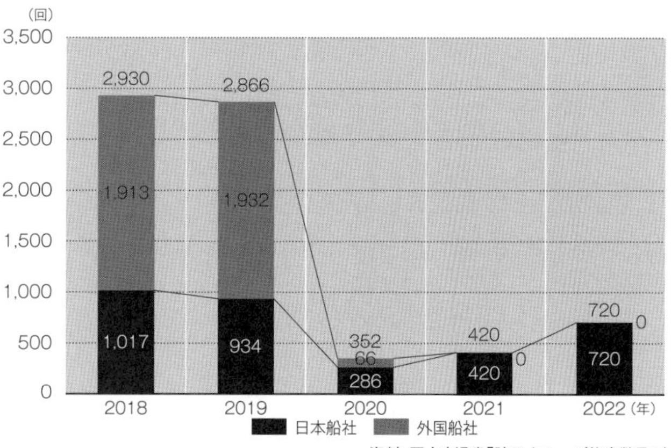

資料：国土交通省「訪日クルーズ旅客数及びクルーズ船の寄港回数(2022年速報値)」をもとに(公財)日本交通公社作成

(3)海上交通関連政策の動向

●国際クルーズの受け入れ再開に向けた取り組み

2020年3月以降、国際クルーズの運航が停止している状況だったが、政府の新たな水際対策の緩和措置に伴い、11月に日本国際クルーズ協議会が「国際クルーズ運航のための感染拡大予防ガイドライン(第1版)」を作成し、また、一般社団法人日本外航客船協会が国際クルーズに対応した「外航クルーズ船事業者の新型コロナウイルス感染予防対策ガイドライン(第8版)」を、公益社団法人日本港湾協会が国際クルーズに対応した「クルーズ船が寄港する旅客ターミナル等における感染拡大予防ガイドライン(第8版)」をそれぞれ改訂し、国際クルーズ受け入れ再開に向けた取り組みが本格化した。

●全国の旅客船事業者に対する「緊急安全点検」を実施

国土交通省は、知床遊覧船が運航する「KAZU I」の海難事故を踏まえ、全国790の旅客船事業者に対し、海上運送法に定める安全管理規程の遵守状況等に着目した「緊急安全点検」を実施した。調査及び検討会を踏まえ、2023年3月、旅客船の総合的な安全・安心対策や安定的な国際海上輸送の確保等を盛り込んだ「海上運送法等の一部を改正する法律案」を閣議決定した。

5 道路交通

2020年度のバス利用は大幅に減少
2022年の高速道路交通量は回復傾向

(1)利用の動向

●高速道路の利用

2022年の高速道路の日平均交通量は約496万台であり、前年と比べて6.1%増(図Ⅲ-2-22)となり、東名高速道路以外の路線で前年の利用量を上回った(図Ⅲ-2-23)。月別日平均交通量は、2月、12月は若干前年を下回ったものの、5月、8月は前年を大幅に上回った(図Ⅲ-2-24)。

図Ⅲ-2-22　高速道路の日平均交通量の推移

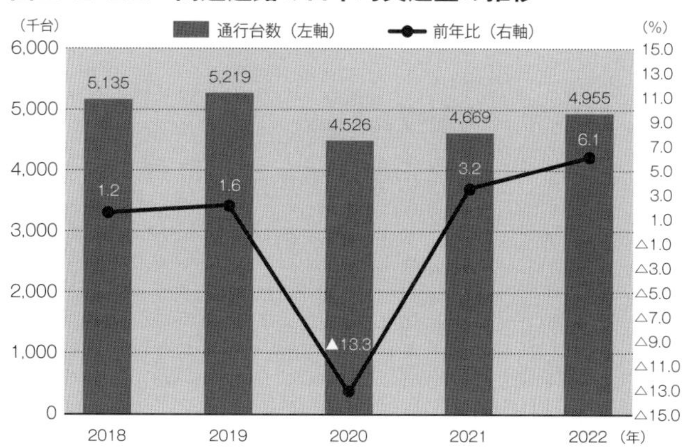

資料：(公財)高速道路調査会「高速道路と自動車　高速道路統計月報」をもとに(公財)日本交通公社作成

図Ⅲ-2-23　主要高速道路の日平均交通量の前年比

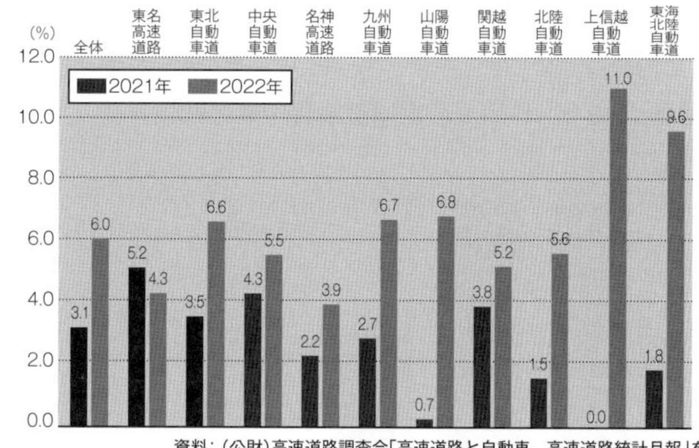

資料：(公財)高速道路調査会「高速道路と自動車　高速道路統計月報」をもとに(公財)日本交通公社作成

図Ⅲ-2-24　月別日平均交通量の推移と前年同月比

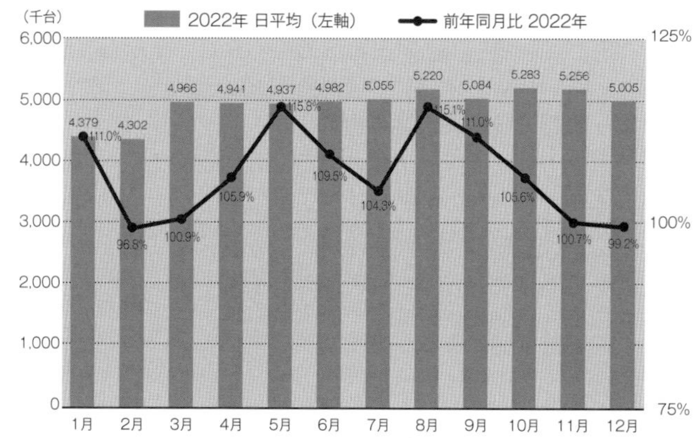

資料：(公財)高速道路調査会「高速道路と自動車　高速道路統計月報」をもとに(公財)日本交通公社作成

●高速バスの利用（2020年度）

公益社団法人日本バス協会（以下、日本バス協会）の最新統計によると、2020年度の高速バス輸送人員は97百万人（前年比6.5％減）であり、コロナ禍の影響もあり減少した（図Ⅲ-2-25）。また、高速バス運行系統数は延べ5,113本（前年比0.4％減）であった（図Ⅲ-2-26）。

図Ⅲ-2-25 高速バスの年間輸送人員の推移

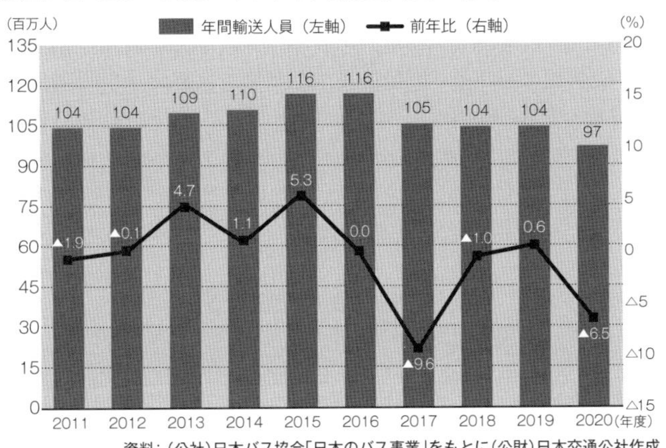

資料：（公社）日本バス協会「日本のバス事業」をもとに（公財）日本交通公社作成

図Ⅲ-2-26 高速バス運行系統数の推移

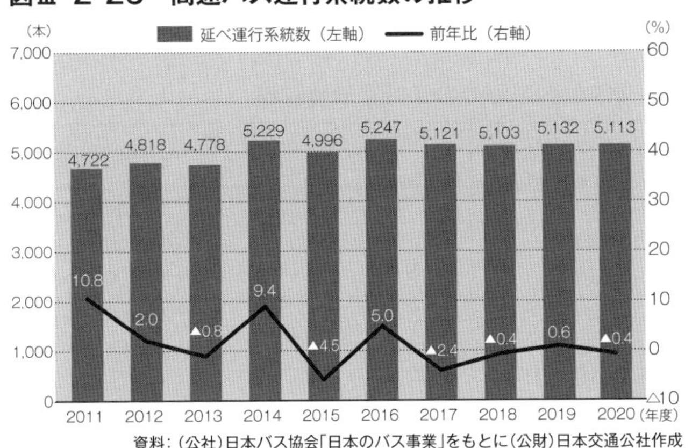

資料：（公社）日本バス協会「日本のバス事業」をもとに（公財）日本交通公社作成

●貸切バスの利用（2020年度）

日本バス協会の最新統計によると、2020年度の貸切バスの輸送人員は141百万人（前年比48.7％減）で大幅な減少となった。また、事業者数は3,789事業者（前年比5.4％減）となり4年連続減少となった（図Ⅲ-2-27）。

図Ⅲ-2-27 貸切バスの事業者数及び輸送人員の推移

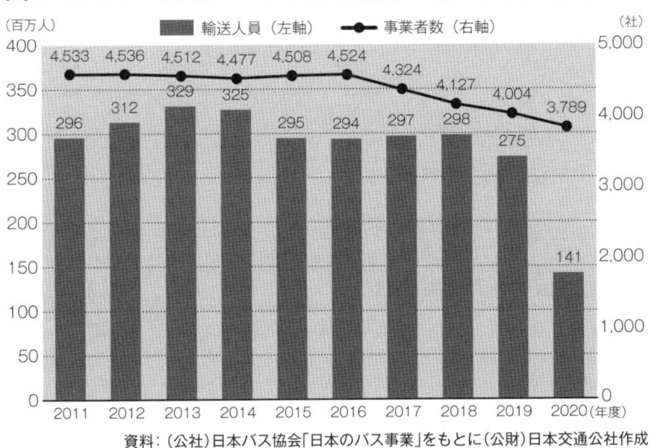

資料：（公社）日本バス協会「日本のバス事業」をもとに（公財）日本交通公社作成

●一般路線バスの利用（2021年度）

地域における公共交通ネットワークの中で中心的な役割を果たしている一般路線バスの利用者数は、1970年前後をピークに長期的な減少傾向にある。近年は三大都市圏では微増、地方部では横ばい傾向であったが、新型コロナウイルス感染症の影響で大きく落ち込み、2021年度は回復傾向に転じた（図Ⅲ-2-28）。

図Ⅲ-2-28 都市部・地方部別の一般路線バス輸送人員の推移

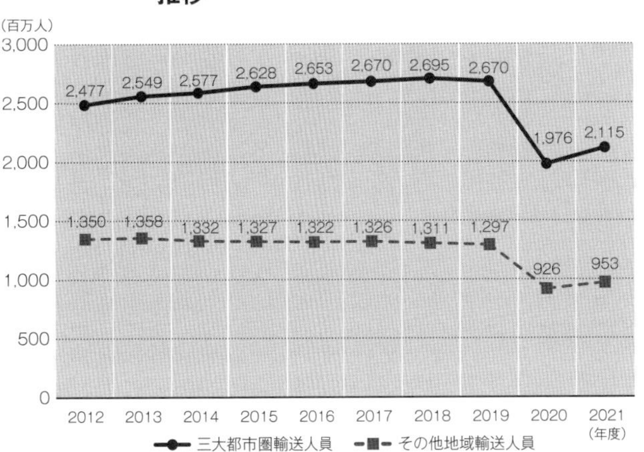

※乗合バスの保有車両数が30以上のバス事業者のデータ
※三大都市圏とは、埼玉、千葉、東京、神奈川、愛知、三重、岐阜、大阪、京都、兵庫の集計値
資料：（公社）日本バス協会「日本のバス事業」をもとに（公財）日本交通公社作成

●タクシーの利用（2021年度）

タクシーの輸送人員は、1970年代をピークにバブル期に横ばい傾向になり、以後は緩やかな減少傾向にある。コロナ禍の影響で大きく落ち込み、2021年度は回復傾向に転じた（図Ⅲ-2-29）。

図Ⅲ-2-29 タクシーの輸送人員の推移

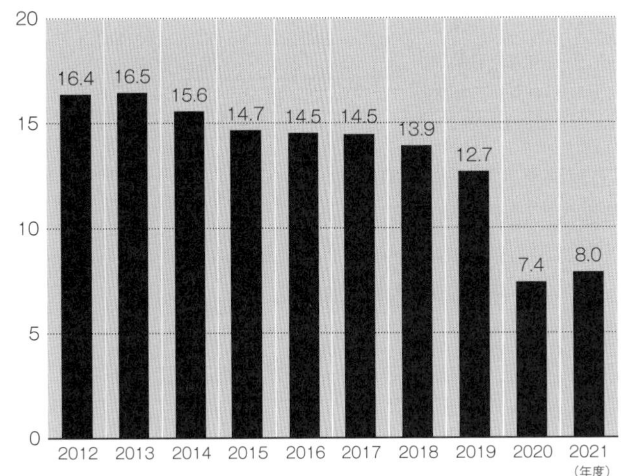

資料：国土交通省「自動車輸送統計年報」をもとに（公財）日本交通公社作成

●レンタカーの利用（2022年）

レンタカー利用者数に関する全国規模の公開資料は見当たらないため、国土交通省の「レンタカー事業者数及び車両数の推移」を引用する。同資料によると、2022年3月末時点のレンタカー事業者数（乗用車）は8,207社（前年比15.0％減）、車両数（乗用車）の合計は約35万台（前年比15.2％減）であった（図Ⅲ-2-30）。

第Ⅲ編 観光産業

図Ⅲ-2-30　レンタカー事業者数（乗用車）及び車両数（乗用車）の推移

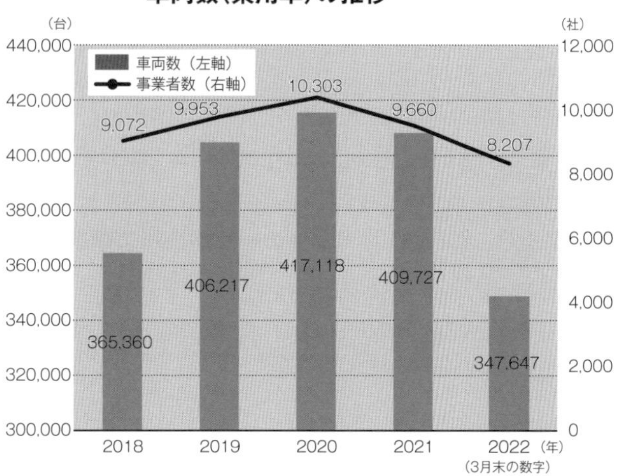

資料：国土交通省「運輸支局別レンタカー事業者数・車両数」をもとに（公財）日本交通公社作成

(2) 高速道路の動向

●高速道路の整備

2023年7月時点における高規格幹線道路の供用延長は12,258kmであり、1987年の高規格幹線道路網計画において示された整備目標に対する進捗率は88%となった。内訳は高速自動車道路が10,274km（進捗率80%）、一般国道自動車専用道路が1,984km（同80%）であった（表Ⅲ-2-10）。2022年4月から2023年3月までに開通した主要な高規格幹線道路及び地域高規格道路は、表Ⅲ-2-11に示すとおりであった。新東名高速道路（伊勢原大山IC～新秦野IC）が開通し、東北中央自動車道は東根北IC～村山本飯田ICの開通により、全線（23km）が開通した。また、渋滞緩和・高速化を目的として新名神高速道路（亀山西JCT～甲南IC）が6車線に拡張された。

表Ⅲ-2-10　高規格幹線道路の整備状況

区分	総延長	供用	進捗率
高規格幹線道路	約14,000km	12,258km	88%
高速自動車国道	11,520km	10,274km	89%
一般国道自動車専用道路（本四連絡高速道路を含む）	約2,480km	1,984km	80%

資料：全国高速道路建設協議会のウェブサイトをもとに（公財）日本交通公社作成

表Ⅲ-2-11　2022年4月～2023年3月に開通・拡張した主要な高規格幹線道路及び地域高規格道路

地方	路線名	No※	区間名等	区間	年月日	開通延長（km）	開通・拡張
東北	仙台南部道路	E48		今泉IC～長町IC	2022年12月15日	2.9	4車線化
東北	東北中央自動車道	E13		東根北IC～村山本飯田IC	2022年10月29日	8.9	開通
関東	新東名高速道路	E1A		伊勢原大山IC～新秦野IC	2022年4月16日	13.0	開通
近畿	新名神高速道路	E1A		亀山西JCT～甲南IC	2023年3月30日	7.4	6車線化
中国	山陰近畿自動車道	E9	岩美道路	浦富IC～東浜IC	2023年3月12日	3.8	開通
九州	東九州自動車道	E10		苅田北九州空港IC～行橋IC	2022年11月18日	8.6	4車線化
九州	東九州自動車道	E78	隼人道路	隼人西IC～加治木IC	2022年11月30日	3.6	4車線化
九州	東九州自動車道	E78		清武南IC～日南北郷IC	2023年3月25日	71.8	開通

※No列：高速道路ナンバリング

資料：国土交通省及び各高速道路会社のプレスリリース等をもとに（公財）日本交通公社作成

(3) 道路交通関連施設の動向

●高速道路の休憩施設

2022年4月から2023年3月までに新規オープン・リニューアルした主な高速道路の休憩施設は、表Ⅲ-2-12に示すとおりであった。

●一般道路の休憩施設（道の駅）

2022年度中に、10件の道の駅が新たに登録され、登録総数は1,204件（第58回登録時点）となった（図Ⅲ-2-31）。

表Ⅲ-2-12　2022年4月～2023年3月にオープン・リニューアルした主な高速道路の休憩施設

施設名称	道路名	上下線の別	年月日	内容・特徴
川口ハイウェイオアシス	首都高速川口線	上り	2022年4月25日	埼玉県川口市の運営するイイナパーク川口と首都高速が管理・運営する川口PAを連結し、一体的に整備する首都高速初のハイウェイオアシスを開園。利便性の向上や商業施設の充実のみならず、親子で楽しむことができる屋内遊具施設棟「ASOBooN」がオープン。
泉大津大型専用PA	阪神高速4号湾岸線	南行	2022年4月27日	これまで運用中の泉大津PAにおける大型車駐車マスの不足に対応することを目的として、大型車専用のPAとして旧泉大津本線料金所跡に開設。阪神高速では初となる木造建屋で環境に配慮したPAとなる。
佐野SA	東北自動車道	下り	2022年7月13日	将来的にひとつの大きな“Park”と見立て、上下線が隣接し徒歩での往来が可能なサービスエリアを計画。その第一弾として、ドラマチックエリア佐野（下り線）を先行してリニューアル。生産者のこだわりにフィーチャーしたご当地の逸品や、地元の魅力を届ける伝統工芸品等を取りそろえるほかに、人気の「佐野らーめん」をはじめとした沿線のご当地メニューを楽しむことができる。

資料：各高速道路会社のプレスリリース等をもとに（公財）日本交通公社作成

図Ⅲ-2-31 道の駅登録総数・新規登録数の推移

(単位：件)

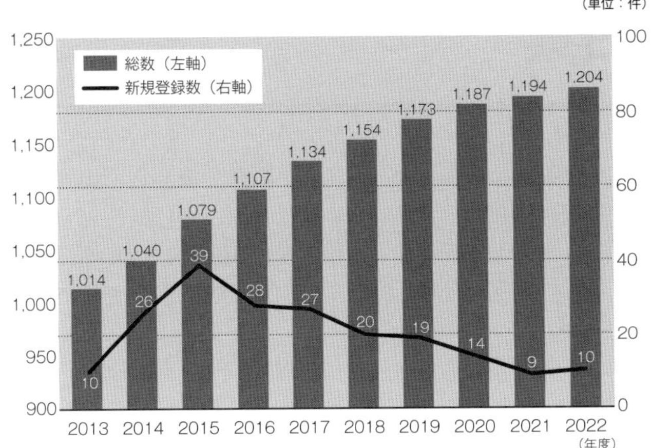

資料：国土交通省道路局「道の駅」登録一覧をもとに（公財）日本交通公社作成

●その他の道路及び交通に関する政策

○「2040年道路政策ビジョンへのロードマップ」を発表

国土交通省は、道路政策を通じて実現を目指す2040年の日本社会の姿と政策の方向性をまとめた「2040年道路政策ビジョンへのロードマップ」を発表した。ロードマップでは(1)日本全国どこにいても、誰もが自由に移動・交流・社会参加できる社会、(2) 世界と人・モノ・サービスが行き交うことで活力を生み出す社会、(3) 国土の災害脆弱性とインフラ老朽化を克服した安全に安心して暮らせる社会を目指すことを念頭に、自動運転、ICT交通マネジメント、拠点施策、新たなモビリティの利用環境、グリーン社会の実現、自転車利用環境、道路空間の利活用について方向性が示された。

○高速道路における電動化インフラ整備を加速

経済産業省及び国土交通省は、高速道路における充電器の大幅増加と高出力化・複数口化を促し、利用者がいつでも快適にEV充電できる環境を目指して、「高速道路における電動化インフラ整備加速化パッケージ」を取りまとめた。これに伴い、NEXCO3会社及びe-Mobility Powerは、EV急速充電器の高出力化・複数口化を推進し、2025年度までに充電口数を約1,100口（2020年度末から5年間で約2.7倍）と大幅に増設する整備見通しを策定した。

○燃料高に対する対策

国土交通省は、原油価格高騰を受け、国民生活等への不測の影響を緩和するため、LPガスを使用するタクシー事業者の燃料価格について時限的・緊急避難的な激変緩和事業に伴う経費に対して補助を行い、今後の需要回復局面において、タクシーの供給を順調に回復するための下支えとして必要な支援を実施する「タクシー事業者に対する燃料価格激変緩和対策事業」を実施した。

○大阪・関西万博特別仕様ナンバープレートの交付を開始

国土交通省は、大阪・関西万博開催の機運醸成を図ることを目的に、約3年間の期間限定で、大阪・関西万博特別仕様ナンバープレートの交付を全国で開始した。フルカラー版の特別仕様ナンバープレートの申し込みの際に支払う寄付金は、大阪・関西万博の開催に関連した交通サービスの充実等に充てられる予定。

（後藤伸一）

Ⅲ-3 宿泊業

1 宿泊施設の供給動向と利用動向

旅館・ホテル軒数は2年連続で微減
入国制限緩和により外国人宿泊者数の回復が顕著

(1)供給動向

旅館・ホテル・簡易宿所の軒数、旅館・ホテルの客室数の推移は、表Ⅲ-3-1のとおりである。

2021年度の旅館・ホテルの軒数は50,523軒(前年度比0.4%減)、客室数は175万7,557室(同1.1%増)、簡易宿所の軒数は38,593軒(同2.0%増)であった。

旅館・ホテルの軒数は、2018年度、2019年度と2年連続で増加が続いていたものの、2020年度、2021年度と2年連続で微減となった。

旅館・ホテルの客室数は2017年以降5年間、増加が続いているが、2019年度以降、伸び率は鈍化が続いている。

旅館・ホテル1軒当たり平均客室数は、2017年度以降、微増が続いている。

表Ⅲ-3-1 旅館・ホテル・簡易宿所 軒数・客室数の推移

年度	旅館・ホテル計						簡易宿所	
	軒数(軒)		客室数(室)		1軒当たり平均客室数(室)		軒数(軒)	
		伸び率(%)		伸び率(%)		増減(室)		伸び率(%)
2011	56,059	△1.0	1,575,803	0.5	28.1	0.4	24,506	3.3
2017	49,024	△1.1	1,595,842	2.2	32.6	1.1	32,451	9.8
2018	49,502	1.0	1,646,065	3.1	33.3	0.7	35,452	9.2
2019	51,004	3.0	1,707,078	3.7	33.5	0.2	37,308	5.2
2020	50,703	△0.6	1,739,124	1.9	34.3	0.8	37,847	1.4
2021	50,523	△0.4	1,757,557	1.1	34.8	0.5	38,593	2.0
2021/2011		△9.9		11.5				57.5

資料:厚生労働省「衛生行政報告例(生活衛生関係)」をもとに(公財)日本交通公社作成

表Ⅲ-3-2 従業者数別(観光目的割合別)、宿泊施設タイプ別の宿泊者数、平均泊数、稼働率(2022年)

		延べ宿泊者数(万人泊)	前年比(%)	実宿泊者数(万人)	前年比(%)	一人1回当たり平均泊数(泊)	対前年増減(泊)	客室稼働率(%)	前年差(ポイント)	定員稼働率(%)	前年差(ポイント)
総数		45,046	41.8	33,490	40.4	1.35	0.01	46.6	12.3	29.5	9.0
	観光目的50%以上	22,589	57.6	17,661	53.4	1.28	0.02	39.8	14.5	24.8	9.5
	観光目的50%未満	22,224	28.0	15,716	27.9	1.41	0.02	54.3	11.7	39.1	9.6
宿泊施設の従業者数別	0~9人	7,329	24.4	4,959	25.6	1.48	△0.02	27.4	5.7	15.2	4.1
	観光目的50%以上	3,805	38.9	2,833	36.0	1.34	△0.00	21.2	7.7	12.3	4.5
	観光目的50%未満	3,384	8.7	2,075	12.3	1.63	△0.04	39.2	5.2	25.2	5.4
	10~29人	14,850	37.8	10,745	34.7	1.38	0.04	54.6	12.5	35.4	8.9
	観光目的50%以上	5,020	64.7	3,840	57.7	1.31	0.04	45.3	15.0	26.7	9.5
	観光目的50%未満	9,783	26.9	6,878	24.4	1.42	0.05	59.2	12.2	42.9	9.1
	30~99人	13,648	42.7	10,726	41.1	1.27	0.02	53.9	13.8	36.9	10.7
	観光目的50%以上	6,868	52.0	5,648	49.0	1.22	0.02	49.1	15.6	31.6	10.9
	観光目的50%未満	6,739	34.2	5,047	33.1	1.34	0.03	57.7	12.7	45.0	10.5
	100人以上	9,219	66.2	7,060	62.9	1.31	0.03	50.1	17.8	36.1	14.0
	観光目的50%以上	6,896	71.1	5,340	66.5	1.29	0.03	48.8	18.5	35.1	14.3
	観光目的50%未満	2,318	53.1	1,716	52.7	1.35	0.04	54.6	18.2	41.2	14.8
宿泊施設タイプ別	旅館	6,625	39.3	5,636	40.2	1.18	△0.02	33.1	10.3	19.5	6.8
	リゾートホテル	6,473	60.5	5,092	56.6	1.27	0.01	43.4	16.1	31.3	12.4
	ビジネスホテル	21,897	32.3	15,603	30.4	1.40	0.04	56.7	12.4	42.6	10.2
	シティホテル	6,691	62.9	4,864	58.6	1.38	0.02	50.1	16.5	37.1	13.8
	簡易宿所	2,791	36.5	1,917	40.4	1.46	△0.07	21.2	4.6	12.0	3.4
	会社・団体の宿泊所	396	46.0	267	52.1	1.48	△0.02	18.4	5.7	10.0	3.2
うち外国人宿泊者数		1,650	282.3	866	338.7	1.91	0.21				
宿泊施設タイプ別	旅館	92	368.2	59	803.1	1.57	0.11				
	リゾートホテル	121	274.8	60	470.7	2.03	0.31				
	ビジネスホテル	694	245.7	383	283.4	1.81	0.21				
	シティホテル	618	330.7	302	352.1	2.05	0.18				
	簡易宿所	118	280.5	59	357.3	1.99	0.01				
	会社・団体の宿泊所	3	△28.0	1	84.6	2.46	0.79				

(注)総数には、従業者数別(観光目的割合別)で見た場合、宿泊目的割合不詳を含む。宿泊施設タイプ別で見た場合、宿泊施設タイプ不詳を含む。

資料:観光庁「宿泊旅行統計調査」をもとに(公財)日本交通公社作成

簡易宿所の軒数は、2017～2018年度は9％以上の高い伸びであったが、2019年度以降の伸びは鈍化している。

10年前の2011年度と比較すると、旅館・ホテルの軒数は9.9％減、一方、客室数は11.5％増と、旅館・ホテルの大規模化が想定される。簡易宿所の軒数は57.5％増と、増加が顕著である。

(2) 宿泊者数

2022年の延べ宿泊者数、実宿泊者数、一人1回当たり平均泊数は、表Ⅲ-3-2のとおりである。

延べ宿泊者数は4億5,046万人泊、前年比41.8％増、実宿泊者数は3億3,490万人泊、同40.4％増と、前年から、大きな増加に転じた。しかし、コロナ禍前の2019年と比べると、それぞれ24.4％減、24.6％減であり、(2019年レベルへの) 宿泊者数の回復には及ばなかった。

なお、2022年の延べ宿泊者数のうち、日本人の前年比は38.4％増、外国人は2021年の78.8％減から282.3％増と、伸びが顕著であった。

延べ宿泊者数を実宿泊者数で割った一人1回当たり平均泊数は、2022年は1.35泊で、前年とほぼ同じであった。

宿泊施設の従業者数別に見ると、延べ宿泊者数は、「従業者数0～9人」で24.4％増、「従業者数10～29人」で37.8％増、「従業者数30～99人」で42.7％増、「従業者数100人以上」で66.2％増と、施設規模が大きいほど伸び率が高く、これは実宿泊者数についても同様の傾向であった。施設規模によらず、「観光目的50％未満」よりも「観光目的50％以上」の施設のほうが伸び率が高く、観光需要の回復が想定される。

宿泊施設のタイプ別に見ると、延べ宿泊者数・実宿泊者数ともに、「リゾートホテル」と「シティホテル」の伸び率が顕著である。

外国人宿泊者数は、延べ宿泊者数1,650万人泊、282.3％増、実宿泊者数866万人泊、338.7％増と、前年から非常に大きな回復を見せた。日本は、2020年12月28日以降、感染防止のための厳しい入国制限を続けていたが、2022年3月以降、徐々に入国者数の上限が引き上げられ、10月11日以降は入国者数の上限撤廃、個人の外国人旅行客の入国も解禁され、ほぼ、コロナ禍前と同じように入国が可能になったことが、外国人宿泊者数急増の要因といえる。

(3) 客室稼働率及び定員稼働率

2022年の客室稼働率及び定員稼働率は、表Ⅲ-3-2のとおりである。

年間の客室稼働率は46.6％ (前年差12.3ポイント増)、定員稼働率は29.5％ (同9.0ポイント増)と、いずれも増加した。

宿泊施設の従業者数別に見ると、客室稼働率・定員稼働率ともに「従業者0～9人」が最も低かったが(27.4％、15.2％) 前年差ではそれぞれ5.7ポイント、4.1ポイント増加した。それ以外の施設は、いずれも客室稼働率は50％以上、定員稼働率は35％以上、前年差でも10ポイント以上増加の施設が多かった。

宿泊施設タイプ別に見ると、客室稼働率・定員稼働率とも「ビジネスホテル」が最も高く、前年差も10ポイント以上増加した。客室稼働率は、「旅館」、「リゾートホテル」、「シティホテル」も前年差で10ポイント以上増加している。一方、「簡易宿所」と「会社・団体の宿泊所」は、客室稼働率・定員稼働率とも前年よりも増加したが、増加幅が他の施設に比べ低かった。

(4) 宿泊料(宿泊単価)

旅館及びホテルの一人当たり宿泊料売上を、施設タイプ・規模別にまとめたものが表Ⅲ-3-3である。なお、「旅館」は、2017年までは宿泊料に夕食・朝食を含む料金、2018年からは「(宿泊売上を含む) 宿泊料理売上」である。また、2020年以降は旅館とホテルに分けての集計をやめたため、2020年の前年比は算出していない。

2021年の一人当たり宿泊料売上は、17,088円 (前年比1.0％減)、小規模施設は19,311円 (同15.1％減)、中規模施設は18,536円 (13.5％増)、大規模施設は14,903円 (同22.0％減) と、中規模施設以外は宿泊料売上が前年より10％以上も減少した。

2 四半期別の利用動向

客室稼働率・定員稼働率ともに、年末に向けて向上
外国人延べ宿泊者比率は「10～12月期」に8.6％に増加

(1) 客室稼働率

2022年の客室稼働率を四半期別にまとめたものが、表Ⅲ-3-4である。

「1～3月期」は36.5％ (前年同期差8.1ポイント増)、「4～6月期」は44.5％ (同15.8ポイント増)、「7～9月期」は49.4％ (同14.3ポイント増)、「10～12月期」は55.6％ (同10.9ポイント増)、年計では46.6％ (同12.3ポイント増) であった。各期とも前年同期を上回り、年末に向けて客室稼働率は向上している。2022年は、3月22日以降、全都道府県における「まん延防止等重点措置」が解除された。また、2021年から始まった「地域観光事業支援 (県民割支援)」の支援期間が何度も延期され、2022年10月11日チェックアウトまで適用され、10月11日からは「全国旅行支援」が、それを引き継ぐ形で始まった。入国者数の上限緩和も徐々に進んだこともあり、日本人・訪日外国人の旅行者数増加が、客室稼働率向上の要因とみられる。

従業者数別では、「従業者0～9人」は年計は27.4％と、他の規模に比べ最も低かったが、四半期ごとに稼働率は向上し、「10～12月期」は32.2％と、30％を超えた。「従業者10～29人」、「従業者30～99人」は、年計は54％前後で、「1～3月期」以外の期は50％を超え、「10～12月期」には60％を超えた。「従業者100人以上」は、年計は50.1％、「1～3月期」は34.7％、「4～6月期」は47.4％であったが、「7～9月期」は53.2％、「10～12月期」は64.6％と、60％を超えた。従業者規模にかかわらず、年初から年末に向けて客室稼働率が上昇し、特に「従業者100人以上」では、前年差(増加)も大きかった。

宿泊施設タイプ別では、「旅館」は年計では33.1％、「1～3月期」は23.8％であったが、それ以降の期では上昇し、「10～12月期」には39.7％に達した。「リゾートホテル」は、年計は43.4％で、「1～3月期」は31.1％であったが、「旅館」同様、その後の期では上昇し、「10～12月期」には52.7％と5割を超えた。「ビジネスホテル」と「シティホテル」は、年計で50%を超え、特に「10～12月期」は65%を超えた。

(2)定員稼働率

2022年の定員稼働率を四半期別にまとめたものが、表Ⅲ-3-5である。

「1～3月期」は22.3%（前年同期差6.0ポイント増）、「4～6月期」は27.4%（同11.1ポイント増）、「7～9月期」は32.7%（同11.2ポイント増）、「10～12月期」は35.4%（同7.8ポイント増）、年計では29.5%（同9.0ポイント増）であった。客室稼働率と同様に、年末に向けて定員稼働率も向上した。

従業者数別に見ると、「従業者0～9人」は年計は15.2%と、他の従業員規模に比べ最も低かったが、「1～3月期」11.7%、「4～6月期」13.4%、「7～9月期」18.3%、「10～12月期」17.4%と、下半期に上昇した。「従業者10～29人」、「従業者30～99人」、「従業者100人以上」は、年計は35～36%台で、期を追うごとに向上し、「10～12月期」は40%を超えた。

定員稼働率は、従業員規模にかかわらず前年よりは改善したものの、小規模施設よりは大規模施設のほうが高く、かつ前年差（増加）も大きかった。

宿泊施設タイプ別では、「ビジネスホテル」が年計では42.6%（同10.2ポイント増）で唯一、40%を超え、「1～3月期」以外は40%以上を維持した。「リゾートホテル」と「シティホテル」は年計では30%台であったが、「シティホテル」は「10～12月期」

表Ⅲ-3-3　宿泊施設タイプ・規模別 宿泊客一人当たり宿泊料売上

（単位：円、%）

（注1）	旅館								ホテル	
			小旅館 客室数30室以下		中旅館 客室数31室～99室		大旅館 客室数100室以上			
	単価	前年比	単価	前年比	単価	前年比	単価	前年比	単価	前年比
2017	14,604	1.1	16,390	5.5	14,254	4.3	14,635	△1.9	7,538	39.2
2018	15,670	7.3	17,639	7.6	16,233	13.9	14,951	2.2	7,839	4.0
2019	13,715	△12.5	19,562	10.9	12,864	△20.8	14,525	△2.8	4,262	△45.6

（注2）	全体		小規模		中規模		大規模	
		前年比	客室数30室以下		客室数31室～99室		客室数100室以上	
2020	17,267		22,750		16,330		19,099	
2021	17,088	△1.0	19,311	△15.1	18,536	13.5	14,903	△22.0

（注1）2017～2019年：「旅館」は、2017年までは宿泊料金に夕食・朝食を含む。2018年から「（宿泊売上を含む）宿泊料理売上」に変更。「ホテル」は、ルームチャージでの販売。
（注2）2020年度調査から、旅館とホテルを分けた回答結果表示をやめた。

資料：（一社）日本旅館協会「営業状況等統計調査」をもとに（公財）日本交通公社作成

表Ⅲ-3-4　2022年四半期別客室稼働率

（単位：%）

		年計		1～3月期		4～6月期		7～9月期		10～12月期	
			前年差（ポイント）		前年差（ポイント）		前年差（ポイント）		前年差（ポイント）		前年差（ポイント）
全体		46.6	12.3	36.5	8.1	44.5	15.8	49.4	14.3	55.6	10.9
従業者数別	0～9人	27.4	5.7	22.7	3.9	24.9	6.5	29.9	7.0	32.2	5.2
	10～29人	54.6	12.5	44.5	7.9	53.4	16.8	57.0	15.1	63.0	10.2
	30～99人	53.9	13.8	41.8	8.9	52.2	18.6	57.1	16.5	63.9	11.1
	100人以上	50.1	17.8	34.7	12.0	47.4	23.2	53.2	19.2	64.6	17.0
宿泊施設タイプ別	旅館	33.1	10.3	23.8	6.4	31.8	15.0	37.1	13.4	39.7	6.7
	リゾートホテル	43.4	16.1	31.1	12.1	39.7	19.8	49.7	19.6	52.7	12.8
	ビジネスホテル	56.7	12.4	47.0	8.1	55.5	16.6	58.4	14.4	65.7	10.6
	シティホテル	50.1	16.5	35.2	9.8	47.1	20.6	52.2	17.2	65.7	18.4
	簡易宿所	21.2	4.6	17.0	3.9	18.8	5.1	24.7	5.9	24.1	3.5
	会社・団体の宿泊所	18.4	5.7	13.2	3.6	18.5	6.5	21.7	8.3	20.2	4.2

資料：観光庁「宿泊旅行統計調査」をもとに（公財）日本交通公社作成

表Ⅲ-3-5　2022年四半期別定員稼働率

（単位：%）

		年計		1～3月期		4～6月期		7～9月期		10～12月期	
			前年差（ポイント）		前年差（ポイント）		前年差（ポイント）		前年差（ポイント）		前年差（ポイント）
全体		29.5	9.0	22.3	6.0	27.4	11.1	32.7	11.2	35.4	7.8
従業者数別	0～9人	15.2	4.1	11.7	2.5	13.4	4.4	18.3	6.0	17.4	3.6
	10～29人	35.4	8.9	28.2	5.8	33.7	11.5	38.1	11.3	41.1	6.9
	30～99人	36.9	10.7	27.5	7.1	34.8	14.1	40.5	13.3	44.3	8.3
	100人以上	36.1	14.0	24.9	9.8	32.9	17.4	39.4	15.6	46.7	13.0
宿泊施設タイプ別	旅館	19.5	6.8	13.6	4.4	18.2	9.6	22.8	9.2	23.2	4.0
	リゾートホテル	31.3	12.4	22.4	9.7	27.7	14.7	37.5	15.6	37.1	9.3
	ビジネスホテル	42.6	10.2	34.8	6.7	41.0	13.0	44.5	12.2	49.8	8.9
	シティホテル	37.1	13.8	25.0	7.8	33.3	15.8	38.6	14.3	50.9	16.7
	簡易宿所	12.0	3.4	8.4	2.4	10.3	3.6	16.2	5.3	12.8	2.2
	会社・団体の宿泊所	10.0	3.2	6.6	1.7	10.1	4.2	12.7	5.5	10.4	1.3

資料：観光庁「宿泊旅行統計調査」をもとに（公財）日本交通公社作成

に50.9%と、タイプ別四半期別では唯一、50%を超えた。「旅館」は、通年では19.5%と、客室稼働率と同様、ホテルに比べると低いが、「7～9月期」、「10～12月期」は20%を超えた。

(3) 外国人宿泊者比率

2022年の外国人延べ宿泊者数比率を四半期別にまとめたものが、表Ⅲ-3-6である。

年計では、3.7%（前年差2.3ポイント増）で、「1～3月期」は0.9%（同0.6ポイント減）、「4～6月期」は1.7%（同0.6ポイント増）、「7～9月期」は1.8%（同0.2ポイント減）、「10～12月期」は8.6%（同7.7ポイント増）であった。前述したように、新型コロナウイルス感染症の水際対策の一環であった入国者数の上限緩和が徐々に進み、10月11日以降はコロナ禍前と同様に入国ができるようになったこともあり、「10～12月期」の外国人延べ宿泊者数比率が他の期よりも高く、また前年差（増加）も大きかった。

宿泊施設タイプ別に見ると、「旅館」は年計で1.4%、「1～3月期」、「4～6月期」、「7～9月期」は1%に満たず、前年差も微減または微増であったが、「10～12月期」に3.6%に上がり、前年差も3.3ポイント増であった。「リゾートホテル」は年計で1.9%、旅館同様、「1～3月期」、「4～6月期」、「7～9月期」は1%前後であったが、「10～12月期」には4.2%、前年差も3.7ポイント増であった。「ビジネスホテル」は年計で3.2%、「1～3月期」、「4～6月期」、「7～9月期」は2%に満たなかったが、「10～12月期」は7.5%、前年差も6.6ポイント増であった。通年で最も外国人宿泊者数比率が高かったのは「シティホテル」で、年計は9.2%（前年差5.7ポイント増）、期を追うごとに比率は上昇し、「10～12月期」は19.1%（同17.0ポイント増）であった。

3 2022年度の話題

「県民割支援」の実施期間延長と「全国旅行支援」の実施
宿泊業の倒産件数は2年連続で前年比減

(1) 地域観光事業支援

観光庁は、観光需要創出のため、2020年度は「Go Toトラベル」事業（同年12月末で全国停止）、2021年度は都道府県内旅行の割引事業を財政支援する「地域観光事業支援（県民割支援）」を実施した。この事業は、当初は2021年5月31日チェックイン、6月1日チェックアウトの宿泊客までが対象であったが、旅行エリア拡大や利用条件変更等を伴って、2022年度に入ってからも数回にわたって支援期間が延長された。最終的には2022年10月10日チェックイン、10月11日チェックアウトまで実施された。

そして、観光庁は上記事業を引き継ぐ形で、2022年10月11日からは、「全国旅行支援」をスタートさせた（年末年始（12月28日～1月9日出発）を除く）。この事業は、当初2022年7月から実施する予定であったが、新型コロナウイルス感染者の減少が見られなかったため、開始が発表されたのは9月下旬であった。2023年1月10日以降も割引率等を変更して、事業を継続した。予算の範囲内で都道府県が設定する事業とし、予算があれば2023年度にも継続を可とした。

(2) 平日旅行促進キャンペーン

観光庁は、2022年10月開始の「全国旅行支援」開始にあわせ、「平日にもう一泊」キャンペーンを開始した（2022年10月11日から2023年度末までの予定）。

このキャンペーンは、国内旅行の需要喚起のみならず、平日の旅行需要増加、すなわち旅行需要の平準化を目的としたもので、旅行事業者、宿泊事業者、交通事業者といった民間の観光関連事業者と連携して行うものである。“お得に泊まって、日本も元気に！”というキャッチコピーの設定、特設サイト開設により、平日旅行の普及・啓発を目指す。

(3) 宿泊業技能測定試験

日本では、少子高齢化の進展等を背景に、コロナ禍前から多くの業界で人手不足が深刻であった。人手不足対策の一助として期待されたのが2019年4月施行の「出入国管理及び難民認定法及び法務省設置法の一部を改正する法律」である。この法改正により、特に人材不足が深刻な14業種では、一定の専門性・技能を有し日本語能力があり即戦力となり得る外国人に日本での就労を認めるもので、宿泊業が含まれる。特定技能には1号と2号があり、1号は最長5年の在留が認められるが、家族の帯同は認められない。2号は特定技能1号の外国人が日本滞在中に試験を受け、合格すれば移行可能である。在留期間は更新でき、条件を満たせば永住申請もでき、要件を満たせば家族の帯同も可能である。宿泊業では、当初認められたのは1号のみであったが、2020年2月に2号移行対象職種として認定された。

宿泊業の特定技能在留資格取得に必要な評価試験を実施する機関「一般社団法人 宿泊業技能試験センター」が2018年9

表Ⅲ-3-6　2022年四半期別宿泊施設タイプ別外国人延べ宿泊者数比率

（単位：%）

	年計		1～3月期		4～6月期		7～9月期		10～12月期	
		前年差（ポイント）		前年差（ポイント）		前年差（ポイント）		前年差（ポイント）		前年差（ポイント）
全体	3.7	2.3	0.9	△0.6	1.7	0.6	1.8	△0.2	8.6	7.7
旅館	1.4	1.0	0.3	△0.2	0.4	△0.0	0.6	0.1	3.6	3.3
リゾートホテル	1.9	1.1	0.6	△0.4	1.2	0.5	0.9	△0.3	4.2	3.7
ビジネスホテル	3.2	2.0	0.8	△0.7	1.6	0.7	1.5	△0.2	7.5	6.6
シティホテル	9.2	5.7	2.0	△1.0	3.9	1.0	5.2	△1.0	19.1	17.0
簡易宿所	4.2	2.7	1.2	△0.7	2.3	0.4	1.6	0.4	10.9	9.5
会社・団体の宿泊所	0.8	△0.8	0.5	△2.0	0.8	△1.6	0.4	△1.5	1.3	1.1

資料：観光庁「宿泊旅行統計調査」をもとに（公財）日本交通公社作成

月に設立され、2019年度から国内外で宿泊業技能測定試験が実施されている。この試験と日本語試験の双方に合格した外国人は、受け入れ企業(特定技能所属機関)と直接雇用契約を結ぶことができる。

2022年度は、特定技能1号測定試験が国内外で計7回(うち3回は国外－ネパール、インドネシア、フィリピン)実施され、受験者数は1,936人、合格者数は985人、合格率は50.88%であった(表Ⅲ-3-8)。

(4)「観光施設における心のバリアフリー認定制度」

2020年度のバリアフリー法改正(2020年6月施行)を踏まえ、観光庁は「観光施設における心のバリアフリー認定制度」を創設、観光施設における「心のバリアフリー」を、量・質ともに向上させることを目的としている。

2023年3月31日時点で全580件が認定され、そのうち宿泊施設は421件を占める。

(5)都市・リゾートで多様な宿泊施設が開業

2022年度に新規開業した主な宿泊施設は、表Ⅲ-3-9のとおりである。ワークスペースを設置したり、長期滞在を見込んだキッチンやランドリーを有するホテルが誕生した。

また、ダブルブランド(東急ステイ メルキュール 大阪なんば)や共同運営(リゾナーレ大阪)、ホテル内ホテル(ウェスティンホテル横浜内に長期滞在型ホテルが入る)といった新たな運営形態も登場した。

(6)宿泊業の倒産

2022年3月21日をもって、全都道府県のコロナ関連規制(まん延防止等重点措置)が終了、5月下旬からは屋外でのマスク不要(屋外で2m以上の距離がとれる場合等)とする基本的対処方針を政府が正式に決定したほか、4月からは「地域観光事業支援(県民割支援)」が、2020年末から停止されていたGo Toトラベル事業に代わってスタートする等、徐々に国内旅行需要回復への追い風が吹き始めた。

表Ⅲ-3-7　2022年度　観光庁による需要創出策の概要

	地域観光事業支援(県民割支援)			全国旅行支援	
発表年月	支援期間 (【 】チェックアウト日)	旅行エリア	その他		詳細
2022年3月25日	C/I(チェックイン)4/1～4/28【4/29】まで延長(以下同)	都道府県間の同意を前提として、同一地域ブロック(全国6ブロック)の都道府県を追加	利用条件変更(ワクチン3回接種済みまたは検査結果陰性。ただし県内旅行は知事判断でワクチン2回接種または陰性検査結果も可)		
2022年4月20日	5/ 9～5/31【6/1】まで延長		4/30～5/8宿泊分は除外(GW)。5/9以降はレベル2相当であっても知事判断で事業停止検討要件を追加		
2022年5月20日	6/30【7/1】まで延長				
2022年6月17日	7/14【7/15】まで延長			実施発表 (予定期間は7月前半～8月末を想定)	
2022年7月14日	8/31【9/1】まで延長			実施の延期を発表	
2022年8月25日	9/30【10/1】まで延長			当面見送り	
2022年9月26日	10/10【10/11】まで延長			10/11～12月下旬の実施を発表	
2022年10月11日				10/11　スタート	割引率40%、割引上限額は交通付き旅行商品8千円(1泊当たり)、上記以外5千円、クーポン券は平日3千円、休日千円
2022年11月25日				実施期限を12/27【12/28】までと発表。年明け以降の観光需要喚起策実施を発表	
2022年12月13日				年明け事業を1/10から予算範囲内で、都道府県において設定と発表	
2023年1月10日				1/10　全国旅行支援再開(予算なくなり次第終了)	割引率20%、割引上限額は交通付き旅行商品5千円(1泊当たり)、上記以外3千円、クーポン券は平日2千円、休日千円

資料:観光庁プレスリリースをもとに(公財)日本交通公社作成

東京商工リサーチによると2022年の宿泊業の倒産件数（負債1千万円以上）は76件（前年比11.6％減）で、2年連続で前年を下回り、2019年以来3年ぶりに80件を下回った。しかし、このうち新型コロナウイルス関連の倒産は55件（前年47件）で、前年より17.0％増加、全体の72.4％を占めた。この構成比は、前年（2021年、54.6％）、前々年（2020年、46.6％）より増加しており、3年に及ぶコロナ禍での宿泊需要縮小に起因していると考えられる。従業員別では、5人未満が51件と全体の67.1％を占め、小規模施設の倒産が最も多かった。

2022年度は、徐々に入国者数の上限が引き上げられ、6月からは訪日外国人旅行のパッケージツアーも再開された。10月以降は、水際対策も終了し、コロナ禍前と同様に訪日外客が入国できるようになったほか、「全国旅行支援」もスタートした。2023年3月にはマスク着用は個人判断になり、国内旅行のみならず、訪日外客旅行の本格的な回復に期待が高まっている。

（淑徳大学　朝倉はるみ）

表Ⅲ-3-8　2022年度宿泊業技能測定試験結果

回数	日程	会場	受験者数（人）	合格者数（人）	合格率
1回目	2022年5月17日～25日	国内5か所	427	220	51.52%
2回目	2022年7月1日～8日	国内4か所	463	249	53.78%
3回目	2022年8月29日～9月6日	国内5か所	383	186	48.56%
4回目	2022年10月10日～20日	ネパール（カトマンズ）	71	27	38.03%
5回目	2022年11月29日～12月10日	インドネシア（ジャカルタ、バリ島）	115	62	53.91%
6回目	2023年1月26日～2月2日	国内5か所	390	202	51.79%
7回目	2023年3月6日～11日	フィリピン（マニラ、セブ島）	87	39	44.83%
計			1,936	985	50.88%

資料：（一社）宿泊業技能試験センターのウェブサイトをもとに（公財）日本交通公社作成

表Ⅲ-3-9　2022年度の主な新規開業施設の概要

施設名	所在地	概　要	開業年月
ハイアット プレイス 京都	京都府京都市	ハイアットとしては、関西初のセレクトサービス型ブランドのホテル。京都では3軒目のハイアット。ミニキッチン付き客室あり。239室。ワークスペース、24時間利用できるフィットネスルームとコインランドリーを併設。	2022年4月
沖縄プリンスホテル オーシャンビューぎのわん	沖縄県宜野湾市	ヨットハーバーに面し、地上14階、全340室がオーシャンビュー。レストラン、プール、大浴場。地元若手クリエイターとコラボしたイベントや商品も展開。	2022年4月
ウェスティンホテル横浜	神奈川県横浜市	日本国内で6軒目のウェスティンブランド。373室。国内初のホテル名を冠したスパ施設、フィットネスセンターを展開。館内には、長期滞在型ホテル「The Apartment Bay YOKOHAMA」（201室。運営はケン・コーポレーショングループ）もあり、同日開業。	2022年6月
ダーワ・悠洛 京都 ギャリア・二条城 京都	京都府京都市	バンヤンツリー ホテルズ＆リゾーツが初めて日本で開業。ウェルス・マネジメントグループと提携。ダーワは三条大橋のたもとに位置し、144室、ギャリアは二条城正面に位置し、25室。	2022年6月
ウォーターマークホテル＆リゾーツ 沖縄 宮古島	沖縄県宮古島市（宮古島）	みやこ下地島空港から車で8分。50室（4階建て×3棟）。インフィニティプール。	2022年8月
MIMARU SUITES 東京日本橋	東京都中央区	アパートメントホテル。全36室がキッチン、リビング・ダイニング、2ベッドルーム。定員4～6人。多世代家族、グループ、海外ファミリー等がターゲット。	2022年9月
クロスライフ博多天神 クロスライフ博多柳橋	福岡県福岡市	オリックス ホテルズ＆リゾーツが立ち上げた新カジュアル・ライフスタイルブランド「CROSS Life」のホテル。天神は286室、大浴場完備。柳橋は242室、伝統工芸等を取り入れたデザイン。	2022年10月
ヒルトン・ガーデン・イン 京都四条烏丸	京都府京都市	「ヒルトン・ガーデン・イン」ブランドでは日本初。250室（9タイプ）。大半の客室に独立型シャワーブース。フィットネスルーム、セルフランドリー。	2022年11月
変なホテルエクスプレス名古屋 伏見駅前	愛知県名古屋市	地上14階建て、110室。ロボット等の映像技術は導入せず、最短10秒でチェックインできる新システムを導入。	2022年12月
変なホテル鹿児島 天文館	鹿児島県鹿児島市	地上12階建て、90室。ホログラムによる非対面チェックイン、最上階に大浴場。	2022年12月
東急ステイ メルキュール 大阪なんば	大阪府大阪市	東急リゾーツ＆ステイとフランスのホテルグループ「アコー」とのダブルブランドのホテル（2社にとってダブルブランドは初）。288室。ミニキッチン付き客室あり。ジム、ランドリー。	2022年12月
リゾナーレ大阪（ハイアットリージェンシー大阪内）	大阪府大阪市	ハイアットリージェンシー大阪の一部を改装して開業。「リゾナーレ」ブランドでは初の西日本進出。ハイアットリージェンシー大阪との共同運営（コラボレーションホテル）。64室。ホテルの最上階28階に、日本最大級（約470㎡）のアトリエ。	2022年12月
メルキュール飛騨高山	岐阜県高山市	日本で7番目のメルキュールホテル。161室。最上階に露天風呂、内風呂、貸し切り露天風呂。	2022年12月
ジャストスリープ 大阪心斎橋	大阪府大阪市	台湾のシルクスホテルグループの海外初進出ホテル。100室。朝食では台湾グルメも提供。	2023年3月

資料：新聞・雑誌記事等をもとに（公財）日本交通公社作成

Ⅲ-4 集客交流施設、MICE

1 集客交流施設

新型コロナウイルスの感染状況が落ち着き、
制限緩和によるレジャー需要が回復

(1)集客交流施設の動向

●遊園地・テーマパーク等の動向

2022年度の遊園地・テーマパークの売上高は6,712億円（前年度比81.8％増）、入場者数は6,320万人（前年度比62.7％増）、従業者数は、41,241人（前年度比14.0％増）であり、売上高、入場者数、従業者数のすべてにおいて前年を上回った（表Ⅲ-4-1）。

主要施設の入場者数は、すべての施設が前年から増加した（表Ⅲ-4-2）。特に、東京スカイツリー、東京都恩賜上野動物園、沖縄美ら海水族館、旭川市 旭山動物園、広島平和記念資料館、首里城、グラバー園は、前年から2倍以上の増加となった。

●主要テーマパークの主な動向

○東京ディズニーリゾート（千葉県）

2022年度の入場者数は、前年と比較して83.3％増の2,209万人となった。

2022年度は、一日当たりの入園者数上限を、新型コロナウイルス感染症流行の影響や運営体制の整備の状況等を勘案し、段階的に引き上げた。現在は、体験価値やパーク環境に鑑みながら、上限の水準を見極めるものの、コロナ禍前の水準には戻さず、快適なパーク環境を提供できる入園者数の水準を検証しながら、体験価値向上を図る計画となっている。また2022年度は、変動価格制の運用や「ディズニー・プレミアアクセス」の導入・展開をすることで、入園者に選択肢を提供し、入園者数の底上げや満足度向上を図っている。

2022年4月には「東京ディズニーリゾート・トイ・ストーリーホテル」が開業、11月には東京ディズニーシーの新規ナイトタイムエンターテインメント「ビリーヴ！～シー・オブ・ドリームス～」、2023年4月には「東京ディズニーリゾート40周年“ドリームゴーラウンド”」（2024年3月までの開催）が始まった。40周年イベントの内容としては、パーク内が40周年を祝うデコレーションで彩られるほか、グリーティングの公演や新たなグッズの販売が挙げられる。

表Ⅲ-4-1　遊園地・テーマパークの売上高等の推移

	売上高（百万円）	前年度比（%）	入場者数（人）	前年度比（%）	従業者数（人）	前年度比（%）
2018年度	720,439	5.1	79,977,698	2.5	41,303	3.3
2019年度	641,248	△11.0	71,614,589	△10.5	44,301	7.3
2020年度	220,800	△65.6	26,906,120	△62.4	36,983	△16.5
2021年度	369,110	67.2	38,849,794	44.4	36,165	△2.2
2022年度	671,200	81.8	63,202,047	62.7	41,241	14.0

資料：経済産業省「特定サービス産業動態統計調査」

表Ⅲ-4-2　主要施設の入場者数の推移

（単位：万人）

施設名	開業年	2018年度	2019年度	2020年度	2021年度	2022年度
東京ディズニーランド・ディズニーシー（千葉県浦安市）	1983/2001	3,256	2,901	756	1,205	2,209
ナガシマリゾート（三重県桑名市）※1	1964	1,550	1,550	997	1,062	1,200
ハウステンボス（長崎県佐世保市）	1992	263	228	114	155	※4
鈴鹿サーキット（三重県鈴鹿市）※2	1963	206	204	69	68	123
東京スカイツリー（東京都墨田区）	2012	427	360	78	104	286
東京都恩賜上野動物園（東京都台東区）	1882	496	348	53	57	306
沖縄美ら海水族館（沖縄県本部町）	2002	372	332	60	62	216
名古屋市東山動植物園（愛知県名古屋市）	1937	254	234	135	181	238
旭川市 旭山動物園（北海道旭川市）	1967	137	139	52	46	116
金沢21世紀美術館（石川県金沢市）	2004	258	233	75	101	131
国立新美術館（東京都港区）	2007	261	185	38	97	※4
国立科学博物館（東京都台東区）※3	1877	267	274	53	112	207
広島平和記念資料館（広島県広島市）	1955	152	176	33	41	113
首里城（沖縄県那覇市）	1992	177	105	21	21	65
兼六園（石川県金沢市）	1874	275	259	102	84	146
グラバー園（長崎県長崎市）	1974	95	77	24	28	65

※1　2018年度以降は年間値
※2　年間値
※3　筑波実験植物園と自然教育園を含む
※4　2022年度データなし（2023年9月時点）

資料：新聞・雑誌記事及び聞き取り調査をもとに（公財）日本交通公社作成

○ユニバーサル・スタジオ・ジャパン(大阪府)

開業20周年を迎えた2021年より、ブランドスローガンを"NO LIMIT!"としており、2022年は、NO LIMIT！体験がつまったパークから日本中に"超元気"を発信し、誰もが"超元気"になれる特別な場所「超元気特区」となることを宣言。ブランドサポーターに、俳優の菅田将暉さんが就任し、"ぶっとべ！ ここは超元気特区"をテーマに、さまざまな企画が行われた。

5周年を迎えた「ミニオン・パーク」では、夏公開となるイルミネーションの最新映画「ミニオンズ フィーバー」とコラボレーションした新エンターテインメント「ミニオン・カンフーダンス道場」が期間限定で登場。また、「ワンピース・プレミア・サマー」では、ユニバーサル・スタジオ・ジャパンと「ワンピース」のコラボレーション15周年を記念し、「ワンピース・プレミアショー」や「サンジの海賊レストラン」等、劇場版最新作「ONE PIECE FILM RED」と完全連動したアトラクションやレストランが期間限定オープン。さらに、開業1周年を迎えた「スーパー・ニンテンドー・ワールド」にも、グッズやフードが続々登場した。2023年3月には、マリオやポケモン等、世界中の人気キャラクターたちが勢ぞろいする、「NO LIMIT！ パレード」が2年半ぶりのデイタイムパレードとして開始している。

2022年10月に、年間パスのラインナップを再編し、楽しみ方に合わせて選べる2種を、新しい内容・価格で発売開始。また、経済産業省の「イベントワクワク割事業」を活用して、2022年10月11日から2023年1月31日を来場日とした、通常のスタジオ・パスの価格から20％割引となる「イベント割 スタジオ・パス」が発売された。

○ハウステンボス(長崎県)

2022年3月には開業30周年を迎え、開業記念日の3月25日には、アニバーサリーセレモニーが開催された。そして2023年3月には、ハウステンボス30周年のフィナーレとして、「ハウステンボス歌劇大劇場」がオープンした。また、開園当初からある施設で、ハウステンボスのモデルとなっているオランダを舞台に、大量の水を使用したスリル満点の施設である「ホライゾンアドベンチャー」が大規模リニューアルした。

チケットについては、開業30周年特別企画として、長崎県在住者に限り「入場＆宿泊 半額キャンペーン」、九州在住者に限り入場と宿泊が30％割引で利用できる「九州在住者感謝キャンペーン」が実施された。2022年10月からは、経済産業省の「イベントワクワク割事業」を活用して、通常の入場パスポートの価格から20％割引となる「イベントワクワク割パスポート」を2023年1月まで販売した。また、2023年4月からは、チケット体系をよりシンプルにわかりやすく変更している。

(2)集客交流施設の整備動向(表Ⅲ-4-3)

●テーマパーク

○ワーナー ブラザース スタジオツアー東京
-メイキング・オブ・ハリー・ポッター(東京都)

2023年6月、東京都練馬区の「としまえん」跡地にオープンした。映画「ハリー・ポッター」や「ファンタスティック・ビースト」シリーズの舞台裏や魔法ワールドの秘密を発見できる新しいウォークスルー型のエンターテインメント施設である。アジア初のワーナー ブラザース スタジオツアー東京は、ハリー・ポッターの屋内型施設としては世界最大の規模となる。

本施設には、映画「ハリー・ポッター」シリーズの象徴的なセットのひとつである学校の大広間や、魔法界へと続く9と3/4番線のホグワーツ特急、ダイアゴン横丁があるほか、ホグワーツの動く階段のエリアでは、肖像画の前で自分たちの姿を撮影する際に動く肖像画になれるようなインタラクティブな体験も楽しめる構成となっている。

○ピーターラビット™ イングリッシュガーデン(山梨県)

富士本栖湖リゾートに、富士山と約300種類の草木や花々、ピーターラビットをはじめキャラクターたちの共演が楽しめる関東最大級の英国式庭園、ピーターラビット™ イングリッシュガーデンがオープンした。庭園はもちろん、カフェ、ミュージアム、ショップ等、世界中で愛される物語『ピーターラビットのおはなし』絵本シリーズの世界観を楽しめる。

●複合施設

○エスコンフィールドHOKKAIDO(北海道)

敷地面積約5ha、収容人数は3万5,000人、掘り込み式フィールドから地上4階まで観客エリアが広がるプロ野球・北海道日本ハムファイターズの新球場。日本初の開閉式屋根付き天然芝球場で、芝の育成を促すため南側は一面のガラス壁になっている。

本施設を核にした「北海道ボールパークＦビレッジ」というエリアは、自然と共存する次世代ライブエンターテインメントや心身を育むウェルネスソリューション、文化交流が活発なまちづくりを目指す、新しいクリエイティブなコミュニティスペースとして整備されている。

●ミュージアム

○静岡市歴史博物館(静岡県)

静岡市の歴史や文化を地域や世界に向け発信する博物館。徳川家康が築き、現代に受け継がれる「駿府」の町の魅力をさまざまな角度から紹介している。建設前に発掘された戦国時代末期の道をそのまま建物内に取り込み、家康時代の町並みへと想像をかきたてる展示が見られる。

○地獄温泉ミュージアム(大分県)

雨水が温泉水として生成されるまでの地中の旅を追体験し、自然の恵みと人々の営みの循環を学びながら、"温泉がもっと愛おしくなる"盛りだくさんの仕掛けを楽しめるアカデミック・エンターテインメント施設。

●その他

○長井海の手公園 ソレイユの丘(神奈川県)

リニューアル工事に伴い2022年10月から休園していたが、2023年4月14日にグランドオープンした。

高さ約15mの大型アスレチックと全長約300mのジップラインが登場。AR・VR・eスポーツが体験できる施設「ソレ！

スポ」やキッズルーム等、屋内での遊びも楽しめる。また、キャンプ施設が拡充して多様なスタイルでの宿泊が可能になっている。

○道の駅「越前たけふ」(福井県)

2023年3月18日、福井県越前市に道の駅「越前たけふ」がオープンした。北陸新幹線の新駅「越前たけふ駅」に隣接し、観光案内所や24時間の休憩室も併設されている。

海鮮や伝統工芸品等、越前ならではの土産物を買うことができる。食事処には、越前市の魚介卸売専門店が運営しているレストランがあり、地元の食を楽しめる。また、施設全体に越前エリアの「越前和紙」、「越前打刃物」、「越前箪笥」といった伝統工芸が取り入れられている。

○奄美大島世界遺産センター(鹿児島県)

道の駅「奄美大島住用」の敷地内に、世界自然遺産に関する情報発信や自然環境の保全に関する普及啓発等を行う拠点として環境省が整備し、世界自然遺産「奄美大島、徳之島、沖縄島北部及び西表島」が世界遺産登録から一年を迎える2022年7月26日にオープンした。

施設内はエントランスホール、展示室、物販コーナーとシンプルな構成となっている。物販の内容としては、「THE NORTH FACE」、「KEEN」といったブランドによる環境に配慮した商品を多数展開しており、奄美大島伝統工芸「泥染め」を用いたアパレルブランド「devadurga」も取り扱っている。

(岩野温子)

表Ⅲ-4-3 2022年4月以降にオープンあるいはリニューアル等を行った主な集客交流施設

施設名	所在地	整備主体	事業費(約)	開設日	施設内容
春日部みどりのPARK	埼玉県春日部市	(株)セキド、(株)JPP、(株)積木製作、但馬米穀(株)	非公表	2022.4	春日部市の小学校跡地を活用した農業研究施設を立ち上げ、同時に地域の活性化にも貢献しようという取り組み。
ピーターラビット™イングリッシュガーデン	山梨県富士河口湖町	富士急行(株)	非公表	2022.4	イギリス湖水地方が舞台の『ピーターラビットのおはなし』の世界観を再現したイギリス式庭園。イギリス人ガーデンデザイナー、マーク・チャップマン氏が監修し、春から初冬にかけて約300種類の草木や花々を鑑賞しながらゆったりと庭園内の散策を楽しむことができる。
深谷テラスパーク/深谷テラスヤサイな仲間たちファーム	埼玉県深谷市	深谷市、三菱地所・サイモン(株)、キユーピー(株)	非公表	2022.5	「深谷テラスパーク」は、イベント等が開催できる円形広場、じゃぶじゃぶ池、深谷の野菜や花をモチーフにした大型遊具があり、楽しみながら深谷の魅力にふれられる施設。「深谷テラス ヤサイな仲間たちファーム」では、「食べる」、「見る」、「触れる」等の体験を通じて、野菜について学び、食べることの楽しさや大切さを知ることができる。
キッザニア福岡	福岡県福岡市	KCJ GROUP(株)	非公表	2022.7	九州の地元企業をはじめ、さまざまな企業・団体のサポートにより、宇宙飛行士やだし職人等、約70種類の仕事やサービスを体験することができる。
奄美大島世界遺産センター	鹿児島県奄美市	環境省	7.5億円	2022.7	奄美大島の森とそこに棲む生きものを実際にフィールドを歩いているように体感・観察したり、奄美大島の自然を守るための取り組みやルールを学んだりすることができる施設。
富士モータースポーツミュージアム	静岡県小山町	トヨタ自動車(株)	非公表	2022.10	世界的にも珍しいメーカー連携のモータースポーツ文化を醸成するミュージアム。約130年にわたるモータースポーツの歴史を世界のレーシングカー約40台でたどるとともに携わった人々の熱い想いも紹介。
地獄温泉ミュージアム	大分県別府市	(株)Dots and L	非公表	2022.12	大分・別府温泉の「別府地獄めぐり」に訪れる幅広い層の方々に、温泉そのものの価値と保全の必要性を伝えるミュージアム。
静岡市歴史博物館	静岡県静岡市	静岡市	62億円	2023.1	徳川家康や今川義元をはじめ静岡市の歴史を一堂に披露する、歴史探求と体験、交流を融合した新たなスタイルの博物館。
エスコンフィールドHOKKAIDO	北海道北広島市	(株)ファイターズ スポーツ&エンターテイメント、北広島市	600億円	2023.3	プロ野球・北海道日本ハムファイターズの新球場。臨場感あふれる観戦体験と娯楽性を追求した日本初の開閉式屋根を備えた天然芝の球場。収容人数3万5,000人。
道の駅「越前たけふ」	福井県越前市	福井県、越前市	16億円	2023.3	北陸新幹線の新駅「越前たけふ駅」に隣接した施設。交流広場(道の駅敷地内)では道の駅で買った鮮魚や肉・産直野菜をその場でBBQで楽しむことができる。また車中泊やキャンプ等にも利用できる。
SHIMINT HIROSHIMA(シミントひろしま)	広島県広島市	NEW HIROSHIMA GATEPARK(代表法人:NTT都市開発(株)ほか)	27.9億円	2023.3	旧広島市民球場跡地のイベント広場に誕生する商業施設。
道の駅「いわて北三陸」	岩手県久慈市	久慈市、洋野町、野田村、普代村	12.7億円	2023.4	岩手県で36番目の道の駅。岩手県久慈市、洋野町、野田村、普代村の特産品がズラリと並ぶ産直、海・山の幸を味わえるフードコート、屋内遊具が充実したキッズコーナー等、魅力満載。
citywave Tokyo Sakaimachi	茨城県境町	スポーツ・ファシリティ・マネジメント(株)	3.4億円	2023.4	初めてでも100%の方が波の上に立つことができる!年間数十万人が来ていた「citywave Tokyo 大井町」が茨城県境町にオープン(移転)。
東急歌舞伎町タワー	東京都新宿区	東急(株)、(株)東急レクリエーション	750億円	2023.4	ホテル、映画館、劇場、ライブホール等がそろう超高層複合ビル。
長井海の手公園ソレイユの丘	神奈川県横須賀市	エリアマネジメント横須賀共同事業体	21.8億円	2023.4	工事による休園を経てグランドオープン。
SAGAアリーナ	佐賀県佐賀市	佐賀県	257億円	2023.5	観客席は九州最大級の規模を誇る約8,400席。さまざまな大型イベントを開催できる多目的アリーナが誕生。
ワーナー ブラザース スタジオツアー東京 -メイキング・オブ・ハリー・ポッター	東京都練馬区	ワーナー・ブラザーズ・エンターテイメント・グループ、西武鉄道(株)、伊藤忠商事(株)、芙蓉総合リース(株)	450億円	2023.6	「としまえん」跡地にオープンした、映画「ハリー・ポッター」をテーマにした屋内型施設。

資料:新聞・雑誌記事及び各種資料をもとに(公財)日本交通公社作成

2 MICE

2022年、MICEの開催件数等は2021年からさらに回復
観光庁は「2025年までにアジア主要国における最大の開催国の地位を奪還すること」を目標に
大阪府・市のIR区域整備計画が認定

※MICE: 企業等の会議(Meeting)、企業等の行う報奨・研修旅行(Incentive Travel)、国際機関・団体・学会等が行う会議(Convention)、展示会・見本市／イベント(Exhibition/Event)の頭文字。概念としては外国人参加者の有無は問わない。

(1)MICEの現況

①ミーティング(M)、インセンティブ(I)の現況

ミーティング、インセンティブ分野は、統計データも未整備であり各分野の全体的な現況把握は困難である。そこで、日本政府観光局(JNTO)各現地事務所が把握している情報に限定はされるものの、MICE関連の状況やトピックスが紹介されている「MICE市場トピックス(2023年6月末時点までの情報)」を参考に、日本へのインセンティブ旅行に対する現況を概観する。

2022年当初、諸外国・地域のインセンティブ旅行の需要は高まっていたものの、日本については水際対策がそれほど進まないことから訪日インセンティブ旅行の需要はそれほど高くない状態であったが、同年6月10日、少人数の添乗員付きツアー限定で観光客の受け入れを再開したことから需要が徐々に高まった。同年10月11日、個人旅行の受け入れや短期滞在の査証免除措置を再開したことから、さらに訪日インセンティブ旅行の需要が高まった。韓国においては、2022年上半期ではインセンティブ旅行の目的地はハワイ、グアム、ベトナム等、東南アジア、ヨーロッパが中心であったが、10月の日本の入国規制緩和以降、日本へのインセンティブ旅行の問い合わせ等が増加した。そのほか、台湾やベトナム等においても、2022年秋から2023年の訪日インセンティブ旅行の需要が高まった。

2023年に入っても、諸外国での訪日インセンティブ旅行への需要は引き続き高い状態となった。例えば、ベトナムにおいては、年末年始休暇であるテト休暇(2023年は1月20日～26日)明けから多くの企業がインセンティブ旅行を実施する傾向にあり、2月は雪、梅、河津桜を、3月から4月は桜をメインとした訪日インセンティブ旅行が多く催行された。また、インドにおいては、3月から4月が学校休暇のシーズンであり、桜のシーズンと重なることから、レジャー目的の旅行とともにインセンティブ旅行の需要が活発化した。フランス、ドイツ、イタリア等のヨーロッパ各国においても、日本へのインセンティブ旅行への関心が高まっており、ドイツでは2023年秋頃の日本へのインセンティブ旅行の検討も増えてきているようである。

②コンベンション(C)の現況

コンベンション分野は、国際会議の統計データが整備されているため、このデータをもとに現況を整理する(国内会議〔外国人参加者数が基準に満たない会議等〕の統計データは未整備)。

表Ⅲ-4-4 国際会議の開催件数・参加者数の推移

	開催件数(件)	参加者数(人)				
		総数	うち国内	構成比(%)	うち外国人	構成比(%)
2017年	3,313	1,725,927	1,539,279	89.2	186,648	10.8
2018年	3,433	1,839,694	1,630,097	88.6	209,597	11.4
2019年	3,621	1,993,790	1,780,396	89.3	213,394	10.7
2020年	222	96,271	89,668	93.1	6,603	6.9
2021年	29	55,221	54,471	98.6	750	1.4

資料:日本政府観光局「国際会議統計」をもとに(公財)日本交通公社作成

表Ⅲ-4-5 月別の国際会議開催件数(2021年)

	件数(件)	構成比(%)	前年差(ポイント)
1月	1	3.4	△38.9
2月	0	0.0	△52.7
3月	1	3.4	2.1
4月	2	6.9	6.9
5月	2	6.9	6.9
6月	0	0.0	0.0
7月	3	10.3	10.3
8月	0	0.0	0.0
9月	1	3.4	3.4
10月	7	24.1	23.2
11月	7	24.1	22.8
12月	5	17.2	15.9
合計	29	100.0	−

(注)構成比は四捨五入により合計100%にならない場合がある。
資料:日本政府観光局「国際会議統計」をもとに(公財)日本交通公社作成

表Ⅲ-4-6 分野別・規模別の国際会議開催件数

(分野別)

	2021年		
	件数(件)	構成比(%)	前年差(ポイント)
政治・経済・法律	1	3.4	△7.9
科学・技術・自然	11	37.9	△10.7
医学	13	44.8	27.2
産業	0	0.0	△2.3
芸術・文化・教育	1	3.4	△5.6
社会	3	10.3	4.4
運輸・観光	0	0.0	△1.8
社交・親善	0	0.0	△0.9
宗教	0	0.0	0.0
スポーツ	0	0.0	0.0
その他	0	0.0	△2.7
合計	29	100.0	−

(注)構成比は四捨五入により合計100%にならない場合がある。

(規模別)

	2021年		
	件数(件)	構成比(%)	前年差(ポイント)
100人未満	4	13.8	△25.8
100～199人	4	13.8	△13.2
200～299人	4	13.8	3.9
300～399人	2	6.9	0.6
400～499人	1	3.4	1.2
500～999人	5	17.2	10.5
1,000～1,999人	4	13.8	10.6
2,000人以上	5	17.2	12.3
合計	29	100.0	−

(注)構成比は四捨五入により合計100%にならない場合がある。
資料:両表とも日本政府観光局「国際会議統計」をもとに(公財)日本交通公社作成

●新型コロナウイルス感染症拡大の影響

JNTOが毎年公表している「国際会議統計」によれば、2021年は2020年当初からの新型コロナウイルス感染症の世界的な拡大・長期化に伴う水際措置や国際的な移動の制約が続いた影響により、国際会議の開催については厳しい状況が継続することとなった。一方で、なんらかのオンライン手法を活用した会議も浸透したが、現行の定量基準では、会場での参加が「日本を含む3居住国・地域以上」、「参加者総数50名以上」のものが統計上国際会議としてカウントされるため、国際会議開催件数や参加者数は2020年をさらに大きく下回る状況となった。以下で述べる国際会議の状況については、このような背景による統計数値であることに留意が必要となる。

●国際会議の開催件数、参加者数の状況

JNTOの国際会議選定基準に基づき集計された、2021年に日本で開催された国際会議（2022年数値は未発表）の件数は29件（前年比86.9%、193件減）、参加者総数は55,221人（前年比42.6%、41,050人減）となった。参加者数の内訳は、国内参加者が54,471人（全体の98.6%）、外国人参加者が750人（同1.4%）であり、外国人参加者の構成比が前年より5.5ポイント減少した（表Ⅲ-4-4）。

月別では、10月、11月、12月は若干回復の兆しが見えたものの、多くの月で数件の開催にとどまった。なお、1月、2月は前年から大きく減少したが、これは前年は新型コロナウイルス感染症の拡大前で、一定数の国際会議がまだ開催されていたことが理由である（表Ⅲ-4-5）。

●分野別、規模別の国際会議開催状況

分野別では、「医学」が13件、「科学・技術・自然」が11件と、このふたつの分野で全体の82.7%となっている。そのほかでは、「社会」が3件、「政治・経済・法律」、「芸術・文化・教育」が各1件となっている。

規模別では、「500～999人」及び「2,000人以上」が5件、「100人未満」、「100～199人」、「200～299人」、「1,000～1,999人」が4件となった。構成比の前年差を見ると、「100人未満」、「100～199人」の小規模な国際会議で減少となっている（表Ⅲ-4-6）。

国際会議の規模と外国人参加者数の関係を見ると、参加者総数300人以上かつ外国人参加者数が50人以上の会議（中・大型会議）の開催件数は2件（前年比84.6%、11件減）、外国人参加者数は316人（前年比87.7%、2,245人減）であった（表Ⅲ-4-7）。

●都市別の国際会議開催状況

都市別の開催件数は、横浜市が13件と最も多く、京都市の4件、東京（23区）の3件、北九州市の2件までが複数件数の開催となっている。以下、仙台市、神戸市のほか、例年上位10都市には入らない柏市、府中市、伊勢志摩地区、姫路市、岡山市で1件開催されている。なお、参加者総数では東京（23区）が29,196人と最も多く、次いで横浜市が22,837人となっている（表Ⅲ-4-8）。

表Ⅲ-4-7　中・大型国際会議の外国人参加者数

	開催件数（件）			外国人参加者数（人）		
	総数	うち 中・大型国際会議	構成比（%）	総数	うち 中・大型国際会議	構成比（%）
2017年	3,313	350	10.6	186,648	108,851	58.3
2018年	3,433	464	13.5	209,597	133,235	63.6
2019年	3,621	471	13.0	213,394	131,316	61.5
2020年	222	13	5.9	6,603	2,561	38.8
2021年	29	2	6.9	750	316	42.1

※中・大型会議：参加者総数300人以上かつ外国人参加者数が50人以上の会議

資料：日本政府観光局「国際会議統計」をもとに（公財）日本交通公社作成

表Ⅲ-4-8　都市別の国際会議開催件数

2021年				
順位（件数）	都市名	件数（件）	参加者数（人）	うち外国人参加者数（人）
1	横浜市	13	22,837	110
2	京都市	4	1,046	349
3	東京（23区）	3	29,196	110
4	北九州市	2	440	20
5	仙台市	1	568	5
	柏市	1	80	21
	府中市	1	105	35
	伊勢志摩地区※1	1	509	5
	神戸市	1	318	42
	姫路市	1	63	51
	岡山市	1	59	2

2020年				
順位（件数）	都市名	件数（件）	参加者数（人）	うち外国人参加者数（人）
1	東京（23区）	63	15,544	1,620
2	京都市	26	29,716	562
3	神戸市	23	6,567	302
4	福岡市	15	4,806	401
5	千里地区※2	13	1,686	252
6	仙台市	10	2,483	242
7	横浜市	9	19,882	555
7	大阪市	9	2,512	374
7	名古屋市	9	730	140
10	北九州市	6	1,853	1,083

※1　伊勢志摩地区：三重県伊勢市、鳥羽市、志摩市、玉城町、南伊勢町、度会町
※2　千里地区：大阪府豊中市、吹田市、茨木市、高槻市、箕面市

資料：日本政府観光局「国際会議統計」をもとに（公財）日本交通公社作成

●会場別の国際会議開催状況

会場別では、パシフィコ横浜が11件と最も多く、国立京都国際会館、北九州国際会議場の各2件までが複数件数の開催となっている。なお、東京ビッグサイトは1件のみの開催であるが参加者数は28,891人と最も多くなっている（表Ⅲ-4-9）。

●ハイブリッド国際会議の開催状況

新型コロナウイルス感染症の世界的拡大・長期化により、国際会議の件数は2020年の222件から2021年には29件と大きく減少したが、リモートも併用したハイブリッド国際会議の開催件数は2020年の12件から2021年には21件へ増加した。また、リモート参加者総数も2020年の25,107人から2021年には36,102人へ増加した（表Ⅲ-4-10）。

●国際的に見た日本のコンベンションの開催状況

国際会議協会（ICCA：International Congress and Convention Association）が発表した、2022年に世界で開催された国際会議数の統計によれば、世界全体の開催件数は9,018件（うち、対面開催は6,871件）で、新型コロナウイルスの感染拡大前である2019年（13,799件）の65.4％であった。

このうち、日本の開催件数は228件（対面開催81件、ハイブリッド開催147件）であり、アジア・太平洋地域の各国・地域と比較すると、新型コロナウイルスの感染拡大前と同様の対面開催、また感染拡大の影響によりオンライン参加も可能にしたハイブリッド開催とも日本の件数が最も多かった。しかし、コロナ禍前の2019年比では43.0％にとどまっており、シンガポール（66.4％）、韓国（64.0％）、台湾（55.2％）に比べると回復が遅れていることがわかる（表Ⅲ-4-11）。

都市別に見ると、アジア・太平洋地域のトップはコロナ禍前と同様シンガポールで101件（世界第13位）であり、以下、ソウル66件、台北55件、バンコク50件と続き、東京は39件で5位であった。前述した韓国、台湾に比べ日本の回復が遅れていることが都市別の順位にも影響していることがうかがえる（表Ⅲ-4-12）。

表Ⅲ-4-9　会場別の国際会議開催件数、参加者数

2020年			
順位	会場名	件数（件）	※参考：参加者数（人）
1	京都大学	17	2,875
2	東京大学	10	1,457
3	神戸大学	9	904
3	大阪大学	9	741
3	九州大学	9	1,553
6	名古屋大学	8	640
7	東北大学	7	675
8	パシフィコ横浜	6	17,413
9	笹川平和財団ビル	5	904
10	国立京都国際会館	5	26,179
2021年			
順位	会場名	件数（件）	※参考：参加者数（人）
1	パシフィコ横浜	11	22,022
2	国立京都国際会館	2	400
	北九州国際会議場	2	440
3	メルパルク京都	1	445
	ホテルニューオータニ東京	1	105
	アクリエひめじ	1	63
	神戸国際会議場	1	318
	早稲田大学	1	200
	東京外国語大学	1	105
	京都大学	1	201
	東京大学	1	80
	東京ビッグサイト	1	28,891
	新横浜プリンスホテル	1	715
	仙台国際センター	1	568
	三重県営サンアリーナ	1	509
	Y-PORTセンター	1	100
	岡山コンベンションセンター	1	59

（注）2021年は開催件数が少ないため全会場を掲載。
資料：日本政府観光局「国際会議統計」をもとに（公財）日本交通公社作成

表Ⅲ-4-10　ハイブリッド国際会議の開催件数・参加者数の推移

	開催件数（件）	参加者数（人）				
		総数	国内参加者数	リモート国内参加者数	外国人参加者数	リモート外国人参加者数
2020年	12	36,381	11,145	21,562	129	3,545
2021年	21	60,034	23,569	34,724	363	1,378

資料：日本政府観光局「国際会議統計」をもとに（公財）日本交通公社作成

表Ⅲ-4-11　2022年のアジア・太平洋地域の国・地域別国際会議開催件数（順位上位の都市）

順位	世界順位	都市名	件数（件）	うち対面開催	うちハイブリッド	2019年（件）	2022年／2019年比
1	12	日本	228	81	147	530	43.0%
2	17	韓国	162	77	85	253	64.0%
3	24	オーストラリア	118	76	42	275	42.9%
4	26	中国	109	29	80	545	20.0%
5	28	シンガポール	101	70	31	152	66.4%
6	30	台湾	90	19	71	163	55.2%
7	32	タイ	81	54	27	171	47.4%
8	36	マレーシア	69	42	27	142	48.6%
9	37	インド	68	47	21	163	41.7%
10	45	インドネシア	43	30	13	104	41.3%

資料：観光庁「観光白書」及び国際会議協会資料をもとに（公財）日本交通公社作成

表Ⅲ-4-12　アジア・太平洋地域の都市別国際会議開催件数（順位上位の都市）

順位	2018年			2019年			2022年		
	都市名	件数（件）	世界順位	都市名	件数（件）	世界順位	都市名	件数（件）	世界順位
1	シンガポール	145	8	シンガポール	148	7	シンガポール	101	13
2	バンコク	135	10	東京	131	10	ソウル	66	18
3	香港	129	12	バンコク	124	13	台北	55	25
4	東京	123	13	ソウル	114	15	バンコク	50	32
5	ソウル	122	15	台北	101	19	東京	39	41
6	台北	100	20	シドニー	93	20	クアラルンプール	35	52
7	北京	93	22	北京	91	22	シドニー	34	55
8	シドニー	87	25	香港	91	22	メルボルン	31	60
9	上海	82	28	クアラルンプール	91	22	京都	29	66
10	クアラルンプール	68	34	上海	87	27	チェジュ	27	74

（注1）2020年、2021年は新型コロナウイルスの感染拡大の影響でランキングの発表なし。
（注2）2022年の開催件数は、新型コロナウイルスの感染拡大前と同様の対面開催のみの件数。
資料：国際会議協会資料をもとに（公財）日本交通公社作成

表Ⅲ-4-13　展示会の開催件数・出展者数・出展小間数・来場者数の推移

	開催件数(件)	前年比(%)	出展者数(社・団体)	前年比(%)	出展小間数(小間)	前年比(%)	来場者数(人)	前年比(%)
2019年	764	0.1	117,511	△4.1	126,045	△15.5	13,445,519	1.0
2020年	474	△38.0	42,498	△63.8	33,103	△73.7	2,923,185	△78.3
2021年	697	47.0	50,735	19.4	44,513	34.5	2,841,096	△2.8
2022年	877	25.8	68,054	34.1	90,296	102.9	6,040,333	112.6
	(2019年比:114.8%)		(2019年比:57.9%)		(2019年比:71.6%)		(2019年比:44.9%)	

※調査基準
①主催事務局への電話調査もしくはウェブサイトによる実数把握が可能なもの(※小間数は非公開のものを除く)
②商談性の高い展示会　③一般来場者をターゲットにするイベントにおいても事務局が出展者への営業活動を展開しているもの
④関係者のみの来場者のため数値を公表しない展示会でも聞き取りが可能なもの　⑤企業単独のプライベートショーは除く

資料:(株)ビーオービー「EventBiz」をもとに(公財)日本交通公社作成

表Ⅲ-4-14　月別の展示会開催件数・出展者数・出展小間数・来場者数(2022年)

	開催件数(件)	構成比(%)	前年差(件)	出展者数(社・団体)	構成比(%)	前年差(社・団体)	出展小間数(小間)	構成比(%)	前年差(小間)	来場者数(人)	構成比(%)	前年差(人)
1月	60	6.8	△1	5,181	7.6	2,171	6,087	6.7	5,782	314,437	5.2	234,004
2月	64	7.3	6	8,093	11.9	2,116	11,994	13.3	6,457	426,422	7.1	199,783
3月	61	7.0	19	6,577	9.7	1,565	10,042	11.1	2,555	620,466	10.3	341,210
4月	74	8.4	19	3,680	5.4	△151	4,530	5.0	3,077	485,965	8.0	238,426
5月	57	6.5	29	3,622	5.3	1,656	8,448	9.4	7,876	574,202	9.5	464,753
6月	93	10.6	△7	4,454	6.5	△525	5,712	6.3	1,914	708,144	11.7	445,597
7月	111	12.7	70	4,640	6.8	3,208	4,551	5.0	3,264	420,581	7.0	340,852
8月	27	3.1	18	2,366	3.5	1,545	4,123	4.6	2,468	213,617	3.5	165,929
9月	103	11.7	54	9,404	13.8	6,939	11,462	12.7	9,570	822,007	13.6	652,290
10月	124	14.1	0	10,883	16.0	492	9,162	10.1	1,046	802,588	13.3	85,780
11月	53	6.0	△40	5,793	8.5	△600	8,911	9.9	1,185	381,452	6.3	48,254
12月	50	5.7	13	3,361	4.9	△1,097	5,275	5.8	590	270,452	4.5	△17,641
合計	877	100.0	180	68,054	100.0	17,319	90,296	100.0	45,783	6,040,333	100.0	3,199,237

(注)構成比は四捨五入により合計100%にならない場合がある。

資料:(株)ビーオービー「EventBiz」をもとに(公財)日本交通公社作成

③エキシビション(E)の現況

●展示会の開催件数・出展者数・出展小間数・来場者数の状況

2022年に日本で開催された展示会の件数は877件と、新型コロナウイルスの感染拡大の2年目であった2021年と比較すると25.8%(180件)の増加となり、また、出展者数68,054社(前年比34.1%、17,319社・団体増)、出展小間数90,296小間(前年比102.9%、45,783小間増)、来場者数6,040,333人(前年比112.6%、3,199,237人増)と、すべての項目で前年を上回った。2022年もコロナ禍の状況下ではあったが3年目ということもあり、中止はほぼなく、3年ぶり、4年ぶりに開催する展示会が相次いだ。しかし、コロナ禍前の2019年比では、開催件数こそ114.8%であるが、出展者数57.9%、出展小間数71.6%、来場者数44.9%となっており、展示会の規模の回復には至っていないことがわかる(表Ⅲ-4-13)。

月別に見ると、2月が出展小間数(11,994小間)で、9月が来場者数(822,007人)で、10月が件数(124件)、出展者数(10,883社・団体)でそれぞれ最も多くなっている。1月から9月では出展小間数や来場者数の前年差が大きくプラスとなっているが、これは2021年秋から展示会が本格的に回復してきたことによる影響である(表Ⅲ-4-14)。

●2022年に開催された主な展示会

2022年に開催された展示会で最も来場者数が多かったのは「東京ゲームショウ2022(TGS)」(会場:幕張メッセ、会期:9月15〜18日)の138,192人であった。

以下、「第94回東京インターナショナル・ギフト・ショー秋2022」(会場:東京ビッグサイト、会期:9月7〜9日/132,811人)、「東京オートサロン2022」(会場:幕張メッセ、会期:1月14〜16日/126,869人)と続く。

最も出展者数が多かったのは「第56回スーパーマーケット・トレードショー2022」(会場:幕張メッセ、会期:2月16〜18日)の1,652社・団体であった。以下、「FOODEX JAPAN 2022」(会場:幕張メッセ、会期:3月8〜11日/1,485社・団体)、「名古屋オートモーティブ ワールド」(会場:ポートメッセなごや、会期:10月26〜28日/1,420社・団体)と続く。出展者数が2,000社・団体を超える展示会が新型コロナウイルスの感染拡大以降も、2020年に2件、2021年に1件あったが、2022年はゼロとなった。

●第三者認証を取得した展示会、2021年はゼロ

日本では、2012年4月から「展示会データ認証制度」(2017年9月に「展示会統計に係る第三者認証制度」から名称変更)が導入されている。本制度は、展示会の「来場者数」または「来場数」、「出展者数」、及び「出展面積」について、展示会統計に係る認証制度のガイドラインで定めた定義と指標に基づき、展示会統計情報に利用可能な展示会として、独立行政法人日本貿易振興機構(JETRO)、大規模展示場連絡会、一般社団法人日本展示会協会を構成員とする日本展示会認証協議会(JECC)が認証するもので、2020年までに合計92件の展示会が認証を取得している。2021年、制度開始以降初めて認証を取得した展示会

がなかったが、2022年も認証を取得した展示会はなかった。

(2) MICEをめぐる動き

①国等の動き

●観光立国推進基本計画において「2025年までにアジア主要国における最大の開催国の地位を奪還すること」を目標に

2023年3月、観光立国推進基本法に基づき、観光立国の実現に関する基本的な計画として新たな「観光立国推進基本計画」が閣議決定された。この基本計画においては、観光立国の持続可能な形での復活に向け、観光の質的向上を象徴する「持続可能な観光」、「消費額拡大」、「地方誘客促進」の3つをキーワードに、持続可能な観光地域づくり、インバウンド回復、国内交流拡大の3つの戦略に取り組むこととしている。

MICEについては、同計画の中で「コロナ禍により世界的に滞っていたMICEの実地開催はコロナ禍前の状況に戻りつつあり、各国の誘致競争は激しくなっていることから、大阪・関西万博の機会も捉え、我が国のMICE開催地としてのプレゼンスを改めて向上させる」と指摘したうえで、同基本計画で掲げられた9つの基本的目標のうちのひとつとして、「アジア主要国(注1)における国際会議の開催件数(注2)に占める割合を、令和7年までにアジア最大の開催国(3割以上)にする」とした(実績値は、2019年のアジア2位(30.1%))。

(注1)2019年時点の統計で上位である、日本、中国、韓国、オーストラリア、台湾の5か国・地域。
(注2)ICCAの統計による。

●新時代のインバウンド拡大アクションプランにおいて、各分野にMICE推進が盛り込まれる

2023年5月、観光立国推進閣僚会議(主宰:内閣総理大臣)において、「新時代のインバウンド拡大アクションプラン」が決定された。

同アクションプランは、従来の観光にとどまらず、ビジネス、教育、文化芸術、スポーツ、自然といったそれぞれの分野における取り組みによって人的交流を拡大させ、またそれらの取り組みの相乗効果を発揮させることで、インバウンドの着実な拡大を図ることを目的としており、観光庁では、観光立国推進基本計画とともに同アクションプランに定める施策を着実に力強く実施するとしている。

MICEに関係の深い目標としては、ビジネス分野の中で、観光立国推進基本計画の目標(アジア主要国における国際会議の開催件数に占める割合を2025年までにアジア最大の開催国(3割以上)にする)に加え、「2030年までにアジアNo.1の国際会議開催国として不動の地位、世界5位以内」が、また、「展示会・見本市への外国人参加者数を2割増加(2019年の139千人を2025年に167千人に)」が、教育分野の中で、「科学技術・自然・医療・社会分野等に係る国際会議への外国人参加者を2割増加(2019年の155千人を2025年に186千人に)」がそれぞれ挙げられている。

●ポストコロナに向けた国際会議誘致競争力向上事業の募集を開始

観光庁は2023年3月、コロナ禍において感染症対策や実地参加者の減少により実施が困難であった、国際会議に伴うユニークベニューの活用、エクスカーション/テクニカルビジット、地域参加プログラム等の実施を通し、「訪日現地参加者数と一人当たりの消費額の増加による経済効果の拡大」、「自治体の枠を越えた広域連携による開催地のさらなる魅力の創出」、「開催地ステークホルダーとの連携・参画促進によるレガシーの創出」を目的とした実証事業の募集を開始した。

対象となる会議は、2023年5月8日から12月末日までに、日本国内において2日以上の会期で開催され、国内からの現地参加者100名以上、かつ少なくともふたつの国/居住地から50名以上の国外居住者が現地参加する国際会議で、ユニークベニュー活用部門、エクスカーション/テクニカルビジット等の実施部門、地域参加プログラム等の実施部門の3部門で募集が行われた結果、24件の国際会議・29件のプログラムが選定された。さらに2023年6月、条件を緩和(参加者についての条件が「少なくともふたつの国/居住地から50名以上の国外居住者が現地参加」のみに変更)したうえで二次募集が行われた結果、19件の国際会議・17件のプログラムが選定された。

●「MICEアンバサダー」に6名を新規認定

JNTOは2022年3月、2023年3月にそれぞれ3名、計6名を「MICEアンバサダー」として認定した。MICEアンバサダーとは、特に国内外に影響力のあるグローバルリーダーで、それぞれの分野の国際会議誘致活動や日本国内における国際会議開催の意義についての普及・啓発活動に加え、会議開催地としての日本の魅力を海外に向けて発信する広報活動に寄与する方々のことである。2013年に観光庁事業として開始されて以来、2023年8月時点で計65名がJNTOのウェブサイト「MICEアンバサダー一覧」に掲載されている。

●「国際会議誘致・開催貢献賞」受賞会議を決定

JNTOは2008年度より毎年、すぐれた国際会議の誘致や開催に対して「国際会議誘致・開催貢献賞」を選定しており、2022年度は「国際会議誘致の部」(創意工夫により効果的な誘致活動を行い、諸外国との競争の結果、日本への誘致に成功した国際会議)で3件、「国際会議開催の部」(国際会議開催にあたり会議運営、地域貢献等において、今後の模範となる実績を挙げた国際会議)で2件、両部の特別賞で計3件の国際会議が選定された(表Ⅲ-4-15)。

国際会議誘致の部の各会議が授賞した理由については、「WDO世界デザイン会議東京2023」は、複数会場による町全体の盛り上げやイベントを活用した国際会議の効果を高める工夫が見られる点等が、「第7回パターン認識に関する国際会議」は、競合都市であるシドニーとの差別化のために環境都市としての強みや近隣観光地の魅力等を提案書に盛り込む工夫等が、「第27回アジア太平洋リウマチ学会議」は、ロビー活動やプログラム提案、ビッドペーパー(提案書類)等、誘致に必要な活動をすべて網羅した誘致のお手本として非常に高く評価されたこと等がそれぞれ挙げられた。

また、国際会議開催の部の各会議が受賞した理由については、「第17回世界地震工学会議」は、ハイブリッド開催ならではのさまざまな工夫が高評価となったことや、フードロス削減等SDGsの取り組みについて他会議でも活用しやすい例が多かったこと等が、「シーグ

ラフアジア2021」は、海外から入国できない学生ボランティアのオンラインでの参加等、次世代育成につなげたことや、オンサイトでの参加者を増やすための料金設定等がそれぞれ挙げられた。

表Ⅲ-4-15　2022年度「国際会議誘致・開催貢献賞」受賞会議の概要

◆国際会議誘致の部　受賞会議

WDO世界デザイン会議東京2023	
開催期間	2023年10月27日～10月29日(3日間)
主催者	(公財)日本デザイン振興会
開催都市	東京
参加予定人数	600(海外：300名、国内：300名)
参加予定国数	40か国・地域
第7回パターン認識に関する国際会議	
開催期間	2023年11月5日～11月8日(4日間)
主催者	国際パターン認識連盟
開催都市	福岡県北九州市
参加予定人数	900(海外：700名　国内：200名)
参加予定国数	25か国・地域
第27回アジア太平洋リウマチ学会議	
開催期間	2025年9月2日～9月5日(4日間)
主催者	Asia Pacific League of Associations for Rheumatology -APLAR-
開催都市	福岡県福岡市
参加予定人数	3,000(海外：1,000名　国内：2,000名)
参加予定国数	34か国・地域

◆国際会議開催の部　受賞会議

第17回世界地震工学会議	
開催期間	2021年9月27日～10月2日(6日間)
主催者	(公社)日本地震工学会(17WCEE組織委員会)
開催都市	宮城県仙台市
参加人数	3,123名(海外：1,854名、国内：1,269名)
参加予定国数	76か国・地域
シーグラフアジア2021	
開催期間	2021年12月14日～12月17日(4日間)
主催者	SIGGRAPH Asia 2021実行委員会
開催都市	東京都千代田区
参加予定人数	3,325名(海外：658名　国内：2,667名)
参加予定国数	41か国・地域

(注)各部の特別賞は掲載を省略。
資料：日本政府観光局発表資料をもとに(公財)日本交通公社作成

②業界(企業)等の動き

●イベント消費規模は14兆8,828億円に

一般社団法人日本イベント産業振興協会(JACE)は2023年6月、「2022年イベント消費規模推計報告書」を発行し、2022年(1～12月)における国内イベント消費規模が14兆8,828億円(前年比32.7%増)と推計されたことを発表した。この推計値は、イベントに対するさまざまな支出(出発前、交通費、宿泊費、会場内、会場外、イベント後)を含めた数字である。新型コロナウイルス感染拡大の影響からは徐々に回復していることがうかがえるが、2019年と比較すると85.1%と依然として低い水準となっている。

カテゴリー別の消費規模は、大きい順に「興行イベント」(5兆7,372億円、前年比50.3%増)、「文化イベント」(2兆2,228億円、前年比6.1%減)、「スポーツイベント」(2兆1,419億円、前年比29.4%増)、「フェスティバル」(1兆7,782億円、前年比67.4%増)、「会議イベント」(1兆5,481億円、前年比17.0%増)、「見本市・展示会」(7,375億円、前年比0.4%減)、「販促イベント」(5,796億円、前年比13.4%増)であった。文化イベント、見本市・展示会を除き前年比で増加となり、特に販促イベントに関しては2019年を上回る消費規模となった。

また、同報告書「イベント来場者調査」によれば、イベントに対する意識について、「多くの人が集まるイベントにはあまり行きたくない」が前年の54.3%から43.8%に減少した一方で、「多くの人が集まるとしても参加したいイベントがある」は前年の57.6%から65.5%に増加しており、新型コロナウイルス感染症を理由としてイベント参加をためらう状況は薄れてきつつあることがうかがえる。

イベントに関する総合的な興味関心度については、全体では68.7%が興味・関心がある(「非常に興味関心がある」+「やや興味・関心がある」の回答割合合計)と回答しているが、年代別では、10代で85.0%、20代で74.6%が興味・関心があるとの回答であり、若年層での興味・関心の高さがわかる。

●イベント産業規模は2兆804億円に

JACEは2023年6月、「2022年イベント産業規模推計」を公表し、2022年(1～12月)のイベント関連の産業規模が6,758億円(前年比21.0%増)、イベント周辺産業の産業規模が1兆4,046億円(前年比49.2%増)となり、合わせてイベント産業全体の産業規模が2兆804億円(前年比38.7%増)と推計されたことを発表した。新型コロナウイルスの感染が拡大した2020年、イベント産業規模は前年比44.4%と非常に大きな打撃を受け、翌2021年も2019年比56.0%と若干の回復にとどまった。しかし2022年はワクチン接種も進み、イベント関連の規制も緩和あるいは撤廃となったことやオンラインの活用等、新たなイベント手法の活用もあり、2019年比で77.7%まで回復した(表Ⅲ-4-16)。

表Ⅲ-4-16　イベント産業規模の推移

	イベント関連産業※1 小計(億円)	2019年比	イベント周辺産業※2 小計(億円)	2019年比	総計(億円)	2019年比
2019年	9,591	–	17,194	–	26,785	–
2020年	3,800	39.6%	8,096	47.1%	11,896	44.4%
2021年	5,584	58.2%	9,415	54.8%	14,999	56.0%
2022年	6,758	70.5%	14,046	81.7%	20,804	77.7%

※1 イベント関連産業：広告関連イベント、イベント専業、コンベンション、レンタル・ディスプレイ、施設、整備・印刷・設備・人材派遣・ソフトウェア、商店街イベント、花火大会、伝統的催事・フェス、会議・小セミナー
※2 イベント周辺産業：劇映画、音楽コンサート、劇団・演芸、スポーツ興行、スポーツ施設提供業、楽団・舞踊団
資料：(一社)日本イベント産業振興協会「イベント産業規模推計」をもとに(公財)日本交通公社作成

●JCMAが「－ポストコロナに向けて－一丸となって取り組むMICE再起動のための提言」を提出

一般社団法人日本コンベンション協会(JCMA)は2023年1月、MICEの本格的な再起動を目指し、MICEの効果的な活用による日本としての戦略実現やそのための仕掛けを志向するものとして、また、MICEの開催を通じて、産業や学術面におけるステイタスの確立、国や都市のブランド力の向上等を達成し、日本の経済成長やグローバルな主動力、影響力をもつ国としてのさらなる評価への一助となることをも目指したものとして、「－ポストコロナに向けて－一丸となって取り組むMICE再起動のための提言」を観光庁に提出した。

提言は「1.社会や地域へのMICE意義の発信のために」、「2.国

を挙げたMICE推進」の大項目で構成され、1.では、①現地開催効果の訴求、②観光との連携、③経済波及効果測定ツールの改訂、④業界横軸連携の推進、⑤サステナブルMICEの推進とソリューションの共同開発、⑥MICEを起点とした、シビックプライドの醸成とシティプロモーションが、2.では、①関係府省によるMICE開催の促進、②MICE開催への環境整備、③大学・研究機関等アカデミアの開催意欲の喚起、④大阪・関西万博の活用、⑤国際観光旅客税の充当がそれぞれ示されている。

③各都市での動き

●MICE施設の整備が各都市で進む

栃木県宇都宮市では、JR宇都宮駅に直結した交流と賑わいあふれる交流拠点施設として「ライトキューブ宇都宮（宇都宮駅東口交流拠点施設）」が2022年11月に開業した。1階の大ホールは1,882㎡（ふたつの会場として分割可能）で全室利用ではシアター形式で約2,000名が収容可能となっているほか、広場側のスライディングウォールを開放することで交流広場を連続させた開放的なスペースを確保することも可能となっている。その他、中ホール（649㎡、シアター形式で702名、ふたつに分割利用可能）、大会議室（542㎡、シアター形式で600名、ふたつに分割利用可能）、小会議室11室（2～4室を連結利用することも可能）を備えている。

東京都では、東京オリンピック・パラリンピックで使用された競技場の後利用施設として新展示場「有明GYM-EX」が2023年5月に開業した。GYM-EXは、体操競技場であった経緯（体操を示すGymnastics）と展示場であること（展示会を示すExhibition）を表現するもので、同施設はゆりかもめ・有明テニスの森駅から徒歩5分に位置しており、1階に約9,400㎡の展示ホールを備えている。また八王子では、多摩地域のもつ産業集積の強みを活かし、広域的な産業交流の中核を担う施設として「東京たま未来メッセ（東京都立多摩産業交流センター）」が2022年10月に開業した。同施設はJR八王子駅から徒歩5分、京王八王子駅から徒歩2分に位置しており、1階に多摩エリア最大級となる2,400㎡の展示室（全室利用で2,000人収容、最大4分割可能）を備えている。また3階に約50～200㎡（スクール形式で24～96席程度）の会議室が計7室備えられている。

愛知県名古屋市では、「ポートメッセなごや」の新たな第1展示館とコンベンションセンターが2022年10月に開業した。旧第1展示館は1973年の開業当時から存在した施設であったが老朽化が進んだためリニューアルされた。新たな第1展示館は展示面積が旧館の約1.4倍の約20,000㎡で、可動間仕切りにて4分割することが可能となっている。コンベンションセンターは1,300㎡（1,000㎡と300㎡のふたつのホール）の会議施設であり、レストランやイベントスペースを備えているほか、第1展示館と他施設との結節点に位置し、第2・第3展示館とは屋根付きデッキでつながっている。

佐賀県佐賀市では、九州最大級の多目的アリーナとして「SAGAアリーナ」が2023年5月に開業した。同施設はJR佐賀駅から徒歩15分ほどの場所に位置しており、「メインアリーナ」と「サブアリーナ」のふたつの会場で構成されている。メインアリーナは約8,400席（固定席約6,300席、可動席約2,100席）で、プロスポーツの試合やコンサート、エンターテインメント等多彩なイベントが開催可能となっており、アリーナ中央の289インチ×4面のセンターハングビジョンのほか、南北の壁面にそれぞれ325インチのビジョン、アリーナを一周する全長255mのリボンビジョン等が設置されている。また、メインアリーナは、床面約800席＋展示約45小間（1小間3.6×3m）のコンベンション・展示会が可能な広さで、施設内には20を超える鍵室等、諸室が備えられている。サブアリーナはフローリング仕様でバレーボールやバスケットボールのコートを最大2面、客席約450席を備えている。

●「大阪MICE誘致戦略」が策定

大阪府及び大阪市は2023年3月、大阪府及び大阪市の共通の戦略として「大阪MICE誘致戦略」を策定した。同戦略は、取り組み期間を2032年度までの10年間とし、概ね10年後に目指す姿を「アジア・大洋州地域でトップクラスのMICE都市」に、また、その実現に向けて「取り組みの方向性」、「重点分野」、「誘致のメインターゲット」、「数値目標（KPI）」を設定し、戦略的な取り組みを推進することとしている。具体的には、取り組みの方向性を「Ⅰ.『大阪・関西万博』『統合型リゾート（IR）』のインパクトを最大限に活用する」、「Ⅱ.世界水準のMICE受入れ環境を整備する」、「大阪の新たなまちづくり（コミュニティ・ブランディング）をけん引する」に、重点分野を「ライフサイエンス（メディカル、ヘルスケア、創薬）、ものづくり、環境・エネルギー、国際金融都市、スポーツ、食文化・エンターテイメント」に、誘致のメインターゲットを「（C）国際会議、（E）展示会・イベント」に、数値目標（KPI）を「2032年に国際会議ランキング（ICCA）でアジア・大洋州地域5位相当（世界20位以内相当）、経済波及効果396.6億円」とそれぞれ設定している。

●大阪観光局がコンベンションビューローとして日本で初めてISO20121を取得

公益財団法人大阪観光局MICE推進部は2023年1月、BSIグループジャパン（英国規格協会）よりISO20121（イベントサステナビリティ・マネジメントシステム）の認証を受けた。これは、サステナブルなMICE運営を大阪で促進し、大阪で開催されるMICEの価値を高めるためにISO20121の規格取得を目指したもので、大阪観光局は、規格を取得するにあたり改めて事業のPDCAを確認することができ、MICE産業におけるサステナブルの重要性をアピールできたとしている。

(3)IRをめぐる動き

●大阪府・市のIR区域整備計画が認定

ホテルやテーマパーク、劇場、ショッピング、グルメモール、MICE施設等にカジノを含んだ複合施設である統合型リゾート（IR：Integrated Resort）については、2022年4月、政府に対して大阪府・市及び長崎県から区域整備計画の認定申請がなされて以降、外部有識者から構成される審査委員会が20回開催され審査が行われた。その結果、2023年4月、大阪府及び大阪市が大阪IRと申請を行った「大阪・夢洲地区特定複合観光施設区域の整備に関する計画」が、国土交通大臣の認定を受けた。一方、長崎県については、政府は審査を継続する必要があるとして、まだ認定には至っていない。

（跡見学園女子大学　守屋邦彦）

第Ⅳ編　観光地

地域区分(北海道、沖縄県を除く)は以下のとおりです。

東　　北：青森県、岩手県、宮城県、秋田県、山形県、福島県
関　　東：茨城県、栃木県、群馬県、埼玉県、千葉県、東京都、神奈川県、山梨県、新潟県
中　　部：富山県、石川県、福井県、長野県、岐阜県、静岡県、愛知県、三重県
近　　畿：滋賀県、京都府、大阪府、兵庫県、奈良県、和歌山県
中国・四国：鳥取県、島根県、岡山県、広島県、山口県、徳島県、香川県、愛媛県、高知県
九　　州：福岡県、佐賀県、長崎県、熊本県、大分県、宮崎県、鹿児島県

都道府県別延べ宿泊者数及びうち外国人延べ宿泊者数[※1]（2022年と2021年の比較）

各都道府県の延べ宿泊者数及び外国人延べ宿泊者数の経年推移については、地域ごとのグラフを参照。

全国計	2021	2022	前年比
延べ宿泊者数	317,773,850	450,458,460	41.8%
うち外国人延べ宿泊者数	4,317,140	16,502,920	282.3%

都道府県名		2021	2022	前年比
北海道	延べ宿泊者数	19,060,010	29,169,350	53.0%
	うち外国人延べ宿泊者数	66,130	857,170	1196.2%
都道府県名		**2021**	**2022**	**前年比**
青森県	延べ宿泊者数	3,598,770	4,078,250	13.3%
	うち外国人延べ宿泊者数	17,090	32,930	92.7%
岩手県	延べ宿泊者数	4,433,530	5,038,930	13.7%
	うち外国人延べ宿泊者数	17,750	25,640	44.5%
宮城県	延べ宿泊者数	6,434,550	8,383,450	30.3%
	うち外国人延べ宿泊者数	49,490	65,620	32.6%
秋田県	延べ宿泊者数	2,625,740	2,772,210	5.6%
	うち外国人延べ宿泊者数	7,910	16,280	105.8%
山形県	延べ宿泊者数	3,451,400	4,040,420	17.1%
	うち外国人延べ宿泊者数	15,920	25,900	62.7%
福島県	延べ宿泊者数	8,471,600	8,794,110	3.8%
	うち外国人延べ宿泊者数	34,840	38,350	10.1%
		2021	**2022**	**前年比**
東北計	延べ宿泊者数	29,015,590	33,107,370	14.1%
	うち外国人延べ宿泊者数	143,000	204,720	43.2%
茨城県	延べ宿泊者数	4,293,930	5,274,670	22.8%
	うち外国人延べ宿泊者数	24,880	55,400	122.7%
栃木県	延べ宿泊者数	6,949,930	9,320,350	34.1%
	うち外国人延べ宿泊者数	24,810	65,360	163.4%
群馬県	延べ宿泊者数	5,101,180	7,098,620	39.2%
	うち外国人延べ宿泊者数	17,290	46,670	169.9%
埼玉県	延べ宿泊者数	3,474,730	4,639,240	33.5%
	うち外国人延べ宿泊者数	26,130	57,100	118.5%
千葉県	延べ宿泊者数	14,084,870	22,800,170	61.9%
	うち外国人延べ宿泊者数	597,650	851,640	42.5%
東京都	延べ宿泊者数	38,239,310	59,036,970	54.4%
	うち外国人延べ宿泊者数	1,536,490	6,775,590	341.0%
神奈川県	延べ宿泊者数	14,813,410	22,090,800	49.1%
	うち外国人延べ宿泊者数	244,400	509,100	108.3%
山梨県	延べ宿泊者数	4,605,110	6,867,120	49.1%
	うち外国人延べ宿泊者数	24,600	167,200	579.7%
新潟県	延べ宿泊者数	6,717,180	8,396,590	25.0%
	うち外国人延べ宿泊者数	30,670	87,450	185.1%
		2021	**2022**	**前年比**
関東＋山梨＋新潟計	延べ宿泊者数	98,279,650	145,524,530	48.1%
	うち外国人延べ宿泊者数	2,526,920	8,615,510	240.9%
富山県	延べ宿泊者数	2,394,470	3,067,460	28.1%
	うち外国人延べ宿泊者数	10,870	41,660	283.3%
石川県	延べ宿泊者数	4,452,030	6,551,460	47.2%
	うち外国人延べ宿泊者数	13,150	87,210	563.2%
福井県	延べ宿泊者数	2,330,180	2,711,050	16.3%
	うち外国人延べ宿泊者数	9,370	12,460	33.0%
長野県	延べ宿泊者数	10,841,820	14,172,210	30.7%
	うち外国人延べ宿泊者数	62,830	179,910	186.3%
岐阜県	延べ宿泊者数	3,760,590	5,489,670	46.0%
	うち外国人延べ宿泊者数	30,710	121,540	295.8%
静岡県	延べ宿泊者数	14,263,080	18,307,600	28.4%
	うち外国人延べ宿泊者数	93,450	170,960	82.9%
愛知県	延べ宿泊者数	11,342,480	15,811,550	39.4%
	うち外国人延べ宿泊者数	108,370	342,470	216.0%
三重県	延べ宿泊者数	5,178,390	6,880,120	32.9%
	うち外国人延べ宿泊者数	16,990	48,740	186.9%
		2021	**2022**	**前年比**
中部＋三重計	延べ宿泊者数	54,563,040	72,991,120	33.8%
	うち外国人延べ宿泊者数	345,740	1,004,950	190.7%

都道府県名		2021	2022	前年比
滋賀県	延べ宿泊者数	2,726,660	3,555,830	30.4%
	うち外国人延べ宿泊者数	18,740	41,060	119.1%
京都府	延べ宿泊者数	11,919,630	21,110,420	77.1%
	うち外国人延べ宿泊者数	105,580	1,413,310	1238.6%
大阪府	延べ宿泊者数	17,858,740	30,522,480	70.9%
	うち外国人延べ宿泊者数	319,380	2,129,680	566.8%
兵庫県	延べ宿泊者数	8,789,150	12,633,720	43.7%
	うち外国人延べ宿泊者数	53,460	125,650	135.0%
奈良県	延べ宿泊者数	1,551,860	2,071,520	33.5%
	うち外国人延べ宿泊者数	6,920	31,660	357.5%
和歌山県	延べ宿泊者数	3,631,340	4,028,270	10.9%
	うち外国人延べ宿泊者数	9,830	73,800	650.8%
		2021	**2022**	**前年比**
近畿計	延べ宿泊者数	46,477,380	73,922,240	59.0%
	うち外国人延べ宿泊者数	513,910	3,815,160	642.4%
鳥取県	延べ宿泊者数	2,285,910	1,881,870	△17.7%
	うち外国人延べ宿泊者数	11,030	12,390	12.3%
島根県	延べ宿泊者数	2,623,690	2,872,700	9.5%
	うち外国人延べ宿泊者数	11,260	10,920	△3.0%
岡山県	延べ宿泊者数	3,705,250	4,576,140	23.5%
	うち外国人延べ宿泊者数	21,900	59,130	170.0%
広島県	延べ宿泊者数	5,839,030	8,530,290	46.1%
	うち外国人延べ宿泊者数	43,430	142,540	228.2%
山口県	延べ宿泊者数	3,301,620	3,924,230	18.9%
	うち外国人延べ宿泊者数	19,580	48,600	148.2%
徳島県	延べ宿泊者数	1,599,600	1,842,230	15.2%
	うち外国人延べ宿泊者数	9,630	18,140	88.4%
香川県	延べ宿泊者数	2,269,920	3,240,390	42.8%
	うち外国人延べ宿泊者数	13,530	33,930	150.8%
愛媛県	延べ宿泊者数	2,537,740	3,758,730	48.1%
	うち外国人延べ宿泊者数	35,280	33,420	△5.3%
高知県	延べ宿泊者数	1,909,670	2,564,090	34.3%
	うち外国人延べ宿泊者数	8,750	9,890	13.0%
		2021	**2022**	**前年比**
中四国計	延べ宿泊者数	26,072,430	33,190,670	27.3%
	うち外国人延べ宿泊者数	174,390	368,960	111.6%
福岡県	延べ宿泊者数	9,620,520	13,993,570	45.5%
	うち外国人延べ宿泊者数	104,290	606,420	481.5%
佐賀県	延べ宿泊者数	1,570,380	1,994,730	27.0%
	うち外国人延べ宿泊者数	6,860	20,490	198.7%
長崎県	延べ宿泊者数	4,669,520	6,340,870	35.8%
	うち外国人延べ宿泊者数	111,610	95,330	△14.6%
熊本県	延べ宿泊者数	4,736,950	6,300,840	33.0%
	うち外国人延べ宿泊者数	35,860	100,160	179.3%
大分県	延べ宿泊者数	4,159,800	6,301,710	51.5%
	うち外国人延べ宿泊者数	25,010	169,630	578.2%
宮崎県	延べ宿泊者数	3,150,280	3,299,080	4.7%
	うち外国人延べ宿泊者数	10,230	23,430	129.0%
鹿児島県	延べ宿泊者数	4,925,760	6,089,460	23.6%
	うち外国人延べ宿泊者数	15,790	38,070	141.1%
		2021	**2022**	**前年比**
九州計	延べ宿泊者数	32,833,210	44,320,260	35.0%
	うち外国人延べ宿泊者数	309,650	1,053,530	240.2%
都道府県名		**2021**	**2022**	**前年比**
沖縄県	延べ宿泊者数	11,472,510	18,232,940	58.9%
	うち外国人延べ宿泊者数	237,420	582,900	145.5%

資料：観光庁「宿泊旅行統計調査」（2023年6月30日）をもとに（公財）日本交通公社作成

※1 「延べ宿泊者数」及び「うち外国人延べ宿泊者数」は一の位を四捨五入し、十の位までを有効数字として表章した。したがって、表中の各都道府県別の数字の合計は必ずしも全国計と一致しない。

Ⅳ-1 北海道

延べ宿泊者数は3,000万人台目前まで回復
知床で小型遊覧船が沈没。死者・行方不明者26名
北広島市にボールパークオープン

(1) 都道府県レベルの旅行者動向

観光庁「宿泊旅行統計調査」によると2022年1月から12月までの北海道の延べ宿泊者数は2,917万人泊となり、前年から53.0%の増加となった。コロナ禍前の2019年には及ばないものの、東日本大震災後の2012年の2,859万人泊を上回る水準にまで回復した(図Ⅳ-1-1)。

ただし、都道府県別では、1位の東京都、2位の大阪府に次ぐ3位となり、前年からひとつ順位を落とす結果となった。上位の都府県を見ると、東京都が前年比341.0%の増加、大阪府は同70.9%の増加を記録しており、北海道は他都府県に比べてやや緩やかな回復となった。

一方で、外国人延べ宿泊者数は前年の66千人泊の約13倍に当たる857千人泊となった。それでも2019年の8,800千人規模に比べるとおよそ10分の1の規模に留まっている(図Ⅳ-1-1)。都道府県別では、東京都、大阪府、京都府に次ぐ4位にまで順位を上げている。

図Ⅳ-1-1　延べ宿泊者数の推移(北海道)

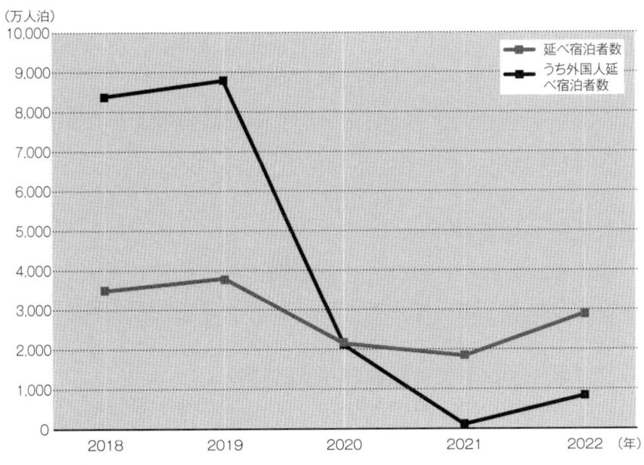

(単位：万人泊)

	2018年	2019年	2020年	2021年	2022年
延べ宿泊者数	3,531	3,698	2,144	1,906	2,917
うち、外国人延べ宿泊者数	8,335	8,805	2,050	66	857

資料：観光庁「宿泊旅行統計調査」をもとに(公財)日本交通公社作成

また、「北海道観光入込客数調査報告書」(北海道庁)によれば、2022年の延べ宿泊者数は前年比でプラス86.1%の3,199万人泊となった。2019年比ではマイナス17.1%となり、新型コロナウィルス感染症が拡大する以前のおよそ8割にまで市場が回復した。

圏域別では、道央圏域の伸びが特に顕著であり、前年比プラス112.5%の1,943万人泊となり、2019年比でもマイナス14.8%となった。札幌・小樽圏をはじめ、道央圏では特に道外客の戻りが延べ宿泊者数を押し上げる結果となった。他方で、密を避けて観光の楽しむ需要を取り込んで2021年に順調な回復を見せたオホーツク圏域は、一転して前年比プラス25.6%と小幅な伸びに留まった。2022年4月の小型遊覧船事故等が回復基調に逆風となった。その結果、圏域別の延べ宿泊者数ではオホーツク圏域が釧路・根室圏域に追い抜かれる形となっている。

月別では、7月から9月のピークシーズンの前後に当たる5月、6月、9月の伸びが特に際立っており、北海道全体ではいずれも前年の2倍以上の延べ宿泊者数を記録している。特に5月、6月に前年比でプラス180%を超える等、道央圏の成長が著しい。ただし、オホーツク圏域や十勝圏域は総じて小幅な伸びに留まっており、北海道全体が堅調だった5月、6月、9月においても、前年比でプラス60%前後となっている。特にオホーツク圏域では10月から12月で対前年減少を記録する等、他の圏域との間に傾向の差が見られる。

なお、道内の外国人延べ宿泊者数は、前年比プラス848.1%となり合計で62.6万人を記録した。入国制限の緩和によって徐々に回復傾向となっているものの、いまだ2019年の10分の1程度の規模に留まっており、早期の回復が望まれる。国籍・地域別では韓国、シンガポール、香港の順となり、団体旅行の解禁が

表Ⅳ-1-1　道内の圏域別延べ宿泊者数の増減

(単位：万人泊)　(単位：%)

	2021年	2022年	前年比増減
北海道	1,719	3,199	86.1
道央圏域	914	1,943	112.5
道南圏域	230	401	74.7
道北圏域	212	354	66.8
オホーツク圏域	122	153	25.6
十勝圏域	137	177	29.5
釧路・根室圏域	105	171	63.5

資料：北海道庁「北海道観光入込客数調査報告書」をもとに(公財)日本交通公社作成

表Ⅳ-1-2　道内の国籍・地域別延べ宿泊者数の増減

(単位：千人泊)　(単位：%)

	2021年	2022年	前年比増減
全国籍・地域	66	626	848.1
韓国	2	97	6059.7
シンガポール	4	86	1832.9
香港	8	75	838.5
台湾	1	68	4700.8
アメリカ	7	45	517.0
中国	9	37	306.9
マレーシア	1	33	4490.7
タイ	2	33	1604.0
オーストラリア	3	30	958.2
インドネシア	1	13	1313.2
その他	16	76	373.7

資料：北海道庁「北海道観光入込客数調査報告書」をもとに(公財)日本交通公社作成

遅れている中国は6位に停滞している。なお前年トップ10から漏れた台湾は急回復を見せ4位にまで順位を上げている。

(2)観光地の主な動向

●外国人旅行者による高速道路の利用動向

東日本高速道路(NEXCO東日本)は、新型コロナウイルスの感染拡大により2020年4月8日から販売を停止していた訪日外国人限定の高速道路定額乗り放題パス「Hokkaido Expressway Pass」の新規申込受付を2022年11月18日より再開した。2023年3月までの4か月強の販売実績は10,342件に達し2015年度一年間の販売実績に迫る勢いを見せている(図Ⅳ-1-2)。

国籍・地域別では、香港が24.6%で首位となり、台湾、韓国が僅差でそれぞれ2位、3位となった。コロナ禍前と比べると香港と台湾の順位が入れ替わる結果となった。なお、4位以下含め、上位の顔ぶれは変わっていない(図Ⅳ-1-2円グラフ)。

図Ⅳ-1-2 「Hokkaido Expressway Pass」の販売実績

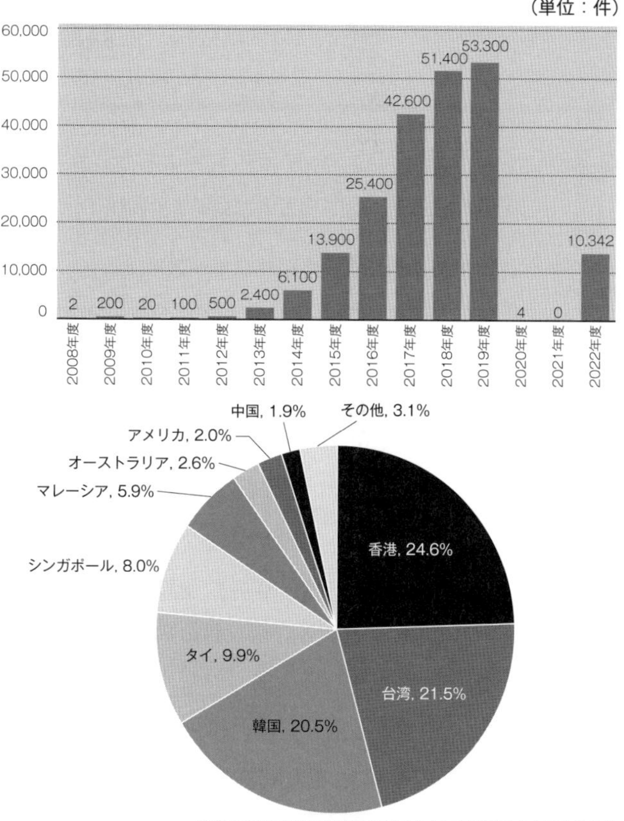

資料:東日本高速道路(株)資料をもとに(公財)日本交通公社作成

●知床半島沖で海難事故。死者・行方不明者26人に

2022年4月、斜里町ウトロの知床半島沖で26人が乗る小型遊覧船が沈没する事故が発生した。26人の乗員・乗客のうち20人が死亡、6人が行方不明となった(2023年7月末時点)。国土交通省海上保安庁はその後、沈没した遊覧船を引き揚げ、事故原因の究明に当たっている。また、2022年12月には国の運輸安全委員会が不具合のあったハッチから海水が流入した等とする経過報告書を公表した。

この事故を受けて、斜里町は「知床アクティビティリスク管理体制検討協議会」を立ち上げ、知床エリアにおける自然アクティビティのリスクマネジメントのあり方についての検討を開始した。2023年3月に公開された同協議会の中間報告では、自然アクティビティのリスクを潜在的リスクと付加的リスクに分けて評価する仕組みや、アクティビティを催行する事業者による催行実績の報告義務、さらには一定の条件下では個別の事業者ではなく町としてアクティビティの催行可否を判断する仕組みの構築等が盛り込まれた(図Ⅳ-1-3)。同協議会は2024年3月まで検討を重ね、最終的にはリスクマネジメントに関する「知床モデル」の創設を目指す。

●観光庁、富裕層の訪日誘客モデル地域に東北海道を選定

観光庁は2023年3月、訪日外国人旅行者の富裕層誘客を重点的に進めるためのモデル地域として11地域を選定し、北海道からは東北海道が入った。東北海道は上川、十勝、釧路、根室、オホーツク管内の5振興局60市町村から構成され、世界遺産の知床を含めた3つの国立公園とそこに棲む希少な動植物と人間との共生、アイヌ文化等をテーマとする。

●宿泊税の検討が再燃

2019年11月に全国初となる定率制での宿泊税を導入した倶知安町に続き、隣接するニセコ町も宿泊税導入に向けた検討

図Ⅳ-1-3 知床アクティビティリスク管理体制検討協議会によるリスクマネジメントの仕組み(中間報告案)

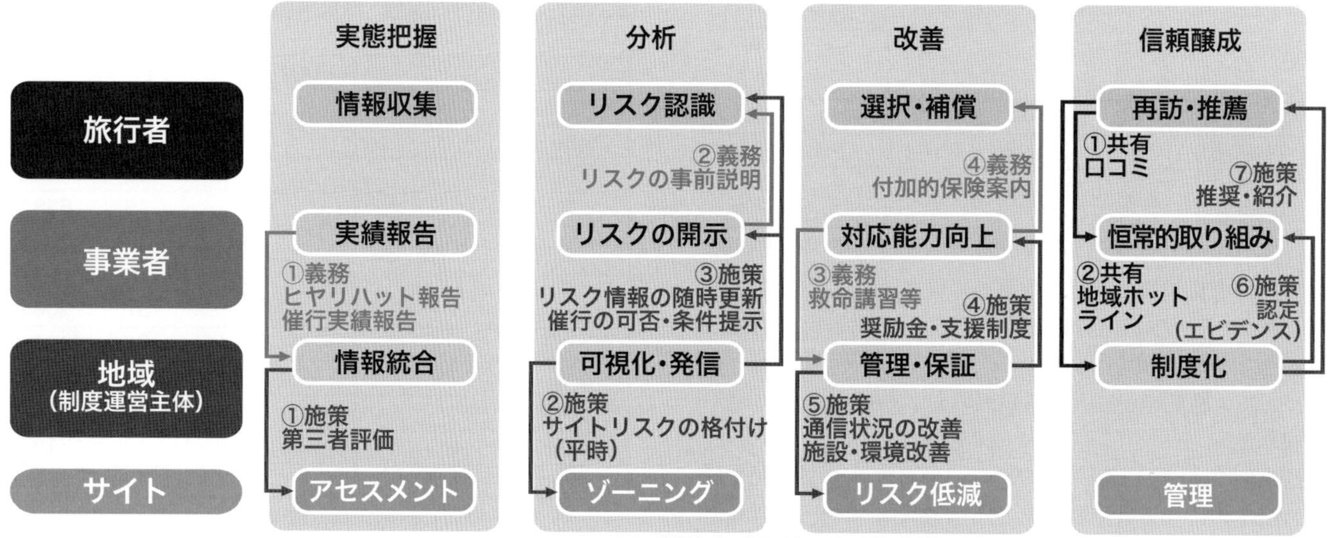

資料:知床アクティビティリスク管理体制検討協議会・斜里町の資料をもとに(公財)日本交通公社作成

を進める。2023年4月には定率制での条例制定を目指す方針が発表された。また斜里町もニセコ町と同様に定率制を軸に宿泊税を検討することを明らかにした。

さらに、道内では美瑛町が観光財源に関する検討会を立ち上げて具体的な検討に着手したほか、札幌市、函館市等の主要都市をはじめ23の自治体が検討を始める等、宿泊税の導入に向けた議論が活発化している。このほか、北海道庁も2023年4月以降、検討を再開している。

●広がるサウナによる観光まちづくり

全国的なサウナブームの後押しもあり、道内ではサウナの整備やサウナをテーマとしたまちづくりの動きが広がっている。2020年には十勝管内の観光事業者等が十勝サウナ協議会を結成し、複数の施設を割安に利用できる「サウナパスポート」を発行したほか、2021年には新得町屈足湖で水風呂代わりに湖の冷水に浸かる「アヴァント」を企画・実施した（図Ⅳ-1-4）。また、稚内市では大沼でロシア式テントサウナ「バーニャ」やスノーダイブの実証実験が行われている。

宿泊施設におけるサウナの新設・リニューアルの動きも活発化している。2022年7月には中札内村に温泉・サウナ施設「十勝エアポートスパ そら」が開業したほか、斜里町の「北こぶしリゾート」は2023年1月に「KIKI知床 ナチュラルリゾート」の大浴場を全面リニューアルし合計4種のサウナが誕生した（図Ⅳ-1-5）。

図Ⅳ-1-4　屈足湖でのアヴァント

提供：十勝サウナ協議会

図Ⅳ-1-5　KIKI知床 ナチュラルリゾート

提供：KIKI知床 ナチュラルリゾート

●マリオットグループによる道の駅併設型ホテル

アメリカのホテル大手のマリオット・インターナショナルが道内で道の駅併設型のホテル展開を進めている。マリオット・インターナショナルと積水ハウスは地方創生事業として「Trip Base道の駅プロジェクト」を立ち上げ、長沼町と恵庭市に2022年5月、「フェアフィールド・バイ・マリオット」ブランドのホテルを開業した。また、2022年6月には南富良野町にも同ブランドのホテルを新規開業した。

●AIRDOが札幌（新千歳）－福岡線就航

AIRDOは2022年7月、同社初の九州定期便となる札幌（新千歳）－福岡線を就航させた。一日1往復で当初は2022年10月までの期間限定就航としていたが、その後、需要が堅調として冬期を含めた通期での就航となった。

●スカイバスニセコが運行

一般社団法人倶知安観光協会は2022年7月より夏季限定でオープントップバスの運行を開始した（図Ⅳ-1-6）。ニセコリゾート観光協会と連携し、運行はニセコバスと道南バスが担う。日中は「ニセコパノラマ号」、夜は「ニセコナイト号」として運行し、倶知安町、ニセコ町を片道所要1時間45分で巡る。

図Ⅳ-1-6　スカイバスニセコ

提供：（一社）倶知安観光協会・ニセコリゾート観光協会

(3) 市町村の主な動向

●ボールパークオープン（北広島市）

2023年3月、北広島市にプロ野球・北海道日本ハムファイターズの新球場「エスコンフィールドHOKKAIDO」を核とした「北海道ボールパークFビレッジ」がオープンした（図Ⅳ-1-7）。天然芝のグラウンド、世界最大級のビジョンのほか、掘り込み式フィールドから地上4階までの観客エリアを備え、収容人数は約3万5,000人に及ぶ。球場内には、クラフトビール醸造所兼レストランを含む多様な飲食店のほか、温浴サウナ施設、宿泊施設、子ども向けの遊具施設、アパレルショップ等が並ぶ。

32haの広大な敷地内にはマンションや一棟貸しヴィラのほか、グランピングを楽しめる施設、農業学習施設、商空間等が整備される。また北広島市は、JR北海道とFビレッジ近接の新駅整備について検討を開始した。

図Ⅳ-1-7　エスコンフィールドHOKKAIDO

©H.N.F
提供：(株)ファイターズ スポーツ＆エンターテイメント

●観光地域づくり法人（DMO）設立へ（札幌市）

札幌市の札幌市観光まちづくりプラン検討委員会は2023年3月、札幌市にDMOの設立を提言した。具体的な組織の概要や設立時期は今後検討する。

●旅先納税を導入（倶知安町）

倶知安町は2021年12月から2022年2月までの試行を経て、2022年3月より旅先納税を本格導入した。一回100万円以上の高額納税もあり、2022年3月から2023年3月までの一年間の納税額は8,733万円に達した。なお道内では伊達市や北広島市も導入しており今後も導入自治体の拡大が見込まれる。

●川湯温泉に星野リゾートが新施設（弟子屈町）

温泉街の再生に乗り出している弟子屈町は、「阿寒摩周国立公園弟子屈町川湯温泉街まちづくりマスタープラン」を策定し、屋外温浴施設やプール、飲食店街の整備による温泉街の周遊促進に取り組む方針を定めた。またこうした動きと連動し、環境省はすでに廃業している「川湯プリンスホテル」や「ホテル華の湯」の跡地に宿泊施設を開業する事業者を公募し、星野リゾートが落札した。今後、町と環境省が建物の撤去を進め、2026年を目処に星野リゾートが「界」ブランドの宿泊施設を開業する。

●日本初の「持続可能な観光目的地実現条例」（美瑛町）

美瑛町は2023年2月、持続可能な観光目的地実現のための責務を町民、事業者、観光客すべてに求める「美瑛町持続可能な観光目的地実現条例」を制定し2023年4月より施行した。問題化している農地・私有地への立ち入りを改めて禁じたほか、状況が改善されない場合には、条例に基づき独自に立ち入り制限区域の指定や標識設置ができる内容とした（表Ⅳ-1-3）。なお、「持続可能な観光目的地実現」を掲げた条例としては日本初となる。

表Ⅳ-1-3　「美瑛町持続可能な観光目的地実現条例」の概要

・持続可能な観光目的地実現のために町、町民、観光事業者、訪問者が相互に協力することを目的とする。
・町民は観光の意義に対する理解を深め、魅力ある観光目的地実現に積極的な役割を果たす。
・観光事業者は、事業を通じて町民と訪問者に快適なサービス及び環境を提供し、同時に従業員に対する意識啓発に取り組む。
・訪問者は、地域資源の保全活動に協力する。
・持続可能な観光目的地実現に向けた計画的な推進のための観光マスタープランを策定する。
・景観に損害を及ぼす行為、生活環境の保全に支障をきたす行為を禁止。
・私有地への無断立ち入りを禁止。
・町長は必要に応じて立ち入り制限区域を指定したり、その旨を表示する標識を設置したりできる。

資料：美瑛町「美瑛町持続可能な観光目的地実現条例」をもとに（公財）日本交通公社作成

（北海道大学大学院　石黒侑介）

Ⅳ-2 東北

延べ宿泊者数は2019年の7～8割程度まで回復
夏祭りは感染対策を行ったうえで3年ぶりに通常開催
JR只見線が11年ぶりに全線復旧
地域ではさまざまな施策を展開

(1) 都道府県レベルの旅行者動向

観光庁「宿泊旅行統計調査」によると、2022年1月から12月の東北地方の延べ宿泊者数は前年比14.1％増の3,311万人泊となり、新型コロナウイルスの感染拡大による影響からの回復が見られた（図Ⅳ-2-1）。ただし、2019年比では24.2％減であり、コロナ禍前の水準には至っていない。県別に見ると、2019年比で青森県（11.5％減）が最も大きく回復している一方、福島県（30.5％減）や山形県（27.5％減）は回復が比較的遅い傾向にある。

外国人延べ宿泊者数は前年比43.2％増の20.5万人泊となり、新型コロナウイルスの感染拡大による影響から回復し始めたものの、2019年比では88.9％減と、コロナ禍前の水準にはほど遠い状況にある（図Ⅳ-2-2）。県別に見ると、2019年比で福島県が82.1％減、宮城県が88.3％減、秋田県が88.3％減、山形県が88.9％減、青森県が90.8％減、岩手県が92.5％減と差が見られる。

(2) 観光地の主な動向

①地方・都道府県レベル

●東北の祭りの動向

東北各県の代表的な夏祭りは、2021年においては新型コロナウイルス感染拡大の影響により対応が分かれたが、2022年は一定の感染対策を行ったうえでの通常開催となった（表Ⅳ-2-1）。「青森ねぶた祭」は踊り手である「ハネト」の参加者を抽選で絞り込んだうえで、掛け声はマスク着用時のみ可能とした。「盛岡さんさ踊り」は、パレードの区間縮小や参加人数の制限を行った。「秋田竿燈まつり」と「山形花笠まつり」は掛け声の禁止を呼びかける等の感染対策を行った。「福島わらじまつり」は参加人数の制限、開催時間の短縮、観覧者の飲食禁止を呼びかける等の対策を行った。一方、「仙台七夕まつり」は、見物客が接触しないよう七夕飾りを高さ2m以上に飾り付ける等の対策を行ったうえで、通常規模での開催とした。そのため来場者数は225万人と、2019年並みの水準まで回復した。

2023年度の「東北絆まつり」は、6月17・18日の2日間にわたって青森市で開催された（表Ⅳ-2-2）。前年は感染対策のため、会場を市内の陸上競技場とし、席数を限定したうえでの開催となったが、2023年度は4年ぶりに公道での祭りパレードを含む通常開催となった。パレードや展示のほか、航空自衛隊「ブルーインパルス」の展示飛行等も行われた。来場者数は約29万人と、ほぼ2019年度の水準まで回復した。「東北絆まつり」は2011年から2016年まで東北各県庁所在地のもち回りで開催された「東北六魂祭」の後続イベントであるが、「東北絆まつり」としても2023年6月の開催をもって東北6県を一巡したことになる。

●青森ねぶた祭 1組100万円の観覧席（青森県）

2022年度の青森ねぶた祭では、1組100万円のプレミアム観覧席を用意する新たな試みが始まった。金魚ねぶたで装飾された見晴らしの良い大型の桟敷席で、地酒と食のペアリング

図Ⅳ-2-1　延べ宿泊者数の推移（東北）

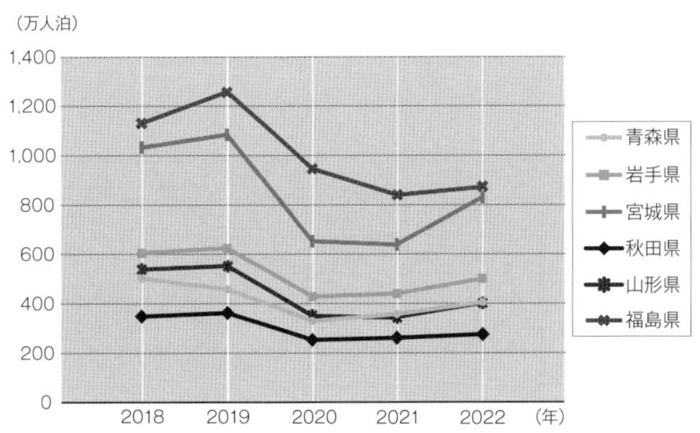

（単位：万人泊）

都道府県名	2018年	2019年	2020年	2021年	2022年
青森県	506	461	332	360	408
岩手県	610	628	431	443	504
宮城県	1,041	1,093	657	643	838
秋田県	351	365	255	263	277
山形県	543	557	351	345	404
福島県	1,140	1,266	954	847	879

資料：観光庁「宿泊旅行統計調査」をもとに（公財）日本交通公社作成

図Ⅳ-2-2　外国人延べ宿泊者数の推移（東北）

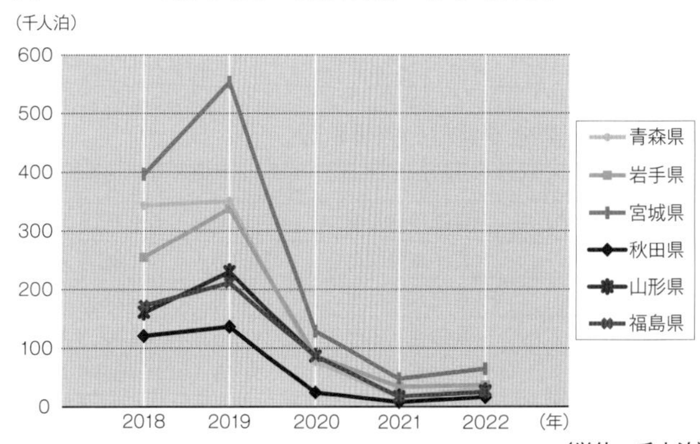

（単位：千人泊）

都道府県名	2018年	2019年	2020年	2021年	2022年
青森県	349	357	78	17	33
岩手県	259	344	88	18	26
宮城県	402	563	131	49	66
秋田県	123	139	25	8	16
山形県	163	234	87	16	26
福島県	176	215	88	35	38

資料：観光庁「宿泊旅行統計調査」をもとに（公財）日本交通公社作成

や、ねぶた師による解説を楽しむことができるほか、専属のコンシェルジュも配属される。1組100万円に加え、1組20万円の観覧席も用意されたが、販売から2日間ですべて完売する人気となった。オマツリジャパン社（東京都）の企画・運営により行われたが、同社の収入は県からの委託費のみで、観覧席の売上はねぶた関係団体に還元された。

●青森県観光国際交流機構が発足

地域連携DMOである公益社団法人青森県観光連盟は、2022年10月に公益財団法人青森県国際交流協会を吸収合併し、公益社団法人青森県観光国際交流機構となった。観光連盟は主に県の観光振興事業、国際交流協会は主に国際交流・国際協力・多文化共生事業を担っていたが、合併により、今後のインバウンドの受け入れ環境整備や誘客促進の取り組みを加速する。

●南東北・北東北の観光キャンペーン

2022年4月から6月にかけて、宮城県、山形県、福島県とJR東日本で「巡るたび、出会う旅。東北 宮城・山形・福島」を開催した。また、2022年7月から9月にかけては、青森県、岩手県、秋田県とJR東日本等で、「ドキドキ、キタキタ 北東北」と題した観光キャンペーンを開催した。

東北地方全域を対象として2021年に開催された東北デスティネーションキャンペーンが、新型コロナウイルスの感染拡大による影響を受けたため、両キャンペーンはその代替イベントとしての位置付けで開催されることとなった。

いずれも、団体臨時列車等の運行を行ったほか、南東北の6テーマ（「花」、「自然・絶景」、「歴史・文化」、「酒・食」、「温泉」、「復興」）、北東北の5テーマ（「世界遺産」、「夏祭り」、「自然・絶景」、「歴史・文化」、「酒・食」）に基づく特別企画等が展開された。

●第5期みやぎ観光戦略プランの策定（宮城県）

宮城県は、2022年9月に「第5期みやぎ観光戦略プラン」を策定した。基本理念には「ウィズコロナ・ポストコロナへの対応」、「デジタル変革」、「持続可能な観光地域づくり」を盛り込んだ。成果指標としては、従来の観光客の視点に加え、県民の視点として満足度や県内旅行経験率、観光産業の視点として県内総生産や雇用誘発数、観光資源の視点として文化財件数やボランティアガイド団体数、マネジメントの視点として市町村観光計画策定数や観光地域づくり法人（DMO）登録数等を定めた。

施策としては、ポストコロナの回復戦略と今後の成長戦略をそれぞれ定めた。成長戦略では地域資源の発掘・磨き上げ、観光コンテンツの造成、住民の意識醸成、復興ツーリズム、地域経済循環力の強化、人材育成、受け入れ環境整備、誘客プロモーション等の施策の方向性を示した。

また、年度ごとに実施計画を定め、県や市町村、関係組織による取り組みについて取りまとめている。

●JR只見線の全線復旧（福島県）

2011年の新潟・福島豪雨で不通となっていたJR只見線 会津川口〜只見間が2022年10月に復旧し、只見線は11年ぶりに全線で運転再開となった。復旧費用は、2018年に成立・施行された改正鉄道軌道整備法に基づき、国と福島県・周辺市町村、JR東日本とで負担した。開通後は上下分離方式とし、運転費用は県と周辺市町村で負担する。

再開記念として、式典やイベントのほか、特別ダイヤでの企画列車運行と車内限定の特別弁当の販売が行われた。

県と周辺市町村、関係組織で構成する只見線利活用推進協議会では、2023年4月に「第2期只見線利活用計画」を策定した。「日本一の『地方創生路線』」を目指して10の重点プロジェクトに基づく施策を推進する。2022年度のアクションプログラムとしては、オリジナル観光列車の定期運行を目指した団体臨時列車の実証運行やツアーの実施、小学生・高校生・親子等を対象とした体験学習の実施、レンタサイクルや駅からの送迎バス等の二次交通整備、特産品や食の開発支援、沿線の景観整備等が進められた。

このほか、柳津町はJR東日本から会津柳津駅舎の無償譲渡を受け、2024年のリニューアルオープンに向けた改修に着手した。観光案内・交流機能のほか、民芸品「赤べこ」の工房を設置する。

表Ⅳ-2-1 東北夏祭りの来場者数

祭事名	開催地	2015年度	2016年度	2017年度	2018年度	2019年度	2020年度	2021年度	2022年度
青森ねぶた祭	青森県青森市	269万人	276万人	282万人	280万人	285万人	中止	オンライン	105万人
盛岡さんさ踊り	岩手県盛岡市	139万人	126万人	134万人	133万人	149万人	中止	中止	54万人
仙台七夕まつり	宮城県仙台市	218万人	228万人	179万人	203万人	225万人	中止	134万人	225万人
秋田竿燈まつり	秋田県秋田市	140万人	132万人	131万人	130万人	131万人	中止	中止	78万人
山形花笠まつり	山形県山形市	98万人	100万人	99万人	97万人	98万人	中止	規模縮小	56万人
福島わらじまつり	福島県福島市	26万人	26万人	28万人	29万人	30万人	中止	オンライン	28万人

資料：各種資料をもとに（公財）日本交通公社作成

表Ⅳ-2-2 東北絆まつりの開催概要

	東北絆まつり					
	2018年度	2019年度	2020年度	2021年度	2022年度	2023年度
開催地	岩手県盛岡市	福島県福島市	新型コロナウイルス感染拡大のため中止	山形県山形市	秋田県秋田市	青森県青森市
開催日程	6月2日（土）3日（日）	6月1日（土）2日（日）		5月22日（土）23日（日）	5月28日（土）29日（日）	6月17日（土）18日（日）
来場者数	約30万人	約31万人		－	約11万人	約29万人
経済効果	－	約42億円		－	約28億円	－

資料：各種資料をもとに（公財）日本交通公社作成

②広域・市区町村レベル

●観光ビジョン・計画等の策定(表Ⅳ-2-3)

岩手県遠野市では今後10年間の「遠野市観光推進基本構想」と5年間の同基本計画を策定した。他の地域よりも優位性がありわかりやすい観光資源である「エントリーテーマ」として「カッパ(妖怪)」と「ホップ・ビール」を設定したうえで、ターゲティングとプロモーション、既存観光施設の磨き上げ、宿泊施設の再整備、官民連携組織の設立等を施策の方針として示した。

岩手県八幡平市では2022年8月に「第4期八幡平市観光振興計画」を定めた。「Natural Resort」として「稼げるリゾート」を目指すこと等を計画のテーマとし、トレッキングや観光商品強化等のアドベンチャーツーリズムの推進、スノーリゾート形成の促進、スポーツツーリズムやサイクルツーリズムの推進、地熱・鉱山の活用、歴史・文化資源を通じた広域連携等を施策として示した。

岩手県平泉町では2023年3月に「平泉町観光振興計画」を定めた。将来ビジョンとして、「浄土の精神世界」を体感するために世界中から人々が来訪すること等を掲げ、重点施策として平泉900年事業を軸とした情報発信、教育旅行・まち歩きの推進、平泉スマートIC周辺の土地活用、交流施設の立地促進、空き家・空き店舗活用、平泉の歴史や文化を学ぶ"平泉学"等を示した。

宮城県仙台市では2023年3月に「仙台・青葉山エリア文化観光交流ビジョン」を策定した。交流人口の拡大を図るため、仙台市基本計画で「国際学術文化交流拠点」として位置付けられている青葉山エリアの価値や魅力、回遊性の向上等を目指すビジョンを掲げた。エリアの将来像を実現するため、施設間連携、MaaS、歩行環境整備等の回遊性向上策を示した。なお、仙台市では2022年3月に、地域経済の活性化や雇用創出を目標とした「仙台市交流人口ビジネス活性化戦略2024」も策定している。

このほか、青森県十和田市、宮城県大崎市、秋田県男鹿市、秋田県湯沢市、山形県山辺町、山形県庄内町、福島県会津若松市も観光ビジョン・計画等の策定・改定を行っている。

●DMOの新規登録と取り消し

2022年10月から2023年6月までの間に「登録DMO」の登録はなかった。「候補DMO」としては2023年3月に公益財団法人岩手県観光協会が地域連携DMOとして登録されたほか、2022年10月に一般財団法人酒田DMO、2023年3月にNPO法人体験村・たのはたネットワーク(岩手県田野畑村)、公益財団法人仙台観光国際協会、プラットヨネザワ(山形県米沢市)、一般社団法人上山市観光物産協会が地域DMOとして登録された。

一方で、候補DMOであった1法人について登録取り消しが行われた。

表Ⅳ-2-3　市町村で策定された観光ビジョン・計画

策定時期	市町村	計画名	概要
2022年8月	青森県十和田市	十和田市観光戦略2022-24	観光施策に係る3年間の実施計画として策定。アクションプランとして①ニューノーマルな観光スタイルの提供、②観光コンテンツの磨き上げ、③観光DX、④観光人材育成に関する取り組みを示した。
2022年度	岩手県遠野市	遠野市観光推進基本構想・基本計画	今後10年間の基本構想と5年間の基本計画を策定。他の地域よりも優位性がありわかりやすい観光資源である「エントリーテーマ」として「カッパ(妖怪)」と「ホップ・ビール」を設定したうえで、ターゲティングとプロモーション、既存観光施設の磨き上げ、宿泊施設の再整備、官民連携組織の設立等を施策の方針として示した。
2022年8月	岩手県八幡平市	第4期八幡平市観光振興計画	「Natural Resort」として「稼げるリゾート」を目指すこと等を計画のテーマに込めて、トレッキングや観光商品強化等のアドベンチャーツーリズムの推進、スノーリゾート形成の促進、スポーツツーリズムやサイクルツーリズムの推進、地熱・鉱山の活用、歴史・文化資源を通じた広域連携等を施策として示した。
2023年3月	岩手県平泉町	平泉町観光振興計画	将来ビジョンとして、「浄土の精神世界」を体感するために世界中から人々が来訪すること等を掲げ、重点施策として平泉900年事業を軸とした情報発信、教育旅行・まち歩きの推進、平泉スマートIC周辺の土地活用、交流施設の立地促進、空き家・空き店舗活用、平泉の歴史や文化を学ぶ"平泉学"等を示した。
2023年3月	宮城県仙台市	仙台・青葉山エリア文化観光交流ビジョン	交流人口の拡大を図るため、仙台市基本計画で「国際学術文化交流拠点」として位置付けられている青葉山エリアの価値や魅力、回遊性の向上等を目指すビジョンを策定。エリアの将来像を実現するため、施設間連携、MaaS、歩行環境整備等の回遊性向上策を示した。
2023年3月	宮城県大崎市	大崎市観光振興ビジョンに係るアクションプラン	2022年3月に改訂した「大崎市観光振興ビジョン」のアクションプランとして、9つの行動指針に基づく具体的なアクションを主体(市民、観光事業者・農林商工業者、観光関係団体、行政)別に定めた。
2022年3月	秋田県男鹿市	魅力ある寒風山ビジョン	男鹿市を代表する観光資源であり、かつ市民の憩いの場である寒風山の魅力を未来へつないでいくため、将来像と施策の方向性を示した。具体的な取り組みとして、草地の維持管理活動の仕掛け、飲食・物販等サービス機能の導入、イベントや体験プログラムの提案、アクセス手段の充実等を示した。
2023年3月	秋田県湯沢市	第3次湯沢市観光振興計画	2018年策定の第2次計画に続く新たな観光振興計画を策定。重要施策の方向性として関係団体との連携強化、ガイド人材の育成、ターゲティングとプロモーションの強化、二次交通等の受け入れ環境整備等を示した。
2022年12月	山形県山辺町	山辺町観光振興計画	今後6年間における観光振興アクションプランとして、①情報発信によるPRと人材育成、②「稼げる観光」への取り組み、③観光推進ネットワークの充実を方向性として示した。
2023年3月	山形県庄内町	第4次庄内町観光振興計画	交流人口・関係人口の増加と地域経済活性化を目指すための新たな観光振興計画を策定。古くからの伝説である「龍」や地域ブランドである「米」のキラーコンテンツとしての活用、あいさつ運動やふるさと学習による町民のおもてなしの心の醸成、観光ガイド・インストラクター育成、情報発信の強化等を取り組みとして定めた。
2023年3月	福島県会津若松市	第3次会津若松市観光振興計画中間見直し	2017年に策定した10年計画である観光振興計画について、コロナ禍等の環境変化に対応すべく中間見直しを行った。旅行動態の変化や多様化するニーズへの対応を盛り込んだほか、新たな成果指標として「観光消費額」を追加した。

資料:各市町村のウェブサイトをもとに(公財)日本交通公社作成

●嶽温泉で源泉の湯量と温度が低下（青森県）

青森県弘前市の嶽温泉では、2022年末頃からメインの源泉で湯量と温度が低下した影響で、7軒の旅館のうち3軒が休業、3軒が日帰り入浴のみの営業となった。さらに1軒はコロナ禍による経営悪化もあり廃業を決めた。原因は温泉の目づまりであると見られている。使用されていない別の源泉から湯を引いたことで温度が回復し、2023年7月にはすべての旅館が営業を再開している。

この影響で、周辺の温泉でも客足が低下する等の風評被害が広がった。同地域の振興等を行う岩木みらい協議会では、嶽温泉と周辺温泉地を対象とした、入浴料金の割引クーポン付きチラシを発行する等して、風評の払拭に取り組んだ。

●「ひろさきガイド学校」が開校（青森県）

青森県弘前市は、津軽地方の魅力を伝えるガイド養成を行う「ひろさきガイド学校」を2023年に開校した。無償のボランティアガイドだけではなく、有償ガイドの養成にも注力する。公益社団法人弘前観光コンベンション協会等が運営を担い、東京の一般社団法人インバウンドガイド協会が監修する。ガイドを活用した観光商品づくり等、講座終了後のガイド活動支援も行う。ガイドの高齢化や担い手不足、ガイド団体による質のばらつき等の課題に対処することや、副業としてガイドをする農家を増やすことで、観光客の滞在や消費につなげることを狙いとしている。

●十和田・奥入瀬でe-バイクの貸し出しを開始（青森県）

一般社団法人十和田奥入瀬観光機構は、レンタサイクル事業において、電動アシスト付き自転車「e-バイク」の運用を開始した。奥入瀬渓流ではスポーツタイプの2輪自転車、十和田市街地と十和田湖エリアでは安定性の高い3輪自転車の貸し出しをしている。奥入瀬渓流沿いには3か所のポートがあり、いずれも乗り捨てが可能となっている。また、十和田湖周辺では2か所のポートで返却できるほか、十和田湖遊覧船への持ち込みも可能となっている。

●八幡平温泉郷がOD認証を受ける（岩手県、秋田県）

八幡平温泉郷が世界で初めてオスピタリタ・ディフーザ（OD）にスタートアップとして認証された。ODは、アルベルゴ・ディフーゾ（AD）よりも広域にわたって施設が分散している地域において、統一コンセプトによるサービス提供が行われる分散型ホテルの概念として、アルベルゴ・ディフーゾインターナショナルが普及を進めている。八幡平温泉郷では今後、食の提供施設である「ノーザングランデ八幡平」を中心に、1,000件以上存在する温泉付き別荘・別荘用地を有効活用して、貸別荘等の宿泊施設の整備を進める。

●秋田県が「クレヨンしんちゃん」で協定

アニメ「クレヨンしんちゃん」にゆかりのある秋田県、埼玉県、熊本県と出版元の双葉社が「家族都市」協定を締結した。秋田県は主人公「しんのすけ」の父「ひろし」の出身地という設定であり、ともに縁のある埼玉県、熊本県のほか、JR東日本、日本航空、全日本空輸も協力する。コラボ商品の販売やイベント実施のほか、秋田県内では、キャラクターがデザインされた列車の運行も予定している。

●西川町がさまざまな観光振興策を展開（山形県）

月山や志津温泉等の観光資源を擁する山形県西川町で、さまざまな観光振興策が進められている。2022年8月には東武トップツアーズとの包括連携協定を結んだ。同町の観光資源であるスキーや温泉、山菜料理の魅力を高め、着地型旅行商品化することで冬の誘客につなげる。2023年5月からはAIを活用した謎解きゲームイベントを開催した。スマートフォンで動画を見ながら、観光施設を巡ってクイズに答えるもので、家族連れや若者世代の誘客を図る。このほか、デジタル住民票NFTの発行による関係人口の創出や、サウナを軸にした交流人口拡大の取り組み等も進めている。

●鶴ヶ城天守閣がリニューアルオープン（福島県）

長寿命化工事に入っていた福島県会津若松市の鶴ヶ城天守閣が2023年4月にリニューアルオープンした。“歴史とデジタルを融合した体験型博物館”として展示の刷新が行われ、城の模型やプロジェクションマッピングを使った会津戦争の解説、大型パネルのデジタル今昔マップ等のコンテンツが新たに加わった。期間限定でナイトミュージアムイベントも開催された。

鶴ヶ城では、天守閣改修に先行して、2022年10月から常設展示としてデジタルアート「鶴ヶ城 光の歴史絵巻」もオープンしている。城内の「干飯櫓」内部の壁一面を使用したプロジェクションマッピングショーや、展示物に近付くとライトアップや音声ガイドが流れるインタラクティブな展示による、6種類のストーリーで構成されている。

●地域デジタル通貨「ばんだいコイン」の運用を開始（福島県）

福島県磐梯町では、2022年7月より地域デジタル通貨「ばんだいコイン」の運用を開始した。専用アプリにコインをチャージすれば、町内の加盟店で使用することができる。町内のチャージ機やコンビニATM、商工会窓口からコインのチャージが可能で、チャージ金額に対して10%のポイントが加算される。2023年3月時点で飲食、物販、宿泊施設、スキー場等、約40の店舗が加盟店となっている。町民だけではなく観光客もターゲットとしており、運用開始から約一年で1,600人以上が使用した。

磐梯町では2021年に「磐梯町プレミアムとくとく商品券」をデジタルで発行しており、町民や事業者のデジタルに対するリテラシーが向上したため、地域デジタル通貨の導入に至っている。

（川村竜之介）

Ⅳ-3 関東

延べ宿泊者数はコロナ禍前の8割まで回復
外国人宿泊者数はコロナ禍前の2割に留まる
各地で受け入れ整備、インバウンド再開に向けた動き

(1)都道府県レベルの旅行者動向

観光庁「宿泊旅行統計調査」によると、2022年1月から12月の関東地方1都8県の延べ宿泊者数は14,553万人泊で、コロナ禍からの回復傾向が見られ、増加(前年比48.1%増)に転じた(図Ⅳ-3-1)。都県別に見ると、茨城県22.8%増、栃木県34.1%増、群馬県39.2%増、埼玉県33.5%増、千葉県61.9%増、東京都54.4%増、神奈川県49.1%増、山梨県49.1%増、新潟県25.0%増となった。

コロナ禍前の2019年と比べ、1都8県全体では8割まで回復している。うち、栃木県(2019年比2.5%減)、神奈川県(同比7.5%減)は、ほぼコロナ禍前の水準まで回復している。

外国人延べ宿泊者数については、前年比240.9%増の862万人泊であった(図Ⅳ-3-2)。3年ぶりの増加となったものの、2019年比では79.0%減となっており、回復基調にあるものの、コロナ禍前の2割程度に留まっている。

図Ⅳ-3-1 延べ宿泊者数の推移(関東)

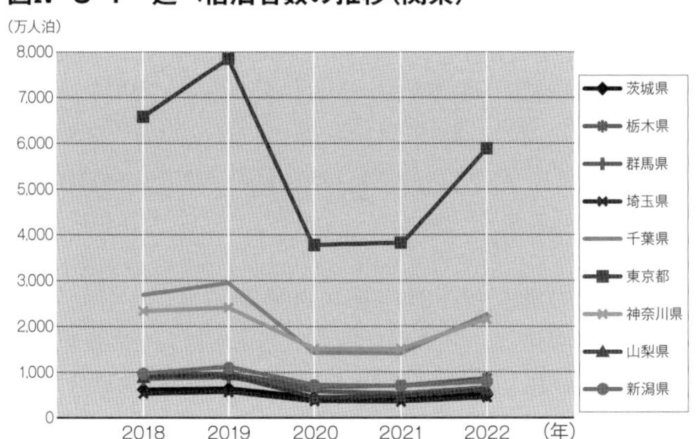

(単位:万人泊)

都道府県名	2018年	2019年	2020年	2021年	2022年
茨城県	589	630	434	429	527
栃木県	947	956	648	695	932
群馬県	831	865	563	510	710
埼玉県	491	544	349	347	464
千葉県	2,559	2,923	1,413	1,408	2,280
東京都	6,611	7,898	3,776	3,824	5,904
神奈川県	2,302	2,388	1,513	1,481	2,209
山梨県	861	907	436	461	687
新潟県	977	1,093	697	672	840

資料:観光庁「宿泊旅行統計調査」をもとに(公財)日本交通公社作成

図Ⅳ-3-2 外国人延べ宿泊者数の推移(関東)

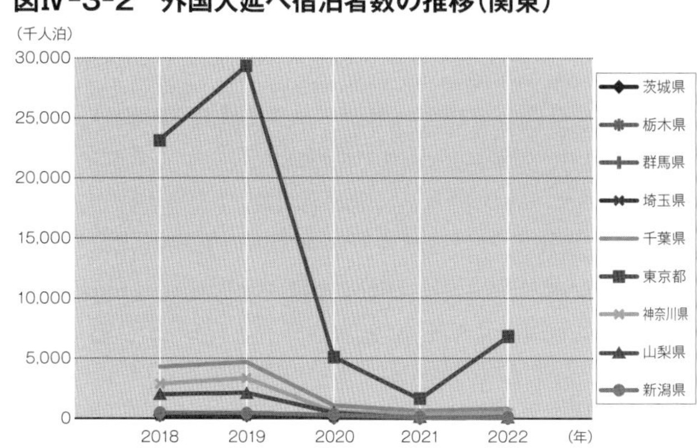

(単位:千人泊)

都道府県名	2018年	2019年	2020年	2021年	2022年
茨城県	254	217	53	25	55
栃木県	323	355	63	25	65
群馬県	289	292	70	17	47
埼玉県	230	220	40	26	57
千葉県	4,116	4,798	1,142	598	852
東京都	23,195	29,351	5,003	1,536	6,776
神奈川県	2,754	3,249	595	244	509
山梨県	1,961	2,055	357	25	167
新潟県	405	480	255	31	87

資料:観光庁「宿泊旅行統計調査」をもとに(公財)日本交通公社作成

(2)観光地の主な動向

①地方・都道府県レベル

●茨城空港、台湾への定期便が3年ぶりに再開(茨城県)

コロナ禍で国際線は運休していた茨城空港だが、2023年2月の茨城空港と韓国・ソウルを結ぶチャーター便(運航:ジンエアー)を皮切りに、同年3月には茨城空港と台湾・台北を結ぶ定期便(運航:タイガーエア台湾)の運航が3年ぶりに再開した。

同年2月には、台湾・台北で開催された展示即売会「いばらき大見本市」で知事がトップセールスを行う等、県や県内企業等「オール茨城」で、過去最大規模の台湾プロモーションを展開した。

●「いちご一会とちぎ国体」が開催(栃木県)

2022年10月1日から11日、第77回国民体育大会「いちご一会とちぎ国体」が開催された。国体は2020年、2021年と新型コロナウイルス感染症の流行により中止となっており、3年ぶりの開催となった。栃木県での開催は、1980年の「栃の葉国体」以来、42年ぶりとなった。

●「とちぎデジタルミュージアム“SHUGYOKU”(珠玉)」を開設(栃木県)

栃木県は、2023年3月に、県内の伝統芸能や芸術等をデジタル化して保存・活用する事業の一環として、代表的な文化資

源の魅力を紹介するウェブサイト「とちぎデジタルミュージアム“SHUGYOKU”（珠玉）」を開設した。絵画や工芸品、古文書、民俗資料、動植物、鉱物等、約400点を公開した。超高画質の写真は、拡大して細部を鑑賞するといった楽しみ方もできる。国選択無形民俗文化財の人形浄瑠璃「奈佐原文楽」（鹿沼市）等、無形の文化資源3点の映像も公開している。栃木県は2026年度までに公開作品を約2,000点にまで増やす方針だ。

●尾瀬国立公園がゼロカーボンパークに登録（群馬県）

2022年4月、尾瀬国立公園／尾瀬かたしなエリアが全国で7番目のゼロカーボンパークに登録された。「ゼロカーボンパーク」とは、環境省の登録制度で国立公園の脱炭素化に先行して取り組む地域のこと。国立公園における電気自動車等の活用、国立公園に立地する利用施設における再生可能エネルギーの活用、地産地消等の取り組みを進めることで、国立公園の脱炭素化を目指すとともに、脱プラスチックも含めてサステナブルな観光地づくりを実現する。

●群馬アンテナショップ「ぐんまちゃん家（東京・銀座）」が閉店（群馬県）

東京・銀座の群馬県アンテナショップ「ぐんまちゃん家」が2022年12月30日に閉店した。新型コロナウイルス感染症の拡大により、利用者や売上が減少したことが理由だ。

「ぐんまちゃん家」は2008年7月に群馬県初のアンテナショップとして東銀座にオープンし、2017年度は49万人が来場し、売上額は1億5,700万円だった。2018年には銀座7丁目に移転。銀座は賃料が高いためオープン時から赤字が続いていたが、テレビや雑誌等で取り上げられた効果は広告費換算で約22億円（2021年度）だったとしている。

●スタンプラリー「デジ玉」を県内200施設で開催（埼玉県）

埼玉県で観光応援キャンペーンとして2022年10月から2023年2月まで「デジ玉スタンプラリー」を開催した。県内の観光体験施設や酒造メーカー等、約200施設に設置された二次元コードを観光客自身がスマートフォンで読み取ることで、デジタルスタンプが獲得できる。景品は県内の温泉ペア宿泊券等が当たる「埼玉上級コース」等、全4コースあり、スタンプの個数に応じて抽選に応募できる仕組みだ。

●千葉県オリジナルのバーチャルサイクリングコースを公開（千葉県）

2022年12月、千葉県では「バーチャルサイクリング」の県オリジナルコースを公開した。また、「パラスポーツフェスタとうかつ」会場（流山市）等、5会場でコースの体験会を行った。「バーチャルサイクリング」は、自転車の後輪に専用器具を装着しアプリとモニターをつなぐことで仮想空間を走行する。公道を走るのが難しい高齢者や障がい者でも楽しめる。オリジナルコースは、釣ヶ崎海岸（一宮町）や鋸山（鋸南町）等4コースがある。

●「江戸東京きらりプロジェクト」の一環としてパリの国際見本市に出展（東京都）

東京都は、東京を代表するブランドを確立するために取り組んでいる「江戸東京きらりプロジェクト」の一環として、2023年1月にフランス・パリで開催されたフランス国際見本市「MAISON & OBJET PARIS 2023」に出展した。和太鼓をはじめ、暖簾や江戸木目込人形等の事業者13店がブースを構えた。また、パリ市デザイナーとの共同制作プロジェクトも行われた。

●3年ぶりに大半の海水浴場が開設（神奈川県）

神奈川県では、新型コロナウイルス感染症のまん延や住民の反対等によって、2020年は県内すべての海水浴場が休場した。2021年も多くが休場となっていたが、2022年夏は3年ぶりに25ある海水浴場の大半が開設した。

コロナ禍前は、60万人前後が訪れていた鎌倉市の材木座、由比ガ浜、腰越の3つの海水浴場。2021年は、近隣の藤沢市や逗子市等が開設する中、鎌倉市は事前の自治会への聞き取りや住民アンケートで反対意見が多く「住民の不安を払拭し、理解を得るのが難しい」と開設を断念していたが、2022年の夏は実に3年ぶりに開設した。

●富裕層向けホテル誘致の支援制度を検討（山梨県）

山梨県は観光や飲食業界の活性化に向け、高所得の外国人に対して長期滞在や消費拡大を促す仕掛けが必要との判断から、高級宿泊施設の誘致に力を入れている。2022年12月、富裕層を対象にした高級宿泊施設の誘致に向け、県内での開業を希望する事業者への支援制度を設ける方針を固めた。土地の開発や施設の建設等、ハード事業に必要な費用を県が一部負担する。県は「県内にはないハイクラスの施設を誘致する想定で、ターゲットが異なるため、今あるホテルや旅館とは競合しない」と見ている。

●新潟空港の国際線が3年ぶりに再開（新潟県）

新型コロナウイルスの感染拡大で運休が続いていた新潟空港の国際線だが、2023年1月17日、台湾の格安航空会社（LCC）・タイガーエア台湾が運航する台北線の初便が、新潟空港に到着。約3年ぶりに国際線の運航を再開した。タイガーエア台湾は新潟空港発着の国際定期便としては初めてのLCC路線で、当初2020年3月に就航予定だったが、感染拡大の影響で延期されていた。

●「新潟ガストロノミーアワード」を創設（新潟県）

2022年9月、公益社団法人新潟県観光協会と一般社団法人ローカル・ガストロノミー協会は、ガストロノミーツーリズム推進の一環として、地域の風土、歴史や文化を表現する「ローカル・ガストロノミー」の理念を体現し、地域社会との関わりに積極的な新潟県内のすぐれた店や企業を、審査・選出・表彰する「新潟ガストロノミーアワード」を創設した。

このアワードは、飲食店、旅館・ホテル及び特産品（加工品及び日本酒）の3部門あり、料理のおいしさやレストランのクオリティだけを評価するのではなく、地域の食、さらに食に携わる関連産業等との連携・取り組み、サステナビリティ、フィロソフィー等を総合的に評価する。

2023年3月に行われた「新潟ガストロノミーアワード」の授賞式では、「飲食店部門」で、「my farm to table おにや」（新潟市中央区）が、「旅館・ホテル部門」ではスノーピーク（新潟県三条市）が運営する「Snow Peak FIELD SUITE SPA HEADQUARTERS」（新潟県三条市）が、「特産品部門」ではかんずり（新潟県妙高市）の「かんずり」がそれぞれぞれ大賞を受賞した。

②広域・市区町村レベル

●自動運転バス実験、宇都宮等新たに4市町で実施（栃木県）

栃木県が2025年度の本格運行を目指す自動運転バスで、2022年度は那須塩原市、宇都宮市、足利市、那須町の4市町で新たに実証実験が行われた。初年度の2021年度は3市町で実施し、延べ計1,932人が乗車した。

一部バス路線に導入する自動運転バスは、運転手不足の解消や高齢者の移動手段確保が期待される一方、安全対策や住民への理解促進等、課題もある。実証実験は「栃木県ABCプロジェクト」と称し、過疎化が進む中山間地をはじめ、観光地や通学での足の確保等、地域の課題に合わせて行われた。

●富岡製糸場が新たな「文化観光拠点」として文化庁・観光庁より認定（群馬県）

文化観光推進法に基づき、文化庁・観光庁は2023年1月17日、世界文化遺産の富岡製糸場（群馬県富岡市）を文化観光拠点とする計画（計画期間：2022～2026年度）を認定した。

富岡市等は、補助金を活用し、デジタル映像技術を導入した展示に刷新したり、新たなツアーを企画したりして観光客を呼び込む計画だ。事業総額約2億3,500万円のうち、国からの補助金は1億5,000万円を見込む。

富岡製糸場の年間入場者数は、世界遺産登録された2014年度の133万8千人をピークに、2019年度に44万3千人まで減った。本計画認定を機に来場者を呼び込みたい考えだ。

●分散型古民家ホテル＆レストラン「NIPPONIA 秩父 門前町」が開業（埼玉県）

2022年8月、古民家3棟を宿泊施設やレストラン、カフェに再生させた分散型宿泊施設「NIPPONIA 秩父 門前町」が埼玉県秩父市で開業（図Ⅳ-3-3）。運営を行う「秩父まちづくり」は、西武リアルティソリューションズ、一般社団法人秩父地域おもてなし観光公社、NOTE、三井住友ファイナンス＆リースが共同出資で設立した組織。築約100年の「マル十薬局」を改修したフロント棟「MARUJU棟」と、秩父神社参道の番場通りに面する「小池煙草店」と「宮谷履物店」を改修した「KOIKE・MIYATANI棟」の2か所で構成されている。滞在を通じて地元の歴史や文化に浸ってもらうことで、秩父エリアの賑わい創出と持続的な地域活性化を目指す。

図Ⅳ-3-3 NIPPONIA 秩父 門前町

写真：筆者撮影

●館山市とJR東日本が連携してワークプレイス開業（千葉県）

千葉県館山市とJR東日本千葉支社は、2022年8月に「地域振興に関する連携協定」を締結し、2023年3月に地方創生型ワークプレイス「JRE Local Hub 館山」をオープンした。企業誘致を通じて地域ビジネスの創出を目指すだけでなく、コワーキングスペースを用意し、旅先テレワーク利用者を見込む。館山市は「移住・定住促進」、「関係人口の拡大」、「観光・スポーツの振興」、「地域産業の活性化」に関する取り組みをJR東日本と共同で推進している。

●「横浜赤レンガ倉庫」、20年ぶりにリニューアル（神奈川県）

「横浜赤レンガ倉庫」は、約半年の大規模改修工事を終え、2022年12月にリニューアルオープンした。コンセプトは「BRAND NEW “GATE”」で、リニューアル後にオープンする約66店舗のうち25店舗が新規出店となる。「横浜赤レンガ倉庫」の歴史を振り返る展示スペースの新設、バルコニーのソファ席の増設、ペット同伴エリアの拡大等の改修が行われた。

●WILLER EXPRESS、ふるさと納税返礼品にレストランバスを提供（神奈川県）

WILLER EXPRESS（本社：東京都江戸川区）は、神奈川県川崎市が実施するふるさと納税の返礼品として、東京レストランバスの川崎工場夜景コース「フレンチとお酒と川崎工場夜景を楽しむ夜」を提供した。

東京レストランバスの川崎工場夜景コースは、川崎市や一般社団法人川崎市観光協会、地元企業の協力のもと運行する人気のツアーだ。川崎の臨海部に位置する多数の工場が密集する工業地帯の幻想的な夜景を堪能しながら、本格的なフレンチのフルコースとお酒を堪能できる。

●富士山の魅力を伝えるガイドブックを発行(山梨県、静岡県)

山梨県、静岡県の自治体と観光団体等でつくる日本富士山協会は、富士山の自然の魅力を紹介するガイドブックを2万部制作した。富士山周辺の道の駅や観光案内所で無料配布している。ガイドブックは山梨県富士山科学研究所が監修。同研究所の藤井敏嗣所長は「本書を手掛かりに富士山の魅力を探ってほしい」とコメントしている。

●山梨県と峡南5町が「峡南地域観光振興戦略」を策定

2022年に設置された峡南地域ネクスト共創会議における取り組みの一環として、山梨県と峡南5町(市川三郷町、早川町、身延町、南部町、富士川町)は2023年3月、6者一体となり峡南地域の観光振興を図るため、将来の目標像や地域の価値を伝えるコンセプトを明確にした「峡南地域観光振興戦略」を策定した。"HEALING in FUJI VALLEY"をコンセプトに価値訴求する。

●河口湖に次世代型道の駅「旅の駅 Kawaguchiko base」が開業(山梨県)

山梨県富士河口湖町に本社をおく大伴リゾートは、2022年6月富士河口湖町の観光業復興の起爆剤として、河口湖をまるごと楽しめる新たな「旅」の拠点施設「旅の駅 kawaguchiko base」をグランドオープンした。

約4,000坪に及ぶ敷地で2,000品目以上の商品を取り扱う。契約農家から届く新鮮な青果を扱う「あさま市場」(図Ⅳ-3-4)、地場食材を堪能できる「テラスキッチン」等がある。

同年8月には、旅の駅の隣に、「7c | seven cedars winery」も開業している。

図Ⅳ-3-4　地産マルシェ「あさま市場」

https://www.kawaguchikobase.com
写真提供：㈱大伴リゾート

●求人求職のマッチング仲介サイトを開設(新潟県)

観光客が回復する中で、全国の観光地では人材不足が深刻化している。そのような状況の中で、新潟県湯沢町では、人手不足に悩む町内の旅館や飲食店と、空いている時間に働きたい人とを仲介するサイト「ゆざわマッチボックス」を開設した。コロナ禍で減っていた観光客が回復しつつあることを背景に、自治体が連携して開設したサイトという安心感も手伝って、県外からの利用も伸びている。働く場の提供を通じて、移住にもつなげたい考えだ。

(高橋葉子)

Ⅳ-4 中部

2024年春の北陸新幹線延伸を見据え、
観光施設がオープン、キャンペーンを展開
下呂温泉観光協会が先駆的DMOに選定

(1)都道府県レベルの旅行者動向

観光庁「宿泊旅行統計調査」によると、2022年1月から12月の中部地方8県の延べ宿泊者数は7,299万人泊であった。前年比33.8%の増加で、大幅な減少が生じた2020年、2021年から回復傾向が見られる(図Ⅳ-4-1)。

県別に見ると、延べ宿泊者数が最も多いのは静岡県で、愛知県、長野県と続く。いずれの県も前年より増加しており、増加率の大きい順に石川県(47.2%増)、岐阜県(46.0%増)、愛知県(39.4%増)、三重県(32.9%増)、長野県(30.7%増)、静岡県(28.4%増)、富山県(28.1%増)、福井県(16.3%増)であった。

また、外国人の延べ宿泊者数は中部地方全体で100.5万人泊であった。2年連続の大幅減から一転、前年比190.7%の増加となった(図Ⅳ-4-2)。

県別に見ると、外国人延べ宿泊者数が最も多いのは愛知県で、長野県、静岡県と続く。延べ宿泊者数と同様に、いずれの県も前年より増加しており、増加率の大きい順に石川県(563.2%増)、岐阜県(295.8%増)、富山県(283.3%増)、愛知県(216.0%増)、三重県(186.9%増)、長野県(186.3%増)、静岡県(82.9%増)、福井県(33.0%増)であった。

(2)観光地の主な動向

①地方・都道府県レベル

●北陸新幹線延伸を見据えた沿線各地の動き

2024年3月16日に予定されている北陸新幹線金沢～敦賀間の開業を見据え、福井県を中心に観光施設のオープンやキャンペーンの展開等が相次いだ。

○新幹線駅周辺で観光施設が新規オープン(福井県、石川県)

2022年9月1日、終着駅となる敦賀駅(福井県敦賀市)前に、官民連携により整備された「TSURUGA POLT SQUARE『otta』」がオープンした。芝生が広がる中央の「敦賀駅西広場公園」を囲むように飲食・物販施設やホテルをはじめ、子育て支援施設や公設書店「ちえなみき」が整備されている。

2023年3月18日、新幹線延伸時に新駅として開業する越前たけふ駅(福井県越前市)に隣接して道の駅「越前たけふ」がオープンした。飲食・物販施設をはじめ、一般社団法人越前市観光協会が運営する「越前たけふ観光案内所」、常設のバーベキュー場等が整備されている。

2023年3月19日、芦原温泉駅(福井県あわら市)西口に、賑わい施設「アフレア」がオープンした。屋根付きの「アフレア広場」とステージイベントが可能な「アフレアホール」、周辺の観光情報等を発信する「ふくいミュ～ジアム」等が整備されている。

また、小松駅(石川県小松市)の高架下には観光交流センター「Komatsu 九(ナイン)」が整備され、2023年6月1日にフー

図Ⅳ-4-1　延べ宿泊者数の推移(中部)

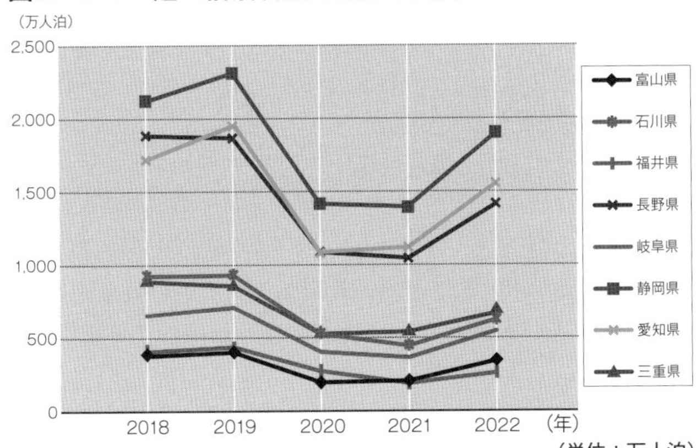

(単位：万人泊)

都道府県名	2018年	2019年	2020年	2021年	2022年
富山県	378	381	223	239	307
石川県	913	920	520	445	655
福井県	406	414	256	233	271
長野県	1,832	1,805	1,124	1,084	1,417
岐阜県	685	730	450	376	549
静岡県	2,186	2,343	1,437	1,426	1,831
愛知県	1,701	1,934	1,107	1,134	1,581
三重県	890	860	507	518	688

資料:観光庁「宿泊旅行統計調査」をもとに(公財)日本交通公社作成

図Ⅳ-4-2　外国人延べ宿泊者数の推移(中部)

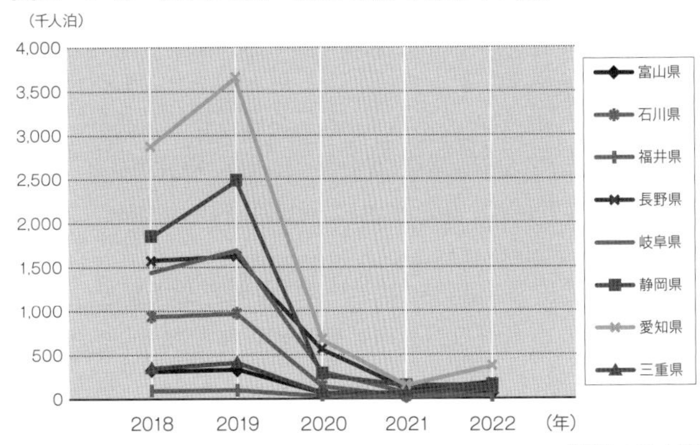

(単位：千人泊)

都道府県名	2018年	2019年	2020年	2021年	2022年
富山県	306	358	51	11	42
石川県	974	985	189	13	87
福井県	76	98	23	9	12
長野県	1,527	1,578	527	63	180
岐阜県	1,484	1,660	290	31	122
静岡県	1,794	2,494	267	93	171
愛知県	2,850	3,634	660	108	342
三重県	341	389	59	17	49

資料:観光庁「宿泊旅行統計調査」をもとに(公財)日本交通公社作成

ドエリアが先行開業、9月には観光案内所やワークラウンジ等がオープンした。

○「ZENの息づくまち福井」等のプロモーション動画公開（福井県）

福井県は北陸新幹線延伸を見据え、認知度向上と「ふくいファン」拡大を目的として情報発信を強化している。

2022年3月29日、プロモーション動画「ZENの息づくまち福井」をYouTube等で公開した。「ZEN（禅）」は国内外からその精神性が高く評価されており、また、福井県には曹洞宗大本山永平寺をはじめ四季折々の自然や伝統文化、食文化、伝統工芸の技等、ZENと相通じる地域資源があることから、ZENをテーマとして制作された。

また、2022年7月には、「新幹線開業ウェルカムダンス」のプロモーションビデオが公開された。

○「つながる福井キャンペーン」実施（福井県）

福井県は、2023年1月から3月に北陸新幹線沿線と北関東地域（埼玉県、茨城県、栃木県、群馬県、長野県）にて「つながる福井キャンペーン」を実施した。キャンペーンでは、各県での物産フェアの開催、BリーグやJリーグのスポーツイベントでの宣伝ブース出展、JR大宮駅近くでの期間限定アンテナショップ出店等を行った。

○大手旅行会社と連携したキャンペーンの実施（富山県、石川県、福井県）

北陸3県（富山県、石川県、福井県）は大手旅行会社と連携し、全国的な誘客キャンペーンを実施している。

2022年度は、上期に阪急交通社と連携し「魅力再発見。北陸キャンペーン」、下期に近畿日本ツーリスト、クラブツーリズムと連携し「ニッポン旅列島～北陸キャンペーン」をそれぞれ実施した。いずれのキャンペーンも旅行商品の開発、販売を中心に、旅行参加者等に抽選で北陸の特産品が当たる取り組み等が行われた。

○「北陸観光PR会議」開催（富山県、石川県、福井県）

北陸3県は共同で、2022年10月24日に「第1回北陸観光PR会議」を東京にて開催した。

3県の連携による初めてのメディア関係者を対象としたPR会議であり、市町村や観光事業者等15団体が参加し、北陸の旬の観光情報のプレゼンテーションや、メディアと地元観光事業者等による商談会が行われた（その後、2023年7月時点で計3回開催）。

●大河ドラマ「どうする家康」関連キャンペーンの展開

2023年1月8日より放送が始まったNHK大河ドラマ「どうする家康」に合わせ、徳川家康ゆかりの地で誘客キャンペーン等が展開されている。

○愛知・静岡・岐阜3県による推進協議会設立と周遊キャンペーンの実施

2022年9月、愛知県、静岡県、岐阜県の3県は、「大河ドラマ『どうする家康』愛知・静岡・岐阜連携事業推進協議会」を設立した。この協議会は大河ドラマ放映を契機に、県域を越えた広域エリアへの観光誘客、周遊観光を促すことを目的としたものである。

同協議会では、2023年1月27日から3月26日、3つの大河ドラマ館（愛知県岡崎市、静岡県静岡市・浜松市）と岐阜関ケ原古戦場記念館（岐阜県関ケ原町）の4館を巡りデジタル武将印を集める周遊キャンペーン「家康天下道めぐり　徳川四天王をコンプリートせよ！」を開催した。また、2023年7月22日からは、3県の歴史・武将観光施設（10施設）を巡る「家康天下道めぐり　第二幕」を開催している。

○愛知県での取り組み

2022年2月、愛知県、県内市町、観光団体等により「愛知県大河ドラマ『どうする家康』観光推進協議会」が設立された。

同協議会は、愛知県の「武将観光」を全国に広くPRし、観光誘客の拡大と周遊観光の促進を図ることを目的としており、観光PRサイト「あいち家康戦国絵巻」の開設、武将観光ガイドブック「あいち家康戦国絵巻」の発行、県内周遊キャンペーン「あいち家康戦国絵巻ラリー」の開催等に取り組んでいる。また、2023年1月18日から6月25日には、JR名古屋駅中央コンコースに「家康ゆかりの地　インフォメーションセンター」を開設し、徳川家康ゆかりの地や武将観光スポット情報を発信した。

○静岡県での取り組み

「どうする家康 静岡 大河ドラマ館」の開館期間中（2023年1月27日～2024年1月28日）に、大河ドラマ館と2023年1月13日にグランドオープンした「静岡市歴史博物館」の両館に入館すると、市内の公共交通機関や観光施設の割引券がプレゼントされる「しずおか周遊割引キャンペーン」が実施されている。また、公益財団法人するが企画観光局等は、2022年10月8日より、徳川家康をはじめとする武将等が登場し、裏面に静岡市の観光情報が掲載されているシールを発売した。

浜松市と公益財団法人浜松・浜名湖ツーリズムビューローはオンライン予約サイトでクーポンを発行する「家康公ゆかりの地 出世の街 浜松 観光キャンペーン」を2023年1月8日より開始した。また、「いまこそ！浜松」特設サイト内の特集記事や、2023年2月3日に公開したPR動画にて、家康ゆかりの地等を紹介している。

●羽田－能登線の搭乗率は過去2番目の低さ（石川県）

2022年7月6日、石川県は前年7月7日からの一年間（2021年7月7日～2022年7月6日）における羽田空港－能登空港線の搭乗率（速報値）が36.7%であったことを発表した（確定値は36.8%）。また、2022年6月17日の石川県議会総務企画県民委員会において、運送事業者である全日本空輸（ANA）との協議により、同期間における搭乗率保証制度の適用を除外することについて合意したことが報告された。

能登空港は石川県が設置・運営する地方管理空港である。

2003年の開港時、石川県は定期路線である羽田－能登線の一日2便の確保を目的として、搭乗率保証制度によりANAに対して一定の搭乗率を保証している。

羽田－能登線における利用者数と搭乗率の推移はコロナ禍による利用者数の減少を受け、19年目(2021年7月7日～2022年7月6日)も17年目、18年目に引き続き減便、運休が多発した(表Ⅳ-4-1)。19年目の利用者数は61,196席で、搭乗率(36.8%)、地元利用者数(5,808席)、首都圏等利用者数(55,388席)のいずれも18年目(31,012席、32.8%、2,365席、28,647席)に次いで過去2番目に低い値となった(表Ⅳ-4-1)。

●スキー場利用者数が増加も本格回復には至らず(長野県)

2022年8月、長野県は県内のスキー場(営業77か所)における、2021年11月1日から2022年5月31日の延べ利用者数が4,913千人であったことを発表した。前シーズン比33.6%の増加となったものの、コロナ禍前の2018～2019年シーズン(6,454千人)と比較すると8割弱にとどまっている。

また、2022年4月、一般財団法人長野経済研究所は、県内の主要23か所のスキー場を対象としたアンケート調査の結果(速報値)として、2021年11月から2022年3月のスキー場延べ利用者数が3,589千人であったことを発表した。前シーズン比32.4%の増加となった。

天候、降雪状況に恵まれ、営業日数が伸びた施設が多くなったものの、コロナ禍で訪日外国人が激減し、また2022年1月以降、再び感染が拡大したため、本格回復には至らなかったことが要因として挙げられている。

●拠点滞在型観光推進のための観光プランを作成(三重県)

三重県では、宿泊施設を拠点とした旅行者の長期滞在を推進するため、三重ならではの46の観光プランを造成した。

“三重の「イマしかない」「ココしかない」体験を楽しみに三重を訪れよう”をコンセプトとした「みえのイマココ旅」ブランドで、体験プランの魅力を伝える動画の配信やエリア別ガイドブックの公開・配布等の情報発信や、「歴史・文化」、「自然」、「食」、「ナイト＆モーニング」、「サスティナブル」の5つのテーマで特別な体験の提供等が展開される予定。

②広域・市区町村レベル

●福井銀行、地域観光商社を設立(福井県)

2022年7月28日、福井銀行は地域観光商社「ふくいヒトモノデザイン」を、全額出資の子会社として設立した。銀行法の改正により、地域金融機関が本業以外でデジタル化や地方創生等の事業ができるようになったことを受けて設立されたものである。

福井県内の観光地や地場産品等地域資源の魅力や価値を高める観光事業、物販事業を手掛ける予定で、2022年9月3日付で第2種旅行業の登録を受けた。

●AIオンデマンド乗合タクシー実証実験(長野県)

長野県白馬村では、2022年12月19日から2023年2月28日の夜間にAIオンデマンド乗合タクシー「白馬ナイトデマンドタクシー」の実証実験を行った。村内の移動は主に路線バスに限られるという課題があり、特に外国人観光客に対して利便性の高いモビリティを提供するため、専用アプリからの予約に応じて、村内の所定停留所間の最適なルートをAIが選んで運行するものである。約70日間の運行期間で、アプリ登録者数は3,939人(うち外国人2,875人)、累計乗車人数は約1万2千人に達した。

この結果を受け、2023年7月1日から土休日に、避暑やトレッキングに訪れる観光客を主な対象とした「白馬夏のデマンドタクシー」の実証実験が行われている。

表Ⅳ-4-1　羽田－能登線の利用者数と搭乗率の推移

年次	対象期間		利用者数(席)	利用者数内訳				搭乗率	搭乗率保証制度に係る目標値と実績			
				地元		首都圏等			目標搭乗率	支払なしとする範囲	保証金(県→ANA)	協力金(ANA→県)
	自	至		利用者数	構成比	利用者数	構成比					
1年目	03/07/07	04/07/06	151,015	56,242	37.2%	94,773	62.8%	79.5%	70.0%	–	–	97,329千円
2年目	04/07/07	05/07/06	155,623	52,395	33.7%	103,228	66.3%	64.6%	63.0%	–	–	15,989千円
3年目	05/07/07	06/07/06	160,052	48,991	30.6%	111,061	69.4%	66.5%	64.0%	±1.0ポイント	–	20,000千円
4年目	06/07/07	07/07/06	156,945	45,384	28.9%	111,561	71.1%	65.1%	62.0%	±4.0ポイント	–	–
5年目	07/07/07	08/07/06	158,558	36,039	22.7%	122,519	77.3%	65.4%	62.0%	±4.0ポイント	–	–
6年目	08/07/07	09/07/06	150,365	32,127	21.4%	118,238	78.6%	62.3%	62.0%	±4.0ポイント	–	–
7年目	09/07/07	10/07/06	149,010	33,426	22.4%	115,584	77.6%	62.3%	62.0%	±4.0ポイント	–	–
8年目	10/07/07	11/07/06	132,698	30,932	23.3%	101,766	76.7%	55.8%	62.0%	±4.0ポイント	震災により適用除外	
9年目	11/07/07	12/07/06	149,117	32,526	21.8%	116,591	78.2%	62.0%	62.0%	±4.0ポイント	–	–
10年目	12/07/07	13/07/06	150,542	35,041	23.3%	115,501	76.7%	63.2%	62.0%	±4.0ポイント	–	–
11年目	13/07/07	14/07/06	147,129	33,356	22.7%	113,773	77.3%	62.7%	62.0%	±4.0ポイント	–	–
12年目	14/07/07	15/07/06	150,712	31,428	20.9%	119,284	79.1%	63.6%	62.0%	±4.0ポイント	–	–
13年目	15/07/07	16/07/06	152,834	29,622	19.4%	123,212	80.6%	63.7%	62.0%	±4.0ポイント	–	–
14年目	16/07/07	17/07/06	157,611	28,319	18.0%	129,292	82.0%	65.6%	62.0%	±4.0ポイント	–	–
15年目	17/07/07	18/07/06	162,903	26,720	16.4%	136,183	83.6%	69.2%	62.0%	±4.0ポイント	–	22,764千円
16年目	18/07/07	19/07/06	169,840	25,884	15.2%	143,956	84.8%	71.2%	62.0%	±4.0ポイント	–	37,000千円
17年目	19/07/07	20/07/06	120,068	17,471	14.6%	102,597	85.4%	61.8%	62.0%	±4.0ポイント	コロナ禍により適用除外	
18年目	20/07/07	21/07/06	31,012	2,365	7.6%	28,647	92.4%	32.8%	62.0%	±4.0ポイント	コロナ禍により適用除外	
19年目	21/07/07	22/07/06	61,196	5,808	9.5%	55,388	90.5%	36.8%	62.0%	±4.0ポイント	コロナ禍により適用除外	

資料：能登空港「のと里山空港1年～19年目の搭乗率」、石川県「能登・羽田便19年目の利用状況について(速報)」をもとに(公財)日本交通公社作成

●ホテル業界初の完全無人売店オープン(長野県)

2022年12月24日、東急リゾーツ&ステイが運営する「ホテルタングラム」(長野県信濃町)内に、24時間レジレス無人売店「タングラムスマートストア」がオープンした。ゲートに入店用2次元コードをかざして入店後、欲しい商品を手に取り、そのままゲートを出れば決済完了となる。

●下呂温泉観光協会が先駆的DMOに(岐阜県)

一般社団法人下呂温泉観光協会(岐阜県下呂市)は、2023年3月28日、観光庁より先駆的DMO(観光地域づくり法人)に選定された。

先駆的DMOの選定にあたっては、「観光による受益が広く地域にいきわたり、地域全体の活性化を図っていること」、「誘客/観光消費戦略が持続的に策定される組織体であること」について6つの要件があるが、下呂温泉観光協会はそのうちいずれかの項目で一定の水準を満たしていないBタイプとして選定された。

先駆的DMOに対しては、世界に誇れる持続可能な観光地域づくりを行う「世界的なDMO」の形成を目指した戦略的な伴走支援等が実施される予定であり、Bタイプに対しては一定の水準を満たす項目を高水準に引き上げるための支援が行われる。

下呂温泉観光協会では、エコツーリズムとDMOを融合させた「E-DMO」による地域づくり等に取り組んでおり、下呂温泉の2022年度の宿泊客数は約93万人で、コロナ禍前の2019年度の約9割まで回復している。

●「ぎふ信長まつり」に約62万人が来場(岐阜県)

2022年11月5・6日の2日間にわたって、JR岐阜駅北口周辺で「岐阜市産業・農業祭～ぎふ信長まつり～」が3年ぶりに開催され、2日間合わせて約62万人が訪れた。2日目の「信長公騎馬武者行列」には人気俳優がゲスト出演し、事前に行われた観覧申し込みには定員の64倍となる約96万人の応募があった。

●各地で伝統行事が復活

2022年は、コロナ禍により開催中止を余儀なくされていた伝統行事の多くが2019年以来3年ぶりに開催された。

日本三大盆踊りのひとつとされる岐阜県郡上市の「郡上おどり」が、2022年7月9日から9月3日に開催された。期間中の17夜に限定し、また「徹夜おどり」の時間短縮等、規模を縮小しての開催となった。

富山市八尾町で300年以上にわたって踊り継がれてきたとされる「おわら風の盆」が、2022年9月1日から3日に開催された。感染対策のため、例年8月20日から11日間行う「前夜祭」、各町(11支部)が競演する「おわら演舞場」、9月2日から4日に始発列車に合わせて越中八尾駅ホームで行う「見送りおわら」をいずれも取りやめる等、規模を縮小して開催された。

このほか、2022年に開催された主な伝統行事は次のとおり(一部は規模を縮小して開催)。

表Ⅳ-4-2　2022年に開催された主な伝統行事

伝統行事	開催地	2022年の開催日
能登島向田の火祭	石川県七尾市	7月30日
春の高山祭(山王祭)	岐阜県高山市	4月14～15日
秋の高山祭(八幡祭)		10月9～10日
古川祭	岐阜県飛騨市	4月19～20日
犬山祭の車山(ヤマ)行事	愛知県犬山市	4月2～3日
桑名石取祭	三重県桑名市	8月6～7日
上野天神祭のダンジリ行事	三重県伊賀市	10月21～23日

資料:各主催団体・自治体等のウェブサイトをもとに(公財)日本交通公社作成

●「ジブリパーク」開園(愛知県)

2022年11月1日、愛知県長久手市の「愛・地球博記念公園(モリコロパーク)」内に、スタジオジブリ作品の世界を表現した公園「ジブリパーク」が開園した。第1期エリアとして「ジブリの大倉庫」、「青春の丘」、「どんどこ森」の3エリアが開園し、2023年11月1日に「もののけの里」、2024年3月16日に「魔女の谷」が第2期エリアとしてそれぞれ開園予定である。

また、愛知県は来園者を県内各地での宿泊や周遊観光に誘導するための取り組みを進めており、2022年1月27日にスタジオジブリが手掛けた観光動画「風になって、遊ぼう。」を公開したほか、開園に先立つ2022年8月9日には、特設サイト「ジブリパークのある愛知への旅」を開設した。特設サイトはジブリパークのチケット販売サイト内に開設されており、来園者やジブリファン向けに特化した県内の観光プログラム、ジブリパークを出発地としたモデルコース等を紹介している。

●近鉄がサイクルトレインを運行(三重県ほか)

近畿日本鉄道では2022年9月3日より、三重県の山田線・鳥羽線・志摩線の松阪～賢島間で、自転車を解体せずに車内に持ち込める「サイクルトレイン」を、多客期を除く通年で開始した。平日は五十鈴川～賢島間で9時台から14時台まで、土休日は松阪～賢島間で8時台から17時台まで利用可能で、事前予約、追加料金はいずれも不要。

また、2023年3月からは春秋のサイクリングに適した季節に観光列車「つどい」を利用したサイクルトレイン「KettA」の運行を開始した。

いずれも沿線自治体によるサイクルツーリズム促進の一環である。

●三重広域連携モデル「美村」スタート(三重県)

商業リゾート施設「VISON(ヴィソン)」がある三重県多気町と大台町、明和町、度会町、紀北町の5町が行政区域の枠を超えて連携し、5町をひとつの「美村(びそん)」と位置付け、デジタル田園都市国家構想「三重広域連携モデル」の推進に取り組んでいる。

2023年1月27日、VISON内の64店舗、紀北町を除く4町のスーパーや飲食店等の加盟店で使用可能なデジタル地域通貨「美村PAY」のサービスが開始された。また、2月6日には、地域住民向けのポータルサイト「美村」と、観光客向けのポータルサイト「美村Travel」が公開された。

(小川直樹)

Ⅳ-5 近畿

旅行需要回復も、インバウンドは伸び悩む
大阪・関西万博に向けた動きが本格化

(1)都道府県レベルの旅行者動向

①宿泊者数の動向

観光庁「宿泊旅行統計調査」によると、2022年1月から12月までの近畿地方の延べ宿泊者数は7,392万人泊と2021年を上回り、前年比では59.0%の増加となった。府県別に前年比を見ると、京都府で77.1%増、大阪府で70.9%増と急増したほか、兵庫県で43.7%増、奈良県で33.5%増、滋賀県で30.4%増、和歌山県で10.9%増とすべての府県でプラスを記録した。しかしコロナ禍前の2019年と比較すると、回復傾向は見られるものの、すべての府県で下回っている(図Ⅳ-5-1)。

外国人延べ宿泊者数については、近畿地方全体で382万人泊となっており、前年比では642.4%増と大幅に増加した。府県別に前年比を見ると、京都府で1238.6%増と急増する等、すべての府県で大幅な増加を記録した。しかし、コロナ禍前の2019年と比較すると、すべての府県で12.0%以下となっており、インバウンドの回復は遅れている(図Ⅳ-5-2)。

延べ宿泊者数に占める外国人延べ宿泊者数を府県別に見ると、大阪府で7.0%、京都府で6.7%だったが、その他4県はいずれも2.0%を下回った。

図Ⅳ-5-1　延べ宿泊者数の推移(近畿)

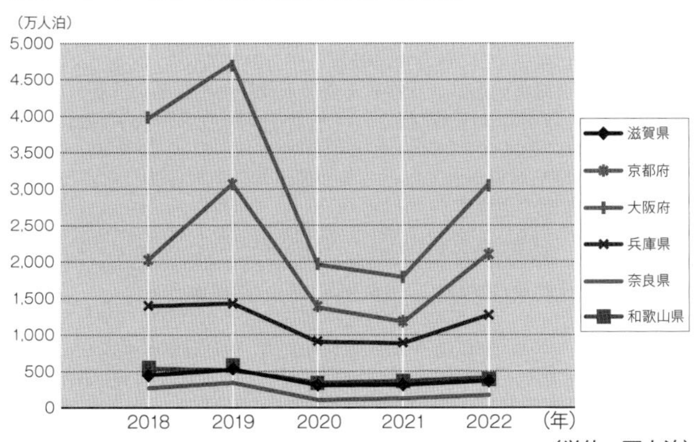

(単位：万人泊)

都道府県名	2018年	2019年	2020年	2021年	2022年
滋賀県	483	502	268	273	356
京都府	2,045	3,075	1,390	1,192	2,111
大阪府	3,990	4,743	1,972	1,786	3,052
兵庫県	1,339	1,442	898	879	1,263
奈良県	257	273	148	155	207
和歌山県	513	532	339	363	403

資料：観光庁「宿泊旅行統計調査」をもとに(公財)日本交通公社作成

図Ⅳ-5-2　外国人延べ宿泊者数の推移(近畿)

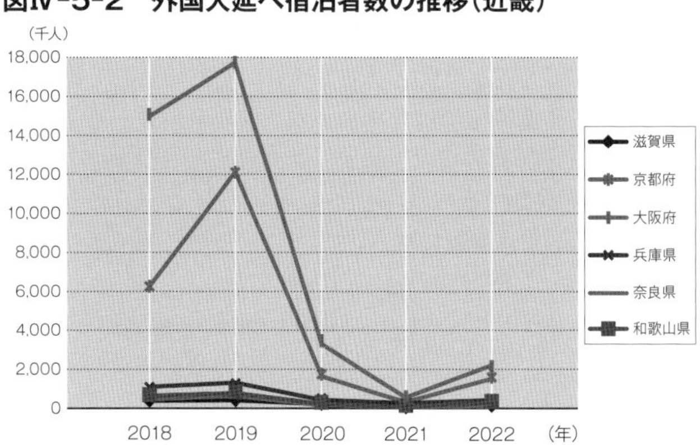

(単位：千人泊)

都道府県名	2018年	2019年	2020年	2021年	2022年
滋賀県	413	424	60	19	41
京都府	6,268	12,025	1,708	106	1,413
大阪府	15,124	17,926	3,225	319	2,130
兵庫県	1,260	1,367	180	53	126
奈良県	439	535	57	7	32
和歌山県	584	658	69	10	74

資料：観光庁「宿泊旅行統計調査」をもとに(公財)日本交通公社作成

②関西国際空港の利用動向

関西国際空港の運営を行っている関西エアポートが2023年4月に発表した利用状況によると、2022年の国際線と国内線を合わせた航空旅客数は794.3万人となり、前年比158.6%増であった。国際線旅客数は235.4万人で、そのうち外国人旅客は171.4万人であった。国内線旅客数は559.0万人で98.6%増であった(表Ⅳ-5-1)。

表Ⅳ-5-1　関西国際空港の発着回数と旅客数

		2021年(単位：人)	2022年(単位：人)	前年比
発着回数		66,637	93,656	40.5%
国際線		35,128	45,161	28.6%
	旅客便	5,885	17,412	195.9%
	貨物便	27,816	26,712	△4.0%
	その他	1,427	1,037	△27.3%
国内線		31,509	48,495	53.9%
	旅客便	29,963	46,992	56.8%
	貨物便	21	8	△61.9%
	その他	1,525	1,495	△2.0%
旅客数		3,072,064	7,943,093	158.6%
国際線		257,125	2,353,507	815.3%
	日本人	109,109	633,214	480.3%
	外国人	138,444	1,713,877	1138.0%
	通過旅客	9,572	6,416	△33.0%
国内線		2,814,939	5,589,586	98.6%

(注)航空機発着回数の「その他」には、空輸機、燃油給油機、プライベート機、特別機、回転翼機等を含む。

資料：関西エアポート(株)のウェブサイトをもとに筆者作成

第Ⅳ編
観光地

(2)観光地の主な動向

①地方・都道府県レベル

●関西観光本部とマスターカードが戦略的連携協定を締結

福井県、三重県、滋賀県、京都府、大阪府、兵庫県、奈良県、和歌山県、鳥取県、徳島県を対象エリアとした広域連携DMO(観光地域づくり法人)の一般財団法人関西観光本部は、マスターカードと連携することで、関西のインバウンド観光と、国内外からの観光客と消費を増加させるため共同活動を推進する。戦略的連携協定ではマスターカードの海外カード会員向けの関西観光情報の提供、ニューノーマルやSDGsを考慮した次世代観光のためのコンセプト、ソリューションの共同開発を進めることで合意した。

●体験型観光コンテンツ販売サイトを開設(滋賀県)

2022年8月に、滋賀県及び公益社団法人びわこビジターズビューローは、滋賀県の自然や歴史、文化、暮らし・営みを体感する「シガリズム」の体験観光コンテンツの販売サイトを開設した。体験型観光コンテンツの創出とウェブを用いた販売システムの構築を目的に、「シガリズム」を推進している。

●地域コミュニティ通貨サービス開始(滋賀県)

2022年7月に滋賀県は、デジタル地域コミュニティ通貨「ビワコ」のサービス提供を開始した。地域コミュニティ通貨は、県内の店舗、企業、団体等が体験を提供する「スポット」となり、ビワコを使える・もらえる体験を作成し、県内外の利用者は専用のアプリを用いて「スポット」で体験に参加する仕組みである。通貨導入によって、魅力ある資源や取り組みが、デジタル技術を活用して届けたい人に届き、地域における新たなつながりや、地域コミュニティの維持・活性化を目指す。コインは、鮒ずし作りを学ぶ体験等、歴史・文化を学ぶ体験で使用でき、保全活動に取り組む等のボランティア活動でコインがもらえる仕組みである。

●文化庁、京都市の新庁舎で業務開始(京都府)

2023年3月、文化庁は移転先の京都市で業務を開始した。5月には移転がすべて完了した。文化庁の移転は、東京の一極集中の是正と地方創生、文化芸術の振興を目的としたものであり、京都市では文化首都として、都市の魅力や国内外への発信力を一層高める機会として期待が高まる。

●「大阪MICE誘致戦略」を策定(大阪府)

2023年3月に大阪府は、「大阪MICE誘致戦略(2023〜2032年度)」を策定した。取り組みの方向性として、大阪・関西万博・総合型リゾートのインパクトの活用、世界水準のMICE受け入れ環境の整備、大阪の新たなまちづくり(コミュニティ・ブランディング)の牽引を掲げる。数値目標は、第1期(2023〜2027年度)・第2期(2028〜2032年度)に分け、それぞれ国際会議ランキング、経済波及効果について設定した。具体的には、MICE誘致・開催やプロモーション支援、マーケティング・リサーチ機能の強化、アフターMICEの充実に取り組む。

●県と3市、淡路島総合観光戦略を策定(兵庫県)

2023年3月、一般社団法人淡路島観光協会、洲本市、南あわじ市、淡路市、兵庫県淡路県民局が合同で行っている淡路島観光戦略会議にて、「淡路島総合観光戦略」が策定された。多様な個性が輝き続ける「いのち輝く島」をビジョンとして、「知られる観光地」から「選ばれる観光地」への転換を図ることを基本理念とし、その実現に向けて本戦略を定めた。本戦略では、基本戦略を基盤とし、4つの推進戦略を定め、以下のように方向性を位置付けた(表Ⅳ-5-2)。

表Ⅳ-5-2　淡路島「淡路島総合観光戦略」の方向性

基本戦略　サステイナブル戦略
①持続可能な取り組みに配慮した観光地域づくりを推進するための意識啓発と取り組みの推進 ②環境保全活動と観光を関連付けた取り組みの推進 ③観光事業者だけではなく、島内各産業や住民に経済波及効果を与える「域内調達率UP」の推進 ④観光を支える人財(外国人労働者、セカンドキャリアを求める者等)の確保と観光人財の満足度(ES)の向上 ⑤年間の観光需要の平準化、平日の観光需要の喚起
推進戦略1　商品戦略：物語化
①淡路島の特性(強み)である「美食」、「やすらぎ」、「海」、「歴史」等、「ほんもの」を活かした観光コンテンツづくりの推進 ②兵庫テロワール旅にふさわしい地域の風土(テロワール)を活かしたコンテンツづくり ③地域や資源をより深く楽しめるストーリーの磨き上げやストーリーテリング能力の開発による体験価値向上 ④上記の観光コンテンツを基軸とした新たな観光商品づくりの推進
推進戦略2　商品戦略：高付加価値化
①遠隔地からの旅行者(インバウンドを含む)に、旅行先として選択してもらうための高付加価値型(高品質)商品づくり ②遠隔地発の旅行者のシェア拡大による観光の消費単価の押し上げ ③大阪ベイエリア、瀬戸内海エリア、兵庫県での大型イベント等に連携し、その影響を見据えた観光ルート等の展開
推進戦略3　アメニティ戦略
①公共交通によるアクセスの情報提供方法を充実・改善 ②利便性の高い公共交通のネットワーク化等の働きかけ ③未来型モビリティ等、新たな移動サービスの導入 ④来島者の心地良い滞在を支援する受け入れ環境の整備の推進 ⑤多様な旅行者に対応するユニバーサルツーリズム(アクセシブルツーリズム)の推進 ⑥旅行者目線を取り入れるとともに、観光客を気持ち良く迎える景観づくり・景観の再構築
推進戦略4　情報戦略
①島内の観光関連企業等との情報共有、相互理解の促進 ②圏域内大型イベント事務局や広域連携DMO等との情報共有と連携 ③島内の観光関連以外の事業者との情報共有、相互理解の促進 ④上記活動と連動し、交流人口及び関係人口の増加に資する連携の企画

資料：兵庫県のウェブサイトをもとに筆者作成

●「ひょうご新観光戦略」を策定(兵庫県)

2023年3月に兵庫県は、「ひょうごツーリズム戦略(2020〜2022年度)」策定後に生じた旅行志向や社会潮流の変化に対応するとともに、2025年の大阪・関西万博を契機とした観光の振興を図ることを目的に、2023年度から2027年度までの「ひょうご新観光戦略」を策定した。目指す姿として「より深く、何度でも訪れたい地、HYOGO－訪れた多様な人々の感動を呼び、暮らす人々の幸せへ－」を掲げ、「本物志向の観光ができるHYOGO」、「持続可能な観光地域HYOGO」、「何度でも訪れたい地HYOGO」の3点を戦略とした。具体的には、兵庫テロワール旅の推進やユニバーサルツーリズムの推進に取り組む。

●ユニバーサルツーリズム推進条例を公布(兵庫県)

2023年3月に兵庫県は全国で初となるユニバーサルツーリズムに特化した条例「高齢者、障害者等が円滑に旅行することができる環境の整備に関する条例(通称:ユニバーサルツーリズム推進条例)」を公布した。兵庫県では、年齢や障がいの有無にかかわらず、さまざまな人が気兼ねなく旅行を楽しめるユニバーサルツーリズムを推進している。今後、観光関連事業者と支援団体の相互連携の促進や支援、相談員等の人材育成に取り組む。

●「平城宮跡歴史公園南側地区再整備計画」を策定(奈良県)

2023年3月に、奈良県は「平城宮跡歴史公園南側地区整備計画」を策定した。平城宮跡歴史公園は、世界遺産「古都奈良の文化財」の構成資産のひとつにもなっている「平城宮跡」の保存・活用を目指し、2008年に国営公園として整備を行うことが決定した。南側地区は公園利用の拠点ゾーンとして、平城宮跡全体のガイダンスや出土品、資料の展示を行う施設や、観光ネットワークの拠点となる施設が整備される計画である。

●「ガストロノミーツーリズム世界フォーラム」開催(奈良県)

2022年12月、「第7回ガストロノミーツーリズム世界フォーラム」が奈良県で開催された。「ガストロノミ—ツーリズム世界フォーラム」は、食と観光の連携が地域の伝統や多様性をサポートするとともに、文化の発信、地域経済の発展、持続可能な観光、食の経験を伝達するためのプラットフォームを提供することを目的に、国連世界観光機関(UNWTO)が中心となり、2015年より開催されている。約30か国から、450人以上が参加した。

●県が東武トップツアーズと観光振興で協定締結(和歌山県)

2022年12月、和歌山県は東武トップツアーズと、地方創生の実現と大阪・関西万博に向けた効率的な情報発信・観光客誘客を図るため、連携協定を締結した。今後、串本町の小型ロケット発射場の観光活用や、教育旅行・ワーケーション誘客に取り組む。

②広域・市区町村レベル

●大津湖岸なぎさ公園、公園再整備事業が開始(滋賀県)

大津市は「第4次大津市緑の基本計画」を踏まえ、公園及び緑地の賑わい創出のため、民間活力導入の検討を行い、大津湖岸なぎさ公園を「にぎわい重点エリア」として取り組みを進める。2022年7月に、民間資金活用による社会資本整備制度(Park-PFI)を活用し、公園に飲食店等を設置し運営する民間事業者が選定された。2024年に完成予定で、琵琶湖の魅力創出が図られる。

●びわ湖大津観光協会、ガイドツアー基盤整備へ(滋賀県)

2022年12月、訪日外国人向けを中心に全国25都道府県でプライベートツアーを展開するotomoと公益社団法人びわ湖大津観光協会は連携協定を締結した。アフターコロナにおける旅行市場の回復に向け、大津におけるガイドツアーサービスの基盤整備を共同で推進する。ガイドの人材育成やツアーコンテンツの充実、宿泊施設等の地域事業者と連携した予約・販売体制の整備、オペレーション体制の構築に取り組み、旅行者の周遊・滞在を促すことで、観光振興を通じた地域活性化を目指す。

●長浜市、地域活性化に向けた包括連携協定を締結(滋賀県)

2023年2月、スノーピークと長浜市は地域活性化に向けた包括連携協定を締結した。方針としては、長浜市の地域資源を活用したアウトドア拠点の開発や体験コンテンツの開発を行い、交流人口や関係人口を創出し、地域活性化を推進していく。スノーピークは長浜市余呉地域でキャンプ場の整備を進めていく計画である。

●京都市観光協会、「経営戦略2025」を策定(京都府)

2022年6月に、公益社団法人京都市観光協会(以下、京都市観光協会)は「経営戦略2025」を策定した。前期経営戦略を踏まえつつ、コロナ禍からの回復と持続可能な観光計画実現に向けて策定された。前期戦略の基本方針である「事業者支援」、「政策課題解決」、「科学的経営」を踏襲しつつ、「人材育成」、「ICTインフラ強化」に注力した戦略となっている。また、今後の京都市観光協会の展望にも言及した。2025年以降から国際観光市場は再び成長すると予測し、早い段階からの外国人観光客の受け入れ環境整備を進める必要があるとした。

●京都市、バス1日乗車券廃止(京都府)

2023年3月、京都市交通局は、市バス混雑対策の取り組みのひとつとして、「バス1日券」の廃止を発表した。2023年9月末で販売を停止する予定である。「バス1日券」については、2018年7月に交通局が実施した「企画乗車券等利用状況アンケート調査」では、乗車券購入者の9割が市外在住者であり、観光地を経由する路線を中心に観光客が集中する要因となっているとしている。廃止によって、市バスの利用集中から地下鉄への分散を図る。

●京都市、京北地域で「京北観光ガイドの会」創設(京都府)

2023年2月、京都市と京都市観光協会は、市域全体への誘客の促進、観光地の混雑緩和を図るとともに、人と人との新たな交流を生み、地域活性化につなげることを目的とした「とっておきの京都プロジェクト」の取り組みとして「京北観光ガイドの会」を創設した。常照皇寺、周山城址、片波源流域伏条台杉群等の観光スポットのガイドをエキスパートが行う。開始は2023年4月上旬で、個人旅行や旅行会社のツアー等に有料で派遣する。

●伊根町観光協会、来訪客動向調査に参画(京都府)

2022年8月、NECソリューションイノベータ、サーベイリサーチサンター が実施する伊根町への来訪者動向調査に伊根町観光協会がトライアルで参画した。データを活用して住民、地域のための観光を実現させ、持続可能な観光地域づくりにつなげることを目指している。

●神戸市、香川県2市町との連携・協力協定を締結（兵庫県）

2023年2月、神戸市は香川県高松市、土庄町及び小豆島町と連携・協力協定を締結した。大阪・関西万博の開催や神戸空港の国際化等により、来訪者の増加が見込まれる中、観光客誘致の促進を目指す。協定内容には「みなとがつなぐ人とモノの交流促進によるにぎわいの創出」、「農畜水産物など地域資源を活かした産業の活性化」、「防災等に関する相互連携による安全・安心のまちづくり」が盛り込まれた。

●大阪市・なんば駅周辺を人中心の空間に再編（大阪府）

2022年7月に大阪市は「なんば駅周辺における空間再編推進事業整備プラン」を策定した。なんば駅は、2015年に官民合同組織の「なんば駅前広場空間利用検討会」を立ち上げ、2016年・2021年に社会実験を実施した。これらの結果を踏まえ、事業整備プランを策定。これにより、なんば駅の道路空間を人中心の空間に再編し、エリアマネジメント活動により、観光拠点として上質で居心地の良い空間の創出を目指す。

●コンパクトスマートシティプラットフォーム協議会、日本版MaaS基盤整備支援事業に採択（大阪府）

2022年10月、国土交通省は、日本版MaaSの普及に向けた基盤づくりを進めるべく、ポストコロナの移動需要を取り込むための公共交通等の高度化の取り組みについての支援事業を採択した。また、国土交通省は支援事業の中の新モビリティサービス事業計画策定支援事業のひとつとして、豊能市の一般社団法人コンパクトスマートシティプラットフォーム協議会を採択した。

●USJ、2025年大阪・関西万博開幕1,000日前イベント実施（大阪府）

2022年7月、公益社団法人2025年日本国際博覧会協会は、大阪・関西万博の開幕1,000日前イベント「1000 Days to Go!」を大阪のユニバーサル・スタジオ・ジャパン（USJ）と東京スカイツリーで同時開催した。USJは大阪・関西万博開幕1,000日前カウントダウン宣言や、大阪・関西万博アンバサダーのコブクロによるスペシャルライブを実施した。

●USJ、入園者数世界3位に（大阪府）

Themed Entertainment Association（TEA）が発表した2022年の世界のテーマパーク入園者ランキングで、USJが世界3位となった。入園者数は1,235万人で、日本のテーマパークで最大である。前年比では大幅に回復しており、125％増加した。なお、USJは入園者数を公表しておらず、TEAの独自調査によるものである。

●豊岡市、「まち全体が一つの温泉旅館」のDX化実現事業実施（兵庫県）

2022年5月、豊岡観光DX推進協議会は、豊岡市城崎温泉エリアで「まち全体が一つの温泉旅館」のDX化実現事業の実施を開始した。2021年度に城崎温泉全体の宿泊予約情報や宿泊在庫情報等を自動集約し、データを可視化して豊岡観光DX基盤を整備した。今回の実証では宿泊施設の管理システム（PMS）統一化と顧客管理システム（CRM）の構築を進め、マーケティングの強化を目指す。

●「奈良市修学旅行生『奈良旅行』支援事業」実施（奈良県）

2022年度、奈良市は市内で宿泊と見学・学習等を伴う修学旅行を実施する学校に補助金を交付する「奈良市修学旅行生『奈良旅行』支援事業」を実施した。新型コロナウイルス感染症の影響を受ける中、修学旅行費を一部負担することで修学旅行客誘致につなげた。結果、2022年に奈良市を訪れた修学旅行生は58.3万人と、前年比126.0％増となった。

●白浜町、南紀白浜空港で「MR空港体験」実証実験開始（和歌山県）

2022年6月、南紀白浜エアポート、日本電気、凸版印刷、マクニカ、日本航空は、南紀白浜空港において、MR技術やローカル5Gを活用して、仮想空間にあるデジタルコンテンツと滑走路等の現実空間を融合させた「MR空港体験」の実証実験を開始した。「MR空港体験」は、仮想空間上の飛行機を自由にペイントすることができ、ペイントしたオリジナル飛行機が、実際の滑走路に実寸大のサイズで着陸する様子を見ることができるサービスである。参画5社は今後、実証で得られた結果をもとに、2023年度以降の常設サービス提供を目指す。

●高野山で、「没入型演劇体験」の提供開始（和歌山県）

2022年7月、南海電気鉄道と富裕層向け体験型プログラムを提供するエクスペリサスが、南海沿線の観光資源を活用した富裕層向け高付加価値旅行商品の提供を開始した。第1弾として、高野山が選ばれ、拝観時間終了後の金剛峯寺で、役者が絵師らを演じながら参加者に内部の施設や仏教美術、空海の逸話等を案内する「没入型演劇体験」を提供する。役者が鎌倉時代から南北朝時代に活躍した絵師・巨勢有康（こせのともやす）とその相手役である表具師（職人）を演じ、観客自らが表具師見習いとして参加する。

（立教大学　若佐 栞／呉 有里子／手塚正宗／西川 亮）

Ⅳ-6 中国・四国

宿泊者数は中国・四国全体で前年比27.3%増
城や観光施設が相次いで新規・新装オープン
観光DXの取り組みも

(1)都道府県レベルの旅行者動向

観光庁「宿泊旅行統計調査」によると、2022年1月から12月の中国・四国全体の延べ宿泊者数は3,319万人泊となり、2021年比で27.3%増、2019年比で21.2%減であった。

延べ宿泊者数は鳥取県以外で前年から増加し、愛媛県(前年比48.1%増)、広島県(同46.1%増)、香川県(同42.8%増)、高知県(同34.3%増)、岡山県(同23.5%増)、山口県(同18.9%増)、徳島県(同15.2%増)、島根県(同9.5%増)、鳥取県(同17.7%減)であった(図Ⅳ-6-1)。

2022年1月から12月の中国・四国全体の外国人延べ宿泊者数は37万人泊となり、前年比で111.6%の増加であった。

外国人延べ宿泊者数は島根県と愛媛県以外で前年から増加し、広島県(前年比228.2%増)、岡山県(同170.0%増)、香川県(同150.8%増)、山口県(同148.2%増)、徳島県(同88.4%増)、高知県(同13.0%増)、鳥取県(同12.3%増)、島根県(同3.0%減)、愛媛県(同5.3%減)であった(図Ⅳ-6-2)。

図Ⅳ-6-1　延べ宿泊者数の推移(中国・四国)

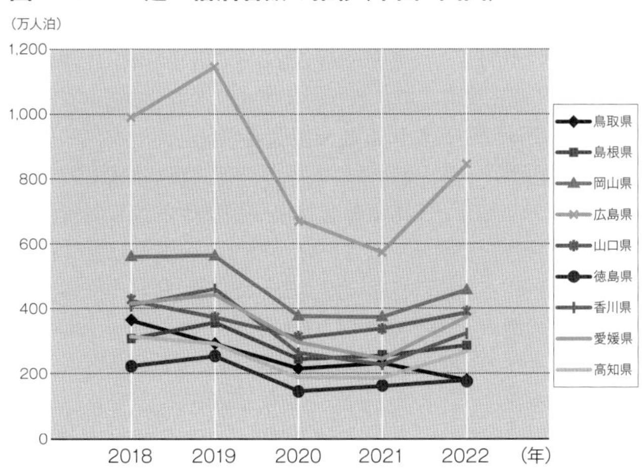

(単位：万人泊)

都道府県名	2018年	2019年	2020年	2021年	2022年
鳥取県	356	289	212	229	188
島根県	298	364	245	262	287
岡山県	561	566	377	371	458
広島県	990	1,163	675	584	853
山口県	435	376	311	330	392
徳島県	222	257	145	160	184
香川県	405	466	253	227	324
愛媛県	425	439	300	254	376
高知県	301	290	196	191	256

資料:観光庁「宿泊旅行統計調査」をもとに(公財)日本交通公社作成

図Ⅳ-6-2　外国人延べ宿泊者数の推移(中国・四国)

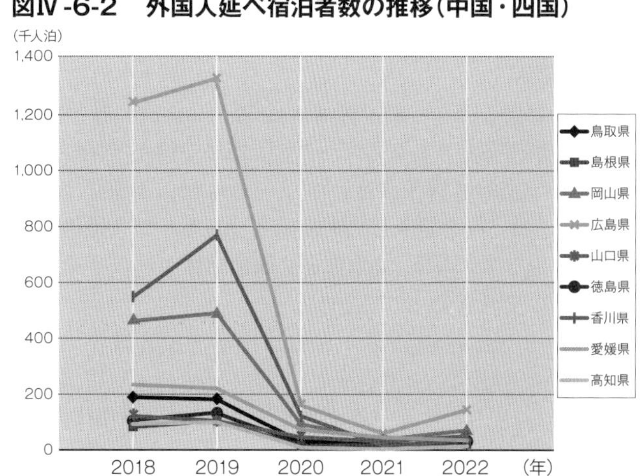

(単位：千人泊)

都道府県名	2018年	2019年	2020年	2021年	2022年
鳥取県	195	185	34	11	12
島根県	73	104	13	11	11
岡山県	469	487	74	22	59
広島県	1,237	1,322	169	43	143
山口県	123	104	32	20	49
徳島県	116	134	20	10	18
香川県	546	772	81	14	34
愛媛県	230	216	58	35	33
高知県	79	95	17	9	10

資料:観光庁「宿泊旅行統計調査」をもとに(公財)日本交通公社作成

(2)観光地の主な動向

①地方・都道府県レベル

●四国カルスト5市町連携による広域連携推進協議会が発足

四国カルストを有する高知県の津野町、梼原町と愛媛県の久万高原町、内子町、西予市の5市町は、四国カルストを軸にした周遊観光を促すことを目的に、2023年3月に観光振興で協力する包括連携協定を締結し、同年4月、広域連携推進協議会を設立した。初年度は、幹事会のほかプロモーションやコンテンツ開発、人材育成等の分科会を設け、事業の具体化に着手した。SNSによる広域的な情報発信や域内を巡るスタンプラリーイベント、観光人材の交流と育成に資する研修事業等に取り組む。

●鳥取県大山山麓エリアで2次交通整備の動きが活発化

大山隠岐国立公園の大山山麓エリアでは、2022年10月から12月にかけて、経済産業省の「地域新MaaS創出推進事業」に採択された観光周遊交通の実証事業が実施された。MaaSを活用し、JR米子駅と大山寺をつなぐ直通バスや乗り放題の乗り合いタクシー等を利用できるシステムを検証した。

また大山寺地区では2022年9月から11月にかけて、米子市のタクシー会社が大山町の委託を受け、電気自動車(EV)を活用した無料の試験運行を実施した。車両は時速20km未満で公道を走ることができる小型のEV（グリーンスローモビリティ）で、乗車定員はドライバーを除く4人乗り。急勾配の参道を往復し、観光資源としての可能性や来訪者の満足度向上への効果等が検証された。

●鳥取県と共同事業体が「とっとり宿泊予報プラットフォーム」を開発

2022年11月、鳥取県内の旅館やシステム設計会社等でつくる共同事業体が、ビッグデータを活用して個々の旅館の半年先までの宿泊者数予測を行う「とっとり宿泊予報プラットフォーム」の完成を発表し、2023年4月からサービス提供を開始した。同システムは、鳥取県と共同事業体が経済産業省の研究事業の交付を受けて開発を行った。

同サービスは宿泊施設が保有するホテル管理システム（PMS）等の宿泊データと地域データ等をもとに、AIによって宿泊者数を180日先まで予測することができる。利用宿泊施設は、客観的な予測に基づく休館日や価格の設定、在庫の最適化等が可能となり、業務効率化と売り上げ増が期待できる。

●香川県が「さぬきの棚田アワード」ですぐれた棚田20か所を認定

2022年5月、香川県は、中山間地域に広がる棚田の魅力を県民に伝えるため、「さぬきの棚田アワード」として県内20か所の棚田を認定した。同アワードは、県内にある棚田の魅力を広く県民に伝えるとともに、香川の美しい原風景を後世に残すことを目的としている。棚田の専門家等、外部委員が審査を担当した。

募集は2021年9月から11月に行い、38か所から応募があった。農地傾斜が概ね20分の1以上のまとまりのある田または畑で耕作放棄地になっていないことが基本要件として据えられ、棚田を中心とした良好な農村風景であることや、保全、地域活動が活発に行われているか等の観点から、高松市や東かがわ市、小豆島町等5市5町の田んぼ18か所と畑2か所の計20か所が選定された。

●鳥取県、島根県の民間連携による「神話の國 箸詣の会」発足

2022年11月、『古事記』のスサノオノミコトの出雲神話にちなみ、出雲地方を「箸発祥の地」として売り出す「神話の國 箸詣の会」が島根県出雲市内で発足した。8月4日の「箸の日」の箸供養等を観光イベントとして発信し、観光客を誘致する。

加盟者は島根県松江市の玉造温泉、鳥取県米子市の皆生温泉を含む市内外の宿泊業者等22事業者23施設で、それぞれの施設で宿泊客に、古くなる等して使わなくなった箸の回収袋「おかえり袋」を配る。寄せられた箸は、出雲市にある万九千神社で箸販売業者が営む箸供養で焚き上げる。

●アプリで高知県内の植物を探すゲーム企画「土佐の植物博士クエスト」を開始

2023年2月、スマートフォンを使ったゲーム企画「土佐の植物博士クエスト」が始まった。生物情報アプリ「Biome（バイオーム）」内で、バイカオウレンやサカワサイシンといった高知県出身の植物学者・牧野富太郎博士にちなんだ植物等を集める趣向となっている。

このゲーム企画は観光博覧会「牧野博士の新休日」推進協議会と生物情報アプリを提供している京都大学発のベンチャー企業のタイアップで実現した。高知県内で植物探しを楽しんでもらい、域内周遊につなげる狙いがある。

このアプリを使って動植物を撮影すると、名前が自動でAI判定され、自分の「図鑑」もつくることができる。情報は生物分布データとして集約され、環境保全に役立てられるという。無料で利用でき、2022年9月時点で63万回以上ダウンロードされている。

②広域・市区町村レベル

●鳥取砂丘コワーキング施設「SANDBOX TOTTORI」オープン（鳥取県）

2022年5月、鳥取市の鳥取砂丘そばにコワーキング施設「SANDBOX TOTTORI」がオープンした。2階建ての施設には年中無休、24時間利用可能な約60席の作業スペースや会議用個室、シャワー室があり、カフェも併設されている。砂丘を一望できるよう窓は一面ガラス張りとなっている。施設では利用者同士の交流が生まれるように、勉強会やマルシェ等のイベントも実施される予定。都市圏に本社を置く企業のサテライトオフィス利用や、旅先で働くワーケーションの利用者を誘致する。

●益田市で伝統芸能のユニバーサルツーリズムを促進するモニターツアーを実施（島根県）

2022年12月、島根県西部の伝統芸能・石見神楽を視覚や聴覚に障がいがある人にも楽しんでもらうことを目的に、誰でも気兼ねなく楽しめる「ユニバーサルツーリズム」のモニターツアーを一般社団法人益田市観光協会が実施した。ツアーでは視覚・聴覚障がい者、付き添い人等の計15人が参加し、観光協会スタッフの案内で、高津神楽社中が披露する演目の衣装や小道具に触れ、手触りや重さを確かめた。公演中は具体的な動作をイヤホンを通して音声で説明したほか、モニター画面の字幕や手話通訳士の手話で口上を伝えた。ユニバーサル仕様の公演は、2023年度の上期・下期に各1回組み込まれる予定となっている。

●岡山市が「自転車活用推進計画」策定（岡山県）

2022年4月、岡山市は、自転車を活用したまちづくりを進めるための「岡山市自転車活用推進計画」（2022～2031年度）を策定したことを発表した。自転車と観光を結び付ける「サイクルツーリズム」の推進に向け、新たなサイクリングルートの検討に着手する等の目標を盛り込んだ。新ルートは市内3ルート目となり、市が初めて独自で設定する。推進計画では2031年度を目標とする全8項目の数値目標を設定しており、市中心部で展開するコミュニティサイクル「ももちゃり」の1台当たりの一日平均貸出回数（回転率）の引き上げ、自転車利用者の損害賠償保険加入率100％等が掲げられている。関連して、

2022年11月には「ももちゃり」の利用促進を目的に、無料利用カード6,000枚を配布するキャンペーンを実施した。岡山市は2012年に「自転車先進都市」を掲げ、誰もが自転車を安全で便利に楽しく使うことができる都市を目指している。

●岡山城の天守閣が「令和の大改修」を経てリニューアルオープン（岡山県）

2022年11月、岡山城が「令和の大改修」を経てリニューアルオープンした。岡山城では1966年の再建後初となる大規模改修が2021年6月から行われ、天守閣の外壁は創建当時の「漆黒」に塗り直された。

全面刷新された天守閣内にはプロジェクションマッピング等の映像設備や体験型のブースが新設され、岡山城の歴史と魅力をわかりやすく紹介している。1階には刀の重さを体感したり、江戸時代の駕籠に乗って写真撮影したりできる体験型展示を設けた。

また、岡山城では2018年から天守閣の夜間貸し切り提供を行っており、改修に伴う休止期間を経て2022年12月に再開した。再開にあたり、岡山市は多目的スペースを2倍に拡張し100人の収容を可能としたほか、控室や映像設備を新設し利便性を高めた。

●福山城が築城400年の改修を経てリニューアルオープン（広島県）

福山市の福山城が2022年8月にリニューアルオープンした。改修工事は築城400年を記念して2020年10月から実施された。改修では耐震補強とともに、天守の外壁に防御のために施されていたとされる「鉄板張り」を復元する等、外観を江戸前期の姿に戻した。天守内にある博物館は展示内容を一新し、楽しみながら歴史を学べる体験型の施設となっている。馬の模型にまたがって武将の気持ちを味わえるコーナーを設けたほか、レプリカの火縄銃による射撃体験もできる。

また2022年10月には宿泊客が閉館後の天守内の博物館や、通常は年1回公開の伏見櫓、湯殿等を貸し切りで利用できる「城泊」の実証実験が行われた。城泊では一日1組を「一日城主」として受け入れ、城ゆかりの能の演舞や琴の演奏、地元の食材を使った料理等を提供した。

●宮島・厳島神社の大鳥居が70年ぶりの大修復完了（広島県）

2022年12月、厳島神社が進めていた約70年ぶりとなる大鳥居の大規模修復工事が完了した。宮島を象徴する文化財の傷みを直す修復工事は2019年6月から約3年半続いた。海水やシロアリの被害で劣化が進んだ主柱をステンレス製のバンド等で補強し、耐久性のある化学顔料等を使って朱色を塗り直した。

●福山市が鞆町の町並み保存拠点施設「鞆てらす」を開設（広島県）

福山市は2022年7月、鞆町の町並み保存拠点施設「鞆てらす」を開設した。

同施設は明治期の町家を改修したもので、木造2階等の4棟から成る。潮待ちの港をテーマにした日本遺産のPRコーナーでは、大型モニターで常夜燈や船番所跡といった日本遺産を構成する文化財等の魅力を紹介する。地域の伝統的建造物に見られる建築技法を伝えるコーナーや、鞆町の四季折々の祭りや行事を紹介するコーナーもある。子どもの遊び場や観光客の休憩スペースも備える。伝統的建造物の修理や空き家の活用に関する相談室も設けられており、観光客の案内のほか、移住希望者と空き家所有者のマッチングにも取り組む。

●徳島の阿波おどりが3年ぶりに観客を入れて開催（徳島県）

徳島市の夏を彩る「阿波おどり」が2022年8月、3年ぶりに屋外の演舞場に観客を入れて開催された。屋外に有料と無料の演舞場を2か所ずつ、舞台上で踊る広場を4か所設置した。感染症対策として、観覧席の収容率は約75%に抑え、消毒器具を増設する等した。「阿波おどり」はコロナ禍の影響で2020年は中止となり、2021年は規模を縮小して実施していた。

●源平合戦の舞台・屋島に交流施設「やしまーる」が開業（香川県）

2022年8月、源平合戦の舞台である高松市の屋島で、観光客の来訪を促す交流施設「やしまーる」が開業した。2013年に策定した屋島活性化基本構想に基づき整備を進めたもので、観光活性化の起爆剤として期待されている。

施設は全長約200mの回廊型で、屋根には特産庵治石の瓦約3万枚を使用した。屋島の歴史や自然を学ぶことが可能で、パノラマ展示室では源平合戦をテーマにしたアート作品が鑑賞できる。高松市街を一望する展望スペースや多目的ホール、文化観光情報案内スペース、飲食・物品販売スペースも設けられた。

●道後温泉で湯治をテーマにした誘客に向けた取り組みを強化（愛媛県）

松山市の道後温泉が湯治をテーマにした誘客強化の取り組みを始めた。道後温泉旅館協同組合青年部が各施設に呼びかけ、20軒以上の旅館やホテルが参加している。

取り組みでは入浴指導に必要な資格「温泉入浴指導員」を旅館やホテルの従業員が取得し、宿泊客の年齢や健康状態に応じ入浴時間や休憩のとり方を提案するプログラムを作成した。料理も海藻や果物等、体内の毒素排出を促す効果が期待できる食材を取り入れているのが特徴となっている。2023年からは宿泊プランの提供を開始しており、温泉での入浴プログラムに加え周辺の観光スポットを巡るモデルコースが設定されている。

●大洲市が県内初の「世界の持続可能な観光地」に選出（愛媛県）

オランダの非営利団体で国際認証機関のグリーン・デスティネーションズが選出する2022年の「世界の持続可能な観光地100選」に同年10月、県内で初めて大洲市が選ばれた。市内の古民家をホテルやショップに改修し、観光活性化や町並み保全につなげる同市の観光地域づくり法人（DMO）キタ・マネジメントの取り組みが評価された。

キタ・マネジメントは、市中心部の肱南地区の景観を形成する築100〜200年以上の建物を、行政や金融機関と連携して地元住民の理解を得ながら宿泊施設等に改修し、古民家自体が維持保全のための収益を生み出す仕組みづくりに取り組んできた。今回の選定では、空き家の解消や市の認知度向上等にもつなげたことが評価された。

●ジオパークの発信拠点「四国西予ジオミュージアム」が開館（愛媛県）

四国の西南地域に位置する四国西予ジオパークの情報発信拠点となる博物館「四国西予ジオミュージアム」が2022年4月、西予市にオープンした。

館内には市内の自然や文化の特徴を解説する有料の常設展示室と、無料のカフェスペースやギャラリー空間がある。化石や植物の標本約150点を集め、施設内で楽しめるアプリを使ったゲームも導入したほか、屋外には市内で採取した岩石を埋め込んだ遊具を備えた。来場者は約4億年前の岩石に触れたり、ジオパークの見どころを動画で調べたりできる。

●須崎市中央商店街に観光施設「須崎大漁堂」がオープン（高知県）

2022年12月、須崎市青木町の中央商店街内に、カフェや特産品の物販スペースを備えた同市の観光施設「須崎大漁堂」がオープンした。市や高知信用金庫等が進める「海のまちプロジェクト」の一環で、市街地の新たな集客拠点として期待されている。

同施設は市が高知信用金庫の寄付やふるさと納税寄付金等を活用し、旧高知銀行須崎支店を改装して整備した。運営は同プロジェクト推進協議会が担い、カフェではマダイや四万十ポークのカレー、地魚の刺し身定食等、市や近隣町村の食材を活かしたメニューを用意する。売り場には特産品が並び、アンテナショップの役割を担う。今後は同施設を中心とした空き家や空き店舗の活用といったプロジェクトの企画を進めていく予定となっている。

●「桂浜 海のテラス」が約40年ぶりのリニューアルを経て全面開業（高知県）

2023年3月、高知市浦戸の桂浜公園の商業エリア「桂浜 海のテラス」が約40年ぶりの大幅リニューアルを終え本格開業した。

同エリアは高知市が土産物店や飲食店が入っていた商業施設4棟を買い取り、指定管理者で地元企業の土産物会社が改装・新築した。土産物店やカフェ、海鮮レストラン、芋けんぴや雑貨が並ぶ店等10施設以上が運営されている。2022年10月には一部の店舗が先行して開店し、2023年3月には桂浜の歴史や高知の文化を紹介する「桂浜ミュージアム」のほかカフェやラーメン店等が新たにオープンした。

●高知城丸ノ内緑地のリニューアルが完了し一般開放開始（高知県）

2023年3月、高知城丸ノ内緑地の再整備が完了し一般開放が始まった。公園を覆っていた樹木が大幅に伐採され、緑地中央には広い芝生広場が誕生した。以前は狭かった空が広がり、天守閣の景観が存分に楽しめるようになった。

緑地は市中央公民館の跡地に市が1976年に開設したもので、国史跡の「高知城跡」内にあるため、大規模な整備はこれまで行われなかった。一方で、自然に生えてきた樹木等も含めた木々で覆われていたことから、市は2020年11月から再整備を進めていた。

●スマートフォン向けのご当地ゲームで四万十町の魅力をPR（高知県）

2022年4月、四万十町がスマートフォン向けのゲームアプリ「40010（しまんと）〜ヒミツのともだち〜」を無料配信した。同アプリは県内外の子どもや若者らに町の魅力を発信しようと企画されたもので、四万十町は愛媛県松山市のゲーム制作会社と約一年かけて開発した。ゲームには四万十川や沈下橋等、実際に町にある観光スポット約90か所が登場し、町の魅力をPRする。

（武智玖海人）

Ⅳ-7 九州

九州観光機構、九州リピーター拡大ポイント事業を開始
西九州新幹線、武雄温泉～長崎間の開通
新たなD＆S列車「ふたつ星4047」の運行開始
ハウステンボスが香港の投資会社に売却

(1) 都道府県レベルの旅行者動向

観光庁「宿泊旅行統計調査」によると2022年1月から12月までの九州各県の延べ宿泊者数は、九州全体では4,432万人泊となり、前年比35.0％増となった(図Ⅳ-7-1)。九州内すべての県で延べ宿泊者数は増加しており、特に大分県は、前年比51.5％増と最も大きく増加した。なお、各県の前年と比べた増加率は以下のとおりとなった。

福岡県において前年比45.5％増、佐賀県において前年比27.0％増、長崎県において前年比35.8％増、熊本県において前年比33.0％増、大分県において前年比51.5％増、宮崎県において前年比4.7％増、鹿児島県において前年比23.6％増。

図Ⅳ-7-1　延べ宿泊者数の推移（九州）

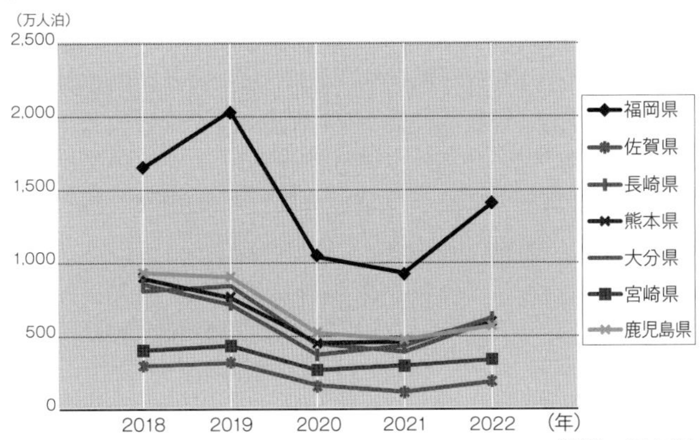

(単位：万人泊)

都道府県名	2018年	2019年	2020年	2021年	2022年
福岡県	1,673	2,042	1,059	962	1,399
佐賀県	275	280	182	157	199
長崎県	786	725	458	467	634
熊本県	805	763	473	474	630
大分県	777	790	486	416	630
宮崎県	416	432	307	315	330
鹿児島県	886	837	513	493	609

資料：観光庁「宿泊旅行統計調査」をもとに(公財)日本交通公社作成

外国人延べ宿泊者数は、九州全体では1,054千人泊で、前年比240.2％増となった(図Ⅳ-7-2)。長崎県を除く各県で外国人延べ宿泊者数は増加しており、特に大分県は、前年比578.2％増と最も大きく増加した。長崎県は、九州内で唯一減少しており、14.6％減となった。各県の前年と比べた増減率は以下のとおりとなった。

福岡県において前年比481.5％増、佐賀県において前年比198.7％増、長崎県において前年比14.0％減、熊本県において前年比179.3％増、大分県において前年比578.2％増、宮崎県において前年比129.0％増、鹿児島県において前年比141.1％増。

図Ⅳ-7-2　外国人延べ宿泊者数の推移（九州）

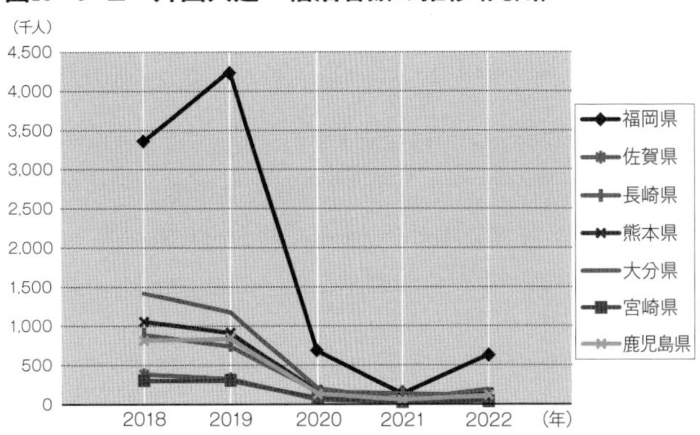

(単位：千人泊)

都道府県名	2018年	2019年	2020年	2021年	2022年
福岡県	3,367	4,262	623	104	606
佐賀県	392	359	42	7	20
長崎県	860	753	148	112	95
熊本県	1,013	935	140	36	100
大分県	1,442	1,207	162	25	170
宮崎県	327	326	53	10	23
鹿児島県	831	840	121	16	38

資料：観光庁「宿泊旅行統計調査」をもとに(公財)日本交通公社作成

(2) 観光地の主な動向

①地方・都道府県レベル

●一般社団法人九州観光機構の取り組み

○九州リピーター拡大ポイント事業を開始

一般社団法人九州観光機構（以下、九州観光機構）は、2022年9月より「九州・たびたびの旅 キャンペーン」と称して、九州へのリピーターを拡大させるためのキャンペーンを開始した。このキャンペーンは、九州内の参加施設に宿泊すると1泊につき1ポイントを付与、3ポイントたまると5,000円の電子クーポンに自動的に交換される。電子クーポンは提携する宿泊施設や飲食店、ショッピング店等で利用できるものとした。2022年度のキャンペーンは、2023年3月末までの実施を予定していたが、電子クーポン発行予定枚数に達したことから2022年11月末に付与を終了した。キャンペーンが好評であったことから、2023年度も、10月1日より新キャンペーンの実施を予定している。

○YouTube「チャンネル九州塾」を開始

九州観光機構は、2022年7月よりインターネットテレビ局「チャンネル九州塾」を開局し、YouTubeでの動画配信を開始した。九州観光機構事務所内のスタジオを活用し、同機構の唐池恒二会長が塾長となりゲストと対談する「カラちゃんのわくわくする観光経済」講座、同機構の職員が九州各地の魅力を体験・発信する「九州をツナギ隊」等を配信している。2022年度には、計105本の動画制作を行い、チャンネル登録数は4,635名（2023年7月末時点）となっている。

○観光DXに関する包括連携協定を締結

九州観光機構は、2022年6月、JTB、セールスフォース・ジャパンと観光DXを推進し、地域事業者のデジタルビジネスの支援や九州ファンの獲得、リピーター化等、持続可能な九州経済の発展につなげることを目的として、包括連携協定を締結した。本協定により、下記の取り組みを推進することとしている。

(1) 九州の課題の抽出と効果的なマーケティング・情報を活かしたイベントの創出
(2) 九州観光機構の実施事業のデータ蓄積と活用戦略の策定
(3) 九州観光プラットフォーム「地域共創基盤®」の導入
(4) 観光DX推進に関する実証事業の合同実施
(5) DXアドバイザーの設置
(6) 九州観光DX戦略立案
(7) デジタル活用人材育成と教育システムの構築

○学生対抗九州観光ビジネスプランコンテストを開催

九州観光機構は、九州ファン・リピーターの拡大、九州の観光産業を担う若者の育成、産官学連携による九州観光産業の活性化を目的として、九州の大学・大学院・短期大学・専門学校に在籍する学生を対象とした新たな観光需要創出のためのビジネスプランコンテストを開催した。

初年度である2022年度は、20大学48チームが参加し、本選には10チームが出場。外部有識者による審査にてコンテストを開催した。提案されたビジネスプランについては、実現化に向け、大学・事業者・地域間で検討が進められている。なお、2023年度も引き続きコンテストを実施予定である。

●西九州新幹線、武雄温泉～長崎間の開通

九州新幹線西九州ルート（福岡市～長崎市間）のうち、武雄温泉～長崎間の路線である西九州新幹線が、2022年9月23日に開業した。

博多～新鳥栖間及び武雄温泉～長崎間は標準軌、新鳥栖～武雄温泉間は狭軌であることから、フリーゲージトレインを導入することを前提としているが、フリーゲージトレインの開発の遅れから、武雄温泉駅で在来線特急列車と同じホームで乗り換えを行う対面乗換方式で運行を開始した。西九州ルートの開業により、博多～長崎間は在来線特急での移動時間と比べ、約30分短縮となった。

また、JR九州は、西九州新幹線の開業と同時に、新たなD＆S列車「ふたつ星4047」をデビューさせた。この列車は、“西九州の海めぐり列車”をコンセプトとし、午前と午後で異なるルートを走り、異なる海を眺めることができる。具体的には、午前便は武雄温泉駅から有明海側（長崎本線）を通って長崎駅に向かう。午後便は、長崎駅から大村湾側（大村線）を通って武雄温泉駅に向かう。なお、武雄温泉～長崎間は、九州新幹線西九州ルートでは所要時間約30分であるが、「ふたつ星4047」での所要時間は約3時間をかけ、車窓からの風景や沿線駅のもてなし等を楽しめるようにしている。

●「ぎゅぎゅっと九州まんきつドライブパス2022」の販売

西日本高速道路（NEXCO西日本）九州支社は、九州7県及び九州観光機構と連携し、九州内の高速道路が定額料金で乗り放題となる「ぎゅぎゅっと九州まんきつドライブパス2022」を販売した。ETC利用の二輪車・軽自動車・自動車を対象として、2022年7月8日から2023年3月31日までの期間中、NEXCO西日本が管理する九州内の高速道路が乗り放題となった。また、ドライブパスの利用により、特典として九州内のPA・SA等で割引サービスや利用者への九州各地の特産品プレゼント等の取り組みを行った。

●国内及び国際クルーズ船の再開

九州における外国船社及び日本船社のクルーズ船寄港回数は、表Ⅳ-7-1のとおり2019年度までは全国で上位を占めていた。しかし、新型コロナウイルス感染症の影響により2020年3月に国際クルーズ船の入港が禁止され、九州へのクルーズ船寄港回数は大幅に減少し、2021年には上位10位には入らず、2020年からは瀬戸内海の港が上位を占めた。

九州の主な港である博多港では、2022年11月に2年9か月ぶりに国内クルーズ船の受け入れを再開、2023年3月20日に3年2か月ぶりに国際クルーズ船の受け入れを再開した。なお、2023年3月には福岡県門司港、長崎県長崎港、宮崎県油津港、鹿児島県鹿児島港等でも国際クルーズ船の受け入れを再開した。

●九州佐賀国際空港観光案内所がカテゴリー3に認定（佐賀県）

2022年5月、九州佐賀国際空港観光案内所は、日本政府観光局（JNTO）が定める外国人観光案内所の認定制度において、

表Ⅳ-7-1　外国船社及び日本船社のクルーズ船寄港回数

順位	2017年		2018年		2019年		2020年		2021年	
	港	回数	港	回数	港	回数	港	回数	港	回数
1	博多	326	博多	279	那覇	260	ベラビスタマリーナ	53	ベラビスタマリーナ	82
2	長崎	267	那覇	243	博多	229	横浜	47	横浜	72
3	那覇	224	長崎	220	横浜	188	神戸	29	神戸	24
4	横浜	178	横浜	168	長崎	183	宮島 那覇	19	宮島	18
5	石垣	132	平良	143	石垣	148	ー	ー	笠島漁港	15
6	平良	130	神戸	136	平良	147	笠島漁港	16	名古屋	14
7	神戸	116	ベラビスタマリーナ	122	神戸	131	博多	14	大三島	13
8	鹿児島	108	佐世保	108	鹿児島	106	大三島	13	仁尾	12
9	佐世保	84	石垣	107	ベラビスタマリーナ	100	犬島	12	大島	11
10	八代	66	鹿児島	100	佐世保	79	石垣 長崎	10	小大下島	10

（注）2021年及び2022年は外国船社が運航するクルーズ船の寄港はゼロ。

資料：国土交通省のウェブサイトをもとに筆者作成
報道発表資料：訪日クルーズ旅客数及びクルーズ船の寄港回数（2021年速報値）ー国土交通省（mlit.go.jp）

カテゴリー3※に認定された。なお、九州内でカテゴリー3に認定されている観光案内所は、表Ⅳ-7-2のとおり。

※カテゴリー3:JNTOが認定する外国人観光案内所の制度で、立地や機能により3つのカテゴリーに分けている。カテゴリー3の基準は、常時英語による対応が可能であること、英語以外にも2言語以上での案内が常時可能な体制があること、全国レベルの観光案内を提供していること等。

表Ⅳ-7-2　九州内におけるカテゴリー3の観光案内所一覧

所在地	名称
福岡県福岡市	福岡空港国際総合案内所（国際線ターミナルビル）
福岡県福岡市	福岡市観光案内所（天神）
福岡県福岡市	福岡市観光案内所（博多駅総合案内所）
福岡県北九州市	北九州市総合観光案内所
佐賀県佐賀市	九州佐賀国際空港観光案内所

資料：日本政府観光局のウェブサイトをもとに筆者作成

●「佐賀・長崎デスティネーションキャンペーン」を開催

JRグループと佐賀県及び長崎県は2022年10月1日から12月31日までの3か月間、観光キャンペーン「佐賀・長崎デスティネーションキャンペーン（DC）」を実施した。DC期間中、誘客及び周遊促進の企画として「佐賀・長崎を巡るデジタルスタンプラリー」や共通のガイドブックやポスターの発行、交通新聞社とのタイアップによる「別冊 旅の手帖 佐賀・長崎」の制作等を行った。JRグループでは、お得なきっぷとして、商業施設「アミュプラザ」や「えきマチ1丁目」等で利用できる買物券付きの「いい旅！西九州きっぷ」や2022年9月に開通した西九州新幹線とD&S列車「ふたつ星4047」の指定席を片道1回ずつ利用できるきっぷの販売等を行った。その結果、DC期間中の両県における観光客数は2021年から255万人増加（26.8%増）、経済波及効果は推計で326億円となった。

●熊本県「旅するくまモンパスポート」の事業開始

熊本県及び公益社団法人熊本県観光連盟は、新型コロナウイルス感染症の影響からの観光産業の早期回復を図るため、熊本県を訪れた旅行者に対し、お得に県内を巡り、新たな熊本の魅力を再発見できるデジタルクーポン「旅するくまモンパスポート」事業を2022年8月より開始した。「旅するくまモンパスポート」はLINEアプリを活用したデジタルクーポンで、旅行者は「旅するくまモンパスポート」のLINE公式アカウントを友達登録するだけで参加でき、会計または来店時にクーポンを参加施設・店舗に提示することでサービスを受けることができる。2022年11月から2023年1月には、県内の周遊を促す取り組みとして、対象施設でデジタルクーポンを利用するとスタンプを1個獲得でき、集めたスタンプ数に応じて熊本県内宿泊券等が当たるデジタルスタンプラリーを実施した。

●「日本一のおんせん県おおいたツーリズム戦略」を策定（大分県）

大分県は、「日本一のおんせん県おおいたツーリズム戦略（2022-2024）」を策定した。“宇宙に熱中！みんなが夢中！おんせん県おおいた”をスローガンとし、(1) 大分ならではの新たな魅力への挑戦、(2) 感染症、災害に強い安全・安心なおもてなしの実現、(3) 旅行者、観光事業者、地元住民の相互理解による持続可能な観光の実現、の3つを推進指針として2024年の目標に向けた計画を示している。

表Ⅳ-7-3　「日本一のおんせん県おおいたツーリズム戦略」の主な内容

数値目標	達成年度	2024年度
	県内延べ宿泊者数	7,830千人泊
	観光入込客数	20,950千人
	観光消費額	2,600億円
主な取り組み内容	地域素材の磨き上げ	
	“おおいた”の魅力向上と効果的な情報発信	
	ポストコロナ時代に向けた戦略的な誘客	
	多様化する旅行ニーズに対応する受け入れ環境の整備	
	DX導入や人材の確保・育成等による観光産業の振興	

資料：大分県のウェブサイトをもとに筆者作成

●主な宿泊施設の開業状況

2022年1月、佐賀県鹿島市に町屋を活用した宿泊施設「茜さす 肥前浜宿」が開業した。肥前浜宿は、長崎街道多良往還の宿場町で、江戸時代の宿場町から醸造業を中心に発達し、2006年に国の重要伝統的建造物群保存地区に選定された2地区を含む、歴史的な建造物を多く残す町である。「茜さす 肥前浜宿」は醸造所が所有する町屋を活用しており、JR九州の歴史的建造物を活用した宿泊ブランド「茜さす」の最初の宿泊施設である。

星野リゾートは、2022年8月に「界 由布院」（大分県由布市）、同年11月に「界 雲仙」（長崎県雲仙市）を開業。また、2023年4月には都市型ホテル「OMO5熊本 by 星野リゾート」を開業した。これにより、星野リゾートの九州内の施設は、表Ⅳ-7-4のとおりとなった。

表Ⅳ-7-4　九州に所在する星野リゾート宿泊施設

所在地	名称	開業年月	客室数
長崎県雲仙市	界 雲仙	2022年11月	51室
熊本県熊本市	OMO5熊本 by 星野リゾート	2023年4月	160室
大分県別府市	界 別府	2021年7月	70室
大分県由布市	界 由布院	2022年8月	45室
大分県九重町	界 阿蘇	2006年6月※	12棟
鹿児島県霧島市	界 霧島	2021年1月	49室

※2011年6月より星野リゾートによる運営

資料：（株）星野リゾートのウェブサイトをもとに筆者作成

②広域・市区町村レベル

●“泊まれる公園”「INN THE PARK 福岡」が開業（福岡県）

福岡県福岡市にある国営海の中道海浜公園内に、2022年3月“泊まれる公園”をコンセプトとした「INN THE PARK 福岡」が開業した。国営公園では日本で初めて「公募設置管理制度（Park -PFI）※」を活用した取り組みで、整備・運営は海の中道パーク・ツーリズム共同事業体（構成者：三菱地所、積水ハウス、一般財団法人公園財団、インザパーク福岡）が担っている。

国営海の中道海浜公園では、公園西側に水族館や屋外プール、動物園等があり多くの来訪者がある一方で、公園東側は利活用がされていないことが課題として挙がっていた。今回の取り組みにより、公園東側エリアには、球体テント等の宿泊施設、屋外バーベキューエリア等の飲食施設、温浴施設が整備された。また、「INN THE PARK 福岡」周辺には、巨大アスレチックタワーやホーストレッキングの体験等ができるレクリエーションの充実にも取り組んでいる。

※Park-PFI：都市公園において飲食店、売店等の公園施設（公募対象公園施設）の設置または管理を行う民間事業者を、公募により選定する手続き。事業者が設置する施設から得られる収益を公園整備に還元することを条件に、事業者には都市公園法の特例措置がインセンティブとして適用される。

●北九州市、福岡市に大型商業施設が開業（福岡県）

2022年4月、福岡県北九州市内のテーマパーク「スペースワールド（2017年閉園）」跡地に「ジ アウトレット北九州」が開業した。同施設は、主にアウトレットとエンターテインメントのゾーンがあり、エンターテインメントゾーンには北九州市科学館「スペースLABO」が開館した。

2022年4月、福岡県福岡市内に「三井ショッピングパーク ららぽーと福岡」が開業した。福岡県八女市の地域文化商社「うなぎの寝床」といった福岡発の物販施設等が入っている。2022年7月には、同施設内に九州初の子どもの職業・社会体験施設「キッザニア福岡」がオープンした。福岡銀行やムーンスターの「くつ工場」、久原本家の「だし屋」等のパビリオンがあり、福岡ならではの企業が出展している。

●「ハウステンボス」を香港の投資会社に売却（長崎県）

2022年8月、長崎県佐世保市のテーマパーク「ハウステンボス（HTB）」が香港の投資会社PAGに売却されることが発表された。HTB株は、エイチ・アイ・エスを筆頭株主として、九州電力、西部ガスホールディングス、JR九州、九電工、西日本鉄道の九州の会社5社が株を保有していたが、すべて売却された。HTBは売却後も継続して運営され、PAGにより今後数百億円の投資が行われ、集客力を高めるとされている。なお、長崎県は2022年4月に、ハウステンボスへの統合型リゾート施設の誘致を目指して九州・長崎特定複合観光施設区域整備計画を認定申請しており、継続審査となっている。

●由布院温泉旅館組合独自に認証制度を創設（大分県）

2022年3月、大分県由布市の一般社団法人由布院温泉旅館組合は「ゆふいん安心の宿」として、宿泊施設を認証する制度を創設し、「ゆふいん安心の宿」宣言を行った。「安心安全な宿づくり」を徹底し、コロナ禍でも安心して来訪客を迎えられる温泉地づくりを推進することを目的としている。

宣言の5つの柱として、(1) 新型コロナウイルス感染症をはじめとした感染症対策、(2) HACCPに基づく食品衛生管理等の徹底による食に関する安心、(3) レジオネラ検査や水質検査等の徹底による温泉に関する安心、(4) 大分県警と連携した定期的な防犯セミナーの開催等による防犯対策、(5) 災害発生時の避難場所・経路に関する各宿独自のマニュアルの作成等による災害に対する安心を掲げている。

対象施設には、由布院温泉旅館組合から感染防止対策の宣言施設証（ステッカー等）が交付され、同組合のウェブサイトで認定宿として紹介されている。

●霧島神宮の本殿、幣殿、拝殿が国宝に指定（鹿児島県）

2022年2月9日の官報告示により、鹿児島県霧島市の「霧島神宮本殿、幣殿、拝殿」が国宝に指定された。現在の社殿は、1715年に当時の薩摩藩主・島津吉貴により寄進されたもの。龍の彫刻が巻き付いた「龍柱」は、東アジアから南九州に伝わったもので薩摩藩独自の地方色が見られる点が注目された。なお、鹿児島県内の建造物では初めての国宝となった。

●出水市がラムサール条約湿地自治体として認証（鹿児島県）

鹿児島県出水市は、1万羽を超える国内最大のツルの渡来地であり、毎年10月頃から3月頃までシベリアから渡ってきたツルが滞留している。「出水ツルの越冬地」は、2021年11月に国内で53番目となるラムサール条約湿地に登録された。さらに、2022年5月、出水市は国内初となる「ラムサール条約湿地自治体認証制度」としての認証が決定した。この認証制度は、ラムサール条約の決議に基づき、湿地の保全・再生、管理への地域関係者の参加、普及啓発、環境教育等の推進に関する国際基準を満たす自治体に対して認証を行うもので、自治体のブランド化及び地域における湿地の保全や賢明な利用の推進を図ることを目的としている。

出水市では、市内で生産・製造された農林水産物や加工品等にブランドPRロゴを利用できる取り組みを行っており、出水市のブランド化やPRに取り組んでいる。

（一般社団法人九州観光機構　野間恵子）

Ⅳ-8 沖縄

2022年の入域観光客数は569.8万人
国内県外客・外客とも2年ぶりの増加に転じる
宿泊施設の開業は継続、稼働率は前年から改善

(1)都道府県レベルの旅行者動向

観光庁「宿泊旅行統計調査」によると、2022年1月から12月の沖縄県の延べ宿泊者数は1,823万人泊であった。 前年比58.9%の増加であり、コロナ禍直前の2019年実績の約6割の値となった。

このうち外国人の延べ宿泊数は58万人泊であった。前年比145.5%の増加であり、2019年実績の1割未満の値となった(図Ⅳ-8-1)。

図Ⅳ-8-1　延べ宿泊者数の推移(沖縄)

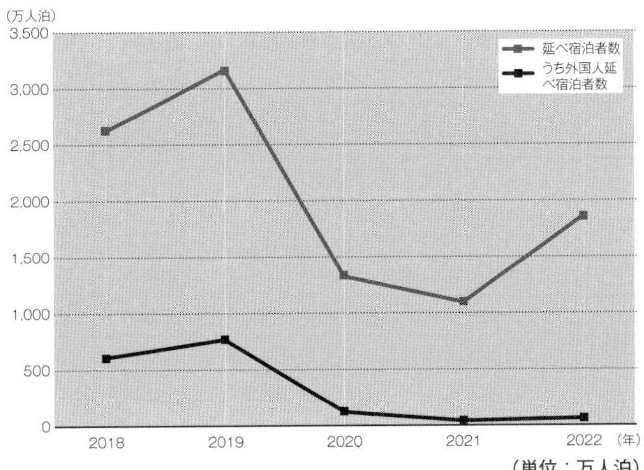

(単位：万人泊)

	2018年	2019年	2020年	2021年	2022年
延べ宿泊者数	2,679	3,287	1,379	1,147	1,823
うち、外国人延べ宿泊者数	620	775	107	24	58

資料：観光庁「宿泊旅行統計調査」をもとに(公財)日本交通公社作成

沖縄県の推計による2021年の観光客一人当たり観光消費額(総額)は9万4,000円であり、前年から1万5千円程度の増加となった。2017年以降、一人当たり観光消費額は7万3千円台で推移していたが、2020年には前年から5千円程度増加し、2021年においても増加トレンドが維持された(図Ⅳ-8-2左軸)。

2022年の「入域観光客数(含ビジネス客)」は569万8千人であった。前年比88.9%の増加であり、2019年実績の約6割の値となった(図Ⅳ-8-2右軸)。

2022年の入域観光客のうち、国内客数は565万人、外国人客数は4万8千人、外国人客の占める割合は0.8%であった。国内客数は前年比87.3%の増加となり、2019年実績の約8割まで回復が見られた。一方で外国人客数は前年から若干の増加が見られたものの、値は2019年実績の1割未満に留まった(図Ⅳ-8-3)。

離島の動向を見ると、沖縄県八重山事務所が公表する2022年の八重山地域の入域観光客数は91万8千人であった。前年比66.2%の増加であり、2019年実績の約6割の値となった。また、宮古島市が公表する2022年の宮古島の観光客数は66万1千人であった。前年比62.5%の増加であり、2019年実績の約6割の値となった(図Ⅳ-8-4)。

沖縄県全体の入域観光客数の推移と比較すると、八重山地域及び宮古島の入域観光客数の前年からの増加率は、県全体の値をやや下回った。

図Ⅳ-8-2　入域観光客数と一人当たり観光消費額の推移

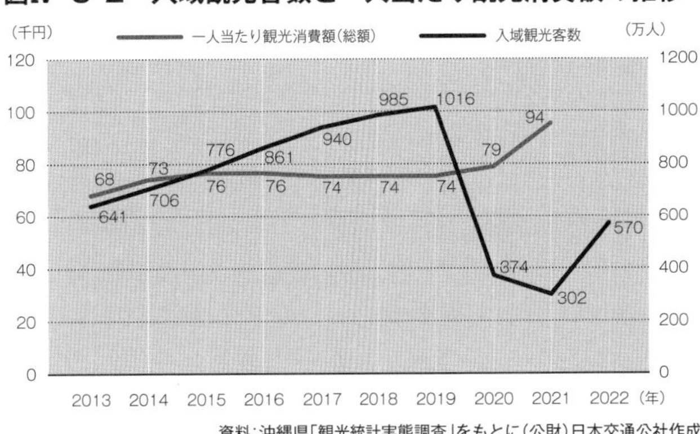

資料：沖縄県「観光統計実態調査」をもとに(公財)日本交通公社作成

図Ⅳ-8-3　国内客数(県外)と外国人客数の推移

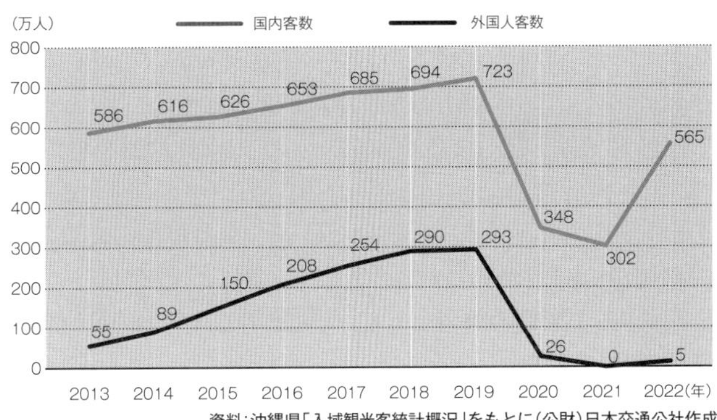

資料：沖縄県「入域観光客統計概況」をもとに(公財)日本交通公社作成

図Ⅳ-8-4　八重山地域及び宮古島の入域観光客数の推移

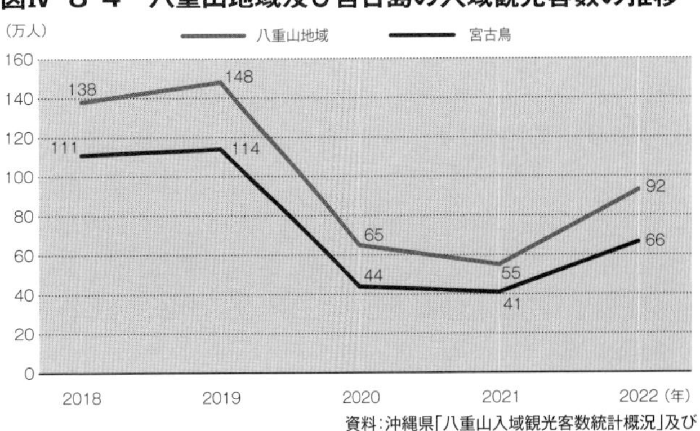

資料：沖縄県「八重山入域観光客数統計概況」及び宮古島市「宮古島市の入域観光客数」をもとに(公財)日本交通公社作成

第Ⅳ編 観光地

(2)観光地の主な動向

●国際線の状況

2022年1月末日時点で、那覇空港、新石垣空港及び下地島空港のいずれにおいても、国際線は全便運休であった。2018年以降の週当たり便数の推移を、図Ⅳ-8-5に示す。

2022年3月、観光以外を目的とする外国人の新規入国が再開された。以降、一日当たりの入国者数上限の段階的な引き上げ等の措置と並行して、同年6月には条件付きで外国人観光客の受け入れが再開され、10月には個人旅行の解禁を含む大幅な緩和がなされた。これらの措置に伴って、県内空港に発着する国際線の再開が進展した。

那覇空港については、2020年6月に外国人の受け入れに係る検疫体制の基準を満たす国際線の発着空港として指定された。2022年夏季以降、中国本土、香港、台湾、韓国等のアジア圏を中心に、国際線の定期運航が再開されている。

●宿泊施設の開業

2022年から2023年前半にかけてオープンした、沖縄県内の主な宿泊施設(名称変更等によるリニューアルオープンを含む)を、表Ⅳ-8-1に示す。期間を通じて沖縄本島、離島地域それぞれで複数の宿泊施設が開業し、2021年に引き続き、各地域における施設数及び収容人数の継続的な増加が見られた。

那覇市では2022年夏季までに、「HOTEL SANSUI NAHA」(2022年2月)、「ホテルリソルトリニティ那覇」(同4月)、「アパホテル〈那覇若狭大通〉」(同4月)、「レンブラントスタイル那覇」(同4月)、「ホテル・アンドルームス那覇ポート」(同6月)等、室数が100を超える大型施設を中心に複数の開業が見られた。同年8月以降も、「ホテルグランコンソルト那覇(同9月)」、「プリンススマートイン那覇(同11月)」、「Southwest Grand Hotel(2023年6月)」等、継続的な新規開業が見られた。

恩納村では「AQUASENSE Hotel & Resort」(2022年4月)、「Homm Stay Yumiha Okinawa」(同7月)、「ザ・ムーンビーチミュージアムリゾート」(2023年4月)等、室数規模の異なる複数の施設の開業が見られた。2022年7月には星野リゾートによる県内5か所目の施設として、「星野リゾート BEB5沖縄瀬良垣」が開業した。

沖縄本島のその他市町村においては、宜野湾市では「沖縄プリンスホテル オーシャンビューぎのわん」(2022年4月)、糸満市では「琉球ホテル&リゾート 名城ビーチ」(同7月)、浦添市では「HOTEL Ala COOJU OKINAWA」(同12月)、名護市では「New Normal Hotel in NAGO」(2023年3月)、うるま市では「タップホスピタリティラボ 沖縄」(同6月)が、それぞれ開業した。「タップホスピタリティラボ 沖縄」は、情報通信関連産業の拠点である「沖縄IT津梁パーク」内に設けられた施設であり、宿泊の提供だけでなく、観光・宿泊産業の生産性向上を企図したDX実証実験施設としての運用が予定されている。

離島地域においては、宮古島市で「ウォーターマークホテル & リゾーツ沖縄 宮古島」(2022年8月)、「グランテックリゾートヘブン」(2023年3月)、「ヒルトン沖縄宮古島リゾート」(同6月)が開業し、市全体としての提供室数は大きく増加した。竹富町では「リゾートイン西表島」(同2月)が開業した。

図Ⅳ-8-5 那覇空港、新石垣空港、下地島空港における国際線(直行便)の週当たり便数の推移

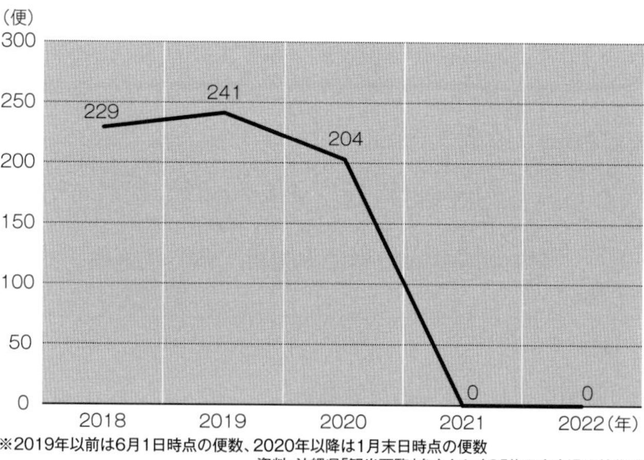

※2019年以前は6月1日時点の便数、2020年以降は1月末日時点の便数

資料:沖縄県「観光要覧」をもとに(公財)日本交通公社作成

表Ⅳ-8-1 2022年から2023年前半にかけて開業した主な宿泊施設

年月		宿泊施設名	所在地	室数
2022年	2月	HOTEL SANSUI NAHA	那覇市	278室
	3月	ネストホテル那覇西	那覇市	143室
	3月	CABIN & HOTEL CONSTANT NAHA	那覇市	109室
	4月	ホテルリソルトリニティ那覇	那覇市	220室
	4月	沖縄プリンスホテル オーシャンビューぎのわん	宜野湾市	340室
	4月	AQUASENSE Hotel & Resort	恩納村	77室
	4月	アパホテル〈那覇若狭大通〉(旧那覇クリスタルホテル)	那覇市	105室
	4月	レンブラントスタイル那覇	那覇市	146室
	4月	NAHA新都心HOTEL	那覇市	47室
	6月	ホテル・アンドルームス那覇ポート	那覇市	236室
	7月	琉球ホテル&リゾート 名城ビーチ	糸満市	443室
	7月	星野リゾート BEB5沖縄瀬良垣	恩納村	105室
	7月	Homm Stay Yumiha Okinawa	恩納村	17室
	8月	ウォーターマークホテル & リゾーツ沖縄 宮古島	宮古島市	50室
	8月	KOHALA HOTEL	那覇市	28室
	9月	ホテルグランコンソルト那覇	那覇市	151室
	11月	プリンス スマート イン 那覇	那覇市	149室
	12月	HOTEL Ala COOJU OKINAWA	浦添市	120室
2023年	2月	リゾートイン西表島	竹富町	20室
	3月	New Normal Hotel in NAGO	名護市	28室
	3月	グランテックリゾートヘブン	宮古島市	30室
	4月	ザ・ムーンビーチ ミュージアムリゾート (旧ホテルムーンビーチ)	恩納村	255室
	6月	Southwest Grand Hotel	那覇市	86室
	6月	ヒルトン沖縄宮古島リゾート	宮古島市	329室
	6月	タップホスピタリティラボ 沖縄	うるま市	38室

資料:新聞記事・ウェブサイト等、公開情報をもとに(公財)日本交通公社作成

●観光関連施設の開業

2022年から2023年前半にかけてオープンした、沖縄県内の主な観光関連施設(商業施設、アミューズメント施設等)を、表Ⅳ-8-2に示す。

「瀬長島ウミカジテラス」は、2015年に開業した瀬長島(豊見城市瀬長)の複合施設であり、テラス内の飲食、物販、体験型施設のほか、近隣には海浜公園、展望台、宿泊・温浴施設等を備える。2022年7月のリニューアルオープンに合わせて、新規店舗の出店やフォトスポットの整備等がなされた。

「第一牧志公設市場」は、1950年に開設された牧志公設市場を源流とする、那覇市市営の市場である。主に精肉、鮮魚、生鮮食品等を扱い、周辺地域の事業者や市民による利用のほか、観光客の来訪も多数見られる。施設建て替えのため、2019年に従来の市場を閉鎖し、仮設市場へ移行していた。施設工事の完了に伴って旧市場の立地へ戻り、2023年3月にリニューアルオープンとなった。

●第7回世界のウチナーンチュ大会の開催

2022年10月30日から11月3日にかけて、「世界のウチナーンチュ大会」が開催された。沖縄セルラースタジアム那覇(開会式、はいさいステージ、閉会式、グランドフィナーレ等)、国際通り(前夜祭パレード)のほか、県内各地で文化交流事業、観光案内等が行われた。

世界のウチナーンチュ大会は、世界各国に暮らすウチナーンチュ(沖縄県系人)と沖縄県民の交流促進等を目的として、1990年に第1回が開催された。以降、おおよそ5年ごとに大会が開催されてきた。第7回大会は当初2021年の開催が予定されていたがコロナ禍により延期され、本土復帰50周年となる2022年に開催された。

●県内宿泊施設の容量及び稼働率の推移

本土復帰した1972年から2021年までの沖縄県内の宿泊施設(ホテル・旅館)の軒数の推移を図Ⅳ-8-6に、収容人数の推移を図Ⅳ-8-7に、それぞれ示す。宿泊施設の軒数及び収容人数は、施設規模の大小を問わず継続的に増加している。コロナ禍により旅行動態への大きな影響が生じた2020年から2021年にかけても増加の傾向は同様であり、宿泊旅行の基盤となる施設数や収容人数の減数は見られなかった。

沖縄県内の宿泊施設タイプ別の定員稼働率について、2022年及び2019年における各月の値、ならびに2022年各月の値の前年同月からの増減を、図Ⅳ-8-8に示す。2022年の月別稼働率は年初を除いて良化の傾向を示しており、一部の施設タイプでは2019年同月の実績を上回る月も見られる。一方で、全体として2022年の稼働率はコロナ禍以前の水準に達しているとはいえず、とりわけビジネスホテルとシティホテルにおいて両年の稼働率の差が大きい。

県内の宿泊施設数・収容人数が継続的に拡大する中で、稼働率の回復には2019年水準を超える宿泊者数の確保が求められる状況が、今後も続くことが想定される。

(那須 將)

表Ⅳ-8-2 2022年から2023年前半にかけて開業した主な観光関連施設

年月	施設名	所在地	概要
2022年 6月	宮古島シティ	宮古島市	延床面積11,912㎡、14のテナントが入る大型ショッピングモール。建築費高騰等の影響を受け計画当初より縮小されたが、市内最大級の規模となる。
7月	タウンプラザかねひで なご湾市場	名護市	延床面積2,313㎡、食品スーパーを中心に、ドラッグストア等複数店舗が出店する商業施設。
7月	瀬長島ウミカジテラス(リニューアル)	豊見城市	瀬長島西海岸周辺に展開するリゾート施設。2015年に開業し、2021年からリニューアルを実施。飲食、美容、雑貨等の新店舗や、新スポットがオープン。
2023年 3月	第一牧志公設市場	那覇市	施設建替のため、2019年に旧市場を閉鎖し仮設市場へ移行、2023年に旧市場の立地へ戻り、リニューアルオープン。1階で購入した食材を2階の飲食店で調理・提供する「持ち上げ」等を楽しめる。
5月	名護博物館	名護市	名護・やんばるの自然と文化拠点施設として、2020年より旧博物館を休館し、名護市大中に新館を建築。本館ではザトウクジラの骨格標本を常設展示するほか、「くらしの実践・体験エリア」でのワークショップ、「自然と人との共生エリア」での自然観察等を提供。
7月	SKY GARDEN “TOP TREE okinawa”	那覇市	国際通り沿いの商業施設最上階に、食と音楽、エンターテインメントを融合したフードホールとして開業。ふたつのエリアに計7店の飲食店が出店。時間帯に応じてフードホールスタイルとミュージックバースタイルを変更し、異なるサービスを提供。

資料:新聞記事・ウェブサイト等、公開情報をもとに(公財)日本交通公社作成

図Ⅳ-8-6　沖縄県内のホテル・旅館の軒数推移

（単位：軒）

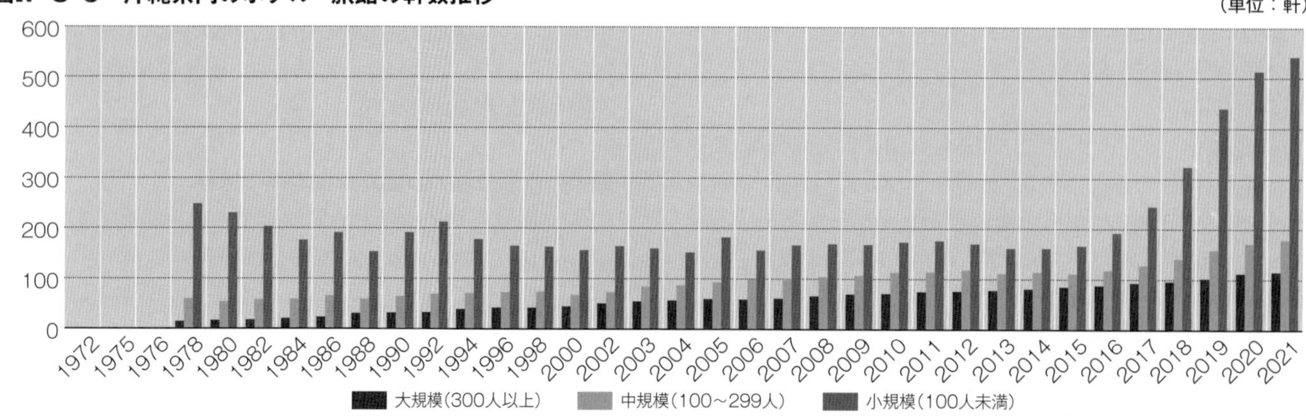

資料：沖縄県「観光要覧」をもとに（公財）日本交通公社作成

図Ⅳ-8-7　沖縄県内のホテル・旅館の収容人数推移

（単位：人）

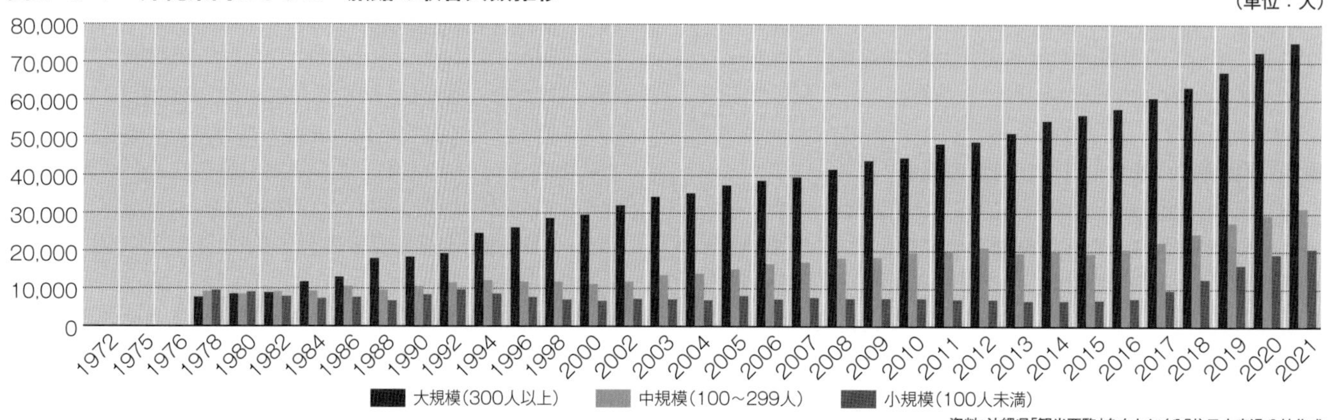

資料：沖縄県「観光要覧」をもとに（公財）日本交通公社作成

図Ⅳ-8-8　沖縄県内の宿泊施設タイプ別―月別定員稼働率（2019年、2022年、2022年対前年増減）

（単位：%）

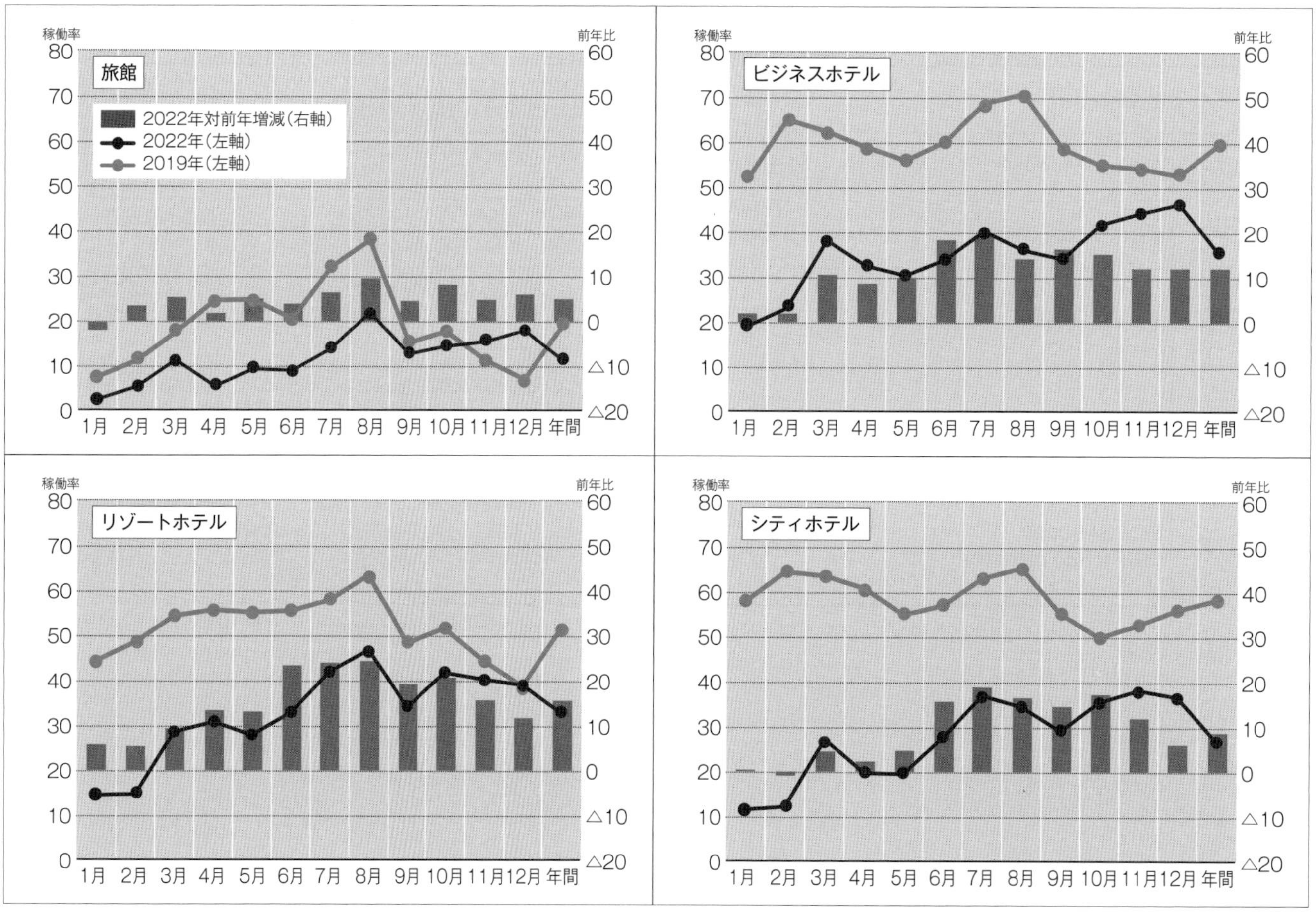

旅館　ビジネスホテル　リゾートホテル　シティホテル

稼働率　前年比

2022年対前年増減（右軸）
2022年（左軸）
2019年（左軸）

1月 2月 3月 4月 5月 6月 7月 8月 9月 10月 11月 12月 年間

資料：観光庁「宿泊旅行統計調査」をもとに（公財）日本交通公社作成

Ⅳ-9 自然

2022年下半期の国立公園全体の訪日外国人利用者数は、
2019年下半期の2割程度の水準まで回復

(1) 自然公園の利用及び指定状況

①利用者の推移

「自然公園等利用者数調」(環境省)によると、2021年の自然公園全体の利用者数は5億4,246万人(前年比97.9%)でほぼ横ばいであった。これを公園種別に見ると国立公園(34か所)は2億766万人(同95.0%)、国定公園(58か所)は1億7,834万人(同97.1%)、都道府県立自然公園(311か所)は1億5,650万人(同102.9%)であった(図Ⅳ-9-1)。

個別の国立公園ごとに見ると、利用者数が多いのは、富士箱根伊豆国立公園で7,081万人(国立公園全体に占める割合34.1%)、次いで瀬戸内海国立公園2,500万人(同12.0%)、上信越高原国立公園1,169万人(同5.6%)であった(表Ⅳ-9-1)。また、利用者数の増加した国立公園(上位3公園)は、南アルプス国立公園(前年比276.5%)、白山国立公園(同168.0%)、阿寒摩周国立公園(同156.2%)、利用者数の減少した国立公園(上位3公園)は、西表石垣国立公園(前年比76.0%)、利尻礼文サロベツ国立公園(同77.2%)、大雪山国立公園(同77.3%)となった。

図Ⅳ-9-1　自然公園の利用推移(2012～2021年、10年間)　(単位：千人)

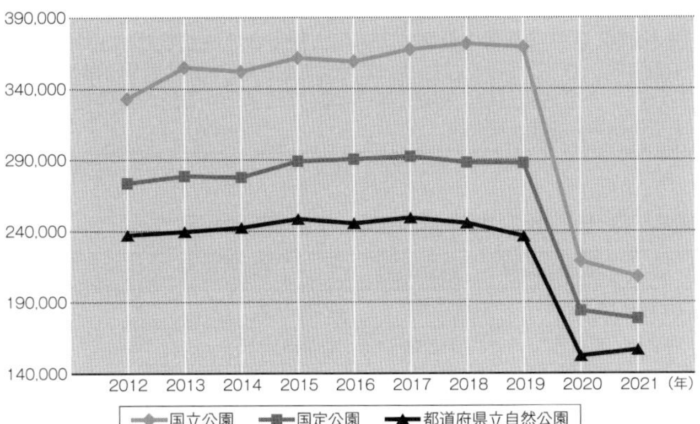

資料：自然公園等利用者数調(環境省)

表Ⅳ-9-1　利用者数の多い国立公園(上位10公園)(2021年)

順位	公園名	2021年利用者数(千人)	国立公園全体に占める利用者数の割合(%)
1	富士箱根伊豆	70,805	34.1
2	瀬戸内海	24,997	12.0
3	上信越高原	11,688	5.6
4	阿蘇くじゅう	9,499	4.6
5	大山隠岐	9,420	4.5
6	秩父多摩甲斐	9,298	4.5
7	日光	8,643	4.2
8	霧島錦江湾	7,866	3.8
9	吉野熊野	7,594	3.7
10	伊勢志摩	4,721	2.3
上位10国立公園の合計		164,531	79.2

資料：自然公園利用状況調(環境省)

●国立公園内延べ宿泊者数

第16回国立公園満喫プロジェクト有識者会議資料(環境省)によると、2022年の国立公園内の延べ宿泊者数は2,852万人であった。2021年から42%増加、新型コロナウイルス感染拡大の2019年比では76%の水準まで回復した(図Ⅳ-9-2)。

●国立公園における訪日外国人利用者数

第16回国立公園満喫プロジェクト有識者会議資料(環境省)によると、2021年の国立公園における訪日外国人利用者数(全公園・各公園)の推計は行われていないとのことだが、2022年9月以降、段階的に外国人旅行者の入国制限が緩和されたため、同年下半期の推計が行われた。2022年下半期における国立公園全体の訪日外国人利用者数は約64万人で、2019年下半期の2割程度の水準となった。なお、日光国立公園、中部山岳国立公園、伊勢志摩国立公園等の一部公園は回復ペースが速く、2019年下半期の4割程度の水準になったという。

図Ⅳ-9-2　国立公園内延べ宿泊者数の利用推移(2017～2022年)　(単位：万人)

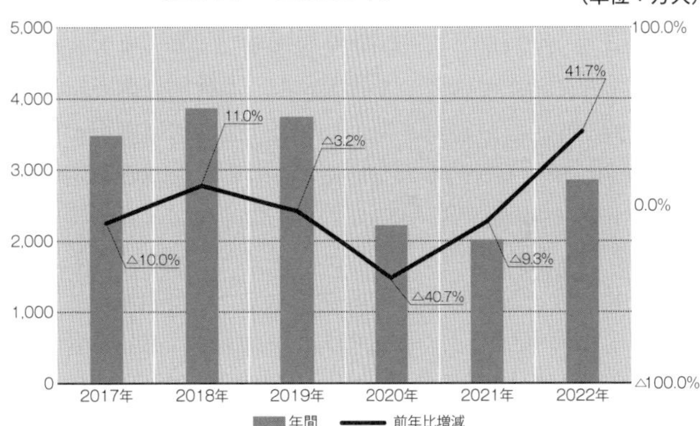

資料：第16回国立公園満喫プロジェクト有識者会議資料(環境省)をもとに(公財)日本交通公社作成

②公園区域及び公園計画の変更、自然体験活動計画の追加に係る一部変更等

2022年度は、自然環境部会自然公園等小委員会は6月14日に第47回が、12月22日に第48回が開催された。第47回では、公園区域及び公園計画の変更、国立公園事業の決定及び変更が審議されるとともに、国立・国定公園総点検事業フォローアップ結果等が報告された。

第48回では、国立・国定公園の公園計画の変更について(自然体験活動計画の追加に係る一部変更(中部山岳国立公園、阿蘇くじゅう国立公園、栗駒国定公園、大山隠岐国立公園(隠岐島・島根半島・三瓶山地域)の4国立・国定公園)等が審議された。2021年の自然公園法改正により、公園計画に自然体験活動計画を定め、踏まえるべき公園の自然資源の特性、公園における質の高い自然体験活動の促進に関する基本的な方針等を位置付けられるようになっている。

(2) 自然公園の活性化に関する動向

①国立公園満喫プロジェクト有識者会議の開催

環境省は、日本の国立公園を世界水準の「ナショナルパーク」としてブランド化を図ることを目標に、「国立公園満喫プロジェクト」を実施している。2022年度は、有識者会議が1回、開催された（表Ⅳ-9-2）。第16回会議では、2名のゲストスピーカーによる話題提供も行われた。

表Ⅳ-9-2　有識者会議の概要（資料タイトル）

第16回（2023年3月29日（水））
資料1　宿舎事業を中心とした国立公園利用拠点の魅力向上の検討について
資料2-1　2022年の国立公園利用者数等について
資料2-2　国立公園の利用に関する動向・ニーズについて
資料3　国立公園のブランドプロミスについて
資料4　国立公園満喫プロジェクトの取り組み状況と成果
別紙1　2023年度予算、2022年度補正予算について
別紙2　阿寒摩周国立公園の取り組み状況について
別紙3　霧島錦江湾国立公園の取り組み状況について
別紙4　三陸復興国立公園の取り組み状況について
観光庁資料
ゲストプレゼンテーション資料
鶴雅ホールディングス株式会社資料
一般社団法人せとうち観光推進機構資料
参考資料1　国立公園満喫プロジェクト有識者会議（第15回）議事要旨
参考資料2　国立公園満喫プロジェクト2021年以降の取り組み方針
参考資料3　国立公園のブランディング活動及び活動指標リスト

資料：環境省のウェブサイトをもとに（公財）日本交通公社作成

②宿舎事業を中心とした国立公園利用拠点の面的魅力向上

インバウンド再開を見据え、国立公園の利用の高付加価値化に向けて、2023年1月に国立公園満喫プロジェクト有識者会議のもとに新たに検討会を設置した。高付加価値な宿泊施設の誘致を中心に、官民連携による国立公園利用拠点の面的魅力向上についての基本的な考え方、モデル地域の選定の考え方、事業スキーム等の実施方針を2023年度にまとめるためである。

2022年度は、計3回の会議が開催された。宿舎事業を中心とした国立公園利用拠点の面的魅力向上に関する6つの論点について議論がなされ、実施方針骨子案の項目が整理された（表Ⅳ-9-3）。

③その他

●国立公園等資源整備事業費補助金

環境省では、2019年度より国際観光旅客税を財源とした「国立公園等資源整備事業費補助金」を活用した事業を実施。2022年度の対象事業（一部）は、表Ⅳ-9-4のとおりである。

●ゼロカーボンパーク

環境省は、国立公園において先行して脱炭素化に取り組むエリアを「ゼロカーボンパーク」として推進している。国立公園をカーボンニュートラルのショーケースとし、訪れる国内外の人たちに脱炭素型の持続可能なライフスタイルを体験してもらう場づくりを目指して行われているものであり、2022年度末時点で10か所が登録されている（表Ⅳ-9-5）。

ゼロカーボンパークとは、国立公園における電気自動車等の活用、国立公園に立地する利用施設における再生可能エネルギーの活用、地産地消等の取り組みを進めることで、国立公園の脱炭素化を目指すとともに、脱プラスチックも含めてサステナブルな観光地づくりを実現していくエリアのことを指す。

表Ⅳ-9-3　宿舎事業を中心とした国立公園利用拠点の面的魅力向上に関する6つの論点について

論点①	【国立公園スケールでの論点】 国立公園の利用の高付加価値化はなにを目指すのか。 どのような体験価値を提供するのか。
論点②	【利用拠点スケールでの論点】 利用拠点の魅力向上において、地域との連携をどのように進め、どのような取り組みを行うべきか。
論点③	【宿泊施設スケールでの論点】 利用拠点の核となる宿泊施設に期待される役割はなにか。 どのような宿泊施設が求められるか。
論点④	本事業のモデル地域の選定における考え方はなにか。
論点⑤	モデル地域等における事業スキームの方針はなにか。
論点⑥	モデル地域等において、環境省が取り組むべき事項はなにか。

資料：環境省のウェブサイトをもとに（公財）日本交通公社作成

表Ⅳ-9-4　国立公園等資源整備事業費補助金を活用した各対象事業（一部）の内容

国立公園利用拠点滞在環境等上質化事業
国立公園の利用拠点で面的な整備改善を必要とする地区において、上質な滞在環境の創出とインバウンド受け入れ促進のため、国立公園利用者向けの施設の整備改善等を、地域の関係者において作成される利用拠点計画に基づき、国・地方公共団体及び民間事業者が同時一体となって推進し、当該地区の再生に向けた基盤を効果的に整え、国内外観光客の受け入れ促進、利用の増進を図ることを目的とする。
国立公園等の自然を活用した滞在型観光コンテンツ創出事業
国立公園等の自然を活用した滞在型観光コンテンツの創出等を促進し、外国人旅行者の地域での体験滞在の満足度を向上させることで、インバウンド拡大による地域経済の持続可能な発展に寄与することを目的に、地域一体となった効果的な自然体験活動の促進のための計画作成に係る業務の経費の一部について支援。
国立公園多言語解説等整備事業
国立公園、国定公園等を訪問する外国人旅行者の地域での滞在体験の満足度の向上や、こうした旅行者数の増加を目的に、先進的・高次的な技術を利用した多言語解説に対応した英語・韓国語・中国語の案内板等を作成する事業に対し、交付。

資料：環境省のウェブサイトをもとに（公財）日本交通公社作成

表Ⅳ-9-5　ゼロカーボンパークの登録状況

	地方自治体	国立公園	備考（登録エリア等）
第1号	松本市	中部山岳	乗鞍高原
第2号	志摩市	伊勢志摩	志摩市全域
第3号	那須塩原市	日光	塩原温泉・板室温泉地区
第4号	妙高市	妙高戸隠連山	妙高市
第5号	釧路市	阿寒摩周	阿寒湖温泉
第6号	千歳市	支笏洞爺	支笏湖
第7号	片品村	尾瀬	尾瀬かたしなエリア
第8号	釧路市、弟子屈町、美幌町、足寄町	阿寒摩周	全国初の連名登録
第9号	釧路市	釧路湿原	全国初の2国立公園登録
第10号	日光市	日光	奥日光地域

資料：環境省のウェブサイト資料をもとに（公財）日本交通公社作成

⑶エコツーリズム推進法に基づく動向

●エコツーリズム推進全体構想の認定

2022年4月から2023年3月までの間に認定されたエコツーリズム推進全体構想は、「軽井沢エコツーリズム推進全体構想」（軽井沢町エコツーリズム推進協議会）、「東近江市エコツーリズム推進全体構想」（東近江市エコツーリズム推進協議会）、「西表島エコツーリズム推進全体構想」（竹富町西表島エコツーリズム推進協議会）の3件であり、これにより全体構想の認定は全国で22件となった。

○軽井沢エコツーリズム推進全体構想

長野県軽井沢町では、今後、四季を通じて多くの方々に訪れてもらえるよう、町内の国立・国定公園内の自然・歴史・文化、中山道等を活用したプログラムを造成する。そのことを通じて、国内外の観光客に自然との共存のすばらしさと文化、環境保全の重要性を認識してもらうとともに、自然環境の保全・観光振興・観光教育の持続促進を図っていくために、2018年1月に軽井沢町エコツーリズム推進協議会を立ち上げ、同構想を策定した（表Ⅳ-9-6）。

表Ⅳ-9-6　認定されたエコツーリズム推進全体構想の概要

軽井沢エコツーリズム推進全体構想（2022年5月26日）
協　議　会　名：軽井沢町エコツーリズム推進協議会 推進する地域：軽井沢町全域（長野県）
【基本理念】
自然と文化が奏でる軽井沢
【基本方針】
軽井沢のさわやかな環境を守り、また楽しさを享受し、人と自然がいかに共生していくか／保養地としての活力を生む新たな産業システムをどのようにつくりあげるか／ホスピタリティをもった受け入れと、住民の生活環境のバランスをいかに図るか
【主な自然観光資源】
〔自然環境に係るもの〕（以下は一部）動植物（【哺乳類】ツキノワグマ、ニホンリス等、【鳥類】アカハラ等）、動植物の生息地・生育地（【草原環境】）、地形・地質（【山岳】浅間山等）等／〔風俗習慣、伝統的な生活文化に係るもの〕御影用水、雲場池、塩沢湖、軽井沢彫
【主なエコツアー】
①森林を活用したツアー（トレッキング、ハイキング等、森林浴・森林セラピー）、②生物を活用したツアー（バードウォッチング、ムササビウォッチング）、③浅間山等の火山を活用したツアー（火山について学ぶツアー）、④豊かな文化を継承し、伝統を活かした多種多様な追体験をすることを目的とするもの

資料：環境省のウェブサイトをもとに（公財）日本交通公社作成

○東近江市エコツーリズム推進全体構想

滋賀県東近江市では、森里川湖の自然とともに育まれてきた暮らしや生業等、人と自然の関係性の中でつくられてきた原風景が、人口の減少、超高齢化社会、生活様式や産業構造の変化等の影響を受け、地域の活力が低下することに伴い、将来、消滅することを危惧。そこで、2016年度に東近江市エコツーリズム推進協議会を設立し、エコツーリズムを強化し、原風景を将来世代に継承することを目的とする同構想を策定した（表Ⅳ-9-7）。

表Ⅳ-9-7　認定されたエコツーリズム推進全体構想の概要

東近江市エコツーリズム推進全体構想（2022年10月22日）
協　議　会　名：東近江市エコツーリズム推進協議会 推進する地域：東近江市全域（滋賀県）
【基本理念】
東近江市の森里川湖の原風景を未来につなぐエコツーリズム
【基本方針】
①原風景の活用～原風景を活用したエコツーリズムによる豊かな地域づくり～、②原風景の再評価、保全・再生～エコツーリズムをきっかけに原風景を再評価し、保全・再生の取り組みにより住む人の誇りと愛着を高める地域づくり～、③原風景を次代につなぐ仕組みづくり～原風景をつなぎエコツーリズムを推進する体制づくり～、④エコツーリズムの理念の共有と普及～市全体で理念を共有し、普及を図る体制づくり～
【主な自然観光資源】
〔自然環境に係るもの〕／〔風俗習慣、伝統的な生活文化に係るもの〕
【主なエコツアー】
①森のエリア （ア）鈴鹿の森の原風景を活用したエコツアー （イ）政所茶の原風景を活用したエコツアー （ウ）木地師文化発祥の地である小椋谷の原風景を活用したエコツアー ②里のエリア （ア）人と農業が織り成す農村の原風景を活用したエコツアー （イ）田園の原風景を活用したエコツアー （ウ）河辺林の原風景を活用したエコツアー （エ）里山・丘陵地 の原風景を活用したエコツアー ③川のエリア （ア）愛知川の渓谷等、清流の原風景を活用したエコツアー （イ）日野川の原風景を活用したエコツアー ④湖のエリア （ア）琵琶湖の原風景を活用したエコツアー （イ）内湖の原風景を取り戻すエコツアー （ウ）琵琶湖岸の水郷集落の原風景を活用したエコツアー （エ）琵琶湖岸の田園の原風景を活用したエコツアー

資料：環境省のウェブサイトをもとに（公財）日本交通公社作成

○西表島エコツーリズム推進全体構想

沖縄県竹富町西表島では、近年、周遊型観光はやや減少傾向にあるのに対し、自然体験型観光の増加が顕著であり、連動してガイド事業者数も急激に増加。それに伴い利用フィールドやガイド事業者の課題が発生している。そこで、豊かで貴重な自然環境が保全され、また適切に利用されることで、広く地域振興にも貢献するエコツーリズムを実現することを目的として、2019年10月に竹富町西表島エコツーリズム推進協議会が発足。西表島における適正な観光管理及び持続可能な観光の実現のため、同構想が策定された（表Ⅳ-9-8）。同構想では、特定自然観光資源として5か所を位置付け、エコツーリズム推進法に基づく総量規制のための立ち入り制限を行うこととなっている（同法に基づく立ち入り人数制限としては2例目）。

表Ⅳ-9-8　認定されたエコツーリズム推進全体構想の概要

西表島エコツーリズム推進全体構想（2022年12月7日）
協　議　会　名：竹富町西表島エコツーリズム推進協議会 推進する地域：西表島等及びその周辺海域（竹富町）
【目的】
西表島の自然を損なうことなく持続的に利用し、将来にわたって自然からの恵みを得る。
【基本方針】
①自然環境の保全を前提とした持続可能な利用、②適正利用のルール等の設定・遵守、③ガイドの質の向上と安全かつ魅力的な体験の提供、④地域文化や生活の尊重、⑤観光を通じた地域づくりの推進、⑥西表島エコツーリズムの情報発信、⑦モニタリングを通じた順応的観光管理の実施
【ゾーニング】
西表島及びその周辺海域を自然体験ゾーン、一般利用ゾーン、保護ゾーンの3つの利用区分にゾーニング
【特定自然観光資源（5か所）における立ち入り制限】
年間を通じて、特定自然観光資源に立ち入ろうとする者は事前に竹富町長に申請を行い、承認を得る必要がある。 ・上限人数を超えて立ち入りを承認しない。 ・適正利用を図るため、推進協議会が指定する要件を満たす者の同行または講習の受講等を承認の条件とする（特定自然観光資源ごとに条件は異なる）。 ・地域住民による利用、維持管理活動等は制限の対象外。
【特定自然観光資源、上限人数】
ヒナイ川：200人／日、西田川：100人／日、古見岳：30人／日、浦内川源流域（横断道）：50人／日、テドウ山：30人／日

資料：環境省のウェブサイトをもとに（公財）日本交通公社作成

（4）その他の動向

●大山における入山協力金制度の本格導入

大山隠岐国立公園内にある大山では、その山岳環境を維持するために、2022年6月5日より「大山入山協力金制度」を本格導入した。2019年度の大山入山料社会実験、2021年度の大山入山協力金実証事業を踏まえて、大山山岳環境保全協議会（事務局：環境省大山隠岐国立公園管理事務所、鳥取県、大山町）が自然保護活動や登山道等の補修、トイレの維持管理等の経費に充当するために実施するものである。2022年度は、3,194,218円（募金箱、電子決済、ふるさと納税の合計、2022年12月末時点）が集まった（表Ⅳ-9-9）。

表Ⅳ-9-9　大山入山協力金制度の概要

目的	良好な山岳環境維持のため	
実施主体	大山山岳環境保全協議会（官民で構成） 事務局：環境省大山隠岐国立公園管理事務所、鳥取県、大山町	
協力金の使途	自然保護活動や登山道等の補修、トイレの維持管理等の経費に充当	
対象者	大山の登山者（高校生以下の児童・生徒、国有林または登山道の管理者、工事業者、神事等の伝統行事の執行者、山岳パトロールやボランティア活動のための登山者、その他公務での入山者を除く）	
区分	随時支払	定額支払
金額	大山登山1回につき500円 ※500円を超える額も可	大山登山の回数にかかわらず年間3,000円
支払場所	大山頂上避難小屋／大山ナショナルパークセンター	
収受方法	・募金箱 ・電子決済（J-CoinPay、クレジットカード）	・窓口で支払い ・電子決済（J-CoinPay、クレジットカード）
実施期間・利用者	○募金箱・窓口 2022年6月5日～11月中旬（避難小屋売店営業終了まで）／登山者、観光関係者 ○電子決済・ふるさと納税 通年／登山者、観光関係者のほか賛同者	
収受額（総額）	3,194,218円（2022年12月末時点） ※募金箱、電子決済、ふるさと納税の合計	

資料：鳥取県大山入山協力金制度公式のウェブサイトをもとに（公財）日本交通公社作成

●利用者参加制度の導入検討──北アルプストレイルプログラム

北アルプス登山道等維持連絡協議会では、中部山岳国立公園の山岳部を訪れる登山者が安全で快適な登山ができるよう登山道等の維持補修や周辺環境の保全に取り組んでいる。

同国立公園南部地域山岳部における持続可能な登山道維持の実現を目指して、2021年度より「利用者参加制度＝北アルプストレイルプログラム（仮）」の導入検討が進められている。2021年度に続き、実証実験（表Ⅳ-9-10）として、登山道維持の実態に関する情報発信や寄付金の収受、アンケート調査が実施されるとともに「中部山岳国立公園南部地域山岳部における利用者参加制度のあり方検討会」が開催された。

表Ⅳ-9-10　実証事業の概要

実験の目的	利用者参加制度（仮称）導入に係る利用者を含む関係者の理解を促進し、制度の仕組みの有効性を検討するとともに、制度の導入によって生じ得る影響や課題の抽出、制度の継続可能性について分析することを目的とする。
基本方針	資金を得ることのみに重きをおくのではなく、利用者を含む多様な関係者が登山道の維持について共通の理解を得ることについても重きをおく。 実際に登山道維持の恩恵に与る利用者に対して適切にアプローチすることとし、周知広報等の実施にあたっては、制度の対象となる地域や利用者の範囲、寄付金の使途等を明確に提示し、議論のハレーションが生じないよう留意する。 寄付金を登山道の維持管理の原資として最大限活用できる制度設計を前提とする。具体的には、サイト上での情報公開、オンライン決済システム等の活用により、収受に要する人員の節減、人件費・その他経費（記念品等も含む）の削減、対面接触・現金収受の回避を図る。
対象地域	槍穂高連峰常念山脈エリアの長野県側登山道を利用する登山者、上記の登山道の維持にご協力いただける、すべての方
実施期間	2022年4月27日～
実施体制	北アルプス登山道等維持連絡協議会。同協議会は寄付金の収受と管理、事業ウェブサイトの開設及び更新を行う。

資料：北アルプストレイルプログラムのウェブサイト及び第34回検討会資料をもとに（公財）日本交通公社作成

●日本ジオパークの動向

2022年度には、第45・46・47回日本ジオパーク委員会が開催された。日本ジオパーク新規認定等の審査が行われ、その結果は、以下のとおり（表Ⅳ-9-11）。新規（エリア拡大）認定1件、再認定6件であった。結果、日本ジオパークは46地域となった（ユネスコ世界ジオパーク9地域を含む）。

表Ⅳ-9-11　ジオパークの認定審査結果（2022年度）

日本ジオパーク認定	
新規認定	霧島ジオパーク（エリア拡大）
再認定	南紀熊野ジオパーク、南アルプス（中央構造線エリア）ジオパーク、白滝ジオパーク、八峰白神ジオパーク、苗場山麓ジオパーク、萩ジオパーク

資料：日本ジオパーク委員会ウェブサイトをもとに（公財）日本交通公社作成

（後藤健太郎）

Ⅳ-10 歴史・文化

文化芸術推進基本計画（第2期）策定
文化庁の京都での業務開始

(1)文化財保護法に基づく指定状況

文化財保護法の対象となる文化財の類型のうち、観光との関連が強い「文化的景観」（地域における人々の生活または生業及び当該地域の風土により形成された景観地）と「伝統的建造物群保存地区」（宿場町、城下町、農漁村等）については、2023年3月31日時点で、「重要文化的景観」72件、「重要伝統的建造物群保存地区」126地区が選定されている（地方ブロックごとの選定件数は図Ⅳ-10-1参照）。

2022年度は、「重要文化的景観」として1件が新たに選定された（表Ⅳ-10-1）。

図Ⅳ-10-1　地方ブロックごとの選定件数（重要文化的景観、重要伝統的建造物群保存地区）（2023年3月31日時点）

（単位：件）

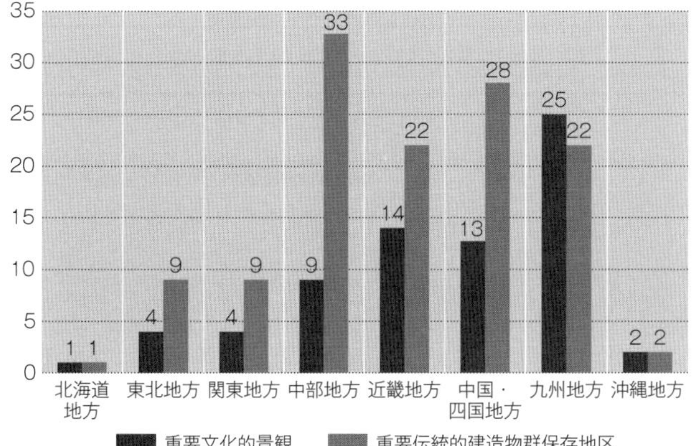

※地域区分はP125参照　　資料：文化庁資料をもとに（公財）日本交通公社作成

表Ⅳ-10-1　2022年度に新規選定された重要文化的景観

文化財名	緒方川と緒方盆地の農村景観
所在地	大分県豊後大野市
概要	大分県南西部の阿蘇火山に由来する溶結凝灰岩が覆う丘陵地帯において、緒方川の侵食により形成された河岸段丘を農地として利用するため、水路開削により稲作地帯として発展を遂げてきた農村の変遷を伝える文化的景観
選定年月日	2023年3月20日

資料：文化庁資料をもとに（公財）日本交通公社作成

(2)文化庁の観光関連施策の動向

①概要

2022年度も、文化資源を活用したインバウンドのための環境整備、文化観光の推進、世界文化遺産関連等、文化庁事業全体として観光振興に関連した事業が実施された。文化庁予算は対前年度1億円増の1,076億円となり、加えて補正予算（713億円）が成立した（表Ⅳ-10-2）。

②文化芸術推進基本計画（第2期）策定

2023年3月、2023年度から2027年度までの5年間の文化芸術政策の基本的な方向性を定めた文化芸術推進基本企画（第2期）が閣議決定された。

5年間における重点取り組みとして、ポストコロナの創造的な文化芸術活動の推進、文化資源の保存と活用の一層の促進、文化芸術を通じた次代を担う子どもたちの育成、多様性を尊重した文化芸術の振興、文化芸術のグローバル展開の加速、文化芸術を通じた地方創生の推進、デジタル技術を活用した文化芸術活動の推進、の7点を挙げている。

③文化庁の京都移転

2023年3月27日、文化庁は京都に移転し、新庁舎での業務を開始した。移転にあわせて「長官戦略室」、「食文化推進本部」、「文化観光推進本部」が新たに設置された。

2016年3月22日に決定された「政府関係機関移転基本方針」に基づき、地方創生の一環として移転準備が進められていたもので、東京一極集中の是正、文化芸術のグローバル展開の加速、文化芸術のDX化、観光や地方創生に向けた文化財の保存・活用等、新たな文化行政の展開を進めるうえで大きな契機になるものと位置付けられている。

④「食文化あふれる国・日本」プロジェクト

2021年の文化財保護法一部改正により、食文化等の生活文化も含めた多様な無形の文化財の積極的な保護を図るため、無形文化財及び無形の民俗文化財の登録制度が新設された。

食文化については文化庁が「『食文化あふれる国・日本』プロジェクト」を実施しており、2022年度は「食文化インバウンド促進のための動向調査」や、特色ある食文化の文化財登録とその魅力の国内外への発信の推進を目的とした「『食文化ストーリー』創出・発信モデル事業」等が行われた。

⑤文化資源を活用したインバウンドのための環境整備

文化庁では、「明日の日本を支える観光ビジョン」で目標のひとつとして掲げられた「文化財の観光資源としての開花」を実現するべく、文化財を中核とする観光拠点の整備、ならびに当該拠点等において実施される文化財等の観光資源としての魅力を向上させる取り組みを推進している。

観光先進国実現に向けた観光基盤の拡充・強化を図るための恒久的な財源確保を目的として、2019年1月から運用開始された国際観光旅客税（通称：出国税）を活用した事業として「文化資源を活用したインバウンドのための環境整備」を実施し、文化財に新たな付加価値を付与してより魅力的なものとなるよう磨き上げる取り組みを支援している。

表Ⅳ-10-2　2022年度文化庁予算の概要

（単位：億円）

【総表】	2022年度予算額	2021年度補正予算額	前年度予算額
	1,076	905	1,075

事項	2022年度予算額	2021年度補正予算額	前年度予算額
文化芸術の新たな政策パッケージを基軸とした文化芸術の創造・発展と人材育成	**223**	**695**	**224**
文化芸術のグローバル展開	44	−	47
文化芸術の創造支援 ●「食文化あふれる国・日本」プロジェクト　ほか	88	−	89
芸術教育体験・文化芸術の担い手育成	91	−	88
文化財の匠プロジェクト等の推進による文化資源の持続可能な活用の推進	**444**	**155**	**458**
文化財の匠プロジェクトによる継承基盤の整備 ●史跡等の保存整備・活用等　ほか （歴史活き活き！ 史跡等総合活用整備事業、地域活性化のための特色ある文化財調査・活用事業ほか）	252	−	267
多様な文化遺産の公開活用の促進等 ●地域文化財の総合的な活用の推進　ほか （日本遺産活性化推進事業、地域文化財総合活用推進事業（地域文化遺産・地域計画等、世界文化遺産、ユネスコ無形文化遺産、地域伝統行事・民俗芸能等継承基盤整備、文化財保存活用地域計画作成、文化財保存活用大綱作成、地域のシンボル整備等））	193	−	191
文化振興を支える拠点等の整備・充実	**363**	**55**	**355**
文化拠点機能強化・文化観光推進プラン （文化観光拠点施設を中核とした地域における文化観光推進事業、博物館等の国際交流の促進事業）	22	−	20
博物館機能強化の推進（Innovate MUSEUM事業、博物館の経営改善・機能強化の促進事業）	4	−	−
国立文化施設の機能強化・整備	318	−	312
生活者としての外国人等に対する日本語教育の推進	10	−	10
DX時代の著作権施策の推進	2	−	2

※上記のほか、補正予算（計713億円）が成立

国際観光旅客税財源事業： 文化資源を活用したインバウンドのための環境整備	22	−	−

資料：文化庁資料をもとに（公財）日本交通公社作成

●「日本博」を契機とした観光コンテンツの拡充

東京2020オリンピック・パラリンピック競技大会を契機として始まった「日本博」は、「日本人と自然」という総合テーマのもとに、各地域が誇るさまざまな文化資源を年間通じて体系的に創成・展開するとともに、国内外への戦略的プロモーションを推進し、インバウンド需要回復や国内観光需要の一層の喚起、文化芸術立国の基盤強化、文化による国家ブランディングの強化等を図ることを目的としていた。

今後は、2025年大阪・関西万博に向けて「日本博2.0」として、日本各地の文化資源をさらに磨き上げるとしている。

●「Living History（生きた歴史体感プログラム）促進事業」

「Living History（生きた歴史体感プログラム）促進事業」では、国指定文化財等を核として、文化財の付加価値を高め、収益の増加等の好循環を創出するため、史料や研究資料等に基づいた復元行事や展示・体験事業を通じて、歴史的な出来事や当時の生活を再現することにより、生きた歴史の体感・体験につなげ、文化財の理解を促進する取り組みを支援している。

また、「観光拠点整備事業」として、訪日外国人観光客が多く見込まれる日本遺産や世界文化遺産等において、地域全体で魅力向上につながる一体的な整備や公開活用のためのコンテンツの作成等を行うことで、観光拠点としてのさらなる磨き上げを図っている。

2022年度の「Living History（生きた歴史体感プログラム）促進事業」には6件が採択され（表Ⅳ-10-3）、ファッション、食文化、アート等、さまざまな切り口による歴史体感プログラムの開発が進められている。

⑥博物館法の一部改正

博物館法の制定から約70年が経過する中、博物館に求められる役割が多様化・高度化していることを踏まえ、博物館の設置主体の多様化を図りつつその適正な運営を確保するため、法律の目的や博物館の事業、博物館の登録の要件等を見直す等、これからの博物館が求められる役割を果たしていくための規定を整備することを目的に、2022年4月に博物館法が改正された。

博物館法の目的については、社会教育法に加えて文化芸術基本法の精神に基づくことが定められた。博物館の事業については、博物館資料のデジタル・アーカイブ化が追加されたほか、他の博物館等との連携、及び地域の多様な主体との連携・協力による文化観光等地域の活力向上への寄与が努力義務として盛り込まれた。

表Ⅳ-10-3　2022年度「Living History（生きた歴史体感プログラム）促進事業」採択一覧

都道府県	補助事業者名	補助事業名
宮城県	多賀城創建1300年記念事業実行委員会	多賀城創建1300年歴史体感プログラム
山梨県	梅之木縄文ムラ活用促進協議会	梅之木縄文ムラLiving Prehistory体感プログラム事業
山梨県	公益財団法人清春白樺美術館財団	清春芸術村 Living History 促進事業 北杜の縄文を芸術とともに五感で体験するアートツーリズム ～「いま・ここ」の視点から縄文より受け継ぐ異文化との共創、自然との共生～
三重県	日本忍者協議会	忍者の精神や伝統技術、忍者文化を体感する「忍道プロジェクト」
京都府	一般社団法人先端イメージング工学研究所	令和絵巻に見る仁和寺と戊辰戦争の史実仮想再現
大阪府	八尾市	八尾市の歴史資産体感プログラム事業

資料：文化庁資料をもとに（公財）日本交通公社作成

(3)文化財活用に関する計画策定の動向

①文化財保存活用地域計画、文化財保存活用大綱

●文化財保存活用地域計画

地域に存在する文化財を、指定・未指定にかかわらず幅広く捉えて的確に把握し、文化財をその周辺環境まで含めて、総合的に保存・活用するための計画である「文化財保存活用地域計画（以下、地域計画）」は、各市町村が目指す目標や中長期的に取り組む具体的な内容を記載した、当該市町村における文化財の保存・活用に関する基本的なアクションプランとされている。2018年度の文化財保護法の改正に伴い、それまでの「歴史文化基本構想（以下、基本構想）」を実効的に発展させ法律に位置付けたもの。基本構想や地域計画の策定地域は、文化財を中核とする観光拠点整備の基盤のひとつとして位置付けられている。

2022年度は、新たに38件の地域計画が策定され、2022年3月31日時点で、96件の地域計画が策定されている。

地域計画については、文化庁が「地域文化財総合活用推進事業」内において「文化財保存活用地域計画作成事業」を実施し、地域計画作成に対する支援を引き続き実施した（2022年度の採択件数は145件）。

また、「地域文化財総合活用推進事業（地域計画等）」を実施し、地域計画等を活用した文化財を中核とする拠点形成に資する事業（人材育成、普及啓発）に対する支援を行った。

●文化財保存活用大綱

文化財保護法の改正に伴い新たに制度化された「文化財保存活用大綱」は、都道府県における文化財の保存・活用の基本的な方向性を明確化するもので、域内の文化財の総合的な保存・活用の方針や複数の市町村にまたがる広域的な取り組み、市町村への支援の方針等について定められる。

2023年3月31日時点で、44道府県で策定されている。

②日本遺産

文化庁は、地域の歴史的魅力や特色を通じて、日本の文化・伝統を語るストーリーを「日本遺産（Japan Heritage）」として認定している。ストーリーを語るうえで不可欠な、魅力ある有形・無形の文化財群を地域が主体となって総合的に整備・活用し、国内外に戦略的に発信することにより、地域の活性化を図ることを目的としている文化財を中核とする観光拠点の代表例と位置付けられ、2023年3月31日時点で、104件のストーリーが認定されている（地方ブロックごとの認定件数は図Ⅳ-10-2参照）。

図Ⅳ-10-2　地方ブロックごとの日本遺産認定件数（2023年3月31日時点）

（単位：件）

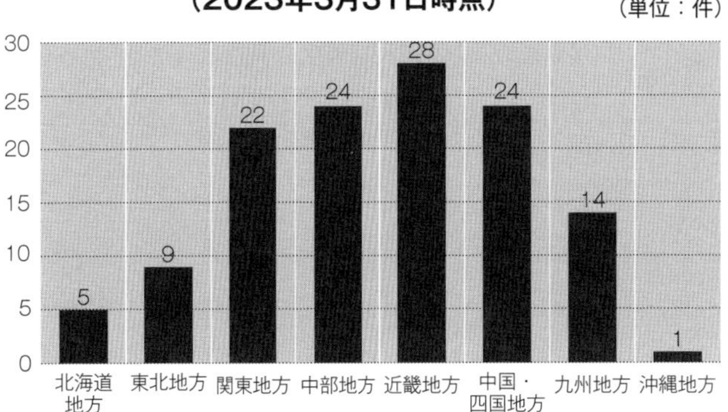

※地域区分はP125参照
※複数地域にまたがるものがあるため、地方別の合計は認定件数と合致しない
資料：文化庁資料をもとに（公財）日本交通公社作成

2022年度は、2016年度に認定された19地域に対する総括評価・継続審査が行われ、重点支援地域3件、認定地域13件、認定地域（条件付き）3件となった（表Ⅳ-10-4）。2022年度は候補地域の認定件数は0件であった。なお、日本遺産であることが適当とされた地域の数が100件程度を超える場合、認定地域（条件付き）と候補地域について相対評価を行い、上位の地域を日本遺産とする、としている。

日本遺産については文化庁が「日本遺産活性化推進事業」「観光拠点整備事業（地域文化財総合活用推進事業）」、「文化遺産観光拠点充実事業」を実施し、日本遺産認定後に行う情報発信、人材育成、普及啓発、調査研究、公開活用のための整備、構成文化財の魅力向上等の事業に対して財政支援を行うとともに、各認定地域が抱える個別の課題に対して指導・助言を行う日本遺産プロデューサーの派遣等を行っている。

③歴史的風致維持向上計画

「地域における歴史的風致の維持及び向上に関する法律（歴史まちづくり法）」は、現代社会において失われつつある地域の歴史的な風情、情緒を活かしたまちづくりを支援するもので、文化庁、農林水産省、国土交通省の共管となっている。市町村が作成した「歴史的風致維持向上計画」に対して国の認定がなされると、歴史まちづくり法に基づくさまざまな特別の措置や国による支援が受けられるようになる。

2022年度は、前橋市（群馬県）、新庄市（山形県）、上田市（長野県）の3件が新たに認定され、2023年3月31日時点で、90件が認定されている（地方ブロックごとの認定件数は図Ⅳ-10-3参照）。

表IV-10-4　2016年度日本遺産認定地域　総括評価・継続審査結果

	県名	申請者（◎印は代表自治体）	ストーリー
重点支援地域	山形県	◎山形県（鶴岡市、西川町、庄内町）	自然と信仰が息づく『生まれかわりの旅』〜樹齢300年を超える杉並木につつまれた2,446段の石段から始まる出羽三山〜
	石川県	小松市	『珠玉と歩む物語』小松〜時の流れの中で磨き上げた石の文化〜
	島根県	雲南市、◎安来市、奥出雲町	出雲國たたら風土記〜鉄づくり千年が生んだ物語〜
認定地域	宮城県	◎宮城県（仙台市、塩竈市、多賀城市、松島町）	政宗が育んだ“伊達”な文化
	福島県	◎会津若松市、喜多方市、南会津町、下郷町、檜枝岐村、只見町、北塩原村、西会津町、磐梯町、猪苗代町、会津坂下町、湯川村、柳津町、会津美里町、三島町、金山町、昭和村	会津の三十三観音めぐり〜巡礼を通して観た往時の会津の文化〜
	福島県	◎郡山市、猪苗代町	未来を拓いた「一本の水路」－大久保利通“最期の夢”と開拓者の軌跡　郡山・猪苗代－
	千葉県	◎千葉県（佐倉市、成田市、香取市、銚子市）	「北総四都市江戸紀行・江戸を感じる北総の町並み」－佐倉・成田・佐原・銚子：百万都市江戸を支えた江戸近郊の四つの代表的町並み群－
	神奈川県	伊勢原市	江戸庶民の信仰と行楽の地〜巨大な木太刀を担いで「大山詣り」〜
	長野県、岐阜県	長野県（◎南木曽町、大桑村、上松町、木曽町、木祖村、王滝村、塩尻市）、岐阜県（中津川市）	木曽路はすべて山の中〜山を守り　山に生きる〜
	岐阜県	高山市	飛騨匠の技・こころ－木とともに、今に引き継ぐ1300年－
	兵庫県	◎淡路市、洲本市、南あわじ市	『古事記』の冒頭を飾る「国生みの島・淡路」〜古代国家を支えた海人の営み〜
	和歌山県	◎和歌山県（新宮市、那智勝浦町、太地町、串本町）	鯨とともに生きる
	鳥取県	◎大山町、伯耆町、江府町、米子市	地蔵信仰が育んだ日本最大の大山牛馬市
	神奈川県、広島県、長崎県、京都府	横須賀市（神奈川県）、◎呉市（広島県）、佐世保市（長崎県）、舞鶴市（京都府）	鎮守府　横須賀・呉・佐世保・舞鶴〜日本近代化の躍動を体感できるまち〜
	愛媛県、広島県	◎今治市（愛媛県）、尾道市（広島県）	“日本最大の海賊”の本拠地：芸予諸島－よみがえる村上海賊“Murakami KAIZOKU”の記憶－
	佐賀県、長崎県	◎佐賀県（唐津市、伊万里市、武雄市、嬉野市、有田町）長崎県（佐世保市、平戸市、波佐見町）	日本磁器のふるさと　肥前〜百花繚乱のやきもの散歩〜
認定地域（条件付き）	神奈川県	鎌倉市	「いざ、鎌倉」〜歴史と文化が描くモザイク画のまちへ〜
	新潟県	新潟市、三条市、長岡市、魚沼市、◎十日町市、津南町	「なんだ、コレは！」信濃川流域の火焔型土器と雪国の文化
	奈良県	◎吉野町、下市町、黒滝村、天川村、下北山村、上北山村、川上村、東吉野村	森に育まれ、森を育んだ人々の暮らしとこころ〜美林連なる造林発祥の地“吉野”〜

資料：文化庁資料をもとに（公財）日本交通公社作成

図IV-10-3　地方ブロックごとの歴史的風致維持向上計画認定件数（2023年3月31日時点）

（単位：件）

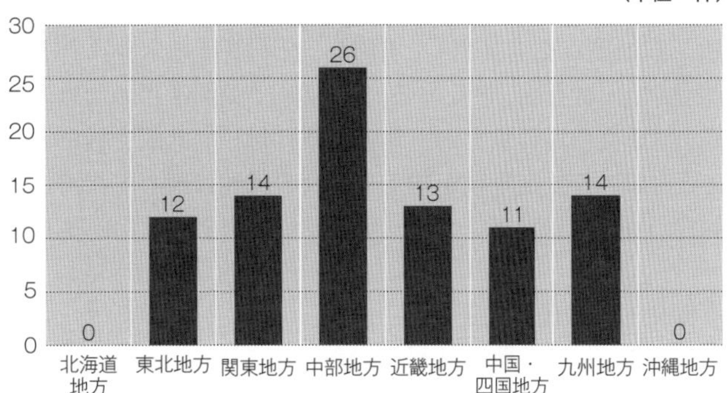

※地域区分はP125参照　　資料：文化庁資料をもとに（公財）日本交通公社作成

④文化観光推進法に基づく文化観光拠点の整備等

文化の振興を、観光の振興と地域の活性化につなげ、これによる経済効果が文化の振興に再投資される好循環を創出することを目的に、2020年5月に「文化観光拠点施設を中核とした地域における文化観光の推進に関する法律（文化観光推進法）」が施行された。

博物館や美術館、社寺、城郭等の文化資源の保存及び活用を行う施設が、「文化観光拠点施設」として、観光地域づくり法人（DMO）、観光協会、旅行会社等の観光関係事業者等と連携しながら観光振興に取り組む事業計画を主務大臣（文部科学大臣、国土交通大臣）が認定し、支援するもの。歴史的・文化的背景やストーリー性を考慮した文化資源の魅力の解説・紹介を行うとともに、積極的な情報発信や、交通アクセスの向上、多言語・Wi-Fi・キャッシュレスの整備を行う等、文化施設そのものの機能強化や、地域一体となった取り組みの進展が期待されている。

文化観光拠点施設としての機能強化に関する計画（拠点計画）と、文化観光拠点施設を中核とした地域における文化観光の総合的かつ一体的な推進に関する計画（地域計画）とがある。認定を受けると、共通乗車船券、道路運送法、海上運送法に関する特例措置や、国・地方公共団体・国立博物館等による助言、日本政府観光局（JNTO）による海外宣伝等の支援が受けられる。

2022年度は、新たに4件が認定され（表IV-10-5）、2023年3月31日時点で、45件の拠点計画及び地域計画が認定されている。2022年度は「文化観光拠点施設を中核とした地域における文化観光推進事業」等による支援が行われた。

表Ⅳ-10-5　2022年度に認定された文化観光推進法に基づく拠点計画・地域計画

計画の実施地域	計画の種類	主な申請者	文化観光拠点施設	認定日
栃木県宇都宮市	拠点	栃木県	栃木県立博物館	2022年9月6日
福井県永平寺町	拠点	宗教法人大本山永平寺	大本山永平寺	
大阪府大阪市	拠点	地方独立行政法人大阪市博物館機構	大阪市立美術館	
群馬県富岡市	拠点	富岡市	富岡製糸場	2023年1月17日

資料：文化庁資料をもとに（公財）日本交通公社作成

(4) 世界文化遺産、ユネスコ無形文化遺産に関する動向

①世界文化遺産

●第45回世界遺産委員会

2022年6月19日から30日にかけて、ロシアのカザンで開催される予定だった第45回世界遺産委員会は延期となった。ロシアによるウクライナ侵攻を受け46か国が不参加の意向を示し、議長国であるロシアは任期途中で辞任した。

なお、2023年9月10日から25日にかけて、サウジアラビアのリヤドを会場とし、2022年と2023年の2年分を審議予定となっている。

●各世界文化遺産の取り組み

世界文化遺産に対しては、文化庁が「地域文化財総合活用推進事業」、「文化遺産観光拠点充実事業」を実施し、人材育成、普及啓発、調査研究、活用環境整備に対する支援を行った。

2022年は、「『神宿る島』宗像・沖ノ島と関連遺産群」が登録5周年を迎えた。世界遺産登録翌年から5年間にわたり、「古代東アジアにおける航海、交流、祭祀」をテーマとした特別研究が進められ、その成果報告会が2023年2月に行われた。

●日本の暫定一覧表記載遺産

2023年3月31日時点の日本の暫定一覧表には、全5件の文化遺産が記載されている（表Ⅳ-10-6）。

2021年12月、国の文化審議会は暫定リストのうち「佐渡島（さど）の金山」を世界文化遺産の推薦候補に決定し、2022年2月、日本政府は世界文化遺産への推薦を正式決定した。同月にユネスコに対して推薦書を提出していたが、その後ユネスコ事務局より推薦書の一部に不備が指摘され、2023年1月に再提出した。

今後は、2023年に国際記念物遺跡会議（ICOMOS）による現地調査が行われ、2024年春頃に登録の可否を勧告、夏に開かれる第46回ユネスコ世界遺産委員会で最終的に登録の可否が判断される予定。

表Ⅳ-10-6　日本の暫定一覧表記載遺産

NO.	遺産名	所在地	記載年
1	古都鎌倉の寺院・神社ほか	神奈川県	1992
2	彦根城	滋賀県	1992
3	飛鳥・藤原の宮都とその関連資産群	奈良県	2007
4	佐渡島の金山※1	新潟県	2010
5	平泉－仏国土（浄土）を表す建築・庭園及び考古学的遺跡群－※2	岩手県	2012

※1：2023年現在推薦中
※2：拡張
資料：文化庁資料をもとに（公財）日本交通公社作成

②ユネスコ無形文化遺産

●「風流踊」のユネスコ無形文化遺産登録

2022年11月28日から12月3日にかけて、モロッコのラバトで開催されたユネスコ無形文化遺産保護条約第17回政府間委員会において、「風流踊」が「人類の無形文化遺産の代表的な一覧表」に登録された（2009年に登録された「チャッキラコ」の拡張案件）。

ユネスコ無形文化遺産保護条約は、無形文化遺産を国内的及び国際的に保護することを目的とした条約で、世界遺産は「顕著な普遍的価値」が重要な登録基準であるのに対し、無形文化遺産には同様の基準がなく、世界各地の無形文化遺産の多様性を示すことに重きが置かれている。

2023年3月31日時点で、日本国内の無形文化遺産は22件となっている。

●「伝統的酒造り」の審査先送り

2022年3月に提案をした「伝統的酒造り」については、条約運用指示書の規定に基づき、審査が先送りされた。

（門脇茉海）

Ⅳ-11 温泉

新型コロナウイルス感染症対策として国からの支援を受けて、ハード整備や地域が一体となった取り組みが進む

(1)温泉地の利用状況

環境省の「温泉利用状況」によると、2021年度(2022年3月末時点)に温泉地を有する市町村は1,447団体(前年度比3団体減)、温泉地数(宿泊施設のある温泉地)は全国で2,894か所(同40か所減)であった(表Ⅳ-11-1)。

源泉総数は27,915か所(同54か所減)で、このうち利用源泉数が17,025か所(自噴4,021か所、動力13,004か所)となっている。前年度に比べて自噴が35か所、動力が26か所それぞれ減少した。

宿泊施設数は12,909軒(同15軒減)、収容定員は1,316,694人(同3,670人増)で0.3%増となった。年度延べ宿泊利用人員は78,038,804人(同1,446,093人増)で1.9%増となった。

都道府県別に見ると、温泉地数は北海道が228か所で最も多く、以下、長野県192か所、新潟県137か所、福島県128か所、青森県124か所となっており、この順位は前年度から変わっていない。源泉総数は、大分県が5,093か所と突出して多く、以下、鹿児島県が2,745か所、静岡県が2,206か所、北海道が2,203か所、熊本県が1,328か所、青森県が1,095か所と、6道県が1,000か所以上の源泉を有している。

温泉法に基づき、環境大臣が指定する国民保養温泉地として、2022年10月時点で、全国で79か所が指定されている。その年度延べ宿泊利用人員は5,040,685人(同645,644人減)で11.4%減であった(2022年3月末時点)。

総務省の「入湯税に関する調」によると、2021年度の入湯客数は117,995,679人(同13,993,181人増)で、13.5%増となった。

一般社団法人日本温泉協会(以下、日本温泉協会)は、総務省資料(2021年度決算)をもとに「入湯税収入額が多い市町村ベスト30」を公表した(抜粋して上位20位までを表Ⅳ-11-2に掲載)。最も入湯税収入額が多いのは箱根温泉郷を擁する神奈川県箱根町で、次いで大分県別府市、静岡県熱海市となっており、いくつかの温泉地から成る温泉郷や大型宿泊施設が集積する温泉地が上位となった。

表Ⅳ-11-2　入湯税収入額が多い市町村ベスト20(2021年度)

	都道府県	市町村	主な温泉地	入湯税収入額(千円)	前年度(千円)	前年度比(%)
1	神奈川県	箱根町	箱根温泉郷	408,310	378,969	107.7
2	大分県	別府市	別府温泉郷	259,394	223,249	116.2
3	静岡県	熱海市	熱海	243,438	223,670	108.8
4	静岡県	伊東市	伊東	218,140	190,574	114.5
5	栃木県	日光市	鬼怒川、川治、湯西川、奥鬼怒	198,881	178,311	111.5
6	北海道	札幌市	定山渓	194,320	165,864	117.2
7	兵庫県	神戸市	有馬	186,864	159,559	117.1
8	北海道	函館市	湯川	136,536	108,313	126.1
9	群馬県	草津町	草津	135,909	125,044	108.7
10	栃木県	那須町	那須温泉郷	135,741	121,407	111.8
11	和歌山県	白浜町	白浜	131,767	114,222	115.4
12	大阪府	大阪市	なにわ	129,150	91,372	141.3
13	北海道	登別市	登別、カルルス	121,517	110,474	110.0
14	岐阜県	高山市	奥飛騨温泉郷、飛騨高山	120,932	108,479	111.5
15	宮城県	仙台市	秋保、作並	119,710	99,964	119.8
16	群馬県	渋川市	伊香保	112,035	115,871	96.7
17	三重県	鳥羽市	鳥羽温泉郷	107,258	96,575	111.1
18	長野県	軽井沢町	星野	105,231	77,207	136.3
19	栃木県	那須塩原市	塩原温泉郷、板室	102,795	69,174	148.6
20	石川県	加賀市	山中、山代、片山津	88,870	98,438	90.3

資料:(一社)日本温泉協会作成資料をもとに(公財)日本交通公社作成

表Ⅳ-11-1　温泉利用状況の経年変化

年度	市町村数	温泉地数	計	A 利用源泉数		B 未利用源泉数		宿泊施設数	収容定員	年度延べ宿泊利用人員	温泉利用の公衆浴場数	国民保養温泉地年度延べ宿泊利用人員
				自噴	動力	自噴	動力					
2012	1,436	3,085	27,221	4,286	13,354	3,232	6,346	13,521	1,373,508	124,695,579	7,771	8,823,770
2013	1,439	3,098	27,405	4,260	13,394	3,348	6,403	13,358	1,377,387	126,422,229	7,816	8,951,999
2014	1,434	3,088	27,367	4,142	13,181	3,484	6,560	13,278	1,377,591	127,974,837	7,883	8,726,377
2015	1,461	3,084	27,213	4,075	13,081	3,530	6,527	13,108	1,371,063	132,064,038	7,864	8,856,161
2016	1,449	3,038	27,421	4,117	13,100	3,549	6,655	13,008	1,354,607	130,127,812	7,898	8,870,292
2017	1,454	2,983	27,297	4,172	13,035	3,453	6,637	12,860	1,344,954	130,567,782	7,935	9,222,137
2018	1,453	2,982	27,283	4,126	12,957	3,458	6,742	12,875	1,323,011	130,563,552	7,936	9,698,308
2019	1,444	2,971	27,969	4,079	13,114	3,625	7,152	13,050	1,339,237	126,529,082	7,981	9,618,114
2020	1,450	2,934	27,969	4,056	13,030	3,707	7,177	12,924	1,313,024	76,592,711	7,868	5,686,329
2021	1,447	2,894	27,915	4,021	13,004	3,638	7,253	12,909	1,316,694	78,038,804	7,769	5,040,685

(注1)温泉地数は宿泊施設のある場所を計上。
(注2)宿泊利用人員は参考数値。

資料:環境省「温泉利用状況」をもとに(公財)日本交通公社作成

(2)温泉をめぐる行政・業界の動向

①環境省：「新・湯治」の推進、デジタル技術の活用

温泉の保護と利用の適正化に向けた施策を推進する環境省の2022年度の温泉行政を概観すると、10月に国民保養温泉地として新たに2か所の温泉地を指定して、13か所の国民保養温泉地の温泉地計画を改訂したほか、年間を通して「新・湯治」事業を推進した。

「新・湯治」事業は、温泉地における多様なネットワークづくりを目指して、2018年5月にスタートし、2022年9月末時点で、393の団体・企業等がチーム員として登録している。2022年度は前年度までに引き続き、「NEWS LETTER」の発行（No.15～No.20）、「チーム 新・湯治」セミナーの開催（第11回～第13回）、第7回全国温泉地サミット及び第4回チーム新・湯治全国大会の開催（10月）、新・湯治の効果に関する協同モデル調査業務の実施のほか、「『新・湯治』の実現に向けた連携事例集～『チーム新・湯治』チーム員の取組を中心に～」の発行を行った。この事例集は、「地域の特性を活かした健康づくりを行う」、「温泉地を満喫する」、「ワークスタイル創造型」、「景観整備・環境配慮型」という4つのカテゴリーに分けて整理されており、全国の温泉地で地域特性に応じて活性化に向けた新たな連携が生まれることを企図して制作された。

環境省は2023年7月に「令和5年度温泉法の運用に関するデジタル技術活用方策検討会」の第1回検討会を開催し、主に(1)可燃性天然ガスによる災害の防止に係る目視点検及び定期点検、(2)立入検査におけるデジタル技術の活用について、(3)温泉の成分等の掲示、(4)登録分析機関が掲示する標識や都道府県知事が一般の閲覧に供することとされる登録分析機関の登録簿に関するインターネットによる公開の原則化に係る課題等、(5)「申請」、「届出」、「行政処分の通知」等に関するオンライン化の可能性と手数料徴収の在り方について検討を行った。2023年中に取りまとめを行い、2024年1月以降に都道府県へ「温泉法の運用に関するデジタル技術活用の方策に係る通知」（案）の提示と意見収集を行うこととしている。

②観光庁：地域一体となった観光地・観光産業の再生・高付加価値化事業

観光庁は、2021年度から、新型コロナウイルス感染症の拡大によって大きな打撃を受けた観光地や観光産業の「稼ぐ力」を回復・強化するために、観光地経営のマスタープランとなる地域計画の構築・磨き上げや宿泊施設・観光施設の改修、廃屋の撤去等に対して支援を行ってきた。2021年度は令和2年度第3次補正予算事業「既存観光拠点の再生・高付加価値化推進事業」、2022年度は令和3年度経済対策関係予算事業「地域一体となった観光地の再生・観光サービスの高付加価値化事業」として実施されたもので、2023年度は「地域一体となった観光地・観光産業の再生・高付加価値化事業」として実施されている。これまでに温泉地でもいくつかの事業が採択されており、2022年度に採択された事業の一部について概要を表Ⅳ-11-3にまとめた。

③日本温泉協会：「日本の温泉文化」のユネスコ無形文化遺産登録に向けた運動

日本温泉協会は、2019年度から「日本の温泉文化」のユネスコ無形文化遺産への登録を目指して活動している。2022年度会員総会にあわせて「温泉文化シンポジウム」を開催し、全国の温泉地が自らの温泉文化への認識を深めること、この登録を温泉の価値を見直す契機にすること、そのためには国民的な機運づくりが重要であること等を確認した。

2023年7月には「『温泉文化』に係るユネスコ無形文化遺産への早期登録へ向けた提言（中間取りまとめ）」を発表した。それによると以下の4点について国に要望するとしている（出典：日本温泉協会資料）。

1. 温泉文化は、「自然の恵みである温泉を通して、心と体を癒やす、日本国民全体の幅広い生活文化」である。ユネスコ無形文化遺産への提案に当たっては、先行事例である「フィンランド式サウナの伝統」を参考にユネスコに向けた提案書を準備すること。
2. 法的保護措置についてまずは、文化財保護法（登録無形文化財）によるものとすること。
3. 文化財保護法による無形文化財の登録に当たっては「定義・わざ・担い手」と国民の意識を把握するため、文献や悉皆調査により調査研究を実施すること。
4. 温泉文化に関する積極的な情報発信に努め、国民全体の機運を醸成すること。

(3)温泉地の動向

①有事に備えた取り組み

道後温泉旅館協同組合（愛媛県）では、17軒の組合員が連携事業者として参画して、有事に備えた防災・減災の事前対策に関する計画を策定し、「連携事業継続力強化計画」として経済産業大臣から認定を受けた（2022年11月）。この制度は、中小企業が認定を受けることによって税制措置や金融支援、補助金の加点等の支援策を受けられるものである。旅館協同組合としての認定は、おごと温泉旅館協同組合（滋賀県）に次いで2例目となる。おごと温泉旅館協同組合では、9軒の組合員が連携事業者として参画して、2022年5月に「連携事業継続力強化計画」の認定を受けた。

②温泉地の面的再生・再開発への取り組み

川湯温泉（北海道）がある阿寒摩周国立公園は、環境省が「国立公園満喫プロジェクト」として先行的・集中的に取り組みを進める8か所の国立公園のひとつとなっており、重点的な取り組みのひとつとして「官民連携による利用拠点の再生」を掲げている。2022年9月に、廃屋となっていた2軒の宿泊施設の跡地で本公園及び周辺地域の活性化に寄与する事業者を公募、最終的に星野リゾートが落札した。星野リゾートは今後50年間、廃屋を撤去した跡地と弟子屈町有地、環境省所管地を含めた約1万5,000㎡を借り受け、事業を行う。

浅虫温泉（青森県）では、地域経済活性化支援機構（REVIC）が同温泉内の3軒の旅館の事業再生を支援することになった（2023年3月）。REVICは、青森銀行とみちのく銀行、事業再生

表Ⅳ-11-3　観光庁「地域一体となった観光地・観光産業の再生・高付加価値化事業」に採択された温泉地の事例（2022年度採択事業から抜粋）

熱海温泉（静岡県熱海市）	
ビジョン・コンセプト	“変化しつづける 温泉観光地 熱海”
特　徴	明確な発地ターゲット設定
参照ポイント	①行政と地域が連携しPR戦略を策定 ・関係者間で会議を設立し、危機意識を共有。結果、実効性のある取り組みにつながる ②ターゲット目線での施設改修 ・将来のリピーター層となる若年層をターゲットに設定 ・岩盤浴の導入等を実施
和倉温泉（石川県七尾市）	
ビジョン・コンセプト	“来たらいつでも・どこでも・だれとでも、里山里海の自然と街歩きが楽しめる温泉地へ”
特　徴	温泉街歩き・回遊施策
参照ポイント	①昼夜間での回遊を促す仕組みづくり ・ナイトアクティビティや公園のバーとしての活用等、独自の取り組みを展開 ②連泊滞在を促すプログラムの充実 ・釣りやヨット観光等の体験型アクティビティを用意 ・自然や町中の探索を促進
加賀温泉郷（石川県加賀市）	
ビジョン・コンセプト	“より良く巡る、加賀温泉郷”
特　徴	エリア間での回遊促進
参照ポイント	①3つの温泉の個性を活かした観光地づくり ・各温泉地の個性を活かしたコンテンツ開発 ・PR・情報発信にも注力 ②交通サービスの充実による周遊促進 ・小型電動自動車のレンタカーや、周遊バスを導入 ・温泉地間の移動を促進
修善寺・土肥・天城湯ヶ島温泉（静岡県伊豆市）	
面的DX化の目的	観光ガイドの不足による観光案内の補完的役割及びマーケティングの高度化
特　徴	音声ガイドマップ導入
参照ポイント	①リーダーシップを伴う地域一体となった取り組み ・DMO等の組織が地域事業者を率いてネット環境の整備やデジタルへの理解促進を行った ・競合意識の強い地域の取りまとめを行った ②デジタルを通じた“おもてなし” ・地元の子どもや旅館の女将の声で各スポットの紹介をすることにより、地元住民が旅にお供してくれている感覚になることができる
城崎温泉（兵庫県豊岡市）	
面的DX化の目的	“街全体が1軒の温泉旅館”をコンセプトにした、地域全体の収益性向上を図ること
特　徴	豊岡観光DX基盤の構築
参照ポイント	①関係者巻き込みによる地域一体となった取り組み ・自治体・DMO・旅館組合等が一体となってDXを推進する体制を築き、定期的な議論を実施 ・「二世会」を主体とする若手経営者が主導 ②事業者側へのシステムサポート ・システムの利活用に不安を抱える事業者に配慮し、誰でも簡単に使うことのできるUIになっていたり、同業者による手厚いサポートが行われている
下呂温泉（岐阜県下呂市）	
面的DX化の目的	観光マーケティングをデジタルで加速 新規顧客の獲得と既存顧客のリピート増加を狙う
特　徴	データ収集・分析プラットフォーム導入
参照ポイント	①データの自動収集とデータの共有 ・データをボタンひとつでアップロードできる工夫 ・日単位での宿泊者動向をすべての宿泊施設が把握でき、自施設の強み・弱みの把握が可能 ②高速PDCAサイクル ・データに基づく現状把握ができるため、地域が主導となり施策を検討することができる ・データに基づくPDCAサイクルを回し、プロダクトアウトとマーケットインを組み合わせたコンテンツを造成

資料：地域一体となった観光地・観光産業の再生・高付加価値化事業事務局作成「説明会資料」（2023年2月～4月）をもとに（公財）日本交通公社作成

支援を行う3軒の旅館のほか、地元企業と共同で設立した観光地経営会社（DMC）であるMOSPAあさむし共創プラットフォームとともに、浅虫温泉全体の活性化を目指す。

蔵王温泉（山形県）では、スキー場のロープウェイ事業者や蔵王温泉旅館組合等が出資して、DMC蔵王温泉ツーリズムコミッティを設立した（2022年8月）。今後、ワーケーション等の新たな旅行商品の開発やプロモーション活動、地域イベントの企画等の事業を実施して、スキーシーズンに頼らない、通年型リゾート地への転換を目指す。

湯村温泉（山梨県）では、湯村温泉旅館協同組合と昇仙峡観光協会、JTB甲府支店が出資して甲府観光開発を設立した（2022年1月）。地域DMO（観光地域づくり法人）として、石畳の整備等による情緒ある景観づくりや足湯の建設、外湯の復活等を検討し、湯村温泉と昇仙峡の再開発に一体的に取り組む予定である。

③温泉街の食の拠点づくり

コロナ禍の影響で宿泊客が減った温泉街に賑わいを取り戻すことを目指して、日帰り観光客の利用も期待できる飲食施設がいくつかの温泉地で開店した。観光庁の「既存観光拠点の再生・高付加価値化推進事業」（以下、高付加価値化事業）を活用したものもいくつか見られる。

稲取温泉（静岡県）では、旅館の若手経営者が中心となって元土産物店を改装し、地元食材にこだわったクレープを提供するカフェを開店した（2022年1月）。オープンにあたっては稲取に縁のある設計事務所やまちづくり団体等も関わり、運営は稲取温泉旅館協同組合が行う。整備のための資金は、観光庁の高付加価値化事業の支援を受けるとともにクラウドファンディングも実施し、最終的には目標金額を上回る資金を獲得した。

松之山温泉（新潟県）では、里山ビジターセンターが多目的スペース「湯治BAR 松之山温泉」としてリニューアルオープンした（2022年4月）。1階は近隣エリアに関する情報提供やレンタサイクルの貸し出しを行うほか、ワーケーション・スペースやカフェ、バーとして利用でき、2階は旅館「ひなの宿 ちとせ」が運営する滞在型コンドミニアムとなっている。旅館で夕食をとった後の時間を楽しめる温泉街のスポットや滞在型宿泊施設という、これまでの松之山温泉では弱かった機能を提供するものである。

④地域住民の参加も念頭においたプログラムの開発

あわら温泉（福井県）では、2022年9月からウェルネス温泉地構想の第一弾として、女将の会が7軒の旅館を会場として月替わりで朝ヨガのプログラムを開始した。これは観光客のほか地域住民も参加できるもので、身近にありつつ日頃は地元の旅館を訪れる機会が少ない住民にとって、旅館の魅力や観光の現場の状況を見聞きし、観光事業について理解を深める機会になることが期待される。

宝泉寺温泉郷（大分県）では、2023年3月から4軒の旅館が平日限定で温泉が入り放題になるサブスクリプションサービスを始めた。宿泊客以外の利用を増やすための取り組みであり、地元や近隣エリアの住民、特に子どもたちや高齢者等、これまであまり地元の旅館を訪れなかった人々が利用するようになることで、息の長い取り組みになることが期待される。

⑤人材の確保・定着・育成に向けた取り組み

人材の確保は観光業界全体の喫緊の課題であり、人を介したサービスを提供する旅館等の宿泊施設が集積する温泉地においても多くの取り組みが行われている。

草津温泉（群馬県）では、2016年度から草津温泉観光協会DMOが立ち上げた3つの部会のひとつである人材育成部会において、観光業界の人材の確保・定着・育成に取り組んでいる。事業の開始にあたって、2016年には宿泊施設の従業員を対象にアンケート調査を実施し（回答数566件）、その結果を踏まえてこれまでにさまざまな取り組みを行っている。

具体的には、アンケートの回答として「余暇の過ごし方がわからない」、「スキルアップしたい」、「休暇・勤務時間・賃金について不満」という声が多かったことから、まずは“草津での同期生”を増やすために、草津町役場に町内の観光協会、旅館協同組合、商工会、観光公社、飲食店組合を加えた6団体が主催する合同入社式を実施するようになった。そのほか従業員同士の交流会や、スキルアップにつなげる機会として「草津塾」を日常的に開催している。

2019年度に観光庁から採択された「地域における観光産業の実務人材確保・育成事業」において、町外からの移住を促進するための動画「草津温泉で働くこと・暮らすこと」の制作やウェブサイトの立ち上げを行ったほか、「草津っ子プロジェクト」に取り組んだ。これは草津に暮らす子どもたちの地域愛を育むことによって将来のUターン意向を醸成しようというもので、人材確保の課題を長期的な視点でも捉えて取り組みを進めている。

（武蔵野大学　岩崎比奈子）

第Ⅳ編　観光地

第Ⅴ編　観光政策

Ⅴ-1　国による観光政策

Ⅴ-2　都道府県による観光政策

Ⅴ-3　主要市町村による観光政策

V-1 国による観光政策

観光立国推進基本計画を策定
国内観光需要の喚起、宿泊施設・観光地の再生、
インバウンドの復活のためのキャンペーン等、
観光需要回復のための各種政策を実施

(1)政府の観光政策の概観

●観光立国推進基本計画の閣議決定

観光立国推進基本法の規定に基づき、観光立国の実現に関する基本的な計画として第4次となる「観光立国推進基本計画」が閣議決定された(2023年3月31日閣議決定)。

計画期間を2023～2025年の3年間とし、観光立国の持続可能な形での復活に向け、観光の質的向上を象徴する「持続可能な観光」、「消費額拡大」、「地方誘客促進」の3つをキーワードに、①持続可能な観光地域づくり、②インバウンド回復、③国内交流拡大の3つの戦略に取り組むこととしている。主な施策として、①では、「観光地・観光産業の再生・高付加価値化」や「観光DX、観光人材の育成・確保」、「持続可能な観光地域づくりのための体制整備」等、②では、「コンテンツ整備、受け入れ環境整備」や「高付加価値なインバウンドの誘致」、「アウトバウンド・国際相互交流の促進」等、③では、「国内需要喚起」や「ワーケーション、第2のふるさとづくり」、「国内旅行需要の平準化」等としている。

また、観光立国の実現に関する目標として、人数に依存しない「質の向上」を意識し、新たな指標として、「訪日外国人旅行消費額単価」や「訪日外国人旅行者一人当たり地方部宿泊数」、持続可能な観光を意識した「持続可能な観光地域づくりに取り組む地域数」等が新たに設定された(表V-1-1)。

●観光庁関連予算

2022年度の観光庁当初予算は、一般財源が141.6億円(前年度比96%)、国際観光旅客税財源は、訪日市場の回復の遅れにより、80.5億円(前年度比31%)であった。使途の内訳としては、一般財源においては、「国内交流の回復・新たな交流市場の回復」が7.8億円、「観光産業の変革」が23.3億円、「交流拡大により豊かさを実感できる地域の実現」が9.1億円、「国際交流の回復に向けた準備・質的な変革」が95.2億円等となった。また、国際観光旅客税財源においては、「交流拡大により豊かさを実感できる地域の実現」が44.1億円、「国際交流の回復に向けた準備・質的な変革」が36.9億円となった。

また、「コロナ克服・新時代開拓のための経済対策(経済対策)」関係の予算として、新たなGo Toトラベル事業(全国旅行支援事業に相当)に1兆3,238億円、その他経済対策関係予算(「地域一体となった観光地の再生・観光サービスの高付加価値化」、「地域独自の観光資源を活用した地域の稼げる看板商品の創出」等)に1,203億円の充当となった。

(2)主な観光施策

以下、2022年度の国の主な施策を概観していく。

1)新型コロナウイルス感染症の対応と観光の復活

①国内交流の回復、新たな交流市場の開拓

●全国旅行支援

2022年10月まで継続していた地域観光事業支援(県民割支援)を全国規模に拡大する形で、2022年10月から「全国旅行支援」を実施。広域旅行や平日旅行を促進するため、交通付き旅行商品の上限額引き上げや、平日におけるクーポン額の上乗せ等、支援内容を充実させたうえで、旅行需要全体の底上げを行った。また、観光関連事業者と連携して、「全国旅行支援」の開始にあわせて「平日にもう1泊」キャンペーンを実施し、国内旅行の需要喚起と平日への旅行需要の平準化の促進に取り組んだ。

●新たな交流市場の開拓

ワーケーション等に関する企業の制度導入と地域の受け入れ体制整備を支援するために、企業と地域を各30件選定し、

表V-1-1　第4次「観光立国推進基本計画」における目標値

方針	目標項目	目標値	参考値
○持続可能な観光地域づくりの体制整備	持続可能な観光地づくりに取り組む地域数	2025年までに100地域	2022年:12地域
○インバウンド回復	訪日外国人旅行消費額	早期に5兆円	2019年:4.8兆円
	訪日外国人旅行消費額単価	2025年までに20万円	2019年:15.9万円
	訪日外国人旅行者一人当たり地方部宿泊数	2025年までに2泊	2019年:1.4泊
	訪日外国人旅行者数	2025年までに2019年水準超え	2019年:3,188万人
	アジア主要国における国際会議の開催件数に占める割合	2025年までにアジア最大の開催国・3割以上	2019年:アジア2位・30.1%
	日本人の海外旅行者数	2025年までに2019年水準超え	2019年:2,008万人
○国内交流拡大	日本人の地方部延べ宿泊者数	2025年までに3.2億人泊	2019年:3.0億人泊
	国内旅行消費額	2025年までに22兆円、早期に20兆円	2019年:21.9兆円

資料:観光庁資料をもとに(公財)日本交通公社作成

ワーケーション等のモデル実証を行った。また、テレワークとワーケーションについて、好事例の収集・横展開、推進企業や地域のネットワーク化、各主体の取り組みの見える化等を進めるため、2023年2月に、テレワークやワーケーションの推進に賛同する企業、地域、関連団体、関連府省庁が参加する官民推進協議会を立ち上げ、今後の活動方針について議論した。

●第2のふるさとづくりプロジェクト

近年の働き方や住まいのニーズの多様化等を踏まえ、地域との関係を深化させることで、継続した来訪を促進する「第2のふるさとづくり（何度も地域に通う旅、帰る旅）」の普及・定着のため、2022年度に、地域との関わりの創出、宿泊施設等での柔軟な滞在環境づくり、移動の足の確保等の地域づくりに必要な取り組みについて検証を行うためのモデル実証を19地域で実施した（表V-1-2）。

②観光産業の変革

●観光産業の経営高度化

財務諸表や経営指標の活用、適切な労働環境の整備、宿泊施設管理システム（PMS）等のITシステムの活用等、宿泊業の高付加価値化に向けた経営を行うための指針を示すガイドラインを策定し、同ガイドラインを遵守する事業者について、滞在価値向上による消費額増加・再訪促進を図るための、生産性・収益力の向上、従業員の待遇改善に向けた経営（高付加価値経営）を行う宿泊施設として登録する制度を創設した。

●観光産業の生産性向上

宿泊施設が核となり、地域の観光関連事業者等の連携を、DX技術を活用することで実施し、地域全体で生産性・収益性向上を目指すための実証事業等や、宿泊業と異業種との連携等による新規サービス創出に係る実証事業等を行った。また、新型コロナウイルス感染症による観光を取り巻く状況の変化により、観光人材育成の見直しが求められていること等を踏まえ、産学連携協議会を開催し、これからの時代に求められる観光人材の育成に向けて検討を行い、2023年3月に「ポストコロナ時代における観光人材育成ガイドライン」を策定した。

③交流拡大により豊かさを実感できる地域の実現

●魅力ある観光地域とコンテンツ形成

地域の幅広い関係者の連携による、自然、食、生業等の地域独自の観光資源を活用した稼げる観光コンテンツの造成から販路開拓まで一貫した取り組みについて、全国で計1,300件を支援した。

●将来にわたって旅行者を惹きつける地域・日本の新たなレガシー形成

「将来にわたって国内外からの旅行者を惹きつける、地域・

表V-1-2　2022年度「第2のふるさとづくりプロジェクト」モデル実証事業採択地域一覧

No.	申請団体名	事業名	対象地域
①	北国からの贈り物株式会社	北海道・国立公園の町で『食住遊働』コンセプトによるどさん子育成プログラム実証事業	北海道川上郡弟子屈町
②	福島市フルーツラインエリア観光推進協議会	福島市産の蚕の糸が結ぶ文化と人～シルクロードが導く新たなふるさとづくり～	福島県福島市
③	一般社団法人ばんだい振興公社	農泊就労体験×ＤＸ戦略×バケーションで創出する第2のふるさと	福島県磐梯町
④	那須エリア・ネイチャーツーリズム協議会	ネイチャーツーリズムを軸に那須エリアの流動人口を増やす「オンライン・オフラインハイブリッド型」ファンマーケティング実証事業	栃木県那須郡那須町
⑤	一般社団法人秩父地域おもてなし観光公社	年間300日以上祭りを開催！地域の象徴「祭り」をハブにコミュニティをつなぐプロジェクト	埼玉県秩父市ほか
⑥	東武鉄道株式会社	都市近郊における『第3の学びの場』モデル形成実証事業	埼玉県比企郡小川町
⑦	一般社団法人佐渡観光交流機構	スローネイバーフッド佐渡×東京プロジェクト	新潟県佐渡市
⑧	一般社団法人雪国観光圏	「地域に何度も通う旅・帰る旅」を持続可能かつ再現性高く実現するためのカスタマー・プラットフォームづくり（CRM基盤）および関係性構築人材の育成プロジェクトin 雪国観光圏	新潟県魚沼市ほか
⑨	日本海3県市民アンバサダー推進協議会	市民アンバサダー×地域の案内人コミュニティが紡ぐ、美食地質学と第2のふるさとを探す旅事業	富山県、福井県、鳥取県
⑩	一般社団法人下呂温泉観光協会	旅人と地域の人が繋がり続ける新たな旅の創出「ミートアップ下呂温泉郷」事業	岐阜県下呂市
⑪	一般財団法人京都ゼミナールハウス（あうる京北）	"京北エシカルヴィレッジ"構想～ギフトエコノミー（贈与経済）の開発による地域貢献型交流の創造～	京都府京都市右京区
⑫	一般社団法人南丹市美山観光まちづくり協会	地域に通う、心が通う、課題解決型ラーニングツーリズム事業	京都府南丹市美山町
⑬	鳥取県	はじめまして&おかえりなさい鳥取プロジェクト　～人口最少県の生き残りチャレンジ～	鳥取県鳥取市ほか
⑭	島根観光共同企業体設立準備協議会	「しまね版SDGsの旅」から始まる何度も島根に通う旅、帰る旅の実現	島根県松江市ほか
⑮	久喜銀山振興協議会	埋もれた価値を掘り起こそう！久喜銀山から始まるコミュニケーションツーリズム創出事業	島根県邑南町
⑯	瀬戸内ワークス株式会社	地域に「役割（働く・学ぶ）」を。関係地を作る瀬戸内Life Experience	香川県三豊市
⑰	東峰村	「もう一つのふるさと＝感幸地・東峰村」を目指した、屋外宿泊型滞在コンテンツ開発及び事業者連携スキームの構築	福岡県朝倉郡東峰村
⑱	ラーケーション阿蘇推進協議会	ラーケーション阿蘇（Learning Vacation Aso＝LVA）のファン構築事業	熊本県南阿蘇村
⑲	日本航空株式会社	沖縄県やんばる3村「コンシェルジュが来訪者と地域を繋ぎ、一緒につくる第2のふるさと」	沖縄県国頭村ほか

資料：観光庁資料をもとに（公財）日本交通公社作成

日本の新たなレガシー形成事業」では、14件の事業について、地域と連携しながらレガシー形成に関する実現可能性調査やプラン作成を実施した。

●観光DXの推進

DXの推進により、消費機会の拡大や消費単価の向上等を通じた観光地経営の高度化を図るべく、デジタル技術を活用したリアルタイム性の高い情報発信による消費・周遊促進、旅行者の趣向・移動・消費データを用いたマーケティング等に関する実証実験（14件）を実施し、先進モデルの創出に取り組んだ。また、観光地におけるDX推進による課題解決に向けた検討を行うため、「観光DX推進のあり方に関する検討会」を2022年9月に設置し、課題解決の方向性、将来ビジョン、KPI、ロードマップ等を取りまとめた。

●地域一体となった観光地の再生・観光サービスの高付加価値化

宿泊施設、観光施設等の改修、廃屋撤去等のハード面の取り組みに加え、キャッシュレス化や、シームレスな予約・決済が可能な地域サイトの構築等の観光地における面的DX化によるソフト面の取り組みに対し、2022年度に138地域の支援を行った（表V-1-3）。

④国際交流の回復・質的な変革

●安心・安全な旅行環境の整備

日本政府観光局（JNTO）のウェブサイトにおいて、訪日観光再開前から、訪日観光に関する新型コロナウイルス感染症関連情報を多言語で発信しており、段階的に緩和された日本の水際対策にあわせて更新を行った。また、同ウェブサイトを通じて、入国までの情報（入国の流れや必要事項のチェックリスト）、緊急時の対応、感染対策（旅のエチケット、海外旅行保険）等の情報をユーザーにわかりやすく発信した。

●MICEの推進

ハイブリッド形式での国際会議等の実証事業を大・中・小の規模別に各10件、計30件実施した。また、地方都市への国際会議の誘致力強化のトレーニングにおいて、ハイブリッド開催に関するノウハウも含め提供するとともに、インセンティブ旅行の誘致支援として、2都市にトレーニング・コンサルティングを行い、2都市にてファムトリップを実施した。

●IR（統合型リゾート）整備の推進

「特定複合観光施設区域整備法（平成30年法律第80号）」に基づき、大阪府及び長崎県から、それぞれ、2022年4月27日に区域整備計画の認定申請がなされた。同申請以降、外部有識者から構成される審査委員会を20回開催し、審査を行った。また、IRに関する税制について、2023年度税制改正項目として、カジノ所得の非課税措置等の法制化を行った。

2）観光立国の実現に向けた観光施策

①ポストコロナに向けた環境整備

●宿泊業を核とした観光産業の付加価値向上支援

地域全体で生産性・収益力向上を図るため、宿泊施設が核となり、地域の観光関係事業者等と連携して行うDX技術を活用した実証事業について、2023年3月までに11地域で実施した。また、宿泊事業者が核となって提供する新サービスの開発等に係る実証事業を行い、8件を支援した。

●産業界ニーズを踏まえた観光人材の育成・強化

○トップレベルの経営人材の育成

トップレベルの経営人材育成に関する産学官連携の協議会を1回開催し、これからの観光産業における人材（スキル等）の課題、リカレント教育等について意見交換を実施した。

○観光の中核を担う人材育成の強化

「ポストコロナ時代を支える観光人材育成に向けた産学連携協議会」を4回開催し、これまでの観光庁人材育成事業の効果検証も含め、トップレベルの経営人材のあり方や、これからの時代に求められる観光人材の育成に向けて検討を行い、観光人材育成のガイドラインを策定した。

○即戦力となる実務人材確保・育成

観光産業の即戦力となる実務人材の確保・育成を図るため、

表V-1-3　地域一体となった観光地の再生・観光サービスの高付加価値化事業　地域一体型　補助対象内容一覧

補助対象事業	補助率	補助上限額	留意点
宿泊施設の高付加価値化改修	1/2	1億円	・原則、外観改修等の（宿泊客以外の）外部に裨益する内容を含むこと ・施設規模も踏まえつつ、抜本的な大規模改修を求める ・外観改修に必要な、建物改修に付随する外壁・庭等の改修も対象 ・廃屋撤去との併用可
	2/3	1億円	・上記に加え、経営体力・投資余力要件（債務償還年数で確認）及び事業性の第三者精査（金融機関）を実施
観光施設の改修	1/2	500万円	―
廃屋の撤去	1/2	1億円	・跡地が観光目的の利用に供されるものに限る
公的施設の観光目的での利活用のための民間活力の導入	1/2	2,000万円	・新たな民間活力の導入もしくは、既存の民間委託契約等の条件を変更することが前提の施設改修のみ対象
交通関係事業	1/2	500万～5,000万円	・事業内容により補助率・補助上限額が異なる
実証実験（交通関係事業に該当するものを除く）	1/2	1,000万円	・実証実験とは、「地域計画に基づき実施する施設改修等の効果を最大化する取り組み」を指す ・事業費は、計画全体の事業費の1割までを目安として対象とする

資料：観光庁資料をもとに（公財）日本交通公社作成

女性、就職氷河期世代等、多様な人材が働きやすい環境づくりや、新たな働き方の提案、地域や事業経営の改善に向けたスキルの向上に関する取り組み等、人材確保・育成の促進に取り組む4地域においてモデル事業を実施し、得られた知見を全国に展開した。また、宿泊業における外国人材の受け入れが円滑に進むよう、宿泊施設、外国人材を対象とした制度周知セミナー及びマッチング会を10回実施した。

●ユニバーサルデザインの推進

○観光施設における心のバリアフリー認定制度

「観光施設における心のバリアフリー認定制度」について、2023年3月までに580施設を認定した。

○ユニバーサルツーリズム促進事業

心のバリアフリーについての理解を深めるため、「観光施設における心のバリアフリー認定制度」の紹介動画や研修動画の作成・公表を行うとともに、モニターツアーを実施する等、情報発信に取り組んだ。

○宿泊施設等のバリアフリー化促進

高齢者・障がい者等を含めた訪日外国人旅行者の滞在時の快適性向上を図るため、旅館・ホテル等の宿泊施設におけるバリアフリー化への支援を2023年3月までに64件行った。

●交通機関

○訪日外国人旅行者のストレスフリーな交通利用環境の実現

公共交通事業者等が実施する交通利用環境において、訪日外国人旅行者のニーズが特に高い多言語対応、無料Wi-Fiサービス、トイレの洋式化、キャッシュレス決済対応、新型コロナウイルス感染症予防対策等の整備を推進した。

○日本版MaaSの推進

「日本版MaaS推進・支援事業」において公募を行い、6事業を選定し社会実装に向けた支援を実施したほか、公共交通機関のデータ化については14事業者、キャッシュレス化については14事業者、AIオンデマンド交通やシェアサイクル等、新型輸送サービスの導入については21事業者に対し支援を実施し、公共交通機関におけるストレスフリーで快適に旅行できる環境を整備した。

●文化財・国立公園

○文化財等におけるわかりやすい多言語解説等の充実

文化資源の磨き上げ、多言語化・Wi-Fi・キャッシュレス環境整備等の利便性向上、学芸員等の専門人材の確保等の取り組みを支援した。

○国立公園満喫プロジェクト

インバウンド促進に資する国立公園等の滞在環境の向上に向けて、「国立公園満喫プロジェクト」の取り組みを全34国立公園に全国展開し、2022年4月に改正法が施行された「自然公園法（昭和32年法律第161号）」等による自然体験の促進、廃屋撤去等の景観改善、脱炭素化等の持続可能性向上、民間活力導入、ワーケーション環境整備等を行った。

②地域の観光コンテンツの造成・磨き上げ

●観光地・交通機関

○サステナブルな観光コンテンツ強化事業

サステナブルな観光を体現するコンテンツの確立に向け、31のモデル実証地域を選定し、各地域に引き継がれた自然環境（国立・国定公園を含む）、文化・歴史（文化財を含む）、伝統産業（生活・生業を含む）等を主な対象とした実証事業を実施した。また、サステナブルツーリズムに取り組む地域関係者に向けたナレッジ集を作成した。

○国際競争力の高いスノーリゾートの形成

観光地域づくり法人（DMO）等を中心に地域の関係者が策定した「国際競争力の高いスノーリゾート形成計画」に位置付

表V-1-4　2022年度国際競争力の高いスノーリゾート形成促進事業支援対象地域

地域名	形成計画名	形成計画策定者名
キロロ（北海道赤井川村）	コロナ禍から学んだ取組。 地元の方々に喜ばれる施設づくりを通してインバウンド誘客強化を図ろう！	一般社団法人 赤井川村国際リゾート推進協会
札幌（北海道札幌市）	スノーリゾートシティ SAPPORO 形成計画 「SNOW SAPPORO ～ Powder in the city ～」	スノーリゾートシティ SAPPORO 推進協議会
八幡平（岩手県八幡平市）	Tohoku Mountain Frontier APPI Hachimantai	株式会社八幡平DMO
蔵王（山形県山形市、上山市）	“世界の蔵王”に連れてって Can you take me Skiing in Zao The Resort?	おもてなし山形株式会社
湯沢（新潟県湯沢町）	湯沢町スノーリゾート形成計画～スノーエントリー層に世界一やさしい、 多様な山の楽しみ方があふれる身近なスノーリゾートYUZAWAに向けて～	一般社団法人 湯沢町観光まちづくり機構
妙高（新潟県妙高市）	MYOKO スノーリゾート～世界に誇れる観光地域づくり～	一般社団法人 妙高ツーリズムマネジメント
志賀高原 （長野県山ノ内町）	世界レベルの「志賀高原マウンテンリゾート （SHIGA KOGEN MOUNTAIN RESORT）」へ飛躍に向けて地域一体で取り組む形成計画	志賀高原観光協会
白馬 （長野県大町市、白馬村、小谷村）	国際競争力の高いスノーリゾート形成計画（HAKUBAVALLEY）	一般社団法人 HAKUBAVALLEY TOURISM
郡上（岐阜県郡上市）	EXPERIENCE POWDER SKIING IN JAPAN' S HEARTLAND“GUJO”	一般社団法人郡上市観光連盟
米原（滋賀県米原市）	新幹線米原駅を中心とした びわ湖の素 米原スノーリゾートの形成計画	一般社団法人びわ湖の素DMO

資料：観光庁資料をもとに（公財）日本交通公社作成

第V編　観光政策

けられたアフタースキーのコンテンツ造成、ICゲートシステムの導入、レストハウス等の改修・撤去等の事業について、10地域を支援した。また、有識者による委員会を3回実施し、支援の考え方の見直し等を行った(表V-1-4)。

○アドベンチャーツーリズムの推進

日本ならではのアドベンチャーツーリズムのさらなる推進に向け、消費額増加、満足度向上とともに、近年世界的に関心の高いサステナブルツーリズムにもつながる観光コンテンツの発掘・磨き上げ、コーディネーター・ガイド人材の育成・確保、ツアー・コンテンツ提供に必要な受け入れ環境整備等を行った。

○地域観光資源の多言語解説整備支援事業

国宝(建造物)等が所在する15地域、国立公園6か所を含む21地域において、訪日外国人旅行者にとってわかりやすく魅力的な解説文を作成した。また、同事業を通じて蓄積された解説文作成に係るノウハウを横展開するため、多言語解説整備に携わる専門人材向け動画コンテンツを作成した。さらに、同事業で作成した英語解説文をもとにした中国語解説文作成の支援も実施した。

○スポーツツーリズムの推進

「日本らしいスポーツホスピタリティ」を取り入れたスポーツによる地方創生・まちづくり推進のため、スポーツツーリズムを中心にスポーツを活用したまちづくりを推進する「地域スポーツコミッション」の「質の向上」に向け、新たな事業展開へのチャレンジ等18件をモデル的に支援するとともに、基盤となる人材の育成・確保の取り組みを推進した。

○クルーズ船受け入れのさらなる拡充

「国際クルーズ旅客受入機能高度化事業」の公募を計5回行い、横浜港や神戸港等の計13港で屋根付き通路の設置や旅客上屋の改修、隔離施設の整備(感染防止対策)等を行う事業を採択した。また、観光資源としての魅力を有するフェリー、旅客船、遊覧船、クルーズ船等が、観光旅行者に幅広く活用され、インバウンドの早期回復につながるよう、海事観光コンテンツの磨き上げや受け入れ環境整備の一体的な実施等、船旅のさらなる魅力向上や地域経済効果の最大化に資する取り組みを行う民間事業者等を支援した。

●歴史的資源を活用した観光まちづくり

歴史的資源等の保存・活用による観光振興・地方創生モデル事例の創出に加え、さらなる高付加価値化及び経済・社会波及効果拡大に向けたモデル事例の創出を目的として8地域に対し初動・伴走等の支援、さらに、城泊・寺泊・古民家泊の受け入れ環境整備等の支援を13地域に対して行った。加えて、地域経済・社会・環境への影響を定量的に可視化するための指標及びその測定手法等を調査する有識者会議を行い、マニュアルを作成したほか、文化財等歴史的資源の活用促進に向けて事例調査及びナレッジ集の取りまとめを行った。

③地域支援と戦略的訪日プロモーション

●上質な観光サービスを求める訪日外国人旅行者の誘致促進

今後のインバウンドの本格的な回復を見据え、消費額増加、地方への誘客をより重視するという観点から、訪日旅行における消費単価が高い高付加価値旅行者の地方への誘客を促進するため、モデル観光地を11地域選定した(表V-1-5)。

●DMOにおけるDX推進

DMOが中心となり地域が一体となって行う、データマネジメントプラットフォーム(DMP)等を活用した分析や戦略策定4件を支援するとともに、「世界に誇る観光地を形成するためのDMO体制整備事業」による観光デジタル人材を含む51名の外部専門人材の登用の支援やOJTによる人材育成の支援等、ITに加えマーケティング等のスキルを有する人材の登用・育成を支援した。さらに、ウェブサイト・SNSを活用した情報発信や旅行商品のOTAのウェブサイトへの掲載による流通環境整備の取り組み44件を支援した。

●地域(地方公共団体・DMO)への支援と地域間の連携強化

「観光地域づくり法人の登録制度に関するガイドライン」に基づき、各地方運輸局を通じてDMOを対象とした意見交換会を実施し、役割分担と連携を促進した。また、「広域周遊観光促進のための観光地域支援事業」により、DMOが中心となり地域が一体となって行う調査・戦略策定、滞在コンテンツ

表V-1-5　地方における高付加価値なインバウンド観光地づくり　モデル観光地　選定地域一覧

選定地域	概要
東北海道エリア	世界に認められた手つかずの大自然　～希少動物と人間の共生～
八幡平エリア	数千年前の日本の文化が残る地
那須及び周辺地域エリア	日本有数の広大な扇状地、街道が育んだ生活文化　～訪れる人、住まう人に優しいロイヤルリゾート～
松本・高山エリア	日本の尾根が抱く森、雪、あふれる水とともにある生活 ～街道、城下町等が育んだ包摂性の高い社会、文化、歴史的景観～
北陸エリア	日本有数の霊峰白山の恵みが育んだ多様な文化 ～北前船の交易や武家によりつちかわれた豊かな文化と持続可能な社会～
伊勢志摩及び周辺地域エリア	日本神道の聖地・伊勢神宮を核とする参拝文化と一体となった自然、生活
奈良南部・和歌山那智勝浦エリア	古来からの巡礼と暮らしが共存する世界有数の地域
せとうちエリア	世界に類を見ない多島美と、暮らし、アートの融合
鳥取・島根エリア	日本の紀元・神話の國
鹿児島・阿蘇・雲仙エリア	世界有数の火山とともにある信仰・営みが調和した循環・再生の仕組み、武家の精神性
沖縄・奄美エリア	琉球の精神性、自然環境、歴史的景観にふれる世界有数のブルーゾーン、ウェルビーイングの島

資料：観光庁資料をもとに(公財)日本交通公社作成

の充実、受け入れ環境整備、旅行商品流通環境整備、情報発信といった取り組み121件を支援した。

●DMOを核とする観光地域づくりの推進

「重点支援DMO（インバウンドの誘客を含む観光地域振興に積極的に取り組む先駆的で意欲やポテンシャルの高いDMO）」が行う着地整備等の取り組みについて伴走支援等の支援を実施した。また、世界に誇れる持続可能な観光地域づくりを行う「世界的なDMO」の形成を目指し、今後、戦略的な伴走支援等を行う「先駆的DMO」を3法人選定した（表V-1-6）。

●戦略的な訪日プロモーションの取り組み

○グローバルキャンペーンの展開

JNTOにおいて、2022年8月から12月にかけて、「海外旅行には頻繁に行くが日本を旅行先として認知・意識していない層」をターゲットとしたグローバルキャンペーンについて、欧米豪地域向けオンライン広告を実施した。

○アジアにおける大規模キャンペーンの推進

アジア10市場（韓国、中国、台湾、香港、タイ、シンガポール、マレーシア、インドネシア、フィリピン、ベトナム）からの地方誘客を促進するため、日本全国の体験型コンテンツを集めた特設ウェブサイトを拡充し、同サイトへの誘引広告を行った。

○重点市場からの誘客促進に向けたプロモーション

重点市場において、新型コロナウイルス感染症の影響下における旅行需要の変化や出入国規制の状況等を踏まえ、機動的にプロモーションを展開した。特に水際措置の緩和を受け、訪日外国人旅行者の個人旅行の解禁やビザ免除措置の再開等の情報発信を強化したほか、誘客のための航空会社・旅行会社との共同プロモーションを展開した。

④観光インフラの整備

●FAST TRAVELの推進

自動チェックイン機・自動手荷物預け機等の先端機器の導入や新たな出入国手続きに対応するための環境整備により、搭乗関連手続きの円滑化を図るとともに、複数航空会社間でのチェックインカウンターを共用化するシステム等の導入による旅客動線の合理化・高度化、旅客手続きの非接触・非対面化による接触リスクを低減した旅客動線の横断的な効率化や高度化を図った。

●CIQ手続きのデジタル化

「Visit Japan Web」について、さらなる利便性の向上を図る観点から、検疫機能を統合するとともに（2022年11月）、旅券のOCR読み取りやJAPAN eVISAとの連携に係る機能も拡充した（2023年3月）。

（江﨑貴昭）

表V-1-6 先駆的DMOの概要及び選定法人一覧

先駆的DMOの概要

○ 世界に誇れる持続可能な観光地域づくりを行う「世界的なDMO」の形成を目指し、「先駆的DMO」を選定して、戦略的な伴走支援等を実施。

＊世界的なDMOの考え方
下記①～⑥について、すべて高水準で満たしているDMO

【観光による受益が広く地域にいきわたり、地域全体の活性化を図っていること】
① 地消地産を含め、できる限り多くの事業者・業種も含めた誘客／観光消費戦略を策定。
② 観光による受益を、観光従事者の働きやすい環境づくり、地域住民の生活水準の向上につなげる等、地域の理解促進に向けた視点を織り込む。
③ 行政を含む多様な関係者との連携により戦略を実現。

【誘客／観光消費戦略が持続的に策定される組織体であること】
④ 人口減少が進む日本人だけに頼らず、インバウンド誘客も含めた戦略を策定。
⑤ データ収集・分析、戦略策定、戦略の検証・見直しのサイクルが適切に機能する仕組みを構築。
⑥ 戦略策定に係る人件費や事業運営費等が安定的・継続的に確保される仕組みを構築。

■先駆的DMO（Aタイプ）
＊上記①～⑥について、すべて一定の水準を満たしているDMO
⇒世界的なDMOになるため支援を実施

■先駆的DMO（Bタイプ）
＊上記①～⑥について、いずれかの項目で一定の水準を満たしていないDMO
⇒一定の水準を満たす項目を高水準に引き上げるための支援を実施

先駆的DMO選定法人一覧

タイプ	法人名	マネジメントエリア
Aタイプ	一般社団法人田辺市熊野ツーリズムビューロー	和歌山県田辺市
Aタイプ	公益社団法人京都市観光協会	京都府京都市
Bタイプ	一般社団法人下呂温泉観光協会	岐阜県下呂市

資料：観光庁資料をもとに（公財）日本交通公社作成

V-2 都道府県による観光政策

職員数に関する不足感は高い状態のまま
2022年度は営業活動の実施が大幅に増加

当財団では、地方公共団体を対象とする観光政策に関する独自調査を、2014年度から継続的に実施している。本項では、同調査の結果をもとに、都道府県による観光政策の動向について紹介する。

表V-2-1　調査概要

調査時期	2023年7～8月
調査対象	47都道府県 ※2023年8月末時点までに回答を得た41都道府県（回答率87.2%）の集計結果。なお、記載したデータは速報値であり、今後の精査次第で最終的に結果が異なる可能性がある。また、年度によって回答している都道府県が一部異なる点には留意が必要である。
調査方法	都道府県にアンケート調査票をメール配布し、メールにより回収
調査項目	(1)都道府県の観光行政に関わる基盤整備の状況 (2)コロナ禍を経た今後の展開 (3)都道府県における政策・施策 (4)市町村との役割分担 (5)観光の状態（観光が地域に与える影響）

(1)都道府県の観光行政に関わる基盤整備の状況

都道府県に設置されている観光担当部署の職員数・予算・職員の能力・知識・技能について、その実数（職員数・予算のみ）と過不足に関する感覚を尋ねた。

①観光担当部署の職員数

観光担当部署に在籍する職員数について、41自治体から回答を得た。職員数の平均値は43.5人、中央値は33.0人であった。100人を超える自治体が2自治体あり、平均値を押し上げていた。

職員数の分布は図V-2-1に示すとおりである。2023年度は、「20人以上30人未満」が13自治体（31.7%）と最も多く、次いで「30人以上40人未満」が11自治体（26.8%）となっている。「50人以上」の職員が在籍する自治体も7自治体（17.1%）存在する。過去4年間と比較すると、2023年度の調査結果は、2019年度に近いものとなっている。

また、コロナ禍前の2019年と比較した各都道府県の観光担当部署の人員の増減状況について尋ねたところ、平均で107.3%、中央値は105.8%となり、コロナ禍前と比較した職員の平均値では微増であるが、ほぼ変わらない結果となった。

続いて、観光担当部署における業務の量や難易度と比較した職員数の過不足度について、「不足している」を1、「どちらでもない」を4、「十分である」を7とした7段階による評価を求めた（図V-2-2）。1～3を選んだ自治体が33自治体（86.8%）、4を選んだ自治体が4自治体（10.5%）、5～7を選んだ自治体が1自治体（2.6%）であった。職員数の不足感が3年連続で高まっており、職員数自体は徐々に増加しているものの、それ以上に業務量が増加しているのではないかと推察される。

図V-2-1　観光担当部署の職員数

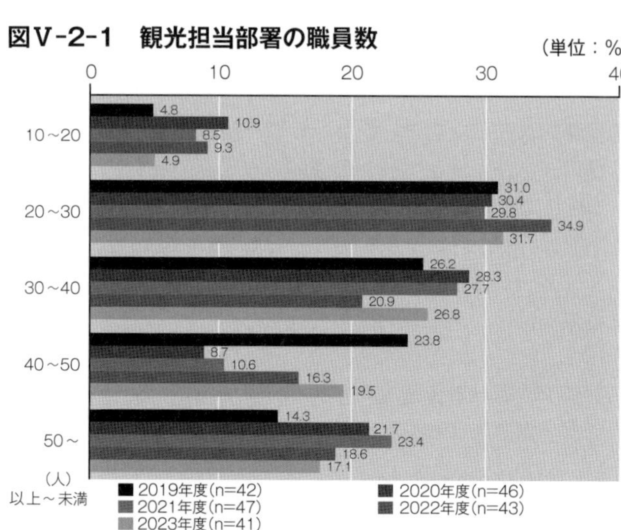

（注）役職や雇用形態による加重なし。出向受け入れ中の人数を含み、出向中の人数を含まない。
資料：（公財）日本交通公社「観光政策に関するアンケート調査（2023）」

図V-2-2　観光担当部署の職員数に関する不足感

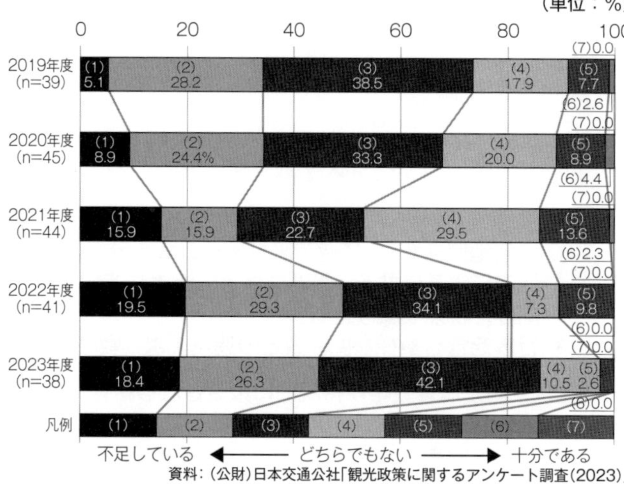

資料：（公財）日本交通公社「観光政策に関するアンケート調査（2023）」

②観光担当部署の予算

各都道府県の観光担当部署に対して計上された2023年度の予算平均額は4,659,842千円、中央値は2,424,804千円である。3年連続で増加した2022年度の予算平均額8,841,224千円と比べても、47.3%減となっている。また、2022年度の予算中央値3,874,455千円と比較すると2023年度は36.4%減となった。なお、コロナ禍前の2019年と比較した都道府県の観光担当部署の予算の増減状況について尋ねた結果、平均で286.5%、中央値は132.0%となった。

一般に予算額は職員数に比例すると考えられることから、職員数と予算の両方について回答を得た41自治体について、職員一人当たりの予算額を算出した。その結果、平均値は112,920千円／人、中央値は73,479千円／人であった。図V-2-3は一人当たりの予算額の分布を示しており、「80,000千円／人以上」が17自治体（41.5%）と最も多くなっている。

都道府県全体の予算に占める観光担当部署の予算の割合についても尋ねた。結果は図V-2-4に示すとおり、1%未満が37自治体（92.5%）と最も多く、次いで、「1～2%」が2自治体（5.0%）、「2～3%」が1自治体（2.5%）となった。1%未満の内訳を確認すると、「0～0.5%」が31自治体（77.5%）、「0.5～1%」が6自治体（15.0%）となった。

また、観光担当部署における業務量と比較した予算の過不足度について、図V-2-2と同様に7段階で質問した（図V-2-5）。1～3を選んだ自治体が13自治体（33.3%）、4を選んだ自治体が16自治体（41.0%）、5～7を選んだ自治体が10自治体（25.6%）であった。1～3を選んだ自治体の割合は2022年度から約8.9ポイント増加し、5～7を選んだ自治体の割合は20.7ポイント減少した結果、「どちらでもない」が11.7ポイント増加した。

図V-2-3　観光担当部署の一人当たりの予算額　（単位：%）

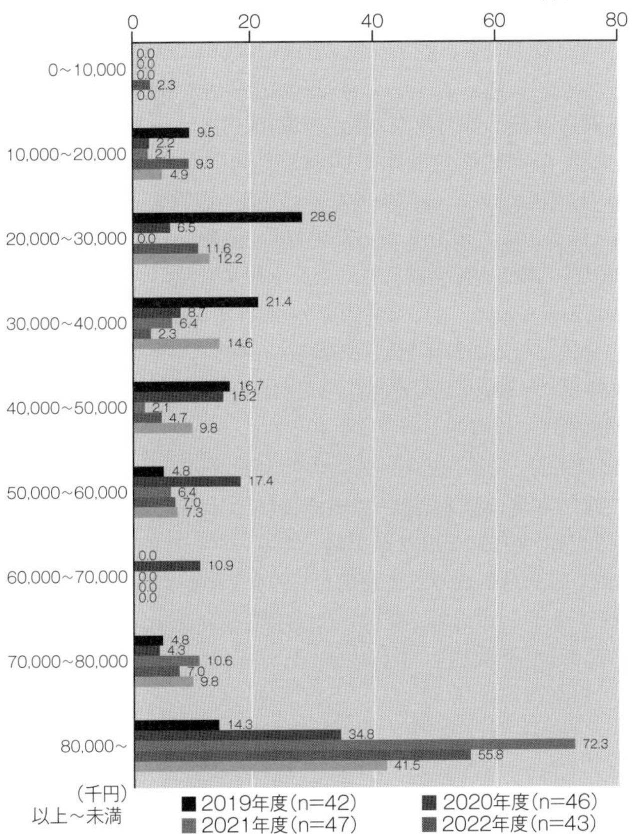

（注）役職や雇用形態による加重なし。出向受け入れ中の人数を含み、出向中の人数を含まない。
資料：（公財）日本交通公社「観光政策に関するアンケート調査（2023）」

図V-2-4　都道府県全体の予算に占める観光担当部署の予算の割合（n＝40）　（単位：%）

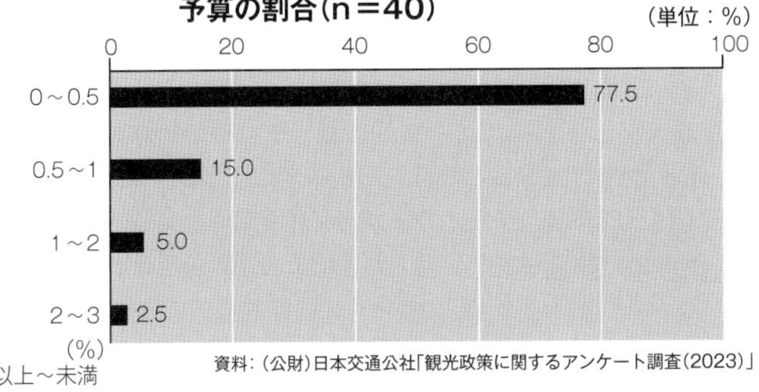

資料：（公財）日本交通公社「観光政策に関するアンケート調査（2023）」

図V-2-5　観光担当部署の予算額に関する不足感　（単位：%）

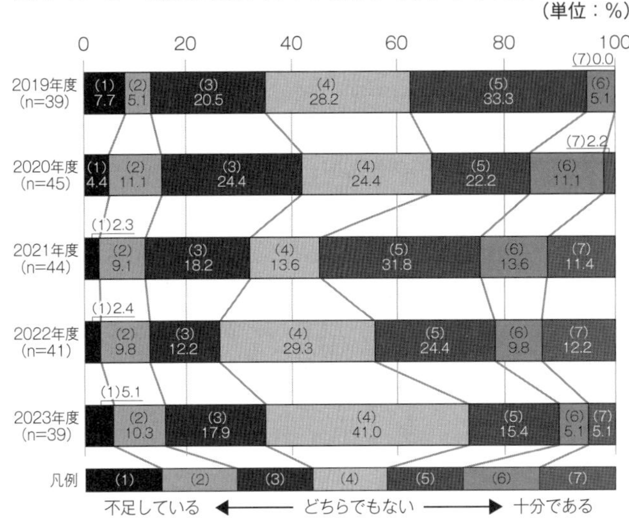

資料：（公財）日本交通公社「観光政策に関するアンケート調査（2023）」

③観光担当部署で求められる能力・知識・技能

観光担当部署における業務の量と比較して、職員の能力・知識・技能が十分であるか質問し、図V-2-5と同様に7段階で評価を求めた（図V-2-6）。1～3を選んだ自治体が5自治体（12.9%）、4を選んだ自治体が19自治体（48.7%）、5～7を選んだ自治体が15自治体（38.4%）であった。2022年度と比べて、1～3を選択した自治体の割合はほとんど変化しておらず、5～7を選択した自治体の割合は10ポイント以上減少した結果、「どちらでもない」と回答した自治体が半数弱を占めた。

図V-2-6　観光担当部署で求められる能力・知識・技能に関する不足感　（単位：%）

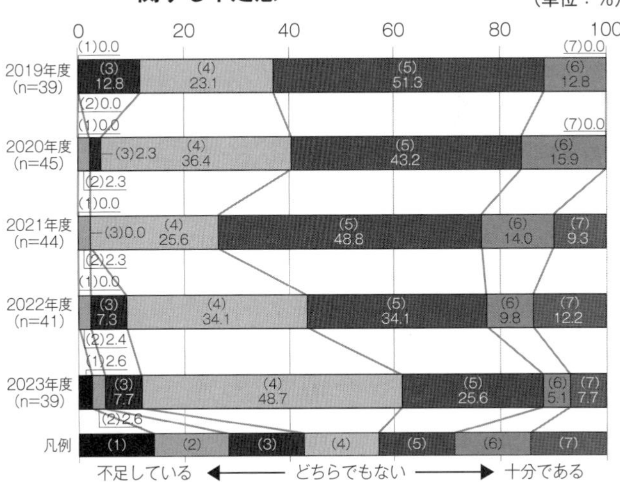

資料：（公財）日本交通公社「観光政策に関するアンケート調査（2023）」

（2）コロナ禍を経た今後の展開

新型コロナウイルス感染症による環境変化を踏まえた、各自治体の対応状況や観光政策の重要度の変化、ターゲット層の見直し状況について尋ねた。

①コロナ禍を経た観光政策の重要度

コロナ禍を経て、自治体内における観光政策はコロナ禍前と比べてより重要度は増しているか、あるいは重要度は下がっているかについて尋ねた。結果は図V-2-7のとおり、重要度が「増している」と回答したのが30自治体（76.9%）、「変わらない」と回答したのが9自治体(23.1%)、重要度が「下がっている」と回答した自治体はゼロだった。なお、重要度が増していると回答した主な理由としては、「新型コロナウイルス感染症が5類感染症に移行したことに伴い、観光需要が回復しているため」、「コロナ禍からの観光再始動に向けて重要な年と認識している」、「観光政策の予算や人員体制が強化されている」、「新たに策定されるビジョンにおいて、観光を含む交流拡大に向けて、より重点的に取り組んでいくこととなっている」等が挙げられた。また、「(コロナ禍にかかわらず)少子高齢化が進行する中、幅広い分野で地域経済の活性化につながる観光産業の重要度は年々増している」という回答もあった。「変わらない」と回答した主な理由としては、「コロナ禍以前も以後も、観光のもつ重要性は失われたわけではないため」等が見られた。

図Ⅴ-2-7　コロナ禍を経た観光政策の重要度(n=39)

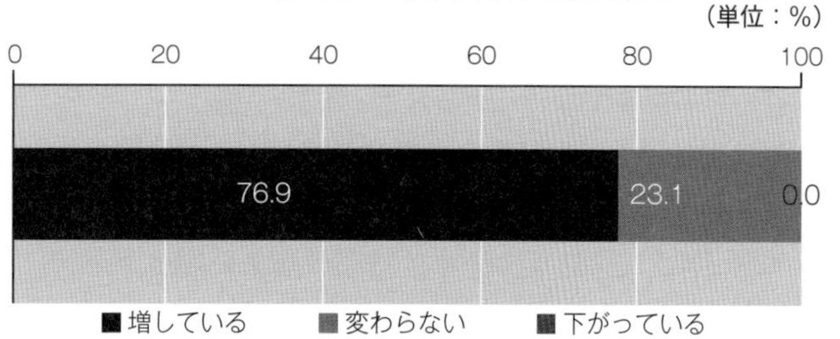

資料：(公財)日本交通公社「観光政策に関するアンケート調査(2023)」

②国内旅行者のターゲットの見直し状況

2019年度以前と比較して、今年度以降の国内旅行者のターゲット層の見直しを検討しているかについて尋ねた(図Ⅴ-2-8)。「a. すでに見直した」が最も多く28自治体(68.3%)、また、「b. 今後見直し予定」が7自治体(17.1%)であり、これらを合計すると85.4%となった。

「a. すでに見直した」を選んだ自治体の自由回答記述では、個人旅行者をターゲットにするという回答が目立ったほか、アウトドアやキャンプ、地元や近隣を対象とした旅行、ワーケーションの推進という回答も見られた。

図Ⅴ-2-8　国内旅行者のターゲットの見直し状況

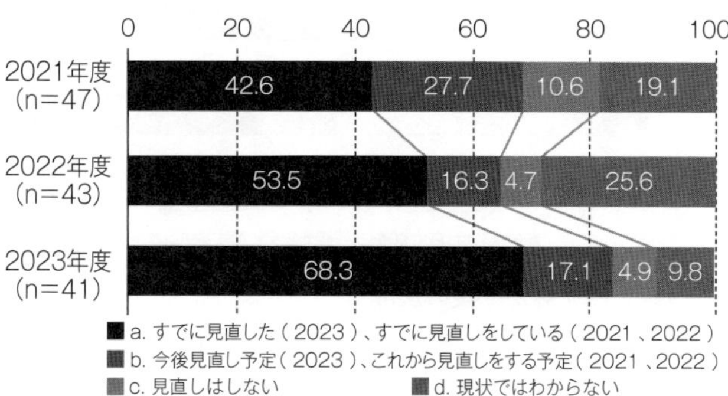

資料：(公財)日本交通公社「観光政策に関するアンケート調査(2023)」

③訪日旅行者のターゲットの見直し状況

2019年度以前と比較して、今年度以降の訪日旅行者のターゲット層の見直しを検討しているかについて尋ねた(図Ⅴ-2-9)。「a. すでに見直した」が最も多く27自治体(67.5%)、また、「b. 今後見直し予定」が7自治体(17.5%)であり、これらを合計すると85.0%となった。

「a. すでに見直した」、「b. 今後見直し予定」を選んだ自治体の自由回答記述では、個人旅行者をターゲットにするという回答が目立ったほか、「観光客数ではなく観光消費額及び滞在日数を重視する」等の量から質への転換を意識した回答が多数見られた。また、「特定国に依存しない多角的な誘客対策を実施」という回答も見られた。

図Ⅴ-2-9　今年度以降の訪日旅行者のターゲットの見直し状況(n=40)

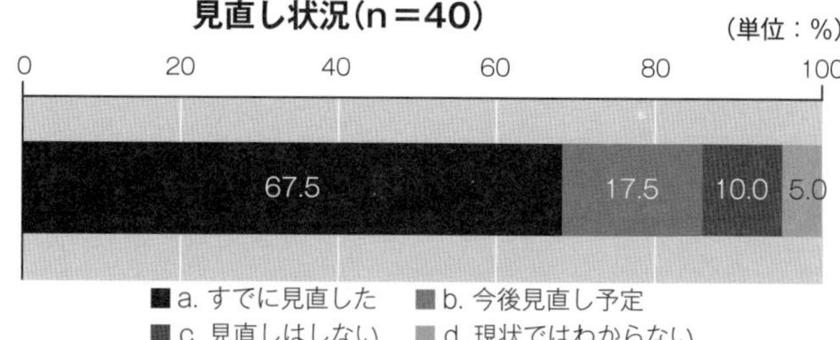

資料：(公財)日本交通公社「観光政策に関するアンケート調査(2023)」

(3)都道府県における政策・施策

2022年度に実施した観光政策・重点施策(国内・インバウンド)やインバウンドのターゲット国について尋ねた。

①2022年度の観光政策・重点施策(国内)

2022年度に都道府県が実施した国内客向け事業について、12の分野のうち代表的なものを3つ選択するよう求めた(図Ⅴ-2-10)。最も多かったのは「e. 情報発信」で34自治体(85.0%)、次いで「b. 旅行目的となる観光資源のソフト整備」が29自治体(72.5%)、「f. 営業販売」が21自治体(52.5%)であった。

全体として2021年度、2020年度の調査結果と比べて2022年度は「f. 営業販売」を選択した自治体の割合が大幅に増加し、2018年度とほぼ同じ割合となった。

②2022年度の観光政策・重点施策(インバウンド)

2022年度に都道府県が実施したインバウンド向け事業について、17の分野のうち代表的なものを3つ選択するよう求めた(図Ⅴ-2-11)。最も多く選択された事業分野は「b. インターネットによる情報発信」で31自治体(79.5%)、次いで「e. 海外メディア、旅行関係者等の招聘」が25自治体(64.1%)、「d. 海外で開催される見本市・商談会等への参加」が18自治体(46.2%)であった。上位3つは2021年度と同様であったが、2022年度は最も選ばれた事業分野「b. インターネットによる情報発信」とそれ以外のふたつの選択率との差は小さくなった。インターネットを通じた情報発信を中心としつつも、対面や現地を訪れての関係性構築の動きが再開しつつあることが読み取れる。

2022年度調査で2020年度・2021年度に比べ、選択割合が急激に伸びたのは、「a. トップセールス」、「d. 海外で開催される見本市・商談会等への参加」、「e. 海外メディア、旅行関係者等の招聘」、「g. 多言語による案内看板・標識類等の整備」であり、選択割合が減少したのは「c. 海外テレビ、雑誌等による情報発信」、「f. 多言語によるウェブサイト開設・リニューアル」、「h. 多言語の観光パンフレットの作成」、「o. 観光関係者向けインバウンド研修会の開催」であった。国際的な人の往来が徐々に可能となり、具体的な誘致活動やコロナ禍での準備を踏まえての受け入れ環境の整備に施策の比重が変わってきたものと考えられる。

③ターゲットとする国・地域

インバウンド振興に際し、ターゲットとする国・地域について、3つ選択するよう求めた。結果は図V-2-12に示すとおり、台湾が30自治体(90.9%)と最も多く、次いで韓国、中国、香港がそれぞれ11自治体(33.3%)となった。

図V-2-10　2022年度を含めた過去5か年度に実施した代表的な事業分野(3つ選択して回答)

(単位：%)

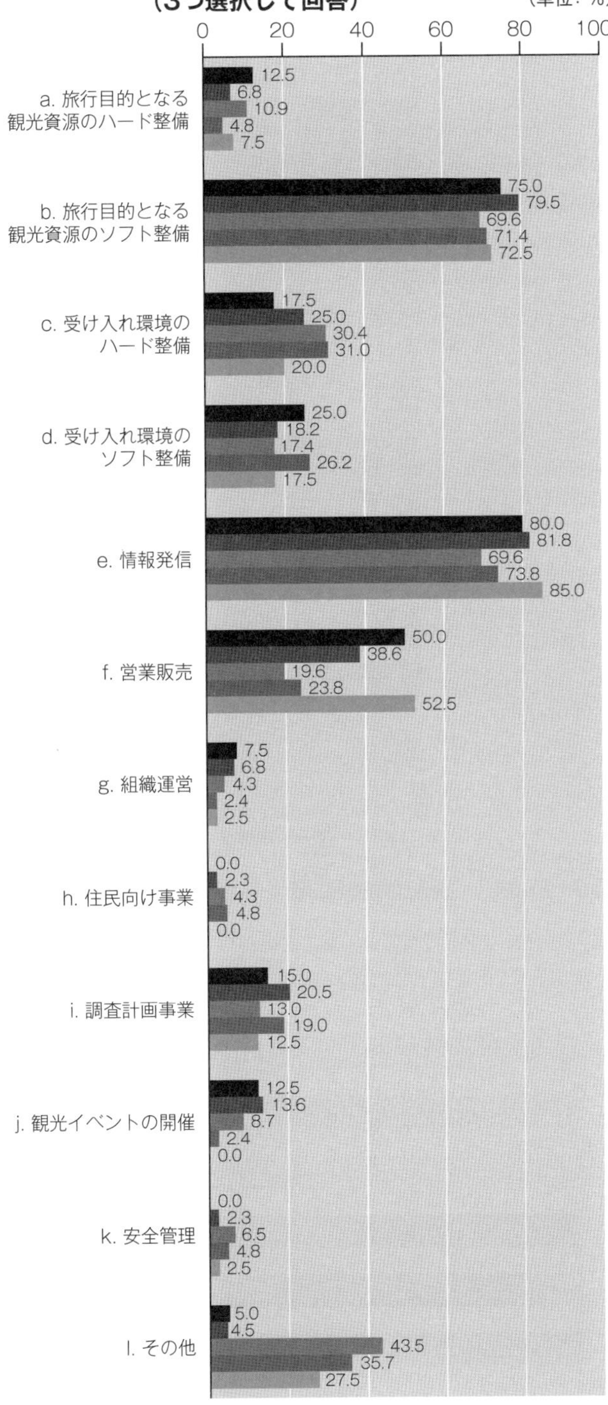

■2018年度(n=40)　■2019年度(n=44)　■2020年度(n=46)
■2021年度(n=42)　■2022年度(n=40)

資料：(公財)日本交通公社「観光政策に関するアンケート調査(2023)」

図V-2-11　2022年度を含めた過去5か年度に実施した代表的なインバウンドに関連した事業分野(3つ選択して回答)

(単位：%)

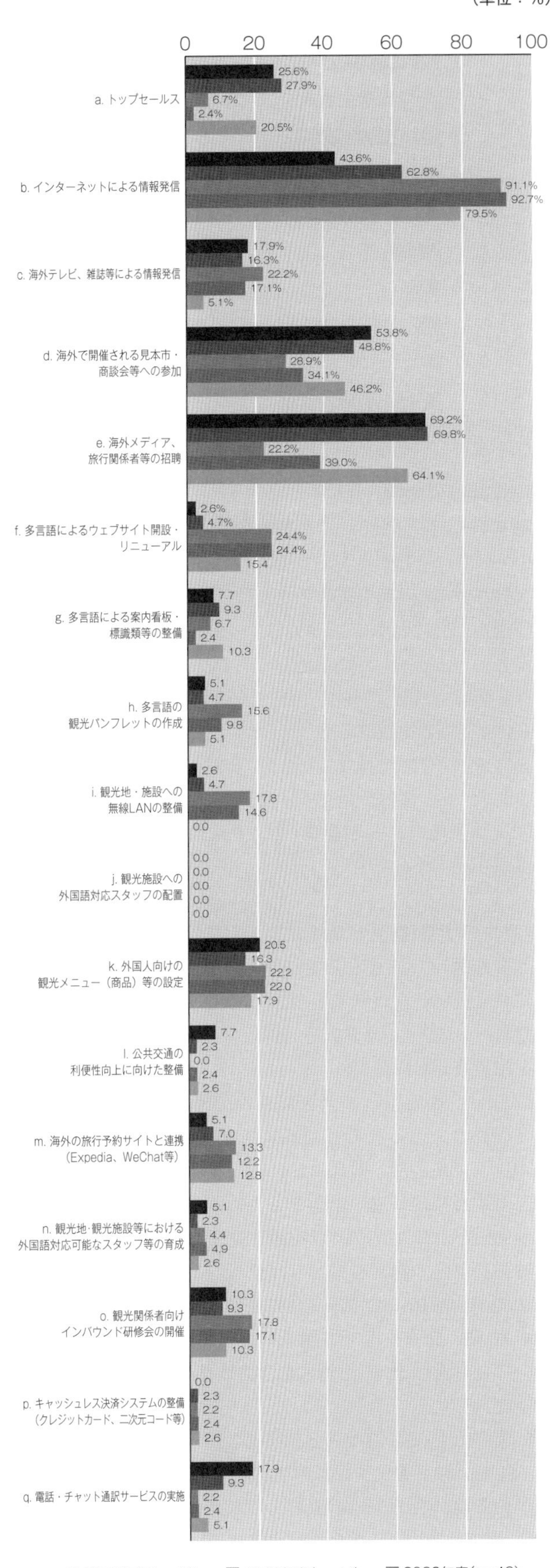

■2018年度(n=40)　■2019年度(n=44)　■2020年度(n=46)
■2021年度(n=41)　■2022年度(n=39)

資料：(公財)日本交通公社「観光政策に関するアンケート調査(2023)」

図Ⅴ-2-12　ターゲットとする国・地域（3つ選択して回答）(n=33)

（単位：%）

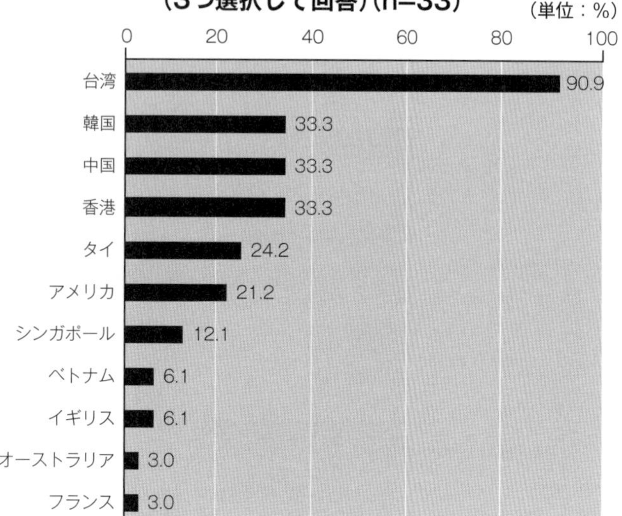

（注）nの値（＝回答の割合の分母）は有効回答のあった自治体の数としている。

資料：（公財）日本交通公社「観光政策に関するアンケート調査（2023）」

(4) 市町村との役割分担

都道府県が市町村に主導的な役割を期待する分野事業について、13の分野から特に重要なものを3つ選択するよう求めた（図Ⅴ-2-13）。最も多かったのは、「c. 受け入れ環境のハード整備」で28自治体（70.0%）、次いで「a. 旅行目的となる観光資源のハード整備」が23自治体（57.5%）、「d. 受け入れ環境のソフト整備」が18自治体（45.0%）であった。

過去4年間と比較すると、「b. 旅行目的となる観光資源のソフト整備」が増加傾向であったが、2023年度は15ポイント以上減少した。「h. 住民向け事業」は5年間減少傾向にあるが、「c. 受け入れ環境のハード整備」はいずれの年度においても選択率が最も高くなっている。

(5) 観光の状態（観光が地域に与える影響）

観光が地域に与える影響について、自都道府県の状況や指針に最も近いと思われるものを「まったく思わない」を1、「どちらでもない」を4、「非常にそう思う」を7とした7段階による評価を求めた（図Ⅴ-2-14）。

観光が自都道府県の経済に良い影響を与えているかについて聞いたところ、「そう思う」を選んだ自治体は40自治体（100.0%）であった。同様に、インバウンドの拡大・振興が、自都道府県の経済に良い影響を与えているかについても、「そう思う」を選んだ自治体は40自治体（100.0%）であり、これらの結果は2019年度の調査結果とほぼ変わらない。

観光が自治体における文化の振興・賑わいの形成・交流人口の増大・愛着や誇りの醸成に良い影響を与えているかについても、「そう思う」を選んだ自治体は40自治体（100.0%）であった。

観光地として許容できる限界以上の観光客が来訪しており、観光資源の劣化や住民の生活環境の悪化が生じているかについては、「そう思う」を選んだ自治体は6自治体（15.0%）、「どちらでもない」を選んだ自治体は11自治体（27.5%）、「思わない」を選んだ自治体は23自治体（57.5%）であった。「そう思う」と回答した自治体は15.0%であり、依然として低い割合ではあるが、2019年度の10.3%と比べると、オーバーツーリズムが発生していると回答した割合はわずかに増えた。

行政サービスの対価として、住民だけでなく観光客にも一定の金銭的負担を求める必要があるかについては、「そう思う」を選んだ自治体は10自治体（25.0%）、「どちらでもない」を選んだ自治体は25自治体（62.5%）、「思わない」を選んだ自治体は5自治体（12.5%）であった。これらの結果は2019年度の調査結果と大きく変わらなかった。

（後藤健太郎）

図Ⅴ-2-13　市町村に主導的な役割を期待する事業分野（3つ選択して回答）

（単位：%）

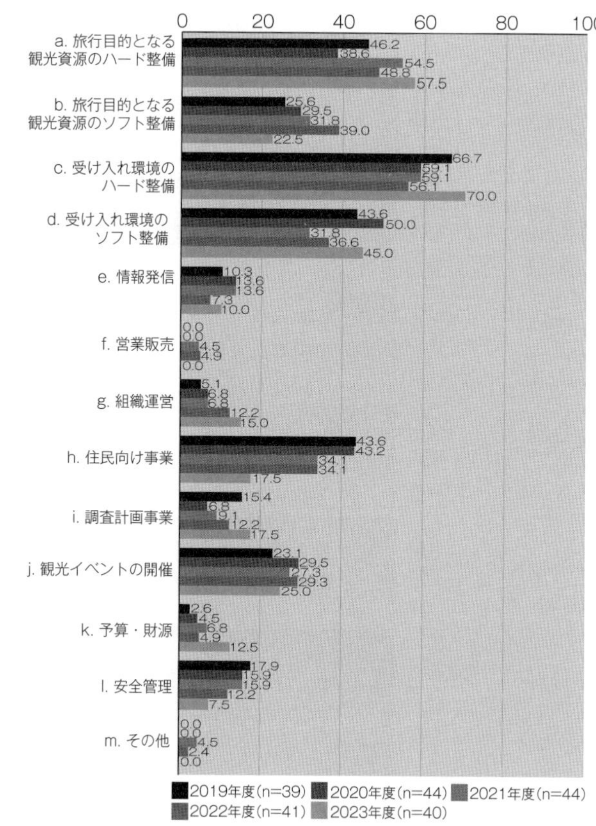

資料：（公財）日本交通公社「観光政策に関するアンケート調査（2023）」

図Ⅴ-2-14　観光が地域に与える影響（n＝40）

（単位：%）

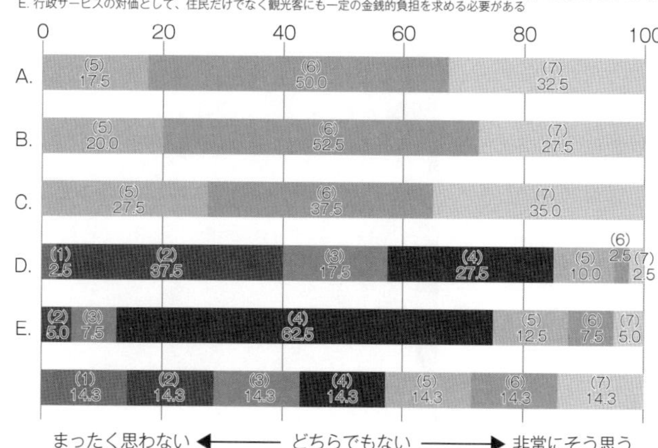

資料：（公財）日本交通公社「観光政策に関するアンケート調査（2023）」

V-3 主要市町村による観光政策

> 観光担当部署の人員はほぼ変動なし
> 一方で職員数・予算等は、不足感が強い状態が続く
> 国内旅行者を中心に、
> 施策の方向性・ターゲット設定の見直しが進む
> 主要施策は国内・海外とも情報発信(ウェブ・SNSを含む)

当財団では、自主研究として、地方公共団体を対象とする観光政策に関する独自調査を2014年度から継続的に実施している。本項では、同調査の結果をもとに、主要市町村による観光政策の動向について紹介する。

表V-3-1　調査概要

調査時期	2023年7～8月
調査対象	政令指定都市20市を含む180市町村 ※各地の観光動向を勘案し、選定
調査方法	調査対象の市町村にアンケート調査票を配布し、 メール及びFAXにより回収
調査項目	(1)主要市町村の観光行政に関わる基盤整備の状況 (2)コロナ禍を経た今後の展開 (3)主要市町村における政策・施策 (4)都道府県との役割分担 (5)主要市町村における観光の状況

(注)2023年9月初旬までに回答を得た114市町村(回答率63.3%)の集計結果。なお、記載したデータは速報値であり、今後の精査次第で最終的な結果が異なる可能性がある。

(1)主要市町村の観光行政に関わる基盤整備の状況

主要市町村に設置されている観光担当部署の職員数・予算・職員の能力・知識・技能について、その実数(職員数・予算のみ)と過不足に関する感覚を尋ねた。

①観光担当部署の職員数

観光担当部署に在籍する職員数について、113市町村から回答を得た。職員数の平均値は13.0人、中央値は11.0人であり、昨年から大きな増減は見られなかった。

職員数の分布は図V-3-1に示すとおりである。「10人以上20人未満」が53市町村(46.9%)と最も多く、「10人未満」が46市町村(40.7%)、「20人以上30人未満」が11市町村(9.7%)、「30人以上40人未満」が2市町村(1.8%)、「40人以上」が1市町村(0.9%)であった。

観光担当部署の職員数について、2019年度と今年度を比較した増減の状況を尋ねた結果は、回答のあった112市町村の平均値が100.8%、中央値が100.0%となり、コロナ禍前と比較して職員数はほぼ変化していなかった。

続いて、観光担当部署における業務の量や難易度と比較した職員数の過不足感について、「不足している」を1、「どちらでもない」を4、「十分である」を7とした7段階による評価を求めた(図V-3-2)。回答のあった114市町村のうち、1～3を選んだ自治体は83市町村(72.8%)、4を選んだ自治体は22市町村(19.3%)、5～7を選んだ自治体は9市町村(7.9%)であった。過去の調査結果と比較すると、職員数に関する不足感は2019年度から2020年度にかけて改善傾向にあったが、2021年度から2022年度には不足感を抱いている自治体が増加した。2023年度は前年度と同様、7割超の自治体が不足(1～3)の回答となった。観光担当部署の職員数がほぼ一定である一方、観光担当部署における業務の量や難易度が増大し、人員の不足感が高まった可能性が想定される。

図V-3-1　観光担当部署の職員数　(単位：%)

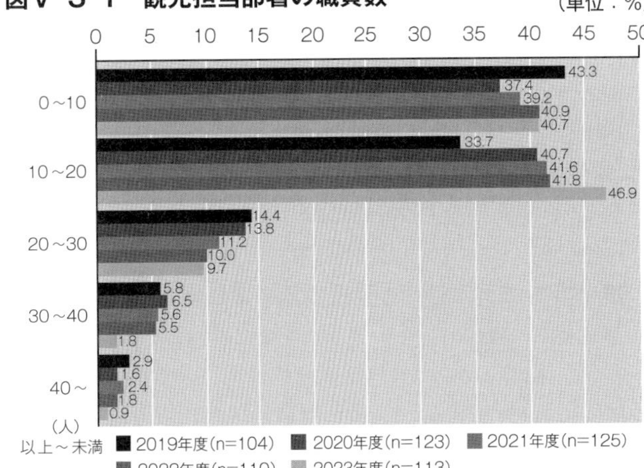

(注)役職や雇用形態による加重なし。出向受け入れ中の人数を含み、出向中の人数を含まない。
資料：(公財)日本交通公社「観光政策に関するアンケート調査(2023)」

図V-3-2　観光担当部署の職員数に関する不足感　(単位：%)

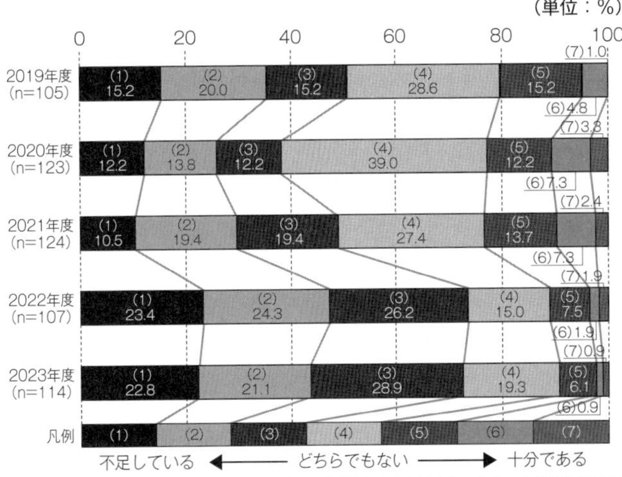

資料：(公財)日本交通公社「観光政策に関するアンケート調査(2023)」

②観光担当部署の予算

各市町村の観光担当部署に対して計上された2023年度の平均予算額は600,217千円、中央値は418,724千円であった。観光担当部署の予算について、2019年度と今年度を比較した増減の状況を尋ねた結果は、回答のあった112市町村の平均値が122.6%、中央値は108.5%となり、コロナ禍前と比べて予算は全体として増加の傾向を示していた。

一般に予算額は職員数に比例すると考えられることから、職員数と予算額の両方について回答を得た111市町村について、職員一人当たりの予算額を算出した。その結果、平均値

は47,496千円／人、中央値は37,305千円／人であった。2022年度と比較すると、平均値は1.18%の減少、中央値は11.26%の増加となった。

職員一人当たりの予算額の分布は図V-3-3に示すとおりである。「20,000千円／人以上30,000千円／人未満」が25市町村(22.5%)と最も多く、次いで「10,000千円／人以上20,000千円／人未満」が16市町村(14.4%)、「50,000千円／人以上60,000千円／人未満」が16市町村(14.4%)という結果であった。過去の調査結果と比較すると、「20,000千円／人以上30,000千円／人未満」の市町村が最も多いという点はいずれの年度においても変わらないものの、今年度は「40,000千円／人以上50,000千円／人未満」及び「50,000千円／人以上60,000千円／人未満」の市町村数が増加した。また「80,000千円／人以上」の市町村数は2021年度から継続的に増加しており、今年度は15市町村(13.5%)が該当した。

市町村全体の予算に占める観光担当部署の予算の割合を尋ねた結果は、図V-3-4に示すとおりである。「1%未満」が64市町村(58.2%)と最も多く、次点は「1～2%未満」が24市町村(21.8%)となった。「1%未満」の市町村の内訳は、0～0.5%未満が42市町村(38.2%)、0.5～1%未満が22市町村(20.0%)であった。

観光担当部署における業務の量や難易度に対する予算の過不足感について、図V-3-2と同様に7段階で質問した(図V-3-5)。回答のあった114市町村のうち、1～3を選んだ自治体は57市町村(50.0%)、4を選んだ自治体は40市町村(35.1%)、5～7を選んだ自治体は17市町村(14.9%)であった。過去の調査結果と比較すると、観光担当部署の予算に対する不足感(1～3)は2020年度に前年度比で減少したものの、2021年度以降は全体として増加の傾向を示しており、2023年度もこの傾向は同様であった。また、予算は十分(5～7)である旨の回答が占める割合は2021年度以降継続的に減少しており、従来は十分な予算を確保していた市町村でも、直近数年度においては厳しい予算状況におかれている。2021年度以降、コロナ禍による影響が徐々に減少し、観光・旅行需要が増加する局面において、必要な予算の確保に苦慮する状況が示唆される。

③観光担当部署で求められる能力・知識・技能

観光担当部署における業務の量や難易度に対して、職員の能力・知識・技能が十分であるかを質問し、図V-3-2と同様に7段階で評価を求めた(図V-3-6)。回答のあった113市町村のうち、1～3を選んだ自治体は37市町村(32.7%)、4を選んだ自治体は45市町村(39.8%)、5～7を選んだ自治体は31市町村(27.4%)であった。過去の調査結果と比較すると、職員の能力・知識・技能に対する不足感(1～3)は2022年度に顕著に増加し、回答の35.5%を占めていた。2023年度、1～3を選択した自治体の割合は前年度から減少したものの、2021年度以前との比較においてはいまだ高い水準を維持している。一方で2023年度に職員の能力・知識・技能が十分である(5～7)旨を回答した自治体の割合は前年度から増加しており、一部の自治体においてはコロナ禍以降の新たな業務に対応する能力の習得や、必要な知識・技能を有する人材の確保がなされたことが示唆される。

図V-3-3 観光担当部署の一人当たりの予算額

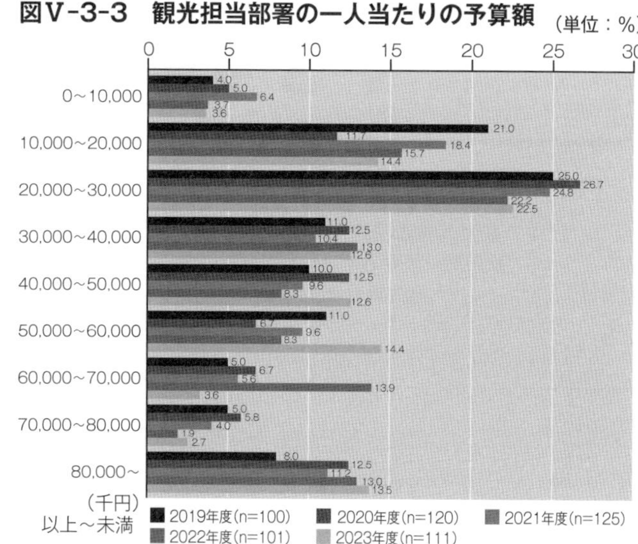

(注)役職や雇用形態による加重なし。出向受け入れ中の人数を含み、出向中の人数を含まない。
資料：(公財)日本交通公社「観光政策に関するアンケート調査(2023)」

図V-3-4 市町村全体の予算に占める観光担当部署の予算の割合(n=110)

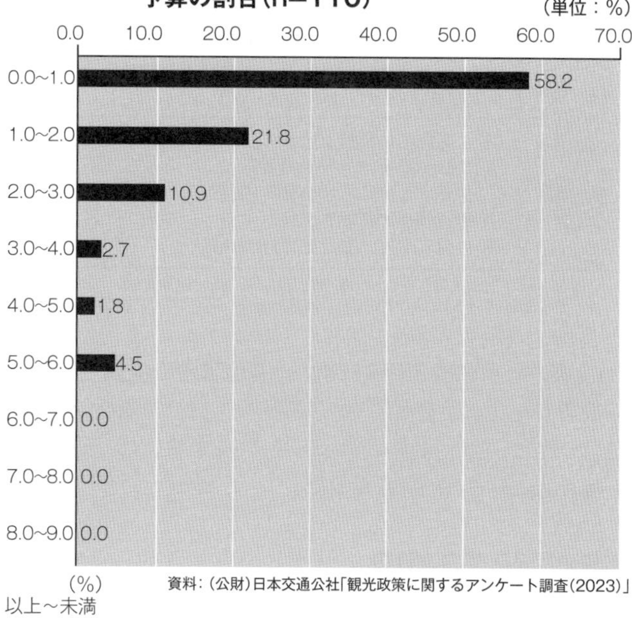

資料：(公財)日本交通公社「観光政策に関するアンケート調査(2023)」

図V-3-5 観光担当部署の予算額に関する不足感

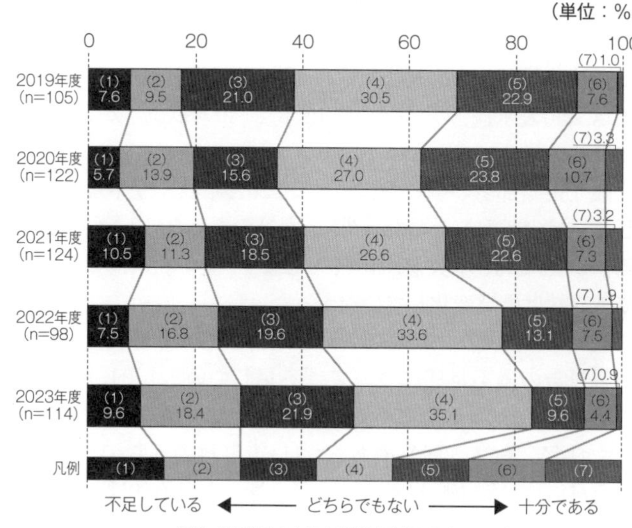

資料：(公財)日本交通公社「観光政策に関するアンケート調査(2023)」

図Ⅴ-3-6　観光担当部署で求められる能力・知識・技能に関する不足感
（単位：%）

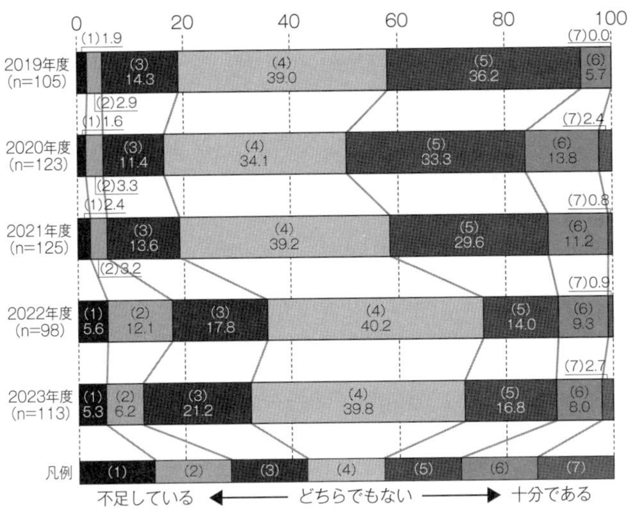

資料：（公財）日本交通公社「観光政策に関するアンケート調査（2023）」

(2) コロナ禍を経た今後の展開

新型コロナウイルス感染症の拡大から3年以上が経過し、自治体の観光施策や旅行需要に対する影響が徐々に減少する中で、それぞれの市町村における関連計画の見直し状況や、誘客ターゲット層の見直し状況等について尋ねた。

①コロナ禍を経た観光政策の重要度

コロナ禍を経て、自治体内における観光政策の重要度が、コロナ禍前と比較して増しているか、あるいは下がっているかを尋ねた（図Ⅴ-3-7）。回答のあった113市町村のうち、「増している」と回答した自治体は72市町村（63.7%）、「変わらない」と回答した自治体は40市町村（35.4%）、「下がっている」と回答した自治体は1市町村（0.9%）であった。

「増している」と回答した主な理由として、「大きな影響を受けた観光業の回復」、「コロナ禍中に観光基本計画を策定し、取り組みを推進中であるため」、「首長の施策方針演説で観光に関する言及があったため」等が挙げられた。また、「変わらない」または「下がっている」と回答した主な理由として、「自治体内にDMO（観光地域づくり法人）が設立されたことに伴う、観光担当部署の役割の変化」、「コロナ禍以前から観光を重要施策としており、コロナ禍後も位置付けは変わらない」、「職員数・予算の相対的な減少のため」等が挙げられた。

図Ⅴ-3-7　コロナ禍を経た観光政策の重要度（n=113）
（単位：%）

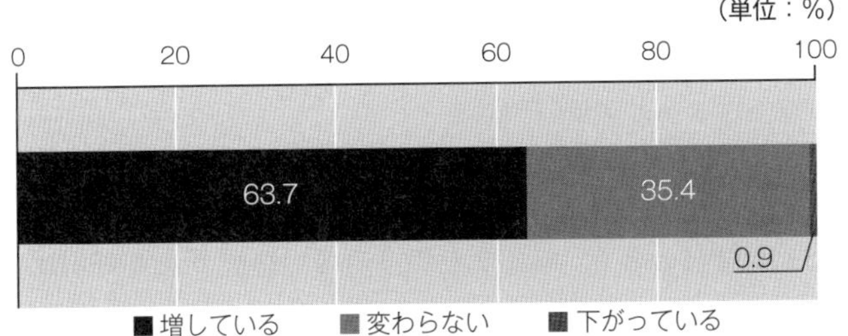

資料：（公財）日本交通公社「観光政策に関するアンケート調査（2023）」

②国内旅行者のターゲットの見直し状況

国内旅行者に対する誘客等の施策について、2019年度以前と比較して、ターゲット設定や情報発信等の見直しを検討しているかについて尋ねた（図Ⅴ-3-8）。2023年度に回答のあった114市町村のうち、「すでに見直した」を選択した自治体は52市町村（45.6%）、「今後見直し予定」を選択した自治体は19市町村（16.7%）であり、両者を合計すると全体の62.3%を占めた。「見直しはしない」を選択した自治体は28市町村（24.6%）、「現状ではわからない」を選択した自治体は15市町村（13.2%）であった。

「すでに見直した」、「今後見直し予定」を選んだ市町村の自由記述回答では、見直しの経緯や具体的な内容として、「近隣圏内をターゲットとしたマイクロツーリズムの実践」、「近隣県からの教育旅行・校外学習の誘客を目的としたプログラムの開発」、「アウトドア・体験メニューに係る調査事業、基盤形成及びプロモーション」等が挙げられた。

図Ⅴ-3-8　国内旅行者のターゲットの見直し状況
（単位：%）

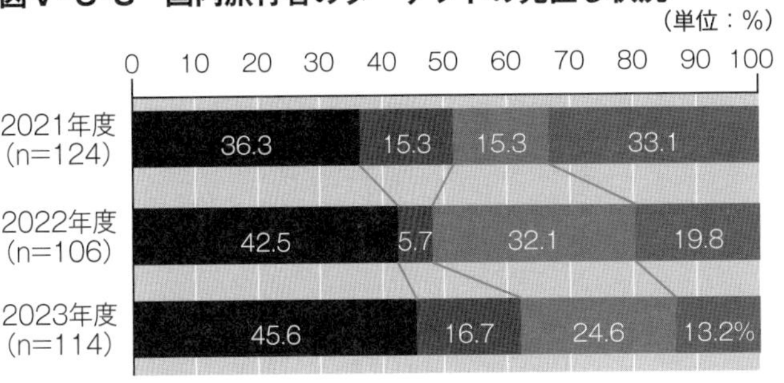

資料：（公財）日本交通公社「観光政策に関するアンケート調査（2023）」

③訪日旅行者のターゲットの見直し状況

2023年度以降の訪日旅行者に対する誘客等の施策について、2019年度以前と比較して、ターゲット設定や情報発信等の見直しを検討しているかについて尋ねた（図Ⅴ-3-9）。回答のあった112市町村のうち、「すでに見直した」を選択した自治体は43市町村（38.4%）、「今後見直し予定」を選択した自治体は29市町村（25.9%）であり、両者を合計すると全体の64.3%を占めた。「見直しはしない」を選択した自治体は24市町村（21.4%）、「現状ではわからない」を選択した自治体は16市町村（14.3%）であった。

図Ⅴ-3-9　今年度以降の訪日旅行者のターゲットの見直し状況
（単位：%）

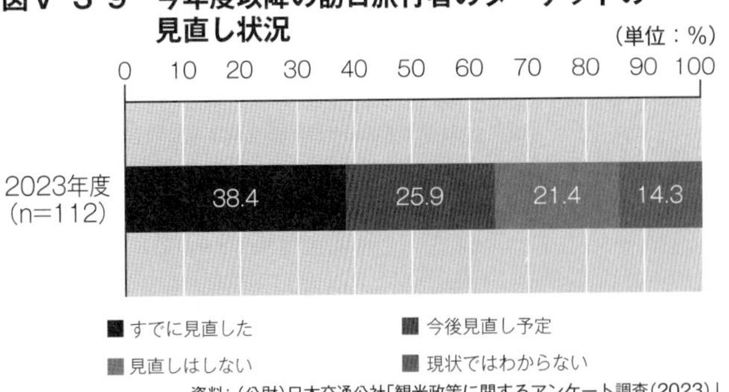

資料：（公財）日本交通公社「観光政策に関するアンケート調査（2023）」

(3)主要市町村における政策・施策

2022年度に実施した観光政策・重点施策(国内・インバウンド)や、インバウンドのターゲット国について尋ねた。

①2022年度の観光政策・重点施策(国内)

2022年度に市町村が実施した事業について、12の分野から代表的な施策を3つ選択するよう求めた(図V-3-10)。回答のあった114市町村のうち、最も多くの自治体に選択された施策は「e. 情報発信」で、79市町村(69.3%)が選択した。次いで54市町村(47.4%)が「b. 旅行目的となる観光資源のソフト整備」を、37市町村(32.5%)が「j. 観光イベントの開催」を、30市町村(26.3%)が「d. 受け入れ環境のソフト整備」を、それぞれ選択した。

図V-3-10 2022年度を含めた過去5か年度に実施した代表的な事業分野(3つ選択して回答)

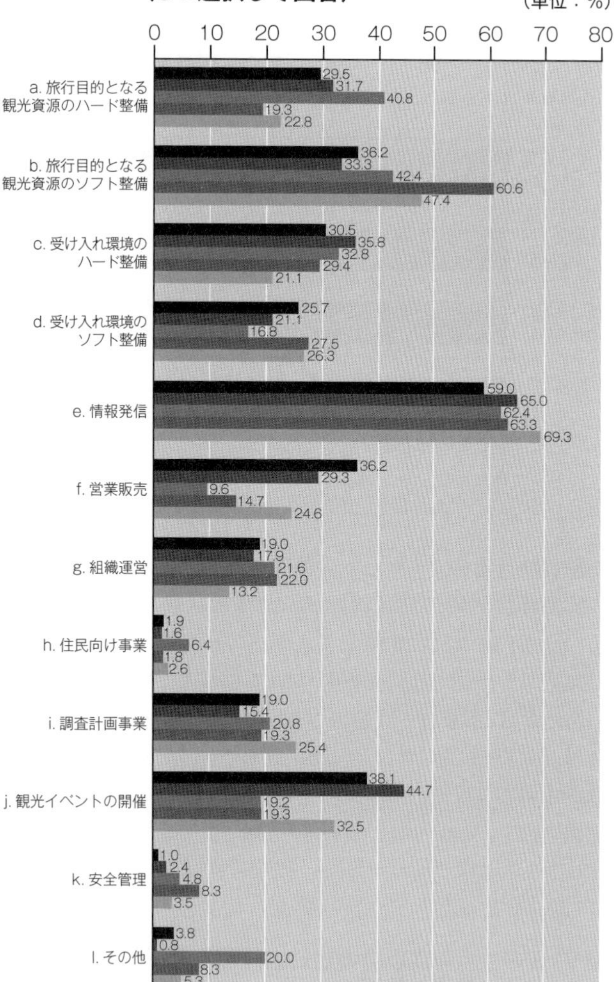

資料:(公財)日本交通公社「観光政策に関するアンケート調査(2023)」

②2022年度の観光政策・重点施策(インバウンド)

2022年度に市町村が実施したインバウンド市場に関連する事業について、17の分野から代表的な施策を3つ選択するよう求めた(図V-3-11)。回答のあった109市町村のうち、最も多くの自治体に選択された施策は「b. インターネットによる情報発信」で、73市町村(67.0%)が選択した。次いで、33市町村(30.3%)が「d. 海外で開催される見本市・商談会等への参加」を、30市町村(27.5%)が「h. 多言語による観光パンフレットの作成」を、22市町村(20.2%)が「g. 多言語による案内看板・標識類等の整備」を、それぞれ選択した。

図V-3-11 2022年度に実施したインバウンド市場に関連した代表的な事業分野(3つ選択して回答)(n=109)

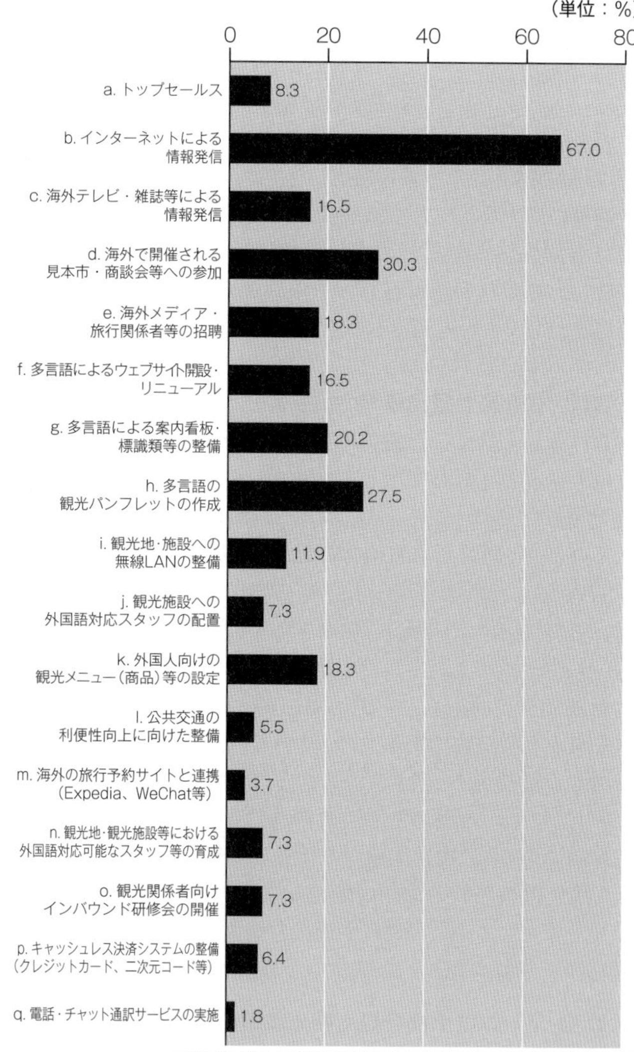

資料:(公財)日本交通公社「観光政策に関するアンケート調査(2023)」

③ターゲットとする国・地域

インバウンド振興に際し、ターゲットとする国・地域を3つ記載するよう求めた(図V-3-12)。ひとつ以上の回答があった86市町村のうち、最も多くの自治体に選択された国・地域は「台湾」で、73市町村(84.9%)。次いで、26市町村(30.2%)が「中国」を、22市町村(25.6%)が「タイ」を、21市町村(24.4%)が「香港」を、それぞれターゲットとする国・地域として挙げた。

図Ⅴ-3-12 ターゲットとする国・地域（3つまで回答）（n=86）

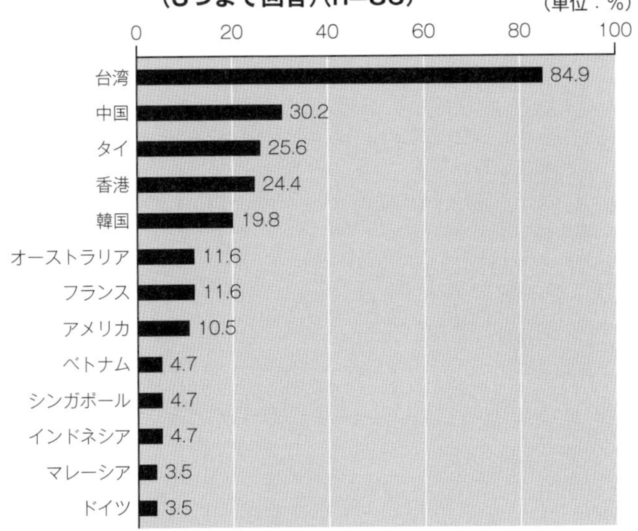

（注）nの値（＝回答の割合の分母）は有効回答のあった自治体の数としている。

資料：（公財）日本交通公社「観光政策に関するアンケート調査（2023）」

(4) 都道府県との役割分担

市町村が都道府県に主導的な役割を期待する事業について、13の分野から特に重要な施策を3つ選択するよう求めた（図Ⅴ-3-13）。回答のあった113市町村のうち、最も多くの自治体に選択された施策は「k. 予算・財源」で、62市町村（54.9%）。次いで、58市町村（51.3%）が「c. 受け入れ環境のハード整備」を、44市町村（38.9%）が「a. 旅行目的となる観光資源のハード整備」をそれぞれ選択した。

(5) 主要市町村における観光の状況

観光が地域に与える影響に関する5つの評価項目について、「まったく思わない」を1、「どちらでもない」を4、「非常にそう思う」を7とした7段階評価により、自市町村の状況や指針に最も近い数字を回答するよう求めた（図Ⅴ-3-14）。すべての評価項目について、114市町村から回答を得た。

「観光は自治体の経済に良い影響を与えている」について、106市町村（93.0%）が「そう思う」（5～7）を選択した。また「インバウンドの拡大・振興は、自治体の経済に良い影響を与えている」については99市町村（86.8%）が、「観光は自治体における文化の振興、賑わいの形成、交流人口の増大、愛着や誇りの醸成に良い影響を与えている」については108市町村（94.7%）が、それぞれ「そう思う」（5～7）を選択した。全体として、訪日旅行者を含めた観光需要は、自治体の経済振興に寄与するとともに、賑わいを生み出し、地域への愛着を醸成することが期待されていることが示唆された。

一方で、「観光地として許容できる限界以上の観光客が来訪しており、観光資源の劣化や、住民の生活環境の悪化等が生じている」については、57市町村（50.0%）が「そう思わない」（1～3）を、32市町村（28.1%）が「どちらでもない」を、25市町村（21.9%）が「そう思う」（5～7）を選択した。各自治体における観光の現状に応じて、回答が大きく分散する傾向が示唆された。また「行政サービスの対価として、住民だけでなく観光客にも一定の金銭的負担を求める必要がある」については、68市町村（59.6%）が「そう思う」（5～7）を選択した。前問の回答分布と比較すると、すでにオーバーツーリズム等の課題に直面している市町村だけでなく、現在はこれらの問題が生じていない市町村も、観光客に一定の負担を求めることについて肯定的な意向を有している可能性が示唆された。

（那須 將）

図Ⅴ-3-13 都道府県に主導的な役割を期待する事業分野（3つ選択して回答）

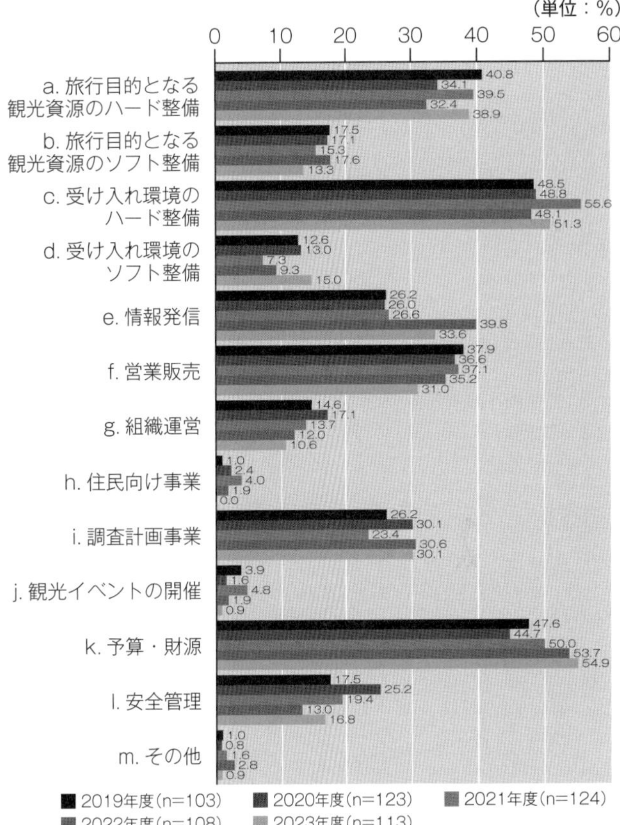

資料：（公財）日本交通公社「観光政策に関するアンケート調査（2023）」

図Ⅴ-3-14 観光が地域に与える影響（n=114）

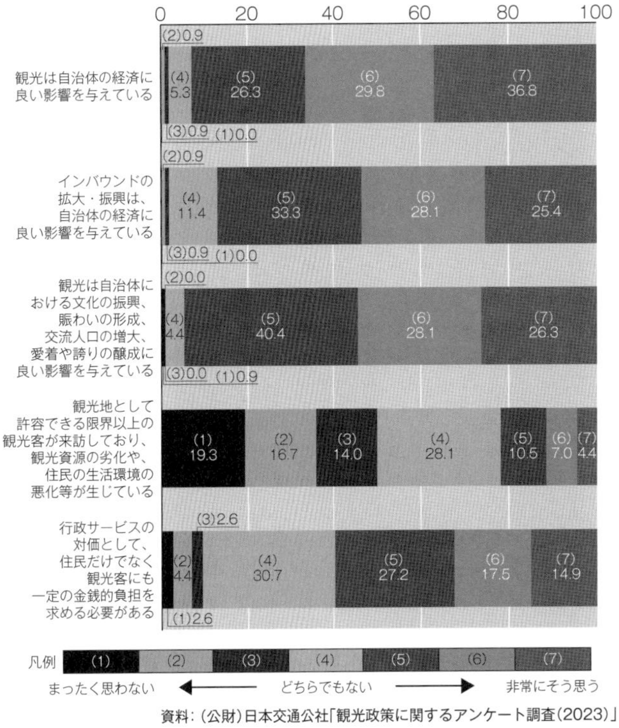

（単位：%）

	(1)	(2)	(3)	(4)	(5)	(6)	(7)
観光は自治体の経済に良い影響を与えている	0.0	0.9	0.9	5.3	26.3	29.8	36.8
インバウンドの拡大・振興は、自治体の経済に良い影響を与えている	0.0	0.9	0.9	11.4	33.3	28.1	25.4
観光は自治体における文化の振興、賑わいの形成、交流人口の増大、愛着や誇りの醸成に良い影響を与えている	0.9	0.0	0.0	4.4	40.4	28.1	26.3
観光地として許容できる限界以上の観光客が来訪しており、観光資源の劣化や、住民の生活環境の悪化等が生じている	19.3	16.7	14.0	28.1	10.5	7.0	4.4
行政サービスの対価として、住民だけでなく観光客にも一定の金銭的負担を求める必要がある	2.6	4.4	2.6	30.7	27.2	17.5	14.9

凡例 (1) (2) (3) (4) (5) (6) (7)
まったく思わない ← どちらでもない → 非常にそう思う

資料：（公財）日本交通公社「観光政策に関するアンケート調査（2023）」

第Ⅴ編 観光政策

付記

観光研究

ここでは、日本の観光の発展に寄与する学術面での「観光研究の動き」を概観する。

(1) 日本国内の観光関連学会

2023年8月時点で、日本学術会議のウェブサイトに掲載されている「日本学術会議協力学術研究団体」のうち、学会名称に「観光」、「ツーリズム」、「旅行」、「リゾート」、「余暇」、「レジャー」、「レクリエーション」、「ホスピタリティ」のいずれかの語を含む学会(以下、国内の観光関連学会)は、合計で12団体である(表 付記-1)。

このほか、「日本学術会議協力学術研究団体」には掲載されていないものの、観光関連の学会活動を行っている団体には、日本旅行医学会(2002年設立)、日本フードツーリズム学会(2009年設立)、国際観光医療学会(2010年設立)、ロングステイ観光学会(2016年設立)等がある。

①全国大会

ともに大江靖雄氏(東京農業大学)が会長を務める日本観光学会と総合観光学会は、全国大会(第115回全国大会、第39回全国学術研究大会)を合同で開催した。なお、2023年度に総合観光学会は日本観光学会に合流している。

全国大会の統一テーマを見ると、全国大会を合同開催した日本観光学会、総合観光学会では"コロナ禍後の観光～課題と展望～"、日本レジャー・レクリエーション学会では"インクルーシブレクリエーションで生き生き生活を!"、余暇ツーリズム学会では"ヘリテージ・ツーリズムの展望"、日本ホスピタリティ・マネジメント学会では"コロナ後の地域振興～観光、物産、まちづくり"、日本観光ホスピタリティ教育学会では"科目「観光ビジネス」導入による現状と今後の展望"等が設定されている。

②機関誌・学会誌

各学会が発行する機関誌・学会誌は合計14誌(日本語13、英語1)。2022年度に発行された機関誌・学会誌で設定されていた特集テーマには、"共生社会づくりに向けて観光が求められる貢献"(日本観光研究学会)、"コロナ後の観光情報学(2)"(観光情報学会)、"観光とエシックス－様々な探求の可能性"(観光学術学会)、"COVID-19とツーリズムへの問い"(観光学術学会)等があった。

(2) 大学・大学院

2022年度、「観光」、「ツーリズム」、「ホスピタリティ」のいずれかの語を含む学部、学科を有する大学は45、大学院は11であった(表 付記-2)。

2022年度は、大阪成蹊大学が国際観光学部を新設し、これに伴い2018年度に当時のマネジメント学部(現在の経営学部)に開設した国際観光ビジネス学科を廃止した。

同大学では、観光産業を「アフターコロナの最大のトリガーとなる産業」であるとし、次世代の観光産業を担う人材、グローバル社会で活躍できる人材育成を目標に掲げている。

同学部は、「国際観光コース」、「観光まちづくりコース」、「国際ビジネスコース」の3コースから成り、カリキュラムには、専門知識を学ぶ授業とともに、旅行会社、航空会社と連携した特別授業や演習、2年次から始まる企業でのインターンシップ等、社会との結び付きを体験し、キャリアを見極める機会が多く取り入れられている。

表 付記-2　日本の観光関連大学・大学院の数

	大学	学部	学科	大学院
2022年度	45	18	45	11
2021年度	45	17	44	11
2020年度	44	16	44	11

(注) 大学の場合は学部・学科名に、大学院の場合は研究科・専攻名に「観光」、「ツーリズム」、「ホスピタリティ」という言葉を含むもののみをカウント。
資料:文部科学省「年度別開設大学等一覧」、各大学のウェブサイトをもとに(公財)日本交通公社作成

(3) 科学研究費助成事業における観光学の扱い

2022年度の科学研究費助成事業の「観光学関連」(小区分80020)等における新規採択件数は83件で、研究種目の内訳は、基盤研究(B)13件、基盤研究(C)51件、若手研究17件、特別研究員奨励費1件、挑戦的研究(萌芽)1件であった(表 付記-3)。配分される科学研究費の合計は約4億円、その内訳は、100万円未満が3件、500万円未満が66件、1千万円未満が2件、5千万円未満が12件となっている。

研究のキーワードは、「オーバーツーリズム」が6件、「観光」、「観光政策」が各4件、このほか、「COVID-19」、「Tourism」、「エコツーリズム」、「ツーリズム」が各3件であった。以下、2件で、「VR」、「オンラインツアー」、「ポスト・コロナ」、「ワーケーション」、「世界遺産」、「地域活性化」、「地域資源」、「持続可能な観光」、「持続可能性」、「温泉観光地」、「観光土産」、「観光地」、「観光地マネジメント」と続く。

新規採択件数を研究機関別に見ると、5件が東京都立大学(総配分額45,890千円)、4件が和歌山大学(同13,390千円)、3件が北海道大学(同6,780千円)、文教大学(同16,250千円)、2件が東京大学(同19,890千円)、中央大学(同7,930千円)、桃山学院大学(同6,630千円)、香川大学(同18,720千円)、立命館アジア太平洋大学(同18,070千円)となっている(表 付記-4)。

(立命館アジア太平洋大学　吉澤清良)

付記 観光研究

表 付記-1　国内の観光関連学会の概要

	学会名・会員数	会長、本部／事務局、支部	活動内容（2022年度）	学会誌（機関誌）、大会論文集
1	日本観光学会 Japan Academic Society of Tourism（JAST） ○正会員　221名 ○準会員 （大学院生・大学生）　37名 ○賛助会員　1名 （2023年8月時点）	【会長】 大江靖雄（東京農業大学） 【本部事務局】 青山学院大学 社会情報学部 長橋透研究室内 【支部】 東北・北海道支部、関東支部、中部支部、関西・中四国支部、九州・沖縄支部	○全国大会の開催（年1回、研究報告、シンポジウム、学会総会等） ・2022年度（第115回）大会 ※日本観光学会・総合観光学会合同全国大会として開催 ・大会統一テーマ：コロナ禍後の観光～課題と展望～ ○支部会（研究発表会、支部総会）の開催 ・東北・北海道支部会の開催 ・関東支部会の開催 ・中部支部会の開催 ・九州・沖縄支部会の開催 ○第5回学生観光プレゼン大会 ・関東支部主催 ○学会誌の発行（『日本観光学会誌』、年1回） ○学会賞の授与	【学会誌】 『日本観光学会誌』（1996年～、年1回） （前身『日本観光学会研究報告』1961～1995年） ・2022年度：第63号　論文5本、研究ノート3本 ※2021年度途中からJ-STAGEでの公開開始 【大会論文集】 『研究発表要旨集』（年1回） ※学会のウェブサイトからダウンロードする形に変更（期間限定）
2	日本レジャー・レクリエーション学会 Japan Society of Leisure and Recreation Studies（JSLRS） ○正会員　250名 ○購読会員　21団体 （2023年8月時点）	【会長】 沼澤秀雄（立教大学） 【事務局】 昭和女子大学 人間社会学部 福祉社会学科 山梨みほ准教授研究室内 【支部】 なし	○学会大会の開催（年1回、地域研究、基調講演、シンポジウム、研究発表、ワークショップ、総会等） ・2022年度（第52回）大会 ・大会テーマ：インクルーシブレクリエーションで生き生き生活を！ ○研究会・講演会等の開催 ○学会誌の発行（『レジャー・レクリエーション研究』、年3回） ○学会ニュースの発行（年2～3回） ○学会賞の授与（日本レジャー・レクリエーション学会賞（学会賞、研究奨励賞、支援実践奨励賞、貢献賞）、2007年～） ○研究の助成（研究助成金制度、2011年～） ○内外の諸団体との連絡と情報の交換（世界レジャー機関、全米レクリエーション・公園協会との情報交換、ウェブサイトのリンク等）	【学会誌】 『レジャー・レクリエーション研究』 （1992年～、年3回） （前身『レクリエーション研究』1965～1991年） ・2022年度：第97号　原著6本 第98号　第52回大会発表論文集 第99号　原著1本、研究資料3本、実践研究1本、第52回レジャーレクリエーション学会大会地域研究1本 【大会論文集】 なし（学会誌に発表要旨を掲載）
3	余暇ツーリズム学会 The Association for Leisure and Tourism Studies ○正会員　154名 ○準会員　8名 ○名誉会員　3名 （2023年8月時点）	【会長】 長谷川惠一（早稲田大学） 【本部事務所】 早稲田大学 商学学術院 長谷川惠一研究室内 【支部】 関東支部、九州支部	○学会大会の開催（年1回、自由論題報告、会員総会、統一論題報告・討論等） ・2022年度大会 ・統一論題：ヘリテージ・ツーリズムの展望 ○支部大会の開催（年1～2回、研究発表等） ○研究部会の開催（ライフスタイル研究部会、ヘルス・スポーツツーリズム研究部会、料飲サービス研究部会、レジャー・スタディーズ研究部会、エンタテインメント・ツーリズム研究部会、ブライダル研究部会、ツーリズム心理研究部会、学生教育研究部会） ※2023年度より料飲サービス研究部会を廃止し、フード・ツーリズム研究部会を新設 ○学会誌の発行（『余暇ツーリズム学会誌』、年1回） ○受託研究 ○会員の研究活動支援（研究助成制度） ○学会賞の授与（2016年～）	【学会誌】 『余暇ツーリズム学会誌』（2014年3月～、年1回） （前身『余暇学研究』1998～2013年、『ツーリズム学会誌』2001～2012年） ・2022年度：第10号　第10号記念寄稿4本、追悼文2本、論文7本、研究ノート5本、基調講演1本、統一論題報告3本
4	日本観光研究学会 Japan Institute of Tourism Research（JITR） ※2022年度より（一社）日本観光研究学会へ移行 ○正会員　1,127名 ○準会員　0名 ○名誉会員　9名 ○賛助会員　3団体 ○特別会員　8団体 （2023年7月末時点）	【会長】 橋本俊哉（立教大学） 【事務局】 東京都豊島区西池袋4-16-19 コンフォルト池袋106 【支部】 関西支部（2003年7月設立）、九州・韓国南部支部（2007年4月設立）、東北支部（2015年3月設立）	○全国大会の開催（年1回、講演会、シンポジウム、研究発表等） ・2022年度（第37回）大会 ・シンポジウムテーマ：新しい働き方／住まい方と地域の可能性 ○総会の開催（年1回、講演、学会賞表彰、シンポジウム） ○研究分科会の設置、助成 ○研究懇話会（年2回）の開催 ○支部の活動 ○学会誌の発行（『観光研究』、年2回） ○観光学全集の発行 ○会務報告の発行（『会務報告』、年2回） ○メールニュースの配信 ○特別研究の助成 ○学会賞の授与（論文奨励賞、観光著作賞、2007年度～） ○優秀論文賞の授与 ○図書の監修（『観光学全集』全10巻予定） ○観光研究に関する外国諸団体との交流等	【学会誌】 『観光研究』（1987年～、年2回） ・2022年度：Vol.34 No.1　論文3本、研究ノート1本、論説1本 Vol.34 No.2　論文5本、研究ノート1本、特集（共生社会づくりに向けて観光が求められる貢献）6本 Vol.34 No.3　特集号　第37回全国大会学術論文（査読付き部門）14本 【大会論文集】 『全国大会学術論文集』（1986年～、年1回）
5	日本国際観光学会 Japan Foundation for International Tourism（JAFIT） ○正会員　378名 ○学生会員 （大学院生・大学生・短期大学生・専門学校生）　38名 ○名誉会員　2名 ○賛助会員　2団体 （2023年8月時点）	【会長】 崎本武志（江戸川大学） 【事務局】 東京都千代田区二番町1-2 番町ハイム701 【支部】 なし	○全国大会の開催（年1回、基調講演、研究発表等） ・2022年度（第26回）大会 ・パネルディスカッションテーマ：日本国際観光学会と論文のあり方について ○例会の開催（研究発表、講演、年5回） ○論文集の発行（『日本国際観光学会論文集』） ○産学協同セミナー「ツーリズム・フォーラム」の開催（2003年～） ○自由論集の発行（年1回） ○テーマ別研究部会による活動（①観光への知的財産権活用、②宿泊関連、③持続可能な戦跡観光、④精神性の高い観光、⑤福祉観光、⑥おもてなし文化、⑦航空マネジメント、⑧オーバーツーリズム、⑨デスティネーション＆プライスブランディング、⑩ワーケーション、⑪観光マネジメント） ○国内外でのシンポジウム開催 ○国際観光研修旅行の実施 ○教科書・学術書の出版 ○国際観光に関する学術調査及び研究 ○内外の企業、団体、個人からの委託研究 ○関連学会、協会との連絡及び交流	【学会誌】 『日本国際観光学会論文集』（1993年～、年1回） ・2022年度：第30号　論文4本、研究ノート9本 『日本国際観光学会自由論集』 （2017年～、年1回） ・2022年度：自由論集Vol.6　23本 【大会論文集】 『全国大会梗概集』（2001年～、年1回発行）
6	日本ホスピタリティ・マネジメント学会 Japan Academic Society of Hospitality Management（JASH） ○正会員　184名 ○学生会員　2名 ○名誉会員　7名 （2023年8月時点）	【会長】 藤井享（北見工業大学） 【本部／事務局】 江戸川大学 社会学部 崎本武志研究室内 【支部】 北海道支部、関東支部、関西支部、九州支部	○全国大会の開催（年1回、研究発表、年次総会、基調講演、パネルディスカッション等） ・2022年度（第30回）大会 ・大会テーマ：コロナ後の地域振興～観光、物産、まちづくり ○研究専門部会の開催（適宜） ○研究発表会 ・関東支部研究発表会の開催 ○学会誌の発行 （『HOSPITALITY』、『INTERNATIONAL JOURNAL OF JAPAN ACADEMIC SOCIETY OF HOSPITALITY MANAGEMENT』、ともに年1回）	【学会誌】 『HOSPITALITY』 （1993年～2012年度：年1回、2013～2015年度：年2回、2016年度～：年1回） ・2022年度：第33号　論文12本、研究ノート4本 『INTERNATIONAL JOURNAL OF JAPAN ACADEMIC SOCIETY OF HOSPITALITY MANAGEMENT』 （2012年～、年1回（2013年は年2回）） ・2022年度：Vol.9 No.1　論文3本
7	総合観光学会 The Japan Society for Interdisciplinary Tourism Studies ○会員　95名 （正会員91名、学生会員4名） （2023年3月末時点）	【会長】 大江靖雄（東京農業大学） 【事務局】 立教大学 観光学部 東徹研究室内 【支部】 なし ※2023年度より日本観光学会と合流	○全国学術研究大会の開催（年1回） ・2022年度（第39回）大会 ※日本観光学会・総合観光学会合同全国大会として開催 ・大会統一テーマ：コロナ禍後の観光～課題と展望～ ○学会誌『総合観光研究』第21号（最終号）の発行（2023年3月） （※創刊号からJ-STAGEで公開） ○会報の発行（第40号（2022年8月1日）） ※第41号（最終号）は2023年7月31日発行 ○その他（学会公式ウェブサイトの充実）	【学会誌】 『総合観光研究』（2002年度～、年1回） ・2022年度：第21号（20周年記念号） 特集4本、論文1本、研究ノート1本

	学会名・会員数	会長、本部／事務局、支部	活動内容（2022年度）	学会誌（機関誌）、大会論文集
8	観光まちづくり学会 The Society of Tourism and Community Design ○正会員 118名 ○学生会員 3名 ○院生会員 4名 ○法人会員 4団体 ○名誉会員 6名 （2023年8月時点）	【会長】 細野昌和（北海商科大学） 【事務所】 （一社）岩手県土木技術センター内 【支部】 北海道支部（2008年～）	○役員会、総会の開催 ○学会誌の発行（『観光まちづくり学会誌』、年1回） ※以下はコロナ禍により延期 ○研究大会の開催（年1回、基調講演、研究発表、会員総会等） ○学会賞の授与（学術論文賞・優秀発表賞） ○講演会、講習会の開催 ○調査研究、視察会の開催	【学会誌】 『観光まちづくり学会誌』（2003年～、年1回） 【大会論文集】 なし（学会誌及び学会のウェブサイトに掲載）
9	日本観光ホスピタリティ教育学会 The Japanese Society of Tourism and Hospitality Educators（JSTHE） ○正会員 191名 ○準会員 6名 ○特別会員 2団体 ○名誉会員 3名 （2023年8月時点）	【会長】 藤田玲子（成蹊大学） 【事務局】 杏林大学 外国語学部内 【支部】 なし	○全国大会の開催（年1回、講演、事例報告、教育実践報告・研究教育論文発表、ワークショップ等） ・2022年度（第22回）大会 ・大会テーマ：科目「観光ビジネス」導入による現状と今後の展望 ○総会・シンポジウムの開催（年1回） ○研究会の開催（年2回） ○学会誌（機関誌）の発行（『観光ホスピタリティ教育』、年1回） ○学術論文集の発行（『全国大会論文集』） ○全国大会発表概要の発行（『全国大会発表要旨集』） ○Newsletterの発行（年3回）	【学会誌（機関誌）】 『観光ホスピタリティ教育』（2006年～、年1回） ・2022年度：第16号 論文1本、書評4本、フォーラム（グループ研究助成制度 研究報告）1本 【大会論文集】 『全国大会論文集』（年1回）『全国大会発表要旨集』（年1回）
10	観光情報学会 Society for Tourism Informatics（STI） ○正会員 147名 ○学生賛助会員 17名 ○ゴールド賛助会員 4名 ○個人賛助会員 5名 ○企業・団体会員A 2団体 ○企業・団体会員B 3団体 （2023年8月時点）	【会長】 鈴木恵二（公立はこだて未来大学） 【事務局】 北海道札幌市北区北7条西4-1-1 トーカン札幌第一キャステール607 【支部】 なし	○全国大会の開催（年1回、基調講演、パネル討論、学術講演セッション、総会等） ・2022年度（第18回）大会 ○研究発表会の開催（年2回、研究発表、エクスカーション） ○観光情報学研究会の開催（さっぽろ、はこだて、かが・のと、たいせつカムイ、ちゅうしこく、いわて、オホーツク圏、とうかい、きゅうしゅう） ○学会誌の発行（『観光と情報』、年1回） ○学会賞の授与（大会優秀賞、大会奨励賞、研究発表会優秀賞、研究発表会奨励賞、功労賞） ○メールニュースの配信 ○情報提供事業、コンサルティング、活動支援等	【学会誌】 『観光と情報』（2005年度～、年1回） ・2022年度：第18巻 特集（コロナ後の観光情報学（2））3本、研究ノート1本 【大会論文集】 『全国大会講演予稿集』（2004年度～、年1回）『研究発表会講演論文集』（2009年度～、年2回）
11	コンテンツツーリズム学会 The Academy of Contents Tourism（ACT） ○正会員 126名 うち学生会員 （大学院生・大学生） 22名 （2023年8月時点）	【会長】 増淵敏之（法政大学） 【事務局】 文教大学 国際学部 清水麻帆研究室内 【支部】 なし	○論文発表大会（年1回、特別講演、論文発表、講評等） ・2022年度（第10回）大会・基調講演：「サードプレイスとしてのコスプレ、地域創生としてのコスプレ」柴田昭（（株）コスパ） ・論文発表大会 ○学会論文集の発行（『コンテンツツーリズム学会論文集』） ○シンポジウムの開催（年1回） ・2022年度基調講演：「中京テレビにおけるメタバースの活用と新たなビジネス展開」市健治（中京テレビ放送（株）放送ビジネスプロデュース局ビジネス開発部 部長） ・2022年度パネルディスカッションテーマ：メタバースにおける新たなツーリズムの可能性 ○研究会（不定期開催）	【学会誌】 『コンテンツツーリズム学会論文集』（2014年度～、年1回） ・2022年度：Vol.10（10周年記念号）巻頭言、2023年度のシンポジウムの基調講演及び対談、寄稿論文1本、書評1本
12	観光学術学会 Japan Society for Tourism Studies（JSTS） ○名誉会員 1名 ○正会員（一般） 351名 ○正会員（大学院生） 74名 ○正会員（シニア） 4名 ○機関会員 8機関 ○準会員（学生） 0名 （2023年8月時点）	【会長】 遠藤英樹（立命館大学） 【事務局】 （有）CR-ASSIST（大阪府） 【支部】なし	○全国大会の開催（年1回、基調講演、フォーラム、大学院生育成セミナー、学生ポスターセッション、一般研究発表等） ・2022年度（第11回）大会 ・大会シンポジウムテーマ：COVID-19とツーリズムへの問い ・フォーラムテーマ：コロナ禍における観光教育 ○研究集会の開催 ・2022年度（第10回）研究集会 ・テーマ：「メディア誘発型観光」研究の刷新 ○学会誌の発行（『観光学評論』、年2回） ○学会賞の授与（著作賞、論文賞、教育・啓蒙著作賞等8種、2013年度～） ○図書等の刊行 ○観光学の研究調査 ○国内外の学術団体、学会との連絡・交流	【学会誌】 『観光学評論』（2012年度：年1回、2013年度～：年2回） ・2022年度：Vol.10 No.2 萌芽論文1本、特集（観光とエシックス－様々な探求の可能性）論文3本、フォーラム1本、書評2本 Vol.11 No.1 原著論文1本、特集論文（COVID-19とツーリズムへの問い）5本、書評1本 【大会論文集】 『全国大会発表要旨集』（2012年度～、年1回）

（注）日本学術会議のウェブサイトに掲載されている「日本学術会議協力学術研究団体」のうち、学会名称に「観光」、「ツーリズム」、「旅行」、「リゾート」、「余暇」、「レジャー」、「レクリエーション」、「ホスピタリティ」のいずれかの語を含む学会を「国内の観光関連学会」として抽出した。

資料：各学会のウェブサイト、各学会への聞き取り調査をもとに（公財）日本交通公社作成（2023年8月時点）

表 付記-4　科学研究費「観光学関連」の採択件数の上位研究機関（2022年度）

研究機関	採択件数	研究種目	総配分額（千円）
東京都立大学	5	基盤B：2、基盤C：1、若手：2	45,890
和歌山大学	4	基盤C：4	13,390
北海道大学	3	基盤C：2、特別研究員奨励費：1	6,780
文教大学	3	基盤B：1、基盤C：1、若手：1	16,250
東京大学	2	基盤B：1、若手：1	19,890
中央大学	2	基盤C：2	7,930
桃山学院大学	2	基盤C：2	6,630
香川大学	2	基盤B：1、基盤C：1	18,720
立命館アジア太平洋大学	2	基盤B：1、基盤C：1	18,070

（注）研究期間の開始年度が2022年度で、審査区分が「小区分80020：観光学関連」の82件、
また研究概要から判断した「中区分8：社会学およびその関連分野」の1件を対象としている。

資料：科学研究費助成事業データベースをもとに（公財）日本交通公社作成

付記　観光研究

表 付記-3 科学研究費「観光学関連」等の新規採択研究課題（2022年度～）

	研究課題名	研究種目	研究機関
1	双方向ラーニング・ワーケーションによる地域活性化の実証的研究	基盤研究(B)	香川大学
2	環境データ駆動型観光を目指した自然景観発生予測・公開システムの開発	基盤研究(B)	北見工業大学
3	観光の集積効果と地域発展：コロナ前の観光政策の評価に基づく稼げる新観光戦略の構築	基盤研究(B)	佐賀大学
4	仮想観光が利用者等の集団心理や観光業界にもたらす影響についての実証研究	基盤研究(B)	国立研究開発法人情報通信研究機構
5	持続可能な観光のための戦略的オーバーツーリズム対処療法の構築	基盤研究(B)	筑波大学
6	気候変動・縮小期における観光と保全の両立：境界オブジェクトとしての土地利用マップ	基盤研究(B)	東京大学
7	持続可能な観光地域形成パッケージの国際的技術移転とネットワーク形成に関する研究	基盤研究(B)	東京都立大学
8	観光実態把握のためのミクロ流動把握のモデル化と方法論	基盤研究(B)	東京都立大学
9	プレイス・ブランディングにおけるセンス・オブ・プレイス手法の体系化	基盤研究(B)	新潟大学
10	災害伝承観光を復興の第二ステージへの展開に活用するしくみに関する実証的研究	基盤研究(B)	文教大学
11	移動前提社会における地域住民と移動者による新たなコミュニティの形成プロセス	基盤研究(B)	北陸先端科学技術大学院大学
12	From Crisis to Resilience: The Social - Ecological Systems (SES) Approach to Tourism Recovery in East Asia	基盤研究(B)	立命館アジア太平洋大学
13	ポスト・オーバーツーリズム期における脱成長型観光政策の実装に向けた包括的研究	基盤研究(B)	龍谷大学
14	観光資源化が進む地域鉄道の災害リスクを考慮した事業継続計画策定手法の開発	基盤研究(C)	愛知工業大学
15	「観光振興プロジェクトの地域連携パス」の開発と体系化	基盤研究(C)	江戸川大学
16	ホスピタリティ産業の生産的組織と持続可能な働き方モデルの構築	基盤研究(C)	桜美林大学
17	深刻化する孤独問題に対する余暇・観光論からのアプローチ	基盤研究(C)	大阪観光大学
18	「観光危機」概念の確立に向けた理論的枠組みの構築に関する知識社会学的研究	基盤研究(C)	大阪公立大学
19	一人旅の心理・体験過程とその記憶の機能 ―ウェルビーイングに資する旅の解明―	基盤研究(C)	大阪国際大学
20	20世紀初頭の大阪及び大阪近郊における遊園地開発史に関する基礎的研究	基盤研究(C)	大手前大学
21	ラテンアメリカ地域におけるエコツーリズムの発生・定着に関する研究	基盤研究(C)	香川大学
22	観光地マネジメントにおけるDMOとエリアマネジメント組織の役割と協働のあり方	基盤研究(C)	神奈川大学
23	アニメ聖地巡礼者の行動特性分析と類型化－行動モデル分析に基づく地域誘客への応用－	基盤研究(C)	関東学院大学
24	持続可能な社会への転換に向けた地方観光のガバナンスに関する研究	基盤研究(C)	九州産業大学
25	Immersive Technology Implementations in the MICE Industry	基盤研究(C)	京都外国語大学
26	オーバーツーリズムが及ぼす環境負荷の評価―大久野島の持続可能な利用に向けて	基盤研究(C)	呉工業高等専門学校
27	温泉観光地再生過程におけるモニタリング指標セット（試論）の構築	基盤研究(C)	芸術文化観光専門職大学
28	新しい観光形態としてのオンラインツアーの課題と可能性に関する研究	基盤研究(C)	國學院大學
29	観光列車と沿線地域の持続可能性－協働メカニズムの「見える化」に関する実証研究－	基盤研究(C)	相模女子大学
30	アートツーリズムを通じた観光まちづくりに関する観光社会学的研究	基盤研究(C)	滋賀大学
31	ニューロマーケティングによる観光プロモーション方法の検討：画像印象評価と効果検証	基盤研究(C)	芝浦工業大学
32	世界遺産の社会的存立構造-カトリック・コミュニティの変容との関わりを中心に	基盤研究(C)	下関市立大学
33	文化観光の波及効果に関する国際比較研究―クリエイティブ産業への資金循環に着目して	基盤研究(C)	摂南大学
34	「感情労働」概念の再構成と観光業への適用	基盤研究(C)	せとうち観光専門職短期大学
35	言語景観観察に基づく文化情報伝達の研究及び応用-掲示から文化認知へ-	基盤研究(C)	中央大学
36	地域観光資源の保全と管理に関する研究―観光市場の失敗の観点から	基盤研究(C)	中央大学
37	LCAに基づくサステナブル・ツーリズムの評価手法	基盤研究(C)	中部大学
38	刺激への感じ方がバーチャルな旅体験への評価に与える影響についての研究	基盤研究(C)	帝京大学
39	高齢観光の概念的接近：顧客の価値創造プロセス	基盤研究(C)	帝塚山大学
40	石川県鳳珠郡能登町における伝統的祭礼の保全と新たな観光振興	基盤研究(C)	東海大学
41	エコツーリズムにおける熟練ガイドのセーフティマネジメントの特徴と構造	基盤研究(C)	東京海洋大学
42	Exploring the potential of virtual tourism as tourism substitute for people under travel constraints	基盤研究(C)	東京都立大学
43	持続的自然資源管理に向けたWeb-AR技術を用いた情報提供システムの開発	基盤研究(C)	東京農業大学
44	地域間産業連関分析による離島振興に向けた経済構造の解明	基盤研究(C)	長崎県立大学
45	訪日外国人への災害情報提供の方策と観光災害マネージメント	基盤研究(C)	名古屋国際工科専門職大学
46	マレーシアのエスニックツーリズムを事例とした文化の商品化の多様性に関する研究	基盤研究(C)	名古屋市立大学
47	観光者の旅行行動や経験に関するネットノグラフィー調査を用いた研究	基盤研究(C)	奈良県立大学
48	漂着プラスチック汚染への国際地域間の学び合いによる課題解決型エコツーリズム	基盤研究(C)	県立広島大学
49	宮島町家の外観および構造とまちなみ景観形成との関係性に関する研究	基盤研究(C)	広島工業大学
50	テキストマイニングを用いた分析にみる地方自治体の観光政策と観光行動の関係性	基盤研究(C)	広島修道大学
51	ポスト・コロナ社会における観光業の構造変化	基盤研究(C)	福島大学
52	観光経営人材の育成プロセス構築と成立要件の研究	基盤研究(C)	文教大学
53	ウィズコロナ時代の観光地における接遇コミュニケーションの相互行為分析	基盤研究(C)	北星学園大学
54	デジタル社会におけるワイナリーの顧客接点の在り方に関する研究～北海道を例として～	基盤研究(C)	北海道大学
55	Working while doing tourism, doing tourism while working: Rural development trough remote working in a (post) pandemic world	基盤研究(C)	北海道大学
56	震災復興に向けたオンラインツアーにおける共感醸成指標の開発と理論モデルの構築	基盤研究(C)	宮城大学
57	観光土産のリピート購買促進のためのポスト・コロナの観光意向とブランド態度の研究	基盤研究(C)	桃山学院大学
58	「冒険ツーリズム」の誕生に関する観光社会学的研究	基盤研究(C)	桃山学院大学
59	ポストコロナ時代の既存観光産業とシェアリングエコノミーサービスの共存戦略	基盤研究(C)	立命館アジア太平洋大学
60	観光の社会的意義を問う―労働の変化と余暇・観光の階層性からのアプローチ	基盤研究(C)	和歌山大学
61	Post-Pandemic Rural Revitalization: Culture and Tourism for Recovery, Resilience and Regeneration	基盤研究(C)	和歌山大学
62	わが国の天文観光の大衆化と夜空の美しさの内部化状況―工学的手法を取り入れた分析	基盤研究(C)	和歌山大学
63	Life, leisure and tourism in the wake of disaster: Investigating the role of surf tourism for post-tsunami coastal recovery	基盤研究(C)	和歌山大学
64	沖縄・竹富島におけるホスト－ゲスト関係の変容をめぐる観光人類学的研究	基盤研究(C)	早稲田大学
65	トラベルヘルパーの就業動機とやりがいを中心とした探索的調査研究	若手研究	大阪商業大学
66	1920年代フランスに見る「食の観光資源」誕生と形成、およびその社会的要因	若手研究	お茶の水女子大学
67	Reconciling Light Contents Tourism and Dark History: A Case Study of Witch-Themed Tourism and Its Conflicts	若手研究	金沢大学
68	責任あるアグリツーリズムのプロトタイプ構築のための計量経済学的研究	若手研究	九州大学
69	観光SNSに関する経済学的な研究：ヘドニックアプローチと家計調査による分析	若手研究	京都産業大学
70	関係人口と地域の持続可能な協働に関する研究	若手研究	島根県立大学
71	宗教観光による起業家育成への貢献：ネパールのマナカマナ寺院の事例に	若手研究	創価大学
72	庭園観光実施主体のオーバー／アンダーツーリズムをめぐるリスク認識に関する研究	若手研究	東京大学
73	住民主体の観光地域づくり推進に向けた色の活用による地域学習プログラムに関する研究	若手研究	東京都立大学
74	Tourism impacts of the Covid-19 pandemic and strategies for the recovery.	若手研究	東京都立大学
75	温泉地域を対象としたCOVID-19による経済的影響と観光支援策に関する調査研究	若手研究	豊橋技術科学大学
76	Improving the international travel experience in the time of COVID-19	若手研究	長崎大学
77	軍港都市の観光地化に関する研究	若手研究	広島大学
78	ジオツーリズムの地域波及効果の研究：ローカルコミュニティの参加に着目して	若手研究	文教大学
79	人口減少地域における巡礼ツーリズムの高まりによる霊場空間の再編に関する研究	若手研究	名桜大学
80	地方自治体の観光政策形成と心理的課題解決方策：葛藤する地域社会と包摂する観光政策	若手研究	立教大学
81	映画研究による観光客のまなざし論の展開―観光表象研究を軸に	若手研究	流通経済大学
82	日本の低消費型野生動物ツーリズム：オンラインオフライン混合空間における意味と倫理	特別研究員奨励費	北海道大学
83	観光が浮かび上がらせる移動のポリティクス―クリティカル・ツーリズムの視点から	挑戦的研究(萌芽)	西武文理大学

(注)研究期間の開始年度が2022年度で、審査区分が「小区分80020：観光学関連」の82件、また研究概要から判断した「中区分8：社会学およびその関連分野」の1件(83番)を対象としている。

資料：科学研究費助成事業データベースをもとに(公財)日本交通公社作成

資料編

資料-1　旅行年表

(2022年1月～9月)

月日	一般社会・海外情勢
1.6	関東南部を中心に大雪。東京都心で10cmの積雪を観測
1.9	沖縄、山口、広島の3県に新型コロナウイルス感染症まん延防止等重点措置を適用。以降、3月21日までに計36都道府県に
1.15	トンガで海底火山噴火。16日、気象庁は津波警報を発表。海外火山噴火の影響による国内での潮位変動観測は初
1.23	ブルキナファソで軍がクーデター
1.27	政府、ガソリン高騰抑制策を発動。1ℓ当たり3円40銭の補助金を給付
2.2	厚生労働省、新型コロナウイルス感染者の同居家族の自宅待機期間を、7日間に見直し
2.4	北京冬季オリンピック開幕、日本勢最多のメダル18個を獲得
2.12	将棋の藤井聡太竜王、史上最年少で五冠達成
2.14	カナダ、コロナ対策抗議デモへの対応で緊急事態法を発動
2.24	ロシア軍、ウクライナに侵攻
2.26	政府、EU他諸国と協調しロシアに対する経済制裁を実施。その後数回にわたって追加的な制裁措置
3.4	北京冬季パラリンピック開幕、日本勢はメダル7個を獲得
3.7	外務省、ロシアの危険情報を4段階の上から2番目のレベル3(渡航中止勧告)に引き上げ
3.16	宮城県、福島県で地震、最大震度6強
3.22	経済産業省、東京電力管内で電力需給ひっ迫警報発令
3.22	新型コロナウイルス感染症まん延防止等重点措置を全面解除
3.23	ウクライナのゼレンスキー大統領、日本の国会でオンライン演説
3.27	米アカデミー賞で「ドライブ・マイ・カー」が国際長編映画賞を受賞
4.1	カーボンニュートラルを基本理念とする改正地球温暖化対策推進法、全面施行
4.4	東京証券取引所、株式市場を3区分に再編。大規模な市場区分再編は約60年ぶり
4.10	佐々木朗希選手、日本プロ野球史上28年ぶりの完全試合、史上最年少
4.12	3月の国内企業物価指数、約40年ぶりの高水準
4.22	ブラジル、リオのカーニバルが2年ぶりに復活
4.23	北海道・知床半島沖で観光船が沈没
4.24	仏大統領選、マクロン氏が再選
4.28	円急落、一時1ドル＝131円台、20年ぶりの円安・ドル高水準
5.10	韓国、尹錫悦新大統領就任
5.15	沖縄、本土復帰50年
5.18	スウェーデンとフィンランド、NATO加盟申請
5.22	アメリカのバイデン大統領が来日
5.23	アメリカ主導「インド太平洋経済枠組み(IPEF)」、13か国で発足
5.23	オーストラリア、アルバニージー首相就任
5.24	日本、アメリカ、オーストラリア、インド4か国のクアッド首脳会合、首相官邸で開催
5.26	北海道・知床半島沖で沈没した観光船を引き揚げ
5.29	ラグビーリーグワン、埼玉パナソニックワイルドナイツが初代王者
6.3	厚生労働省、2021年の人口動態統計を公表。出生数過去最少、合計特殊出生率6年連続で減少
6.4	83歳堀江謙一さん、世界最高齢ヨット単独無寄港太平洋横断を達成
6.10	新型コロナウイルス感染症対策で停止していた海外からの観光客受け入れ、団体ツアーに限り解禁。2年2か月ぶり
6.13	円相場が一時1ドル＝135円台前半に急落、およそ24年ぶりの安値
6.13	侮辱罪厳罰化、改正刑法成立
6.25	群馬県伊勢崎市で40.2℃を観測、6月の全国観測史上初めて40℃台を記録
6.26	ドイツ・エルマウでG7サミット開幕
6.27	経済産業省、東京電力管内、電力需給ひっ迫注意報を初めて発令。注意報は30日まで4日間連続
7.2	KDDIで過去最大級の通信障害が発生。社会インフラにも深刻な影響
7.8	安倍晋三元首相が奈良県奈良市で銃撃され死亡
7.13	参議院選挙で自民党が大勝
7.14	スリランカで非常事態宣言が発令
7.14	国内の新型コロナウイルス感染者の累計が1,000万人突破
7.17	藤井聡太竜王が棋聖戦でタイトル防衛、3連覇を達成
7.19	フィギュアスケートの羽生結弦選手がプロ転向を表明
7.24	鹿児島県・桜島で爆発的な噴火が発生、噴火警戒レベル5に
7.25	ウイルス感染症「サル痘」の国内初の感染例を確認
7.28	新型コロナウイルス感染症「第7波」の勢いが増し、国内の新規感染者が23万人超と過去最多を更新
8.1	核不拡散条約(NPT)再検討会議がアメリカ・ニューヨークで開幕。岸田文雄首相が日本の首相として初めて出席して演説
8.4	東北や北陸で記録的な大雨となり17河川が氾濫。54万人が一時避難対象となった
8.4	中国軍の弾道ミサイルが日本の排他的経済水域(EEZ)内に落下
8.6	第104回全国高校野球選手権大会が3年ぶりに一般の観客を入れて開催
8.9	アメリカ大リーグの大谷翔平選手がベーブ・ルース以来、104年ぶりに同一シーズンの2桁勝利、2桁本塁打を達成
8.9	総務省が、2022年1月1日現在の日本人の総人口を公表。1億2,322万3561人で、13年連続の減少
8.10	第2次岸田改造内閣が発足
8.28	「第8回アフリカ開発会議(TICAD8)」が成果文書「チュニス宣言」を採択し閉幕
8.30	福島県双葉町で、帰還困難区域のうち特定復興再生拠点区域(復興拠点)の避難指示が解除
9.1	1ドル＝140円台まで下落し、24年ぶりの円安水準を更新
9.7	新型コロナウイルス感染症の水際対策が緩和。外国人観光客の添乗員なしのツアーを解禁
9.8	イギリスのエリザベス女王が96歳で死去
9.11	沖縄県知事選で、玉城デニー氏が再選
9.19	天皇皇后両陛下がイギリスのエリザベス女王の国葬に参列
9.23	武雄温泉と長崎を結ぶ西九州新幹線が部分開業
9.27	日本武道館で安倍元首相の国葬

月日	観光行政
1.19	観光庁、県民割支援(地域観光事業支援(需要創出))の運用を変更
1.19	ASEAN＋3観光大臣会合が開催
2.13	文化庁、「日本遺産の日」記念シンポジウムを開催
2.17	観光庁、シンポジウム「『知ろう・深めよう！観光危機管理の取組』～国内外の取組事例と危機時のコミュニケーション～」をオンラインにて開催
2.25	観光庁、高校生向けの観光教育ワークショップを開催
3.1	観光庁、「持続可能な観光にかかる旅行商品の造成に向けたラベルインデックス」を取りまとめ
3.1	水際対策緩和として、観光目的を除く外国人の新規入国が再開するとともに、一日の入国者数上限を3,500人から5,000人に引き上げ
3.2	観光庁、第2回「地方における高付加価値なインバウンド観光地づくり検討委員会」を開催
3.4	文化庁、「文化資源の高付加価値化の促進」関連事業の成果報告会を開催
3.14	観光庁、第3回「アフターコロナ時代における地域活性化と観光産業に関する検討会」を開催
3.14	水際対策緩和として、一日の入国者数上限を5,000人から7,000人に引き上げ
3.17	観光庁、「観光地域づくり法人(DMO)における自主財源開発手法ガイドブック」を作成
3.22	環境省、第15回「国立公園満喫プロジェクト有識者会議」を開催
3.24	観光庁、観光危機管理計画等作成の「手引き」を作成
3.25	観光庁、県民割支援の対象に、都道府県間の同意を前提とした同一の地域ブロックにある都道府県の追加及び県民割支援期間の2022年4月28日宿泊分までの延長を発表
3.31	国税庁、消費税の免税販売手続きを行うことができる機能を有する自動販売機(指定自動販売機)の第1号を指定
4.10	水際対策緩和として、一日の入国者数上限を7,000人から1万人に引き上げ
4.15	観光庁、「安全なMICEの再開と発展に向けた関係者協議会」の取りまとめを公表
4.19	観光庁、第3回「地方における高付加価値なインバウンド観光地づくり検討委員会」を開催
4.20	観光庁、「第2のふるさとづくりプロジェクト」の本格始動を公表
4.20	観光庁、県民割支援の期間の2022年5月31日宿泊分までの延長を発表
4.20	観光庁、第4回「アフターコロナ時代における地域活性化と観光産業に関する検討会」を開催
5.10	観光庁、第42回「交通政策審議会観光分科会」を開催
5.17	観光庁、今後の訪日観光再開に、旅行会社が行動管理を行う少人数のパッケージツアー形式での実証事業の5月中の実施を公表
5.17	渡辺猛之国土交通副大臣がモンゴルのバトウルジー・バトエルデネ自然環境・観光大臣と面会
5.18	観光庁、第5回「アフターコロナ時代における地域活性化と観光産業に関する検討会」を開催
5.20	観光庁、県民割支援の期間の2022年6月30日宿泊分までの延長を発表
5.21	文化庁、国宝キトラ古墳壁画及び国宝高松塚古墳壁画修理作業室の公開を決定
5.23	観光庁、第4回「地方における高付加価値なインバウンド観光地づくり検討委員会」を開催
5.26	環境省、エコツーリズム推進法に基づく全体構想として、「軽井沢エコツーリズム推進全体構想」を認定
5.25～5.29	第2回「アジア国立公園会議」開催
5.31	観光庁、「地方における高付加価値なインバウンド観光地づくりに向けたアクションプラン」を公表
5.31	観光庁、「アフターコロナ時代における地域活性化と観光産業に関する検討会」最終取りまとめを公表
6.1	水際対策緩和として、一日の入国者数上限を1万人から2万人に引き上げるとともに、一部の国・地域において、入国時の検査・待機措置を免除
6.7	観光庁、「外国人観光客の受入れ対応に関するガイドライン」を策定
6.10	水際対策緩和として、一部の国・地域において、添乗員付きのツアー客に限定し、外国人観光客の受け入れを再開
6.10	令和4年版観光白書が閣議決定
6.15	観光庁、「外国人観光客の受入れ対応に関するガイドライン」を改訂
6.17	内閣府及び文化庁、「佐渡島の金山」の文化的価値に関する国際シンポジウムを開催
6.17	観光庁、全国を対象とした観光需要喚起策の実施について公表
7.12	観光庁、旅行者向け「新しい旅のエチケット」を改訂
7.12	観光庁、「外国人観光客の受入れ対応に関するガイドライン」を改訂
7.14	観光庁、県民割支援の期間の2022年8月31日宿泊分までの延長を発表
7.28	文化庁、世界文化遺産として推薦している「佐渡島の金山」について、ユネスコに推薦書を提出
8.3	観光庁、外国人患者を受け入れる医療機関リストについて多言語化を行い、ウェブサイトを更新
8.5	観光庁、2022年8月3日からの大雨による被災観光関連事業者向けの特別相談窓口を設置
8.18	環境省、全国20のエコツーリズム推進協議会の活動状況について取りまとめ
8.25	観光庁、県民割支援の期間の2022年9月30日宿泊分までの延長を発表
9.6	観光庁及び文化庁、文化観光推進法に基づく拠点計画として、栃木県宇都宮市、福井県永平寺町、大阪府大阪市の3地域を新たに認定
9.7	水際対策緩和として、一日の入国者数上限を2万人から5万人に引き上げるとともに、添乗員の同行を伴わないパッケージツアーを受け入れ
9.21	国連総会の機会を捉えた日本食・食文化発信レセプションを開催
9.26	国土交通省、インドネシア・バリ島で行われたG20観光大臣会合に参加
9.26	観光庁、全国旅行支援の実施に合わせ「平日にもう一泊」キャンペーンの実施を決定
9.26	観光庁、2022年10月11日より全国旅行支援の実施を決定

月日	旅行・観光地動向、イベント動向
1.1	高崎だるま市(群馬県高崎市)開催(～1.2)
1.6	東京消防出初式(東京都江東区)開催[YouTubeでも配信]
1.6	少林山七草大祭だるま市(群馬県高崎市)開催(～1.7)
1.9	霧島国際音楽祭　ニュー・イヤー・コンサート(鹿児島県霧島市、鹿児島市ほか)開催(～1.10)
1.14	TOKYO OUTDOOR SHOW 2022(千葉県千葉市)開催(～1.16)
2.1	長崎ランタンフェスティバル(長崎県長崎市)(～2.15)[中止]
2.5	第72回さっぽろ雪まつり(北海道札幌市)開催(～2.28)[オンラインさっぽろ雪まつり2022]
3.6	東京マラソン2022(東京都新宿区、千代田区ほか)[中止]
3.18	東京・春・音楽祭2022(東京都台東区)開催(～4.19)[一部のプログラムは中止、ストリーミング配信]
3.21	第34回　マイナビ　東京ガールズコレクション　2022 SPRING/SUMMER(東京都渋谷区)開催
3.26	AnimeJapan 2022(東京都江東区)開催(～3.27)
3.26	第97回高田城址公園観桜会(新潟県上越市)開催(～4.17)
4.16	島ぜんぶでおーきな祭－第14回沖縄国際映画祭－(沖縄県那覇市、北中城村ほか)開催(～4.17)[オンラインを併用して実施]
4.23	弘前さくらまつり2022(青森県弘前市)開催(～5.5)
4.29	近江の春「びわ湖クラシック音楽祭2022」(滋賀県大津市)開催(～5.1)
4.29	第27回宮崎国際音楽祭(宮崎県宮崎市、串間市ほか)開催(～5.15)
5.3	2022ひろしまフラワーフェスティバル(広島県広島市)開催(～5.5)
5.7	第22回別府アルゲリッチ音楽祭(大分県別府市、大分市ほか)開催(～7.17)
5.17	神田祭(東京都千代田区)開催(～5.18)
5.28	東北絆まつり2022秋田(秋田県秋田市)開催(～5.29)
6.8	第31回YOSAKOIソーラン祭り(北海道札幌市)開催(～6.12)
6.18	100万人のキャンドルナイト@増上寺2022(東京都港区)開催
6.19	第8回秋田リレーマラソン(秋田県秋田市)開催
7.1	博多祇園山笠(福岡県福岡市)開催(～7.15)
7.1	祇園祭(京都府京都市)開催(～7.31)
7.21	第43回霧島国際音楽祭2022(鹿児島県霧島市、鹿児島市ほか)開催(～8.7)
7.24	天神祭(大阪府大阪市)開催(～7.25)
7.28	第32回ゆうばり国際ファンタスティック映画祭2022(北海道夕張市)開催(～8.1)[オンラインでも配信]
7.29	FUJI ROCK FESTIVAL '22(新潟県湯沢町)開催(～7.31)
7.30	砂の美術館第14期展示(鳥取県鳥取市)開催(～2023.1.9)
8.2	青森ねぶた祭(青森県青森市)開催(～8.7)
8.3	秋田竿燈まつり(秋田県秋田市)開催(～8.6)
8.6	仙台七夕まつり(宮城県仙台市)開催(～8.8)
8.6	ROCK IN JAPAN FESTIVAL 2022(千葉県千葉市)開催(～8.13)[最終日は中止]
8.10	よさこい祭り(高知県高知市)中止(～8.11)[「2022よさこい鳴子踊り特別演舞」開催]
8.11	富士山河口湖音楽祭2022(山梨県南都留郡)開催(～8.20)
8.12	2022阿波おどり(徳島県徳島市)開催(～8.15)
8.12	RISING SUN ROCK FESTIVAL 2022 in EZO(北海道石狩市)開催(～8.13)
8.13	2022 セイジ・オザワ 松本フェスティバル(2022OMF)(長野県松本市)開催(～9.9)
8.17	第42回草津夏期国際音楽アカデミー＆フェスティヴァル(群馬県吾妻郡)開催(～8.30)
8.27	六甲ミーツ・アート 芸術散歩2022(兵庫県神戸市)開催(～11.23)
9.1	北海道ブックフェス2022(北海道札幌市ほか)開催(～9.30)
9.3	第35回 マイナビ 東京ガールズコレクション 2022 AUTUMN／WINTER(埼玉県さいたま市)開催
9.15	東京ゲームショウ2022(千葉県千葉市)開催(～9.18)
9.30	夜歩きアート県庁 NAKED GARDEN SAGA(佐賀県佐賀市)開催(～2023.2.26)

資料編

月日	宿泊施設・観光施設等のオープン
1.7	OMO5小樽 by 星野リゾート(92室、北海道小樽市)
1.8	HOTEL R9 The Yard 伊佐(32室、鹿児島県伊佐市)
1.14	オークウッドホテル&アパートメンツ麻布(171室、東京都港区)
1.14	星野リゾート　界 ポロト(42室、北海道白老町)
1.20	ホテルオークラ京都 岡崎別邸(60室、京都府京都市)
1.26	相鉄フレッサイン 大門駅前(181室、東京都港区)
1.26	ふふ 箱根(39室、神奈川県箱根町)
1.28	OMO3札幌すすきの by 星野リゾート(226室、北海道札幌市)
2.1	ホテルマイステイズ蘇我(112室、千葉県千葉市)
2.1	くれたけインプレミアム静岡アネックス(196室、静岡県静岡市)
2.2	大阪中之島美術館(大阪府大阪市)
2.17	ホテル四季の館 箱根芦ノ湖(30室、神奈川県箱根町)
2.17	ホテルインディゴ軽井沢(155室、長野県軽井沢町)
2.25	ANAインターコンチネンタル安比高原リゾート(38室、岩手県八幡平市)
2.25	inumo 芝公園 by ヴィラフォンテーヌ(70室、東京都港区)
2.25	OMO3東京赤坂 by 星野リゾート(140室、東京都港区)
2.25	チサンスタンダード 大阪新今宮(186室、大阪府大阪市)
2.28	東横INN燕三条駅前(219室、新潟県燕市)
3.1	札幌ワシントンホテルプラザ(259室、北海道札幌市)
3.1	ホテルJALシティ富山(252室、富山県富山市)
3.1	コートヤード・バイ・マリオット名古屋(360室、愛知県名古屋市)
3.1	リッチモンドホテルプレミア京都四条(184室、京都府京都市)
3.1	南紀白浜 和みの湯 花鳥風月(24室、和歌山県白浜町)
3.1	ブレジデントホテル博多(197室、福岡県福岡市)
3.3	甲子園歴史館(兵庫県西宮市)
3.14	京成リッチモンドホテル東京押上(145室、東京都墨田区)
3.18	ホテルヴィスキオ富山(182室、富山県富山市)
3.18	相鉄フレッサイン 京都清水五条(252室、京都府京都市)
3.19	オリエンタルホテル 沖縄リゾート&スパ(361室、沖縄県名護市)
3.21	なら歴史芸術文化村(奈良県天理市)
3.23	コンフォートホテル高松(163室、香川県高松市)
3.24	コニカミノルタプラネタリアYOKOHAMA(神奈川県横浜市)
3.26	飛行船シアター(東京都台東区)
4.1	相鉄グランドフレッサ 高田馬場(252室、東京都新宿区)
4.1	ザ ロイヤルパークホテル アイコニック 京都(125室、京都府京都市)
4.1	ハイアットプレイス京都(239室、京都府京都市)
4.1	京都 梅小路 花伝抄(180室、京都府京都市)
4.1	ホテルリソルトリニティ那覇(220室、沖縄県那覇市)
4.4	プリンス スマートイン京都三条(137室、京都府京都市)
4.5	東京ディズニーリゾート トイ ストーリーホテル(595室、千葉県浦安市)
4.8	2ND by hotel androoms 名古屋(211室、愛知県名古屋市)
4.9	ダイワロイネットホテル鹿児島天文館(217室、鹿児島県鹿児島市)
4.12	沖縄プリンスホテル オーシャンビューぎのわん(340室、沖縄県宜野湾市)
4.14	直島旅館 ろ霞(11室、香川県直島町)
4.15	2ND by hotel androoms 札幌(212室、北海道札幌市)
4.15	AQUASENSE Hotel & Resort(77室、沖縄県恩納村)
4.18	アパホテル〈別府駅前〉(177室、大分県別府市)
4.21	YUMI KATSURA MUSEUM WAKASA(福井県若狭町)
4.21	レンブラントスタイル那覇(146室、沖縄県那覇市)
4.22	OMO7大阪 by 星野リゾート(436室、大阪府大阪市)
4.25	ガンダムパーク福岡(福岡県福岡市)
4.25	福岡おもちゃ美術館(福岡県福岡市)
4.27	all day place shibuya(160室、東京都渋谷区)
4.27	アパホテル〈那覇若狭大通〉(105室、沖縄県那覇市)
4.28	東横INN横浜市営地下鉄センター南駅(257室、神奈川県横浜市)
4.28	熱川オーシャンリゾート(75室、静岡県東伊豆町)
4.29	HELLO KITTY APPLE HOUSE(兵庫県淡路市)
4.29	HOTEL TERRASTA(93室、宮崎県都城市)
4.30	対馬博物館(長崎県対馬市)
5.3	アートアクアリウム美術館 GINZA(東京都中央区)
5.20	ダイワロイネットホテル仙台西口(183室、宮城県仙台市)
5.20	The Apartment Bay YOKOHAMA(201室、神奈川県横浜市)
5.20	OMO5金沢片町 by 星野リゾート(101室、石川県金沢市)
5.28	深谷テラスパーク(埼玉県深谷市)
6.1	ホテル・アンドルームス那覇ポート(240室、沖縄県那覇市)
6.13	ホテルリブマックス蒲田駅前(104室、東京都大田区)
6.13	ウェスティンホテル横浜(373室、神奈川県横浜市)
6.16	KOKO HOTEL Premier 熊本(205室、熊本県熊本市)
6.20	四条河原町温泉 空庭テラス京都(102室、京都府京都市)
6.20	四条河原町温泉 空庭テラス京都 別邸(32室、京都府京都市)
6.23	ダイワロイネットホテル札幌中島公園(210室、北海道札幌市)
6.23	フェアフィールド・バイ・マリオット・北海道南富良野(78室、北海道南富良野町)
6.23	東横INN東西線木場駅(143室、東京都江東区)
6.23	KOKO HOTEL Premier 金沢香林坊(207室、石川県金沢市)
7.1	ホテル・アンドルームス札幌すすきの(155室、北海道札幌市)
7.1	OF HOTEL(55室、宮城県仙台市)
7.1	相鉄フレッサイン 仙台(224室、宮城県仙台市)
7.1	三井ガーデンホテル柏の葉パークサイド(145室、千葉県柏市)
7.1	いろはグランホテル近鉄奈良駅前(143室、奈良県奈良市)
7.7	THE HOTEL HIGASHIYAMA by Kyoto Tokyu Hotel(168室、京都府京都市)
7.9	ラビスタ東京ベイ(582室、東京都江東区)
7.10	カンデオホテルズ熊本新市街(380室、熊本県熊本市)
7.13	HOTEL BEACON ONOMICHI(16室、広島県尾道市)
7.16	東横INN小山駅東口Ⅱ(119室、栃木県小山市)
7.23	ゴジラミュージアム 淡路島特撮スタジオ、カイジュウノモリ(兵庫県淡路市)
7.23	琉球ホテル&リゾート 名城ビーチ(443室、沖縄県糸満市)
8.1	ホテル ヴィラフォンテーヌ グランド 大阪梅田(175室、大阪府大阪市)
8.7	ホテルルートイン見附 -中之島見附インター-(241室、新潟県見附市)
8.9	ホテルルートイン四国中央 -三島川之江インター-(196室、愛媛県四国中央市)
8.10	ホテルルートイン周南 -徳山東インター-(250室、山口県周南市)
8.14	カラリト五島列島(48室、長崎県五島市)
8.22	FAV HOTEL 広島スタジアム(33室、広島県広島市)
8.26	カンデオホテルズ宇都宮(288室、栃木県宇都宮市)
8.26	THE BLOSSOM KYOTO(180室、京都府京都市)
8.30	五島リトリート ray by 温故知新(26室、長崎県五島市)
9.1	お宿 Onn 湯田温泉(115室、山口県山口市)
9.1	グリッズプレミアムホテル小樽(142室、北海道小樽市)
9.7	相鉄フレッサイン 札幌すすきの(200室、北海道札幌市)
9.14	東横INN伊勢市駅(147室、三重県伊勢市)

月日	交通・運輸
3.8	ANAホールディングスとエアージャパンが新たなブランド名称「Air Japan」を発表
3.12	播磨自動車道 播磨新宮IC～宍粟JCT開通
3.16	福島県沖地震により東北新幹線等に脱線や設備被害
3.21	徳島南部自動車道 徳島JCT～徳島沖洲IC開通
3.26	函館・江差自動車道 北斗茂辺地IC～木古内IC開通
3.26	伊勢湾岸自動車道 刈谷スマートIC開通
4.1	富士急行 富士急行線を「富士山麓電気鉄道」に分社化
4.1	東急電鉄全路線を再生可能エネルギー100%由来の電力による運行に切り替え
4.13	福岡国際空港とベトナム空港公社が姉妹空港協定を締結
4.14	JR東日本 東北新幹線 全線で運転再開
4.16	新東名高速道路 伊勢原大山IC～新秦野IC開通
4.24	東北自動車道 蓮田スマートIC開通
4.25	首都高速道路 高速川口線 川口ハイウェイオアシス開園
4.27	阪神高速道路 4号湾岸線(南行) 泉大津大型専用PA新設
5.13	スターアライアンスが世界初の航空連合として設立25周年
5.13	JR東日本 東北新幹線が福島県沖地震の影響による運転見合わせから通常ダイヤ運転再開
5.27	名神高速道路 桂川PA(上り)ウェルカムゲートオープン
6.2	JR西日本 伯備線でエキナカ店舗内スペースでの販売サービス「産直便マルシェ」を開始
6.11	JR九州 九州新幹線(博多～熊本間)利用者1億人到達
6.27	阿武隈急行が福島県沖地震の影響による運転見合わせから全線運転再開
7.1	全日空 ハワイ定期便でエアバスA380型機運航再開
7.13	東北自動車道 佐野SA(下り)リニューアルオープン
7.16	日本航空 成田－天津線を新規開設
7.16	タイ・ベトジェットエア 福岡－バンコク(スワンナプーム)線を新規開設
7.22	エアプサン 福岡－ソウル(仁川)線を新規開設
7.22	中国自動車道 王司PA(下り)施設リニューアルオープン
7.24	東富士五湖道路 富士吉田忍野スマートIC開通
8.2	日本航空「JAL SMART SECURITY」羽田空港国内線への導入完了
8.7	中国横断自動車 道尾道松江線 雲南加茂スマートIC開通
8.9	名神高速道路 伊吹PA(上り)施設ニューアルオープン
8.14	マレーシア航空 羽田－クアラルンプール線を新規開設
8.18	山東航空 成田－済南線を新規開設
9.1	ユナイテッド航空 成田－サイパン線を新規開設
9.1	タイガーエア台湾 札幌(新千歳)－台北(桃園)線を新規開設
9.2	JR北海道 特急ニセコ号を札幌～ニセコ～函館間で運行開始
9.19	北関東自動車道 出流原スマートIC開通
9.23	JR九州 西九州新幹線 武雄温泉～長崎間を新規開業

月日	旅行業
1.18	KNT、東大阪店を旅行事業以外も行う新業態店舗へリニューアル
1.25	JATA、ANTA、「旅行業界におけるコンプライアンスへの取り組みの手引き」策定
1.26	JTB、各部署横断的なサステナビリティ委員会設置、環境負荷削減に取り組む
2.1	JATA、3月末まで国内宿泊キャンペーン「笑う旅には福来たる」を実施
2.1	JTB、ツーリズム事業本部地域ソリューション事業部内に「IR・万博推進室」新設
2.6	JR東日本、JR西日本、ワクチン接種者・陰性者限定団体専用臨時列車「日本の美は、北陸にあり。号」運行、大手旅行会社が商品販売
2.10	JTB、埼玉県川越市、京都府京都市の商店街で観光地のごみ問題を解決する「Go! ME」の実証実験
3.1	HIS、ウズベキスタンの首都タシケントに「ホテルインスピラ-S タシケント」開業
3.7	旅行検索サービスatta、第2種旅行業取得
3.11	令和トラベル、メタバース上に期間限定の店舗「NEWT メタバース支店」オープン
3.12	JTB、サステナブル観光の国際組織GSTCに加盟
3.14	日本旅行、北海道大樹町のインターステラテクノロジズと、宇宙事業共創のためのパートナーシップ協定を締結
3.23	読売旅行、新しい添乗員同行ツアーブランド「パレード」販売開始
3.29	JTB、(公財)大阪観光局と包括連携協定を締結
3.30	日本旅行、京都府京田辺市等と包括連携協定締結
4.1	びゅうトラベルサービス、「JR東日本びゅうツーリズム&セールス」に社名変更
4.4	HIS、農業事業の新会社「HISファーマーズ」を設立
4.5	JATA、海外旅行再開に向け、ハワイへ視察団派遣
4.11	JTB、(公財)訪日外国人の医療費未収問題を支援するサービス提供開始
4.20	JTB、質屋の大黒屋と業務提携し、期間限定で「たんす資産かたづけ旅」を開始
4.24	ジャルパック、ハワイへのツアー再開
4.25	JTB、ハワイツアー再開
5.1	HIS、ハワイツアー再開
5.1	KNT、「カーボンスタディツアー～ Think the Blue Planet ～」を発売
5.16	日本旅行北海道、帯広支店を「旅×アウトドア×ワークスペース」をテーマとする次世代型旅行店舗にリニューアル
5.16	KNT、資本金を80.4億から1億円への減資を発表
5.23	日本旅行北海道、函館市と連携協定締結
5.31	JTB、2050年度までにカーボンニュートラル、温室効果ガスの排出量実質ゼロを目指すと発表
6.1	業務渡航の世界大手FCMトラベル、東京オフィス開設
6.7	観光庁、インバウンド受け入れ再開でガイドライン公表(旅行業者が受入責任者)
6.8	日本旅行、パソナグループの「All Japan Tourism Alliance」に出資、観光分野での新産業の創出を目的とする連携発表
6.10	観光目的のインバウンド再開。アメリカ、オーストラリア等4か国対象、添乗員付き行動管理型ツアーのみ
6.15	阪急交通社、　ナビタイムジャパンとともに「NICHER TRAVEL」を開始
6.22	JTBとセールスフォース、(一社)九州観光機構と観光DX推進で包括連携協定を締結
6.23	HIS、石川県でグランピング施設運営開始
6.29	HIS、メタバース「REALITY World」内に、バーチャル支店「HISトラベルワールド」を期間限定オープン
6.30	JATA、9月末まで国内宿泊キャンペーン「笑う旅には福来たる」第2期開始
7.1	HIS、旅と健康をテーマにした季刊誌「Salute! HIS」創刊
7.1	阪急交通社、肥後銀行グループ会社と地方創生推進の連携協定を締結
7.1	読売旅行、福島営業所開設
7.14	農協観光、教育旅行向け農泊商品等で日本航空と業務提携
7.15	JATA、海外旅行再開プロジェクト(需要喚起キャンペーン)開始
7.19	阪急交通社、エアトリと海外個人旅行業務提携
8.22	東武トップツアーズ、山形県西川町と包括連携協定締結
8.24	東武トップツアーズ、京都府京田辺市と地方創生の実現に向けた包括連携協定を締結
8.29	KNTとクラブツーリズム、ワイン文化日本遺産協議会と包括連携協定を締結
8.31	クラブツーリズム、第一生命保険と「ウェルビーイングツーリズム」の共同実証開始
9.7	政府、海外からの添乗員なしツアー入国許可
9.10	ベルトラ、食品通販サイトオープン
9.16	HIS、NFT活用による地域活性化に向けてルーラ社に出資
9.22	JTB、ラグビー観戦の「ホスピタリティパッケージ」販売開始
9.26	日本旅行、埼玉県さいたま市と「メタバースを活用した実証実験に関する基本協定書」締結
9.26	HIS、気球型宇宙船「ネプチューン」の販売権取得

資料編

(2022年10月～2023年6月)

月日	一般社会・海外情勢
10.3	プロ野球の村上宗隆選手が、日本選手最多の56号本塁打を達成
10.4	自民党の岸田文雄氏が第100代首相に
10.11	新型コロナウイルス感染症の水際対策を大幅に緩和、入国者数の上限を撤廃し、個人の外国人旅行客の入国も解禁
10.12	宇宙航空研究開発機構(JAXA)が、小型固体燃料ロケット「イプシロン」6号機の打ち上げに失敗
10.14	日本の鉄道、開業150年
10.20	円相場が一時1ドル＝150円09銭台まで下落、約32年ぶりの安値水準
10.22	天皇皇后両陛下の即位後初の沖縄訪問
10.27	米テスラのイーロン・マスクCEOが、440億ドルで米Twitter社を買収
10.29	韓国・ソウルの繁華街、梨泰院で死者159人の雑踏事故
11.6	国連気候変動枠組条約第27回締約国会議(COP27)がエジプトで開催
11.8	皆既月食と天王星食が同時観測
11.13	カンボジアで岸田首相と韓国の尹大統領が3年ぶりの日韓首脳会談
11.16	インドネシア・バリ島で開かれた20か国・地域首脳会議(G20サミット)が首脳宣言を採択し閉幕
11.17	タイで岸田首相と中国の習近平国家主席が対面では3年ぶりの日中首脳会談
11.19	タイ・バンコクで開かれたアジア太平洋経済協力会議(APEC)首脳会議が首脳宣言を採択して閉幕
11.20	FIFAワールドカップカタール2022開幕
11.22	国産初となる新型コロナウイルス感染症の飲み薬「ゾコーバ」を厚生労働省が緊急承認
11.30	盆踊りや念仏踊りからなる「風流踊」を無形文化遺産に登録することをユネスコが決定
12.1	2022ユーキャン新語・流行語大賞は「村神様」
12.6	サッカーワールドカップ(W杯)で日本8強を逃す
12.13	プロボクシングの井上尚弥選手が日本選手初の4団体統一王者に
12.20	日銀が長期金利の許容変動幅の上限を0.5%に引き上げ
12.23	高知県で観測史上最多の14cmの積雪
12.28	衆院小選挙区「10増10減」改正公職選挙法施行
1.2	新年一般参賀が3年ぶりに行われ、愛子さまが初めて出席
1.10	在日中国大使館が日本人へのビザ発給を停止
1.14	岸田首相がアメリカ・ワシントンD.C.でバイデン大統領と会談
1.15	ネパールで国内線旅客機墜落、搭乗者72名が死亡
1.19	2022年の貿易赤字は19兆9,713億円と、過去最大に
1.20	2022年12月の消費者物価指数が前年同月比4.0%上昇、41年ぶりの上げ幅
1.26	トヨタ自動車が社長交代を発表
2.6	トルコ南部でマグニチュード7.8の地震発生
2.12	フィギュアスケートの四大陸選手権で、三浦璃来選手、木原龍一選手のペアが初優勝
2.13	漫画家の松本零士さんが死去
2.20	アメリカのバイデン大統領、ウクライナを電撃訪問
2.21	上野動物園のジャイアントパンダ「シャンシャン」が中国に返還
2.23	即位後初となる天皇誕生日の一般参賀
3.3	ノーベル文学賞作家の大江健三郎さんが死去
3.14	ミシェル・ヨーさんが米アカデミー賞でアジア系初の主演女優賞に
3.16	岸田首相が初来日した韓国の尹大統領と首相官邸で会談
3.19	藤井聡太竜王が棋王のタイトルを獲得。史上2人目の六冠達成
3.21	岸田首相がウクライナでゼレンスキー大統領と会談
3.22	ワールド・ベースボール・クラシック(WBC)で、日本が3度目の優勝
3.27	文化庁が京都に移転、業務開始
3.28	音楽家の坂本龍一さんが死去
4.1	子ども家庭庁が発足
4.4	フィンランドがNATO加盟
4.6	宮古島周辺で陸上自衛隊のヘリコプターが消息を絶つ
4.10	植田和男氏が日本銀行総裁に就任
4.15	和歌山県和歌山市で演説前の岸田首相に爆発物
5.5	石川県能登地方で最大震度6強の地震
5.6	イギリス・ロンドンのウェストミンスター寺院でチャールズ国王の戴冠式
5.8	新型コロナウイルス感染症の法律上の分類が、季節性インフルエンザと同じ「5類」に
5.19	主要7カ国首脳会議(G7サミット)広島市で開幕
5.19	日経平均株価、「バブル景気」後の最高値を更新
5.20	ウクライナのゼレンスキー大統領がG7広島サミットに参加のため来日
5.28	俳優の役所広司さん、カンヌ映画祭で男優賞受賞
5.28	トルコ大統領選、エルドアン氏が再選
6.1	藤井聡太竜王が史上最年少で名人位を獲得。27年ぶり史上2人目の七冠を達成
6.2	マイナンバーカードと健康保険証を一体化することを盛り込んだ改正マイナンバー法が参院本会議で可決・成立
6.8	テニスの全仏オープン混合ダブルスで加藤未唯選手が初優勝
6.8	2016年に起きたスキーツアーのバス事故で実刑判決
6.16	LGBT理解増進法が国会で可決・成立
6.17	天皇皇后両陛下が国賓としてインドネシアを訪問
6.21	世界のジェンダーギャップ指数で日本は146か国中125位に後退
6.24	アメリカ大リーグの大谷翔平選手が日米通算200号本塁打を達成
6.28	財務省が新紙幣を2024年7月を目処に発行すると発表

月日	観光行政
10.7	環境省、第7回「全国温泉地サミット」及び第4回「チーム 新・湯治全国大会」を開催
10.11	水際対策緩和として、入国者数の上限を撤廃するとともに、ツアー以外の個人の外国人旅行客の受け入れを再開
10.14	観光庁、「観光施設における心のバリアフリー認定制度」に新たに40施設を認定及び同認定制度の紹介動画を公開
10.22	環境省、エコツーリズム推進法に基づく全体構想として、「東近江市エコツーリズム推進全体構想」を新たに認定
10.28	観光庁、「インバウンドの本格的な回復に向けた政策パッケージ」を発表
11.1	「風流踊」がユネスコ無形文化遺産代表一覧表登録に関し、評価機関により「記載」の勧告
11.17	観光庁、ベトナム・ダナンにおいて第9回「日越観光協力委員会」を開催
11.22	観光庁、「平日にもう一泊」キャンペーン・特設サイトをオープン、平日向けのお得な旅行商品を掲載
11.25	観光庁、年明け以降の観光需要喚起策の実施を発表
11.30	文化庁、「風流踊」のユネスコ無形文化遺産登録を発表
12.6	観光庁、旅行者向け「新しい旅のエチケット」を改訂
12.7	環境省、エコツーリズム推進法に基づく全体構想として、「西表島エコツーリズム推進全体構想」を新たに認定
12.8	OECD観光委員会が「OECD諸国の観光動向と政策 2022年」を発行
12.13	観光庁、「日本とアゼルバイジャン共和国間の観光協力に関する覚書」への署名
12.16	環境省、第12回「『チーム 新・湯治』セミナー～温泉地での滞在全体の療養効果を把握する～」を開催
12.16	観光庁、第2のふるさとづくり推進ネットワーク～キックオフイベントを開催
12.16	文化庁、文化財保存活用地域計画を新たに18件認定
12.17	観光庁、韓国・釜山において第36回「日韓観光振興協議会」を開催
12.27	観光庁、「観光地域づくり法人(DMO)による観光地域マーケティングガイドブック」を作成
1.12	観光庁、宿泊分野の特定技能外国人材に係る制度周知セミナー及びマッチングイベントを開催
1.13	観光庁及び文化庁、「スポーツ文化ツーリズムアワード2022」の受賞団体を発表
1.17	観光庁及び文化庁、文化観光推進法に基づく拠点計画として、「富岡製糸場を中核とした文化観光拠点計画」を認定
1.17	環境省、令和4年度自然公園関係功労者環境大臣表彰
1.20	観光庁、「観光DX 推進のあり方に関する検討会」の中間取りまとめを公表
1.20	観光庁、「宿泊業の高付加価値化のための経営ガイドライン」を策定し登録制度を創設
1.23	観光庁、多様な食習慣等を有するインバウンドの「受入対応促進セミナー」を開催
1.30	環境省、第1回「宿舎事業を中心とした国立公園利用拠点の面的魅力向上検討会」を開催
1.30	観光庁、「日本とギリシャ共和国間の観光協力に関する覚書」への署名
2.10	環境省、第2回「宿舎事業を中心とした国立公園利用拠点の面的魅力向上検討会」を開催
2.10	観光庁、「グリーンな観光・国際観光シンポジウム」を開催
2.13	文化庁、「日本遺産の日」記念シンポジウム等を開催
2.21	環境省、第18回「エコツーリズム大賞」を発表
2.24	観光庁、外国人患者を受け入れる医療機関リストについて多言語化を行い、ウェブサイトを更新
2.28	観光庁、「テレワーク・ワーケーション官民推進協議会」を設立
3.1	観光庁、「持続可能な観光にかかる旅行商品の造成に向けたラベルインデックス」を更新
3.2	観光庁、「観光施設における心のバリアフリー認定制度」認定施設数が500施設を突破
3.9	観光庁、DMO全国会議を開催
3.10	観光庁、旅行者向け「新しい旅のエチケット」を改訂
3.10	観光庁、「持続可能な観光に係る取組のノウハウ集」を作成
3.10	環境省、新宿御苑の花見時期における事前予約制を実施
3.13	環境省、第13回「『チーム 新 湯治』セミナー～温泉地から切り拓くサステナブルな地域の未来～」を開催
3.14	環境省、新宿御苑でキャッシュレス決済を開始
3.15	観光庁、アウトバウンドの本格的な回復に向けて集中的な取り組みを実施
3.20	環境省、新宿御苑に「こどもファスト・トラック」を設置
3.20	環境省、第16回「国立公園満喫プロジェクト有識者会議」を開催
3.24	観光庁、「ポストコロナ時代における観光人材育成ガイドライン」を策定
3.28	観光庁、高付加価値旅行者の誘客に向けて集中的な支援等を実施するモデル観光地11地域を選定
3.28	観光庁、「観光DX推進のあり方に関する検討会」の最終取りまとめを公表
3.28	観光庁、「先駆的DMO」3法人を選定
3.29	観光庁、「外国人観光案内所の設置・運営のあり方指針」を改訂
3.29	文化庁、山形県鶴岡市、岐阜県岐阜市、京都府宇治市、大阪府堺市、島根県津和野町、福岡県太宰府市の「歴史的風致維持向上計画」(第2期)を認定
3.29	環境省、第16回「国立公園満喫プロジェクト有識者会議」を開催
3.31	観光庁、「観光立国推進基本計画」を閣議決定
3.31	観光庁、外国人旅行者向け消費税免税制度の変更を発表
3.31	環境省、新宿御苑において桜ライトアップを開催
4.3	観光庁、「観光地域づくり法人の登録制度に関するガイドライン」を一部改正
4.7	観光庁、「観光圏整備実施計画」6地域を認定
4.11	観光庁、「新たなビジネス手法の導入による宿泊業を核とした旅行サービスの提供促進に向けた実証調査」の事例を公開
4.14	観光庁、大阪・夢洲地区のIR区域整備計画を認定
4.24	観光庁、「宿泊施設を核とした観光地のDX推進に向けた実証事業」の成果を公表
4.27	観光庁、全国旅行支援の利用条件を変更(ワクチン接種歴または陰性の検査結果の確認の廃止等)
4.29	水際対策緩和として、「出国前72時間以内に受けた検査の陰性証明書」及び「ワクチンの接種証明書(3回)」の提示を廃止
5.10	観光庁、「今こそ海外！宣言」を発出
5.18	環境省、第4回「宿舎事業を中心とした国立公園利用拠点の面的魅力向上検討会」を開催
5.21	文化庁、国宝キトラ古墳壁画及び国宝高松塚古墳壁画修理作業室を公開
5.22	観光庁、地方の観光現場におけるインバウンド対応の課題・ニーズ及びそれらに対応する先進的かつ即応性の高いICTサービス等を取りまとめ
5.30	観光庁、「新時代のインバウンド拡大アクションプラン」を決定
6.5	環境省、第5回「宿舎事業を中心とした国立公園利用拠点の面的魅力向上検討会」を開催
6.12	観光庁、「観光業界におけるクラウドファンディング活用マニュアル」を作成
6.13	令和5年版観光白書が閣議決定
6.21	国土交通省、インド・ゴアで行われたG20観光大臣会合に参加
6.22	環境省、エコツーリズム推進法に基づく全体構想として、「まんのう町エコツーリズム推進全体構想」を新たに認定
6.29	観光庁、「外国人患者を受け入れる医療機関の情報を取りまとめたリスト」を公表

月日	旅行・観光地動向、イベント動向
10.8	ベップ・アート・マンス 2022(大分県別府市)開催(～11.27)
10.19	NHK音楽祭2022(東京都渋谷区)開催(10.19／10.31)
10.22	ご当地キャラ博in彦根2022(滋賀県彦根市)開催(～10.23)
10.22	TOKYO OUTDOOR MARKET 2022(東京都江東区)開催(～10.23)
10.24	第35回東京国際映画祭(東京都港区ほか)開催(～11.2)
10.27	東京ラーメンフェスタ2022(東京都世田谷区)開催(～11.6)
10.28	第62回東京名物神田古本まつり(東京都千代田区)開催(～11.3)
10.29	ひろしまフードフェスティバル2022(広島県広島市)開催(～10.30)
11.2	2022佐賀インターナショナルバルーンフェスタ(佐賀県佐賀市)開催(～11.6)
11.5	第17回那須ショートフィルムフェスティバル2022(栃木県那須町)開催(～11.13)
11.18	ニッポン全国物産展2022(東京都豊島区)開催(～11.20)
11.19	第11回世界キャラクターさみっとin羽生(埼玉県羽生市)開催(～11.20)
12.9	カッサアルモニカ／音楽の宝箱(兵庫県神戸市)開催(～12.18)[神戸ルミナリエ 2022の代替行事]
12.15	世田谷ボロ市(東京都世田谷区)開催(～12.16／2023.1.15～1.16)
1.1	高崎だるま市(群馬県高崎市)開催(～1.2)
1.6	東京消防出初式(東京都江東区)開催[YouTubeでも配信]
1.6	少林山七草大祭だるま市(群馬県高崎市)開催(～1.7)
1.13	TOKYO OUTDOOR SHOW 2023(千葉県千葉市)開催(～1.15)
1.22	長崎ランタンフェスティバル(長崎県長崎市)開催(～2.5)
2.4	第73回さっぽろ雪まつり(北海道札幌市)開催(～2.11)
2.5	シャトレーゼスイーツマラソンinふえふき(山梨県笛吹市)開催
3.1	砂の美術館第14期展示(鳥取県鳥取市)開催(～2024.1.3)
3.4	第36回 マイナビ 東京ガールズコレクション 2023 SPRING/SUMMER(東京都渋谷区)開催
3.5	東京マラソン2023(東京都新宿区、千代田区ほか)開催
3.18	東京・春・音楽祭2023(東京都台東区)開催(～4.16)
3.25	AnimeJapan 2023(東京都江東区)開催(～3.26)
3.28	第98回高田城址公園観桜会(新潟県上越市)開催(～4.12)
4.15	島ぜんぶでおーきな祭－第15回沖縄国際映画祭－(沖縄県那覇市、北中城村ほか)開催(～4.16)
4.21	弘前さくらまつり2023(青森県弘前市)開催(～5.5)
4.26	第23回別府アルゲリッチ音楽祭(大分県別府市、大分市ほか)開催(～7.17)
4.28	第28回宮崎国際音楽祭(宮崎県宮崎市、串間市ほか)開催(～5.14)
4.29	びわ湖の春 音楽祭2023(滋賀県大津市)開催(～4.30)
5.4	ラ・フォル・ジュルネ TOKYO 2023(東京都千代田区ほか)開催(～5.6)
5.11	神田祭(東京都千代田区)開催(～5.17)
6.7	第32回YOSAKOIソーラン祭り(北海道札幌市)開催(～6.11)
6.10	2023ひろしまフラワーフェスティバル(広島県広島市)開催(～6.11)
6.17	東北絆まつり2023青森(青森県青森市)開催(～6.18)
6.21	100万人のキャンドルナイト@増上寺2023(東京都港区)開催
6.25	第9回秋田リレーマラソン(秋田県秋田市)開催
6.29	第33回ゆうばり国際ファンタスティック映画祭2023(北海道夕張市)開催(～7.2)

月日	宿泊施設・観光施設等のオープン
10.1	塩の湯温泉 蓮月(89室、栃木県那須塩原市)
10.1	クロスライフ博多天神(286室、福岡県福岡市)
10.1	クロスライフ博多柳橋(242室、福岡県福岡市)
10.5	楽土庵(3室、富山県砺波市)
10.7	富士スピードウェイホテル(120室、静岡県小山町)
10.7	ホテルルートイン大阪和泉 -岸和田和泉インター-(197室、大阪府和泉市)
10.10	プライムイン福井あわら(126室、福井県あわら市)
10.13	プリンス スマート イン 博多(190室、福岡県福岡市)
10.14	ホテルルートイン松山 -勝山通り-(206室、愛媛県松山市)
10.17	お宿 Onn中津川(94室、岐阜県中津川市)
10.22	和空 成田山門前(23室、千葉県成田市)
10.22	ヒルトン広島(420室、広島県広島市)
11.1	裏草津 蕩 TOU(56室、群馬県草津町)
11.1	ヴィアインプライム赤坂〈茜音の湯〉(345室、東京都港区)
11.1	ジブリパーク(愛知県長久手市)
11.3	定山渓 ゆらく草庵(102室、北海道札幌市)
11.16	ザ ロイヤルパーク キャンバス 銀座コリドー(161室、東京都中央区)
11.16	ヒルトン・ガーデン・イン京都四条烏丸(250室、京都府下京区)
11.16	プリンス スマート イン 大阪淀屋橋(333室、大阪府大阪市)
11.19	SOKI KANAZAWA(130室、石川県金沢市)
11.21	FAV HOTEL 鹿児島中央(51室、鹿児島県鹿児島市)
11.22	プリンス スマート イン 那覇(149室、沖縄県那覇市)
11.24	ホテルルートイン紀の川(248室、和歌山県紀の川市)
12.1	雪ニセコ(190室、北海道倶知安町)
12.1	東急ステイ メルキュール 大阪なんば(288室、大阪府大阪市)
12.6	相鉄グランドフレッサ 熊本(247室、熊本県熊本市)
12.8	スーパーホテル宇和島駅前天然温泉(126室、愛媛県宇和島市)
12.12	ホテル森の風箱根仙石原(44室、神奈川県箱根町)
12.15	変なホテル鹿児島 天文館(90室、鹿児島県鹿児島市)
12.18	HOTEL Ala COOJU OKINAWA(120室、沖縄県浦添市)
12.20	メルキュール飛騨高山(161室、岐阜県高山市)
12.21	THE HOTEL SANRAKU KANAZAWA(215室、石川県金沢市)
1.7	SEKAI HOTEL Takaoka(8室、富山県高岡市)
1.13	nakahara-sou(東京都世田谷区)
1.15	エスパルいわき(福島県いわき市)
1.15	ホテルB4Tいわき(227室、福島県いわき市)
1.15	くれたけインプレミアム多治見駅前(161室、岐阜県多治見市)
1.18	ダブルツリー by ヒルトン富山(201室、富山県富山市)
1.24	フェアフィールド・バイ・マリオット兵庫但馬やぶ(88室、兵庫県養父市)
1.26	別府温泉 杉乃井ホテル 宙館(336室、大分県別府市)
1.31	羽田エアポートガーデン(東京都大田区)
2.1	Minn 金沢(49室、石川県金沢市)
2.1	アパホテル＆リゾート〈大阪梅田駅タワー〉(1704室、大阪府大阪市)
2.1	プレミアホテル-CABIN PRESIDENT-大阪(240室、大阪府大阪市)
2.1	相鉄フレッサイン 淀屋橋(160室、大阪府大阪市)
2.10	ブリリアントヴィレッジ日光(栃木県日光市)
2.23	オディシススイーツ大阪エアポートホテル(258室、大阪府泉佐野市)
2.24	トラベロッジ名古屋栄(211室、愛知県名古屋市)
3.1	Minn 日本橋(32室、東京都中央区)
3.1	Minn かっぱ橋(42室、東京都台東区)
3.1	アパホテル〈浅草 蔵前北〉(218室、東京都台東区)
3.1	ホテル君佳(40室、山梨県笛吹市)
3.1	Hotel and Spa Gift TAKAYAMA(102室、岐阜県高山市)
3.4	ドラゴンクエスト アイランド(兵庫県淡路市)
3.10	東京ミッドタウン八重洲(東京都中央区)
3.10	Minn 二条城(21室、京都府京都市)
3.16	アニメイト池袋本店(東京都豊島区)
3.18	浅草ビューホテル アネックス 六区(199室、東京都台東区)
3.20	OMO関西空港 by 星野リゾート(700室、大阪府泉佐野市)
3.22	ホテルルートイン京都舞鶴 -西舞鶴駅前-(202室、京都府舞鶴市)
3.25	ホテル京阪なんばグランデ(227室、大阪府大阪市)
3.30	エスコンフィールドHOKKAIDO(北海道北広島市)
3.30	tower eleven hotel(12室、北海道北広島市)
3.31	からくさホテルカラーズ東京八重洲(95室、東京都中央区)
4.1	ファーイーストビレッジホテル東京浅草(134室、東京都台東区)
4.1	ホテルリソルステイ秋葉原(132室、東京都千代田区)
4.1	湯村温泉 緑屋(10室、兵庫県新温泉町)
4.4	ブルガリ ホテル 東京(98室、東京都中央区)
4.11	フェアフィールド・バイ・マリオット・岡山津山(78室、岡山県津山市)
4.12	ホテルルートイン長浜インター Grand Annex(別館)(95室、滋賀県長浜市)
4.12	西鉄ホテルクルーム博多祇園 櫛田神社前(275室、福岡県福岡市)
4.12	フェアフィールド・バイ・マリオット・鹿児島たるみず桜島(95室、鹿児島県垂水市)
4.14	東急歌舞伎町タワー(東京都新宿区)
4.24	GINZA HOTEL by GRANBELL(102室、東京都中央区)
4.24	HOTEL THE COMPACT(17室、兵庫県淡路市)
4.25	OMO5熊本 by 星野リゾート(160室、熊本県熊本市)
4.28	ホテル アマネク新宿歌舞伎町(169室、東京都新宿区)
5.1	ラビスタ函館ベイ ANNEX(74室、北海道函館市)
5.1	クインテッサホテル札幌すすきの63 Relax&Spa(103室、北海道札幌市)
5.1	クインテッサホテル福岡博多 Relax&Sleep(80室、福岡県福岡市)
5.1	クインテッサホテル鹿児島天文館 Relax&Sleep(98室、鹿児島県鹿児島市)
5.13	SAGAアリーナ(佐賀県佐賀市)
5.16	三井ガーデンホテル横浜みなとみらいプレミア(364室、神奈川県横浜市)
5.16	シェラトン鹿児島(228室、鹿児島県鹿児島市)
5.19	BELLUSTAR TOKYO, A Pan Pacific Hotel(97室、東京都新宿区)
5.19	HOTEL GROOVE SHINJUKU, A PARKROYAL Hotel(538室、東京都新宿区)
5.27	ITOMACHI HOTEL 0(57室、愛媛県西条市)
5.30	voco大阪セントラル(191室、大阪府大阪市)
5.30	ホテルルートイン三次駅前(248室、広島県三次市)
6.1	プレミアホテル-CABIN PRESIDENT-函館(199室、北海道函館市)
6.1	ASAI京都四条(114室、京都府京都市)
6.5	天ノ寂(11室、熊本県上天草市)
6.14	シタディーンハーバーフロント横浜(242室、神奈川県横浜市)
6.14	ホテルルートインGrand中野小布施 -信州中野駅前-(166室、長野県中野市)
6.15	スーパーホテルPremier仙台国分町天然温泉(184室、宮城県仙台市)
6.16	ワーナー ブラザース スタジオツアー東京 - メイキング・オブ・ハリー・ポッター(東京都練馬区)
6.18	ヒルトン沖縄宮古島リゾート(329室、沖縄県宮古島市)
6.20	Southwest Grand Hotel(88室、沖縄県那覇市)
6.21	ザ・リッツ・カールトン福岡(167室、福岡県福岡市)
6.27	フェアフィールド・バイ・マリオット・兵庫淡路島東浦(87室、兵庫県淡路市)

月日	交通・運輸
10.1	JR東日本 只見線 全線運転再開
10.3	JR九州 黒い787「36ぷらす3」博多～佐世保間運行開始
10.12	タイ・エアアジア 福岡－バンコク(ドンムアン)線を新規開設
10.14	九州自動車道 直方PA(上り)リニューアルオープン
10.14	新橋－横浜間を結ぶ日本初の鉄道が開業してから150年
10.28	スターラックス航空 那覇－台北(桃園)線を新規開設
10.28	スターラックス航空 札幌(新千歳)－台北(桃園)線を新規開設
10.29	東北中央自動車道 東根IC～村山本飯田IC開通
10.30	タイ国際航空 福岡－バンコク(スワンナプーム)線を新規開設
10.30	フライカンウォン 成田－襄陽(ヤンヤン)線を新規開設
10.30	フィンエアー 羽田－ヘルシンキ線を新規開設
11.4	JR九州高速船 QUEEN BEETLE 日韓航路(福岡～釜山)に就航
11.5	ITAエアウェイズ 羽田－ローマ線を新規開設
11.11	九州自動車道 鞍手PA(下り)リニューアルオープン
11.14	日本航空 客室乗務職の既卒採用を4年ぶりに再開
11.18	東九州自動車道 苅田北九州空港IC～行橋IC間の一部の4車線運用開始
11.18	日本航空 本邦初、CO_2排出量実質ゼロのフライトを東京－沖縄線で運航
11.30	東九州自動車道 隼人道路 隼人西IC～加治木IC 間の4車線運用開始
12.1	カンタス航空 羽田－ブリスベン線を新規開設
12.5	JR東日本 BRT専用大型自動運転バス 柳津駅～陸前横山駅間実用化開始
12.12	ZIPAIR 成田－サンノゼ線を新規開設
12.15	仙台南部道路 今泉IC～長町IC間の4車線運用開始
12.15	バティックエアー・マレーシア 成田－クアラルンプール線を新規開設
12.18	JR東日本 岩手飯岡駅の新駅舎供用開始
12.23	エアプレミア 成田－ソウル(仁川)線を新規開設
12.27	ピーチ・アビエーション 関西－バンコク(スワンナプーム)線を新規開設
1.5	ユナイテッド航空 羽田－ニューヨーク(ニューアーク)線を新規開設
1.12	グレーターベイエアラインズ 成田－香港線を新規開設
1.20	バティックエアー・マレーシア 関西－台北(桃園)－クアラルンプール線を新規開設
2.1	フィリピン・エアアジア 成田－マニラ線を新規開設
2.16	タイ・ベトジェットエア 関西－チェンマイ線を新規開設
2.22	JR九州 西九州新幹線「かもめ」乗車人員100万人突破
2.28	山陽自動車道 篠坂PA(上下線)商業施設が新設
3.1	エルアル・イスラエル航空 成田－テルアビブ線を新規開設
3.12	山陰近畿自動車道 岩美道路 浦富IC～東浜IC開通
3.15	JR九州 日南線 全線運転再開
3.18	JR東日本 京葉線新駅「幕張豊砂」開業
3.18	JR西日本 広島駅地下道南口IC専用改札にリニューアル
3.18	相鉄・東急直通線(羽沢横浜国大駅～新横浜駅～日吉駅)の開業
3.23	阿蘇くまもと空港 新旅客ターミナルビルオープン
3.25	上信越自動車道 甘楽スマートIC開通
3.25	首都圏中央連絡自動車道 圏央鶴ヶ島IC立体化及びアクセス道路(鶴ヶ島市道1015号線)開通
3.25	東九州自動車道 清武南IC～日南北郷IC開通
3.25	ユナイテッド航空 羽田－ロサンゼルス線を新規開設
3.25	ユナイテッド航空 羽田－ワシントン線を新規開設
3.26	日本海東北自動車道 胎内スマートIC開通
3.26	フジドリームエアラインズ 中部(セントレア)－高知線を新規開設
3.26	オリエンタルエアブリッジ 中部(セントレア)－秋田線を新規開設
3.26	オリエンタルエアブリッジ 中部(セントレア)－宮崎線を新規開設
3.26	フジドリームエアラインズ 名古屋(小牧)－札幌(丘珠)線を新規開設
3.27	名神高速道路 養老SA(上り)フードコート先行オープン
3.27	ピーチ・アビエーション 中部(セントレア)－台北(桃園)線を新規開設
3.30	新名神高速道路 亀山西JCT～甲南ICの一部区間で片側3車線運用開始
3.30	バティックエアー・マレーシア 中部(セントレア)－クアラルンプール線を新規開設
4.1	スターラックス航空 仙台－台北(桃園)線を新規開設
4.9	中国南方航空 関西－北京(大興)線を新規開設
4.28	グレーターベイエアラインズ 関西－香港線を新規開設
5.1	ウエストジェット 成田－カルガリー線を新規開設
5.20	全日空 羽田－深圳線を新規開設
6.2	ZIPAIR 成田－サンフランシスコ線を新規開設
6.5	春秋航空 福岡－上海(浦東)線を新規開設
6.28	ヴァージン・オーストラリア 羽田－ケアンズ線を新規開設

月日	旅行業
10.5	東武トップツアーズ、徳島県上勝町と包括連携協定を締結
10.6	阪急交通社、ベトナム・ホーチミンで日系企業向けサポート事業を開始
10.11	入国者数の上限撤廃、個人旅行解禁
10.11	政府による観光需要喚起策「全国旅行支援」開始
10.20	HIS、クラウドファンディングによりケニア・マサイに教室建設、開校、訪問ツアー発表
10.26	KNT、首都高速道路と災害時等における宿泊施設確保等の協力に関する協定を締結
10.27	JATA、北海道・道東への誘客拡大プロモーション開始
11.1	HIS、関西事業部内に大阪・関西万博推進室新設
11.1	クラブツーリズム、40～50歳代向けの自由度の高い募集型企画旅行「旅'smart」販売開始
11.28	KNTとクラブツーリズム、青森県西目屋村と観光振興及び地域活性化に関する包括連携協定を締結
11.30	阪急交通社、北海道と包括連携協定を締結
12.14	JTB、鳥取県と訪日観光推進に関する連携協定を締結
12.15	JTB、JR東海と東海道新幹線貸切車両パッケージを発売
12.21	KNT、地域活性化に貢献するエシカルウェディングプラン「Belltowa Wedding」開始
12.22	海外向けバーチャルツアーやプロモーションを行うツナガル社、第2種旅行業登録で旅行事業開始
12.23	日本旅行、オンワード商事と学校向けSDGsに関する協定を締結
1.1	日本旅行、各営業本部を廃止し、広域営業部を設置する等、組織改編
1.1	東武トップツアーズ、ソーシャルイノベーション推進部内に全国支援室と関連商品室を設置
1.1	読売旅行、個人型旅行ブランド「ブーケ」販売開始
1.13	ANA XとANAあきんど、直営店舗「TOCHI-DOCHI」を東京都・八重洲にオープン
1.18	日本旅行、サイコロの目で旅先が決まる「旅コロ」発売
1.20	読売旅行、「ホープツーリズム　福島の今を正しく学ぶ旅」販売開始
1.21	KNT、運営受託の「どうする家康 岡崎 大河ドラマ館」オープン
2.1	東武トップツアーズ、持続可能な観光認証「Travelife Partner」取得
2.1	読売旅行、インバウンド事業準備室新設
2.9	日本旅行、OMMと提携し、自治体向けに公共施設予約システム導入の支援を開始
2.13	ジャルパック、フランスから最新航空機に関するオンラインツアー販売
2.17	日本旅行、長崎県壱岐市とエンゲージメントパートナー協定締結
3.1	HIS、Peach Aviationと「宿付き旅くじ」販売開始
3.7	JTB、旅行者向け啓蒙を目的にマンガ「マラマハワイ」を制作、インスタグラムで公開
3.7	日本旅行、スタッフ制服を再活用しオリジナルコースターへ
3.9	ミキ・ツーリスト、ヨーロッパ個人旅行の新ブランド「みゅう プルミエ」を立ち上げ
3.15	東武トップツアーズ、地方創生メタバースの提供開始
3.15	ジャルパック、(一社)全国古民家再生協会と包括提携契約を締結
3.16	日本旅行、福井県あわら市に電動アシスト自転車と電動キックボードを寄贈
3.20	JR東びゅう、富山県南砺市と観光振興に関する連携協定締結
3.22	JTB、山形県、JA全農山形と「農業と観光との連携による農業人材創出に関する連携協定」を締結
3.27	エクスペディア、OpenAIと連携開始、ChatGPTで旅程作成、予約、トラブル対応に活用
3.28	JTB、「ALL-JAPAN観光立国ファンド2号」に出資
4.1	阪急交通社、子会社の阪急阪神ビジネストラベルと阪神トラベル・インターナショナルを合併
4.1	阪急交通社、DX戦略事業本部新設
4.1	日本旅行、企業向け出張管理システムにCO_2排出量の可視化・算定機能を実装
4.3	JTB、(一社)次世代教育ネットワーキング機構を設立
4.7	HIS、子どもパスポート取得費用全額補助等の夏旅キャンペーン開始
4.18	ANA X、「旅行先 福祉用具レンタルサービス」開始
5.10	観光庁とJATA、共同で「今こそ海外！宣言」発出
5.15	JATA、パスポート取得費用サポートキャンペーン開始
5.16	東武トップツアーズ、栃木県栃木市、國學院大學と持続可能な観光まちづくり協定締結
5.22	JR東びゅう、水力発電施設見学等インフラツアー販売
5.23	JTB、食品ロス削減プロジェクトとして、規格外野菜活用の「ロス旅缶」を開発
5.31	東武トップツアーズ、旧制服を「古着deワクチン」へ寄贈、衣類再利用とポリオワクチン寄付へ
6.2	JTB、群馬県片品村にe-バイク寄贈
6.12	阪急交通社、鹿児島県・奄美大島に環境保全型トイレ設置
6.15	ANA X、飛行機に乗らなくても楽しめる千葉県成田市のオンラインツアー販売
6.19	JATA、第1回「JATA SDGsアワード」の各賞を発表

資料-2　付属統計表

年・月	経済関連指標													
	日経平均株価	百貨店・スーパー販売額				家計消費支出・収入（二人以上、勤労者世帯）				完全失業率（季節調整値）	有効求人倍率	企業倒産	国内総生産（実質）（2015年基準）	
		百貨店		スーパー		消費支出		実収入						
			前年比		前年比		前年比		前年比					前年比
	円	億円	%	億円	%	円	%	円	%	%	倍	件	10億円	%
2020年度	24,462.40	45,612	△24.5	150,685	2.9	3,654,092	△5.0	7,291,030	3.2	2.9	1.10	7,163	527,376	△4.1
2021年度	28,384.81	49,683	8.9	150,295	△0.3	3,734,490	2.2	7,297,874	0.1	2.8	1.16	5,980	541,037	2.6
2022年度	27,276.89	56,738	14.2	152,180	1.3	3,874,091	3.7	7,440,143	1.9	2.6	1.31	6,880	547,749	1.2
2020暦年	22,465.39	46,938	△25.5	148,112	3.4	3,669,727	△5.6	7,314,422	4.0	2.8	1.18	7,773	528,895	△4.3
2021暦年	28,835.53	49,030	4.5	150,041	△0.3	3,713,622	1.2	7,263,789	△0.7	2.8	1.13	6,030	540,310	2.2
2022暦年	27,255.72	55,070	12.3	151,533	1.0	3,847,529	3.6	7,411,846	2.0	2.6	1.28	6,428	545,962	1.0
2022.1～3	27,184.86	12,389	5.6	36,466	0.7	943,333	2.3	1,523,645	2.3	2.7	1.21	1,504	136,763	0.5
4～6	26,885.17	13,058	25.3	36,729	△0.6	959,594	2.4	1,946,188	0.5	2.6	1.25	1,556	134,015	1.8
7～9	27,585.80	12,939	16.6	37,839	0.4	954,002	6.9	1,720,664	0.9	2.6	1.30	1,585	135,278	1.6
10～12	27,367.07	16,683	5.8	40,499	3.3	990,600	3.1	2,221,349	4.1	2.5	1.35	1,783	139,906	0.4
2023.1～3	27,269.53	14,057	13.5	37,113	1.8	969,895	2.8	1,551,942	1.9	2.6	1.34	1,956	138,551	1.3
2022.1	27,903.99	4,163	14.5	12,604	△0.3	314,358	5.6	479,805	2.2	2.7	1.20	452	–	–
2	27,066.53	3,516	△1.8	11,520	1.2	285,289	1.6	540,712	1.0	2.7	1.21	459	–	–
3	26,584.08	4,711	4.2	12,342	1.3	343,686	△0.1	503,128	3.8	2.6	1.23	593	–	–
4	27,043.33	4,181	25.3	12,062	0.6	344,126	1.6	539,738	△0.6	2.6	1.24	486	–	–
5	26,653.77	4,301	16.6	12,509	△1.1	314,979	△0.9	489,745	0.1	2.6	1.25	524	–	–
6	26,958.39	4,577	5.8	12,158	△1.2	300,489	6.9	916,705	1.4	2.6	1.27	546	–	–
7	26,986.74	4,854	13.5	12,850	1.3	317,575	4.9	657,263	△1.6	2.6	1.28	494	–	–
8	28,351.67	3,869	25.3	12,907	△0.5	322,438	9.6	563,963	1.6	2.5	1.31	492	–	–
9	27,418.99	4,217	16.6	12,083	0.5	313,989	6.2	499,438	3.7	2.6	1.32	599	–	–
10	26,983.20	4,730	5.8	12,595	2.8	328,684	5.1	568,282	3.5	2.6	1.34	596	–	–
11	27,903.32	5,177	13.5	12,413	2.6	308,122	1.3	502,259	4.2	2.5	1.35	581	–	–
12	27,214.69	6,776	25.3	15,490	4.2	353,794	2.8	1,150,808	4.4	2.5	1.36	606	–	–
2023.1	26,606.28	4,764	16.6	12,916	2.5	331,130	5.3	495,706	3.3	2.4	1.35	570	–	–
2	27,509.11	4,176	5.8	11,644	1.1	298,749	4.7	557,655	3.1	2.6	1.34	577	–	–
3	27,693.20	5,117	13.5	12,553	1.7	340,016	△1.1	498,581	△0.9	2.8	1.32	809	–	–
資料出所	日本経済新聞社	経済産業省				総務省統計局					厚生労働省	東京商工リサーチ	内閣府	

(注1)有効求人倍率は新規学卒者を除きパートを含む。年度ならびに暦年の数値は実数、月ごとの数値は季節調整値。
(注2)企業倒産は、負債総額1,000万円以上の件数。
(注3)国内総生産の四半期は原系列の値。
(注4)直近公表の過去値の修正に伴い、暦年・年度・四半期の数値を遡って修正している。

年・月	旅行・観光関連産業（旅行業・宿泊業）													
	主要旅行業者総取扱額								全国ホテル客室利用率				全日本ホテル連盟加盟施設稼働率	
	国内旅行		海外旅行		外国人旅行		総　額		都市ホテル		リゾートホテル			
		前年比		前年比		前年比		前年比		前年比		前年比		前年比
	百万円	%	百万円	%	百万円	%	百万円	%	%	%	%	%	%	%
2020年度	946,467	△63.1	42,556	△97.6	9,173	△95.9	998,196	△78.3	–	–	–	–	41.3	△45.8
2021年度	1,274,998	34.7	73,314	72.3	48,425	427.9	1,396,737	39.9	–	–	–	–	55.9	35.4
2022年度	2,303,232	80.6	455,092	520.7	65,752	35.8	2,824,075	102.2	–	–	–	–	75.9	35.8
2020暦年	1,153,724	△58.3	309,439	△84.1	35,074	△85.4	1,498,237	△69.7	34.6	△57.2	39.9	△41.3	43.8	△46.8
2021暦年	1,033,842	△10.4	63,828	△79.4	48,516	38.3	1,146,186	△23.5	34.9	0.9	33.8	△15.3	52.1	18.9
2022暦年	2,038,785	97.2	311,629	388.2	34,304	△29.3	2,384,718	108.1	54.7	56.7	51.7	53.0	71.4	37.0
2022.1～3	463,495	108.5	23,591	67.3	3,039	△2.9	490,125	104.6	38.6	9.5	34.3	△15.5	59.2	39.1
4～6	138,622	△1.0	19,649	43.8	1,181	△51.2	159,452	2.1	52.8	97.9	48.4	94.8	71.5	64.2
7～9	164,474	△28.4	34,246	107.2	1,806	△95.1	200,527	△29.2	56.8	54.8	58.5	57.1	73.6	34.1
10～12	222,000	△49.7	42,117	115.6	7,434	23.6	271,552	△41.9	71.4	41.3	65.6	35.6	80.7	22.8
2023.1～3	242,647	△47.6	55,685	136.0	11,496	278.2	309,827	△36.8	–	–	–	–	77.5	30.9
2022.1	81,642	160.0	5,222	3.7	350	28.4	87,214	124.5	37.2	94.8	32.0	82.9	53.9	54.0
2	73,029	86.2	5,799	112.5	507	108.4	79,336	86.2	33.8	43.2	28.1	20.6	56.1	33.3
3	308,824	109.8	12,570	85.2	2,182	△16.5	323,575	104.6	44.9	41.6	42.8	38.1	67.6	33.6
4	104,969	84.1	15,491	218.4	610	48.2	121,070	94.3	47.6	73.1	44.3	66.5	71.4	57.6
5	137,333	266.0	19,715	388.4	1,212	282.8	158,260	278.0	53.5	123.8	51.8	107.2	71.2	82.6
6	173,566	270.6	23,739	393.0	1,720	△13.7	199,025	283.0	57.2	100.0	49.0	114.0	71.8	55.1
7	148,745	87.3	30,063	472.8	1,524	△94.5	180,332	61.6	56.1	39.9	55.3	44.4	71.7	21.9
8	158,145	127.5	34,282	521.8	1,821	△65.4	194,249	148.0	56.8	51.1	63.1	51.0	74.5	33.8
9	186,532	94.2	38,394	569.1	2,073	△49.9	227,000	142.9	57.4	77.7	57.2	80.4	74.7	48.8
10	210,448	78.8	42,990	531.0	5,080	303.9	258,517	111.4	64.9	50.6	62.7	47.2	78.6	31.0
11	256,489	56.0	43,437	517.8	8,432	194.3	308,359	80.6	74.9	44.3	69.6	34.1	82.4	23.2
12	199,064	10.8	39,925	604.4	8,791	377.3	247,781	42.4	74.4	31.4	64.6	27.4	81.2	15.5
2023.1	126,719	55.2	39,014	647.1	7,186	1953.3	172,919	98.3	–	–	–	–	70.3	30.4
2	160,075	119.2	57,334	888.6	8,125	1501.1	225,533	184.3	–	–	–	–	78.1	39.2
3	441,147	42.8	70,707	462.5	19,176	778.9	531,030	64.1	–	–	–	–	84.1	24.4
資料出所	観光庁								(一社)日本ホテル協会				(一社)全日本ホテル連盟※	

(注1)主要旅行業者はJTBグループ等のグループ企業を1社とみなし、グループ企業内取引を相殺した取扱額で集計している。
(注2)主要旅行業者数は2023年1月時点、43社(2020年4～12月:47社、2021年1～4月:46社、2021年5月～2022年3月:45社、2022年4～11月:43社)。
(注3)直近公表の前年同月値の修正に伴い、暦年・年度・四半期の数値を遡って修正している。
(注4)暦年・年度・四半期の原数値は、四捨五入により各月の積み上げ値と必ずしも一致しない。
(注5)※は2021年4月1日付で(一社)全日本シティホテル連盟から名称を変更。

年・月	旅行・観光関連産業（運輸業）													
	JR旅客数						新幹線旅客数		民鉄旅客数					
			定期		定期外						定期		定期外	
		前年比		前年比		前年比		前年比		前年比		前年比		前年比
	千人	%	千人	%	千人	%	千人	%	千人	%	千人	%	千人	%
2020年度	6,706,603	△29.4	4,607,946	△21.6	2,098,657	△42.1	156,296	△57.8	10,963,056	△30.1	6,643,986	△25.5	4,319,050	△36.2
2021年度	7,061,212	5.3	4,575,907	△0.7	2,485,304	18.4	195,356	25.0	11,748,114	7.2	6,766,171	1.8	4,981,939	15.3
2022年度	7,884,632	11.7	4,763,596	4.1	3,121,037	25.6	295,482	51.3	13,168,844	12.1	7,222,799	6.7	5,946,039	19.4
2020暦年	7,265,253	△24.7	4,934,841	△15.9	2,330,412	△38.3	192,497	△50.5	11,810,930	△26.0	7,120,546	△20.8	4,690,375	△32.8
2021暦年	6,966,672	△4.1	4,561,101	△7.6	2,405,571	3.2	184,133	△4.3	11,593,552	△1.8	6,733,434	△5.4	4,860,101	3.6
2022暦年	7,647,778	9.8	4,718,641	3.5	2,929,137	21.8	265,950	44.4	12,763,608	10.1	7,125,183	5.8	5,638,419	16.0
2022.1～3	1,692,199	5.9	1,069,786	1.4	622,412	14.7	49,230	29.5	2,844,894	5.8	1,605,909	2.1	1,238,985	11.0
4～6	1,969,239	13.0	1,221,820	3.1	747,419	34.0	64,918	68.2	3,322,087	14.5	1,873,408	6.8	1,448,679	26.2
7～9	1,947,922	12.7	1,209,470	5.0	738,453	28.2	70,234	62.5	3,211,718	12.9	1,806,716	8.3	1,404,997	19.5
10～12	2,038,418	7.4	1,217,565	4.2	820,853	12.6	81,568	26.8	3,384,909	7.2	1,839,150	5.8	1,545,758	8.9
2023.1～3	1,929,053	14.0	1,114,741	4.2	814,312	30.8	78,762	60.0	3,250,130	14.2	1,703,525	6.1	1,546,605	24.8
2022.1	591,038	10.9	382,510	2.0	208,528	32.2	18,085	61.3	982,370	11.8	566,333	4.0	416,039	24.4
2	506,902	2.8	334,413	1.5	172,488	5.5	13,120	20.8	874,834	2.6	516,823	0.8	358,008	5.2
3	594,259	3.9	352,863	0.7	241,396	9.0	18,025	13.1	987,690	3.2	522,753	1.3	464,938	5.4
4	628,435	9.0	381,204	1.5	247,231	22.9	22,585	55.5	1,076,821	10.3	597,972	5.4	478,847	17.1
5	677,894	17.2	423,461	3.5	254,433	50.2	21,652	89.9	1,122,860	19.7	637,006	7.7	485,857	40.1
6	662,910	12.7	417,155	4.1	245,755	31.2	20,681	63.2	1,122,406	13.7	638,430	7.1	483,975	23.8
7	667,051	8.8	416,846	4.3	250,206	17.3	25,471	46.6	1,095,195	9.0	617,284	7.0	477,909	11.7
8	642,435	14.4	397,821	4.4	244,614	35.7	22,749	68.9	1,040,690	13.3	580,166	6.3	460,523	23.6
9	638,436	15.3	394,803	6.3	243,633	33.8	22,014	77.9	1,075,833	17.0	609,266	11.5	466,565	25.0
10	692,240	11.8	418,304	5.7	273,936	22.6	29,594	47.5	1,140,040	10.2	630,935	7.5	509,107	13.8
11	671,590	6.3	405,583	4.0	266,007	9.9	27,177	21.7	1,127,477	6.4	624,650	5.3	502,824	7.8
12	674,588	4.3	393,678	2.8	280,910	6.5	24,797	13.2	1,117,392	5.3	583,565	4.6	533,827	6.0
2023.1	650,962	10.1	393,584	2.9	257,378	23.4	26,391	45.9	1,090,704	11.1	597,249	5.5	493,456	18.8
2	600,508	18.5	349,191	4.4	251,317	45.7	24,425	86.2	1,032,191	18.0	551,466	6.7	480,725	34.3
3	677,583	14.0	371,966	5.4	305,617	26.6	27,946	55.0	1,127,235	14.1	554,810	6.1	572,424	23.1
資料出所	国土交通省													

(注)民鉄とはJR以外の鉄軌道事業者をいう。

資料編

年・月	旅行・観光関連産業（運輸業）													
	鉄道旅客人キロ						大手民鉄16社定期外				高速・有料道路通行台数			
	JR定期外		新幹線定期外		民鉄定期外		人員		収入		高速道路		一般有料道路	
		前年比		前年比		前年比		前年比		前年比		前年比		前年比
	千人キロ	%	千人キロ	%	千人キロ	%	千人	%	百万円	%	台(平均)／日	%	台(平均)／日	%
2020年度	64,215,621	△59.4	31,293,830	△67.0	38,504,677	△39.4	2,735,618	△35.2	570,199	△39.0	4,433,393	△14.2	2,467,755	△11.2
2021年度	81,309,869	26.6	41,723,523	33.3	44,772,515	16.3	3,178,332	16.2	670,006	17.5	4,696,068	5.9	2,613,475	5.9
2022年度	126,194,282	55.2	73,172,152	75.4	55,473,007	23.9	3,764,780	18.5	819,651	22.3	5,047,557	7.5	2,780,594	6.4
2020暦年	79,603,079	△52.2	41,921,711	△58.2	42,253,384	△35.8	2,958,999	△32.0	625,791	△35.5	4,527,147	△13.2	2,507,509	△9.9
2021暦年	76,008,456	△4.5	38,105,533	△9.1	43,399,160	2.7	3,095,613	4.6	649,794	3.8	4,668,376	3.1	2,597,444	3.6
2022暦年	113,466,700	49.3	64,341,274	68.9	52,257,349	20.4	3,578,967	15.6	770,947	18.6	4,950,645	6.0	2,732,366	5.2
2022.1～3	21,362,515	33.0	11,195,354	47.7	11,332,545	13.8	791,498	11.7	167,691	13.7	4,548,830	2.5	2,543,729	2.6
4～6	27,491,611	71.4	15,290,958	104.4	13,446,799	31.3	921,898	25.1	198,214	29.9	4,952,922	10.3	2,724,775	8.3
7～9	29,838,735	63.8	17,110,448	89.9	13,010,293	23.6	887,862	18.9	191,431	22.5	5,119,713	10.0	2,810,826	8.6
10～12	34,773,839	35.3	20,744,514	47.8	14,467,712	14.2	977,709	8.3	213,611	10.4	5,181,113	1.8	2,850,136	1.5
2023.1～3	34,090,097	59.6	20,026,232	78.9	14,548,203	28.4	977,311	23.5	216,395	29.0	4,936,480	8.5	2,736,639	7.6
2022.1	7,896,513	68.9	4,495,889	104.0	3,774,598	28.6	264,190	25.0	56,082	28.6	4,378,572	11.0	2,440,544	9.7
2	5,486,524	20.0	2,786,585	35.2	3,222,131	7.0	227,520	4.7	47,477	6.1	4,302,335	△3.2	2,420,846	△3.0
3	7,979,478	17.1	3,912,880	18.2	4,335,816	8.1	299,788	7.0	64,132	8.4	4,965,584	0.9	2,769,797	1.9
4	9,882,115	56.0	5,834,156	84.7	4,455,485	21.6	305,383	16.4	65,491	19.7	4,940,516	5.9	2,723,198	5.5
5	9,239,131	99.4	5,014,667	147.9	4,566,112	46.6	309,478	38.2	67,082	45.1	4,936,655	15.8	2,718,991	12.8
6	8,370,365	65.1	4,442,135	93.0	4,425,202	27.7	307,037	22.6	65,640	27.2	4,981,596	9.5	2,732,135	7.0
7	11,000,187	47.7	6,719,506	70.1	4,373,503	14.6	301,938	11.1	64,665	13.4	5,054,804	4.3	2,765,119	4.0
8	9,908,896	73.9	5,524,395	101.9	4,306,735	28.1	289,960	22.9	63,039	27.0	5,220,200	15.1	2,869,138	13.1
9	8,929,652	76.1	4,866,547	109.4	4,330,055	29.3	295,964	23.7	63,727	28.4	5,084,136	11.0	2,798,221	9.0
10	12,786,881	50.6	8,108,335	67.2	4,769,307	16.6	323,115	13.2	70,304	16.3	5,282,505	5.6	2,884,509	4.6
11	11,368,141	45.3	6,911,788	62.0	4,735,567	19.7	317,779	6.9	69,657	8.6	5,255,541	0.7	2,874,062	0.2
12	10,618,817	13.2	5,724,391	16.3	4,962,838	7.4	336,815	5.1	73,650	6.9	5,005,292	△0.8	2,791,837	△0.1
2023.1	11,436,936	44.8	7,076,118	57.4	4,619,852	22.4	312,827	18.4	68,545	22.2	4,575,345	4.5	2,541,445	4.1
2	10,466,751	90.8	6,169,857	121.4	4,489,085	39.3	303,460	33.4	66,364	39.8	4,923,171	14.4	2,731,910	12.8
3	12,186,410	52.7	6,780,257	73.3	5,439,266	25.4	361,024	20.4	81,486	27.1	5,310,923	7.0	2,936,562	6.0
資料出所	国土交通省						（一社）日本民営鉄道協会				（公財）高速道路調査会			

年・月	旅行・観光関連産業（運輸業）											
	貸切バス輸送人員		フェリー（自動車航送長距離航路）				航空（国内線）旅客数					
	全国		旅客		自動車				幹線		ローカル線	
		前年比		前年比		前年比		前年比		前年比		前年比
	千人	%	千人	%	千台	%	千人	%	千人	%	千人	%
2020年度	141,291	△48.5	1,119	△52.4	1,392	△11.4	33,768	△66.9	15,000	△64.7	18,768	△68.4
2021年度	158,404	12.1	1,392	24.4	1,490	7.0	49,695	47.2	22,055	47.0	27,639	47.3
2022年度	197,679	24.8	2,070	48.7	1,592	6.9	90,662	82.4	39,417	78.7	51,244	85.4
2020暦年	158,485	△45.2	1,235	△50.5	1,395	△12.5	46,740	△56.2	20,229	△54.7	26,511	△57.3
2021暦年	156,709	△1.1	1,307	5.8	1,474	5.6	43,923	△6.0	19,550	△3.4	24,373	△8.1
2022暦年	185,809	18.6	1,918	46.7	1,575	6.9	79,548	81.1	34,651	77.2	44,896	84.2
2022.1～3	33,948	5.3	342	32.4	353	4.9	13,126	△63.8	5,901	△60.6	7,225	△66.2
4～6	48,625	32.1	462	81.3	387	9.3	18,086	114.7	7,841	106.1	10,245	121.7
7～9	45,625	24.1	598	51.3	420	8.0	23,109	107.1	10,038	102.4	13,071	110.9
10～12	57,611	13.3	516	29.1	415	5.3	25,227	48.5	10,872	47.1	14,355	49.6
2023.1～3	45,817	35.0	494	44.5	371	4.9	24,240	84.7	10,667	80.8	13,573	87.9
2022.1	11,423	13.1	114	59.8	110	5.9	4,602	126.1	2,016	119.3	2,586	131.8
2	10,270	0.0	74	16.7	107	4.6	2,942	70.1	1,376	64.6	1,566	75.2
3	12,255	3.1	154	24.9	136	4.2	5,581	55.5	2,509	53.0	3,072	57.6
4	13,670	14.9	150	56.8	132	5.1	5,488	65.6	2,397	61.3	3,091	69.1
5	16,577	48.0	172	105.4	125	11.8	6,350	143.6	2,686	132.9	3,665	152.1
6	18,378	33.9	140	85.5	130	11.4	6,247	149.7	2,758	137.0	3,489	160.7
7	16,281	7.8	185	35.0	139	5.4	7,465	93.1	3,281	92.3	4,184	93.6
8	12,818	22.7	256	65.7	146	12.5	8,485	103.8	3,568	98.2	4,917	108.1
9	16,526	47.4	157	51.2	135	6.3	7,158	129.0	3,189	119.4	3,970	137.4
10	20,604	18.6	173	34.1	142	5.7	8,483	80.0	3,626	76.2	4,857	82.9
11	20,198	10.5	176	34.6	137	6.0	8,478	44.0	3,603	43.1	4,876	44.7
12	16,809	10.4	167	19.3	136	4.3	8,265	29.4	3,643	29.4	4,622	29.4
2023.1	14,210	24.4	137	20.6	114	3.9	7,266	57.9	3,224	59.9	4,042	56.3
2	15,248	48.5	125	68.6	113	5.5	7,659	160.3	3,415	148.2	4,245	171.0
3	16,359	33.5	232	50.7	143	5.1	9,314	66.9	4,028	60.6	5,286	72.1
資料出所	国土交通省											

（注）自動車輸送統計調査（貸切バス輸送人員を含む）は、2020年4月分調査より調査手法変更。

年・月	旅行・観光関連産業（運輸業）											
	航空（国内線）大手2グループ旅客数						航空（国際線）大手2グループ旅客数					
	JALグループ		ANAグループ		2グループ計		JALグループ		ANAグループ		2グループ計	
		前年比		前年比		前年比		前年比		前年比		前年比
	千人	%	千人	%	千人	%	千人	%	千人	%	千人	%
2020年度	12,213	△63.8	12,660	△67.0	24,873	△65.5	358	△95.7	427	△95.5	785	△95.6
2021年度	16,239	33.0	15,234	20.3	31,473	26.5	892	149.2	824	93.0	1,716	118.6
2022年度	30,110	85.4	30,553	100.6	60,663	92.7	4,351	387.8	4,214	411.4	8,565	399.1
2020暦年	16,381	△53.9	17,150	△57.7	33,531	△55.9	1,755	△80.5	2,003	△80.3	3,758	△80.4
2021暦年	14,478	△11.6	13,888	△19.0	28,366	△15.4	704	△59.9	655	△67.3	1,359	△63.8
2022暦年	26,604	83.8	26,096	87.9	52,700	85.8	3,249	361.5	3,095	372.5	6,344	366.8
2022.1～3	4,250	70.5	4,099	48.9	8,349	59.2	298	168.5	276	157.9	573	162.8
4～6	6,081	124.6	5,756	116.5	11,837	120.6	730	389.9	685	422.9	1,415	407.2
7～9	7,637	121.6	7,599	131.1	15,236	126.3	1,014	397.1	976	398.0	1,990	397.5
10～12	8,636	48.1	8,642	66.6	17,278	56.8	1,208	401.2	1,158	424.0	2,366	412.1
2023.1～3	7,756	82.5	8,556	108.7	16,312	95.4	1,399	369.5	1,395	405.4	2,794	387.6
2022.1	1,530	123.4	1,436	89.4	2,966	105.5	86	95.5	86	87.0	172	91.1
2	920	45.3	907	30.7	1,827	37.7	71	173.1	66	144.4	137	158.5
3	1,800	53.3	1,756	35.0	3,556	43.7	140	241.5	124	264.7	264	252.0
4	1,813	73.0	1,763	65.7	3,576	69.3	193	328.9	198	421.1	391	371.1
5	2,170	158.3	1,993	150.4	4,163	154.5	234	377.6	229	445.2	463	408.8
6	2,098	155.9	2,000	150.3	4,098	153.1	303	461.1	258	405.9	561	434.3
7	2,497	92.7	2,428	121.5	4,925	105.9	334	466.1	331	409.2	665	436.3
8	2,809	132.5	2,808	125.2	5,617	128.8	354	342.5	347	362.7	701	352.3
9	2,331	147.5	2,363	150.1	4,694	148.8	326	401.5	298	432.1	624	415.7
10	2,877	81.1	2,833	100.8	5,710	90.3	363	485.5	324	489.1	687	487.2
11	2,938	45.9	2,945	65.1	5,883	54.9	391	443.1	377	462.7	768	452.5
12	2,821	26.6	2,864	43.7	5,685	34.7	454	324.3	457	361.6	911	342.2
2023.1	2,234	46.0	2,653	84.7	4,887	64.8	457	431.4	453	426.7	910	429.1
2	2,382	158.9	2,781	206.6	5,163	182.6	415	484.5	419	534.8	834	508.8
3	3,140	74.4	3,122	77.8	6,262	76.1	527	276.4	523	321.8	1,050	297.7
資料出所	各社月報											

年度	国内旅行動向													
	温泉入湯客数	前年比	温泉地延べ宿泊利用者数	前年比	特殊索道旅客数	前年比	水浴場延べ利用者数	前年比	ゴルフ場延べ利用者数	前年比	オートキャンプ参加人口	前年比	自然公園利用者数	前年比
	千人	%	千人	%	千人	%	万人	%	千人	%	万人	%	千人	%
2018年度	186,055	△2.0	130,564	△0.0	244,959	△7.8	2,225	△3.4	84,875	△0.8	850	1.2	905,138	△0.4
2019年度	185,289	△0.4	126,529	△3.1	194,153	△20.7	−	−	85,969	1.3	860	1.2	893,110	△1.3
2020年度	104,002	△43.9	76,593	△39.5	176,226	△9.2	−	−	81,347	△5.4	610	△29.1	554,345	△37.9
2021年度	117,996	13.5	78,039	1.9	210,735	19.6	−	−	89,694	10.3	750	23	542,463	△2.1
2022年度	−	−	−	−	−	−	−	−	−	−	−	−	−	−
資料出所	総務省自治税務局		環境省自然環境局		国土交通省		環境省水・大気環境局		(一社)日本ゴルフ場経営者協会		(一社)日本オートキャンプ協会		環境省自然環境局	

(注1)特殊索道旅客数は当年度12月から3月まで(スキーシーズン)の数値。
(注2)水浴場延べ利用者数は年間入込1万人以上の水浴場を対象としている。
(注3)ゴルフ場延べ利用者数は当年3月から翌年2月までの値、オートキャンプ参加人口は暦年の数値。

年・月	海外旅行動向											
	出国者総数						出国者数(地域別)					
		前年比	男性	前年比	女性	前年比	北海道	前年比	東北	前年比	北関東	前年比
	人	%	人	%	人	%	人	%	人	%	人	%
2020年度	306,334	△98.3	186,975	△98.0	119,359	△98.6	2,905	△99.2	5,039	△98.8	8,857	△98.5
2021年度	602,442	96.7	360,141	92.6	242,301	103.0	5,958	105.1	9,607	90.7	16,872	90.5
2022年度	4,254,278	606.2	2,386,184	562.6	1,868,094	671.0	62,220	944.3	73,901	669.2	118,002	599.4
2020暦年	3,174,219	△84.2	1,674,339	△84.2	1,499,880	△84.1	64,900	△83.0	72,851	△84.6	104,140	△84.8
2021暦年	512,244	△83.9	307,960	△81.6	204,284	△86.4	4,872	△92.5	8,310	△88.6	14,621	△86.0
2022暦年	2,771,768	441.1	1,606,702	421.7	1,165,066	470.3	35,830	635.4	45,608	448.8	75,351	415.4
2022.1～3	192,592	88.1	117,349	80.1	75,243	102.1	1,984	120.9	3,065	73.4	5,362	72.4
4～6	434,710	349.6	272,052	340.1	162,658	366.4	4,782	373.5	6,750	301.5	11,348	282.1
7～9	983,522	508.6	549,181	512.6	434,341	503.6	11,759	762.1	15,509	556.6	26,503	518.7
10～12	1,160,944	666.0	668,120	631.5	492,824	718.3	17,305	981.6	20,284	711.7	32,138	655.1
2023.1～3	1,675,102	769.8	896,831	664.2	778,271	934.3	28,374	1,330.1	31,358	923.1	48,013	795.4
2022.1	74,982	54.0	46,166	49.7	28,816	61.3	697	88.4	1,128	48.2	1,937	45.5
2	46,932	89.2	27,947	74.7	18,985	115.6	542	125.8	879	85.4	1,375	68.3
3	70,678	144.6	43,236	135.8	27,442	159.9	745	158.7	1,058	98.5	2,050	112.9
4	129,168	259.7	76,696	241.4	52,472	290.3	1,318	266.1	1,913	219.4	3,301	196.3
5	134,013	344.9	86,365	336.3	47,648	361.4	1,455	366.3	2,021	275.0	3,503	282.0
6	171,529	459.3	108,991	457.1	62,538	463.3	2,009	494.4	2,816	418.6	4,544	383.9
7	277,945	543.6	158,280	568.6	119,665	513.4	2,971	917.5	4,201	612.0	7,378	502.8
8	386,412	485.0	203,080	493.0	183,332	476.4	4,080	582.3	5,710	503.0	10,262	521.2
9	319,165	509.5	187,821	492.1	131,344	536.2	4,708	893.2	5,598	578.5	8,863	529.5
10	349,557	587.5	203,711	528.2	145,846	692.1	4,642	715.8	5,894	576.7	9,832	539.7
11	379,194	632.4	231,326	622.6	147,868	648.3	6,223	921.8	6,821	749.4	10,502	607.7
12	432,193	783.1	233,083	766.8	199,110	802.9	6,440	1,426.1	7,569	817.5	11,804	855.8
2023.1	443,105	490.9	254,769	451.9	188,336	553.6	6,738	866.7	7,203	538.6	11,458	491.5
2	537,705	1,045.7	294,091	952.3	243,614	1,183.2	9,004	1,561.3	10,809	1,129.7	16,062	1,068.1
3	694,292	882.3	347,971	704.8	346,321	1,162.0	12,632	1,595.6	13,346	1,161.4	20,493	899.7
資料出所	法務省											

(注)出国者数は海外居住者を含む。

年・月	海外旅行動向													
	出国者数(地域別)													
	首都圏	前年比	甲信越・北陸	前年比	東海	前年比	近畿	前年比	中国	前年比	四国	前年比	九州・沖縄	前年比
	人	%	人	%	人	%	人	%	人	%	人	%	人	%
2020年度	116,423	△98.5	8,214	△98.6	28,760	△98.5	35,765	△98.9	7,243	△98.7	2,347	△99.0	12,018	△99.1
2021年度	240,491	106.6	15,260	85.8	56,453	96.3	72,055	101.5	13,358	84.4	4,717	101.0	23,562	96.1
2022年度	1,908,533	693.6	107,918	607.2	353,856	526.8	639,530	787.6	99,671	646.2	40,566	760.0	230,122	876.7
2020暦年	1,340,643	△84.2	103,140	△84.8	325,813	△85.1	565,723	△84.8	90,314	△85.9	38,688	△85.8	205,987	△85.6
2021暦年	201,507	△85.0	13,132	△87.3	49,125	△84.9	60,087	△89.4	11,830	△86.9	3,959	△89.8	19,825	△90.4
2022暦年	1,243,649	517.2	65,896	401.8	224,692	357.4	383,873	538.9	60,870	414.5	24,483	518.4	132,980	570.8
2022.1～3	76,732	103.3	4,861	77.9	17,873	69.5	24,038	99.2	4,131	58.7	1,508	101.1	7,527	98.6
4～6	190,649	414.6	10,236	270.3	34,404	240.8	51,834	338.2	9,096	259.4	3,512	311.7	17,088	326.8
7～9	439,196	586.8	22,117	501.2	76,876	429.3	129,017	593.1	20,363	507.9	8,444	644.0	42,953	598.0
10～12	537,072	755.7	28,682	625.0	95,539	584.3	178,984	918.5	27,280	715.3	11,019	802.5	65,412	1,013.0
2023.1～3	741,616	866.5	46,883	864.5	147,037	722.7	279,695	1,063.6	42,932	939.3	17,591	1,066.5	104,669	1,290.6
2022.1	27,764	58.0	1,660	52.4	6,895	49.3	8,345	55.3	1,469	40.8	509	68.5	2,428	55.8
2	18,632	105.2	1,354	78.4	4,452	74.0	6,403	108.0	1,155	64.5	448	113.3	2,202	92.8
3	30,336	173.2	1,847	108.7	6,526	93.8	9,290	156.8	1,507	75.6	551	131.5	2,897	165.8
4	55,441	300.8	2,962	204.1	10,489	188.9	15,189	239.8	2,535	170.0	1,025	259.6	4,784	224.8
5	58,564	410.3	3,154	253.2	10,563	231.5	15,992	339.7	2,857	252.7	1,085	240.1	5,268	310.9
6	76,644	553.0	4,120	359.3	13,352	307.3	20,653	455.0	3,704	373.7	1,402	463.1	7,036	463.3
7	121,775	618.4	5,877	537.4	21,278	401.2	33,308	605.5	5,554	501.1	2,247	664.3	11,405	623.7
8	165,425	552.5	8,445	488.1	30,476	452.3	49,324	557.4	7,978	515.1	3,224	644.6	16,589	549.3
9	151,996	602.3	7,795	490.1	25,122	427.8	46,385	625.8	6,831	505.0	2,973	628.7	14,959	639.4
10	159,824	680.8	8,471	524.2	28,132	475.1	52,844	771.9	8,082	583.2	3,206	667.0	18,072	739.4
11	174,027	710.3	9,959	616.0	30,429	584.7	57,282	829.3	8,814	593.5	3,457	702.1	21,099	965.1
12	203,221	876.1	10,252	748.7	36,978	699.4	68,858	1,187.3	10,384	1,064.1	4,356	1,071.0	26,241	1,405.5
2023.1	180,179	549.0	10,678	543.3	36,327	426.9	62,968	654.6	9,625	555.2	3,821	650.7	22,966	845.9
2	246,599	1,223.5	15,989	1,080.9	47,781	973.2	92,873	1,350.5	14,115	1,122.1	5,995	1,238.2	32,722	1,386.0
3	314,838	937.8	20,216	994.5	62,929	864.3	123,854	1,233.2	19,192	1,173.5	7,775	1,311.1	48,981	1,590.7
資料出所	法務省													

(注)出国者数は海外居住者を含む。

年・月	海外旅行動向 出国者数（性・年齢別） 10代未満男性		10代未満女性		10代男性		10代女性		20代男性		20代女性		30代男性		30代女性	
		前年比		前年比		前年比		前年比		前年比		前年比		前年比		前年比
	人	%	人	%	人	%	人	%	人	%	人	%	人	%	人	%
2020年度	13,185	△96.2	13,092	△96.2	11,215	△97.6	11,731	△98.2	23,101	△98.1	23,105	△98.9	39,203	△97.6	24,752	△98.2
2021年度	23,691	79.7	23,376	78.6	21,983	96.0	23,756	102.5	49,969	116.3	55,722	141.2	70,449	79.7	45,707	84.7
2022年度	106,004	347.4	102,608	338.9	134,193	510.4	172,140	624.6	333,127	566.7	527,001	845.8	377,173	435.4	291,360	537.5
2020暦年	58,719	△84.5	57,152	△84.6	69,140	△87.1	94,777	△87.6	294,058	△78.3	486,796	△80.1	276,571	△84.6	233,521	△84.5
2021暦年	21,032	△64.2	20,827	△63.6	18,724	△72.9	20,308	△78.6	41,142	△86.0	43,287	△91.1	62,687	△77.3	39,890	△82.9
2022暦年	81,963	289.7	79,467	281.6	86,989	364.6	104,018	412.2	193,947	371.4	273,758	532.4	268,806	328.8	199,868	401.0
2022.1～3	6,412	70.8	6,372	66.7	6,585	98.0	7,022	96.5	17,143	106.1	20,385	156.4	21,776	55.4	13,710	73.7
4～6	12,534	245.1	12,045	244.7	8,671	224.8	9,324	230.5	25,507	230.6	29,467	317.7	48,101	256.5	32,342	323.9
7～9	37,504	379.5	36,300	362.2	48,929	399.7	58,162	447.3	73,090	419.0	100,717	514.2	83,915	410.2	65,482	467.6
10～12	25,513	338.0	24,750	337.5	22,804	676.4	29,510	798.1	78,207	609.2	123,189	936.7	115,014	514.0	88,334	588.4
2023.1～3	30,453	374.9	29,513	363.2	53,789	716.8	75,144	970.1	156,323	811.9	273,628	1,242.3	130,143	497.6	105,202	667.3
2022.1	2,775	63.2	2,690	52.7	3,334	82.1	3,584	89.3	6,365	57.5	6,649	81.3	8,952	38.3	5,477	43.9
2	1,222	58.9	1,271	69.0	962	54.7	1,097	51.9	5,182	161.1	7,260	205.0	5,213	46.4	3,332	89.0
3	2,415	88.1	2,411	84.2	2,289	162.2	2,341	144.1	5,596	144.3	6,476	240.3	7,611	91.1	4,901	110.8
4	4,849	227.4	4,728	226.7	4,037	181.5	4,197	190.0	7,750	182.9	9,485	272.1	13,039	177.7	10,074	255.6
5	3,434	246.9	3,222	255.2	1,492	237.6	1,590	173.7	7,544	219.9	8,858	271.6	15,858	256.0	10,171	333.5
6	4,251	266.1	4,095	259.2	3,142	295.7	3,537	346.0	10,213	290.0	11,124	424.2	19,204	342.2	12,097	393.8
7	13,094	373.9	12,783	343.2	17,576	518.4	20,378	638.9	14,984	444.1	18,547	581.4	23,417	418.3	17,432	390.8
8	18,078	414.0	17,511	404.6	24,957	405.7	29,242	420.0	29,879	398.1	42,703	458.7	27,717	401.6	24,365	464.7
9	6,332	310.6	6,006	300.7	6,396	217.6	8,542	280.3	28,227	429.5	39,467	554.1	32,781	411.8	23,685	545.4
10	6,582	305.8	6,246	303.2	4,901	436.8	6,968	559.8	22,232	442.0	38,384	881.2	36,696	416.2	27,323	601.3
11	6,150	292.0	6,074	276.3	4,509	496.4	5,790	621.9	26,671	655.3	37,257	865.2	40,305	515.2	27,081	546.8
12	12,781	385.2	12,430	398.4	13,394	956.3	16,752	1,073.1	29,304	763.4	47,548	1,056.6	38,013	649.5	33,930	614.6
2023.1	12,425	347.7	12,150	351.7	14,570	337.0	17,400	385.5	28,692	350.8	44,739	572.9	40,974	357.7	32,476	493.0
2	6,587	439.0	6,282	394.3	9,497	887.2	13,636	1,143.0	60,272	1,063.1	103,516	1,325.8	42,783	720.7	33,038	891.5
3	11,441	373.7	11,081	359.6	29,722	1,198.5	44,108	1,784.2	67,359	1,103.7	125,373	1,836.0	46,386	509.5	39,688	709.8
資料出所	法務省															

(注)出国者数は海外居住者を含む。

年・月	海外旅行動向 出国者数（性・年齢別） 40代男性		40代女性		50代男性		50代女性		60代男性		60代女性		70代以上男性		70代以上女性	
		前年比		前年比		前年比		前年比		前年比		前年比		前年比		前年比
	人	%	人	%	人	%	人	%	人	%	人	%	人	%	人	%
2020年度	44,673	△97.9	21,637	△98.4	37,900	△98.1	16,027	△98.7	13,547	△98.8	6,746	△99.2	4,151	△99.3	2,269	△99.5
2021年度	82,227	84.1	39,528	82.7	72,622	91.6	32,651	103.7	28,872	113.1	15,283	126.5	10,328	148.8	6,278	176.7
2022年度	507,987	517.8	281,250	611.5	524,017	621.6	278,998	754.5	277,900	862.5	143,152	836.7	125,783	1,117.9	71,585	1,040.3
2020暦年	348,416	△85.5	207,501	△86.0	332,874	△84.9	208,685	△84.9	195,288	△85.0	138,745	△85.8	99,273	△84.6	72,703	△86.2
2021暦年	71,455	△79.5	34,425	△83.4	61,414	△81.6	27,620	△86.8	23,458	△88.0	12,722	△90.8	8,048	△91.9	5,205	△92.8
2022暦年	356,574	399.0	192,019	457.8	358,199	483.3	179,910	551.4	182,476	677.9	92,049	623.5	77,748	866.1	43,977	744.9
2022.1～3	26,481	68.6	11,581	78.8	25,233	79.9	10,015	100.9	10,232	112.4	4,488	132.9	3,487	188.9	1,670	179.7
4～6	65,015	319.4	28,672	377.8	65,536	404.2	28,019	472.2	32,938	614.3	15,406	590.5	13,750	1,046.8	7,383	892.3
7～9	114,002	515.6	72,787	494.4	112,372	650.1	59,825	625.9	56,608	876.0	27,893	700.4	22,761	936.5	13,175	737.6
10～12	151,076	595.4	78,979	714.1	155,058	698.9	82,051	763.9	82,698	905.0	44,262	771.5	37,750	995.5	21,749	849.3
2023.1～3	177,894	571.8	100,812	770.5	191,051	657.1	109,103	989.4	105,656	932.6	55,591	1,138.7	51,522	1,377.5	29,278	1,653.2
2022.1	10,462	42.7	4,805	51.2	9,959	47.2	3,706	49.2	3,455	55.2	1,449	73.1	864	86.2	456	92.4
2	6,163	56.8	2,429	69.7	5,849	66.9	2,211	93.8	2,480	98.2	1,010	118.1	876	131.1	375	141.9
3	9,856	121.6	4,347	132.5	9,425	150.9	4,098	201.5	4,297	220.4	2,029	223.6	1,747	379.9	839	309.3
4	17,524	219.4	9,719	303.3	17,188	277.5	8,350	376.1	8,781	433.8	4,152	435.7	3,528	722.4	1,767	675.0
5	21,345	307.2	8,056	377.0	21,892	396.5	8,564	472.8	10,588	591.1	4,825	588.3	4,212	1,047.7	2,362	954.5
6	26,146	447.7	10,897	472.9	26,456	555.5	11,105	573.8	13,569	846.2	6,429	751.5	6,010	1,391.3	3,254	1,014.4
7	32,917	578.0	22,020	482.8	32,501	768.5	16,725	631.6	16,542	998.4	7,706	683.9	7,249	944.5	4,074	644.8
8	39,549	514.5	32,464	489.9	37,886	639.0	23,585	588.8	17,937	824.1	9,069	606.9	7,077	822.7	4,393	709.0
9	41,536	474.7	18,303	517.5	41,985	586.9	19,515	671.0	22,129	840.5	11,118	812.1	8,435	1,047.6	4,708	874.7
10	47,885	506.4	23,799	713.6	48,869	590.9	24,079	735.2	25,496	829.5	13,025	759.2	11,050	1,039.2	6,022	790.8
11	53,859	576.9	23,109	614.1	55,488	680.1	25,986	668.4	30,283	852.9	15,110	710.2	14,061	935.4	7,461	815.5
12	49,332	740.1	32,071	806.0	50,701	870.5	31,986	889.4	26,919	1,066.3	16,127	849.8	12,639	1,030.5	8,266	933.3
2023.1	55,916	434.5	31,107	547.4	58,649	488.9	29,071	684.4	29,662	758.5	14,348	890.2	13,881	1,506.6	7,045	1,445.0
2	56,871	822.8	27,022	1,012.5	62,567	969.7	32,949	1,390.2	37,171	1,398.8	18,011	1,683.3	18,343	1,993.9	9,160	2,342.7
3	65,107	560.6	42,683	881.9	69,835	641.0	47,083	1,048.9	38,823	803.5	23,232	1,045.0	19,298	1,004.6	13,073	1,458.2
資料出所	法務省															

(注)出国者数は海外居住者を含む。

年・月	海外旅行動向															
	日本からの海外旅行者数														円/ドルレート	国際収支統計 旅行収支・支払	
	韓国への旅行者数	前年比	中国への旅行者数	前年比	台湾への旅行者数	前年比	香港への旅行者数	前年比	シンガポールへの旅行者数	前年比	ハワイへの旅行者数	前年比	グアムへの旅行者数	前年比			前年比
	人	%	人	%	人	%	人	%	人	%	人	%	人	%	円	億円	%
2020年度	11,194	△99.6	—	—	10,471	△99.5	296	△100.0	5,123	△99.3	5,758	△99.6	2,138	△99.7	106.0	2,826	△86.6
2021年度	16,791	50.0	—	—	10,161	△3.0	349	17.9	6,359	24.1	25,265	338.8	4,799	124.5	112.4	3,261	15.4
2022年度	644,985	3,741.3	—	—	220,520	2,070.3	42,452	12,063.9	217,680	3,323.2	289,684	1,046.6	43,650	809.6	135.4	6,745	106.8
2020暦年	430,742	△86.8	—	—	269,659	△87.6	50,320	△95.3	125,867	△85.8	289,137	△81.7	144,240	△78.9	106.8	5,874	△74.7
2021暦年	15,265	△96.5	—	—	10,056	△96.3	346	△99.3	5,918	△95.3	18,938	△93.5	4,168	△97.1	109.8	3,109	△47.1
2022暦年	296,867	1,844.8	—	—	87,404	769.2	7,316	2,014.5	132,075	2,131.8	199,759	954.8	22,768	446.3	131.4	5,232	68.3
2022.1～3	5,493	38.5	—	—	3,222	3.4	30	11.1	1,955	29.1	9,069	230.7	1,747	56.5	116.2	885	20.9
4～6	21,345	577.6	—	—	6,355	203.1	394	738.3	26,970	2,149.4	42,240	1,098.6	4,433	627.9	129.6	990	34.1
7～9	65,831	1,437.7	—	—	14,468	558.5	835	788.3	50,720	3,479.4	75,609	1,118.5	7,205	470.9	138.3	1,423	72.1
10～12	213,756	5,427.7	—	—	65,023	2,358.3	6,209	3,388.2	60,350	3,275.3	89,225	1,279.7	10,927	825.2	141.5	1,533	89.5
2023.1～3	353,611	6,337.5	—	—	136,338	4,131.5	35,166	117,120.0	87,560	4,378.8	98,994	991.6	22,629	1,195.3	132.2	2,399	171.1
2022.1	1,162	△10.5	—	—	825	△22.9	17	41.7	552	△0.5	2,850	143.0	1,125	58.9	114.8	304	16.9
2	2,934	70.7	—	—	1,116	3.7	10	42.9	534	49.2	2,181	245.1	239	△4.0	115.2	276	18.5
3	1,397	47.2	—	—	1,281	31.9	3	△62.5	869	44.6	4,038	330.9	383	140.9	118.5	305	27.1
4	2,231	155.8	—	—	1,546	34.3	16	220.0	4,340	444.5	6,749	467.1	562	980.8	126.0	313	24.7
5	3,701	163.8	—	—	1,670	122.1	101	206.1	6,320	2,149.1	7,167	579.3	1,137	1,014.7	128.8	549	126.9
6	5,855	569.1	—	—	1,475	660.3	125	1,288.9	8,390	6,833.9	11,940	833.5	1,190	161.5	133.9	531	116.7
7	11,789	1,238.1	—	—	3,210	762.9	168	1,300.0	12,260	4,027.9	23,133	916.4	2,106	263.7	136.6	438	65.9
8	26,482	1,072.8	—	—	5,635	477.4	263	995.8	19,150	5,532.4	28,384	1,071.0	2,916	797.2	135.2	517	78.9
9	27,560	2,313.3	—	—	5,623	562.3	404	596.6	19,310	2,375.6	24,092	1,500.8	2,183	509.8	143.1	467	69.8
10	67,159	5,329.2	—	—	9,625	804.6	1,009	1,768.5	17,460	2,144.2	24,339	1,221.3	1,379	337.8	147.0	491	88.8
11	62,422	3,746.1	—	—	21,204	2,403.4	2,107	2,469.5	22,690	5,176.7	27,898	1,164.1	3,509	917.1	142.4	500	79.9
12	84,175	8,259.0	—	—	34,194	4,558.6	3,093	7,264.3	20,200	3,382.8	36,988	1,429.7	6,039	1,059.1	134.9	541	98.9
2023.1	66,900	5,657.3	—	—	27,606	3,246.2	4,687	27,470.6	18,330	3,220.7	32,305	1,033.5	4,806	327.2	130.2	681	124.0
2	94,393	3,117.2	—	—	45,715	3,996.3	11,909	118,990.0	32,930	6,066.7	26,650	1,121.9	6,240	2,510.9	132.7	763	176.4
3	192,318	13,666.5	—	—	63,017	4,819.4	18,570	618,900.0	36,300	4,077.2	40,039	891.6	11,583	2,924.3	133.9	954	212.8
資料出所	各国政府観光局、各国統計局														財務省・日本銀行		

(注)台湾、香港、シンガポール、グアムは居住地基準、その他の国は国籍基準の数値。

年・月	訪日旅行動向											
	訪日外国人旅行者数										国際収支統計 旅行収支・受取	
	総数	前年比	アジア	前年比	ヨーロッパ	前年比	北アメリカ	前年比	オセアニア	前年比		前年比
	人	%	人	%	人	%	人	%	人	%	億円	%
2020年度	242,154	△99.1	212,761	△99.1	14,679	△99.2	9,272	△99.5	1,726	△99.7	5,385	△88.2
2021年度	280,315	15.8	172,587	△18.9	58,063	295.6	30,534	229.3	5,869	240.0	5,195	△3.5
2022年度	8,522,047	2,940.2	6,789,509	3,834.0	575,400	891.0	850,865	2,686.6	250,800	4,173.3	20,112	287.1
2020暦年	4,115,828	△87.1	3,403,547	△87.3	240,897	△87.9	284,829	△87.0	160,386	△77.8	11,426	△77.2
2021暦年	245,862	△94.0	150,427	△95.6	52,238	△78.3	26,238	△90.8	4,953	△96.9	5,192	△54.6
2022暦年	3,832,110	1,458.6	3,001,292	1,895.2	304,505	482.9	392,009	1,394.1	101,921	1,957.8	11,472	121.0
2022.1～3	100,606	52.1	80,292	38.1	9,855	144.5	6,817	170.4	1,190	334.3	1,287	0.2
4～6	407,024	1,250.5	332,601	1,512.6	37,171	711.8	27,045	723.3	5,212	1,135.1	1,585	27.0
7～9	521,121	450.3	373,056	1,072.3	71,478	95.3	56,505	278.2	12,022	257.7	1,808	32.4
10～12	2,803,359	5,008.3	2,215,343	5,459.5	186,001	2,542.4	301,642	5,393.4	83,497	9,218.9	6,790	425.1
2023.1～3	4,790,543	4,661.7	3,868,509	4,718.1	280,750	2,748.8	465,673	6,731.1	150,069	12,510.8	9,928	671.4
2022.1	17,766	△61.8	11,349	△72.8	3,168	24.8	2,237	55.0	266	79.7	429	△8.9
2	16,719	127.3	14,395	136.7	929	67.7	755	74.4	168	229.4	428	5.7
3	66,121	438.6	54,548	429.1	5,758	514.5	3,825	493.0	756	908.0	431	5.4
4	139,548	1,185.8	118,646	1,321.1	11,459	855.7	6,322	703.3	1,422	1,002.3	505	22.0
5	147,046	1,365.3	121,863	1,673.6	12,302	680.6	9,430	756.5	1,780	1,290.6	549	32.0
6	120,430	1,201.8	92,092	1,603.8	13,410	643.3	11,293	708.4	2,010	1,118.2	531	27.3
7	144,578	183.2	104,132	854.2	19,177	△19.1	16,337	80.7	2,973	22.9	571	14.9
8	169,902	555.6	124,377	1,332.7	20,929	107.4	18,645	370.1	3,386	383.7	593	33.6
9	206,641	1,066.1	144,547	1,082.1	31,372	1,022.8	21,523	1,011.7	5,663	2,240.1	644	51.5
10	498,646	2,155.0	355,853	2,231.0	58,126	1,607.1	65,619	2,591.5	13,720	3,400.0	1,409	218.8
11	934,599	4,418.9	738,060	4,784.6	65,559	2,431.2	102,806	5,226.7	23,042	7,191.8	2,245	422.1
12	1,370,114	11,238.2	1,121,430	11,739.4	62,316	5,869.0	133,217	11,762.6	46,735	24,759.0	3,137	643.4
2023.1	1,497,472	8,328.9	1,263,656	11,034.5	59,795	1,787.5	109,914	4,813.5	57,629	21,565.0	3,046	610.0
2	1,475,455	8,725.0	1,251,346	8,592.9	66,818	7,092.5	109,099	14,350.2	41,773	24,764.9	2,994	599.5
3	1,817,616	2,648.9	1,353,507	2,381.3	154,137	2,576.9	246,660	6,348.6	50,667	6,602.0	3,888	802.1
資料出所	日本政府観光局（JNTO）										財務省・日本銀行	

公益財団法人日本交通公社は、「観光文化の振興」に取り組む実践的学術研究機関として、観光を通じた豊かな社会の実現に貢献します

当財団は、1912年に外客誘致を目的としたジャパン・ツーリスト・ビューローとして誕生し、1963年に営業部門（現・株式会社JTB）を分離してからは研究・調査に特化した組織となり、2012年に公益財団法人へ移行、さらに2016年には文部科学省から学術研究機関の指定を受けました。

自主事業として、旅行・観光をさまざまな角度から研究する自主研究の推進を軸に、セミナー・シンポジウムの開催や書籍の出版を通じた研究成果の公表に加えて、旅行・観光関連の約7万冊の蔵書をもつ「旅の図書館」を運営しています。

また、日本では数少ない観光を専門とするシンクタンク・コンサルタントとして、国・地方公共団体・公的機関等からさまざまな業務を受託し、国や地方の観光振興の一翼を担っています。

〒107-0062　東京都港区南青山二丁目7番29号 日本交通公社ビル
代表TEL：03-5770-8350　FAX：03-5770-8358
最寄駅：東京メトロ銀座線、半蔵門線、都営大江戸線「青山一丁目駅」5番出口から徒歩3分

アクセスMAP

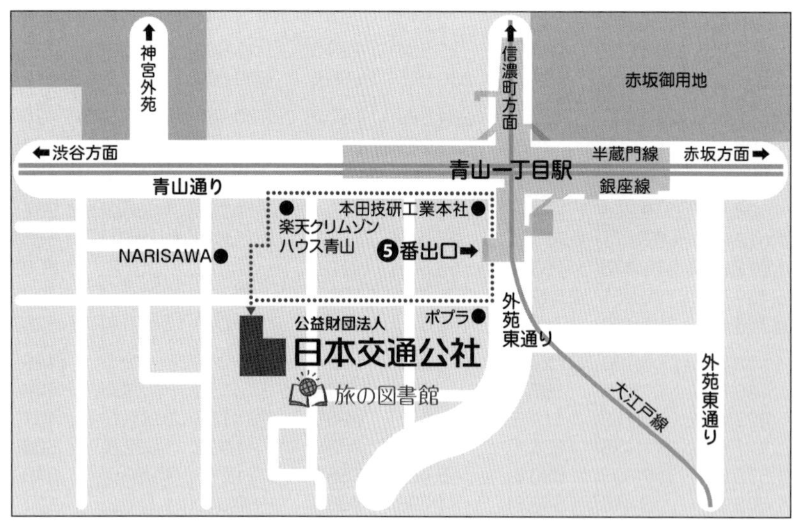

旅の図書館のご案内

「旅の図書館」は、観光関連の学術誌や観光統計資料のほか、古書・稀覯書、ガイドブック、時刻表、機内誌、観光研究の専門図書、財団の刊行物・出版物等、観光研究の参考に資する図書約70,000冊を取りそろえた専門図書館です。

1978年、より文化的、専門的な旅行や観光に関する情報をご提供するため、当財団は「観光文化資料館」(1999年に「旅の図書館」に改称)を開設し、多くの方にご利用いただいてまいりました。

「観光はそれ自体が文化であり、その観光文化を向上させたい」という開設当初の理念を継承しつつ、2016年、移転を機に、「観光の研究や実務に役立つ図書館」をコンセプトとしてリニューアルオープンしました。

さまざまな文献から“研究の種”を、多くの参考事例から観光政策や観光地づくりの“現場に活かすヒント”を見つけてください。

【開館時間】月曜日～金曜日 10:30～17:00
【休 館 日】土曜日・日曜日・祝日・毎月第4水曜日・年末年始
※上記以外に、会議開催等による臨時休館もありますので、ご来館の前に旅の図書館のウェブサイトをご覧下さい。

【ご利用にあたって】

・旅の図書館のウェブサイトから事前にご来館の予約をお願いします。
・館内のご利用にあたっては、1F受付カウンターにてご利用の手続きをお願いします。
（ご利用の際はご本人確認ができる身分証明書を毎回ご提示いただきます。）
・本の館外貸し出しは行っておりません。

執筆者一覧（掲載順）

山田 雄一	公益財団法人日本交通公社 理事	この一年をふりかえって
仲 七重	同 研究員	調査概要 Ⅰ-1　日本人の旅行市場の概況 Ⅰ-5　新型コロナウイルス感染症の流行と日本人の旅行
五木田 玲子	同 上席主任研究員	Ⅰ-2　日本人の国内旅行
目代 凪	同 研究員	Ⅰ-3　日本人の海外旅行 Ⅰ-4　日本人の旅行に対する意識
工藤 亜稀	同 研究員	Ⅱ-1　訪日外国人の旅行動向 （1.2022年の訪日旅行の概況、2.市場別に見る訪日旅行動向）
園部 容子	同 研究員	Ⅱ-1　訪日外国人の旅行動向 （3.世界の国際観光動向）
外山 昌樹	高崎経済大学 地域政策学部 観光政策学科 准教授	Ⅱ-2　訪日旅行に対する意識
山本 奏音	公益財団法人日本交通公社 研究員	Ⅱ-3　訪日旅行事業の現況 （1.日本企業による訪日旅行事業の展開） Ⅳ　都道府県別延べ宿泊者数及びうち外国人延べ宿泊者数
柿島 あかね	同 上席主任研究員	Ⅱ-3　訪日旅行事業の現況 （2.海外で販売される訪日パッケージツアーの概況）
久保田 美穂子	亜細亜大学 経営学部 ホスピタリティ・マネジメント学科 准教授	Ⅲ-1　旅行業 資料-1 旅行年表（旅行業）
後藤 伸一	公益財団法人日本交通公社 主任研究員	Ⅲ-2　運輸業 資料-1 旅行年表（交通・運輸）
朝倉 はるみ	淑徳大学 経営学部 観光経営学科 教授	Ⅲ-3　宿泊業
岩野 温子	公益財団法人日本交通公社 研究員	Ⅲ-4-1 集客交流施設 資料-1 旅行年表（旅行・観光地動向、イベント動向） 資料-1 旅行年表（宿泊施設・観光施設等のオープン）
守屋 邦彦	跡見学園女子大学 観光コミュニティ学部 観光デザイン学科 准教授	Ⅲ-4-2 MICE
石黒 侑介	北海道大学大学院 国際広報メディア・観光学院 准教授	Ⅳ-1　北海道
川村 竜之介	公益財団法人日本交通公社 研究員	Ⅳ-2　東北
髙橋 葉子	同 主任研究員	Ⅳ-3　関東
小川 直樹	同 主任研究員	Ⅳ-4　中部
西川 亮	立教大学 観光学部 准教授	Ⅳ-5　近畿
若佐 栞	立教大学 観光学部 西川研究室	Ⅳ-5　近畿
呉 有里子	立教大学 観光学部 西川研究室	Ⅳ-5　近畿
手塚 正宗	立教大学 観光学部 西川研究室	Ⅳ-5　近畿
武智 玖海人	公益財団法人日本交通公社 研究員	Ⅳ-6　中国・四国
野間 恵子	一般社団法人九州観光機構	Ⅳ-7　九州
那須 將	公益財団法人日本交通公社 副主任研究員	Ⅳ-8　沖縄 Ⅴ-3　主要市町村による観光政策
後藤 健太郎	同 主任研究員	Ⅳ-9　自然 Ⅴ-2　都道府県による観光政策
門脇 茉海	同 副主任研究員	Ⅳ-10 歴史・文化
岩崎 比奈子	武蔵野大学 グローバル学部 日本語コミュニケーション学科	Ⅳ-11 温泉
江﨑 貴昭	公益財団法人日本交通公社 副主任研究員	Ⅴ-1　国による観光政策 資料-1 旅行年表（観光行政）
吉澤 清良	立命館アジア太平洋大学 サステイナビリティ観光学部 教授	付記
パク ウンビョル	公益財団法人日本交通公社 研究員	資料-2 付属統計表